Musik und Tanz für Kinder

Musikalische Grundausbildung

Lehrerkommentar

herausgegeben von
Barbara Haselbach, Rudolf Nykrin und Hermann Regner

unter Mitarbeit von
Manfred Grunenberg, Iris von Hänisch,
Wolfgang Hartmann, Verena Maschat, Hermann Urabl,
Manuela Widmer, Ernst Wieblitz

Illustrationen: Joachim Schuster

SCHOTT
Mainz · London · Madrid · New York · Paris · Tokyo · Toronto

Ergänzende Materialien:

Kinderbuch
Best.-Nr. ED 7648

Liederheft „Wenn ich richtig fröhlich bin"
Lieder zum Miteinander-Singen
Best.-Nr. ED 7788

2 MusiCassetten (in gemeinsamer Verpackung)
Best.-Nr. T 260 MC

Elterninformation (als Werbemittel gratis)
Best.-Nr. KAT 247–99

Best.-Nr. ED 7705

Koordination: Rudolf Nykrin
Lektorat: Brigitte Franken
Umschlaggestaltung: Günther Stiller (unter Verwendung der Entwürfe von
Joachim Schuster)

Alle Rechte vorbehalten. Die Vervielfältigung und Übertragung auch einzelner
Textabschnitte ist – mit Ausnahme der in §§ 53, 54 URG ausdrücklich genannten
Sonderfälle – ohne schriftliche Zustimmung des Verlags nicht zulässig. Dies gilt
sowohl für die Vervielfältigung durch Fotokopie oder irgendein anderes Verfahren
als auch für die Übertragung auf Filme, Arbeitstransparente oder andere Medien.
© B. Schott's Söhne, Mainz, 1990
Printed in Germany · BSS 47 011
ISBN 3-7957-2604-2

Inhaltsverzeichnis

Vorwort *7*

Teil 1: Einführung

1. Adressaten *10*
2. Unterrichtsziele *10*
3. Unterrichtsrahmen in der Musikschule *11*
4. Bestandteile des Unterrichtswerkes *11*
5. Pädagogische Stichworte *14*
6. Wann, wie, wo, warum musizieren und tanzen Menschen? *16*
7. Allgemeine Hinweise zur Unterrichtsgestaltung *17*
   7.1. „Roter Faden", „Themen" und „Materialien" *17*
   7.2. Variationen des „Roten Fadens" *19*
8. Grundlegung der fachlichen Schwerpunkte *22*
   8.1. Singen und Sprechen *22*
   8.1.1 Erfahrungen mit dem Atem *22*
   8.1.2 Stimm- und Sprachbildung, Gestaltung *24*
   8.1.3 Lieder singen *26*
   8.1.4 Sing- und Sprechprobleme *26*
   8.2. Elementares Instrumentalspiel *27*
   8.2.1 Sachinformationen – Instrumentenübersicht *27*
   8.2.2 Zum Unterricht *44*

   M 1 – 10 x 10 Minuten Stabspiele 49

   8.3. Bewegung und Tanz *57*
   8.3.1 Sachinformationen *57*
   8.3.2 Basisarbeit im Bereich Bewegung und Tanz *59*
   8.3.3 Bewegungsbegleitung *62*
   8.3.4 Tanzimprovisation und Gestalten von Tänzen *64*
   8.3.5 Tanzen tradierter Tänze *65*

   M 2 - 10 x 10 Minuten Tanzen 67

   8.4. Musikhören *77*

   M 3 – 10 x 10 Minuten Musikhören 79

   8.5. Instrumenteninformation *87*
   8.6. Erfahrungen mit Inhalten der Musiklehre *89*
   8.6.1 Sachinformationen *89*
   8.6.2 Rhythmische Erfahrung und Rhythmussprache *91*
   8.6.3 Melodische Erfahrung *97*
   8.6.4 Notation *98*
   8.6.5 Formerfahrung *102*

   M 4 – Relative Solmisation und innere Tonvorstellung 105

9. Die Musikalische Grundausbildung baut Brücken *143*
   9.1. Brücken zum Elternhaus – Elternabende *143*
   9.2. Übergang zum Instrumentalunterricht *146*
   9.3. Übergang zum Tanzunterricht *147*
   9.4. Musikschule und allgemeinbildende Schule *148*
   9.5. Das Unterrichtswerk in Verbindung mit Aufgaben in der Heil- und Sonderpädagogik (Shirley Salmon) *148*

Teil 2: Vorschläge für die Unterrichtsarbeit

1. Thema: „Musik ahoi!" – Unser Schiff geht auf Reisen *154*

    M 5 – „Auf hoher See" – Die Inseln *163*

2. Thema: Meine, deine, unsere Lieder – zum Singen, Spielen und Tanzen *175*

    M 6 – Auf dem Markt *185*

    M 7 – Meine, deine, unsere Lieder *188*

3. Thema: Spiel mit Zeichen und Formen *197*

    M 8 – Musik mit Zeichen *203*

4. Thema: Erste Spiele und „Kunststücke" auf Stabspielen *209*

5. Thema: Musik mit unserem Körper *216*

    M 9 – Musizieren mit Klanggesten *227*

6. Thema: „Schmackel-bunz" – Spiel mit Bausteinen (Rhythmus) *233*

    M 10 – Spiel mit Rhythmen *241*

    M 11 – Trommeln bauen *254*

7. Thema: Stimme und Sprache und ihr Ausdruck *261*

    M 12 – Spiel und Spaß mit Texten und Liedern *269*

8. Thema: Musik und Tanz, wie gehört das zusammen? Fünf Erkundungen *285*

    M 13 – Tanzschmuck und Selbstbau-Instrumente zur Tanzbegleitung *297*

9. Thema: „Jeder spielt, so gut er kann" – Spiel mit Bausteinen (Melodie) *303*

    M 14 – Spiele in Tonräumen *313*

    M 15 – Eine Panflöte bauen und spielen *321*

10. Thema: Wir musizieren – für uns und für andere *329*

    M 16 – Musikstücke für Kindergruppen *335*

11. Thema: Wir tanzen *347*

    M 17 – Leichte Gruppentänze *353*

12. Thema: Brücken bauen – der Posaune und anderen Instrumenten, die wir dabei näher kennenlernen *367*

    M 18 – Musikstücke für das Zusammenspiel mit „besonderen" Instrumenten *375*

13. Thema: Texte klingen *391*

M 19 – Texte klingen verschieden 395

M 20 – „Windgeister" und ihre Instrumente 401

14. Thema: Farbentanz und Bildermusik 407

M 21 – Klang-Farben und Farb-Töne 411

15. Thema: So viel Musik um uns herum 413

M 22 – Exkurse 417

16. Thema: So ein Theater! 427

Anhang

a) Vorlagen für weitere Arbeitsblätter *439*
b) Quellennachweis *444*
c) Register zu Lehrerkommentar, Kinderbuch und Tonkassette
   Teil 1: Sachwortregister *447*
   Teil 2: Lieder und ihre Tonräume *453*
   Teil 3: Alphabetische Register
          Texte *456*
          Lieder und melodisierte Texte *457*
d) Verzeichnis der Hörbeispiele *458*

Vorwort

Die Heranführung von Kindern an den Spielraum von Musik, Tanz, Sprache und eigener Gestaltung ist nicht auf ein bestimmtes Alter zu begrenzen. Nach dem Erfolg des Unterrichtswerkes zur Musikalischen Früherziehung wurden denn auch bald Wünsche nach einer Fortsetzung von „Musik und Tanz für Kinder" laut, die der Arbeit mit älteren, schulpflichtigen Kindern gelten würde. Dem wurde mit diesem Werk zur „Musikalischen Grundausbildung" entsprochen.

Die didaktischen Vorstellungen und alle Unterrichtsvorschläge wurzeln wiederum in Erfahrungen, wie sie am Orff-Institut der Hochschule „Mozarteum" in Salzburg seit mehreren Jahrzehnten gesammelt werden.

Die Bezeichnung „Musikalische Grundausbildung" wurde, einem verbreiteten Sprachgebrauch folgend, übernommen. Wie das Werk zur Musikalischen Früherziehung ist aber auch dieses Unterrichtswerk dem übergreifenden Bild einer integrierten Elementaren Musik- und Tanzerziehung verpflichtet.

Das Unterrichtswerk öffnet sich vielfältigen Praxissituationen. Es entwickelte sich wieder im Dialog mit zahlreichen Lehrerinnen und Lehrern, die Teile davon ausprobiert, andere kritisch gelesen und mündlich und schriftlich Kritik und Bestätigung gegeben haben. Ihnen sei an dieser Stelle namentlich gedankt:

Werner Beidinger, Freilassing (D), Dorothee Berndt, Lübeck (D), Martin Bolkart, Veitshöchheim (D), Damiana Chionne, Visp (CH), Ursula Dümmler, Sulzbach-Rosenberg (D), Thea Ewald, Rödermark-Waldacker (D), Annette Fuchs, Fulda (D), Gabriele Gerhold, Wien (A), Micaela Grüner, Erding (D), Barbara Henzen, Lalden (CH), Rebekka Hofmann, Merzlingen (CH), Astrid Hungerbühler, Salzburg/Romanshorn (A/CH), Maria Jordan, Koblenz (D), Muriel Junghäni, Gümlingen (CH), Sabine Kath-Eicke, Niddatal (D), Sigrid Köhler, Hanau (D), Thomas Kühn, Offenbach a. M. (D), Denise Lengacher, Bern (CH), Barbara Metzger, Waldbrunn (D), Ingrid Pitzner, Gröbenzell (D), Franz Xaver Reinprecht, Sulzbach-Rosenberg (D), Gabriele Reisinger, Mondsee (A), Hanni Schertl, Vilseck (D), Maria Seeliger, Wald-Michelbach (D), Bettina Stier, Frankfurt (D), Gabriele Sziede, Gestratz (D), Angelika Sztanke, Springe (D), Josef Wörgötter, St. Johann (A), Carola Zenetti, Hechendorf (D), Annemarie Zingg-Kambly, Zollikofen (CH)

Das Werk soll dazu beitragen, daß viele Lehrer neue Unterrichtsmöglichkeiten für sich selbst entdecken. Die Fülle der Vorschläge möge keine Last sein, sondern Lust bereiten, Neues auszuprobieren und bewährte eigene Wege dazu in Beziehung zu setzen.

Die Autoren

Teil 1: Einführung

1 Adressaten

Das Unterrichtswerk „Musik und Tanz für Kinder – Musikalische Grundausbildung" soll in der Arbeit mit schulpflichtigen Kindern, beginnend im ersten und zweiten Schuljahr, wirksam werden. Die Musikschule stellt den wichtigsten Unterrichtsort dar. Naturgemäß können aber auch andere Erziehungsbereiche, vor allem die allgemeinbildende Schule, den Lernvorschlägen Anregungen entnehmen.

Der Unterricht ist voraussetzungslos konzipiert: für Kinder, die neu zu lernen beginnen, im Rahmen eines sich vielseitig orientierenden Basisunterrichts. Daneben eignet sich dieses Unterrichtskonzept auch für die Fortsetzung einer Arbeit mit Kindern, die bereits die Musikalische Früherziehung besucht haben und sich nach deren Abschluß noch nicht für ein Instrument entscheiden konnten. (Zu weiteren Praxissituationen vgl. Kapitel 7.)

Dem Lehrer* soll das Unterrichtswerk einen systematischen Aufriß der wichtigsten Lernbereiche und konkrete Vorschläge für eine zielbewußte Lernplanung geben, deren Gestaltung er selbst verantworten kann.

2 Unterrichtsziele

Musikalische Grundausbildung ist als Basisunterricht aufzufassen: Ziel ist eine grundlegende und zukunftsweisende Orientierung der Kinder. Diese sollen dabei ihre musikalischen Fähigkeiten entdekken, entwickeln und persönliche Wege finden können in den Spiel-, Erlebens- und Wissensraum von Musik und Tanz:
– im Kennenlernen grundlegender Mittel, Techniken und Informationen,
– in der Anleitung zum kreativen Spielen und Gestalten,
– durch die Ermunterung zu einer weiterführenden Beschäftigung mit Musik und/oder Tanz im Anschluß an die Musikalische Grundausbildung.

Kinder im schulpflichtigen Alter treten der Welt bewußter gegenüber als Vorschulkinder. Sie möchten und sollen Fragen stellen und verschiedenartige Verhaltensmöglichkeiten erproben und entdecken. Mit den zunehmenden kognitiven Fähigkeiten der Kinder, die durch die allgemeinbildende Schule (oft auch einseitig) gefördert werden, öffnen sich wie von selbst auch die Wege einer in erster Linie rational – zeichen- und technikorientierten – Musikerziehung. Es wäre nicht schwer, diese Wege zügig auszuschreiten, doch ist es zunächst einmal geboten, sich auch die weiteren Bedeutungen von Musik und Tanz wie auch anderer Künste im individuellen und gesellschaftlichen Leben zu vergegenwärtigen und daraus Schlußfolgerungen für die Grundlinien eines basisbildenden Erziehungsprozesses zu ziehen.

Musik und Tanz sind im besonderen auch Räume:
– für das seelische (emotionale, ästhetische) Erleben,
– für soziale und kommunikative Erfahrungen,
– für Phantasie und Spiellust.

---

* H i n w e i s : Der Lehrer in der Musikalischen Grundausbildung ist natürlich oft – eine Lehrerin! Die Autoren dieses Unterrichtswerkes haben ausführlich untereinander und mit anderen Lehrerinnen und Lehrern über Möglichkeiten gesprochen, dies sprachlich zum Ausdruck zu bringen, doch wurde eine zufriedenstellende Lösung nicht gefunden: Die generelle Verdopplung („Der Lehrer / Die Lehrerin...") würde zu einer Aufblähung des Textes führen, zumal sich in der Folge oft weitere Textverlängerungen ergäben („... spielt auf seinem / ihrem Instrument...", usf.). Durchgängig „Die Lehrerin" anzusprechen stieß bei den befragten Personen mehrheitlich auf Ablehnung. Der Ersatzbegriff „Lehrperson" verstörte ob seines Sachcharakters. Die modische Wortschöpfung „LehrerInnen" (der / die LehrerIn – ?) kann die Forderung nach grammatikalischer Flexibilität nicht erfüllen. So bleibt in diesem Unterrichtswerk weiterhin durchgängig „der Lehrer" angesprochen, auch wenn die Autoren sich der Unzulänglichkeit dieser sprachlichen Gewohnheit bewußt sind.

Gerade in den nicht „zweckgebundenen" Zielen und Erlebnissen liegt ein Merkmal und eine Aufgabe der Künste und somit auch der Kunsterziehung. Musik und Tanz können in solchen Funktionen auch für jüngere Kinder erlebbar werden.

Im Rahmen der Lernbereiche „Singen und Sprechen", „Elementares Instrumentalspiel", „Bewegung und Tanz", „Musikhören", „Instrumenteninformation" und „Erfahrungen mit Inhalten der Musiklehre" will das Unterrichtswerk Vorstellungen vermitteln, wie Kindern diese Lernbereiche aufgeschlossen werden können:
– in Spiel und Übung,
– in spontanem und planvollem Lernen,
– für sich und mit anderen Kindern,
– in Unterrichtsprozessen, die das „Hier und Jetzt" des Tuns im Unterricht mit Formen und Möglichkeiten musikalischen Verhaltens im Alltagsleben in Verbindung setzen.

3 Unterrichtsrahmen in der Musikschule

Die Musikalische Grundausbildung an der Musikschule ist, jenseits der maßstäblichen institutionellen Vorgaben*, ein Arbeitsgebiet, das in der Praxis neue Orientierungen sucht und unterschiedliche Modelle zur Lösung der gestellten Aufgaben findet. Insbesondere die Bemessung des Zeitrahmens (ein oder zwei Jahre Unterricht; ein oder zwei Unterrichtstreffen in der Woche) sowie der Versuch, das Lernen mit dem Beginn eines Instrumentalunterrichts abzustimmen, führen in der Praxis zu unterschiedlichen Lösungen.

„Musik und Tanz für Kinder – Musikalische Grundausbildung" ist für die Musikschule wie für den Lehrer flexibel nutzbar:
– in einem *einjährigen* ebenso wie in einem *zweijährigen* Unterricht,
– mit der Möglichkeit einer individuellen inhaltlichen Schwerpunktbildung (des Lehrers bzw. der Musikschule).

Die Zielsetzungen des Unterrichtswerkes sind im besonderen abgestimmt mit den Aufgaben der Musikschule, die der Musikalischen Grundausbildung eine Brückenfunktion, vornehmlich hin zum Instrumentalunterricht, zuschreiben. „Musik und Tanz für Kinder – Musikalische Grundausbildung" stellt vielfältige Möglichkeiten der instrumentalen Anregung und Orientierung der Kinder vor. Kinder, die bereits Instrumentalkenntnisse haben bzw. neben der Musikalischen Grundausbildung erwerben, können mit ihren Fähigkeiten verstärkt in den Unterricht einbezogen werden.

4 Bestandteile des Unterrichtswerkes

a) Grundmaterialien

Lehrerkommentar

Der vorliegende Kommentar enthält neben einer didaktischen Einführung 16 ausführlich beschriebene „Themen" sowie 22 „Materialteile" (M-Teile) mit zusätzlichen themenbezogenen Unterrichtsvorschlägen. Der Lehrerkommentar erläutert das Zusammenspiel der vorgesehenen Bestandteile des Unterrichtswerkes und versteht sich als „Roter Faden" für die Lernplanung (vgl. S. 17ff.). Der Kommentar enthält auch eine Anzahl von Arbeits- und Elterninformationsblättern (Kopiererlaubnis) sowie ein mehrteiliges Register.

* Niedergelegt z.B. im Lehrplan „Musikalische Grundausbildung" des „Verbandes deutscher Musikschulen" (VdM).

Folgende Symbole bezeichnen spezielle didaktische Möglichkeiten:

 = Hinweis auf ein Hörbeispiel auf der Tonkassette

 = Thematischer Querverweis: Hinweis auf thematisch eng anschließende Unterrichtsinhalte an anderen Stellen des Lehrerkommentars

 = „Vertiefung": Ein inhaltliches Angebot, das bei Neigung von Lehrern und Kindern die Beschäftigung mit einem bestimmten Inhalt differenzieren und fortführen hilft.

 = Das Symbol verweist auf die Möglichkeit, die Eltern der Kinder zu beteiligen. Es wurde nur an einigen markanten Stellen gesetzt: bei den Hinweisen zu Elternabenden und -gesprächen, bei den Anfangsthemen (Thema 1, 2) sowie bei Thema 15 und den Materialteilen mit Vorschlägen zum Instrumentenbau (M 11, M 15). Weitere Möglichkeiten, Eltern aktiv in den Unterricht einzubeziehen, sollen vom Lehrer bestimmt werden.

Zwei Tonkassetten

Sie stellen Tonbeispiele bereit, die der Lehrer im Unterricht einsetzen kann, u.a. die Musik zu den Tänzen, Mitspielstücke und Beispiele zum Musikhören.

Kinderbuch

Es spiegelt Motive der „Themen" des Unterrichts entlang des in diesem Lehrerkommentar beschriebenen „roten Fadens". Als *„Anschaubuch"* gibt es den Kindern eine Vorstellung von der Vergangenheit („Das haben wir schon gemacht"), der Gegenwart („Das lernen wir gerade") und der Zukunft des Lernens („Das wird bald drankommen"). Als *„Aktivbuch"* bietet es den Kindern verschiedene Möglichkeiten zur Aus- und Weitergestaltung.

Das Kinderbuch kann einen zweijährigen Unterrichtsverlauf begleiten und stimulieren, insbesondere auch in Verbindung mit weiteren Unterrichtsmaterialien (Sammelheft, Liederheft). Sofern jedoch verschiedene Themen knapper gefaßt werden (vgl. S.18, 21), kann das Buch auch innerhalb nur eines Unterrichtsjahres in seinen wesentlichen Teilen behandelt werden.

Sammelheft

Die Kinder sollen neben dem Kinderbuch ein „Sammelheft" (= Einheftmappe für DIN A 4-Blätter, wie sie im Schreibwarenhandel erhältlich ist) führen. (Aus Kostengründen wurde darauf verzichtet, eine solche Mappe als Bestandteil des Unterrichtswerkes anzubieten.) Im Sammelheft können zusätzliche, vom Lehrer erstellte oder kopierte bzw. von den Kindern selbst gezeichnete Blätter abgelegt werden. Verwendet der Lehrer für das Notenschreiben der Kinder Arbeitsblätter, wie sie sich als Muster auf den S. 440ff. finden, erfüllt das „Sammelheft" auch die Funktion eines Notenheftes.

Elterninformation zur Musikalischen Grundausbildung

Das Elternmedium versucht das Interesse der Eltern an der Musikalischen Grundausbildung zu wecken und auch zu vertiefen. Es geht auf Fragen ein, die Eltern häufig zur Musikalischen Grundausbildung stellen.

b) Ergänzende Unterrichtsmaterialien

In Zusammenhang mit dem Unterrichtswerk „Musik und Tanz für Kinder" wurden ergänzende Unterrichtsmaterialien entwickelt.

Liederheft

Es soll über das Kinderbuch der Musikalischen Grundausbildung (bzw. das Kinderheft der Musikalischen Früherziehung) hinaus, das die Vielfalt der Unterrichtsinhalte spiegelt, ein attraktives Zusatzangebot für das Singen machen – insbesondere auch für eine zweijährige Musikalische Grundausbildung.
Das Liederheft ist ein selbständiges Unterrichtsmedium. Es bietet Lieder und Texte zum Gestalten an und gibt auch Anregungen zum begleitenden Musizieren und zum Tanzen.

Posters „Kinderlieder" und „Unsere Musikinstrumente"
Zum Unterrichtswerk „Musik und Tanz für Kinder" sind zwei Posters erschienen:

 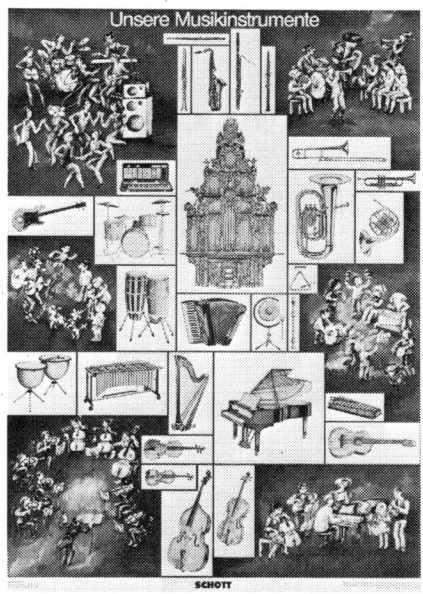

„Kinderlieder":
Das Poster soll die Kinder zum Singen und zum Lernen von Kinderliedern, aber auch zum Erzählen und Erklären anregen. Es kann im Elternhaus dazu beitragen, einen gemeinsamen Liedschatz innerhalb der Generationen einer Familie zu begründen.

„Unsere Musikinstrumente":
Die Kinder können hier die wichtigsten Orchesterinstrumente, aber auch die Instrumente, die sie selbst spielen, entdecken: jedes Instrument für sich, aber auch die Instrumente in Ensembles, in denen sie typischerweise auftreten.

Die Posters sollen nicht als klassische „Lehrmittel" verwendet werden. Durch ihre grafische Gestalt, durch die liebevollen farbigen Zeichnungen sollen sie die Kinder anregen, selbst nachzusinnen und dann mit anderen ins Singen, ins Gespräch, ins Nachdenken zu kommen. Eine Beilage zu den Posters erläutert verschiedene Unterrichtsmöglichkeiten.

H i n w e i s : Die einzelnen Bestandteile des Unterrichtswerkes sind je für sich selbständig, wobei die Lehrermaterialien das „Herz" der Unterrichtsplanung bilden. Der jeweilige Stellenwert der Materialien für Lehrer, Eltern und Kinder wird an verschiedenen Stellen des Lehrerkommentars näher erläutert (ausgenommen das für sich selbst sprechende Liederheft). Es besteht kein „Systemzwang": Über die Einführung der Kinder- oder Elternmaterialien entscheiden Lehrer bzw. die Schule.

Das Angebot an ergänzenden Materialien wird fortgesetzt.

5   Pädagogische Stichworte

Das vorliegende Unterrichtswerk schließt sich mit seinem pädagogischen Selbstverständnis nahtlos an jenes des Unterrichtswerkes zur Musikalischen Früherziehung an. *Ganzheitlichkeit* (die Unterrichtssituationen sollen den Vorstellungen, Erwartungen und Empfindungen der Kinder entgegenkommen; sie sollen Sinne und Körper, Emotion und Intellekt der Kinder ansprechen), *Anschaulichkeit, Offenheit für die eigenen Einfälle und die Phantasie der Kinder* sowie die Prämisse *sozialer Gebundenheit* sind weiterhin zentrale Stichworte; desgleichen ist die hieraus resultierende Forderung nach *Flexibilität der Lernplanung* ein weiterhin geltendes Grundprinzip (vgl. Lehrerkommentar I der Musikalischen Früherziehung, S. 77f.).

In der Musikalischen Grundausbildung ergeben sich aber neue Akzente, die u.a. ausgehend von jenen Veränderungen der Kinder zu beschreiben sind, die sich mit dem Erreichen der „Schulreife" verbinden.

Die Kinder – neue Interessen

Wird ein Kind als schulreif bezeichnet, hat es eine Entwicklung erfahren, die es vom „Kindergartenkind" (und dem Kind, das die Musikalische Früherziehung besuchte) unterscheidet. Sein Denken ist zusehends realistischer geworden. Mit vielen seiner Fragen will es Details erfahren und Hintergründe erforschen: „Wieviele Tasten hat das Klavier?" „Wieviele Stäbe hat das Xylophon?" „Wo ist die Mitte?" – Auf Fragen, die das Kind selbst stellt, lassen sich jetzt sachbezogene Unterrichtsimpulse aufbauen.

Die Kinder haben in diesem Alter oft schon Interesse daran, etwas „Richtiges" zu lernen und zu üben, weil sie stolz darauf sind, das eine oder andere wirklich zu können. Viele Kinder wollen z.B. „richtig musizieren" und erwarten dabei Ergebnisse, die sie klanglich zufriedenstellen. Sie sind stärker bereit, dafür Regeln zu lernen, Verabredungen zu treffen und auch zu üben.

Schließlich lernen die Kinder, die eigenen Möglichkeiten, Fähigkeiten und Fertigkeiten besser einzuschätzen, auch im Vergleich mit anderen. Hier liegt u.a. der Ansatz für die Chance, daß viele Kinder nach der Musikalischen Grundausbildung selbst sagen, ob und welches Instrument sie lernen wollen.

Der Umgang mit Musik und Tanz kann sich auf die neuen Motivationen und Orientierungen der Kinder stützen. Er darf aber nicht allein und nicht vornehmlich auf sachlich-materielle Interessen, auf Leistung und Einhaltung von Regeln, auf Zweckhaftigkeit des Lernens hin angelegt sein. Und nicht alles, was Kinder selbst an Wünschen und Interessen äußern, gründet wirklich auf ihren eigenen Bedürfnissen. Viele Kinder lernen in der Schule z.B. in erster Linie Lesen, Schreiben und Stillsitzen, und sie glauben zunächst, das sei nun die einzig mögliche Form des Lernens. Oft geht es in der Schule um richtig und falsch (so beim Lesen, Schreiben, Rechnen), und die Kinder lernen den Konkurrenzkampf und die Angst vor dem Versagen kennen. Demzufolge trauen sie nun dem Lehrer nicht immer auf Anhieb, der den Musikunterricht mit einem Spiel beginnt: „So ein Kinderkram!", oder der meint, alle Melodien, die die Kinder auf dem Xylophon gespielt haben, seien richtig, jede eben etwas anders: „Aber welche war denn nun die beste?"

Musik und Tanz sind Spielräume eigener Art. Das ihnen Wesentliche den Kindern nahezubringen heißt auch, ihre Vieldeutigkeit zu erschließen. Behutsame Abwägungen zwischen sachorientiertem Lernen und phantasievollem Spiel, zwischen „Regeln akzeptieren und einhalten" und „eigene Regeln erfinden", zwischen Übung und Anwendung, Anstrengung und Erholung, sind nötig.

Diese Abwägungen kann allein der Lehrer in seinem Unterricht vornehmen. Wo die Grenze zwischen zielführendem Üben und Drillversuch läuft, hängt ja vor allem auch davon ab, wie alt die Kinder sind, welche Vorerfahrungen und welche Einstellung zu einem bestimmten Unterrichtsgegenstand sie haben! Wann das Sich-Vergleichen von Kindern auf das einzelne Kind motivierend wirkt und wann es zur Mutlosigkeit führt – das kann nur der Lehrer selbst beobachten und abschätzen. Der Lehrer muß sich also – auch wenn dieses Unterrichtskonzept ihm vielfältige Unterrichtssituationen erschließt – immer über die Wirkung des Unterrichts auf die Kinder Rechenschaft geben.

Unterricht in der Gruppe

Gruppenunterricht im Rahmen einer Musik- und Tanzerziehung versteht sich als der Versuch, die Gruppenmitglieder mehr und mehr an der Unterrichtsgestaltung teilhaben zu lassen. Es soll im Verlauf der Musikalischen Grundausbildung zu vielen Situationen kommen, in denen der Lehrer sich als Partner der Kinder, als „Erster unter Gleichen", verstehen kann. Der Lehrer führt Themen ein, setzt Impulse und motiviert damit die Kinder zur Beschäftigung mit Aufgaben und Fragestellungen. Dann soll es jedoch möglichst oft auch zu Situationen kommen, wo die Kinder mit eigenen Ideen und Vorschlägen den Unterricht mitgestalten und weiterführen.

Prinzip der heterogenen Gruppe: Jede Gruppe setzt sich aus Individuen zusammen, die unterschiedliche Bedürfnisse und Fähigkeiten haben. So muß der Lehrer versuchen, Aufgabenstellungen und Spielrollen zu finden, die einzelnen Kindern entgegenkommen und sie entsprechend ihren Fähigkeiten fördern. (Differenzierungen müssen z.B. oftmals im Bereich des Instrumentalspiels gefunden werden.) – Kinder sollen andererseits aber auch erfahren, daß „Gruppe" bedeutet, von eigenen momentanen Wünschen einmal Abstand zu nehmen und zu versuchen, Aufgaben, die an alle gleichermaßen gestellt sind, zu erfüllen, auch wenn das manchmal schwerfällt!

Spielen – Lernen

Alles, was Kinder interessiert und bewegt, betreiben sie mit Ernst und Hingabe. Für sie besteht kein Unterschied zwischen Spielen und Lernen. Im Bereich der Musik- und Tanzerziehung ist Lernen ohne Spielen, aber auch Spielen ohne Lernen nicht vorstellbar. In der Gelöstheit des Spiels entsteht die Lust an Variationen und eigenen Lösungen. Angstfreiheit setzt kreative Kräfte wach und läßt die Neugierde wachsen, Fragen zu stellen und mehr wissen zu wollen.

In dem Maße, in dem die technischen Fähigkeiten der Kinder und ihr sachliches Wissen zunehmen, erweitern sich auch ihre Gestaltungsmöglichkeiten, die angesprochen, gefestigt und vertieft werden müssen.

Wiederholen: Vertiefung und Übung haben in der heutigen Gesellschaft eher geringen Stellenwert. Die Schnellebigkeit fordert zur Oberflächlichkeit heraus, und oft leiden bereits Kinder an Reizüberfütterung. Wiederholungen müssen vom Lehrer immer wieder herausgefordert und so angeboten werden, daß die Kinder ihre Effekte verspüren können: wie Wiederholung zu Kenntnis und Können und damit im besten Fall zu einer inneren Ruhe und Sicherheit führt, die auch den Kindern selbst Freude machen wird. (Für alle Kinder ist es z.B. ein tiefes Erlebnis, wenn sie einen Tanz nicht nur einmal lernen, sondern ihn so oft – und ohne den Lehrer – wiederholen, daß er sicher „klappt" und sie sich in ihrer Wahrnehmung ganz auf die ästhetische Form des Tanzes, unbeschwert vom Beobachten der Verwicklungen der eigenen Füße, einlassen können.)

Üben und Aufführen: Für Kinder im Schulalter bedeutet die Präsentation eines Ergebnisses sehr viel, und sie sind bereit, dafür zu üben. Vor der Erarbeitung eines größeren Projektes, dessen „krönender Abschluß" eine Aufführung vor Publikum ist, kann in vielen kleineren Projekten geübt werden. Das beginnt z.B. damit, daß eine einfache Liedgestaltung, die in einer Stunde erarbeitet wurde, an deren Ende den Eltern mit konzentrierter Aufmerksamkeit vorgeführt wird.

Rituale: Sie erleichtern das Zusammenleben – in der „großen" Gesellschaft ebenso wie in der „Minigesellschaft" einer Grundausbildungsgruppe. Kurze Rituale geben dort Vertrautheit, Geborgenheit und gemeinsame Orientierung:
– Ein bestimmtes Lied oder ein gesungener Ruf können den Unterricht eröffnen und beschließen.
– Die Aufbewahrung der Kinderbücher im Unterrichtsraum wird zu einer immer wiederkehrenden Aktion: Ein Turm kann mit den Heften gebaut werden, oder jedes Kind sucht für sein Heft ein Versteck.

- „Jeder spielt, so gut er kann" (vgl. S. 309) – so ein Lied(text) könnte in jeder Unterrichtseinheit in abgewandelter Weise eine Rolle spielen: Einmal geht es um das Spielen, ein anderes Mal um Tanzen, Singen, Hüpfen oder Klatschen – alternierend zwischen Gruppe und Solisten.
- Jede wiederkehrende Übung – ob sie nun die Körperbildung, die Atemübung, das rhythmische oder melodische Können der Kinder (z.B. Übungen mit Rhythmussprache oder relativer Solmisation) betrifft – kann zum Ritual werden, wenn der Lehrer ihr jedesmal eine ähnliche Form gibt.

Der Lehrer – immer auch ein Vorbild

Mit seiner eigenen Persönlichkeit, seinem Auftreten und Verhalten ist jeder Lehrer für die Kinder von großer Bedeutung. Sie beobachten ihn genau und imitieren ihn oft:

- Sein Sozialverhalten (die Achtung, die er den Kindern entgegenbringt), wird entscheidend dazu beitragen, daß auch die Kinder lernen, Rücksicht zu nehmen und auf Bedürfnisse und Wünsche anderer einzugehen.
- Möchte der Lehrer Ruhe und Konzentration, muß er selbst innerlich ruhig und konzentriert sein. Daraus erwächst ihm dann auch die Geduld, die er aufbringen muß, bis die Kinder ihm in seiner Stimmung folgen.
- Will er Neugierde und Interesse wecken, darf er nicht nur eine einzelne, gezielte, sachliche Frage stellen: Er selbst muß seine Neugierde und sein Interesse an einem Thema den Kindern deutlich zeigen und sich dabei mit ihnen in einen Prozeß des Erkundens, Fragens und Tuns einlassen.
- Fühlt sich ein Lehrer einmal sehr erschöpft, kann der Unterricht dennoch stattfinden, wenn er den Kindern seine Situation ehrlich schildert. Die hilfsbereite Reaktion der Kinder, die ihn von der Aufgabe, den Unterricht zu „lenken", nach Kräften zu entlasten versuchen, wird ihn überraschen!

Über die allgemeinen Verhaltensimpulse hinaus ist es die Breite der fachlichen Aktivitäten, die der Lehrer vorbildhaft beherrschen sollte. Die Lebendigkeit und Klarheit seines Singens und Sprechens, die schlichte und doch präzise Art seines Instrumentenspiels, die ausgeglichene Körperspannung und aufrechte Körperhaltung, die Gelöstheit und Konzentration seiner tänzerischen Bewegung usf. wirken vor allen verbalen Hinweisen impulsgebend und lernfördernd auf die Kinder.

6 Wann, wo, wie, warum musizieren und tanzen Menschen?

Soll eine Grundausbildung in Musik und Tanz nicht nur eine liebenswerte, im Bewußtsein von Kindern und Eltern mehr oder weniger sinnvoll erscheinende Beschäftigung mit „schönen Dingen" sein, muß unser Unterricht immer wieder den Zusammenhang unseres Musizierens und Tanzens mit dem „Leben", also der täglichen Wirklichkeit, herstellen. Fragen zur anthropologischen und gesellschaftlichen Bedeutung von Musik und Tanz klingen in verschiedenen Themen dieses Unterrichtswerkes an. Sie begründet zu beantworten sollte vor allem den Lehrer beschäftigen. Die Kinder sollten an einigen Stellen erleben, daß Singen, Tanzen und das Spiel auf Instrumenten nicht nur Themen ihres wöchentlichen Unterrichts sind, sondern daß auch Menschen in ihrer Umgebung praktischen Umgang mit Musik haben. Sie sollten eine Ahnung davon mitnehmen, daß Musik und Tanz für uns Menschen wesentliche Medien des Ausdrucks und der Mitteilung sind.

Es geht darum, die Aufmerksamkeit von Kindern und Eltern auf die Gelegenheiten zu richten, bei denen Menschen in Stadt und Land musizieren, singen und tanzen. – Wie ist das: Können Kinder dabei mitmachen? Wann sind die Erwachsenen unter sich, wann Kinder allein? Kann man nur in Räumen tanzen, oder auch im Freien? Warum tanzt man bei uns nicht in der Kirche? (Dort wird gesungen, ein Chor ist wichtig, die Orgel spielt.) Es gibt Musik, die erklingt, wenn wir einen Mitmenschen zu Grabe tragen, und Gesänge, die im Fußballstadion erklingen. (Wie kann man die Lieder, Stücke voneinander unterscheiden?) Singen Menschen auch, wenn sie allein sind? Tanzen sie allein? Was gibt es für Berufe, die mit Musik und Tanz zu tun haben?

Bereits mit dem ersten Thema könnte sich der Gedanke verknüpfen, über „Inseln" zu sprechen, die nicht nur in fernen Meeren, sondern in unserer eigenen Umgebung liegen: „Inseln", wo Menschen tanzen und musizieren. Der Lehrer kann schon hier den Eltern empfehlen (z.B. auf einem Elternabend), Veranstaltungen mit ihren Kindern zu besuchen: den auf dem Marktplatz singenden Chor, die Blaskapelle, das Konzert in einer Kirche... Und natürlich sollen auch Eindrücke aus Rundfunk und Fernsehen aufgegriffen werden.

Für Gespräche im *Eltern-Kind-Kreis* bieten sich insbesondere an: Thema 10 („Wir musizieren – für uns und für andere"), Thema 11 („Musik und Tanz – wie gehört das zusammen?"), Thema 12 („‚Brücken bauen' – der Posaune und anderen Instrumenten...") sowie vor allem Thema 15 („So viel Musik um uns herum").

Mit den Kindern kann man im Rahmen aller Unterrichtsthemen spontan zu entsprechenden Gesprächen finden. Dabei kann es nicht um einen systematischen Einstieg in eine Anthropologie von Musik und Tanz gehen. Auch nach ein oder zwei Unterrichtsjahren werden die Kinder keine bündigen Antworten geben müssen. Sie können aber begreifen, daß ihre eigenen Erfahrungen beim Musizieren und Tanzen Entsprechungen im Leben der „Großen" haben. So mögen sie auch spüren, daß ihnen eine Fähigkeit zuwächst, die sie jetzt und später brauchen können: zum eigenen Erleben und Vergnügen, und um sich anderen Menschen mitzuteilen – in eben jener Weise, wie es, ohne Worte und Sprache, nur musizierend und tanzend möglich ist.

Literatur für den interessierten Lehrer:

Klausmeier, Friedrich: Die Lust, sich musikalisch auszudrücken. Reinbek bei Hamburg 1978
Regner, Hermann: Musik lieben lernen. Von der Bedeutung früher Begegnungen mit Musik. Anregungen für Eltern und Erzieher. Mainz-München 1988
Sorell, Walter: Der Tanz als Spiegel der Zeit. Wilhelmshaven 1985
Suppan, Wolfgang: Der musizierende Mensch. Eine Anthropologie der Musik. Mainz 1984

Allgemeine Hinweise zur Unterrichtsgestaltung — 7

„Roter Faden", „Themen" und „Materialien" — 7.1

Die Inhalte und Arbeitsmöglichkeiten der Musikalischer Grundausbildung können in der Praxis verschiedenartig angeordnet werden. Es wäre engstirnig, würde ein Unterrichtswerk nur einen einzigen Lernweg als sinnvoll herausstellen. Der Respekt vor der Selbstverantwortung des Lehrers gebietet es zudem, die Offenheit des unterrichtlichen Vorgehens nicht nur mit Worten zu unterstellen, sondern durch die Anlage eines Unterrichtswerkes konkret zu begünstigen.

Andererseits erwartet der Lehrer von einem Unterrichtswerk auch deutliche Hilfen und Entlastungen bei der inhaltlichen Planung des Unterrichts. Eine Lösung des „Dilemmas" wird innerhalb dieses Unterrichtswerkes - wie bereits in „Musik und Tanz für Kinder – Musikalische Früherziehung" – mit einem „roten Faden" versucht.

„Roter Faden": Er ist das sprachliche Symbol für eine plausible Grundlinie der Unterrichtsplanung. Der „rote Faden" verläuft entlang jenes Arrangements von Unterrichtsvorschlägen, das in der Abfolge der „Themen" und der ihnen zugeordneten „Materialien" in Teil 2 dieses Lehrerkommentars niedergelegt ist. Am „roten Faden" entlang führt ein sinnvoller und erprobter Weg in das weitgefächerte Feld des Musizierens und Tanzens mit Kindern. Wie in der Musikalischen Früherziehung kann der Weg des „roten Fadens" auch in der Musikalischen Grundausbildung vom Lehrer verändert werden.

„Themen": Die 16 „Themen" dieses Unterrichtswerkes sind – in der Verbindung mit den ihnen jeweils zugeordneten „Materialteilen" (s.u.) – als größere, im Gesamtbereich der Unterrichtsinhalte ausgrenzbare Inhaltsfelder zu betrachten. Im engeren Sinne bezeichnet ein „Thema" eine jener Folgen von Unterrichtssituationen, die auf den „weißen Seiten" in Teil 2 dieses Lehrerkommentars beschrieben sind. Den „Themen" in diesem Verständnis gelten die folgenden Hinweise:
- Nach einer Kurzeinführung und den einstimmenden „Überlegungen zum Thema" folgen Angaben zu notwendigen Unterrichtsmaterialien und vorbereitenden Arbeiten.
- Die „Entwicklung des Themas" (oft kurz als „Themenentwicklung" bezeichnet) wird von einer Übersicht eingeleitet, welche die später ausführlich beschriebenen Unterrichtsvorschläge stichpunktartig zusammenfaßt.
- Eine „Entwicklung des Themas" ist in der Regel umfangreicher als die entsprechenden Abschnitte im Konzept zur Musikalischen Früherziehung. Konnten diese dort vielfach auch als ein Vorschlag für den Ablauf einer Unterrichtsstunde gelesen werden, so ist dies jetzt nur noch in Ausnahmefällen denkbar.
- Die in den Themenentwicklungen beschriebenen Abfolgen von Lernsituationen sind in sich und in ihrem Zusammenhang überlegt und erprobt. Dennoch werden sie in der Praxis aus mancherlei Gründen abgeändert, gekürzt oder auch erweitert werden müssen. Das eigene Interesse des Lehrers, die Reaktionen der Kinder sowie andere situative Gegebenheiten spielen dabei eine Rolle. Vor allem müssen die Vorschläge vom Lehrer in die Form von Unterrichtseinheiten überführt werden, wobei die Untergliederung einer Themenentwicklung in a), b), c) usw. einen Anhaltspunkt dafür gibt, was sinnvollerweise jeweils den „Kern" einer Stunde (oder des Teiles einer Stunde) ausmachen könnte.
- Jeder Lehrer sei dazu ermutigt, den persönlich richtigen Unterrichtsstil und -weg selbst zu finden! Je mehr sich der Lehrer mit der Gestaltung einer – *seiner* – „Entwicklung des Themas" identifizieren kann, umso lebendiger kommt er damit bei den Kindern „an", umso freudiger werden sich diese am Unterricht beteiligen.

„Materialien": Auf den gelben Seiten des Lehrerkommentars sind im Rahmen von 22 „Materialteilen" weitere Lernvorschläge ausführlich beschrieben.

Die Materialteile in Teil 2 des Lehrerkommentars bilden dabei zusammen mit den ihnen jeweils vorgeordneten weißen Seiten ein Angebot an Lernsituationen, mit dessen Hilfe der jeweilige thematische Zusammenhang vom Lehrer mannigfaltig variiert werden kann: So können Materialvorschläge einzelne der in einer Themenentwicklung dargestellten Lernsituationen ersetzen oder zusätzlich in die Themenentwicklung einbezogen werden.

Die Materialteile in Teil 1 des Lehrerkommentars beschreiben dagegen stärker eigenständige Übungssequenzen. Innerhalb des Gesamtkonzeptes haben sie unterschiedliche Funktionen:
- Sie entlasten die Darstellung vieler „Themen" von der Beschreibung von Übungen, die parallel geführt werden müssen, dennoch aber nur als eine „Nebenspur" des Unterrichts zu verstehen sind.
- Sie berücksichtigen die Tatsache, daß manche Übungsfolgen zu verschiedenen Zeitpunkten einsetzen können: Das Angebot „10 x 10 Minuten Musikhören" z.B. kann schon wenige Wochen nach Beginn einer Musikalischen Grundausbildung oder auch erst später aufgegriffen werden. (Würde man diese Übungen innerhalb dieses Lehrerkommentars einzelnen „Themen" zuordnen, könnte dieser Aspekt zeitlicher Variation nicht zum Ausdruck gebracht werden.)
- Diese Materialteile weisen für den Lehrer mögliche individuelle Schwerpunktbildungen aus, wenngleich die Materialteile „10 x 10 Minuten Tanzen" und „10 x 10 Minuten Musikhören" im Unterricht grundsätzlich eine Rolle spielen sollten.

Im einzelnen:
- *M 1 – 10 x 10 Minuten Stabspiele (LK S. 49ff.):* Der Materialteil baut auf Lernerfahrungen auf, wie sie sich mit Thema 9 ("Jeder spielt, so gut er kann...") verbinden.
- *M 2 – 10 x 10 Minuten Tanzen (LK S. 67ff.):* Der Materialteil schildert spielerische Übungsfolgen, in denen u.a. Voraussetzungen für das raschere Erfassen von Gruppentänzen (vgl. Thema 11 „Wir tanzen") geschaffen werden.

- *M 3 – 10 x 10 Minuten Musikhören (LK S. 79ff.):* Der Materialteil beschreibt Übungen, die das Erlebnis der Musik an sich (und gleichsam zweckfrei) aufschließen können. Sie sollen vom Lehrer zu einem selbstgewählten Zeitpunkt in dafür geeigneten Unterrichtssituationen eingebracht werden.
- *M 4 – Relative Solmisation und innere Tonvorstellung (LK S. 105ff.):* Hier werden Anregungen zu einer vokal orientierten Unterrichtsmethode gegeben, die akzentartig oder schwerpunktmäßig die Arbeit mit den Kindern bestimmen kann.

Trotz mancher formaler Ähnlichkeiten zum Unterrichtswerk der Musikalischen Früherziehung beinhaltet das Unterrichtswerk zur Musikalischen Grundausbildung also wichtige neue Akzentsetzungen. Zwei weitere seien abschließend genannt:
- Stärker als in der MFE mit ihren *Erlebnis*bezügen bilden jetzt *Sach*bezüge die Verklammerung der Unterrichtsschritte. Damit können die in einer Themenentwicklung beschriebenen Verlaufsstrukturen leichter umgestaltet, ergänzt und mit anderen Aktivitäten in Beziehung gesetzt werden.
- Das Unterrichtswerk zur Musikalischen Grundausbildung bringt deutlicher als das Konzept zur Musikalischen Früherziehung die Möglichkeit zum Ausdruck, mehrere thematische Spuren im Unterricht gleichzeitig zu verfolgen: So kann neben die Arbeit am gerade aktuellen Thema die Beschäftigung mit einer besonderen Übungssequenz (z.B. „10x10 Minuten...") wie natürlich auch die Wiederholung oder Weiterführung von Elementen aus einem bereits abgeschlossenen Thema treten.

Variationen des Roten Fadens 7.2

Die Zusammenstellung der in diesem Unterrichtswerk aufgewiesenen Inhalte ist nicht so bemessen, daß man sie mit einer Gruppe im Verlauf eines Kurses erschöpfend behandeln könnte. Die Fülle der Anregungen soll dem Lehrer vielmehr Variation und Schwerpunktbildung innerhalb des Unterrichts ermöglichen und ihm eine Grundlage für ein abwechslungsreiches Arbeiten auch in einer jahrelangen Unterrichtstätigkeit sein.

In der Praxis von Musikschulen ergibt sich aufgrund der bemessenen Unterrichtszeit die Notwendigkeit der Auswahl, aber auch der Einschränkung. Dies gilt besonders, wo Schulen eine einjährige Grundausbildung praktizieren. Wird während dieses einen Unterrichtsjahres der Unterricht gar nur einstündig geführt (im Gegensatz zu der im „Strukturplan" des Verbandes deutscher Musikschulen ausgeführten Regel einer zweijährigen und zweistündigen Musikalischen Grundausbildung), muß dies allerdings zu einer problematischen Schmälerung der den Kindern ermöglichten Lernerfahrungen führen. (Die Autoren des Unterrichtswerkes sahen sich nicht in der Lage, ein unterrichtliches Angebot zu verantworten, welches von einer solch massiven Verkürzung der Unterrichtszeit ausgeht.)

Hinweise zum Umgang mit der Vielfalt der Anregungen

Persönliche Schwerpunktbildung des Lehrers: Jede zeitlich intensivierte Beschäftigung mit einem Schwerpunkt bringt einerseits ein „Weniger" an anderen Inhalten und Erfahrungen, andererseits ein „Mehr" und eine vertiefte Beschäftigung mit einem Teilbereich musikalisch-tänzerischen Verhaltens. Der Erfolg der Musikalischen Grundausbildung, deren Ziel es ist, Kindern Lust am Erleben von Musik und Tanz und eine Basis für das weitere Lernen zu geben, ist durch eine – vernünftige – Schwerpunktbildung sicher nicht in Frage gestellt.

„Singen" – „Relative Solmisation" – „Musizieren auf Instrumenten" – „Musizieren auf einem besonderen Instrument, z.B. der Blockflöte" – „Musizieren auf Stabspielen" – „Instrumentenbau" – „Tanzen mit Kindern" – so könnten, kurz bezeichnet, Schwerpunkte lauten, für die sich einzelne Lehrer besonders interessieren. Für jeden von ihnen gibt es eine Vielzahl von Unterrichtsvorschlägen bzw. Anknüpfungsmöglichkeiten. Der Wechsel des Hauptaspektes bei einzelnen Unterrichtsthemen kann ein thematisches Schwerpunktinteresse unterstützen. Beispiele:
- Zu Musizierstücken kann, stärker als in den Unterrichtsvorschlägen ausgewiesen, das Tanzen treten.
- Das Tanzen kann vornehmlich vom eigenen Singen grundiert werden.

- Relative Solmisation kann als Roter Faden das Singen und Musizieren über eine längere Zeit bestimmen.
- Ein Instrument (z.B. Blockflöte) kann in Verbindung mit der Einführung in die Notenschrift (grafisch, traditionell) einbezogen werden, weitere Formen des Musizierens und Tanzens können auf dieses Instrument hin ausgerichtet werden.

Wenn Gruppen neu beginnen: Es ist die in diesem Unterrichtskonzept vorgesehene „Normalsituation". Aber jede Gruppe und jedes Kind ist anders, und das trifft gerade auch für den Anfang zu: So mögen z.B. ältere Kinder deutlicher sachorientiert denken und sich über das gemeinsame Tun ohne weitere Probleme kennenlernen. Bei jüngeren Kindern, oder in einer „schüchternen" Gruppe, muß dem anfänglichen „Kennenlernen" vielleicht mehr Aufmerksamkeit und spezifische Anregung geschenkt werden.

Vor allem wird der Lehrer das technische Niveau der geförderten Aktivitäten richtig zu bemessen haben und Situationen, bei denen Überforderung droht, dem Fähigkeitsstand der Kinder entsprechend modifizieren.

Unterricht im Anschluß an eine vorausgegangene Musikalische Früherziehung: „Musik und Tanz für Kinder – Musikalische Grundausbildung" führt das Angebot an Themen und Lernsituationen, das die Lehrerkommentare I und II der Musikalischen Früherziehung bereitstellten, in einem stimmigen, differenzierenden und ergänzenden Aufbau fort. Am wichtigsten dabei ist, daß methodische Grundprinzipien beibehalten und inhaltliche Grundlinien fortgesetzt werden, so daß Kinder, die bereits den Unterricht der Musikalischen Früherziehung besucht haben, das Gefühl von Kontinuität ebenso wie den Reiz des Neuen erfahren können.

Der mit dem 1. und 2. Unterrichtsjahr von „Musik und Tanz für Kinder" vertraute Lehrer wird die Zusammenhänge zwischen den beiden Unterrichtswerken sicher erkennen und die richtigen „Anschlüsse" rasch herausfinden. Dabei kann die Empfehlung gegeben werden, daß Tätigkeiten, die den Kindern bereits hinlänglich vertraut sind, „ausgelassen" oder verkürzt und andere für die schon erfahrenen Kinder gezielt ausgewählt werden.

Einige Beispiele:
- Als „Inseln" zum 1. Thema werden neben solchen, die die Kinder im Sinne eines „Hier sind wir schon zu Hause, hier fühlen wir uns wohl" anmuten können, bewußt solche Ideen ausgewählt, die den Kindern neu sind und ihnen überraschende Aufgaben stellen (z.B. die Insel „Cis-Dis-Fis"; vgl. S.168f.).
- Die zur Begleitung des Liedes „Na Bahia tem" (in Thema 2 „Meine, deine, unsere Lieder...") vorgeschlagenen Selbstbauinstrumente werden nicht im Unterricht gebaut (ähnliche Instrumente kennen die Kinder ja schon aus der Musikalischen Früherziehung). Kinder, die die Instrumente dennoch haben wollen, bauen sie mit ihren Eltern (die auf so etwas schon vorbereitet sind) zu Hause – ansonsten wird das Lied auf anderen Instrumenten begleitet, wobei man auch schon zur tonalen Liedbegleitung kommen kann.
- Das „Spiel mit Zeichen und Formen" (Thema 3) könnte rasch zu relativ komplexen Notationsformen und Musizierweisen vorstoßen.
- Die „Spiele und Kunststücke auf Stabspielen" (Thema 4) werden für diese Kinder mit Aufgaben zum eigenen Erfinden und Notieren verknüpft und können dann rasch in das 9. Thema („Jeder spielt, so gut er kann...") leiten.
- Vielleicht kommen die Kinder in Thema 5 ("Musik mit unserem Körper") zur gekonnten Einstudierung besonders effektvoller Stücke?
- Die Erschließung einfacher rhythmisch-metrischer Verhältnisse in Thema 6 („‚Schmackel bunz'- Spiel mit Bausteinen [Rhythmus]") war schon eine Aufgabe der Musikalischen Früherziehung – am Beginn der Themenentwicklung kann der Lehrer hier also stark kürzen. Neu wird für die Kinder dagegen sein, der „Rhythmusuhr" auch kompliziertere Rhythmen zu geben, den Marsch „Schmackel bunz" im szenischen Spiel darzustellen und eigene „Rhythmusgedichte" zu komponieren.

> Von besonderer Bedeutung sind in dieser Situation viele der in den „Vertiefungen" geschilderten Arbeitsmöglichkeiten.

Die Rolle der Kindermaterialien: Wenn die Kinder das Kinderbuch erhalten, haben sie auch Anspruch darauf, dieses in wesentlichen Teilen im Unterricht zu erarbeiten. Auch Schwerpunktbildungen des Lehrers sollten (wie bereits erwähnt) die Kinder zugleich an die breite Inhaltlichkeit des musikalischen und tänzerischen Verhaltens heranführen. Damit kommen wie von selbst die Mehrzahl der Seiten und Themen des Arbeitsbuches ins Spiel, auch wenn – für Kinder und Eltern unbemerkt – mancherlei Verknappungen vorgenommen werden.

Einschränkung von Themenentwicklungen: Schwerpunktbildungen, knapp bemessene Unterrichtszeit oder z.B. besondere Bedingungen in einer Gruppe können dazu führen, daß nicht alle „Themen" in gleich ausführlicher Weise behandelt werden sollen oder können. Auch dann gilt es aber, einen sinnvollen Umgang mit den Kindermaterialien zu finden:
– Der Differenzierung und Ausweitung eines Themas stehen keine medialen Probleme entgegen: Reicht das Kinderbuch für die Dokumentation der Tätigkeiten der Kinder nicht aus, können zusätzliche Arbeitsblätter angelegt und in das Sammelheft (vgl. S. 12) geheftet werden.
– Die Anlage vieler Seiten des Kinderbuches erlaubt es allerdings auch, den damit in Verbindung stehenden Unterricht schmaler als im Lehrerkommentar vorgeschlagen zu fassen.

  Zwei Beispiele:
  „So ein Theater!" (16. Thema): Ist für ein ausführliches Theaterspielen keine Zeit, kann das Spiel entweder nur improvisiert werden, oder das Lied im Kinderbuch (S. 70) gilt als ein „Drachenlied", das die Kinder singen und zu dem sie ein Bild zeichnen. (Das könnte sogar schon früh in einem Unterrichtsjahr geschehen.)
  „Farbentanz und Bildermusik" (14. Thema): Kann man das im Thema geschilderte multimediale Experimentieren nicht realisieren, so mag der Farbstift, den tanzen zu lassen die Kinder im Kinderbuch (S. 58f.) angeregt sind, mit einer Unterrichtssituation in Verbindung stehen, in der die Kinder auf eine besondere und eigene Art durch den Raum getanzt sind. Nun halten sie das in ihrem Kinderbuch fest.

Kombination mit inhaltlichen Elementen aus dem Unterrichtswerk zur Musikalischen Früherziehung:
Die beschriebene „Kompatibilität" der Unterrichtswerke „Musik und Tanz für Kinder – Musikalische Früherziehung" und „Musik und Tanz für Kinder – Musikalische Grundausbildung" wird es in der Praxis mit sich bringen, daß inhaltliche Elemente von Lehrern, die beide Werke kennen, kombiniert werden. Querverweise in das Konzept der Musikalischen Früherziehung, wie sie an vielen Stellen denkbar gewesen wären, wurden dennoch nur sparsam vorgenommen, um den Gedanken der grundsätzlichen Eigenständigkeit des vorliegenden Konzeptes zu betonen. (Manche aus der Früherziehung „bewährten" Unterrichtsideen eignen sich natürlich auch für den Unterricht mit etwas älteren Kindern.) In der Bezugnahme auf beide Unterrichtswerke kann der versierte Lehrer den Spielraum seiner persönlichen Unterrichtsplanung erweitern.

Jeder Lehrer wird – nachdem er das Unterrichtswerk studiert *und* größere Teile sich auch in der Unterrichtswirklichkeit zugänglich gemacht hat – neue Wege entdecken, die seiner spezifischen Arbeitssituation gemäß sind.

Themen greifen ineinander

Die Bildung von 16 „Themen" ist auch als ein „Hilfsmittel" anzusehen, um die Breite der Inhalte der Musikalischen Grundausbildung zu strukturieren. Diese Einteilung darf nicht allein zum Maßstab von Unterrichtsplanungen und -verläufen gemacht werden. In der Unterrichtspraxis treten vor allem die Kinder mit ihren (anwachsenden) Erfahrungen in den Vordergrund. Sie können im Unterricht ganz überraschend Impulse geben, die dazu führen sollten, daß länger als geplant an einem Thema festgehalten wird – oder daß sich unvorhergesehen eine Spur ergibt, die „eigentlich zu einem anderen Thema führt". Der Lehrer sollte sich nicht scheuen, solchen spontanen Querverbindungen Raum zu geben! Werden die Kinder selbst im Sinne eines weiterführenden Denkens, Musizierens oder Tanzens kreativ, muß kein Lehrer fürchten, daß ihm später, wenn ein Thema „eigentlich dran" wäre, der Stoff ausgehen könnte!

Diese Integration der Themen ist eine der wichtigsten Aufgaben in der Musikalischen Grundausbildung, um deren Einlösung sich der Lehrer bemühen sollte, auch wenn gerade sie in der Darstellung eines Unterrichtswerkes nur unzureichend niedergelegt werden kann.

Aus der Sicht des wegweisenden Gesamtverlaufes einer Musikalischen Grundausbildung müssen vor allem auch jene „Themen", die die Kinder in das sie umgebende kulturelle Umfeld von Musik und Tanz einführen wollen, häufiger angesprochen werden, als dies ihrer numerischen Zuordnung (z.B. Thema 8, Thema 12, Thema 15) nach zum Ausdruck kommt.

8 Grundlegung der fachlichen Schwerpunkte

Die folgenden Abschnitte wurden in Anlehnung an die Bezeichnungen der Sachgebiete im Lehrplan Musikalische Grundausbildung des Verbandes deutscher Musikschulen (VdM) gegliedert, auch wenn im Unterricht das Ziel verfolgt wird, die einzelnen Arbeitsbereiche miteinander zu verbinden. Akzente dieser Arbeitsfelder werden in der Praxis hier und dort anders gesetzt – das Ziel der Anregung und Orientierung der Kinder in der Breite der angesprochenen Sachgebiete ist dennoch allgemein verbindlich geworden.

In den folgenden Darstellungen finden sich immer auch konkrete Beispiele. Sie sollen die zunächst allgemein begründeten Ausführungen veranschaulichen und Bezüge zu den unterrichtspraktischen Teilen des Lehrerkommentars herstellen, beschreiben aber auch zusätzliche Unterrichtsanregungen, die bei passender Gelegenheit in den Unterricht integriert werden können.

8.1 Singen und Sprechen

8.1.1 Erfahrungen mit dem Atem (S. 22)
8.1.2 Stimm- und Sprachbildung, Gestaltung (S. 24)
8.1.3 Lieder singen (S. 26)
8.1.4 Sing- und Sprechprobleme (S. 26)

8.1.1 Erfahrungen mit dem Atem

Singen und Sprechen werden vom Atem getragen. Spiele und Übungen mit dem Atem bilden eine wichtige Grundlage für jede Form des Stimmgebrauchs.

Atem und Befindlichkeit sind wechselseitig aneinander gebunden. Fließt der Atem ruhig und gleichmäßig, fühlen wir uns wohl.

Ein Gefühl der inneren Ruhe, getragen von einem ungestörten Atemfluß, ist für die Kinder unserer rastlosen Zeit von großer Bedeutung. Ihre Tage sind meist geprägt von schulischen Leistungsanforderungen, kurzen und oft wenig entspannenden Pausen, von Nachmittagen, angefüllt mit Hausaufgaben und diversen Hobbys. Momente der Ruhe einerseits (für das Kind mit sich alleine, aber auch gemeinsam mit Eltern und Geschwistern), ungebundenes, freies Spielen andererseits, werden abgedrängt.

Auch wenn die Kinder nur einmal in der Woche zum Unterricht in die Musikalische Grundausbildung kommen, können wir dort einen kleinen Beitrag zur Linderung dieser Alltagssituation leisten: gerade auch mit Spielen und Übungen für eine gesunde, tiefe Atmung. Sie fördern nicht nur die Stimme, das

Singen und Sprechen, sondern schaffen oft auch eine Basis für einen entspannten und zugleich konzentrierten Unterrichtsablauf.

Zum Unterricht

Wenige Begriffe stehen im Mittelpunkt der Übungen und Spiele:
– Entspannung,
– Ausatmen und Einatmen,
– Zwerchfellatmung.

Entspannungsübungen: Ein „Bild" als Vorstellungshilfe, das evtl. sogar an das jeweilige Unterrichtsthema anknüpft, erleichtert den Kindern das entspannte Mittun, z.B. „auf Wolken ruhen", „auf dem Wasser dahintreiben", „träumen". Eine ruhige Atemübung kann auch an eine Phase körperlicher Anstrengung, in der die Kinder „außer Atem" geraten sind, anschließen.

– *Entspannen, Atmen:* Die Kinder liegen am Boden (evtl. auf Wolldecken). Der Lehrer führt das „Bild" ein, indem er mit ruhiger Stimme eine kleine Geschichte oder Szene dazu erzählt. – Die Kinder lassen dabei ihre Handflächen locker auf der Bauchdecke ruhen, spüren den eigenen Atem und erleben Ruhe und auch Geborgenheit in der Situation.

– *Wiegende Bäume, wiegendes Gras...:* Zwei Kinder stehen (oder sitzen) Rücken an Rücken, ihre Köpfe liegen locker auf einer Schulter des Partners, ihre Arme hängen entspannt neben dem Körper. Die Kinder wiegen sich gemeinsam leicht hin und her. Auch hier kann der Lehrer erzählen: von einem wiegenden Baum / einem Grashalm... Er kann dabei herumgehen und bei jedem Paar probieren, wie leicht es sich hin- und herwiegen läßt.

– *Entspannen der Körperteile:* Ein Kind liegt am Boden und schließt die Augen. Ein zweites Kind bewegt vorsichtig und langsam einzelne Körperteile (ein Bein, einen Arm...) des liegenden Kindes. – Die Kinder müssen bereit sein, behutsam miteinander umzugehen: Durch zu heftige Bewegungen des aktiven Partners wird das passive Kind schnell Vertrauen verlieren und sich verspannen.

Ausatmen und Einatmen: Wichtig ist, die Aufmerksamkeit der Kinder primär auf die Ausatmung zu lenken, da die Einatmung als Reflex automatisch erfolgt. Wenn wir uns mit einem Seufzer auf einen Stuhl plumpsen lassen, einen Schrei ausstoßen oder auf einen Konsonanten (z.B. „ffff") bis zum Ende ausatmen, stellt sich von selbst jener „Lufthunger" (Einatmungsreflex) ein, der die neue Luft ruhig und zügig oder auch in einem raschen Impuls in die Lunge strömen läßt. (Bei einer Bewußtmachung der Einatmung ziehen Kinder häufig die Schultern hoch und versteifen sich im Brustkastenbereich. Ihr Atem stockt!)

Es gibt zahlreiche Atemspiele und -übungen und unterstützende Materialien, wie z.B. Japan(papier)bälle, Watte, Strohhalme, leichtes Papier, Tücher u.a. (s. auch M 12, S. 269ff.).

Aktivierung des Zwerchfells: Kinder atmen zunächst meist richtig, d.h. sie aktivieren das Zwerchfell. Denkt man an ihre kräftigen und klaren Stimmen, kann man auch davon ausgehen, daß sie unbewußt ihr Sprechen, Rufen und Singen gut stützen. Leider bleibt das nicht immer so, und bereits im frühen Schulalter verschiebt sich die Atmung durch Anspannung nach oben in den Brustkastenbereich.

Übungen zur bewußten Zwerchfellatmung und Atemstütze, wie sie professionelle Sänger und Schauspieler betreiben, sind für jüngere Kinder kaum nachvollziehbar. Die Zwerchfellatmung (re)aktivieren wir am besten durch gezielte Sprachspiele und Sprechübungen, anhand geeigneter Silben, Wörter und Verse.

    Kapti Kapti Kitti,
    Selleretti Pitti,
    Selleretti Doria,
    Doria und Chachacha!

Muriel Junghäni
© B. Schott's Söhne, Mainz

Dieser Spruch, forsch gesprochen, läßt das Zwerchfell besonders gut „hüpfen". – Der nächste Vers, langsam und klangvoll gesprochen, fördert dagegen stärker den Stimmfluß und führt zur „Stütze":

> Beni Boni Baja,
> sieh die Biene Maja,
> sammel sammel surium,
> fliegt um alle Blumen 'rum.
>
> Muriel Junghäni
> © B. Schott's Söhne, Mainz

Die Atemhygiene der Kinder kann durch die wache Sensibilität des Lehrers, der die stimmbildnerischen Qualitäten von Texten und Liedern erkennt und sie bewußt einsetzt, bei vielen Gelegenheiten gefördert werden. Vor allem wirkt der Lehrer durch das eigene Vorbild.

8.1.2 Stimm- und Sprachbildung, Gestaltung

Ausgangspunkt ist die kindliche Stimme mit all ihren Möglichkeiten des Sprechens, Flüsterns, Rufens, Singens, Lachens... Über die Imitation von Tierstimmen, Umweltgeräuschen, fremdsprachiger Texte, aber auch der Stimmen des Lehrers und von Kindern werden Lippen, Zähne, Zunge, Gaumen, Unterkiefer (die „Werkzeuge" der Artikulation) beweglicher und geschickter beim Erzeugen von Lauten, Silben, Wörtern und Tönen. Auch die Resonanzräume der Stimme können angeregt werden.

Die Sprech- und Sprachentwicklung ist beim Grundschulkind noch lange nicht abgeschlossen: Nicht wenige der 6-8jährigen Kinder haben z.B. immer noch leichte Sprachschwierigkeiten, die im Laufe der Grundschulzeit jedoch meist von selbst verschwinden (am weitesten verbreitet: das Lispeln).

Mit dem Schuleintritt begegnen die Kinder der Sprache auch auf einer neuen Ebene. Zum Hören und Sprechen von Wörtern kommt nun das Lesen und Schreiben.
- Der Wortschatz erweitert sich, wobei sich ein Problem ergibt: Die Kinder lernen viele neue Wörter in kurzer Zeit, kommen aber mit dem Begreifen der Wortbedeutungen, die sich hinter den Lauten bzw. dem Schriftbild verbergen, nicht immer in gleicher Weise nach. Wir sollten deshalb jede Wortschatzerweiterung sorgsam mit der Bedeutungserschließung verbinden. Dies gilt insbesondere auch für alle Fachbegriffe.
- Andererseits sind viele Wörter für die Kinder Namen von Lebewesen, Dingen, Zuständen usw., mit denen sie schon mehr oder weniger konkrete Erfahrungen gemacht haben. Sich neben anderen Botschaften von Stimme und Sprache auch ihrem Ausdrucksgehalt bestärkend und belebend zuzuwenden, ist ein erklärtes Ziel in der Musikalischen Grundausbildung.
- Die Kinder gewinnen Einblicke in die Struktur von Sprache und Kenntnisse über einzelne Wörter. Deshalb ist jetzt auch mit viel mehr Verständnis und Interesse an Wortspielereien und neuen Wortschöpfungen zu rechnen.

Die Lust am Klingen von Stimme und Sprache bleibt. Mit Wörtern etwas erklären, etwas erzählen, aber auch mit ihnen spielen – verschiedene Sprachverhaltensebenen gehen oft nahtlos ineinander über. Ein Versprecher bei einer Erzählung führt zum Spiel mit dem „verunglückten" Wort, und daneben gleich auch mit anderen Wörtern, die ähnlich klingen. Wortspiele, die vom Klang ausgehen, sind für die Kinder leichter zu bewältigen als solche, die sich auf das geschriebene Wort beziehen.

Zum Unterricht

Spiele und Übungen zur Artikulation müssen vor allem Anregungen und Reize zum „Schnabelwetzen" beinhalten, aber auch der Phantasie Raum geben.
- *Kaugummi kauen:* Eine imaginäre Kaumasse im Mund wird immer größer! „Gekaut" wird mit geschlossenen Lippen, begleitet wird mit genüßlichem Summen: „mmm...".
- *„Da hängt was in den Zähnen!":* Wir versuchen, mit der Zunge alle Zähne zu erreichen, um einen imaginären Speiserest zu entfernen. Die Lippen zunächst schließen, später öffnen.

- „Aaa!" (wie gut!) – „Iii!" (wie eklig!) – „Ooo!" (wie schön!)... ist ein Spiel, bei dem der Lehrer mit ausdrucksstarker Mimik und deutlicher Mundbewegung die genannten Vokale bildet und die Kinder mitmachen. Die Ausrufe können auch in eine Geschichte eingebunden sein (vgl. M 12.12, S. 275).
- *Feuerwerksspiel:* Zum Abschuß von allerlei Raketen und Knallfröschen braucht es jede Menge Explosivlaute: pa! – ptschiuu! – ti! ta! tu! – pfff! – tschang! – tzzzt! – Entsprechende Gesten oder sogar Dreh- und Sprungbewegungen begleiten das Spiel.

Gezielte Spiele und Übungen zur Intonation: Sie sollen die Fähigkeit entwickeln, gehörte oder innerlich vorgestellte Töne stimmlich wiederzugeben, wobei Tonhöhe und Tondauer, aber auch Lautstärke und Klangfarbe nachgeahmt werden. Gehörbildung und Stimmbildung gehen ineinander über. Die Verbindung zur relativen Solmisation (vgl. M 4, S. 105ff.) wird sich günstig auswirken.
- *Töne gleiten...* – Der Lehrer singt Glissando-Motive, wobei er den Anfangs- und den Zielton etwas länger aushält. Die Hände zeigen die Tonbewegung mit. Man soll verschiedene Vokale und geeignete Silben wählen („duuu", „naaa", „hooo").
- *Töne springen...* – Der Lehrer singt ein Intervall vor, die Kinder singen nach. Jedes Intervall wird mehrmals transponiert, bevor ein neues vorgesungen wird.
- *„Doppelt und dreifach" (Zweiklänge, Dreiklänge):* Der Lehrer spielt auf einem Instrument Zweiklänge (später auch Dreiklänge) vor. Die Kinder sollen die Töne heraushören und nachsingen – zuerst nacheinander und später vielleicht auch als Zusammenklang.

Kennenlernen verschiedener Resonanzräume: Spiele, die Körperinnenräume öffnen, um Resonanzräume zu erschließen, sind in der Arbeit mit jüngeren Kindern in einem beschränkten Ausmaß möglich und sinnvoll.
- Am besten werden Kinder vorbereitet, wenn man bei ihnen die Vorstellung anregt, (gute) Düfte zu „riechen". Eine solche Situation ist animierend und kann variationsreich angeboten werden.
- Die Kinder sprechen und singen Wörter und Texte mit viel „m" oder „n" (Maus, Miau, Müllmänner, Milchmann...). Die Luft strömt in den Nasenraum, der Mund bleibt weit. Wie klingt das „m", das „n" im Kopf, wenn wir uns die Ohren zuhalten?
- Wörter und Texte mit viel „ng" oder „l" (Tingeltangel, Singsang, Blu-Blu-Blumenduft, Ding-dong-digidigidong, Lirum-Larum-Löffelstiel) aktivieren besonders auch die Resonanzräume in Kopf und Brust.

Spielerische Erfahrungen werden dazu beitragen, daß Kinder ein natürliches, klangschönes Singen entwickeln. Wichtig ist, jede Verkrampfung, jede Verspannung und „Gewaltanwendung" beim Singen zu vermeiden. Auch das Singen muß aus der Ruhe kommen, und gelöste Heiterkeit ist Voraussetzung für eine sinnvolle Arbeit gerade auf diesem Gebiet. (Ein systematisches Training der kindlichen Singstimme setzt allerdings eine besondere Ausbildung bzw. Fortbildung des Lehrers voraus.)

Gestaltungen

Bei genauem Hinsehen bieten Texte verschiedenster Gestalt (rhythmisch betonte Gedichte, poetische Klanggedichte, freche Balladen, Fremdsprachentexte...) ungeahnte Möglichkeiten zu sprachlicher, musikalischer und tänzerischer Gestaltung:
- Der *Rhythmus* fordert zu Klanggestenbegleitung und anderer Instrumentierung auf.
- Der *Inhalt* gibt Impulse für eine szenische Darstellung und eine musikalische Untermalung (z.B. in Form von charakterisierenden Vor-, Zwischen- und Nachspielen).
- *Vertonung* von Texten: Gute Melodien geben dem Charakter und dem Sinn des Textes Raum, ohne sich in den Vordergrund zu drängen. Das schließt allerdings nicht aus, daß musikalische Gestaltungsmittel den Text interpretieren und dabei verändern, z.B. in seiner rhythmischen Gestalt.

Singendes Erzählen: Wechselt man vom sprechenden zum singenden Erzählen, können Ausdruck und Wirkung von Sprache gesteigert werden. Geschichten und Szenen können mit „singendem Erzählen" eingeleitet und kommentiert werden. (Zur praktischen Anwendung des „singenden Erzählens" vgl. S. 275ff., 397f., 430 und in den Lehrerkommentaren I und II der Musikalischen Früherziehung.)

8.1.3 Lieder singen

Lieder singen wir, weil wir gerne singen und dies noch gemeinsam mit anderen tun können. Weil mit ihnen ein Spiel verbunden ist. Weil die Lieder eine schöne Geschichte erzählen oder eine besondere Melodie haben.

Neue Lieder lernen, bekannte Lieder miteinander singen: Für viele Kinder (und viele Eltern) ist das der wichtigste Inhalt des Musikunterrichts, und das erworbene Repertoire an Liedern gilt oft lebenslang als Ausweis für eine musikalische Grund(aus)bildung.

Zum Unterricht

Für das „Erarbeiten" von Liedern gelten einige Grundregeln:
- Die Liedauswahl sollte die Qualität der Texte und Melodien, aber auch die Neigungen der Gruppe berücksichtigen.
- Jahreszeitliche und aktuelle Beziehungen zum Unterricht können eine Motivationsquelle sein.
- Die Liederarbeitung sollte sich an den Motivationen, die ihr Gegenstand für Kinder enthalten kann, orientieren. Ein Spiellied, ein Tanz- oder Darstellungslied sollte so bald als möglich in seinem Erlebniszusammenhang erfahren werden.
- In der Regel sollte das Lied als Ganzes, in seiner Verbindung von Text, Rhythmus, Melodie vorgestellt und gelernt werden. Erweist sich die Notwendigkeit, wird einmal der Text, ein andermal der Rhythmus oder ein bestimmter melodischer Abschnitt aus der Verbindung gelöst, geübt und dann wieder in den Zusammenhang gebracht. Im Einzelfall eines Liedes kann es aber auch sehr anregend sein, ein Lied nur über einzelne Teile den Kindern vorzustellen (vgl. z.B. M 12.22, S. 282f.).
- Werden Abschnitte eines Liedes einmal als Beispiele für theoretische Betrachtungen herangezogen (Gehörbildung, Notation, Solmisation, Formbetrachtung...), muß am Ende die Gestalt des Liedes „wiederhergestellt", das Lied also im Zusammenhang, ohne theoretische Reflexion, gesungen werden.
- Man sollte die Tonhöhe gelegentlich wechseln – nicht „festsingen". Als Tonraum (den man gelegentlich auch überschreiten kann) empfiehlt sich am Anfang d'-e", später auch c'-f".
- Manchmal erleichtert die instrumentale Begleitung (auch durch Klanggesten) das Lernen eines Liedes. Oft wird aber das Lernen einer Begleitung das sichere Beherrschen des Liedes voraussetzen.
- Die Begleitung eines Liedes durch den Lehrer oder anwesende Eltern kann gerade bei Wiederholungen eines Liedes sehr animieren.
- Lieder – oft – zu wiederholen und in einen Zusammenhang mit anderen Unterrichtsinhalten zu stellen, ist besonders wichtig.
- Auch die Eltern sollten die Lieder ihrer Kinder lernen. Nur dann werden diese zu Hause gesungen und dort zum gemeinsamen Besitz (Lieder auf Elternabenden singen!).

Hinweise:
- Das Poster „Kinderlieder" (vgl. S. 13) regt insbesondere zum Singen tradierter Kinderlieder an, auf deren Abdruck im Unterrichtswerk „Musik und Tanz für Kinder" (die Lieder sind durchweg bekannt) ansonsten verzichtet wurde.
- Ein zusätzliches Liederheft (vgl. S.13) rückt dagegen eine größere Zahl neuerer Lieder in den Mittelpunkt der Aufmerksamkeit.

8.1.4 Sing- und Sprechprobleme

Sogenannte „Brummer" in einer Kindergruppe können durch gezielte Übungen und Spiele, bei denen diese Kinder vom Lehrer in ihrer tiefen Lage „abgeholt" und durch gleitende Tonbewegungen langsam und behutsam zu höheren Tönen geführt werden, zum besseren Singen angeleitet werden. Sehr zarten oder aber überlauten Stimmen kann der Lehrer mit Atem- und Resonanzraumübungen begegnen.

Bei allen stimmlichen Problemen muß beachtet werden, daß es für das Kind wichtig ist, seine eigene Stimme zu hören und wahrzunehmen, weil das Stimmproblem oft ein Hörproblem ist. Für Einzelübungen mit dem Kind sollte sich der Lehrer, wenn möglich, vor oder nach der Stunde jeweils einige Minuten Zeit nehmen.

Beobachtet der Lehrer bei Kindern stärkere Sprechfehler oder ständige Heiserkeit, sollte er den Eltern empfehlen, sich Rat bei einem HNO-Arzt, bei Logopäden oder Sprachheiltherapeuten zu holen. Niemals darf ein Kind mit seinem Problem von anderen Kindern der Gruppe gehänselt werden.

Literatur für den interessierten Lehrer :
Holland-Moritz, Thomas (Hg.): Singen in der Musikschule. Mainz 1984
Nitsche, Paul: Die Pflege der Kinder- und Jugendstimme, Band 1 und 2. Mainz 1970/72
Pretzell, Eva: Sprech- und Spracherziehung mit Kindern, Mainz 1980

Elementares Instrumentalspiel 8.2

8.2.1 Sachinformationen–Instrumentenübersicht
    a) Stabspiele (S. 27)
    b) Kleines Schlagwerk (S. 30)
    c) Weitere Fellinstrumente (S. 40)
    d) Weitere Effektinstrumente (S. 42)
    e) Andere Instrumente (S. 43)
8.2.2 Zum Unterricht (S. 44)

8.2.1 Sachinformationen – Instrumentenübersicht

Elementare Instrumente finden beim Musizieren in der Früherziehung und in der Grundausbildung Verwendung. Der Begriff ist offen. Im weiteren Sinn werden alle Instrumente so bezeichnet, die auch ohne entwickelte technische Voraussetzungen gespielt werden können und bei denen der Spieler die Klangerzeugung direkt beobachten kann. Im engeren Sinn werden die um 1930 für das Orff-Schulwerk adaptierten Instrumente (Glockenspiele, Metallophone, Xylophone), kleines Schlagwerk und die von Kindern selbst gefertigten Instrumente (Selbstbauinstrumente) dazu gerechnet.

Notation der Instrumente: Für Symbolik und Notation insbesondere der Schlaginstrumente gibt es noch keine allgemein verbindlichen Zeichen. Die Symbolik orientiert sich meist an der äußeren Gestalt der Instrumente. Die oft verwendete traditionelle Notation kann nur den rhythmischen bzw. rhythmisch-melodischen Verlauf einer Schlagzeugstimme darstellen und die gängigen Informationen zu Dynamik etc. enthalten. Alle klanglichen und instrumentenabhängigen Besonderheiten bedürfen einer erweiterten bzw. eigens entwickelten Schrift (oft in ausführlichen Legenden erläutert).

Innerhalb dieser Konzeption wird die Symbolik der Instrumente in einer Weise vorgenommen, die der Auffassung der Kinder und ihrem zeichnerischen Können entgegenkommt. Für die Stabspiele wird keine bildhafte Symbolik vorgeschlagen, da die Kinder die Buchstabenkürzel bald lesen können. Variationen der Spielweise werden ggf. verbal oder auf bildhaft-anschauliche Weise festgehalten.

Die Instrumente im einzelnen

a) Stabspiele

Glockenspiele, Metallophone und Xylophone gehören dazu. Für eine Erstausstattung empfehlen sich zunächst Altxylophone, da sie dem Umfang der Kinderstimme entsprechen. Bei Ergänzungen sollte man dann das Instrumentarium mit anderen Stabspieltypen, insbesondere auch Baßinstrumenten, erweitern. In erster Linie sollten diatonische Instrumente angeschafft werden, dazu Schlägel (mehr als 2 pro Instrument) sowie geeignete Stativbeine bzw. Spieltische. Die Chromatik kann später ergänzt werden.

Instrument	Kürzel	Tonumfang (Klang)	Notierung
Sopranglockenspiel	SG		
Altglockenspiel	AG		
Sopranmetallophon	SM		
Altmetallophon	AM		
Sopranxylophon	SX		
Altxylophon	AX		
Baßxylophon Baßmetallophon	BX BM }		

H i n w e i s : Instrumente verschiedener Hersteller können hinsichtlich ihres Tonumfanges und der Bezeichnung abweichen.

Aufstellung der Stabspiele und Sitzhaltung: Für kleinere Instrumente gibt es spezielle, auf die Körpergröße von Kindern abgestimmte Tische. Größere Instrumente können mit Beinen versehen werden, die eine Höheneinstellung erlauben. Am besten sitzen die Kinder auf Hockern oder Stühlen, auf der vorderen Kante. Im Sitzen befindet sich die Spielfläche etwas oberhalb der Kniehöhe, was sich mit einer leicht vorgeneigten Körper- und Kopfhaltung verbindet. In Einzelfällen, für kurze Zeit, ist auch das Sitzen am Boden (Fersensitz) möglich. Werden Stabspiele im Stehen gespielt, sollen die Instrumente so hoch gestellt werden, daß das Spiel mit aufrechtem Oberkörper möglich ist.

Schlägelhaltung: Es gibt mehrere Möglichkeiten. Entscheidend ist, daß der Schlägel locker und federnd geführt wird.

Empfohlene Haltung für Xylophon- oder Paukenschlägel, die ein flüssiges Spiel erlaubt:

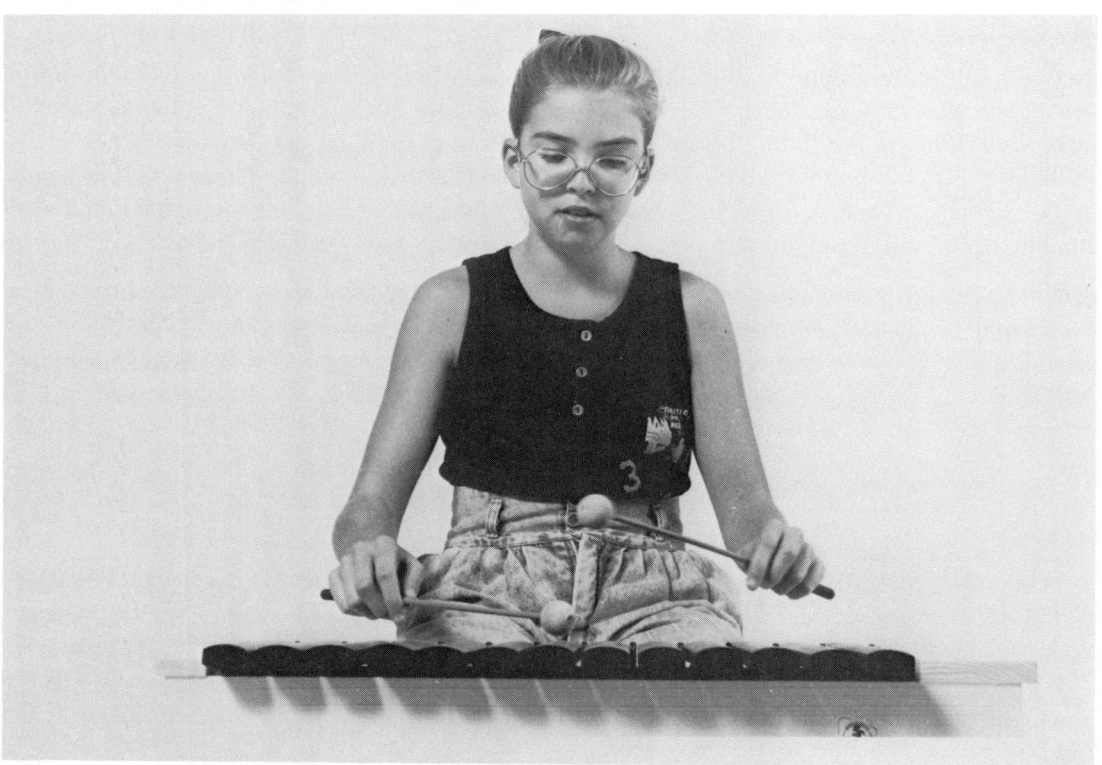

Gelegentlich ist es nötig, zwei Schlägel in eine Hand zu nehmen.

Bei kleinen Intervallen genügt es, den Zeigefinger zwischen die Schlägel zu schieben.

Wirbel: Eine einfache Art des Wirbelspiels ist die sog. „Schere": Man nimmt zwei Schlägel in eine Hand, der Zeigefinger liegt zwischen den Schlägeln. Durch ein schnelles „Auf und Ab" außen an einem Stab entsteht der gewünschte Klang. (Rückt man dann noch von Ton zu Ton, kann man sogar „Balalaika"-Melodien spielen.) Andere Wirbeltechniken auf einem Xylophon auszuführen ist nicht leicht.

Handsatz: Der Begriff wurde analog zu „Fingersatz" gebildet. Der Handsatz (gilt auch für Fellinstrumente) gibt an, welche Hand bei der Ausführung einer Spielstimme benutzt wird. Wir bezeichnen:
R = Rechte Hand, L = Linke Hand.

Ist ein Handsatz notiert, folgt bei Noten ohne Angabe die jeweils nächste Hand („Hand-für-Hand-Spiel"). Der Handsatz soll sich daran orientieren, ob er zu einer Erleichterung im Spiel führt und das Musizieren von Phrasierungen, „Bögen" usw. begünstigt.

Bei zweistimmigen Spielaufgaben (ein Spieler) verweisen die nach oben oder unten gestrichenen Notenhälse auf die rechte oder linke Hand:

b) Kleines Schlagwerk

Hierzu zählen vor allem Schlaghölzer (Schlagstäbe, Claves), Holzblock- und Röhren(holz)trommel, Handtrommel und Schellentrommel, andere Instrumente mit Schellen oder Glöckchen, (Finger-) Cymbeln, Becken, Triangel und Ratsche.

Schlaghölzer (Schlagstäbe, Claves) haben keinen Resonanzkörper und werden gegeneinander geschlagen.

Kinder nehmen die Schlaghölzer zuerst einmal ganz normal in die Hand (besonders, wenn sie sich beim Spiel fortbewegen). Sie sollen aber auch jene Spieltechnik kennenlernen, durch die das Instrument seinen Klang besser entfaltet: Eine Hand bildet einen Hohlraum (= Resonanzraum) für den Stab, der angeschlagen werden soll. Dieser Stab wird dabei nur leicht mit den Fingerspitzen fixiert. Der andere Stab darf fester gehalten werden und schlägt an.

Fotos S. 28 - 44: Herbert Huber, Salzburg

Holzblocktrommel und Röhren(holz)trommel: Die Instrumente werden vornehmlich mit einem Schlägel mit Hartholzkopf über dem Schlitz im Instrument angeschlagen. Bei schwierigen Rhythmen werden zwei Schlägel verwendet, die Holzblocktrommel liegt dann auf einer weichen Unterlage.

Handtrommel (Rahmentrommel): Die Trommeln können, wenn die Kinder auf dem Boden sitzen, auf eine Decke oder Matte gelegt werden, evtl. auch auf die gestreckten Beine.

Kindern in der Musikalischen Grundausbildung fällt es nach einiger Übung auch nicht schwer, die Trommel zwischen den Beinen zu halten. (Die Kinder sitzen am besten auf einem Hocker. Die Instrumente sollten nicht zu groß sein.)

Auf Handtrommeln kann auch im Gehen gespielt werden:

Diese besondere Haltung könnte man als „Geigenhaltung" bezeichnen. Sie führt die Kinder zu einem besonders sensiblen Spiel:

Anschlagsarten: Die Handtrommel wird entweder (an Rand und Fell zugleich) mit einem Finger

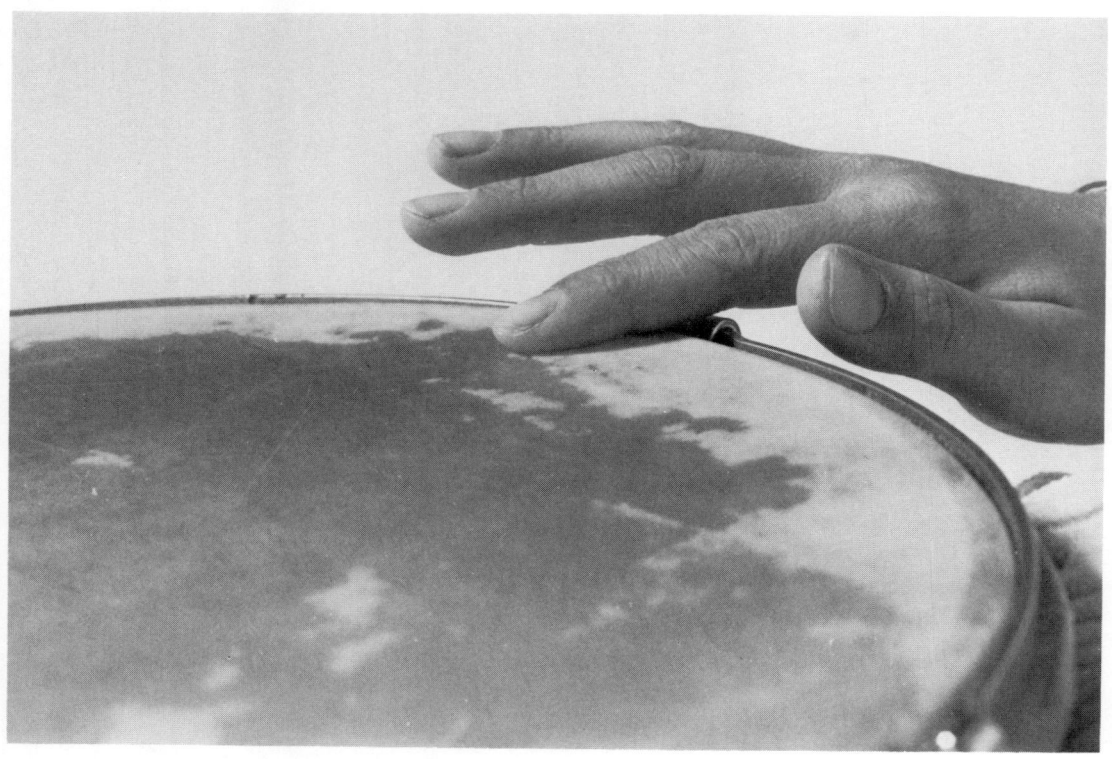

mit mehreren Fingern

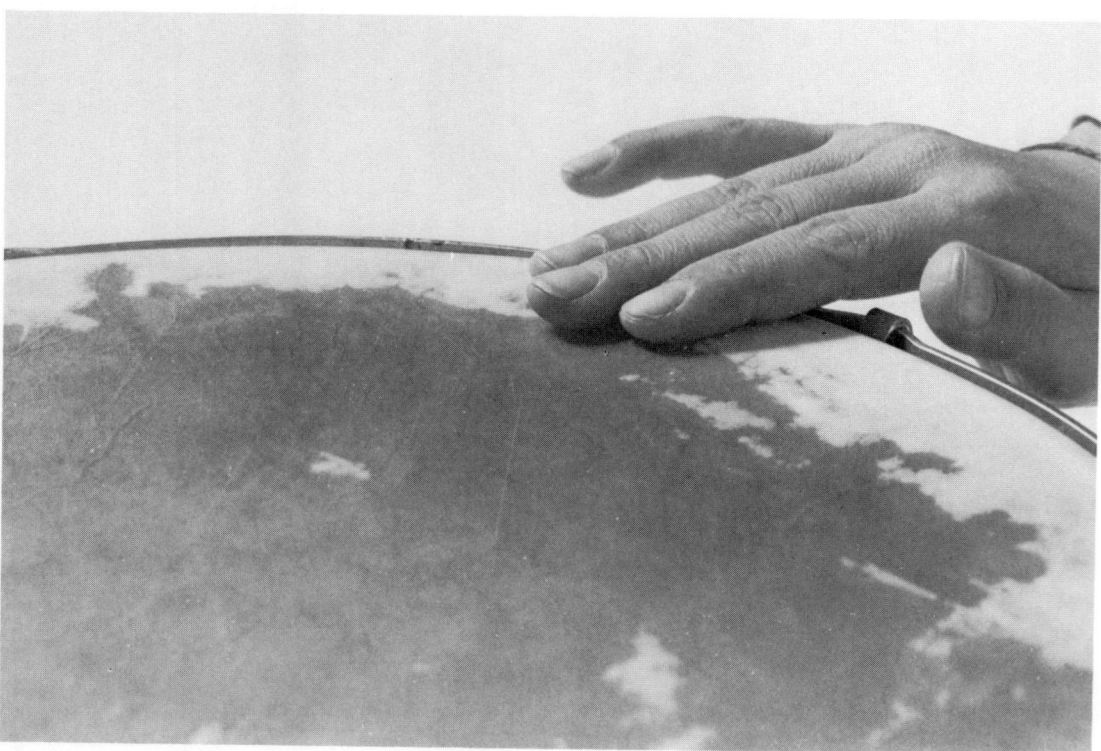

mit dem Daumen

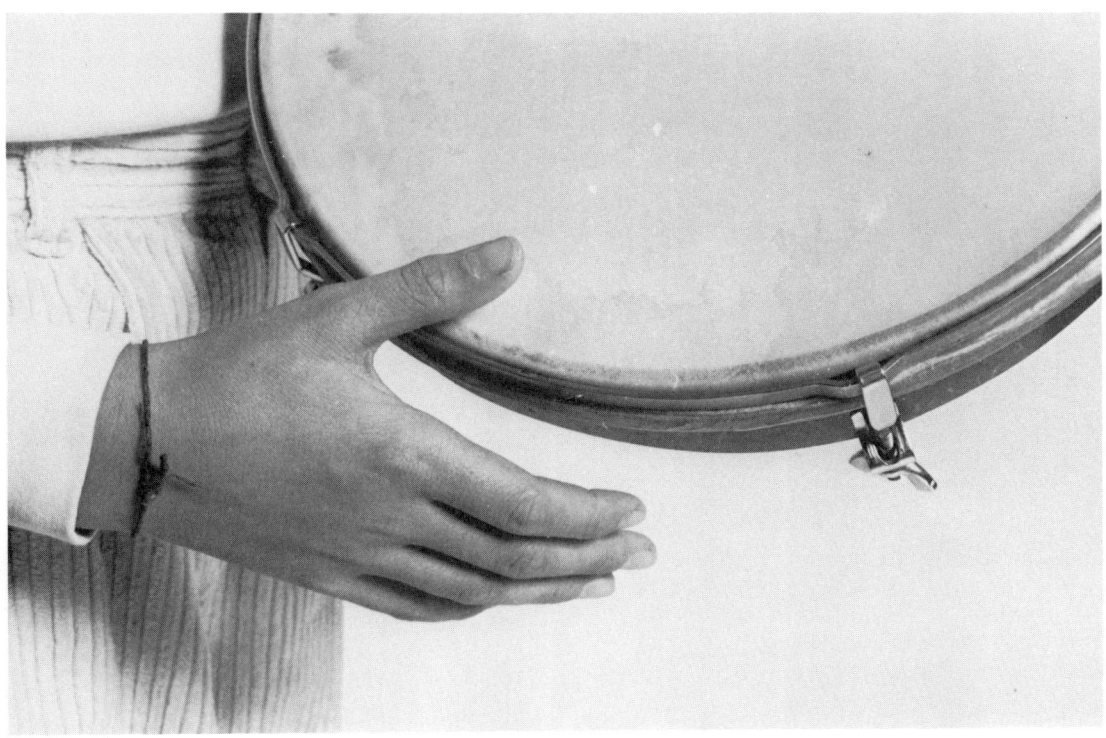

oder mit verschiedenen Schlägeln angeschlagen. Klang und Dynamik sind sehr variabel.

Sehr leise Schläge kann man allein mit der Fingerspitze oder -kuppe ausführen, wobei man auch hier auf einen federnden, klingenden Schlag achten muß.

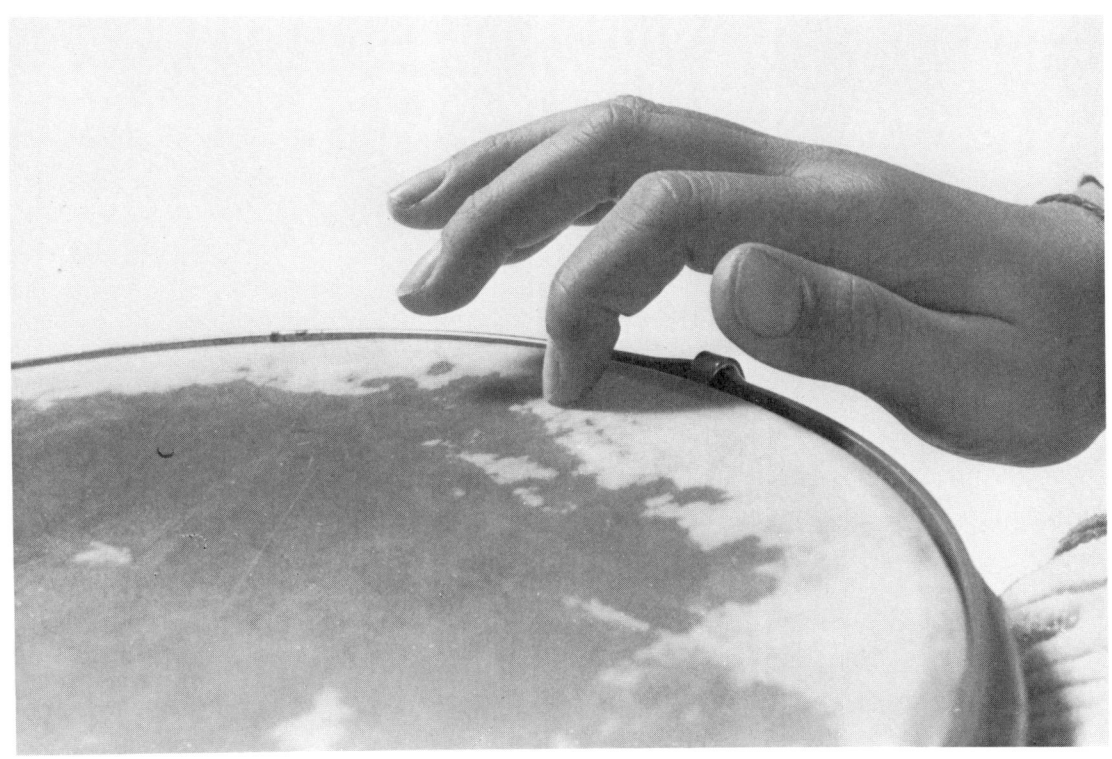

Manchmal ist ein harter, eher dumpfer Klang erwünscht (z.B. um einen besonderen Akzent zu setzen). Man kann einen solchen Schlag, bei dem die Hand auf dem Fell bleibt und den Klang stoppt („Stoppschlag"), verschieden ausführen: mit der flachen Hand oder mit der Faust.

Weitere Spielmöglichkeiten, für die man auch besondere Notenzeichen erfinden könnte, sind z.B.: klopfen, kratzen, mit einem Finger „schnipsen".

Literatur zum Handtrommelspiel: W. Stadler/M. Perchermeier: Schule für Rahmentrommel (Eigenverlag, c/o Werner Stadler, Orff-Institut, Frohnburgweg 55, A-5020 Salzburg)

Schellentrommel und Schellenstab klingen unterschiedlich lang, je nachdem, wie man sie hält: Liegen Schellen waagerecht, ist der Klang kurz.

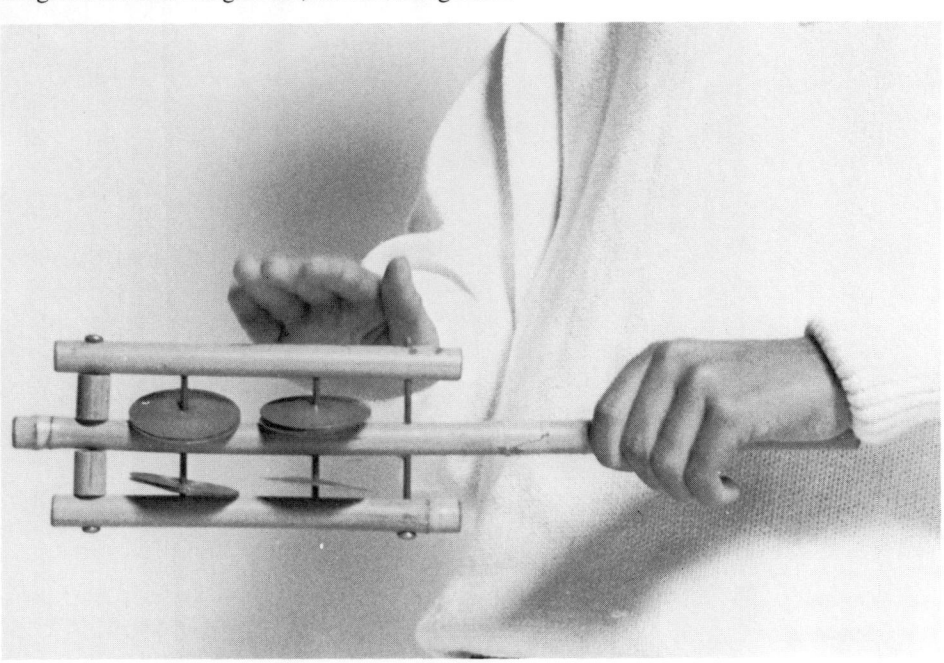

Stehen Schellen senkrecht, klingen sie länger nach.

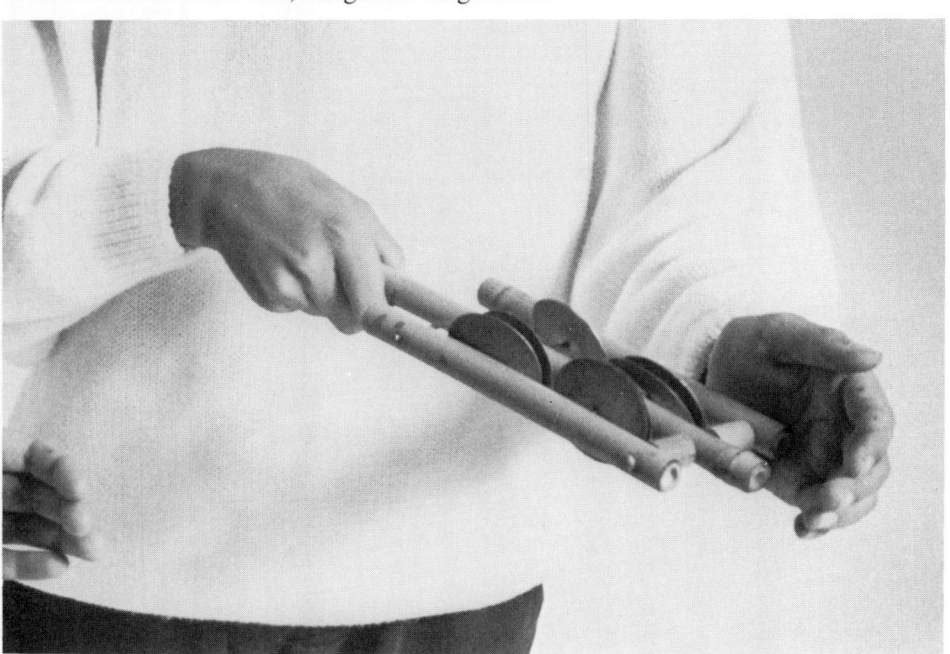

Die senkrechte Haltung empfiehlt sich auch, wenn man, um einen Wirbel zu spielen, das Instrument schüttelt.

Bei der Schellentrommel erfolgt der Anschlag je nach gewünschter Lautstärke:

piano – Anschlag mit dem Mittelfinger, gestützt durch den Daumen

forte – Anschlag mit allen vier Fingern, gestützt durch den Daumen

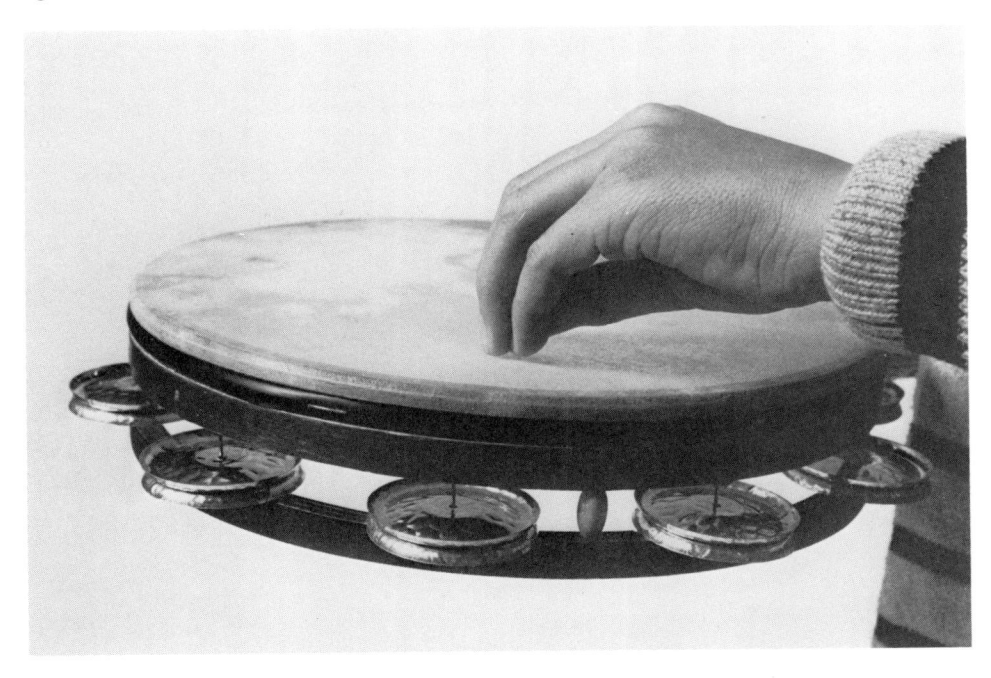

Wie bei der Handtrommel (vgl. dort auch weitere Spielweisen) verändert sich der Klang je nach Anschlagstelle erheblich.

Schellenkranz oder -band und Glockenkranz sind Instrumente, die sich besonders auch zum Musizieren in der Bewegung eignen.

◉ ◉ **Fingercymbeln** werden entweder mit einem Triangelschlägel gespielt oder zart gegeneinander geschlagen. Die Gummibändchen erlauben es auch, die Instrumente paarweise auf Daumen und Mittelfinger zu stecken. (Diese Technik wird vor allem im Spiel zur eigenen Bewegung angebracht sein.)

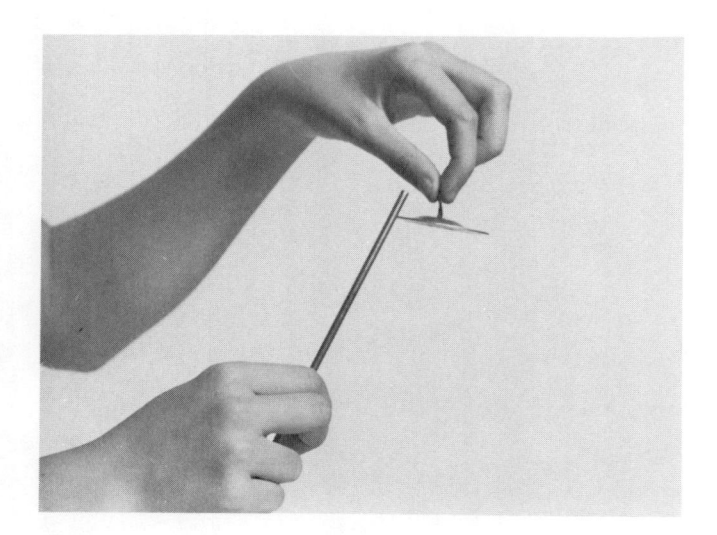

Hängendes Becken, Doppelbecken: Hängende Becken (bzw. Becken auf einem Stativ) werden mit verschiedenen Schlägeln (Trommelstock, Filzschlägel, Paukenschlägel, Jazzbesen) am Rand angeschlagen, wobei der Klang variiert werden kann. Doppelbecken werden federnd gegeneinander geschlagen.

Triangel: Das Instrument wird normalerweise immer an einem der offenen Schenkel angeschlagen, wobei Schlagzeuger Unterschiede machen:

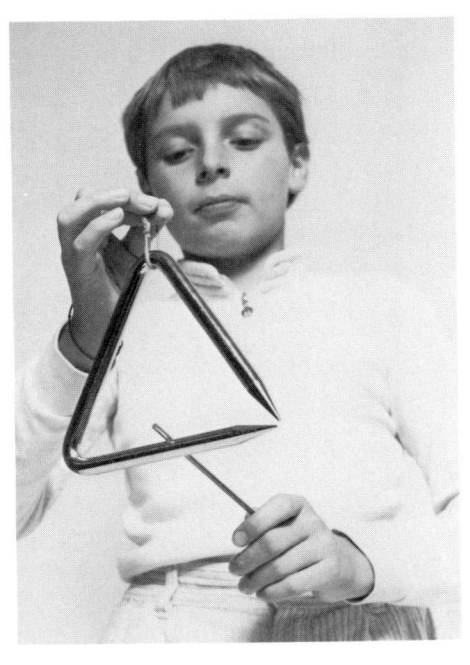

Lautere Schläge erfolgen auf dem unteren Schenkel.

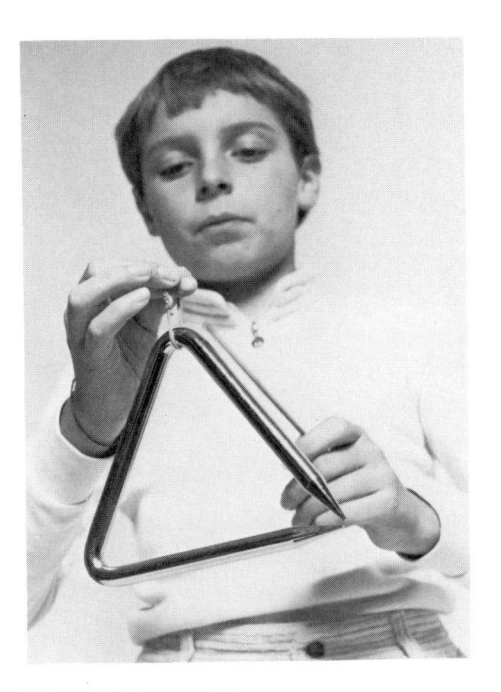

Piano-Schläge spielt man am oberen Schenkel in Schlaufennähe.

Ein Wirbel wird unterhalb der Schlaufe ausgeführt.

Kugelrasseln (Maracas): Der Klang dieser Instrumente ist durch das Korpus- und Füllmaterial bestimmt. Das Instrument scheint leicht spielbar, doch bedarf es bei schwierigeren Rhythmen der Übung und Fertigkeit.

Ratsche: Sie ist – sparsam eingesetzt – ein wirkungsvolles Effektinstrument.

c) Weitere Fellinstrumente

Am wichtigsten sind große Trommel und Pauken, Bongos und Congas. (Auch andere Trommelinstrumente aus verschiedenen Kulturbereichen sind in der Musikalischen Grundausbildung erwünscht.)

Große Trommel: Man spielt sie mit einem weichen Filzschlägel in der Mitte oder am Rand des Fells.

Pauken: In einer bestimmten Zone des Felles klingen die Pauken am besten. Sie befindet sich in der Nähe des Fellrandes (vgl. Skizze). Die Mitte der Pauke ist dagegen der „tote" Fleck. Auch ganz am Rand ist der Paukenklang nicht zufriedenstellend. Der Klang der Pauken hängt darüber hinaus wesentlich von der Wahl der Schlägel ab. Aus einer bequemen Spielhaltung heraus wird innerhalb der Spielzone der „Schlagfleck" bestimmt.

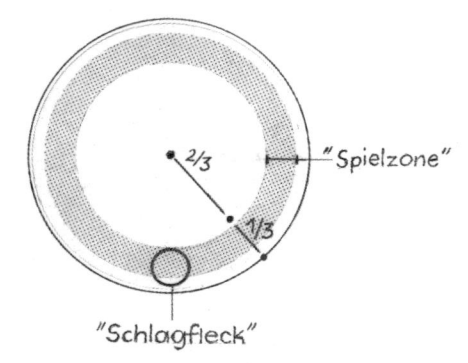

Um eine saubere Grundstimmung zu bekommen, muß die Pauke überall in der Spielzone gleich klingen. Die Intonation stellt man mit den Schrauben rund um das Fell her. Drehpauken oder Pauken mit anderer zentraler Stimmvorrichtung lassen sich, nach erfolgter Grundstimmung, mit einer Handbewegung umstimmen.

Bongos werden meist im Sitzen gespielt, wobei das Instrument zwischen die Knie geklemmt wird. Kinder spielen das Instrument leichter mit Stativ. Einfachste Anschlagtechnik: ein federnder Schlag mit dem Zeigefinger auf Rand und Fell zugleich.

Congas werden einzeln oder paarweise im Stehen (Erwachsene auch im Sitzen) gespielt. Es gibt viele Spielarten. Die am häufigsten verwendeten sind:

„Offener Schlag" mit abfedernder Hand

„Gedämpfter Schlag"– Hand bleibt auf dem Fell

d) Weitere Effektinstrumente

Tempelblocks: Die ursprünglich aus China und Japan stammenden Instrumente werden mit unterschiedlichen Schlägeln (Gummikopf, Holzkopf) gespielt. Tempelblocks werden meist in mehrfacher Zahl und verschiedener Größe (= unterschiedliche Tonhöhen) verwendet.

Reco Reco: Das aus Brasilien stammende Instrument ist z.B. aus einer Bambusröhre gebaut. Es wird mit einem dünnen Holzstäbchen, dem "Schraper", gespielt (zum Selbstbau vgl. S. 300). Ihm wesensmäßig ähnlich ist der Guiro (gíro, seltener Guero, Gurke), ein ausgehöhlter Flaschenkürbis, der auf einer Seite mit Rillen versehen ist.

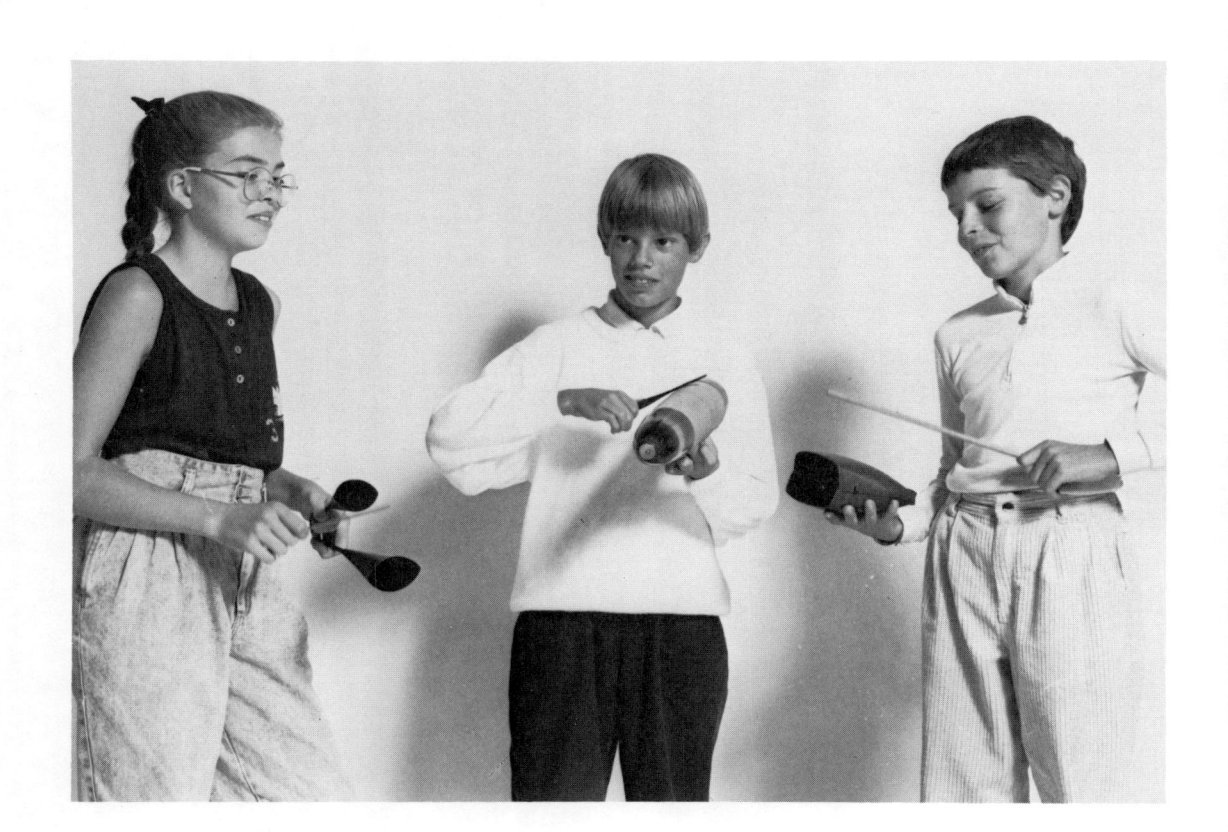

Kuhglocke und Agogo(-Bells): Die Instrumente können mit einem Schlagholz, einem Triangelschlägel o.ä. angeschlagen werden.

Cuica: vgl. S. 183f.

Gong: Im Orchesterbereich unterscheidet man den gestimmten „Gong" vom ungestimmten „Tamtam". Das feierlich oder geheimnisvoll klingende Instrument wird im Musizieren der Kinder sparsam eingesetzt und mit einem passenden Schlägel (groß, weich; aber auch großer Schlägel mit hartem Kern oder Paukenschlägel) angeschlagen.

Lotosflöte: Dieses Zugkolbeninstrument erlaubt die gleitende Veränderung der Tonhöhe. Der Klangeffekt ist ausdrucksstark, das Instrument – sofern es nicht überblasen wird – verlockt Kinder aber auch dazu, sich aufmerksam beim Spiel zuzuhören und sogar Intervalle und Melodien zu versuchen. (Manche Musikgeschäfte führen preiswerte und haltbare Plastikinstrumente.)

e) Andere Instrumente

Klangbausteine (Klingende Stäbe) sind im Unterricht außerordentlich nützliche Instrumente, wobei Klangbausteine mit Metallophon-Charakter zunächst bevorzugt werden sollten. Klangbausteine werden als einzelne Instrumente verwendet, können aber auch ein Stabspiel (oder mehrere) ersetzen. Klangbaustein-Sätze werden in verschiedenen Lagen angeboten: Man sollte zunächst die Lage der Kinderstimme (Tonraum über c') berücksichtigen. Für jeden Baustein sollte man einen Schlägel haben. Außerdem ist es ratsam, die Klangbausteine in einem Transportkoffer aufzubewahren, in dem auch die Schlägel Platz finden.

Streichpsalter: Das Instrument (Bild S. 44) wird in drei Größen angeboten, als Sopran-, Alt- und Tenorinstrument. Der Sopran-Streichpsalter ist für die Kinder am leichtesten zu spielen und kann in der Bewegung mitgeführt werden. Alle Instrumente sind chromatisch, wodurch in jeder Tonart musiziert werden kann. Es muß nicht gegriffen werden.

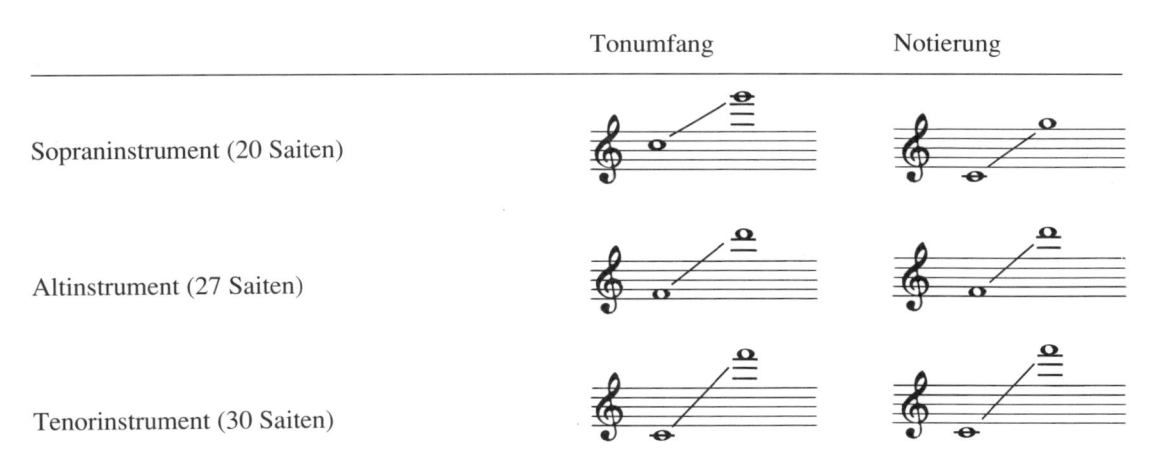

	Tonumfang	Notierung
Sopraninstrument (20 Saiten)		
Altinstrument (27 Saiten)		
Tenorinstrument (30 Saiten)		

Ton und Klang des Streichpsalters wie auch der Streichvorgang üben auf viele Kinder eine besondere Faszination aus und tragen zu einer starken Konzentration bei.

Streichpsalter

Andere Saiteninstrumente: Das elementare Instrumentarium setzt sich vor allem aus Schlaginstrumenten zusammen. Deshalb ist sehr zu wünschen, daß im Unterricht so oft als möglich auch Instrumente aus anderen Gruppen erklingen. Außer dem Streichpsalter werden gelegentlich auch Zupfpsalter oder das Kantele eingesetzt. Kinder in der Musikalischen Grundausbildung können auch andere Saiteninstrumente (Gitarren, Geige, Bratsche, Violoncello, sogar den Kontrabaß) auf einfache Weise spielen und damit einen wertvollen Beitrag im Ensemble mit den anderen Instrumenten leisten. Dabei werden vor allem leere Saiten gezupft oder gestrichen. Der Lehrer kann, wenn nötig, die Saiten umstimmen.

Blockflöten: Es ist sicher nicht richtig, die Blockflöte zu den elementaren Instrumenten zu rechnen, auch wenn noch immer sehr viele jüngere Kinder die Blockflöte als erstes Instrument kennenlernen. Mit Recht wehren sich Blockflötisten gegen den Mißbrauch des Instrumentes als „Klangschnuller" (Gerhard Braun), als „Vorinstrument", das, nur weil es billig ist, allen Kindern – ob sie es wollen oder nicht – „verpaßt" wird. Musikschulen, in denen seit vielen Jahren die Musikalische Grundausbildung traditionsgemäß mit dem Schülerinstrument Blockflöte verknüpft ist, müssen die Schwierigkeit meistern, den vielfältigen Aufgaben der Grundausbildung ebenso gerecht zu werden wie der fachlich korrekten Durchführung des Erstunterrichts auf der Blockflöte.

Kinder, die *parallel* zur Musikalischen Grundausbildung *auch* Blockflötenunterricht haben, sollten immer wieder Gelegenheit erhalten, ihr Instrument im Grundausbildungsunterricht zu spielen. Auch der Lehrer sollte häufig seine Blockflöten (auch Alt-, Tenor- und Baßinstrument) im Unterricht einsetzen. Dadurch lernen alle Kinder die „Blockflötenfamilie" kennen und bekommen Grundlagen für eine eigenständige Entscheidung, welches Instrument später gelernt werden soll.

8.2.2 Zum Unterricht

Kinder in der Musikalischen Grundausbildung erwarten, daß mit den vorhandenen Instrumenten auch regelmäßig und intensiv musiziert wird. Auch der Lehrer ist daran interessiert, verbinden sich doch mit dem Spiel zahlreiche musikalische und soziale Ziele. Musikbezogen lernen die Kinder hier, Regeln zu finden, zu verstehen und einzuhalten. Sie lernen Klänge zu geben und zu nehmen, spielen nach Gehör und nach Noten, aus Einzelstimmen oder einer Partitur. Sie musizieren improvisatorisch und reproduktiv und beginnen das Üben als eine Notwendigkeit zu begreifen.

Im Musizieren der Kinder auf elementaren Instrumenten sind also die für jedes spätere Musizieren charakteristischen Erfahrungen und Rollen beschlossen: Diese Auffassung hilft dem Lehrer, die Musiziersituationen in der Musikalischen Grundausbildung zu verstehen und zu gestalten.

Instrumentalsätze oder Stücke für Kindergruppen sowie Tips zur Erarbeitung können indessen nicht genau auf die jeweils gegebene Arbeitssituation abgestimmt sein, und vorgeschlagene Instrumentalstimmen müssen nicht selten abgewandelt werden. Die Zusammensetzung der Gruppe und die Vorkenntnisse der Kinder, aber auch z.B. die Ausstattung mit Instrumenten, sind wichtige, den Einzelfall prägende Faktoren. Der Lehrer muß die Kinder in einer ihnen angemessenen Weise an die jeweilige Spielaufgabe heranführen und mit Umsicht jedem Kind eine solche Aufgabe übertragen, die es auch wirklich bewältigen kann.

Das Vertrauen der Kinder hinsichtlich ihrer Leistungsfähigkeit muß *langsam* wachsen können. Kein Kind sollte Versagensangst empfinden. Das Elementare Instrumentalspiel bietet die Möglichkeit, Kindern unterschiedlich schwierige Stimmen zu übertragen. Alle Kinder sollten erfahren, daß auch die kleinste Aufgabe im gemeinsamen Musizieren eine wichtige Funktion hat und „die Anzahl der zu spielenden Noten" kein Maßstab für musikalische Leistung ist. Von Beginn an muß das Kind Erfolge erleben können, wobei angemessene Übephasen den meisten Kindern durchaus Freude machen. Nur das in den Kindern wachsende Vertrauen in die eigenen Fähigkeiten wird dazu führen, daß sie im Laufe der Zeit und mit steigender Sicherheit für alle möglichen und auch schwierigere Aufgaben gewonnen werden können.

Spektrum des Musizierens: Die Kinder sollen verschiedenartige Musiziersituationen und damit den Spielraum des instrumentalen Musizierens kennenlernen:
- Da gibt es Situationen, in denen das *Entdecken und Erkunden* im Vordergrund steht. Alles, was klingt, wird untersucht: vorhandene Instrumente ebenso wie anderes klingendes Material. Alles, was den Instrumenten nicht schadet, ist erlaubt.
- Ist die Neugier der Kinder geweckt, gilt es, aus den entdeckten Klängen Musik zu *formen*. Die Kinder können diese Musik auch *notieren* und sie, zur Kontrolle oder aus Spaß am erneuten Hören, mit dem Tonband *aufzeichnen*.
- Eine besondere Möglichkeit, Erfahrungen im Umgang mit Instrumenten zu sammeln, besteht darin, selbst (evtl. mit Hilfe der Eltern) *Instrumente zu bauen*. Dabei werden Grundprinzipien der Klangerzeugung, Materialeigenschaften u.v.a. anschaulich.

Das eigene Musizieren der Kinder öffnet natürlich auch mehrere Einstiege in traditionelle Musizierweisen, vor allem
- als Begleitung von Liedern oder Texten,
- als rein instrumentales Musizieren, auch im Musizieren zum Tanz,
- in der klanglichen Ausgestaltung einer Geschichte oder Spielszene.

Raumform: Das Instrumentalspiel ist oft in der Kreisform zu realisieren, in der es (auch für den Lehrer) keine „Sonderposition" gibt. – Insbesondere beim Erlernen von Stabspiel-Techniken und -Stimmen ist aber auch das Gegenüber von Lehrer und Kindern sinnvoll. So können die Kinder simultan mitvollziehen, was der Lehrer tut („Spiegelbild" – vgl. S. 211).

Übersicht bei Stabspielen: Es wird immer wieder überlegt, wann beim Spiel der ganze Stabsatz, wann nur die „notwendigen Töne" oder gar nur ein einzelner Ton aufgelegt werden sollen.

Der komplette Stabsatz wird es, besonders zu Beginn, kaum zulassen, daß die Kinder darin ganz bestimmte Töne sofort treffen oder z.B. im Rahmen einer beschränkten Skala improvisieren. Das Herausnehmen oder Umdrehen mehrerer nicht benötigter Stäbe ist dann hilfreich. (Bitte die Stäbe mit beiden Händen an beiden Seiten zugleich anfassen, damit die Metallstifte nicht verbogen werden – und nach dem Spiel das Instrument gleich wieder komplettieren.)

Weil nur der komplette Stabsatz das Instrument, das als Ganzes konzipiert ist, zu seinem vollen Klang bringt, sollte man niemals nur einzelne Töne auf dem Instrument belassen (ggf. Klangbausteine verwenden).

Spieltechniken: Die Kinder sollten von Beginn an nur „richtige", später durch Übung ausbaufähige Spieltechniken kennenlernen. Simplifizierende und später nur schwer zu korrigierende Techniken (z.B. das durchgängige Spielen eines Xylophons mit nur einem Schlägel) müssen vermieden werden.

Erarbeitung von Instrumentalstimmen: Nicht alle Stimmen eines Instrumentalsatzes können den gleichen Schwierigkeitsgrad haben. Innerhalb der Kindergruppe kann somit differenziert werden: Technisch schwierigere Stimmen werden den zu diesem Zeitpunkt geschickteren Kindern übergeben. Bis zu einem gewissen Ausmaß sollen aber alle Kinder Gelegenheit haben, die in einem Instrumentalsatz enthaltenen Spielaufgaben zu lernen. (Das gilt z.B. für die Stimmen des Satzes zum Lied „Wir woll'n einmal spazierengehn", vgl. Kinderbuch S.48ff.)

– In der Regel werden die Motive zunächst aus dem „Körperspiel" entwickelt. Sie werden gemeinsam gelernt, indem alle Kinder sie sprechen (Rhythmen, rhythmische Ostinati) und singen (Melodien, melodische Ostinati), dazu auch klatschen oder patschen und sie dann mit jenen Spielbewegungen verbinden, die später das Instrumentalspiel ausmachen.
– Eine „Textbrücke" kann den Instrumentalisten helfen, ihre Stimme zu halten. Es sollte aber auch ohne Texthilfen musiziert werden, da die Gefahr eines mechanischen Spiels besteht, das sich allein auf die Textformel und nicht auf das Mithören des umgebenden Klanggeschehens stützt.
– Können am Ende nur wenige Kinder auf den verfügbaren Instrumenten spielen, sollten die Kinder öfter die Rollen tauschen.

„Ich habe zu wenig Stabspiele!" – Dieser Ausruf ist oft zu hören. Leider mangelt es nicht selten an einer Grundausstattung für den Bereich des elementaren Musizierens für Kindergruppen (wobei der Stabspielbereich zumeist besonders betroffen ist), oder das Instrumentarium ist in einem entfernten Raum gelagert, und nicht in jeder Stunde kann die für den Transport nötige Zeit geopfert werden. (Im letzten Fall sollte man unbedingt versuchen, einen Teil des Instrumentariums in einem Schrank im Unterrichtsraum aufzubewahren.)

Daß niemals alle Kinder zur gleichen Zeit die Möglichkeit haben, auf – je einem – Stabspiel zu musizieren, ist eher die Regel. Gerade im Bereich der Arbeit mit Stabspielen muß der Lehrer dann vorformulierte Spiel- und Übungsvorschläge auf seine Situation hin abändern. Dazu einige Tips:

– Immer sollte schon die Erarbeitung von Spielstimmen als ein Prozeß erlebt werden, der alle Kinder (auch wenn sie noch nicht vor einem Stabspiel sitzen) erfaßt (s.o.).
– Wenn weniger Stabspiele zur Verfügung stehen, sollen dennoch möglichst alle Kinder (nacheinander) zum Spielen kommen! Wird dadurch zuviel Zeit verbraucht, muß man manche Spiele und Übungen einfach weglassen oder abkürzen.
– Bei bestimmten Aufgabenstellungen (z.B. der Improvisation in Tonräumen) können in mehreren Stunden hintereinander jeweils einige Kinder die Möglichkeit des intensiven Spielens erhalten, während die anderen z.B. eine Aufgabe im Kinderbuch, auf einem Arbeitsblatt etc. durchführen.
– Zwei Kinder können an einem Instrument spielen. Sie sollen selbständig abwechseln, einander helfen und voneinander lernen.
– Als eine ebenso interessante Aufgabe wie das Spielen einer Stabspiel-Stimme kann auch gelten, daß (andere) Kinder diese Stimme mitsingen können (was z.B. bei manchen Stabspiel-Begleitstimmen möglich ist).

Doch sollen diese Tips in keiner Weise eine unzureichende Ausstattung legitimieren! Der Basisunterricht von Kindern bedarf einer angemessenen räumlichen und instrumentalen Grundausstattung, die jeder Schulträger verantwortungsvoll gewährleisten muß!

Tonhöhe der Instrumente und Singstimme der Kinder: Bei allen Übungen, in denen es um das wechselweise Singen und Spielen geht, ist am Anfang darauf zu achten, daß das benützte Instrument die Stimmlage der Kinder wiedergibt. Die Transposition von Instrumentalklängen ist eine reizvolle Aufgabe, die als solche aber gegenüber den Kinder bewußt gekennzeichnet und mit ihnen geübt werden muß. Im anderen Falle sind viele Kinder verunsichert.

Pflege des Instrumentariums: Wann immer es möglich ist, werden Instrumente gemeinsam für die Arbeit vorbereitet, aufgebaut und nach dem Spiel wieder sorgfältig verwahrt. Jedes Instrument benötigt seine individuelle Pflege:
– Instrumente mit Naturfellen müssen gespannt und nach dem Spiel etwas entspannt werden. Die Fellspannung darf nur im Rahmen des vorgegebenen Tonhöhenumfanges erfolgen (Pauken) bzw. muß dem Grundcharakter des jeweiligen Instrumentes entsprechen (Handtrommeln etc.).

– Instrumente mit Kunststoff-„Fellen" bereiten in der Pflege weniger Probleme, sind aber aus klanglichen Gründen mitunter skeptisch zu beurteilen.
– Stabspiele reagieren auf Feuchtigkeit und Raumtemperatur empfindlich. Entsprechend ist der Aufbewahrungsort zu wählen.

Selbstbau von Instrumenten: Der Umgang mit Instrumenten, ja schon deren bloßes Vorhandensein, kann ein Kind in besonderer Weise faszinieren. Gibt man ihm zudem die Möglichkeit, das Entstehen eines Instrumentes selbst in die Hand zu nehmen, so bedeutet das, ihm die Welt des Klanges in seiner tiefsten Schicht aufschließen zu helfen. Mit allen Sinnen kann es erleben, wie aus bloßem „Material" durch Bearbeiten, Zusammenfügen und Behandeln unter bestimmten Bedingungen ein klingender Gegenstand wird, und über alle Geschicklichkeit hinaus vermag dabei noch eine Art Wunder zu verspüren sein. Aber auch wenn eine Phase des Bauens für ein Kind zu einem Mißerfolg wird, ist dies „heilsam", erfährt das Kind doch, daß es seiner besonderen Mühe und Sorgfalt bedarf, um etwas zum Tönen zu erwecken.

Der Bau von Instrumenten ist nicht mühelos. Technische und organisatorische Vorüberlegungen sind wichtig. Die in diesem Unterrichtswerk vorgeschlagenen Instrumente können *technisch* von jedem interessierten Lehrer gebaut werden – und wo anfänglich Ängste bestehen, kann folgender Hinweis eine „erste Hilfe" sein: Wenn Handwerker (Väter) wissen, warum sie etwas machen, helfen sie meist gerne!

Welche Instrumente sollen gebaut werden? Im Rahmen der praktischen Arbeit ist eine Auswahl notwendig. In diesem Lehrerkommentar wird zum Bau folgender Instrumente angeregt:
- Rassel, Reco Reco, Sandblocks (S. 176f.),
- Trommeln (S. 254ff.),
- klingender Tanzschmuck und verschiedene „Instrumente mit eigenem Tanz" (S. 297ff.),
- Panflöte (S. 321ff.).

Viele weitere Instrumentenbauempfehlungen, auf die an dieser Stelle ausdrücklich verwiesen sei, finden sich in den Lehrerkommentaren I und II der Musikalischen Früherziehung.

Bewegung und Tanz 8.3

8.3.1 Sachinformationen (S. 57)
8.3.2 Basisarbeit im Bereich Bewegung und Tanz (S. 59)
8.3.3 Bewegungsbegleitung (S. 62)
8.3.4 Tanzimprovisation und Gestalten von Tänzen (S. 64)
8.3.5 Tanzen tradierter Tänze (S. 65)

8.3.1 Sachinformationen

Grundformen der Bewegung: Um sie übersichtlich zu machen, hat sich auch für den Lehrer die Systematik Rudolf von Labans als besonders hilfreich erwiesen. Zu den Grundformen zählen danach:

Lokomotion (Fortbewegung): Bewegungsarten, die den Körper von einem Platz zu einem anderen bringen (also Gehen, Laufen, Kriechen usw., aber auch spezielle Tanzschritte).

Gestik und Mimik: Bewegungen von Körperteilen, die kein Gewicht tragen (z.B. Schulterzucken, Grimassen schneiden, ein Bein hin- und herschwingen ...).

Position (Ruhe): Jede Stellung, in der man äußerlich stillehalten kann.

Elevation: ital. elevare = hochheben, auch im Sinne von Aufrichten – also Bewegungen, die gegen die Schwerkraft wirken, in erster Linie Sprünge, aber auch z.B. Aufrichten des Körpers aus der Hockstellung.

Rotation: Drehungen im Stehen, Sitzen oder Liegen sowie in der Fortbewegung.

Haltung: Als „gute Haltung" bezeichnet man eine Aufrichtung des ganzen Körpers über parallel nebeneinander stehenden Füßen (Gewicht über der Fußmitte), wobei alle Gelenke bis zum Kopf (Fußgelenk, Knie, Hüfte, Schulter, Nacken) senkrecht übereinander aufgebaut sein sollen. Die Haltungskontrolle bei Kindern bezieht sich zumeist auf die Streckung der Wirbelsäule, die Beckenstellung und die Belastung der Füße (vgl. S. 60).

Sensibilisierung: Bewußtmachung und Vertiefung von Bewegungsgrunderfahrungen mit dem Ziel ihrer Differenzierung. (Fast) alle Sinne können auf ihre Weise zur Bewegungssensibilisierung beitragen:
– *Sehsinn*, z.B. durch Beobachten und Erkennen von Bewegungen, Orientierung im Raum,
– *Hörsinn*, im Rahmen der akustischen Orientierung und vor allem anregend durch Klänge, durch Musik,
– *Tastsinn*, durch Berührung und Kontakt,
– *Balancesinn*, durch Gleichgewichtskontrolle und Raumorientierung,
– *Bewegungssinn*, durch Orientierung über die Körperposition und die Gespanntheit der Muskulatur.

Von Sensibilisierung sprechen wir auch im sozialen Bereich, wo es darum geht, einander wahrzunehmen und auf den Ausdruck des anderen zu reagieren.

Tanznotation: Für die Skizzierung von Schrittwegen werden neben grafischen Formen die Notationszeichen der (musikalisch-) rhythmischen Notation verwendet und durch Akzidienzien näher bezeichnet. Dieser Umstand macht es möglich, die Tanznotation in einfachen Formen schon früh auch den Kindern zu zeigen und sie daran lernen zu lassen. Wie Kinder notierte Rhythmen klatschen, stampfen, sprechen usw., können sie notierte Tanzschritte mit Fingern, Händen oder Füßen tanzen.

Erklärung wichtiger Tanzzeichen:

∧   <   >   = Zeichen für Blickrichtung des Tänzers. Man stellt sich vor, daß das „Nasenmännchen" der Betrachter selbst ist. (Den Ausdruck „Nasenmännchen" prägten Kinder, die gelernt hatten, daß die Spitze anzeigt, wo die Nase ist.)

∧   ∩   Paarweise (Tänzer ∧, Tänzerin ∩)

♩ = Tanzrichtung nach rechts

⟵ = nach links (gegen die Tanzrichtung)

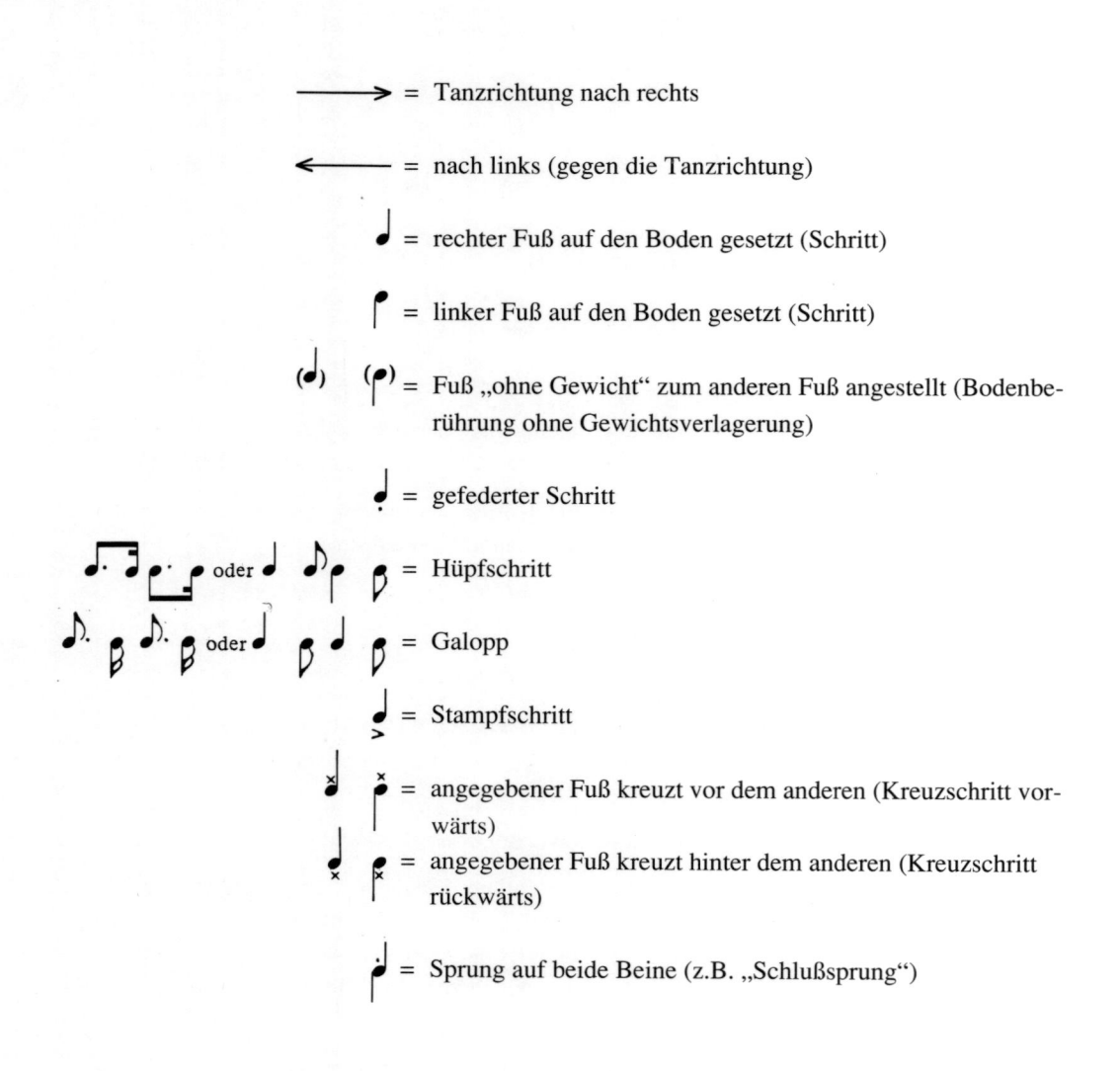

♩ = rechter Fuß auf den Boden gesetzt (Schritt)

♩ = linker Fuß auf den Boden gesetzt (Schritt)

(♩) (♩) = Fuß „ohne Gewicht" zum anderen Fuß angestellt (Bodenberührung ohne Gewichtsverlagerung)

♩ = gefederter Schritt

♩. ♪ ♩. ♪ oder ♩ ♪ ♩ ♩ = Hüpfschritt

♪. ♩ ♪. ♩ oder ♩ ♩ ♩ ♩ = Galopp

♩ = Stampfschritt
>

♩ ♩ = angegebener Fuß kreuzt vor dem anderen (Kreuzschritt vorwärts)

♩ ♩ = angegebener Fuß kreuzt hinter dem anderen (Kreuzschritt rückwärts)

♩ = Sprung auf beide Beine (z.B. „Schlußsprung")

Tanzschritte, Tanzaufstellungen, Tanzfiguren: Innerhalb dieses Unterrichtskonzeptes werden folgende Gestaltungselemente angesprochen:

Schrittformen: Laufschritt, Seitanstellschritt und Seitgalopp, Wechselschritt, Kreuzschritt, Hüpfschritt, Schlußsprung.

Raumformen: Frei im Raum (allein, zu zweit, in kleinen Gruppen), im Kreis (mit Blick nach innen = Stirnkreis; mit Blick in Tanzrichtung = Flankenkreis), Offener Kreis und Linie, Schlange, Paar, Viereck, Gasse.

Tanzfiguren: Kreis zu viert, Mühle zu viert, „Vor-/Rück" zweier Paare, Drehen, Dos à dos, Handtour, Promenade, Schnecke, Galopp in der Gasse.

Tanzfassungen: Neben der normalen Handfassung in V-Form (locker hängende Arme) kommen bei den Figurentänzen die Kreuzhandfassung, die Mühlenfassung und die Handtourfassung vor. (Eine systematische Darstellung von Tanzfassungen für die Arbeit mit Kindern findet sich in Lehrerkommentar II der Musikalischen Früherziehung, S. 35.)

Diese Tanzelemente werden dort, wo sie in Spielen, Übungen und Tänzen vorkommen, näher beschrieben.

Zwei Begriffe seien noch erwähnt:
– *Standbein:* Bein, welches das Gewicht des Körpers trägt.
– *Spielbein:* unbelastetes Bein, frei zu verschiedenen Bewegungen in alle Richtungen.

Tanzmusik: Heute bewegen sich vermutlich die meisten Menschen, die überhaupt tanzen wollen, zu Musik, die oft speziell für das Tanzen komponiert und gespielt wird (so beim Gesellschaftstanz, Volkstanz, Discotanz). Im Bereich des künstlerischen Tanzes und der Tanzerziehung gibt es jedoch noch andere Möglichkeiten: Zum einen können der Leiter (Lehrer) oder die Mitglieder der Gruppe selbst Musik erfinden und gleichzeitig zur Bewegungsausführung spielen. Zum anderen kann auch Musik verwendet werden, die ursprünglich nicht für das Tanzen komponiert worden ist.

Tanzmusik soll zur Bewegung, zum Tanz animieren. Durch ihren Rhythmus, durch Tempo, Klangfarbe, Melodie, Harmonik, Ausdruck und Form beeinflußt sie die Tanzenden, ordnet ihre Bewegungen im zeitlichen Ablauf, inspiriert und intensiviert durch ihren Charakter Bewegung und Ausdruck.

Tanzmusik kann live oder vom Tonträger erklingen. *Live-Musik* ist abhängig von den musikalischen und instrumentalen Fähigkeiten des Lehrers oder der begleitenden Kinder. Sie braucht keine technischen Einrichtungen: Stimme und Klanggesten genügen für den Anfang, alle verfügbaren Instrumente treten bereichernd hinzu. Live-Musik ermöglicht es, das Tempo zu variieren, auf unterschiedliche Fähigkeiten und Einfälle der Kinder einzugehen und immer neu zu wiederholen. *Musik von Kassetten oder Schallplatten* kann die Tanzmusik der ganzen Welt in den Unterrichtsraum bringen, auch die Musik früherer Jahrhunderte. Mit dem großen und verführerischen Angebot sollte man sorgfältig und verantwortungsvoll umgehen, wenn die Kinder nicht mit Höreindrücken überschwemmt werden sollen. Musik von Tonträgern ist eine unersetzliche Hilfe bei Volkstänzen, besonders wenn es sich um authentische Aufnahmen von Volksmusikensembles handelt, und weiter bei Tanzmusikstilen, die durch bestimmte Spielweisen, Instrumente und besondere „sounds" charakterisiert sind.

Wählt der Lehrer eigene Tanzmusik von Tonträgern aus, sollte er nach Möglichkeit verschiedene Einspielungen vergleichen. Es ist sehr wichtig, daß das Tempo stimmt, daß Vorspiele den Einsatz ermöglichen, daß die Instrumentierung nicht zu „dick" ist. Die Kinder sollen mit dem Höreindruck zurechtkommen, dabei auch neue Instrumentalklänge kennenlernen oder Begleitungen aufgreifen können. Tanzmusik darf die Bewegung niemals durch ihre Klangmasse erdrücken. Sie muß so ansteckend wirken, daß man gerne aufspringen und lostanzen möchte.

8.3.2 Basisarbeit im Bereich Bewegung und Tanz

Tanzen ist Musizieren mit dem Körper im Raum; der Körper ist das Instrument von Bewegung und Tanz. Wie jedes andere Instrument muß der Körper in seinen Möglichkeiten kennengelernt und geübt werden.

Die tänzerische Bewegung

Wenn wir die tänzerische Bewegung in ihrer komplexen äußeren und inneren Erscheinung zu beschreiben versuchen, müssen wir uns vergegenwärtigen, was sie auszeichnet: Sie braucht Energie zu ihrer Ausführung, findet im Raum statt, hat eine zeitliche Gestalt und eine ihr eigene Form.
- Jede Bewegung wird durch mehr oder weniger viel Kraft, durch gleichbleibende, zu- oder abnehmende Energie geprägt. Jede Stimmung, in der sich der Tanzende befindet, bewirkt eine spezifische Bewegungsdynamik.
- Jede Bewegung hinterläßt eine imaginäre Raumspur. Sie ist eng oder weit in ihrer Dimension, führt in eine bestimmte Richtung und weist, räumlich gesehen, eine skulpturhafte Dreidimensionalität auf: Sie hat eine Raumgestalt.
- Jede Bewegung kann schnell oder langsam, kurz oder lang, plötzlich oder allmählich ausgeführt werden. Sie hat eine bestimmte Phrasierung und einen Rhythmus: eine Zeitgestalt.
- Schließlich hat jede Bewegung ihren spezifischen Ausdruck und ihre Form in Raum, Zeit und Dynamik. Sie beginnt an einem gewissen Platz in einer besonderen Ausgangsstellung, dauert eine Weile, in der sich ihre Gestalt entwickelt und endet schließlich auch wieder an einem eigenen Platz.

Der Lehrer sollte sich bewußt sein, daß er für die Kinder immer auch ein Bewegungsvorbild darstellt. Er sollte auf seine eigene Haltung und Bewegungsausführung bedacht sein, auch beim Singen und Musizieren. Darüber hinaus sollte er sich darin üben, die Kinder in ihren Bewegungen zu beobachten, um sie stimulieren wie auch gezielt korrigieren zu können.

Bewegung des Kindes

Jedes Kind hat ein angeborenes Bedürfnis nach vielschichtiger Bewegung. Im Laufen und Springen, im Spielen, Tanzen und Ruhen macht das Kind grobmotorische Erfahrungen und entwickelt dabei die *Grundformen der Bewegung*, die ihm helfen, sein eigenes „Körper-Ich" aufzubauen. Andere Bewegungsspiele und -übungen, aber auch z.B. das Spiel auf elementaren Instrumenten, greifen diese Bewegungsformen auf, differenzieren sie und entwickeln die *Feinmotorik* des Kindes.

Die *individuelle Bewegung* des Kindes ist dabei bedingt durch seine körperliche Konstitution, seine momentane Befindlichkeit, seine Lust und Unlust. Jedes Kind sollte deshalb die ihm gemäßen Tempi, seine Kraft, seine eigenen Wege im Raum und seine eigenen Darstellungsformen erproben dürfen.

Spiele und Übungen zur Basisarbeit im Bereich von Bewegung und Tanz leiten daneben die Kinder zu einer genaueren *Wahrnehmung* und *Sensibilisierung* für die Ausführung ihrer Bewegungsaktivitäten an. Impulse zur *Bewegungsgestaltung* führen die Kinder zur Fähigkeit vertiefter Körpererfahrung und differenzierter Bewegungsausführung, zum gestalteten Tanz.

Von besonderer Bedeutung, auch hinsichtlich der allgemeinen Entwicklung der Kinder, ist schließlich ihre *Körperhaltung*. Eine nachlässige Haltung kann sich zu Haltungsschwächen und schwer korrigierbaren Fehlern verschlechtern. Daher sollte in jeder Stunde, auch beim Singen oder Instrumentalspiel, eine Entspannungs- und Aufrichtungsübung für die Wirbelsäule eingebaut werden. Sensibilisierungsübungen schulen die Wahrnehmungsfähigkeit der Kinder für ihren eigenen Körper, einfache Spiele geben Gelegenheit zu wiederholtem Üben. Der Lehrer in der Musikalischen Grundausbildung sollte bei auffälligen Haltungsschwächen den Eltern fachliche Beratung empfehlen.

Zum Unterricht

Beispiele 1: Impulse zur Sensibilisierung

Sensibilisierungsphasen werden besonders sinnvoll nach einer „bewegten Phase" eingesetzt. Die Kinder sind durch Bewegungsspiele, -übungen oder einen lebhaften Tanz außer Atem geraten und bereit für eine Ruhepause. Stille, Konzentration und eine Atmosphäre der Entspanntheit sind notwendig, um das Bewußtsein nach innen zu lenken. Vom Lehrer erfordert dies Geduld und Einfühlungsvermögen, denn in dieser Arbeit darf kein Zeitdruck spürbar werden.
– *„Was passiert in meinem Körper?"* – Die Kinder legen sich auf den Rücken. Die Hände liegen auf dem Bauch und spüren, wie er sich hebt und senkt, wie die Atmung sich langsam beruhigt. Der Lehrer erkundigt sich, was die Kinder alles spüren können (Atem, Herzschlag, Puls, Berührung mit dem Boden, Wärme oder Kälte, Kleidung).
– *„Figurenbauen"* wird von je zwei Kindern gespielt. Eines – es hat die Augen geschlossen – ist die „Knetmasse", das andere verändert dessen Haltung und bringt den Partner in die Position, die seine „Figur" haben soll. Das muß langsam geschehen, denn auch mit Knetmasse kann man nicht schnell arbeiten, und das passive Kind soll Zeit haben, in seine jeweils neue Stellung „hineinzuspüren".

Beispiele 2: Impulse zur Körperhaltung

Haltungsübungen brauchen nicht viel Zeit, müssen aber regelmäßig durchgeführt werden, um tiefer wirken zu können. Vielleicht gelingt es, einige Übungen den Kindern mit der Zeit so vertraut zu machen, daß allein ihr Name genügt, um die Kinder an ihre Aufrichtung zu erinnern?
– *Kleine Gesten* des Lehrers – einem mit schlaff-rundem Rücken sitzenden Kind die Hand leicht auf den Kopf legen, damit es „wächst"; ihm über den Rücken streichen, um es an seine Streckung zu erinnern – können schon helfen.

- *Die Wirbelsäule auf und ab:* Im Stehen oder Sitzen (auf Hockern beim Instrumentalspiel, ansonsten im Schneidersitz auf dem Boden) wird in drei Phasen langsam das Abrollen und Wiederaufrichten geübt. Das erste Mal sinkt nur der Kopf schwer auf die Brust, beim Aufrollen beginnt der Nacken, dann erst hebt sich der Kopf. Beim zweiten Mal sinken erst der Kopf, dann die Schultern nach unten, die Arme hängen frei. Beim dritten Mal sinkt nach Kopf und Schultern auch der Oberkörper, bis der Rumpf so weit als möglich (aber ohne Ziehen und Zerren) nach vorn überhängt. – Das Aufrollen geschieht immer in umgekehrter Reihenfolge: Zuerst richtet sich die Lendenwirbelsäule, dann die Brust-, die Halswirbelsäule und zuletzt der Kopf auf. Ausatmen! Zum Ausgleich in der Gegenbewegung das Gesicht so hoch als möglich zur Decke heben.
- Auch das *Marionettenspiel* regt an, einzelne Teile, aber auch den ganzen Körper zu entspannen und wieder zu aktivieren: Die Kinder stehen mit breiten Beinen und erhobenen Armen wie Marionetten, an deren Gelenken unsichtbare Fäden befestigt sind. Ein Faden nach dem anderen wird gelockert; der Kopf sinkt herunter, dann gleichzeitig, später auch nacheinander: Unterarme, Oberarme, Schultern, Hände..., bis die ganze Marionette zusammengesackt ist. – Dann kann die Puppe wieder Stück für Stück aufgerichtet werden.
- *Zeigt her eure Füße!* – Unsere Füße tragen uns unser Leben lang, jeden Tag, jede Stunde. Schenken wir ihnen ein wenig Zuwendung:
  - Wir sitzen am Boden, mit bloßen Füßen, winken mit den Zehen, dann mit den ganzen Füßen.
  - Wir lassen die Füße kreisen, nach rechts, nach links, zueinander, auseinander. Auf dem Rücken liegend ist die Übung bequemer (im Sitzen keinen Buckel machen!).
  - Im Stehen heben wir uns langsam in den Ballenstand und senken uns wieder. Dabei sollen die Fußgelenke nicht umkippen. Wenn die Kinder es gut können, wird die Bewegung schneller – bis zum Absprung und leisen Aufkommen auf dem Boden.

Beispiele 3: Übungen und Spiele zur „Bewegungstechnik"

Grundformen der Bewegung könnten zwar auch als „Technikaufgaben" geübt werden, doch erscheint das angewandte Üben im Rahmen eines Tanzes oder einer Bewegungsimprovisation für Kinder viel sinnvoller. Wahrscheinlich bleibt im Rahmen der Musikalischen Grundausbildung selten Zeit, an der Bewegungsausführung genügend differenziert und ausführlich zu arbeiten. Trotzdem sollte der Lehrer darauf achten, daß die Kinder eine gute Haltung haben und sich ausdrucksvoll und deutlich bewegen. Das gilt auch für die Bewegungen bei musikalischen Aktivitäten (z.B. Klanggesten, Spiel mit Schlägeln).

Mögliche Übungen zur Bewegungstechnik in Verbindung mit Zeit-, Dynamik-, Raum- und Formerfahrungen sind sehr vielgestaltig und können nur exemplarisch beschrieben werden.
- *Eigene Bewegungen und Tempi ausprobieren:* Die Kinder imitieren, ganz ihrer Vorstellung folgend, Tiere, Fahrzeuge, Menschen ...
- *Auditiv und visuell vorgegebene Bewegungen und Tempi übernehmen:* Die Kinder imitieren ein anderes Kind, den Lehrer. Sie folgen einer akustischen Begleitung ...
- *Dauer von Bewegungsabläufen erfahren:* Ein Raubvogel kreist mit wenigen Flügelschlägen, ein Schmetterling bewegt die Flügel viel schneller / lang- und kurzklingende Instrumente begleiten unsere Bewegungen ...
- *Bewegungen rhythmisch erfassen und gestalten:* Aus der Gewichtsübertragung von einem Bein auf das andere entstehen (hörbare!) Schritte, die im Wechsel von kurz und lang zu rhythmischen Motiven werden ...
- *Kraft- bzw. Spannungsunterschiede erfahren und produzieren lernen:* sich so „stark" machen, daß niemand einen wegschieben kann / so schlaff werden, daß alle Körperteile bei Anstoß herumschlenkern / Spannungssteigerung (crescendo) und -minderung (decrescendo) probieren, indem man am Platz zart und leise zu gehen beginnt und dann, immer intensiver werdend, bis zum Stampfen kommt / Akzente setzen – mit einem Ruf („Ich!"), unterstützt von einem Stampfer, einem Klatscher, einem Sprung ...
- *Raumerfahrungen machen:* Raumwege, -richtungen und -ebenen im Spiel benützen, benennen und schließlich bewußt ausführen: als Gruppe (gut verteilt) durcheinanderlaufen / einer eigenen langen

Spur folgen / Raumwege aufzeichnen oder „lesen" / sich vorwärts, rückwärts, seitwärts bewegen / kriechen, sich nah am Boden, aufgerichtet, auf Zehenspitzen bewegen / sich kreisend bewegen ...
- *Formerfahrungen machen,* d.h. Gleiches, Ähnliches und Verschiedenes im räumlichen, zeitlichen, dynamischen und expressiven Verhalten einer Bewegung erfahren, z.B. in Spiegelbildübungen und Kontrastspielen, Echoübungen und Frage-Antwort-Spielen, im Tanzen zu gesungenen oder gespielten Melodien oder Rhythmen.

8.3.3 Bewegungsbegleitung

Bewegungsbegleitung meint eine besondere Form der Beziehung zwischen Musik und Bewegung: Geräusche, Klänge, Rhythmen und Melodien, die mit der Stimme, mit Körperinstrumenten oder auf Instrumenten hervorgebracht werden, sollen die eigene Bewegung, die eines Partners oder einer ganzen Gruppe:
- hervorlocken und unterstützen,
- verdeutlichen und zeitlich ordnen,
- oder einfach untermalen.

Führt die Musik, so sollen die Tänzer deren Charakter zum Ausdruck bringen. Führt die Bewegung, richtet sich die Musikbegleitung in Tempo, Dynamik usw. nach den Tanzenden. (Eine dritte Form, wo Musizierende und Tanzende zugleich improvisieren und wechselseitig aufeinander reagieren, ist in der Musikalischen Grundausbildung erst anzubahnen.)

Bewegungsbegleitung spricht zahlreiche Fähigkeiten bei allen Beteiligten an und fördert die Bewegungsausführung:
- Sie verlangt Konzentration und eine gute Beobachtung.
- Sie führt zum Verständnis für die Wirkung der Klangeigenschaften verschiedener Instrumente sowie den Ausdrucksgehalt von Rhythmen und Melodien.
- Sie nimmt positiven Einfluß auf die motorische Sicherheit, das kinetische Gedächtnis, das rhythmische Lernen und die spontane Erfindung von Klanggestalten (Rhythmen, Melodien).
- Musiker und Tänzer gelangen zu tieferen Einsichten in Bewegungsabläufe und deren musikalische Entsprechung.

Zum Unterricht

Beispiele 1: Eine Übungsfolge zur Einführung von Bewegungsbegleitung

- Die Kinder sitzen mit dem Lehrer in einem Kreis am Boden und schließen die Augen. Ein Kind, vom Lehrer durch Berührung dazu aufgefordert, geht (läuft, hüpft, trippelt) um den Kreis. Die anderen Kinder lauschen auf die entstehenden Geräusche und versuchen, sie leise mitzupatschen.
- Beim dritten oder vierten Kind, das sich um den Kreis bewegt, öffnen alle die Augen und schauen der Bewegung genau zu. Nun kann die Begleitung auch lauter werden und eine andere Form annehmen, da man nicht mehr ausschließlich auf das Hören der Schritte angewiesen ist.
- Nach einiger Zeit begleitet der Lehrer ein Kind auf einer Trommel (oder auf Bongos).
- Zuletzt spielt er auf einem Melodieinstrument dazu, während eines der Kinder die Trommelbegleitung übernimmt. (Die Kinder selbst übernehmen also von Beginn an kleine Musizieraufgaben.)
- Im nachfolgenden Gespräch äußern sich die Kinder darüber, wie sie den Unterschied zwischen Bewegung ohne oder mit Musik empfinden, welche Begleitung sie besonders mögen, welche ihnen hilft und welche sie irritiert.

Beispiele 2: Ich bin Tänzer und Musiker zugleich ...

- Ich begleite mich selbst in der Bewegung. – Das geht mit der Stimme und mit Klanggesten: Ich laufe und mache zwischendurch einen Sprung. Dazu kann ich rufen („Hei!", „Guck!", „Hopp!" usw.), aber auch klatschen oder stampfen ... / Ich sause wie ein Vogel oder ein Flugzeug durch den Raum und begleite mich dabei mit der Stimme ...
- *Muster erfinden:* Meine Stimmaktionen und Klanggesten verbinden sich mit den Geräuschen, die beim Tanzen von meinen Füßen erzeugt werden, zu kleinen Mustern. Beispiele:

- Vorwärtsgehen, wobei die Hände zu den Schritten klatschen:

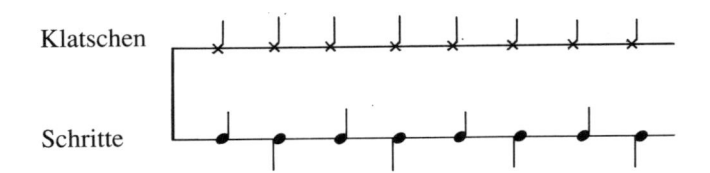

Klatschen

Schritte

- Stampfen und zu jedem zweiten Schritt klatschen:

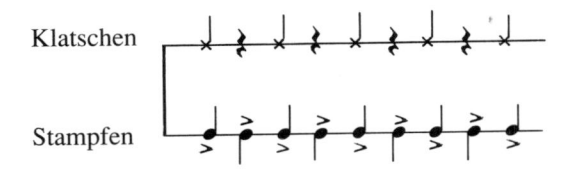

Klatschen

Stampfen

oder

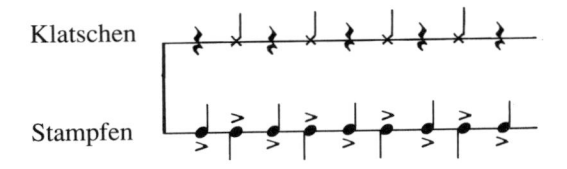

Klatschen

Stampfen

- Rasche Drehung mit einem Patschwirbel:

Patschen

Schritte

- Vorwärtshüpfen und auf jeden Hauptakzent der Bewegung klatschen:

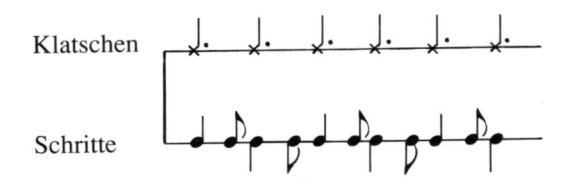

Klatschen

Schritte

Beispiele 3: Bewegungsbegleitung mit Instrumenten

Schlaginstrumente: Die Kinder lieben die Trommel, die ein wichtiges Begleitinstrument ist. In dem Maße, in dem die Kinder die Klangvielfalt des kleinen Schlagwerks kennengelernt haben, können die dazugehörigen Instrumente in die Bewegungsbegleitung einbezogen werden. Auch *Melodieinstrumente* (Stabspiele, Lotosflöten, Blockflöten, andere Blasinstrumente sowie Zupf- und Streichinstrumente), die die Kinder selbst handhaben können, sind für die Bewegungsbegleitung tauglich.
  - *Instrumentalmotiv und Bewegungsmotiv:* Drei Kinder haben sich kleine Schlaginstrumente ausgewählt, z.B. Schlaghölzer, Rasseln, Becken. Jedes spielt nun ein kleines Motiv, die anderen Kinder probieren aus, welche Bewegung am besten der Klangfarbe der einzelnen Instrumente entspricht.

- *Welcher Klang paßt zu dieser Bewegung?* – Die Gruppe der Musiker-Kinder hat mehrere Instrumente vor sich zur Auswahl. Die Gruppe der Tänzer-Kinder schickt jeweils ein Kind los, das eine selbstgewählte Bewegung mehrmals wiederholt. Die Musiker-Kinder beobachten und wählen Instrument(e) und Spielweise(n) so, wie es ihrer Meinung nach am besten paßt.

Auch einfache Melodien, wenn sie sicher gespielt werden, animieren zur Bewegung. Soll ein musizierendes Kind neben seinem Spiel auch noch die tanzenden Kinder beobachten können, ist eine Beschränkung auf wenige Töne sinnvoll.

Der Lehrer sollte mit Begleitungen auf *seinem* Instrument den Kindern immer wieder Beispiele geben und Mut machen.

8.3.4 Tanzimprovisation und Gestalten von Tänzen

Die meisten Kinder tanzen gerne und beginnen damit schon lange vor der Musikalischen Grundausbildung:
- z.B. immer dann, wenn sie mit sich wiederholenden Raumelementen spielen, die sie im Alltag auffinden – mit einer spontanen Choreographie um Alleebäume (mit Rechtskurven, Kreisen, Linkskurven ...) oder auf einer zweifarbigen Pflasterung (woraus dann Kreuz- und Anstellschritte, Hüpfer, Wechselschritte und rhythmisierte Schrittwege entstehen können),
- aber auch im Tanzen zur Musik aus Radio oder Kassettenrecorder.

Im Unterricht greifen wir auf die tänzerischen Spiel- und Ausdruckserfahrungen der Kinder zurück und entwickeln sie zu kindgerechtem Tanzen. Die Formen des spontan Tanzens (Tanzimprovisation) und des gemeinsam Erfindens und Gestaltens einer Tanzform stehen dabei gleichwertig und sich ergänzend nebeneinander.

Wie immer wir mit Kindern tanzen – es sollte zunächst nicht das Resultat in Form eines Repertoires an Tanzformen im Vordergrund unseres Interesses stehen (dieses Repertoire erwächst mit der Zeit folgerichtig aus der planmäßigen Wiederholung der gelernten Tänze), sondern die augenblickliche Freude und Befriedigung durch das Tanzen selbst und die Gemeinsamkeit mit den anderen Kindern.

Zum Unterricht

Beispiele 1: Spontanes Tanzen

Das Ausprobieren von Bewegungen, das Finden individueller Lösungen, das freie Tanzen, allein und mit anderen, kann in jeder Unterrichtsstunde geschehen, wobei bereits die Arbeit an den Grundbewegungsarten Ansatz zur Tanzimprovisation sein kann:
- *Mein Weg im Raum:* Laufen wurde vorwärts, später auch rückwärts, auf geraden und kurvigen Raumwegen geübt. Nun bekommt jedes Kind drei kleine Gegenstände, die es als Hindernisse umlaufen soll. Wenn es ganz sicher ist, wie sein Raumweg aussieht, kann es die Objekte wieder entfernen. Spielt der Lehrer dann beim Vorzeigen eine Begleitung dazu, ist aus einer Technikübung ein freier Lauftanz geworden.
- *Mein Händetanz:* In einer Sensibilisierungsphase wurden in Zeitlupe die Bewegungsmöglichkeiten der Hände erprobt. Nun tanzen sie: vor – über – unter – neben – hinter dem Körper, tupfen, fliegen, stoßen, gleiten durch die Luft, begegnen sich, tanzen miteinander und alleine. Wieder unterstützt der Lehrer die Bewegungen durch anregende Begleitung.
- *Ich (wir) erfinde(n) einen Tanzablauf:* Zu überschaubaren rhythmischen Abläufen oder Melodien erfinden die Kinder Bewegungen und Raumwege. Zunächst jedes Kind für sich, dann auch zu zweit: Wo fängt jeder an, machen sie etwas Gleiches, tanzen sie „Frage" und „Antwort", fassen sie sich an den Händen?
- Auch *abstrakte Bewegungsanweisungen* können auf dieser Altersstufe schon anregend sein: „Versucht zu meiner Musik einen schnellen, quirligen Tanz, der allmählich immer langsamer wird."

Beispiele 2: Gemeinsames Erfinden und Gestalten von „Bewegungserzählungen" und Tänzen

Erfahrungen in der Einzelimprovisation und ein verfügbares Bewegungsrepertoire sind Voraussetzung für ein gemeinsames Erfinden und Gestalten. Ausgangspunkte können dabei eine Musik, eine Geschichte, Objekte oder Bilder sein, zu denen die Kinder eine Bewegungsgeschichte erzählen können.

Weil meist mehrere Kinder Gestaltungsvorschläge bringen, entsteht schnell die Schwierigkeit, aus dem Reichtum der Ideen auszuwählen. In einer Stunde können vielleicht nicht alle Kinder ihre Absichten durchsetzen, also wird man zunächst zwei oder drei Vorschläge ausprobieren, sie zu verbinden suchen und so zu einem ersten Gestaltungsergebnis kommen. (Wenn das Thema es zuläßt, können bestimmte Teile von Kleingruppen, Paaren oder Solisten gestaltet werden. Ideal dafür sind z.B. Rondos aller Art.)

Entscheidend ist, daß man einen Tanz, eine Bewegungsgeschichte, nicht nur entstehen läßt, sondern das Ergebnis öfter und genußvoll wiederholt. Rollenwechsel ist eine gute Motivation für Wiederholungen. Am Ende kann man dann über die entstandene Gestaltung und den Gestaltungsprozeß mit den Kindern sprechen.

H i n w e i s : Mit Vorschlägen zum gemeinsamen Erfinden und Gestalten von Tänzen beschäftigen sich insbesondere die Themen 8 („Musik und Tanz, wie gehört das zusammen ..."?) und 14 („Farbentanz und Bildermusik").

8.3.5 Tanzen tradierter Tänze

Die *Musik* soll überschaubar sein, ihre Grundform (Liedform ein- oder zweiteilig, (A) (B) (A)-Form, Rondo) durch klare motivische Gestaltung der Teile, durch deutliche Phrasierung, konstrastreiche Instrumentierung usw. für die Kinder sinnfällig werden.

Gerade Taktarten (2/4, 4/4, 6/8) sind zunächst vorzuziehen, der 3/4-Takt ist anfangs schwieriger umzusetzen, da der schwere Taktteil abwechselnd auf den linken und rechten Fuß fällt.

Ein mittleres Gehtempo nehmen die Kinder am leichtesten auf, wobei zu beachten ist, daß ihr Grundtempo aufgrund rascherer Atmung und kürzerer Schrittlänge vergleichsweise schneller ist als beim Lehrer. Von einem kindgemäßen mittleren Tempo ausgehend sollte man allmählich schnellere, dann auch langsamere Tempi üben.

Günstig sind Melodien, die die Kinder selbst singen können und die vom Lehrer innerhalb des kindlichen Stimmumfanges angestimmt werden. Die Möglichkeit, Melodieteile während der Tanzerarbeitung mitzusingen, erlaubt vielfältige Variationen des Unterrichts.

Die *Bewegung* nimmt das Bewegungsrepertoire des Kindes zum Ausgangspunkt. Was im Spiel und in spielerischen Übungen entwickelt wurde (Gehen, Laufen, Hüpfen, Springen, Seitgalopp, Anstellschritt, Drehen, Armgesten etc.), verwandelt sich durch die Bindung an die formal bestimmende Musik in Tanz. – Bewegungen rück- und seitwärts kommen im Alltag weniger häufig vor und müssen daher besonders geübt werden.

Als Aufstellung eignet sich anfangs besonders die Kreis- oder Reigenform, wobei es den Kindern zunächst nicht leicht fällt, die Kreisform beizubehalten. Andere für den Anfang günstige Formen sind Schlange, Linie, später auch das Tanzen frei im Raum (auch paarweise) sowie die „Gasse".

Als *Fassung* bietet sich für Tänze in Kreis- oder Schlangenform die normale Handfassung mit locker hängenden Armen (V-Fassung) an. (Zur Beschreibung und Skizzierung von Tanzfassungen vgl. auch in LK II der Musikalischen Früherziehung, S. 35ff.)

Bei aller Konzentration auf Schritte, Fassungen, rhythmische Ausführung und räumliche Formation sollte man beim Tanzen den Gesamtausdruck, der auch Mimik und Gestik einschließt, nicht vergessen. Wenn alle Schwierigkeiten der Ausführung aufgehoben sind und die Freude am Tanzen im Vordergrund steht, ist die natürliche Ganzheit von Tanz und Tänzer wieder hergestellt. Daher sollte man Tänze immer wieder aufgreifen und wiederholen!

Zum Unterricht

Vgl. dazu die im Thema 11 („Wir tanzen") und dem anschließenden Materialteil beschriebenen Tänze.

Literatur für den interessierten Lehrer:

Bannmüller, Eva: Neuorientierung der Bewegungserziehung in der Grundschule. Stuttgart 1979
Haselbach, Barbara: Tanzerziehung. Stuttgart 1986[4]
Holzheuer, Rosemarie: Praxishilfen zur Musik- und Bewegungserziehung für Kindergarten und Grundschule. Reihe „Arbeitshefte des Staatsinstitutes für Frühpädagogik" Nr. 7 „Sensibilisierung", Nr. 8 „Gestaltung". Donauwörth 1980

Musikhören 8.4

Unsere Kinder hören genug Musik, oft mehrere Stunden am Tag. Auf (Hörspiel-)Kassetten und im Fernsehen läuft Musik zumeist im Hintergrund. Seltener wird sie von den Kindern gezielt ausgewählt. In dieser Situation kann es nicht Aufgabe der Grundausbildung sein, Kinder einfach mit „noch mehr Musik" zu „beglücken".

Es gibt Musik, die direkt „in die Beine" geht, die viele Menschen spontan packt und bewegt. Andere Musik wirkt unmittelbar auf unsere Stimmung, macht fröhlich oder traurig, und das gleichsam reflexartig, ohne daß wir uns ihr dazu direkt zuwenden müßten. Und es gibt Musik, die viele Schichten hat und tiefer gründet, in der man immer wieder Neues entdeckt, die aber nicht immer eine „Liebe auf den ersten Blick" ist. Jener Musik müssen wir uns bewußt zuzuwenden lernen.

Musikhören im Rahmen der Musikalischen Grundausbildung verfolgt in der Hauptsache das Ziel der Begegnung mit unterschiedlicher Musik und der Zuwendung zu ihr.
– Musikerziehung muß zuerst einmal daran arbeiten, daß die Musik aufmerksam wahrgenommen wird. (Das ist gar nicht so einfach, weil wir alle Tag für Tag trainieren, darüber hinwegzuhören; weil wir immer besser lernen, in einer tönenden Umwelt zu leben, der wir uns durch ein Nichtmehr-Hinhören entziehen.)
– Auf der Aufmerksamkeit für Musik gründet die Zuwendung zu ihr – Zuwendung im wörtlichen Sinne. Sich der Musik, den Menschen, die Musik machen, den Instrumenten, die die Musik hervorbringen, zuzuwenden, sollte angebahnt werden. Daß Musik hörend, horchend „erforscht" und immer wieder neu entdeckt werden kann, sollten Kinder im Laufe der Grundausbildung an einigen Beispielen erleben.
– Gleichfalls sollten sie erleben können, daß wir Menschen auf Musik verschieden reagieren: daß jeder von uns eigene Vorlieben hat.
– Wenn durch die Wahl von Hörbeispielen und Aktivitäten in der Grundausbildung eine gewisse Offenheit der Kinder gegenüber Musik angeregt wird mit der Neigung, unterschiedlicher Musik vorurteilsfrei zu begegnen, sind die Weichen richtig gestellt.

Zum Unterricht

Das Hören von Musik steht in direkter Beziehung zu allen anderen Arbeitsbereichen der Musikalischen Grundausbildung. Dem Zuhören geht eigenes Musizieren voraus, oder dieses wird durch das Hören angeregt. Auch Tanzen soll man mit „offenen Ohren". Besonders in seinen Wechselbeziehungen wird Musikhören didaktisch fruchtbar.

Obwohl sichere wissenschaftliche Erkenntnisse, die eine Praxis des Musikhörens als Arbeitsbereich innerhalb der Musikerziehung fundieren können, weitgehend fehlen, sind einige allgemeine methodische Hilfen möglich:
1. Musikhören erfordert Bereitschaft und Aufmerksamkeit. Die Kinder müssen frisch und aufgeschlossen sein zum wachen und gelassenen Zuhören. Das Musikhören sollte deshalb an besonders günstigen Stellen im Unterrichtsverlauf plaziert werden.
2. Es ist besser, kurze Stücke auszuwählen und diese öfter zu hören, als mit zu langen Hörbeispielen die Kinder zu überfordern. Mit fortschreitender Übung darf die Dauer der Hörbeispiele verlängert werden.
3. Direktes Vorspielen wirkt motivierender und intensiver als das Vorführen technisch gespeicherter Musik, doch sollte auch das Hören medial vermittelter Musik geübt werden.
4. Konkrete Höraufträge – sich zur Musik bewegen, mitdirigieren, pantomimisch oder mit richtigen Instrumenten mitspielen, zur Musik malen ... – können die Motivation zum Zuhören steigern. Ein wichtiges Ziel muß es andererseits auch sein, alle anderen Aktivitäten einmal abzuschalten, die Hörreaktion von außen nach innen zu bringen und „nur noch" zu hören.
5. Viele Kinder finden solche Musikstücke sehr attraktiv, die etwas erzählen, die einen Titel tragen, die als Tonbilder oder Programme konzipiert sind. Es sollte aber auch Musik in den Mittelpunkt

des gemeinsamen Hörens gestellt werden, die den Wahrnehmungen der Kinder keinen Weg weist und ihren Beobachtungen und Assoziationen freien Lauf läßt.

6. Die Eindrücke der Kinder und ihre Art und Weise, sie uns mitzuteilen, sind für den Augenblick subjektiv gültige „Wahrheiten", die vom Lehrer und der Gruppe angenommen werden müssen, auch wenn sie der eigenen Meinung widersprechen. Unterschiedliche Meinungen können dann Inhalt der Gespräche über die Musik und ihre Wirkungen werden.

Literatur für den interessierten Lehrer:

Kleinen, Günter: Zur Psychologie musikalischen Verhaltens. Frankfurt am Main 1975
Venus, Dankmar: Unterweisung im Musikhören. Wuppertal 1969

Instrumenteninformation 8.5

Die Instrumenteninformation gewinnt in der Musikalischen Grundausbildung vor allem in zwei Richtungen eine Bedeutung:
- Im Bereich „Musikhören" kann sie als Anleitung zum Wahrnehmen der Klänge bestimmter Instrumente verstanden werden. So kann sie den Kindern die Vielfalt in der Welt der Klänge transparenter, verständlicher machen und dazu beitragen, daß die Kinder Musik deutlicher und aufgeschlossener wahrnehmen.
- Instrumenteninformation kann dem Kind Begegnungen und Erlebnisse vermitteln, die seine spätere Entscheidung, ein Instrument zu erlernen, wesentlich begründen.

Aufgrund aller anderen Aufgaben kann Instrumenteninformation in der Musikalischen Grundausbildung dagegen nicht die Vermittlung einer lückenlosen Instrumentensystematik oder das genaue Durchleuchten akustisch-physikalischer Vorgänge bei der Klangerzeugung bezwecken.

Zum Unterricht

Instrumenteninformation „lebendig"!

Es ist nicht ausreichend, ausschließlich medial vermittelte Musik zu gebrauchen! Erfahrungen mit Musik im Augenblick ihres realen Erklingens sind von unschätzbarem Wert für die Bildung von Einstellungen zur Musik und zur Gewinnung von Kenntnissen über Musik. Nur wenige Kinder fassen zu einem Instrument eine dauerhafte Zuneigung, ohne daß ihnen Menschen dabei Begleiter, Helfer und Vorbilder sind. „Musik und Tanz für Kinder" will anregen, die Instrumenteninformation in möglichst engem Kontakt mit Instrumentalisten zu gestalten.

Bitte an den Lehrer: Packen Sie die organisatorischen Probleme an. Schließen Sie sich mit Ihren Kolleginnen und Kollegen zusammen, und planen Sie einige Aktionen, die den Kindern Ihrer Gruppe(n) entsprechende Erfahrungen ermöglichen.

Instrumente werden im Unterricht exemplarisch erlebt und betrachtet: In erster Linie sollte der Lehrer den Kindern persönliches Vorbild und Anreger auch für das instrumentale Musizieren sein. Die Instrumente, zu denen er einen praktischen Zugang hat, sollte er im Unterricht recht oft spielen.

Daneben ist die Live-Begegnung mit Musikern, die andere Instrumenten vorstellen, wünschenswert. Besonders motivierend für Kinder ist der sinnliche, der handgreifliche, aber auch der gedanklich herausfordernde Umgang mit den Instrumenten. Solche Begegnungen sollten deshalb immer einschließen:
- die Darbietung des Instrumentes in musikalisch ansprechender Weise: Die Instrumente sollen attraktiv erklingen, die Musiker wirklich Musik machen. Instrumentallehrer und ältere Musikschüler, aber natürlich auch Eltern und andere Musiker aus dem Umfeld der regionalen Musikkultur können vorspielen.
- Eigenversuche: Die Kinder sollen das Cello, die Klarinette, das Flügelhorn, das Drum-Set ... selbst anfassen und darauf spielen dürfen.
- Kinder und Musiker sollen auch miteinander ins Gespräch kommen: Wie hält man dieses Instrument? Welche Musik kann man darauf spielen? ...
- Schließlich sollen alle Beteiligten nach Möglichkeit auch zusammen singen, musizieren und tanzen! In verschiedenen Themen dieses Unterrichtswerkes finden sich zu diesem Zweck variable Instrumentalsätze und neue Modelle gemeinsamen Musizierens (vgl. z.B. S.193 und insbesondere Thema 12 „Brücken bauen – der Posaune und anderen Instrumenten" und den anschließenden Materialteil). Die Kinder freuen sich auch, wenn Gastmusiker die Melodie eines ihrer Tänze oder eine Begleitstimme zu einem ihrer Lieder mitspielen.

Musik zu Hause: Auch im unmittelbaren Erfahrungshorizont der Kinder kann nach aktuellem Musikmachen geforscht werden:
- Welche Rolle spielt Musik in der Familie? Machen Familienmitglieder Musik?

– Welche Musikinstrumente spielen Verwandte, Bekannte, Nachbarn? Können wir sie in den Unterricht einladen?

Orientierung im Musikschulgebäude: Die Gruppe trifft sich im Hauptgebäude der Musikschule und geht in mehrere Räume, in denen Lehrer ihre Schüler unterrichten. Die besuchten Lehrer sind zuvor über den Besuch verständigt worden. Vielleicht ist auch der Besuch eines Ensembles möglich?

Konzertbesuche mit den Kindern: Vergleichsweise problemlos sind Besuche in Konzerten, die von Kulturämtern oder Orchesterverwaltungen eigens für Kinder angeboten werden. Auch Musikschulen führen in zunehmender Zahl solche Veranstaltungen für ihre Schüler durch. Dabei eröffnet sich nicht zuletzt auch die Chance, Eltern und Kindern das weiterführende Angebot einer Musikschule deutlich zu machen.

Besuch bei Organisten: Viele sind bereit, einer nicht zu großen Gruppe die Orgel vorzustellen. Es lohnt sich, langfristig einen Kontakt aufzubauen, um die Organisation zur Routine werden zu lassen.

Besuch bei einem Orchester: Es ist sicher nicht leicht, einen Dirigenten davon zu überzeugen, daß er einen Teil seiner Probe für Kinder „opfern" soll. Möglicherweise wird man über das Kulturamt bzw. den Trägerverein des Orchesters eine spezielle Veranstaltung zur Vorstellung der Orchesterinstrumente oder den Besuch einer öffentlichen Generalprobe, einer (modifizierten) Wiederholungsveranstaltung o.ä. mit den Kindern anregen[*].

Straßenmusikanten: Kinder und Eltern sollen auf sie achten und wenn möglich mit ihnen darüber sprechen, warum sie hier Musik machen, wie lange sie schon ein Instrument spielen, ob sie täglich musizieren usw. – Konnte ein Stück auf einem transportablen Kassettenrecorder aufgenommen werden, wird man es im Unterricht anhören und die Kinder über ihre Erlebnisse berichten lassen.

Viele Instrumente sollen im Blick sein!

Weil trotz vieler denkbarer Möglichkeiten den Kindern in der Musikalischen Grundausbildung immer nur eine beschränkte Anzahl von Instrumenten direkt und klingend vorgestellt werden kann, ist es notwendig, Instrumente auch noch auf andere Weise präsent zu machen. Dafür bieten sich mediale Hilfen an.

Collagen und thematische Bildzusammenstellungen: In Zeitungen, Zeitschriften, Musikprospekten usw. entdecken die Kinder viele Abbildungen von Instrumenten und Instrumentalisten, die sie zum Unterricht mitbringen und dann gemeinsam arrangieren können. „Das Musikdorf", „Die Musikstadt", „Unser Musikexpreß", „Wunderland Musik" u.a. können Titel von Collagen sein. – Im Zusammenhang mit dem 15. Thema („So viel Musik um uns herum") gibt auch das Kinderbuch (S. 60ff.) einen entsprechenden Anreiz zum Sammeln. Vor allem kann die Sammelmappe der Ort sein, wo sich jedes Kind eine eigene Sammlung von Musikbildern anlegt.

Geeignete Posters sind ein attraktiver Blickpunkt im Unterrichtsraum, vor dem die Kinder sich nicht nur mit dem Lehrer versammeln, sondern bei dem sie auch für sich verweilen können. In dieser Absicht wurde das Poster „Unsere Musikinstrumente" gestaltet (vgl. S. 13).

Dias und Filme, Rundfunksendungen und Videomitschnitte bieten weitere Informationsmöglichkeiten.

---

[*] So könnte die Begegnung mit dem Orchester ablaufen: 90 Minuten Dauer, z.B. 17.00-18.30 Uhr. – Alle MGA-Kinder sind eingeladen. – Der Dirigent spricht die Kinder an. – Er stellt die Instrumente des Orchesters innerhalb ihrer „Familien" vor und bittet jeweils ein Orchestermitglied, sein Instrument knapp zu charakterisieren und einige Töne vorzuspielen. – Waren alle Instrumente zu hören, kommen die Spieler ins Publikum; die Kinder dürfen die Instrumente anfassen und evtl. auch versuchen, einige Töne zu spielen. – Am Schluß spielt das ganze Orchester.

H i n w e i s : In Thema 12 „Brücken bauen ..." und Thema 15 „So viel Musik um uns herum" werden einige der genannten Informationsquellen benutzt, andere können integriert werden. Beide Themen sind ihrer Idee nach nicht auf bestimmte „Stunden" zu beschränken und müssen im Gesamtverlauf einer Musikalischen Grundausbildung immer wieder angesprochen werden.

„Verinnerlichung" und Ausbildung einer persönlichen Perspektive für das Instrumentalspiel

Wir können ein Kind über Musikinstrumente informieren. Der Wunsch, ein Instrument zu erlernen, muß dagegen in jedem Kind persönlich wachsen. Dennoch können wir versuchen, auch die Sphäre des Reifens eines persönlichen Interesses beim Kind anzusprechen und zu öffnen,
– indem wir ihm Gelegenheit geben, in Augenblicken eines ruhigen Zu-Sich-Kommens auf individuelle Weise eine persönliche Motivation zu entwickeln. (So können wir z.B. nach vorausgegangenen Erlebnissen mit Instrumenten die Kinder bitten, sich selbst mit einem Instrument der eigenen Wahl zu zeichnen.)
– indem wir das Kind in Situationen, in denen ein besonderes Interesse, eine tiefergehende Neigung spürbar wird, bestärken. (Manchmal genügen wenige Worte, um einen Wunsch zu wecken.)
– indem wir die Eltern darauf aufmerksam machen, wie wichtig es ist, daß sie ihr Kind in der Absicht, ein Instrument zu erlernen, aktiv unterstützen (wenngleich immer die Motivation des Kindes selbst für die Aufnahme von Instrumentalunterricht entscheidend bleiben soll).

Erfahrungen mit Inhalten der Musiklehre 8.6

8.6.1 Sachinformationen (S. 89)
8.6.2 Rhythmische Erfahrung und Rhythmussprache (S. 91)
8.6.3 Melodische Erfahrung (S. 97)
8.6.4 Notation (S. 98)
8.6.5 Formerfahrung (S. 102)

8.6.1 Sachinformationen

Baustein: So nennen wir ein gestalthaftes, d.h. für sich sinnhaft erlebbares kürzeres Motiv. Rhythmische und melodische Bausteine können in musikalischen und bewegungsbetonten Spielen, in Tänzen, Liedern und Liedbegleitungen erfaßt und geübt werden. Einprägsame rhythmische und rhythmisch-melodische Bausteine eignen sich besonders gut zu ersten Notationsversuchen.

Cluster: englisch = Traube, Haufen, Gruppe, Schwarm; ein Klanggebilde, das aus dem Zusammenfügen kleiner Intervalle entsteht.

Bordun: eine einfache Form der Begleitung einer Melodie durch das Aushalten oder ständige Wiederholen des darunter liegenden Grundtones (und häufig auch der über dem Grundton liegenden Quinte).

Grafische Notation: Tondauern und Tonhöhen, auch Klangfarbe und Lautstärke werden durch mehr oder weniger präzis verabredete Zeichen (Punkte, Kurven, Flächen, Balken oder andere Symbole) notiert. Grafische Notation (teilweise auch als „Musikalische Grafik" bezeichnet) ist als Mitschrift gehörter Musik sowie als „Kompositionsskizze" in Gebrauch.

Grundschlag: der „Puls" der Musik, der als Grundmaß empfunden und dirigiert wird. Gegenüber den Kindern ist das leichter verständliche Wort dem Fachbegriff „Metrum" zunächst vorzuziehen. Auch andere Umschreibungen wie „gleichmäßige Folge von Schlägen" sind möglich.

Kleine Tonleiter: So nennen wir eine Reihe von fünf in Schritten aufeinander folgenden Tönen (s. Pentachord).

Ostinato: ein über längere Zeit sich wiederholendes rhythmisches, melodisches, harmonisches oder entsprechend kombiniertes Motiv.

Pentatonik: die Ordnung von melodischem Material in Fünftonreihen, wobei außer kleinen und großen Sekunden auch kleine und große Terzen vorkommen. Bekannte pentatonische Reihen sind

(= auf f:)   do – re – mi – so – la
                 f – g – a – c – d

(Bei dieser Reihe fehlt der Stammton fa. Sie hat keinen Halbtonschritt und Dur-Charakter.)

(= auf d:)   la – do – re – mi – so
                 d – f – g – a – c

(Bei dieser Reihe fehlt der Stammton ti. Sie hat keinen Halbtonschritt und Moll-Charakter.)

In Ostasien ist gebräuchlich:

(= auf e:)   mi – fa – la – ti – re
                 e – f – a – h – d

(Bei dieser Reihe fehlt die Terz über dem Grundton. Charakteristisch sind der Halbtonschritt am Beginn und der Tritonus zwischen den Tönen 2 und 4.)

Pentachord: Fünftonreihe, aufgebaut auf einer Sekundschrittfolge (im Gegensatz zur Pentatonik, die auch Tonsprünge enthält). In Liedern finden wir am häufigsten dur- und mollpentachordisches Material.

Takt: die Gliederung der Grundschläge in überschaubare Einheiten. Zwei Möglichkeiten der Taktangabe:

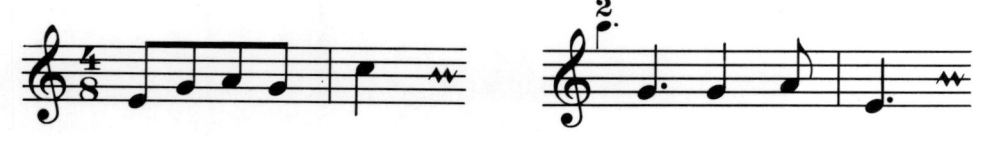

Die rechtsstehende Taktangabe nennt unten die Zählzeit, oben die Anzahl der im Takt zusammengefaßten Werte. Diese Form der Taktangabe ermöglicht die Darstellung jedes Notenwertes als Grundschlag. Im Notenbeispiel links ist das Achtel, rechts das punktierte Viertel als Grundschlag (Zählzeit) bezeichnet. (Die Rhythmussprache würde in beiden Fällen den Grundschlag mit „ta" lautieren; vgl. S. 92.)

Taktbezeichnungen werden in der Realität unterschiedlich und nicht immer konsequent vorgenommen. Auch die Kinder dürfen auf diesen Umstand stoßen. Für Kinder in der Musikalischen Grundausbildung, die mit der Rhythmussprache umgehen, ist andererseits die zweite Form der Taktangabe (rechtes Notenbeispiel) leichter verständlich. Sie wurde deshalb in vielen Notenbeispielen dieses Unterrichtswerkes, mit denen die Kinder selbst konfrontiert sein könnten, bevorzugt.

8.6.2 Rhythmische Erfahrung und Rhythmussprache

Zeit, Metrum, Rhythmus

Zeit, Metrum, Rhythmus sind Ordnungs- und Gestaltungsprinzipien von Musik, aber auch von Tanz und Sprache (Dichtung). Bei der Aufgabe, Kinder an Wesen und Wirkung dieser Kunstformen heranzuführen, wird die differenzierte Erfahrung der übergreifenden Merkmale eine wichtige Rolle spielen und den Kindern wesensmäßig entsprechen: Schon von klein auf spielen Kinder ja mit Tempo und Rhythmus, bewegen sich damit, sind davon bewegt. Wenn Kinder einen Reim zusammen sprechen oder singen, einigen sie sich auf Tempo und Rhythmus. Übungen, in denen der Sprachrhythmus in die Musik, der musizierte Rhythmus in den Tanz übertragen wird, sind besonders eindringlich und anschaulich.

Übungen zur Festigung eines Gefühls für den Grundschlag, für das gleichmäßige Pulsieren der gliedernden Zeit in verschiedenem Tempo, begleiten Früherziehung und Grundausbildung. „Im Grundschlag bleiben" oder „das Tempo halten" ist die Voraussetzung für die Fähigkeit, rhythmische Figuren auf die Ordnung des darunter fühlbaren Grundschlages zu beziehen. Diese Fähigkeit ist bei den meisten Menschen angelegt, sie muß aber durch Übung entwickelt werden. In großem Maße ist sie auch abhängig von der inneren Disposition, von der nervlichen und seelischen Verfassung, vom Selbstvertrauen und vom Wohlfühlen in der Gruppe. Wenn es also gelingt, ein Klima herzustellen, in dem das Kind sich angenommen und sicher fühlt, in dem es Fehler machen darf, werden alle Übungen, die mit Grundschlag, Metrum und Rhythmus zu tun haben, leichter Erfolg haben.

Rhythmussprache

Auf dem Weg, rhythmisch gegliederte Zeitabläufe faßbar zu machen, kann die Rhythmussprache nützlich sein. Sie ist eine methodische Hilfe, die relativ schnell und zuverlässig zu einem Gefühl und Verständnis für rhythmische Verhältnisse führt, sich leicht mit rhythmischen Spielen verbindet und auch zum Notenlesen und -schreiben Brücken schlägt (vgl. auch Lehrerkommentar II der Musikalischen Früherziehung, S. 63; Literaturhinweise zur Rhythmussprache vgl. S. 106).

Für die Rhythmussprache wurde eine differenzierte Systematik ausgearbeitet (vgl. S. 93), doch ist eine entsprechend *vollständige* Vermittlung im Unterricht nicht notwendig: Nach Übungen, in denen exemplarische rhythmische Aufgaben bewältigt werden (vgl. insb. Thema 6 „ ‚Schmackel bunz'-Spiel mit Bausteinen [Rhythmus]"), sollte die Rhythmussprache immer dann als Hilfsmittel eingesetzt werden, wenn neue Schwierigkeiten auftauchen. Ein „Vorausüben" auf lange Strecken ist ebenso sinnlos wie der Versuch, ein lückenlos-systematisches Wissen bei den Kindern aufbauen zu wollen. Sind die erwünschten Fähigkeiten gereift, kann der Weg auch wieder vergessen werden.

Notation von Rhythmen

Übungen, in denen Klangverläufe in der Bewegung des eigenen Körpers dargestellt werden oder in denen kurz/lang, laut/leise und hoch/tief gestisch oder grafisch ausgedrückt werden, bilden die Basis für das Wissen des Kindes, daß für Klänge Zeichen gebildet werden können und begründen seine Vorstellung darüber, welche Funktion diese Zeichen haben. Will das Kind eigene Erfindungen und Improvisationen aufschreiben, oder hat es den Wunsch, notierte Musik abzuspielen (beides liegt in der Musikalischen Grundausbildung im Interesse der meisten Kinder), ist der Beginn der Hinführung auch zur traditionellen Musikaufzeichnung geboten (s.u. S. 95f.).

Die Darstellung von Rhythmen in traditioneller Notenschrift ist für die Kinder jedenfalls erst nach anderen Vorerfahrungen sinnvoll. (Wir sollten uns erinnern, daß höchst differenzierte außereuropäische Trommelkunst der schriftlichen Fixierung nicht bedarf, sondern durch Vor-, Nach- und Mitmachen und mit Hilfe einer Rhythmus- und Klangsprache gelehrt und gelernt wird.)

Zur Systematik der Rhythmussprache

Die Rhythmussprache (vgl. die Übersicht auf S. 93) bezeichnet den „Wert", die Dauer einer Note, unabhängig von deren metrischer Bedeutung und Stellung im Takt. (Hier liegt auch der Grund, warum diese Sprache innerhalb dieses Unterrichtswerkes als „Rhythmussprache" und nicht, wie auch üblich, als „Taktsprache" bezeichnet wird.)

Der Grundschlag wird immer „ta" gesprochen. In Taktarten, in denen die Viertelnote Zählzeit ist (also im 2/4, 3/4-Takt usw.), wird diese als „ta" bezeichnet. In Taktarten, in denen Halbe – z.B. 2/2- oder 3/2-Takt – oder Achtel – z.B. 3/8- oder 4/8-Takt – gezählt werden, werden mit „ta" also Halbe oder Achtel angesprochen. Die Regel ermöglicht also auch die Anwendung der Rhythmussprache in Taktarten, die nicht die Viertelnote als das Grundmaß (Zählzeit) haben. Beispiele:

Die Übersicht S. 93 geht von der Viertelnote als Grundschlag aus. Sie zeigt sowohl die Bezeichnungen in der Tonika-Do-Methode als auch die des Kodály-Systems. Die Entscheidung für die eine oder andere Methode bleibt dem Lehrer überlassen. Beide Systeme haben Vor- und Nachteile, die hier nicht weiter diskutiert werden können. Aus Gründen der Einheitlichkeit werden in diesem Unterrichtswerk die Rhythmussilben nach „Tonika-Do" benutzt.

Zum Unterricht

Rhythmische Übungen beginnen immer wieder mit Spielen, die das Gefühl für Grundschlag und Tempo fördern.

a) Spiele zur Erfahrung von Grundschlag und Taktgliederung

Grundschläge in der Bewegung aufnehmen:
– Wir gehen zu einer Grundschlagfolge im Raum, mit leisen Schritten, so daß wir die Klänge immer hören können.
– Wir schauen / hören das Tempo von einem Spieler / einer Klangfolge genau ab, bevor wir zu gehen beginnen.
– Später lassen wir unsere Schritte immer kleiner werden – gehen nur noch am Platz – dann nur noch in der Vorstellung.

Grundschläge darstellen:
– Wir stehen oder sitzen im Kreis. Einer gibt ein Metrum („Schläge in gleichmäßigem Tempo") vor, alle anderen übernehmen es: klatschend, stampfend, patschend, oder auf „ta" gesprochen.
– Wir variieren die Lautstärke: laut oder leise, lauter oder leiser werden.
– Wir „dirigieren" mit: zuerst mit großen Bewegungen – dann immer „kleiner" – bis schließlich nur noch kleine Bewegungen des Handgelenks und des Ellbogens den Grundschlag andeuten.

Die Rhythmussprache

		Tonika-Do	Kodály-System*
Viertelnote und Unterteilungen	♩	ta	Ta
	𝄽	s(a) flüstern oder leise sprechen	szün (gesprochen: sün = still)
	♫	ta-te	ti-ti
	♬♬	tafa-tefe	tiri-tiri
	♪♪♪ (3)	ta-te-ti	tri-o-la
Längere Werte	o	ta-a-a-a	Taaaa
	—	sa-a-a-a	e-gész szü-net (ganze Pause)
	♩.	ta-a-a	Taaa
	♩ (halbe)	ta-a	Taa
	–	sa-a	szü-net (Pause)
Ausgewählte Gruppierungen	♩. ♪	ta-a-te	Ta-i-ti
	♪ ♩ ♪	ta-te-a-te	Syn-ko-pa
	♪ ǀ ♩	te ta	ti Ta
	♫♬	ta-tefe	ti-tiri
	♬♫	tafa-te	tiri-ti
	♪.♬	ta-efe	timmri
	♬.♪	tafa-e	tirimm
	♪ 𝄾 ♩	ta-se ta	ti-s-Ta
	♩ 𝄾 ♪ ♩	ta sa-te ta	Ta-s-ti-Ta

* Die Informationen zu den Rhythmussilben im Kodály-System wurden mitgeteilt von Prof. Gábor Friss, Budapest.

Grundschläge wandern im Kreis:
- Jeder übernimmt nur einen Schlag und „gibt ihn an den Nachbarn weiter".
- Wir variieren das Spiel: als Kreisspiel mit Instrumenten.
- Jeder zweite (dritte, vierte) Schlag soll besonders betont werden!
- Jeder klatscht, patscht ... einen rhythmischen Baustein einen ganzen Takt lang (mehrere Takte).
- Bei den Spielen im Kreis wird jeweils ein Mitspieler übersprungen (dabei ist eine ungerade Spielerzahl nötig).

Mit Grundschlägen begleiten:
- Wir begleiten einen Sprechvers / ein Lied / einen ostinaten Rhythmus / komplexe Musik ... durchgehend mit den Grundschlägen.
- Wir begleiten nur an bestimmten Stellen.
- Der Lehrer improvisiert auf seinem Instrument. Später verändert er das Tempo und die Dynamik. Die Kinder klatschen / schnipsen / wippen mit dem Fuß / sprechen / spielen auf Instrumenten mit.

b) Übungen mit rhythmischen Bausteinen und der Rhythmussprache

Vor- und Nachmachen: Einprägsame, anfangs kurze rhythmische Motive schaffen einen ersten bewußten Einstieg in die rhythmisch-metrische Zeitgliederung. Die Motive werden klatschend / stampfend / sprechend / auf einem Ton singend (na-na-na, du-bi-dum, aber auch bereits in der Rhythmussprache) / auf Instrumenten gespielt eingeprägt. Der Lehrer macht vor, die Kinder hören und schauen zu – erst auf den Einsatz des Lehrers hin wiederholen sie das Motiv.

Rhythmische Bausteine und Grundschläge: Wenn die Kinder einfache rhythmische Bausteine sicher ausführen können, markieren sie die Grundschläge (z.B. im Raum gehend / sitzend und dabei mit den Füßen ganz leicht links-rechts stampfend) und wiederholen dazu klatschend oder sprechend die vorgegebene rhythmische Gruppe.

Die Rhythmussprache wird entwickelt: Ausgangspunkt ist wieder das Vor- und Nachsprechen von Bausteinen in der Rhythmussprache, wobei zum Sprechen immer wieder auch die Grundschläge mittaktiert werden (mit kleinen Bewegungen aus dem Hand- und Ellbogengelenk). Beispiele:

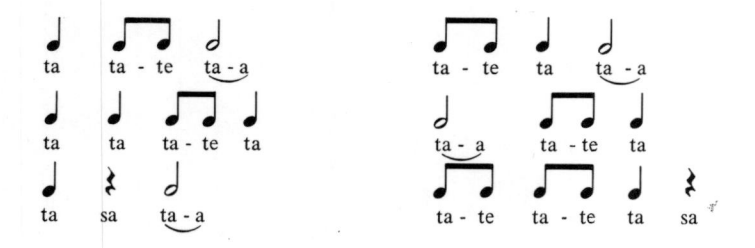

Später kommt man auch zu längeren Motiven, wie

Rhythmen in die Rhythmussprache übertragen: Der Lehrer klatscht, patscht, klopft ... ein Motiv vor, die Kinder wiederholen. Unmittelbar anschließend sprechen Kinder und Lehrer den Rhythmus in der Rhythmussprache. Zum Abschluß sollen die Kinder das Motiv noch einmal still („innen") wiederholen und dabei, auch wenn es vom Lehrer nur mehr indirekt (z.B. durch die Bereitschaft der Kinder zu einem neuen Einsatz) kontrolliert werden kann, im Tempo bleiben.

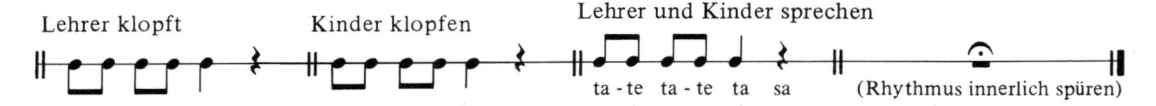

Lehrer klopft   Kinder klopfen   Lehrer und Kinder sprechen

ta - te   ta - te   ta   sa   (Rhythmus innerlich spüren)

H i n w e i s : Die Rhythmussprache soll eher leise und in mittlerer Sprechlage intoniert werden. Die Artikulation der Silben (insb. „ta", „taa" etc.) soll die tatsächliche Tondauer klingend wiedergeben, also nicht zu kurz sein. Auch die Wahl eines fließenden Tempos (nicht zu langsam!) verhindert, daß ein Rhythmus seine Gestalt verliert und „zerfällt".

Variation: Man sollte zwischendurch einzelne Rhythmen auch auf einem Ton singen oder auf einem Instrument spielen: So lernen die Kinder, die Werte nicht nur als rhythmische Impulse, sondern ebenso als Folgen von Tondauern aufzufassen.

c) Notation von Rhythmen

Wenn die motorische Reaktion geübt ist, wenn rhythmische Motive imitierend wiederholt werden können, wenn das rhythmische Gefühl sich in körperlichen Vollzug umsetzen läßt und die Kinder mittels einiger „Bausteine" schon einen Einblick in die traditionellen Notenzeichen erhalten haben (vgl. z. B. Thema 6 „ ‚Schmackel-bunz'– Spiel mit Bausteinen [Rhythmus]"), kann die traditionelle Notenschrift zum Ausgangspunkt weiterer spielerischer Übung werden.

Rhythmische Motive lesen und musizieren:
— Motive, die auf Karten, auf der Tafel oder im Kinderheft notiert sind, werden gelesen (Rhythmussprache), zuerst von jedem Kind leise für sich (eine Anregung zur inneren Tonvorstellung), dann (evtl. nach einer Klärung für alle) liest man gemeinsam.

Variationen:
— Nach der leisen Vorbereitung liest zunächst ein Kind, dann wiederholen alle.
— Oder der Lehrer klopft, flötet, singt ein Motiv, die Kinder wiederholen und zeigen es (mehrere Motive stehen zur Auswahl).
— Das Vor- und Nachmachen wird so lange geübt (mal laut, mal leise; mal hell, mal dunkel sprechen ...), bis jedes Kind sich die Motive eingeprägt hat.
— Die Kinder „übersetzen" einzelne Motive in die Rhythmussprache: zuerst für sich, später auch mit einem Partner oder in einer kleinen Gruppe.
— Dann spielt der Lehrer ein Motiv, die Kinder sprechen es in der Rhythmussprache.
— Das Motiv wird nun von den Kindern mit Notenzeichen-Kärtchen gelegt oder selbst in Noten aufgeschrieben.

Die Kinder bauen eigene Rhythmen: Notenkärtchen (vgl. z.B. Kinderbuch S. 31f.) verweisen ebenso wie selbst notierte Notenwerte auf die Möglichkeit, durch Aneinanderfügen von Tonlängen Rhythmen zu bauen.
— Wir entdecken Rhythmen mit Hilfe der Reihung von Notenkärtchen (anfangs nur wenige Kärtchen ins Spiel bringen). Wir musizieren jeden Rhythmus mehrmals hintereinander.
— Spiele geben den Kindern Anreize, um für sich Rhythmen zu finden und die Rhythmen anderer Kinder zu identifizieren (vgl. dazu z.B. auf S. 242ff.).

Rhythmische Bausteine in Liedern, Texten, Tänzen:
— Motive, die mit Hilfe der Rhythmussprache erarbeitet wurden, werden in Liedern und Instrumentalstücken hörend und lesend wiederentdeckt.

– Die Kinder gestalten mit den sicher erarbeiteten rhythmischen Motiven Klanggestenspiele oder Stücke für das kleine Schlagwerk. Sie machen daraus Schritt- und sogar Tanzformen.

d) Die Taktart erkennbar machen

Takte sind Größen, die verschieden aufgefüllt werden können. Der Begriff „Takt" kann früh auftauchen, z.B. wenn man sich mit den Abschnitten geeigneter rhythmisierter Texte beschäftigt und diese jeweils auf Kärtchen notiert (vgl. im 6. Thema „ ‚Schmackel-bunz'– Spiele mit Bausteinen [Rhythmus]"). Den Kindern wird dabei einsichtig, daß eine gleiche Anzahl von Grundschlägen jeweils zusammengehört. Das „Taktgefühl" der Kinder soll bei geeigneten Gelegenheiten angesprochen werden. Der dabei eher beiläufig gebildete Begriff „Takt" wird zunächst einfließen und dann fallweise geklärt werden.

Gerade und ungerade Taktarten sind in prägnanten Beispielen leicht zu unterscheiden.

Grundschläge / einen Takt malen:
– Die Kinder zeichnen die Grundschläge mit – durch gleichförmig gesetzte Striche, Punkte usw.:

● ● ● ● ● ● ● ● ● ● ● ●

– Sie versuchen, Schwerpunkte zu erkennen und zu markieren:

● ● · ● ● · ● ● · ● ● ·

– Sie fassen die Zeichengruppen zusammen, z.B. mit einem Kreis:

(● ● ·)　(● ● ·)　(● ● ·)

– Sie setzen vor jedes betonte Zeichen (jede betonte Note) einen Taktstrich, z.B.:

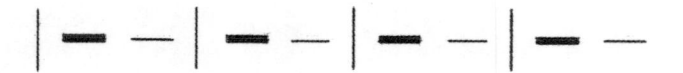

| ━ ─ | ━ ─ | ━ ─ | ━ ─

– Sie klatschen, patschen und dirigieren. Sie zählen mit, wenn andere musizieren und singen.
– Sie üben einfache Dirigierfiguren:
  • ab – auf (für den 2er-Takt),
  • ab – außen – auf (für den 3er-Takt).
  (Der 4er-Takt wird mit den Kindern erst viel später geübt.)
– Sie lesen die Taktangaben in verschiedenen Werken.

Grundschlagfolgen notieren und wieder ablesen: Eine gleichmäßige Folge von Klanggesten wird geübt und z.B. so notiert:

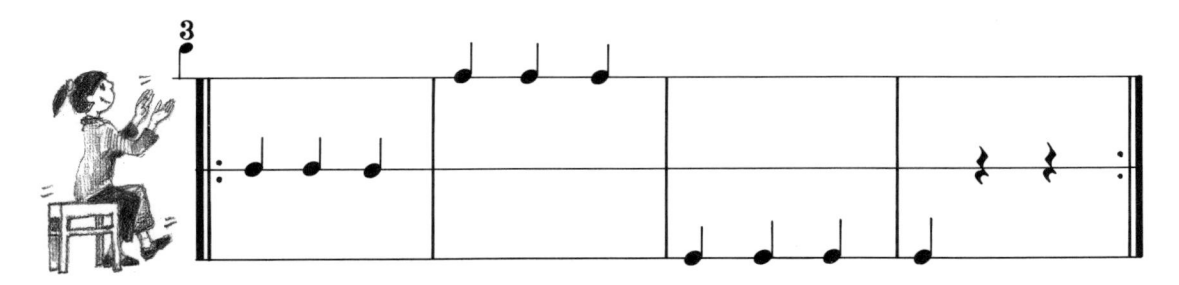

Einen Takt mit Notenwerten füllen: Die Kinder lernen, einer Takteinheit (hier den als „Haus" dargestellten Vierertakt) verschiedene Noten- und Pausenwerte einzuordnen. Beispiele:

8.6.3 Melodische Erfahrung

Das anschauliche Lernen und Erleben von Tonhöhenverhältnissen ist ein Grundthema musikalischer Erziehung, gerade auch in der Musikalischen Grundausbildung. Die Fähigkeit der inneren Tonvorstellung ist von Anlage, Reifung und von Lernerfahrungen abhängig. Mit der Anlage dürfen wir bei allen Kindern in mehr oder weniger entwickelter Form rechnen. Die Reifung müssen wir geduldig abwarten. Das Lernen können wir anregen.

Für das Wie des Lernens dürfen wir auch darauf vertrauen, daß das Kind selbst aus dem Klangfeld, von dem es umgeben ist, lernt, und daß sich eine innere Tonvorstellung beim Hören, Singen und Musizieren einstellt, die umso deutlicher und genauer sein wird, je attraktiver und differenzierter die entsprechenden Anreize für das Kind sind. Auch wenn wir keinen systematisch gegliederten Lernweg beschreiben, wird sich der musikalische Gehörsinn der Kinder entwickeln. Es muß nicht so-mi (die „Rufterz") am Anfang stehen, gefolgt von so-mi-la, do-re-mi, fa und ti. Auch die Melodien besonders „innig" empfundener Lieder oder Instrumentalstücke, zum Ohrwurm gewordene Ostinati, nicht zuletzt auch Werbespots sowie Erkennungsmelodien von Hörspielkassetten oder Fernsehsendungen können dem Kind zu jenen Stützen werden, an denen seine Hörerfahrung intensiv, bewußt und genau wird. (Auch beim „Planen" der kindlichen musikalischen Entwicklung darf man auf die Wirkung des spontanen, in seinem inneren Antrieb ungeleiteten Lernens bauen, das allein die erstaunliche Entwicklung aller junger Menschen in verschiedenen Lebensbereichen ermöglicht und erklärt.)

Aus dieser Auffassung läßt sich andererseits nicht ableiten, ein mögliches planhaftes Vorgehen sei abzulehnen. Der Lehrer kann sich methodisch frei entscheiden! (Die im Materialteil M 4 „Relative Solmisation und innere Tonvorstellung" erläuterte Methode, welche die melodischen Lernprozesse systematisiert, ist deshalb im Rahmen von „Musik und Tanz für Kinder" auch nicht zu einem „Pflichtpensum" erklärt worden, ohne die der Lernzuwachs im Bereich melodischer Erfahrung grundsätzlich gefährdet wäre.)

Zum Unterricht

Das Lernen sollte so angeregt und angeleitet sein, daß sich für die Kinder in möglichst vielen Unterrichtssituationen ernsthafte Höraufgaben ergeben:
- Wenn man singt: Dabei können die Kinder z.B. durch Vorgabe wechselnder Anfangstöne zum intervallrichtigen Weiterbilden der Liedmelodie geführt werden.
- Wenn man auf Instrumenten spielt: Dabei können die Kinder aufgefordert sein, durch Hören (und weniger durch „Zählen") ihren Einsatz zu finden.
- Wenn man Musik hört: Man kann dies z.B. tun, indem man Musikbeispiele *zuerst* „erhört" und *dann* erläutert.
- Wenn man tanzt: Dann können die Aufgaben nicht auf das Erfüllen eines Tanzschritt-Planes als vielmehr auf das Erspüren des Tempos, der Gliederung, des melodischen und rhythmischen Verlaufes, des allgemeinen Klangcharakters der Musik gerichtet werden – und davon soll der Tanz Ausdruck geben!

Der Lehrer wird nahezu in jeder Situation einen Impuls finden können, der die innere Tonvorstellung der Kinder fördert, wenn er sich des Grundzieles – das melodische Empfinden der Kinder herauszufordern – klar bewußt ist.

Musikhören und Notation, melodische Bausteine

Musikhören greift über Notationswissen weit hinaus. Eine Überlappung findet dort statt, wo die Kinder mit Notation mehr oder weniger genaue Hörvorstellungen verbinden sollen. Eine erste gezielte *Annäherung* an die sich im traditionellen Notenbild spiegelnden Tonhöhenverhältnisse geschieht im Thema 4 („Erste Spiele und ‚Kunststücke' auf Stabspielen"). Das *genaue* Vorstellen eines (absolut) notierten Musikverlaufes wird gefordert, wenn die Kinder den Verlauf der Noten erkennen sollen, um ihn zu singen oder zu musizieren. Diese Aufgabe wird schwerpunktmäßig mit dem 9. Thema „ ‚Jeder spielt, so gut er kann' – Spiel mit Bausteinen (Melodie)" eingeleitet.

8.6.4 Notation

„Wann soll man mit den ‚Noten' beginnen?" ist eine kontrovers behandelte Frage, oft zugespitzt zur Grundsatzfrage: „Notenschrift – ja oder nein?"

Für die *traditionelle Notenschrift* spricht ihre Schlüsselbedeutung in unserer schriftbetonten Kultur. (Diese Notenschrift ist z.B. instrumentenneutral, d.h. sie läßt sich auf alle Instrumente anwenden.) Auch die Kinder sollen die traditionelle Notation verstehen und gebrauchen lernen. Daß diese Notenschrift relativ abstrakt ist, erschwert andererseits die differenzierte Auffassung durch die Kinder beträchtlich. Die Beschränkung des *bewußten* Notenlesens auf einen Umfang, der von den Kindern singend und auf Instrumenten ebenso bewußt wiedergegeben werden kann, ist deshalb zwingend.

Das Unterrichtswerk „Musik und Tanz für Kinder" verzichtet darauf, den Einstieg in die traditionelle Notenschrift mit Hilfe spezieller Mittel (wie Farbplättchen, Griffzeichen usw.) erleichtern zu wollen. Wenn die Kinder einige grundlegende Erfahrungen gemacht haben, kann die traditionelle Notenschrift die Kinder ohne Umwege, in ihrer sachlich richtigen Gestalt, zum lustvollen und interessanten Spiel mit notierten rhythmischen und melodischen Verhältnissen herausfordern.

Grundlegende Erfahrungen werden den Kindern durch die *grafische Notation* vertraut gemacht.
- Sie führt zu Grundeinsichten in das Zusammenspiel von Höreindruck und Signatur, wie Vereinbarung einer Leserichtung und Festlegung auf ein Koordinatensystem bezüglich Tonhöhe und zeitlicher Fortschreitung.

- Sie ist, in spontaner Form erfunden, als skizzenhafte Notiz einsetzbar, deren Bedeutung von den Beteiligten in der gegebenen Situation unmittelbar verstanden wird.
- Sie ermöglicht es einer Gruppe, auch Klang- und Formverläufe verständlich zu notieren, die mit der herkömmlichen Notenschrift nicht oder nur unzureichend erfaßt werden können.
- Der eigengestalterische Anteil beim Musizieren im Unterricht kann größer werden: Da die Parameter „Tonhöhe" und „Tondauer" nur relativ notiert werden, bilden technische Anforderungen keine erst zu überwindenden Hürden, sondern richten sich allein nach den Möglichkeiten der Ausführenden, die in der Interpretation der Zeichen frei sind. (Ein vergleichender Blick zur Bildnerischen Erziehung zeigt, daß dort die Kraft von Kinderbildern erst dadurch möglich wird, daß die Kinder frei von den Ansprüchen der Perspektive oder der Proportionalität malen.)

Die Aktivität *„Musik malen"* ist eine Sonderform der Notation von Musik. Wir verstehen darunter gänzlich individuell bestimmte Formen des Zeichnens und Malens von und zu Musik, die zu eigenständigen Darstellungen führen, aber auch Anklänge und Übergänge zu grafischer Notation aufweisen können.

Zum Unterricht

Grafische und traditionelle Notation, aber auch das „Musik malen", schließen einander nicht aus, sondern ergänzen sich wechselseitig. Auch nach der Einführung traditioneller Notenzeichen haben andere Notationsweisen einen wichtigen Stellenwert im Unterricht. Für die traditionelle und die grafische Notation gelten folgende allgemeine Unterrichtshinweise:
- Der Sinn schriftlicher Fixierung – die Anwendung der Notenkenntnisse in musikalischen Tätigkeiten – muß für die Kinder in jeder Arbeitsphase erkennbar sein. Nur so kann sich eine Motivation für das Aufschreiben oder Lesen von Musik bilden. Es bieten sich Sequenzen an wie:
  • *Hören – Schreiben – Hören und Lesen – Musizieren* (ein Höreindruck wird in geeigneter Form schriftlich festgehalten, dann noch einmal hörend-lesend mitverfolgt, dann nachgespielt oder -gesungen);
  • *Planen – Schreiben – Musizieren* (ein Ablauf wird geplant, niedergeschrieben und anschließend musiziert).
- Auch bei schriftlicher Fixierung müssen die Kinder die Erfahrung machen, daß Musik aus kleinen und größeren *Gestalten* besteht. (Es geht nie um einzelne Töne oder Dauern!)
- Das Umsetzen von Höreindrücken muß die *Bewegung mit einbeziehen*. Dabei können sich verschiedene Bewegungsformen (mit dem ganzen Körper im Raum, Gesten mit Armen und Händen, mit dem Finger auf dem Tisch, dem Stift auf dem Papier) aufeinander beziehen. Der Vorgang der Verkleinerung und schließlich der Symbolisierung von Klangbewegung ist wichtig. Er erfordert vielfältige Übung und Zeit.
- Keine Notationsform kann die Klangwirklichkeit vollständig erfassen. Daher ist den *Lösungen und Deutungen der Kinder*, wenn sie Musik lesen oder aufschreiben, ein entsprechender Spielraum zu geben.

Die folgenden Ausführungen tragen den verschiedenen Spielarten der Notation Rechnung.

(1) Musik malen ...

Es gibt kein Richtig und kein Falsch ...
- ... z.B. für das Aufmalen eines Beckenklanges. – Es könnte sein, daß ein Kind erst einmal ein Haus malt – so lange der Beckenklang neben ihm verhallt. Ein anderes Kind malt die äußere Gestalt des Beckens – das ist es ja, was klingt. Ein drittes malt eine Spirale – und will damit das allmähliche Leiserwerden des „drehenden" und in alle Richtungen sich ausdehnenden Klanges darstellen.
- Nach dem Becken erklingen einige Schläge auf einer Trommel, später wird ein Cluster auf einem Metallophon gespielt ...
- Irgendwann kann ein kurzes, charakteristisches Musikstück (mehrfach) gehört und dann auch „gemalt" werden.

„Musik malen" zielt nicht auf eine detailrichtige, allgemein verbindliche visuelle Darstellung des Gehörten. Es ist ein spontanes und subjektives Reagieren auf Klangereignisse, die hier in individuellen grafischen Reflexen interpretiert werden. „Musik malen" ist eine experimentelle Situation, die vom Lehrer durch entsprechende Impulse im weiteren Verlauf entweder so gelenkt wird, daß das individuelle freie Malen den Akzent behält oder daß sich Annäherungen an die Arbeitsformen der grafischen Notation einstellen.

(2) Grafische Notation

Im Gegensatz zu „Musik malen" zielt grafische Notation von vorneherein auf interindividuelle Verständigung. Insbesondere führt der Versuch, Notationen wiederzugeben, in der Gruppe zur Klärung der Bedeutung der gefundenen Zeichen.

Die Zeichensprache der grafischen Notation ist sehr vielgestaltig. Alle Parameter können – müssen aber nicht grafischen Ausdruck finden. Die folgenden Beispiele beschränken sich auf „kurze" und „länger dauernde" Klänge in Verbindung mit dem Parameter „Tonhöhe".

Klangpunkte: Klänge von kurzer Dauer und bestimmter, evtl. verschiedener Tonhöhe erklingen vereinzelt / in dichter Folge / in zunehmender Dichte. Die Klangpunkte werden erst in der Luft, dann mit dem Finger auf dem Papier „mitgetupft". Mögliche Notation:

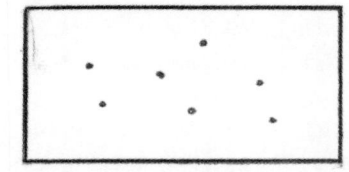

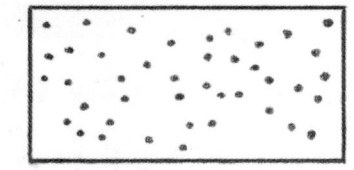

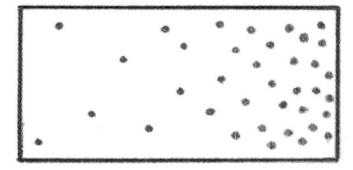

Klangbänder: Klänge mit veränderlicher Tonhöhe werden gespielt (Lotosflöte) oder gesungen. Die Tonbewegung wird zunächst mit den Armen in die Luft gemalt und dann aufgezeichnet:

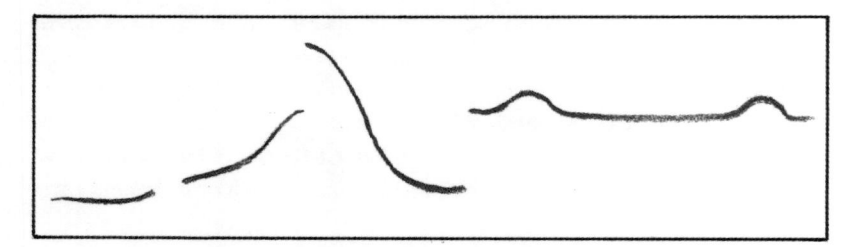

(3) Brücken zur traditionellen Notenschrift

Wenn nicht vorgeschulte Kinder ein kurzes rhythmisches Motiv mit dem Bleistift aufschreiben, werden sie in der Regel den Rhythmus mit dem Stift auf das Papier klopfen. Es entstehen Punkte, die in der Zahl mehr oder weniger den gehörten Klängen entsprechen, deren räumlicher Abstand aber nicht unbedingt etwas über die rhythmische, d.h. zeitlich geprägte Figur aussagt.

Die Verständigung darüber, daß in der Längsachse die Zeit, in der Vertikalachse die Tonhöhe notiert wird, erfolgt wiederum in der Arbeit mit grafischen Notationsmitteln, noch bevor die traditionelle Notenschrift bewußt eingeführt wird.

Übungen zum Erfassen der Zeit- und der Tonhöhenachse
– Mit der Stimme oder Flöte lange Töne musizieren, dazu entsprechend lange gehen / mit der Hand, der langen Tondauer entsprechend, mitzeigen, Linien zeichnen (s.o.).
– Mit kurzen Klängen ähnlich verfahren und dabei einsichtig machen, daß auch hier die verstreichende Zeit den Abstand der Zeichen bestimmen soll (s.o.).

Spiel nach Zeichen: Ein Zeigestab („Zeitlineal") verdeutlicht den Zeitablauf.

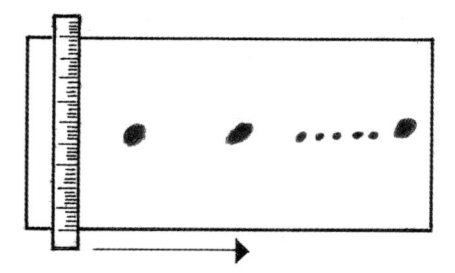

Notation auf einer Linie: Der mögliche, jedoch nicht notwendige Schritt hilft insbesondere jüngeren Kindern im Rahmen erster Orientierung. Der Tonraum, der bisher ungegliedert dargestellt wurde, wird dabei schon präziser strukturiert.
– Die Kinder tupfen zu Punktklängen über, unter und auf einer Linie und üben sich dabei auch in der begrifflichen Unterscheidung.
– Auf Holztrommeln, Bongos, Becken ... (Instrumenten, die deutlich zwei oder drei Tonhöhen ermöglichen, diese aber nicht exakt intonieren) werden Motive vorgespielt. Die Kinder tupfen zuerst (im Tempo) in die Luft, dann auf das Papier.
Zwei oder drei Tonhöhenrelationen können notiert werden, wobei die Tonhöhenabstände tatsächlich nur relativ aufgefaßt werden: Ein „Zweiton-Spiel" z.B. kann die Sekunde, Terz, Quart usw. als Intervall benutzen.

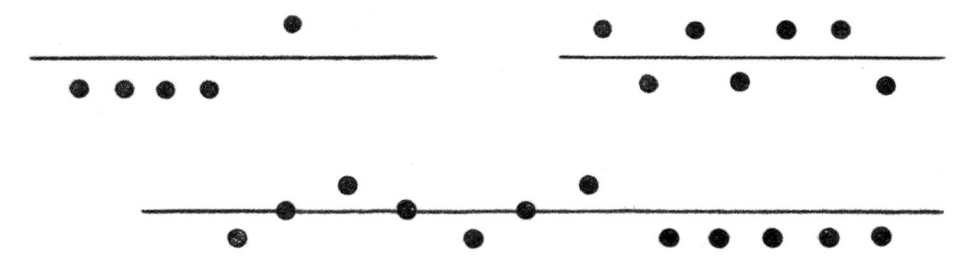

– Die Kinder entwerfen auch selbst Beispiele, die sie für sich üben, den anderen Kindern vorspielen und diesen ihre Notation zum Musizieren übergeben.
Nach solchen Vorübungen wird das 5-Linien-System eingeführt.

Der „rote Faden" dieses Unterrichtskonzeptes sieht, in den Hauptschritten gezeichnet, folgende Entwicklung des Notationswissens vor:
– Das *3. Thema („Spiel mit Zeichen")* widmet sich besonders dem Verständnis von Klangzeichen, dem Vertrautwerden mit der Zeit- und Tonhöhenachse und der Differenzierung kurz–lang.
– Das *4. Thema „Erste Spiele und Kunststücke auf Stabspielen"* orientiert im Fünfliniensystem und befestigt für die Dauer der Spiele die Töne c – h – a auch im Notationsbild!
– Das *6. Thema („ „Schmackel-bunz' – Spiel mit Bausteinen [Rhythmus]")* ermöglicht das Bekanntwerden mit einfachen Noten- und Pausenwerten.
– Das *9. Thema („ „Jeder spielt, so gut er kann' – Spiel mit Bausteinen [Melodie]")* führt zum Vertrautwerden mit dem Fünftonraum und darüber hinaus zum Kennenlernen der „großen Tonleiter".

Sind bei den Kindern die Grundeinsichten geschaffen, kann die bewußte rhythmische und melodische Vorstellung der Kinder in Verbindung mit traditioneller Notation in dem vom Lehrer gewünschten Maß differenziert und fortgeführt werden. Alle Themen dieses Unterrichtswerkes bieten dafür genügend Ansatzpunkte (vgl. auch M 22, „Exkurse").

H i n w e i s : Im Zusammenhang mit der Einführung in die Notenschrift sind in der Praxis verschiedene Hilfsmittel bekannt, z.B. Noten-Legetafeln aus Filz, Magnettafeln, Hängendes Glockenspiel, weiter auch verschiedenartige Arbeitsblätter für die Kinder. Der Lehrer kann die hier dargestellten Unterrichtsvorschläge mit den genannten und anderen methodischen Hilfsmitteln verbinden.

8.6.5 Formerfahrung

Der Begriff der „Form" ist in musikbezogener Sichtweise weit dehnbar. Form erwächst aus der jeweils besonderen Gliederung der Musik, aus dem zeitlichen Zusammenwirken ihrer rhythmischen, melodischen, harmonischen, dynamischen und klanglichen Parameter. Für die Formenlehre beginnt der Formbegriff bei der Ordnung kleinster Formteile (Motive). Er reicht von kleinen und großen Liedformen bis hin zum Gleichsinn von „Form" und „Gattung". Verschieden werden Bezeichnungen für Formteile gewählt. Der jeweilige Betrachtungsstandpunkt und die Nomenklatur bestimmen wesentlich, was als „Form" erkannt wird. Für eine Musik sind zumeist verschiedenartige Erklärungen möglich!

Dem ordnenden Beschreiben der Musikform gegenüberzuhalten wäre das Erlebnis der Musik, worin die Form (auch ohne Formenlehre) als „tönend bewegte Form" (Hanslick) existiert! Form könnte in dieser Sicht als eine Bezeichnung für die Tektonik jener Erlebnisinhalte gelten, die wir in der hörenden Begegnung erfahren und als Musik erkennen. Ohne begriffliche Schemata zu benutzen, erfassen wir als Musikhörer eine Musik z.B. als Melodie und Begleitung, gegründet auf Tempo und Takt, gegliedert in Abschnitte, gefüllt vom Klang besonderer Instrumente, von harmonischen und dynamischen Abläufen usw. – Erklingende Musik wird dabei von ihren Hörern verschieden erlebt und gedeutet. Formende Tätigkeit geht auch in der Musik dem analysierenden Erkennen voran.

Angesichts der Tatsache, daß Formerfassen im zuletztgenannten Sinn normalerweise *spontan* und *individuell* geschieht, ist es wenig verwunderlich, daß die verbale Beschreibung von Form(en) vor allem gegenüber Kindern nicht leicht begründbar ist. Kinder sind keine Musikphilologen, sondern wesensmäßig „handlungsorientiert". Das Interesse an der rationalen Klärung der Form von Musik wird ihnen umso fremdartiger erscheinen, je abstrakter sie ihre Empfindungen formulieren sollen, und je weniger das Nachdenken für sie mit einem Handlungszweck verbunden erscheint.

„Formenlehre" soll mit Kindern also nicht abstrakt betrieben werden, sondern an deren handelndes Erkennen angebunden bleiben. Das erklärende Wort ist neben dem Zeigen, Zeichnen, Malen und Tanzen nur eine Weise, in der Kinder über Musik Mitteilungen machen können. Selbstzweckhafte Fragestellungen sind schlicht unnötig. Rationale Formerfassung sollte in der Musikalischen Grundausbildung immer nur ein Mittel sein, um etwas anderes besser tun zu können: zu singen, zu musizieren, zu tanzen.

Zum Unterricht

Wann und wie erfahren die Kinder „Form"?

Zunächst, indem sie *Formen gestaltend (nach)vollziehen*. Dies geschieht im gemeinsamen Singen und Musizieren, ebenso aber in der Bewegung und im Tanzen zu Musik oder im Malen zu und nach Musik. Das bewußte wie das unbewußte Formempfinden der Kinder wird in vielen Unterrichtsphasen durch musikalische, gestische, tänzerische oder z.B. grafische Gliederung geweckt und differenziert: so, wenn wir Formteile durch verschiedene Lautstärke voneinander absetzen, mit Klanggesten Kontraste schaffen, bei der Wiederholung einer Melodie die Tanzrichtung ändern, Zeichen für Formen finden usf. Schrittweise werden Länge und Komplexität der zu bewältigenden Formen angehoben.

In der praktischen Arbeit mit Kindern wirken also sehr viele Impulse „formstiftend", indem sie die Kinder zum bewußteren Formen anhalten, z.B. die Aufforderung, die verwendeten Instrumente zu gruppieren und abzuwechseln, die Lautstärke zu variieren, etwas schon Gehörtes zu wiederholen, „Generalpausen" einzusetzen u.v.a.

Es genügt, wenn nur wenige einschlägige Begriffe die bewußte Vorstellung von Form zum Ausdruck bringen:
– „Gleich" – „verschieden": Im Zeichnen, in einem Klatschspiel, im Dialog auf zwei Instrumenten oder mit der Stimme, in der Bewegungsdarstellung ... werden gleiche und verschiedene Elemente

gereiht. „Gleich" und „verschieden" werden dabei als Wörter gebraucht, geeignete Klangverläufe werden notiert und/oder symbolisch gekennzeichnet.

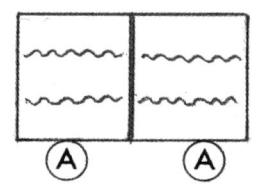

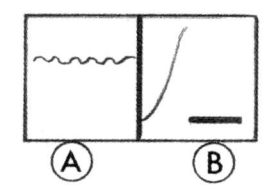

- „Wiederholung" als Fachausdruck sowie das Wiederholungszeichen als grafisch interessantes Spielelement sollen den Kindern schon früh bewußt gemacht und in Gestaltungen zur Anwendung gebracht werden.
- „Ähnliche Teile": In der Musik gibt es mehrheitlich Klänge, Rhythmen oder Melodien, die nicht ganz gleich, aber auch nicht ganz verschieden sind. Wir nennen eine solche Beziehung „ähnlich". Die Variation beginnt z.B. bereits mit einem Wechsel der Klangfarbe bei gleicher Melodie.

Wenn uns eine Musik einer anderen ähnlich erscheint, müssen wir untersuchen, in welchen Eigenschaften sie sich gleicht, in welchen sie sich unterscheidet.

H i n w e i s : Im Rahmen dieses Unterrichtswerkes werden Formteile durch Buchstaben: Ⓐ , Ⓑ usw., Variationen mit Ⓐ', Ⓑ' usw. gekennzeichnet. Auf die Markierung über- und untergeordneter Formteile wird verzichtet.

Musikhören, Formen erleben und benennen

Mit dem Nach-denken und verbalen Beschreiben vorgegebener Musikverläufe gerät die Aktivität notwendigerweise auf die reflektorische Ebene. Dennoch kann auch hier der Umgang der Kinder mit Musik auf eine Weise geschehen, die weitgehend phänomenologisch orientiert bleibt: „Zuerst hat die Geige allein gespielt. Dann haben alle Instrumente eingesetzt. Dann ist die Musik plötzlich ganz laut geworden." – Solche Sätze schildern Formmerkmale, auch wenn sie nicht Fachbegriffe der Formenkunde benutzen.

Eignet sich jede Musik zur „Formbetrachtung"?

Natürlich kann man jede Musik auf ihre „Form" befragen. Aber ist das sinnvoll? In der Regel sind Musikstücke nicht als Beispiele für bestimmte Formpläne komponiert worden. Schade wäre es, würde man um fixierter Lernziele willen den Erlebnisgehalt einer Musik schmälern. In jedem einzelnen Fall sollte man überprüfen, ob die formale Sicht auf ein Musikstück für die Kinder nicht das Erleben einschränkt. Nicht die Verwendung abstrakter Aussagen der Musiklehre ist wichtig, sondern die deutliche, gehaltvolle, lebendige Erschließung von Musik als Erlebnisgegenstand. Nur wo „Formerkenntnis" das letztgenannte Ziel zu stärken verspricht, sollte man sie anstreben.

Man sollte die Kinder auch im Musikhören bzw. im Sprechen über Musik dafür sensibilisieren, daß es sich dabei um eine persönliche, oftmals „vermutende" und „versuchende" Tätigkeit handelt. Wenn der Lehrer immer schon „weiß", wie die Kinder auf seine Fragen zu einer Musik antworten sollen, wird er nicht nur die Sensibilität der Kinder wenig fördern, sondern auch die Musik nur auf einen der möglichen Standpunkte des Betrachtens und Erlebens reduzieren.

Die Musikalische Grundausbildung baut Brücken | 9

Brücken zum Elternhaus – Elternabende | 9.1

Am Beginn des Schulalters verändert sich die Beziehung zwischen Elternhaus und Kind: Bestimmten im vorschulischen Alter im wesentlichen die Eltern über die Art unterrichtlicher Anregungen, so beginnen die Kinder nun stärker, sich selbst auszusuchen, was es Interessantes für sie gibt. Sie hören und erleben, was ihre Freunde tun und wollen zusammen mit ihnen etwas unternehmen. Das bedeutet, daß Eltern ihre Kinder nicht mehr so leicht in eine Richtung führen können, die diesen nicht behagt und von der die Kinder keine genauere Vorstellung besitzen. Das Leitbild der Eltern wird umso weniger leicht wirksam, je undeutlicher den Eltern selbst die Ziele und Wege eines Vorhabens sind.

Viele Kinder ahnen zwar, daß Musik etwas Schönes und Wichtiges in ihrem Leben sein könnte, aber sie haben oft keine nähere Vorstellung über das Was und Wie, zumal nur wenige Eltern ihren Kindern etwas darüber verdeutlichen oder sogar Vorbild für sie sein können. Viele Eltern sind zwar bereit, ihrem Kind eine bessere Chance für das Musiklernen zu ermöglichen, als sie ihnen selbst eingeräumt war, doch brauchen sie für die praktische Durchführung und am Ende für die Entscheidung, welches Instrument das Kind sinnvollerweise einmal lernen soll, eine Hilfe.

Auch für die Eltern sollte die Musikalische Grundausbildung ihres Kindes deshalb eine Zeit des Kennenlernens und Findens sein, die sie möglichst offen und engagiert begleiten. Verschiedene Formen der Elternarbeit regen an:

– *Gespräche mit den Eltern:* Die Bereitschaft zu kurzen Unterhaltungen am Beginn und Ende des Unterrichts ist wichtig, doch reichen diese Gespräche nicht immer aus. Gibt es einmal akute Probleme mit einem Kind, sollte auch ein Telefongespräch zwischen Lehrer und Eltern möglich sein. Gezielte Gespräche erbringen oft wichtige Informationen, die dazu führen, daß der Lehrer ein Kind besser verstehen und auf sein Verhalten eingehen kann.
– *Eltern erleben den Unterricht mit:* Ob beim „Schnuppern" in den letzten 10 Minuten von Unterrichtseinheiten oder beim Zusehen oder Mitmachen in einer ganzen Stunde – das gelegentliche Dabeisein im Unterricht gibt den Eltern am deutlichsten ein Bild dessen, was ihr Kind lernt, was es bewegt. Voller Staunen erleben manche Eltern hier, daß ihr Kind sich für etwas eignet oder interessiert, was ihnen selbst nicht bewußt war.
– *Vorführungen für Eltern:* Aus dem Unterricht können regelmäßig kleine Vorführungen erwachsen, die den Eltern gegen Ende einer Stunde gezeigt werden.
– *Medium „Elterninformation"* (vgl. S. 12): Hier werden typische Gedanken und Fragen von Eltern aufgegriffen und beantwortet. Die „Elterninformation" kann mit dem Kinderbuch zusammen ausgegeben werden. Auf Elternabenden können einzelne Abschnitte daraus besprochen werden.
– *Andere schriftliche Mitteilungen an die Eltern:* Manche Lehrer richten in regelmäßigen Abständen kurze Mitteilungen an die Eltern, die von den konkreten Unterrichtsgeschehnissen berichten und häusliche Aktivitäten anregen.
– *Die Rolle der Eltern zu Hause:* An vielen Stellen dieses Unterrichtskonzeptes wird deutlich, daß die Eltern in erster Linie dafür gewonnen werden sollen, die musikalischen Erfahrungen und Erlebnisse ihres Kindes für wichtig zu halten und selbst Freude, Vergnügen und Bereicherung im eigenen Umgang mit Musik und Tanz zu finden und zu zeigen. Nicht erwartet wird, daß die Eltern die Kinder zu Hause abfragen oder Leistungen des Kindes kontrollieren (vgl. dazu auch in der „Elterninformation").

Elternabende

In der Praxis haben Elternabende wichtige Aufgaben: Sie bieten Gelegenheit zum ruhigen gemeinsamen Gespräch wie auch zu eigenen praktischen Erfahrungen, die mitunter zu „Schlüsselerlebnissen" werden. Die Eltern sollen dabei Ausschnitte dessen erleben, womit sich auch die Kinder beschäftigen: Dabei entdecken manche, daß das, was sie für „Kinderkram" hielten, gar nicht so leicht ist und obendrein Spaß macht. – Elternabende sollten wenigstens einmal in jedem Halbjahr stattfinden. Da sich hier dem Lehrer besondere Aufgaben stellen, die auch zu Unsicherheiten führen können, seien im folgenden vier Elternabende kurz skizziert:

(1) Ein „Einführungsabend"

Allgemeine Hinweise: Es hat sich als günstig erwiesen, gleich am Beginn der Arbeit mit den Kindern auch mit den Eltern zusammenzukommen, um sich besser kennenzulernen (in der Folge wird man dann viel leichter zu Gesprächen miteinander finden). Zu diesem Elternabend sollte – wie auch zu anderen – schriftlich eingeladen werden. Ein Abschnitt „Ich werde kommen / nicht kommen", der an den Lehrer zurückgegeben werden soll, zwingt die Eltern zu einer aktiven Entscheidung über ihre Teilnahme und gibt dem Lehrer Übersicht. Der Lehrer kann die Eltern auch schon dazu auffordern, eigene Instrumente mitzubringen. Auch kleine Trommeln oder andere Instrumente, die sich zu Hause befinden, sind erwünscht: Hat sich erst einmal *einer* getraut, folgen andere nach!

Der Lehrer wird in erster Linie einführend darüber informieren, was im Unterricht geschieht (und wie es geschieht). Er kann mit den Eltern das Kinderbuch wie auch die Elterninformation durchblättern und schwerpunktmäßig die ersten Wochen oder Monate des Unterrichts in der Musikalischen Grundausbildung besprechen.

Vorbereitung: Instrumentarium (wie es die Kinder in den ersten Stunden benutzen) bereitstellen / Kassettenrecorder/Kinderbuch, Elterninformation (evtl. auch Liederheft) und „roten Faden", aber auch Tücher, Knöpfe, Tanzkarten, Selbstbauinstrumente ... auslegen.

Ablauf:
a) *Beim Zusammenkommen:* Ankommende Eltern können sich alles gleich ansehen und ausprobieren. Den Eltern, die Instrumente mitgebracht haben, soll der Lehrer kurz andeuten, wie er sie einsetzen will.

b) *Ein leichter Tanz:* Die „Farandolo" (vgl. S. 159f.) oder „Hei, Zipfelmützen" (vgl. S. 358) eignen sich. Es wird genauso wie mit den Kindern gearbeitet: Die Eltern werden also nicht „Takte zählen", sondern sie lernen, indem sie dem Lehrer in seinen Anregungen und Schritten direkt folgen. Ein „Kuddelmuddel" entsteht? Darüber wird gelacht, und natürlich muß niemand den Tanz „perfekt beherrschen": Man wird ihn am Schluß noch einmal miteinander tanzen.

c) *Gespräch über „Musik und Tanz":* Am gemeinsam Erlebten wird gleich angeknüpft. Ausführungen zum Verhältnis von „Musik und Tanz" in der Elterninformation, die dabei betrachtet wird, führen zu einer Vertiefung des Gesprächs. – „Tanzen ist doof", sagen manche Jungen: Der Lehrer schildert die „konstruktive Arbeit", die sich z.B. mit den Tanzkarten und Knopfspielen verbindet und läßt Väter zu Wort kommen.

d) *„Einsteigen, einsteigen ...":* Von dem Lied (S. 155f.) ausgehend kann man die Eltern über die ersten Unterrichtsthemen informieren (Kinderbuch durchblättern). Der Lehrer soll das Lied begleiten (Klaviersatz S. 174), um die Eltern beim Singen zu unterstützen. Eltern können auf Instrumenten (in jedem Fall das Metrum) mitspielen und auch die „Kommandos an Bord" (S. 157) auf (Rhythmus-) Instrumenten wiederholen.

e) Die Instrumente werden betrachtet, der Sinn des elementaren Instrumentariums kurz besprochen.

f) Der Lehrer erläutert, was ihm persönlich am Herzen liegt, z.B. die Perspektive einer Schwerpunktbildung, Pünktlichkeit, Umgang mit dem Kinderbuch (Liederheft), Kosten für Bastelmaterial usf.

g) Der Tanz wird – mit einer kleinen Veränderung – wiederholt.

(2) Mit Instrumenten und „Zeichen"

Vorbereitung: Stabspiele (evtl. pentatonisch eingerichtet), Schlägel / Kassettenrecorder / evtl. Liederheft bereithalten / Papierbögen, Malutensilien ...

Ablauf:

a) Die Eltern, die nun hoffentlich schon etwas mutiger sind, dürfen sich diesmal mit den Stabspielen anfreunden. Am Beginn stehen Schlägelspiele (S. 211), anschließend werden mit Schlägeln rhythmische Bausteine auf Stuhl, Fußboden usw. geklopft.

b) Spiel auf den Instrumenten (sind es zu wenige, können Eltern zusammen spielen oder auch Rhythmusinstrumente bekommen und später abwechseln): Nr. 1 oder 2 aus den „10 x 10 Minuten Stabspiele" (S. 49f.) wird erarbeitet und im Anschluß daran z.B. Nr. 4 (S. 51f.) oder ein kleines Lied mit Begleitung wie „The Little Bells of Westminster" (S. 316) gesungen und musiziert. (Man darf nicht davon ausgehen, daß Eltern schneller lernen als Kinder!)

c) Gespräch: Lohnt sich der Kauf eines eigenen Instrumentes? (Im Vergleich zu den Kosten anderer Spielwaren relativiert sich der Preis.) Hinweis auf Anregungen für das Spiel zu Hause.

e) Nach dem Sitzen und Konzentrieren tanzen wir wieder, z.B. zu HB 1 „La Farandolo" (die Musik regt zu Wegen und Formen im Raum an) oder HB 2 „The Merry, Merry Milke Maids" (die Musik kann gut nach eigenen Vorstellungen gestaltet werden; vgl. S. 69f.).

f) Auf einem großen Papierbogen zeichnet der Lehrer Stimmgeräusche, die er selbst macht, auf. Eltern schließen sich an. Nach einigen Versuchen werden die ersten Geräusche wiederholt. „ ‚Wir erinnern uns ...' – darin begründet sich die Funktion der Notation." Rhythmische Verse („Auf dem Flachdach...", S. 236) können geklopft und aufgezeichnet werden (Punkte – Köpfe – Hälse).

g) Gespräche über das Notenlernen können sich anschließen: „Nur in Verbindung mit dem eigenen Singen und Musizieren haben Notenlinien einen Sinn. So lernen die Kinder die traditionelle Notenschrift verstehen ...". Am Ende kann man mit den Eltern das „Kleine Tanzstück" (S. 56) musizieren und im Notenbild betrachten.

(3) „Instrumentenbau" – „Jeder spielt, so gut er kann"

Vorbereitung: Einladung an die Eltern mit Materialwünschen / weiteres Material zum Bau von „Tanzschmuck" (S. 296) / selbstgebaute Instrumente zur Ansicht / Kinderbuch, Stabspiele / Partitur S. 310

Ablauf:

a) Das Material und Werkzeug der Eltern wird geordnet, der Lehrer zeigt verschiedene Möglichkeiten des Instrumentenbaues an *fertigen* Instrumenten. Wir singen: „Jeder baut, so gut er kann, und dann kommt das Spielen dran." – Die Eltern bauen, der Lehrer hilft.

b) Die Instrumente werden vorgestellt und ausprobiert. An Stabspielen wird der Satz zum Lied „Jeder spielt, so gut er kann" erarbeitet, reihum werden Soli auch auf den selbstgebauten Instrumenten gespielt. (Wenn Tanzschmuck gebaut wurde, heißt es auch gleich: „Jeder tanzt, so gut er kann".)

c) Gespräch über Instrumentalunterricht und andere Möglichkeiten nach der Musikalischen Grundbildung: Haben Kinder schon den Wunsch geäußert, ein bestimmtes Instrument zu lernen? Wie findet man einen Lehrer? Welche anderen Möglichkeiten (z.B. Kinderchor, „Orchester Kunterbunt") gibt es? Stellt bald ein Lehrer sein Instrument im Unterricht vor (vgl. 12. Thema „Brücken bauen" ...)? Die Eltern sind zu dieser Stunde eingeladen!

(4) Vor einem Abschlußfest

Ablauf:

Er richtet sich an der vorgesehenen Form des Abschlusses (am Ende eines Unterrichtsjahres oder der Musikalischen Grundausbildung) aus. Einige Ideen:

a) Ein Theaterstück: Das Thema wird vorgestellt, das „Drachenbuch" (vgl. S. 427) oder eine andere vom Lehrer ausgewählte Vorlage wird betrachtet. Nach einer Einführung wird überlegt, wie sich die

Eltern auf die Aufführung (das Abschlußfest) vorbereiten können. Wollen sie ihrerseits den Kindern eine Überraschung bieten? Der Lehrer bittet die Eltern aber auch, bei der Gestaltung der Kostüme mitzuwirken.

b) „Wunschprogramm": Jedes Kind darf sich dafür etwas wünschen, was im Laufe des Unterrichts erarbeitet worden ist. Die Eltern sollen etwas vorbereiten, was im Rahmen des „Wunschprogrammes" von ihnen dargeboten wird ...

c) Gemeinsam Tanzen: Die Kinder haben einen Tanz gelernt und werden ihn den Eltern beibringen (z.B. „Bingo", S. 353). Die Eltern erarbeiten einen anderen Tanz, bei denen sie auch die Kinder einbeziehen wollen (z.B. „Cherkassija", S. 359f.).

9.2 Übergang zum Instrumentalunterricht

Die Musikalische Grundausbildung „soll (...) zum Instrumentalspiel notwendige Grundlagen schaffen". Dieser Satz aus der Einführung des Lehrplanes für Musikalische Grundausbildung des Verbandes deutscher Musikschulen gibt die Richtschnur an: den Grundausbildungsunterricht in der Regel dem Beginn eines Instrumentalunterrichts zeitlich voranzustellen. Im genannten Lehrplan wird dann allerdings auch von anderen Regelungen gesprochen, die „in Fällen besonderer Begabung" möglich sind: „Beginnt der Instrumentalunterricht vor Abschluß der Grundausbildung, begleitet diese den Instrumentalunterricht ergänzend."

Es gibt auch in der Praxis eine Reihe von Varianten, um Musikalische Grundausbildung (ebenso wie Musikalische Früherziehung) und Instrumentalunterricht miteinander zu kombinieren. Allein aus dieser Situation erwachsen nicht immer einfach lösbare Fragen.

Wann mit dem Instrumentalunterricht beginnen?

Die Musikalische Grundausbildung, wie sie in „Musik und Tanz für Kinder" entwickelt wird, legt bei den Kindern durch körperlich-sinnliche, psychische, soziale und geistige Erfahrungen den Grund für ein intensives und konzentriertes Lernen im Bereich Musik. Sind die Dispositionen des Kindes einmal ausgebildet, wird ein Instrumentalunterricht leichter und folgerichtiger anschließen: Entwicklungen werden müheloser und schneller ablaufen, Einsichten werden leichter gewonnen.

Bei einer Beratung der Eltern sind wenigstens vier Punkte zu berücksichtigen:

1. Priorität des vorbereitenden Gruppenunterrichts. – Grundsätzlich ist es sinnvoll, vor Beginn des Unterrichts am Instrument die Musikalische Früherziehung oder Grundausbildung zu absolvieren. Ausnahmen bestätigen die Regel.

2. Reife des Kindes. – Nicht nur das „Papieralter", sondern die allgemeine körperliche und geistig-psychische Entwicklung des Kindes müssen mitbedacht werden.

3. Bedeutung der Musik im Leben des Kindes. – Welche Einstellungen gegenüber Musik sind durch die Sozialisation in der Familie und ihrer Umgebung an das Kind schon herangetragen worden? Sie können ausschlaggebend sein für den Erfolg eines gleichzeitig mit der Musikalischen Grundausbildung beginnenden Instrumentalunterrichts.

4. Der konkrete Wunsch des Kindes. – Kinder, die einen eindeutigen, während längerer Zeit wiederholten Wunsch nach einem bestimmten Instrument äußern und für dieses Instrument auch die entsprechenden Voraussetzungen haben, sollten eher schon einen mit der Grundausbildung parallel geführten Instrumentalunterricht aufnehmen können als solche, die keine eigene Wahl getroffen haben.

Alle Punkte sollten bei der Beratung berücksichtigt werden. Der erfahrene Lehrer wird sich auch ein Bild von der Motivation der Eltern machen und überlegen, wieweit sie eigene Wünsche auf das Kind übertragen und wie sehr sie fähig sind, dem Kind in den ersten Jahren des Instrumentalunterrichts zu helfen. (Die Hilfe ist umso notwendiger, je jünger die Kinder sind.)

Es ist verständlich, daß es keine allgemeingültigen Regeln gibt. In jedem einzelnen Fall muß neu entschieden werden. Die in den vergangenen zwei Jahrzehnten oft gehörte Pauschalmeinung „Je früher, desto besser" ist sicher falsch. Ein Instrumentalunterricht auf der Grundlage einer breit fundierenden und künstlerisch anregenden Grundausbildung kann in kurzer Zeit aufholen, was in Jahren eines verfrüht begonnenen Instrumentalunterrichts mühsam gelernt worden ist.

Formen der Zusammenarbeit

Für den Erfolg aller pädagogischen Bemühungen ist entscheidend, ob und wie intensiv die Zusammenarbeit zwischen den Lehrern für Musikalische Grundausbildung und (frühen) Instrumentalunterricht funktioniert. Die folgenden Bedingungen sind nicht leicht zu erfüllen:

1. Die Institution Musikschule muß sich der Notwendigkeit einer sorgfältigen Planung, interner Information und der Organisation eines „sanften" Übergangs bewußt sein. Alle Beteiligten müssen bereit sein, Zeit für Konferenzen einzuplanen und sich persönliche und administrative Hilfe zu geben, damit gegenseitige Unterrichtsbesuche, Besprechungen und eine Reihe gemeinsamer Aktivitäten möglich werden. Das erfordert auch einen wirtschaftlichen Aufwand, der vom Träger der Institutionen gedeckt werden muß.

2. Eine Abstimmung zwischen den Inhalten der Musikalischen Grundausbildung und des (frühen) Instrumentalunterrichts ist notwendig. Auch sie kann wiederum nur durch gegenseitige Information gesichert werden. Wenn sich Lehrer in ihrer Ausbildung nicht über Ziele und Wege des jeweils anderen Bereiches informieren konnten, muß das in Fortbildungsmaßnahmen nachgeholt werden. Persönliche Kontakte zwischen den Lehrern beider Bereiche, gegenseitige Unterrichtsbesuche, gemeinsame Projekte, Konzerte und Exkursionen tragen dazu bei, die Schwierigkeiten des fließenden Überganges zu lösen.

3. Für die Kinder sind gelegentliche Hospitationen im Instrumentalunterricht (z.B. bei „Tagen der offenen Tür"), für Eltern ausführliche Informationsveranstaltungen empfehlenswert.

Übergang zum Tanzunterricht 9.3

Zu den Ergänzungsfächern, die in zunehmendem Maße an Musikschulen angeboten werden (vgl. Die Musikschule, Bd. V: Ensemblespiel und Ergänzungsfächer, Mainz 1975) gehören verschiedene Formen von Tanzunterricht, die oft recht unterschiedliche Bezeichnungen haben: Kindertanz, elementarer Tanz, Tanzimprovisation, Ballett, Folklore, Jazz. Einige Musikschulen bieten auch historische Tänze an. Nur an großen Musikschulen werden mehrere Angebote nebeneinander bestehen, so daß eine Auswahl zu treffen ist. Über die Musikschule hinaus sollten Kinder, die besondere Freude am Tanzen haben, auch angeregt werden, Unterricht an Tanzschulen zu besuchen.

Die musikalisch-tänzerischen Erfahrungen in der Musikalischen Grundausbildung bereiten das Kind auch auf speziellen Tanzunterricht vor (vorausgesetzt, der Lehrer hat die tänzerischen Anregungen gewissenhaft einbeziehen können). Vielseitige Bewegungsinitiativen, Bestärkung der individuellen Bewegung in der Improvisation, Grunderfahrung in tradierten Tänzen, Musikalität der Bewegung, rhythmische Sicherheit, Gedächtnis für Bewegungsabläufe, Erfassen von Musikstücken und vor allem Phantasie sind höchst wünschenswerte Begabungen für jeden jungen Tanzschüler.

Den Eltern sollte geraten werden, sich den in ihrem Umkreis angebotenen Unterricht zunächst alleine, dann aber auch mit dem Kind anzusehen und miteinander darüber zu sprechen. Vielleicht kann man mit dem Lehrer des Tanzunterrichtes auch verabreden, daß das Kind zunächst ein bißchen „schnuppern" darf? Wie beim Instrument ist es auch beim Tanz wichtig, herauszufinden, welcher Stil einem jungen Menschen am meisten entspricht. Allerdings ist die Entscheidung hier nicht so früh notwendig, es sei denn, man möchte ausschließlich Ballett studieren. In diesem Fall sollten die Eltern die Mühe nicht scheuen, nach der besten nur möglichen Schule zu suchen.

Auch tanzfreudige Jungen sollten durchaus zum Besuch von Tanzunterricht ermutigt werden. Das leider immer noch bestehende Vorurteil, Tanzen sei nichts für Männer, ist historisch falsch und sollte bewußt abgebaut werden.

9.4 Musikschule und allgemeinbildende Schule

Überlegungen zum Verhältnis von Musikschule und allgemeinbildender Schule (Grundschule) sind notwendig, da sich Lehrer der beiden Institutionen mit denselben Kindern zur gleichen Zeit mit Musik beschäftigen.

Eine Zusammenarbeit könnte die Chance nutzen, den Unterricht der beiden Institutionen genauer aufeinander abzustimmen. Eine direkte und regelmäßige Zusammenarbeit ist aber sehr stark von lokalen Gegebenheiten abhängig: Setzt sich z.B. die Gruppe an der Musikschule aus Kindern mehrerer Grundschulen zusammen, ist eine praktische Zusammenarbeit des Musikschullehrers mit den Lehrern der allgemeinbildenden Schule übermäßig aufwendig. In solchen Fällen sollte die Musikschule die Kollegen der Grundschulen zumindest über die zentralen Aufgaben und Inhalte ihres Unterrichts informieren und sich mit intensiveren Formen der Zusammenarbeit allenfalls auf Schulen konzentrieren, in deren Gebäude die Musikalische Grundausbildung stattfindet.

Beispiele für konkrete Formen der Zusammenarbeit:

– Gespräche zwischen Lehrern beider Einrichtungen, dabei gegenseitige Information über Konzept, Abläufe, Ereignisse,
– wechselseitige Einladung der Lehrer zu besonderen Veranstaltungen, eventuell auch zu Fortbildungen,
– werbende Information in der allgemeinbildenden Schule für die Musikschule (insbesondere in den ersten Klassen), gerichtet an Kinder und Eltern,
– Anregung musikalischer Ereignisse im Leben der Grundschule durch die Musikschule (z.B. Frühlingssingen, Adventssingen, Begrüßung der „Neuen"), wobei Schüler der Musikschule in besonderer Weise mitwirken können,
– Förderung von Kindern, die an der Musikschule lernen, auch innerhalb der allgemeinbildenden Schule (z.B. Aufforderung zum Musizieren in ihrer Schulklasse),
– gemeinsame Durchführung stadtweiter Projekte wie z.B. von Kinderkonzerten.

H i n w e i s : Situation, Aufgaben und Möglichkeiten des Zusammenwirkens zwischen der Musikalischen Grundausbildung und den schulischen Lernerfahrungen der Kinder ändern sich vollständig und gestalten sich äußerst positiv für alle Beteiligten, wenn der Unterricht der Musikalischen Grundausbildung als fakultatives und von den meisten Kindern genütztes Lernangebot innerhalb der allgemeinbildenden Schule angeboten wird. Diese Situation ist z.B. in einigen Kantonen der Schweiz gegeben, wobei sich Formen einer engen Zusammenarbeit der beteiligten Lehrer wie von selbst ergeben haben.

9.5 Das Unterrichtswerk in Verbindung mit Aufgaben in der Heil- und Sonderpädagogik (Shirley Salmon)

Musik und Tanz sind wichtige Bereiche des Lebens – auch für behinderte Menschen. Durch Musik und Tanz soziale Erlebnisse zu haben, sich durch Musik und Tanz persönlich ausdrücken zu können, bereichert das Leben eines behinderten Kindes. Wilhelm Keller schrieb: „Auch ein Behinderter lebt nicht vom Brot allein: Er hat das gleiche Recht auf Lebensfreude wie alle sogenannten Normalen oder Begabten. Die musikalische Freude aber ist ein unersetzbares Element der Harmonisierung sowohl des persönlichen Lebens als auch des Zusammenlebens."

Wenngleich das Unterrichtswerk nicht speziell für behinderte Kinder konzipiert wurde, bietet es dennoch wichtige Anregungen für die musikalisch-tänzerische Arbeit in der Heil- und Sonderpädagogik. Gerade Kinder mit Behinderungen oder Störungen brauchen Lernerfahrungen über mehrere Sinne. Hier kommt ihnen die elementare Musik entgegen, die immer mit Bewegung und Sprache verbunden ist; die „nicht nur ein Hörerlebnis (ist), sondern etwas Umfassenderes, nämlich eine Integration von motorischen, visuellen und auditiven Erlebnisformen, die auch nach Ausfall einer Komponente wirksam bleiben" (Wilhelm Keller).

Daß wesentliche *nichtmusikalische Ziele* der Heil- und Sonderpädagogik gerade auch durch Musik und Tanz zu erreichen sind, darf heute als gesichert gelten. Musik und Tanz im Sinne einer kompensatorischen Maßnahme können helfen, Sekundärschäden wie z.B. die soziale Isolation zu mindern, Motorik und Wahrnehmung zu schulen und bestimmte Mängel auszugleichen. Diese und andere Transfereffekte streben eine möglichst ungehinderte Persönlichkeitsentwicklung des Kindes an. – Andererseits sollten nicht nur allgemeine Erziehungs- und Bildungsprobleme beim behinderten oder gestörten Kind unsere ganze Aufmerksamkeit bekommen: Auch die ausgesprochene Musikalität vieler behinderter Kinder sollten wir entdecken und fördern.

Musikalisch-tänzerische Ziele sind sinnvoll und realisierbar und werden sowohl das Kind als auch seinen Lehrer nicht überfordern, wenn wir immer von der individuellen Problematik des Kindes, von seinen Bedürfnissen und Fähigkeiten ausgehen. Bei einem gehörlosen Kind sind Erfahrungen mit Metrum und Rhythmus wichtiger als der Versuch, Melodien zu spielen; bei einem körperbehinderten Kind sind die spielerischen Erfahrungen mit dem eigenen Körper wichtiger als die genau ausgeführten Tanzschritte. Manche Inhalte der Musikalischen Grundausbildung werden also im konkreten Fall verstärkt behandelt, andere vielleicht ausgelassen. Ihren individuellen Möglichkeiten entsprechend aber sollten alle Kinder gemeinsam musizieren und tanzen und sich immer als vollwertige Spielpartner erleben.

Methodische Überlegungen

Die Umsetzung der Impulse dieses Unterrichtskonzeptes in heil- und sonderpädagogischen Bereichen ist grundsätzlich an keine Altersgrenze gebunden, solange die *individuelle Problematik der Kinder* berücksichtigt wird. Bei vielen der betreffenden Kinder ist die Kommunikation erschwert, die soziale Entwicklung verlangsamt, das Kind isoliert. Aus den Formen der Beeinträchtigung (intellektuell, sensoriell, motorisch, emotional, sozial) ergeben sich verschiedene didaktische und methodische Konsequenzen, die für die optimale persönliche und musikalische Entwicklung wichtig sind. (An dieser Stelle kann nur auf einige wesentliche Überlegungen hingewiesen werden.)

Ein wichtiges Prinzip in der Planung ist die *individuelle Aufgabenstellung:* Jedes Kind hat ein eigenes Lerntempo, eigene Lernpräferenzen und -schwierigkeiten. In diesem Sinne ist jede Gruppe „heterogen" (vgl. S. 15). Beim gemeinsamen Spiel, beim Erlernen eines Liedes oder Tanzes oder beim Erfinden eines Klangspieles wird *in der Gruppe* gespielt, doch soll jedes Kind dabei eine Aufgabe bekommen, der es entsprechen kann. Diese Aufgaben zu bestimmen stellt oft große Ansprüche an den Lehrer, der die Kinder und deren Entwicklung genau kennen muß, ist aber Voraussetzung für die optimale persönliche und musikalische Entwicklung behinderter Kinder. Eine Anpassung des Lernstoffes an die Kinder verlangt z.B. oft kleinere Lernschritte und die Vereinfachung von Aufgabenstellungen, etwa bei Begleitungen oder zu lernenden Texten. Bei Geistig- und Mehrfachbehinderten, bei denen das rhythmisch-metrische, aber auch das melodische Spielen oft Schwierigkeiten macht, müssen die Aufgaben besonders stark vereinfacht und angepaßt werden, wobei sie aber für die Kinder stets bedeutsam bleiben müssen und innerhalb der Gestaltung ihren Wert haben sollen.

Viele behinderte Kinder werden nicht in der Musikschule, sondern in ihrer Schulklasse oder Heimgruppe unterrichtet. Hier hat der Lehrer erweiterte *zeitliche Möglichkeiten* und kann vielleicht sogar mehrere kürzere Spielstunden wöchentlich anbieten. Auf diese Weise werden Konzentration, Gedächtnis und Begeisterung der Kinder nicht überstrapaziert, und die bei behinderten Kindern besonders wichtige Wiederholung von Liedern, Tänzen und Spielen wird gewährleistet. Der Lehrer sollte sich phantasievoll bemühen, viele Variationen eines Lerninhaltes zu finden, um das Interesse der Kinder aufrechtzuerhalten und ihnen vor allem Wege über verschiedene Sinne anzubieten.

Besteht aber an einer Musikschule die Möglichkeit, dann sollten die vielseitigen Anregungen dieses Unterrichtskonzeptes auch dort, in *gemischten Gruppen*, realisiert werden. Die *Integration* von einem oder mehreren behinderten Kindern in eine Gruppe der Musikalischen Grundausbildung kann eine große Bereicherung für Kinder, Eltern und Lehrer sein: Durch gemeinsames Musizieren und Tanzen sollen alle Kinder sich in der Gruppe entwickeln können. Es wird gelernt, Stärken und Schwächen Einzelner zu akzeptieren und auch individuelle Fortschritte anzuerkennen.

Voraussetzung für eine echte Integration sind das Einfühlungsvermögen des Lehrers und seine Bereitschaft, sich über Behinderungen und mögliche Folgen zu informieren. Das behinderte Kind sollte gruppenfähig sein und zum Teil selbständig mitmachen können – der Lehrer und bald auch die anderen Kinder werden notwendige Hilfen anbieten. Das behinderte Kind kann etwas älter sein als die anderen, sollte aber von Anfang an am Unterricht in einer Gruppe teilnehmen. Durch genaues Beobachten wird der Lehrer die Fähigkeiten jedes behinderten Kindes entdecken und ihm passende Aufgaben stellen, die es nicht zu einem Außenseiter werden lassen, sondern ihm zu einer anerkannten Stellung in der Gruppe verhelfen.

Die Sprache behinderter Kinder (aktiv und passiv) ist oft unterschiedlich entwickelt. Lautsprache wie Körpersprache des Lehrers sind für die Kinder das natürliche Vorbild. Bei sehbehinderten Kindern wird die Qualität der Stimme des Lehrers besonders wichtig sein, bei schwerhörigen Kindern die deutliche Lautsprache in Verbindung mit der natürlichen Gestik und Mimik, bei gehörlosen Kindern das Mundbild und die Gebärde. Bei geistigbehinderten Kindern sind die Körpersprache und das Vorzeigen sinnvolle Ergänzungen. Umgekehrt sollte der Lehrer nicht nur auf die lautsprachlichen Äußerungen der Kinder hören, sondern auch ihre Mimik und Körpersprache wahrnehmen, die oft mehr vermittelt als das, was ein Kind verbal sagen kann.

Singen und singendes Erzählen und das Sprachspiel mit Texten bieten wertvolle Anreize, vor allem für sprachbehinderte Kinder. In manchen Fällen sind die Atmung und das kraftvolle Einsetzen des Zwerchfelles nicht optimal entwickelt. Beides sollte verstärkt geübt werden, nicht nur, um das Singen und Sprechen zu erleichtern, sondern auch, um das allgemeine Wohlbefinden zu fördern. Durch einen Mangel an Spannung ist die Singstimme behinderter Kinder oft tiefer als bei nichtbehinderten, so daß viele Lieder etwas tiefer als üblich gesungen werden sollten. Auch das Tempo eines Liedes muß oft langsamer sein. Gerade sprachbehinderte Kinder sind von Reimen und Sprüchen begeistert: Je nach Sprachentwicklung der Kinder müssen Texte oder Teile davon aber verändert werden, um die volle Teilnahme der Kinder zu ermöglichen. Bei älteren Geistigbehinderten oder bei auffälligen Kindern muß man oft darauf eingehen, daß ihnen Texte zu „kindisch" erscheinen – dann kann man z.B. einen neuen Text, auch gemeinsam mit Gruppenmitgliedern, erfinden.

Eine Behinderung oder Störung wirkt sich fast immer auf die *Bewegung bzw. Gesamtmotorik* aus. Viele der Kinder bewegen sich unsicher und brauchen verstärkte Hilfe, um ihre Trägheit oder auch ihren großen Bewegungsdrang auszugleichen, um ihr Körper-Ich zu erfahren, die Körperhaltung und das Gleichgewicht zu verbessern und Kraft- und Spannungsunterschiede zu erleben. Unterstützt durch Musik können kleinere Lerneinheiten und klare Strukturen sowie die mehrmalige Wiederholung von Bewegungsabläufen mit phantasievollen Variationen Sicherheit vermitteln, ohne Gestaltungsmöglichkeiten einzuschränken. Tänze können vereinfacht sein und auch langsamer getanzt werden, ohne ihren Charakter zu verlieren und z.B. in Sitz- oder Händetänze umgestaltet werden.

Die *Auswahl und der Einsatz von Instrumenten* richten sich hier vorwiegend auf die Wahrnehmung und Spielbarkeit sowie den Motivationscharakter der Instrumente. Vor allem bei Geistig- und Mehrfachbehinderten wirken bestimmte Instrumente äußerst motivierend, wie z.B. die Lotosflöte, Becken, Rassel, aber auch bekannte Instrumente, die auf unkonventionelle Weise gespielt werden (z.B. Zupfen oder Klopfen von Klaviersaiten). Oft sind *spieltechnische Hilfen* notwendig, vor allem bei Körperbehinderten: Federnde Schläge auszuführen ist ihnen meist nicht möglich – dafür aber z.B. Glissandi auf Stabspielen oder Töne auf einem Streichpsalter. Stabspiele bereiten auch blinden und sehbehinderten

Kindern – für die im übrigen die Substanz dieses Unterrichtskonzeptes nicht eingeschränkt werden muß – einige Schwierigkeiten: Sehbehinderten Kindern kann man optische Orientierungshilfen anbieten, indem man z.B. Stäbe auffällig mit hellen Farben kennzeichnet. Für blinde Kinder wird die Wahrnehmung der räumlichen Abstände schwierig sein – hier könnte man beidhändige Begleitungen so einrichten, daß jede Hand nur einen Ton spielt. Beim Melodiespiel werden jüngere Kinder nur mit einer Hand spielen können, da sie mit der anderen die Abstände der Stäbe ertasten. Bei hörgeschädigten Kindern müssen die Tonhöhe bzw. der Frequenzbereich der Instrumente berücksichtigt werden: Das Kind soll sein Instrument hören bzw. die Vibrationen wahrnehmen (u.a. wurden dafür z.B. eindrucksvolle Baß- und Kontrabaßstäbe entwickelt) – entweder durch den Tastsinn oder durch das Resonanzgefühl.

Alle didaktischen und methodischen Modifikationen dienen der sinnvollen Anwendung von Musik und Tanz in der Heil- und Sonderpädagogik. Der Lehrer oder Erzieher, der die persönliche Entwicklung sowie die musikalische Disposition seiner Kinder kennt, kann dem Konzept dieser Musikalischen Grundausbildung viele Anregungen entnehmen und sie, den jeweiligen individuellen Fähigkeiten und Bedürfnissen der Kinder entsprechend, umsetzen, wobei das für alle Kinder gültige Ziel der Musikalischen Grundausbildung bestehen bleibt: den Kindern zu helfen, ihre musikalischen und tänzerischen Fähigkeiten zu entdecken und zu entwickeln und dabei persönliche Wege in den Spiel-, Erlebens- und Wissensraum von Musik und Tanz zu finden.

Literatur
- Keller, Wilhelm: Elementares Gruppenmusizieren mit Geistigbehinderten; desgl.: ... mit Mehrfachbehinderten; desgl.: ... mit Körperbehinderten. In: Dennerlein, Hans (Hg.), Handbuch der Behindertenpädagogik, Band 1 und 2. München 1979
- Neira-Zugasti, Helga: Rhythmik als Unterrichtshilfe bei behinderten Kindern. Wien 1981
- Schwarting, Jutta: Musik und Musikinstrumente zur Förderung des entwicklungsgestörten und des behinderten Kindes. Ravensburg 1979
- Wolfgart, Hans (Hg.): Das Orff-Schulwerk im Dienste der Erziehung und Therapie behinderter Kinder. Berlin 1978^2

Teil 2: Vorschläge für die Unterrichtsarbeit

1. Thema — „Musik ahoi!" - Unser Schiff geht auf Reisen

So soll es losgehen: Mit einer „Einsteige"-Situation, die attraktiv für die Kinder ist und in der sie schon etwas von dem erfahren, was sie später genauer kennenlernen werden.

ELTERN machen mit

Auch die Eltern der Kinder können bei diesem Thema mitspielen, -singen und -tanzen.

Überlegungen zum Thema

Das Thema führt auf einem imaginären Schiff zu verschiedenen „Inseln", die zu Ausgangspunkten weiterer Erfahrungen werden:
– für das Singen und Sprechen,
– für das Tanzen,
– für das Instrumentalspiel,
– für andere Möglichkeiten ästhetischen Erlebens (in Verbindung mit Vorschlägen aus dem anschließenden Materialteil).

„Inseln", im Verständnis des Themas, sind Erlebens- und Lernbereiche, die für die Kinder völlig neu sein können und ihnen dennoch bald vertraut werden sollen. Zwei bis drei Inseln anzulaufen scheint in jedem Fall sinnvoll. Im Thema selbst werden drei „Inseln" vorgeschlagen: die „Insel der Instrumente" und eine „Tanzinsel" (auf diesen beiden Inseln sollten Kinder, die neu mit der Musikalischen Grundausbildung beginnen, in jedem Fall „Fuß fassen") sowie eine Insel, auf der die Kinderbücher und Elterninformationen gefunden werden (sie kann schon am Ende der ersten Unterrichtsstunde angelaufen werden). Welche Inseln darüber hinaus noch besucht werden, soll der Lehrer selbst entscheiden.

Hinweise:
– Kinder, die bereits Erfahrungen aus der Musikalischen Früherziehung haben, brauchen die „Insel der Instrumente" in der geschilderten Form natürlich nicht zu besuchen. Sie können aber z.B. gleich ein Instrument als notwendiges „Gepäck" mit auf ihr Schiff nehmen!
– Die Teilnahme von Eltern am Unterricht ist von grundsätzlicher Bedeutung (vgl. S. 143f.) und wird deshalb gerade in der Darstellung dieses ersten Themas (exemplarisch) angesprochen, auch wenn es in der Praxis häufig Einschränkungen gibt.
– Hat sich der Lehrer dafür entschieden, zusätzlich zum Kinderbuch auch ein Liederheft für die Kinder vorzusehen, kann dieses mit dem Kinderbuch oder auch bei einem Treffen, wo zum ersten Mal ein Lied daraus gesungen wird, ausgegeben werden.

Material / Vorbereitungen
– Szenerie: Im Unterricht soll ein Teil des Raumes zu einem „Schiff" erklärt werden. Es genügt, mit einem Podest, einem Fadenkreis, mit umgedrehten Tischen, Stühlen o.ä. einen dafür geeigneten Spielort zu umreißen. Aber auch eine (etwas) umfangreichere Ausgestaltung der Szenerie kann reizvoll sein, insbesondere in Wiederholungssituationen*.
– Materialien und Vorbereitungen zu den ausgewählten „Inseln", Instrumente
– Kinderbücher und Elterninformationen
– HB 1 („La Farandolo")

---

* Eine Erproberin schrieb: „Der Kartoffelstampfer am Faden war ein Anker, ein Trichter unsere Schiffssirene. Dazu ein Fernglas, die Kapitänsmütze, der Schrubber ... – alles Dinge, die von den Kindern mit großem Ernst angenommen wurden."

> *Entwicklung des Themas*
>
> a) „Musik ahoi!" – Die Reise beginnt:
>   1. „Einsteige"-Lied.
>   2. Auf unserem Schiff gibt es viel zu tun!
> b) Die Besuche auf den Inseln:
>   3. Die Insel der Instrumente.
>   4. „Meeresmusik".
>   5. Eine „Tanzinsel".
>   6. Musik und Unterhaltung an Bord.
>   7. Die Insel mit den Kinderbüchern und Elterninformationen.

a) „Musik ahoi!" – Die Reise beginnt

„Einsteige"-Lied (Kinderbuch S. 2–5)   **1.**

[Notenbeispiel: „Ein-stei-gen, ein-stei-gen, gleich geht's los ..."]

Der Lehrer singt den Refrain, Kinder und Eltern singen nach. (Das Lied soll nicht zu schnell gesungen werden, so daß die Kinder den Text gut auffassen können.)

„Wir spielen zusammen eine Seereise ... – Was braucht man dazu?"

Ein Gespräch darüber entsteht.

„Vor allem brauchen wir natürlich ein Schiff!"

Der Lehrer kennzeichnet den Ort des Schiffes im Unterrichtsraum:

„Jetzt am Beginn bin ich Kapitän. Später, wenn alle in unser Schiff eingestiegen sind und sich auskennen, kann jeder alles machen. Noch sind keine Passagiere auf meinem Schiff, und ich lade euch alle ein, mit mir zu fahren ..."

Der Lehrer singt noch einmal den Refrain und schließt gleich die Aufforderung an:

[Notenbeispiel: „Wer fährt mit auf un-serm Kahn? Der singt uns sei-nen Na-men an!"]

Er kann, in späteren Varianten, auch so weiterführen:

[Notenbeispiel: „Wer kommt mit?"]   oder   *[Notenbeispiel: „Wer hilft mir auf mei-nem gro-ßen Schiff?"]*

In jedem Fall gibt er *singend* Impulse. Wer einsteigen will, soll singend antworten und erfährt dann vom Lehrer (oder von allen gemeinsam) eine Bestätigung, z.B.:

(1) Kind: Lehrer:

Hans — *Der Hans fährt mit.*

(2) Kind: alle:

Sa-bi-na — *Sa-bi-na, Sa-bi-na, Sa-bi-na fährt mit.*

H i n w e i s : Kinder (und Eltern), die sich am Anfang noch nicht gleich auf das Singen einlassen wollen, dürfen natürlich trotzdem auf das Schiff kommen! (Überhaupt sollte der Lehrer gerade in der Anfangssituation flexibel und ohne vorgefaßte Ansprüche an Kinder und Eltern herantreten und Gespräche, Aktionen wie auch das freie Singen nach eigenem Geschmack abwandeln.)

Haben einige Passagiere das Schiff bestiegen, nimmt der Kapitän diese zur Seite: Sie dürfen auf dem Schiff nun gleich etwas lernen! Leise bespricht er mit ihnen den nächsten Teil:

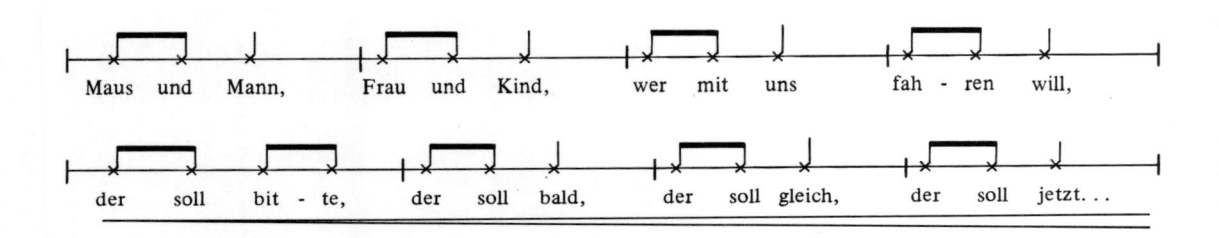

Maus und Mann, Frau und Kind, wer mit uns fah-ren will,
der soll bit-te, der soll bald, der soll gleich, der soll jetzt...

H i n w e i s : Es genügt, wenn der Lehrer diesen Versteil mit den Kindern (Eltern) nur zwei oder dreimal durchspricht – richtig gelernt wird er in der mehrfachen Wiederholung während weiterer Spielabläufe gemeinsam.

Der Kapitän spricht den Vers jetzt laut mit seinen „Passagieren" und schließt direkt den gesungenen Refrain („Einsteigen, Einsteigen ...") an, an dem sich jetzt schon alle Kinder (und Eltern) beteiligen können.

Erneut fragt der Kapitän singend:

    „Wer fährt mit auf unserm Kahn? Der singt uns seinen Namen an!"

Nun werden auch die letzten Kinder und Eltern Passagiere, und am Ende singen alle noch einmal den Refrain mit dem Schlußtext:

...Mu-sik a-hoi, die Lei-nen los!

Auf unserem Schiff gibt es viel zu tun! 2.

„Unser Schiff ist kein Luxusdampfer, bei dem die Passagiere in den Liegestühlen faulenzen und ihnen alle Arbeit abgenommen wird. Es ist ein alter, gemütlicher Kahn. Er hat nicht viel gekostet, und darum müssen alle, die mitfahren, zusammenhelfen ..."

Zunächst sollten vielleicht noch die Seesäcke und Koffer auf das Schiff geholt werden. Dann überlegen Kapitän und Mannschaft, was an Bord alles zu tun ist. Der Lehrer greift die Stichworte der Kinder auf und formt sie so, daß die Kinder sie gemeinsam sprechen und möglichst auch darstellen können! Denn:

„Bei vielen Schiffsarbeiten muß man zusammenhelfen, und das geht am besten, wenn man dazu gemeinsam im Takt spricht."

Nun kommt es zu Aktivitäten wie z.B.

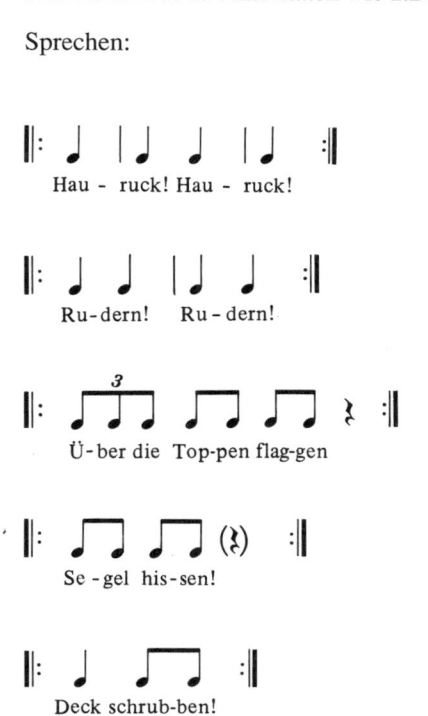

Sprechen:	Darstellen:
‖: ♩ ♩ | ♩ ♩ :‖ Hau - ruck! Hau - ruck!	am langen Ankertau ziehen
‖: ♩ ♩ | ♩ ♩ :‖ Ru - dern! Ru - dern!	mit Ruderschlägen im gleichen Takt das Schiff vom Kai wegrudern
‖: ♫♫ ♫♫ ♫♫ ♩ 𝄽 :‖ Ü - ber die Top-pen flag-gen	mit großer Armbewegung das Aufziehen einer Leine mit vielen bunten Fähnchen andeuten – von einem Ende des Schiffes zum anderen
‖: ♫ ♫ (𝄽) :‖ Se - gel his-sen!	Segelleinen im gemeinsamen Rhythmus von oben nach unten einholen
‖: ♩ ♫ :‖ Deck schrub-ben!	im Takt mit einem Schrubberbesen das Deck säubern

Wir können auch „Rost abklopfen", das „Steuerrad drehen", Signale lernen („Backbord!" „Steuerbord!"), und vielleicht spielen die Kinder auch einmal:

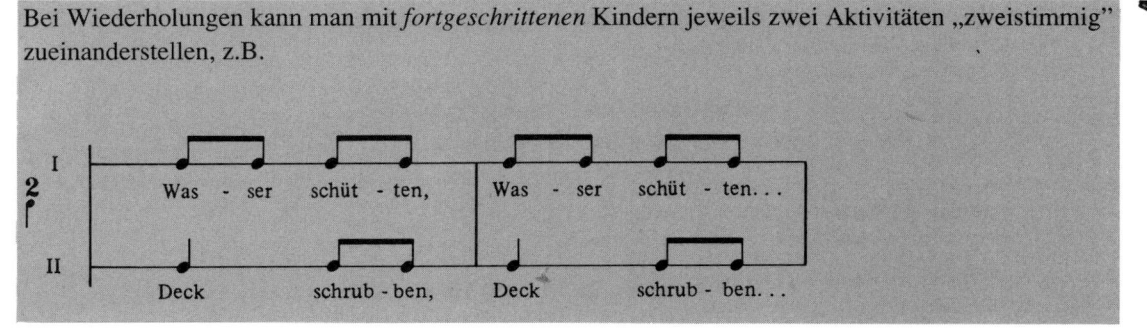

‖: ♫♫♫ ♩ 𝄽 :‖
Mann ü - ber Bord!

Bei Wiederholungen kann man mit *fortgeschrittenen* Kindern jeweils zwei Aktivitäten „zweistimmig" zueinanderstellen, z.B.

$\frac{2}{}$ I: Was - ser schüt - ten, Was - ser schüt - ten...
     II: Deck schrub - ben, Deck schrub - ben...

b) Die Besuche auf den Inseln

3. Die Insel der Instrumente

Der Lehrer (= Kapitän, der beim erstenmal selbst den Ausguck bestiegen hat) entdeckt mit seinem Fernrohr (z.B. Papprolle) eine Insel! Er ruft:

‖: ♩ ♩ ♩ :‖   und alle wiederholen: ‖: ♩ ♩ ♩ :‖
"Land in Sicht!"   "Land in Sicht!"

Eine „Insel" ist gesichtet worden: z.B. ein mit einem Tuch zugedeckter Tisch; ein mit einer roten Schnur markierter Raumteil ... – Wir nähern uns der Insel, holen die Segel ein, rudern oder waten an Land ...

Was wird uns auf der Insel erwarten? Ist sie verlassen? Zunächst sind, Felsen ähnlich, mit Tüchern bedeckte Gegenstände zu erkennen. Vorsichtig schleicht die Mannschaft darum herum und überlegt, was sich unter den Tüchern verbergen könnte.

Der Kapitän beauftragt einige Matrosen, das Geheimnis unter den Tüchern zu lüften ...

Jedes Kind soll ein Instrument bekommen. Die Instrumente werden in Ruhe „erforscht". Jedes Kind soll
– ausprobieren, wie das Instrument klingt (dafür genügend Zeit lassen!),
– sagen, aus welchem Material das Instrument gemacht ist, die Gestalt beschreiben und den Namen angeben (ist er nicht bekannt, hilft der Lehrer),
– am Ende dieser Erkundungsphase auf seinem Instrument den anderen Kindern etwas vorspielen.

Auch eine kleine Tafel wurde auf der Insel gefunden:

> Die Instrumente
> sind vielen Menschen bekannt.
> Spielt sie: mit Herz und Verstand.
> Macht sie zum SCHATZ in eurer Hand,
> wenn ihr verlaßt jetzt dieses Land.

In einem Gespräch versucht man herauszufinden, was das bedeuten mag.

Zum Abschluß spielen alle auf ihren Instrumenten, diesmal gemeinsam, z.B.
– mit dem Kapitän (und dann gleich auch mit einem Kind) als Dirigent: laut und leise, einer und dann alle ...
– oder mit dem Kapitän, der auf seiner Gitarre ein Seemannslied anstimmt.
– In jedem Fall können die Kinder auf ihren Instrumenten das „Einsteige-Lied" begleiten, das beim Verlassen der Insel wieder den Impuls gibt, „Leinen los" zu machen. (Stabspiele improvisieren bei dieser Liedbegleitung leise „Wasserwellen".)

4. „Meeresmusik"

Was wir auf dem Schiff hören, können wir auf Instrumenten darstellen:
– wie Wasser rhythmisch an die Schiffsplanken schlägt (Glissandi auf Stabspielen, dabei in *einer* Richtung, mit *beiden Händen abwechselnd übergreifend*, die Schlägel über die Stäbe ziehen),
– wie der Wind rauscht (z.B. auf Trommelfellen wischen; oder Reiskörner in einer Handtrommel langsam hin- und hergleiten lassen),
– wie Sand leise knirscht (z.B. Rassel drehen) ...
– wie Nebel aufkommt ...

Da werden alle Geräusche leise und gedämpft, und das Nebelhorn erklingt:

(mit Stimmen, Blasinstrumenten, Orgelpfeifen ...)   tuuut   tuuut

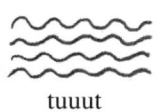

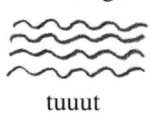

Eine „Tanzinsel"   5.

Ein Kind entdeckt mit dem Fernrohr eine Insel! Es ruft:

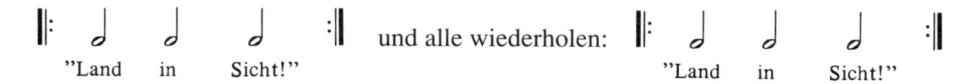

‖: ♩ ♩ ♩ :‖ und alle wiederholen: ‖: ♩ ♩ ♩ :‖
"Land in Sicht!"   "Land in Sicht!"

Kinder und Lehrer erreichen die Insel und finden, unter einem bunten Tuch versteckt, ein Schild:

> Dies ist eine TANZINSEL!
> Alle Wege hier sind TANZWEGE!
> Alle Schritte sind TANZSCHRITTE!
> Das Tuch ist ein TANZTUCH!

Die Kinder betrachten das Schild und erzählen darüber.

Der Lehrer, als erfahrener Inselbesucher, hat die Tanzmusik schon vorbereitet. Er sammelt die Kinder in einer Schlange hinter sich, die Musik der fröhlichen „Farandolo" (HB 1) ist aus der Ferne zu hören und kommt dann immer näher.

La Farandolo

Ⓒ

[Noten]

Ablauf des HB:

𝄆 Ⓐ Ⓑ Ⓒ 𝄇 3x, Ⓐ - Ⓑ ausklingend

Aus Frankreich

Mit dem Tanztuch in der Hand führt der Lehrer das Tanzen an: Auf abwechslungsreichen Wegen tanzt er mit den Kindern durch den Raum – mit Abschnitten in der Musik abwechselnd hüpfend und gehend.

H i n w e i s : Es hängt sehr vom Raum ab, wie der Lehrer die Tanzwege gestalten kann. Er sollte sich nicht scheuen, auch eine Schnecke (zuerst einwärts drehen, dann innen wenden und wieder zurück), diverse Schlangenlinien, „Achter" usw. und dazwischen gerade Wege zum „Erholen" zu tanzen. Auch die Vorstellung, auf der Insel seien Bäume, um die man herumtanzt, hilft.

Die Kinder können diese Insel einige Minuten lang auch alleine erkunden: Sie müssen sich dabei aber – wie das Schild besagt – immer mit Tanzschritten fortbewegen. – Wie das geht? Darüber können Kinder und Lehrer inmitten der Tanzinsel auf einer schönen „Lichtung" sicher ein interessantes Gespräch führen und kommen davon ausgehend zum Ausprobieren, wobei einzelne Kinder ihre Lösungen zeigen.

Der Lehrer kann auch selbst zum Tanz aufspielen: Auf der Flöte oder einem anderen geeigneten Instrument improvisiert er Melodien (sie können an die „Farandolo" angelehnt sein), wobei Kinder mit geeigneten Instrumenten, die sie auf der „Insel der Instrumente" gefunden haben, mitspielen können. – Die anderen Kinder tanzen dazu als Solisten, in Paaren oder kleinen Gruppen durch den Raum.

Nach einer Reihe von tänzerischen Darbietungen führt der Lehrer – jetzt wieder zur Musik der „Farandolo" – die Mannschaft zurück zum Schiff.

Hier kann das „Einsteigelied" wiederholt werden.

6. Musik und Unterhaltung an Bord

„Wenn die Zeit auf See zu lang wird, trifft sich die Mannschaft auf dem Schiffsdeck. Da wird gesungen ..."

Alle setzen sich im Kreis zusammen. Kennen die Kinder schon ein Seefahrerlied? – Dann sollen sie es vorsingen. Der Lehrer bringt bekannte Lieder oder auch ein neues ein (vgl. auch die Anregungen im Materialteil sowie im Liederheft „Wenn ich richtig fröhlich bin").

Natürlich kann es an Bord auch andere Unterhaltung geben, z.B.
- Namen klatschen (raten, zuordnen),
- Anweisungen für den Schiffskoch:

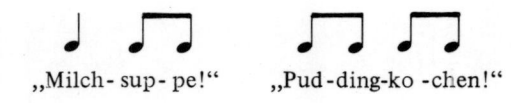

[Rhythmus-Noten]

„Milch- sup- pe!"   „Pud-ding-ko-chen!"

- Oder Lehrer und Kinder malen auf einem Papierbogen ein großes Schiff, auf dem alle, die mitfahren, zu sehen sind.

Die Insel mit den Kinderbüchern und Elterninformationen 7.

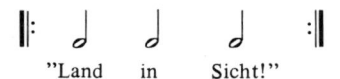

"Land in Sicht!"

Diesmal sind es die Kinder- und Elternmaterialien, die auf der Insel gefunden werden. Sie werden ausgeteilt. Gemeinsam betrachten Kinder, Lehrer (und Eltern) die ersten Seiten.

Das Schild auf der Titelseite ist noch unbeschriftet. Hier werden die Kinder ihren eigenen Namen eintragen wollen.

Möchten die Kinder die Zeichnungen im Kinderbuch weiter ausgestalten? Das Schiff mit seiner Flagge zum Beispiel?

Auf jeden Fall aber sollen sie das, was auf *ihrer* Insel zu sehen ist, auf S. 5 des Kinderbuches festhalten. Ist ihre Insel auch eine Musikinsel?

Hinweise:
- Auf S. 4 des Kinderbuches sind einige der Aktivitäten abgebildet, die die Kinder im Unterricht selbst gespielt haben. Die zugeordneten Notenschrift-Motive sollen an dieser Stelle des Unterrichts und mit Kindern, die neu mit der Musikalischen Grundausbildung begonnen haben, natürlich noch nicht im Sinne einer Aufgabenstellung erfaßt werden (ein Rückgriff darauf wird später vorgeschlagen – vgl. S. 239). Mit Kindern, die schon genügend lesen können, kann man einzelne Motive sprechen und auf die darüberstehenden Notenzeichen mit dem Finger tippen. Ansonsten genügt der Hinweis, daß die Kinder im Unterricht bald lernen werden, die Notenzeichen zu lesen. Vielleicht möchte aber ein Kind etwas sagen, was es über die Notenschrift schon weiß?
- Kinder, die schon die Musikalische Früherziehung besucht haben, können die Bedeutung der Notenzeichen natürlich zusammen mit dem Lehrer weiter klären.

Der Lehrer bespricht mit den Kindern (und Eltern) den Sinn des Kinderbuches. Es dient vor allem:
- dem Anschauen und Erinnern,
- dem Erzählen zuhause,
- dem Ausgestalten: am besten aber nicht alles auf einmal, sondern in der Regel so, wie man das Buch im Unterricht angeschaut und besprochen hat.

Auch die Elterninformation wird kurz erläutert.

Wenn noch Zeit ist, kann man gemeinsam weiter im Kinderbuch blättern: Was ist im Unterricht alles zu erwarten?

Achtung: In einer der nächsten Stunden sollen Instrumente gebaut werden. Die Eltern können sich auf dem (folgenden) Hinweis-Blatt informieren. Sie sind eingeladen, dann wieder mit zum Unterricht zu kommen, denn die Mithilfe einiger Erwachsener könnte nützlich sein. (Zur Einladung der Eltern kann die folgende Seite in der benötigten Zahl fotokopiert werden.)

Liebe Eltern,

in der nächsten Stunde wollen wir einfache Instrumente bauen, wie sie im Kinderbuch auf S. 9 abgebildet sind. Jedes Kind soll ein Instrument fertigbekommen, und wir möchten Sie um Ihre Mithilfe bitten. Vor allem brauchen wir einige Materialien!

Das sind die Instrumente, die wir bauen wollen:

Rassel: Dazu braucht ihr Kind einen Behälter – eine *Zündholzschachtel* oder eine *etwas größere Schachtel* (auch *Becher, Dose aus Kunststoff oder Blech* etc.). – Zur Füllung eignen sich z.B. etwas *Reis, getrocknete Bohnen, Erbsen* o.ä. – Zum Verschließen brauchen wir *Klebeband*.

Reco Reco: Ausgangsmaterial dazu ist ein Rundholz (z.B. *Besenstiel* oder *Bambusstange*), in das im Unterricht Kerben eingefeilt werden. Aus einem dünnen *Holzstab* wird ein Schraper gefertigt. Die nötigen *Werkzeuge* dazu sind *Dreikantfeile* und *Säge*.

Sandblocks: Auf zwei gleichgroße *Holzstücke* (auch *Zündholzschachteln* eignen sich) wird *Sandpapier mittlerer Körnung* gelegt und befestigt (auf Holz mit *Reißnägeln* am Rand oder auf der Rückseite; ansonsten *Klebstoff* benutzen).

Bitte bringen Sie die Materialien für eines dieser Instrumente zum Unterricht mit.

Wenn Sie in dieser Stunde gerne beim Unterricht dabeibleiben möchten, sind Sie herzlich dazu eingeladen. Kleine Hilfestellungen bei der Arbeit sind erwünscht.

ELTERN machen mit

Elterninformationsblatt
© B. Schott's Söhne, Mainz

Meine, deine, unsere Lieder – zum Singen, Spielen und Tanzen

2. Thema

Welche Lieder kennen wir? Du, ich? Welche können wir gemeinsam singen? Wir lernen zusammen ein neues Lied aus Südamerika und bauen einige Instrumente, die gut dazu passen.

Überlegungen zum Thema

Im Mittelpunkt der Themenentwicklung steht das Lied „Na Bahia tem" (vgl. Kinderbuch S. 10/11). Es kommt aus Brasilien (noch einmal können wir hier „verreisen"). Die Kinder können das lebhafte Lied instrumental, insbesondere mit den (selbstgebauten) Rhythmusinstrumenten begleiten, dazu tanzen und es szenisch ausgestalten. Das Geschehen rund um den „Markt" kann mit Vorschlägen im Materialteil M 6 eine Ausweitung finden.

Das Thema im weiteren Sinn gibt Raum, um mit den Kindern bekannte Lieder aufzugreifen und neue zu lernen. In dieser Hinsicht ist es ein „Jahresthema", denn in der umfassenden Gestaltung von Liedern trifft man einen Kern ganzheitlich orientierter Musik- und Tanzerziehung in der Musikalischen Grundausbildung. Auch die Vorschläge des Materialteils M 7, die z.T. auf Vorerfahrungen der Kinder rechnen, können noch Wochen oder Monate nach Abschluß des Themas aktuell sein.

Material / Vorbereitungen

Kinderbuch S. 10/11
evtl. Malutensilien
Material für den Instrumentenbau (s. Einladungsblatt für die Eltern, S. 162)
evtl. weitere Instrumente zur Liedbegleitung

Hörbeispiele zu „Na Bahia tem":

    HB 16a – Liedtext
    HB 16b – Playback-Fassung zum Lied
    HB 16c – Agogo
    HB 16d – Cuica

> *Entwicklung des Themas*
>
> a) Lieder, die wir kennen:
> 1. Wir singen uns bekannte Lieder vor.
> 2. Wir malen Bilder zu Liedern im Kinderbuch.
>
> b) Wir bauen Instrumente und musizieren:
> 3. Rassel, Reco Reco, Sandblocks.
> 4. Spiel mit den neuen Instrumenten.
>
> c) Wir lernen und gestalten ein neues Lied:
> 5. Wir „fliegen nach Brasilien".
> 6. Lied „Na Bahia tem".
> 7. Liedbegleitung.
> 8. Zusammenfassung: Marktszene – Lied – Tanz.

a) Lieder, die wir kennen

1. Wir singen uns bekannte Lieder vor

Wir singen Lieder, die uns gefallen: die wir zu Hause, auf der Reise, in der Schule singen. Anregungen für das spontane gemeinsame Singen kann auch das Poster „Kinderlieder" geben (vgl. S. 13).

Das Kinderbuch zeigt auf S. 6 die Bilder von vier bekannten Liedern:
– „Der Kuckuck und der Esel",
– „Drei Chinesen mit dem Kontrabaß",
– „Es war eine Mutter, die hatte vier Kinder",
– „Ein Vogel wollte Hochzeit machen".

Wir betrachten die Bilder und singen die Lieder, die nach Möglichkeit vom Lehrer auf seinem Instrument begleitet werden.

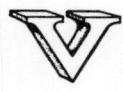

> Die im Materialteil M 7, S. 192ff. aufgeführten Liedsätze zu den vier genannten Liedern regen zu einer (späteren) Ausgestaltung der Lieder auch zusammen mit Eltern und Instrumentalisten (Kollegen) an.

2. Wir malen Bilder zu Liedern im Kinderbuch

In die freie Fläche im Kinderbuch S. 7 soll jedes Kind weitere Bilder zu Liedern seiner Wahl zeichnen (im Unterricht oder zu Hause).

Im Unterricht werden die Hefte dann getauscht, und es wird geraten, welche Lieder gemalt wurden.

b) Wir bauen Instrumente und musizieren

3. Rassel, Reco Reco, Sandblocks

Einführend bittet der Lehrer die Kinder, die Augen zu schließen. Er hat bereits Instrumente, wie sie die Kinder bauen sollen (vgl. Kinderbuch S. 9), vorbereitet und spielt sie nun einzeln vor.

Die Kinder sprechen über ihre Eindrücke und Vorstellungen: wie die Instrumente klingen, wie sie möglicherweise aussehen ...

Jedes Kind soll ein Instrument bauen. Anwesende Eltern können mithelfen. (Für jedes Instrument kann vielleicht eine eigene „Werkecke" im Unterrichtsraum eingerichtet werden.)

Rasseln: Eine Zündholzschachtel oder eine etwas größere Schachtel (auch Becher, Dose aus Kunststoff oder Blech etc.) wird mit Reis, getrockneten Bohnen, Erbsen o.ä. gefüllt. Wieviel muß eingefüllt werden, damit das Instrument am besten klingt? – Der Behälter wird sicher verschlossen (mit Band zukleben) und kann später bemalt oder farbig beklebt werden.

H i n w e i s : Im Vergleich zu den beiden anderen Instrumenten kann die Rassel schnell gebaut sein. Daher empfiehlt es sich, daß das Kind sich noch eine zweite, evtl. sogar gleichartige Rassel baut. Später kann es damit gleichzeitig mit zwei Händen spielen.

Reco Reco: In ein Rundholz von 30–40 cm Länge (Besenstiel oder Bambusstange) werden mit einer Dreiecksfeile Kerben eingefeilt. (Ein Schraubstock leistet gute Dienste.) Aus einem dünnen Holzstab wird ein Schraper gefertigt.

H i n w e i s e :
- Gerade bei diesem Instrument werden Eltern helfen können, denn nach dem Einfeilen einiger Kerben geht Kindern schon mal „die Luft aus".
- Der Klang des Reco Reco wird durch einen (Joghurt-)Becher als Resonanzkörper intensiviert. Die Befestigung geschieht mit zwei Nägeln auf der den Kerben gegenüberliegenden Stabseite. Damit der Joghurtbecher dabei nicht springt, schmilzt man mit einem heißen Nagel zuerst Löcher in den Becherboden.
- Mitunter geben geriffelte Bilderleisten ein gutes Ausgangsmaterial für den Reco Reco-Bau ab.

Sandblocks: Auf zwei gleichgroße Holzstücke (auch Zündholzschachteln eignen sich) wird Sandpapier mittlerer Körnung gelegt, dann wird dieses zugeschnitten und befestigt (auf Holz mit Reißnägeln am Rand oder auf der Rückseite; ansonsten verkleben).

H i n w e i s e :
- Auf der Rückseite der Sandblocks kann man je eine Zwirnrolle oder Abschnitte eines starken Rundholzes als Handgriffe aufleimen.
- Zu Hause können die Kinder die Instrumente verbessern und verschönern. (Instrumente dann wieder mitbringen!)
- Weitere Abbildungen und Anregungen zum Bau dieser Instrumente vgl. „Musik und Tanz für Kinder – Musikalische Früherziehung", LK I, S. 302 (Rasseln), S. 40 (Reco Reco), S. 39 (Sandblocks).

Spiel mit den neuen Instrumenten 4.

Zunächst stellt jedes Kind sein Instrument vor. Es sagt, wie das Instrument heißt und spielt ein kleines Stück.

Dann sollen alle gleichen Instrumente in einer Gruppe zusammenfinden, anschließend wird gemeinsam musiziert:

- Der Lehrer zeigt an, wann und wie lange eine Gruppe auf ihren Instrumenten spielen soll. Er bedeutet den Kindern auch, leiser oder lauter zu spielen, alle Instrumente gemeinsam oder nur ein einzelnes Instrument, kurze oder andauernde Geräusche. Dabei bedient sich der Lehrer solcher Dirigierformen, wie sie später auch die Kinder übernehmen können, wenn sie selbst „Dirigent" sind.
- Nun sollen die Kinder dem Lehrer nachspielen: Er wechselt bei seinem Spiel zwischen Rasseln, Reco Reco und Sandblocks ab und gibt Rhythmen vor, die durchaus anspruchsvoll sein dürfen: Synkopen, Triolen, dynamische Wechsel, muntere Tempi etc. werden die Spiellust ebenso wie die Leistungsbereitschaft der Kinder befriedigen.

H i n w e i s : Der Lehrer muß die Rhythmen, die er vorspielt, sicher beherrschen, so daß er sie auch ohne Probleme mehrfach wiederholen bzw. in Tempo und Dynamik variieren kann. Er sollte am Anfang nur eintaktige Rhythmen wählen und sie den Kindern im unmittelbaren Wechsel von Vor- und Nachmachen vorstellen. Beispiele:

– Anschließend wird auch das Motiv geübt, das später der Begleitung des Liedes „Na Bahia tem" zu grunde liegt:

„Dieses Motiv ist viel leichter als alles, was ihr mir bisher nachgespielt habt. Wir müssen es aber dennoch üben! Schwieriger wird es, wenn wir später dazu ein Lied singen."

Deshalb üben Lehrer und Kinder – mal lauter, mal leiser, mal schneller, mal langsamer – den Rhythmus in einem Vor- und Nachmachspiel:
– mit „ta" und „s(a)" sprechen (vgl. S. 92f.),
– in die Luft tupfen,
– im Metrum gehen und dazu auf den Instrumenten den Rhythmus spielen,
– im Metrum gehen, dazu den Rhythmus spielen und dem Lehrer zuhören, wie er die erste Strophe des Liedes singt.

H i n w e i s : Wenn Instrumente im Spiel sind, kann es immer einmal laut werden. Soll wieder Ruhe einkehren, ist in der Regel die Vereinbarung eines Zeichens hilfreich, z.B.: Der Lehrer (ein Kind) hebt beide Hände. Oder (mit Schlägeln): Die Schlägel werden über dem Kopf gekreuzt, usw.

c) Wir lernen und gestalten ein neues Lied

5. Wir „fliegen nach Brasilien"

„Na Bahia tem, tem, tem, tem..."

Haben die Kinder verstanden, was der Lehrer gesungen hat?

Nein, wahrscheinlich nicht, denn das Lied ist aus einem fernen Land – aus Brasilien. Eine Schiffsreise dorthin dauert drei Wochen! Mit dem Flugzeug geht es schneller ...

„Alle zusammen bilden wir jetzt ein Flugzeug – das nicht auseinanderfallen darf! Wir machen alle Geräusche selbst. Aufgepaßt: Starten, Beschleunigen, Fliegen ... – Landen."

In Brasilien ist vieles anders: Die Menschen und ihre Sprache, die Bäume, die Häuser ... Wir schauen das Kinderbuch S. 10/11 an und sprechen darüber. Der Lehrer erzählt, daß die abgebildete Szene so oder ähnlich in Bahia, einer Stadt in Brasilien, zu sehen ist.

6. Lied „Na Bahia tem"

Information für den Lehrer

Bahia ist der alte Name für die Millionenstadt San Salvador in Nordostbrasilien. Jahrhundertelang war Bahia Hauptstadt der Kolonie und deren politisches, kulturelles und wirtschaftliches Zentrum. Die Landbevölkerung ging nach Bahia zum Einkaufen. Auf dem Markt dort gab es tolle Sachen. Im Lied wird erzählt: Da wurden Waren nicht nur getauscht, sondern es gab auch Geld, und dafür bekam man Bügeleisen und einen Blasebalg.

Foto: Bahiatursa, Orgão Oficial de Turismo, Bahia

Die Hafenstadt San Salvador (Bahia): Auch wenn heute eine Großstadt mit Hochhäusern daraus geworden ist, gibt es die Märkte, auf denen alles mögliche verkauft wird, immer noch.

Das Lied „Na Bahia tem" wird in Brasilien von kleinen und größeren Kindern gesungen und mit allen möglichen Schlaginstrumenten begleitet. Dazu wird auch marschiert und ohne festgelegte Form gesprungen und getanzt.

Originaltext

1. Na Bahia tem,
   tem, tem, tem
   na Bahia, tem, morena
   coco de vintem.
   La, la, la ...

2. Na Bahia tem,
   já mandei comprar;
   na Bahia, tem, morena,
   Fero de engomar.
   La, la, la ...

3. Na Bahia tem,
   já mandei buscar;
   na Bahia, tem, morena,
   Fole de soprar.
   La, la, la ...

Aussprachehilfen

Bahia	= Ba'ia (das h hört man nicht)
tem	= dei (ein nasaliertes e, das m ist kaum hörbar)
morena	= moräna
vintem	= vindei
já	= schá
de engomar	= d'engomar
mandei	= ei (ineinanderklingend)

Die Kinder sollten die erste Strophe in der Originalsprache singen, wobei die Aussprache des Liedtextes auch HB 16a zu entnehmen ist. (In Brasilien spricht man Portugiesisch. Allerdings klingt diese Sprache in Brasilien anders als in Portugal.)

H i n w e i s : Nach dem Text der ersten Liedstrophe folgt im Hörbeispiel eine kurze Pause, so daß der Lehrer hier unterbrechen kann.

Die Strophen 2 und 3 des Liedes werden allenfalls bei späteren Wiederholungen des Liedes gelernt oder auch ganz weggelassen.

Na Bahia tem

Vorspiel

Trommel: *leise beginnen, wie "aus der Ferne her kommend"*

AX: *eventuell auf 2 Spieler verteilen!*

Triangel

Lied

Gesang: 1. Na Ba - hi - a tem, tem, tem, tem, na Ba - hi - a tem, mo - re - na, cô - co de vin - tém. La la la...

Trommel u. anderes Schlagwerk: *improvisieren*

Text und Melodie: aus Brasilien/Satz: Hermann Regner
© B. Schott's Söhne, Mainz

Wörtliche Übersetzung

1. In Bahia gibt es,
   gibt es, gibt es,
   in Bahia gibt es, schwarzbraunes Mädchen,
   Coco de vintem*.

2. In Bahia gibt es,
   – ich habe es schon kaufen lassen –
   in Bahia gibt es, schwarzbraunes Mädchen,
   Bügeleisen.

3. In Bahia gibt es,
   – ich habe es schon holen lassen –
   in Bahia gibt es, schwarzbraunes Mädchen,
   einen Blasebalg.

* alte Kupfermünze (damaliges Zahlungsmittel)

Der Lehrer singt das Lied vor, die Kinder versuchen nachzusingen. (Kann der Lehrer sich und die Kinder auf der Gitarre oder auf andere Weise begleiten?) – Der zweite Teil des Liedes ist leichter – wir singen ihn gleich noch einmal: „La, la, la ..."

Um den ersten Teil zu lernen,
– hören wir den Text, gesprochen auf Tonband (s. o.),
– wiederholen einzelne Textzeilen,
– üben den ersten Teil abschnittsweise,
– und zwischendurch wieder einmal den zweiten Teil,
bis wir das Lied gemeinsam singen können.

7.

Liedbegleitung

Jetzt sollen die selbstgebauten Instrumente mitspielen! (Sind aus irgendwelchen Gründen keine Instrumente gebaut worden, werden Rasseln, Claves, Reco Reco und andere Instrumente des kleinen Schlagwerks verwendet.)

Wir können noch einmal ins Kinderbuch schauen: Die Notenzeichen, die schon auf der Seite vor unserem Lied beginnen und sich dann wie eine Girlande um das Lied schlingen – wer kann dazu etwas sagen?

Die Kinder überlegen und erzählen, was sie schon darüber wissen.

„Wir haben heute schon diese Noten gespielt und gesprochen. Wir haben zu den Notenzeichen 'ta' gesagt, und zu dem Zeichen 𝄽 's(a)' geflüstert – dort ist eine Pause."

Auf S. 9–11 des Kinderbuches kann man zum Sprechen die Notenköpfe mit den Fingern „mittupfen". Die Pause zeichnen wir in die Luft.

Der vorher schon so gut geübte Rhythmus wird jetzt noch einmal wiederholt, und wenn er „sitzt", wird versucht, das Motiv ‖: ♩ ♩ ♩ 𝄽 :‖ zum Lied zu spielen.

Der zweite Teil des Liedes soll zunächst nur gesungen werden, denn die Synkopen darin sind schwierig genug. Später können einige Kinder auch auf ihren Instrumenten frei zum Metrum mitspielen oder dazu am Platz tanzen.

> *Weitere Instrumentalstimmen*
>
> Der Lehrer, Kinder mit Vorerfahrungen oder Eltern können die schwierigeren Begleitstimmen des Liedsatzes auf S. 180f. auf Stabspielen übernehmen.
>
> Als Rhythmusstimme bietet sich dafür der Ostinato an:
>
> ‖: ♩ ♫♩ ♫ :‖
>
> Ein noch differenzierterer Begleitsatz für Orff-Instrumente ist veröffentlicht in: Orff-Schulwerk, Canções das crianças brasileiras (Hermann Regner), Schott ED 4869.

8. Zusammenfassung: Marktszene – Lied – Tanz

Zum Schluß, oder bei der Wiederholung des Liedes zu einem späteren Zeitpunkt, wird versucht, die Erfahrungen rund um das Kinderlied aus Brasilien zusammenzutragen.

„Das Lied ‚Na Bahia tem' spielt natürlich auf einem großen Markt. Da gibt es viel zu kaufen und zu verkaufen. Und da ist auch allerhand zu hören. Denn die Verkäufer bieten rufend und singend ihre Waren an."

Der Lehrer stellt einige Rufe vor, die Kinder wiederholen zunächst, z.B.

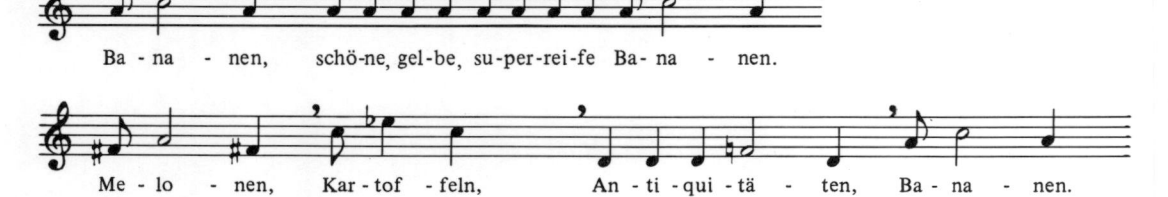

Ba - na - nen, schö-ne, gel-be, su-per-rei-fe Ba - na - nen.

Me - lo - nen, Kar-tof - feln, An - ti - qui - tä - ten, Ba - na - nen.

„Nicht nur Obst und Gemüse gibt es auf dem Markt. Auch Käse, Wurst, Fleisch, Fische, Mehl, Elektrogeräte, Süßigkeiten, Töpfe, Körbe ..." (natürlich werden die Kinder hier ergänzen wollen).

Und in Brasilien haben die Waren andere Namen: Aussprache:

bananas	– das heißt natürlich Bananen (übertragen übrigens auch „Dummkopf!"),	bananasch
figos	– Feigen,	figusch
cocos	– Kokosnüsse,	cocosch
flores	– Blumen,	floresch
ovos	– Eier.	ovusch

Die Kinder können diese Namen lernen und sie in ihre Marktspiele einbeziehen.

Dann sind die Kinder selbst Verkäufer und Käufer. In kleinen Gruppen machen sie erst untereinander aus, was es bei ihnen zu kaufen gibt und wie sie ihre Waren singend und rufend anpreisen. Die einzelnen Gruppen zeigen den anderen Kindern ihre Marktszene. Der Lehrer baut „Käuferrollen" mit ein.

Spielvorschlag

Alle bisher erarbeiteten Elemente können zum Abschluß zu einer „großen Szene" zusammengefügt werden:

Es ist früh am Morgen. Händler kommen auf den Markt, richten ihre Stände ein, breiten ihre Waren aus. Wenn die ersten Kunden kommen, beginnen sie, ihre Waren rufend anzupreisen.

Dann beginnen die Schlaginstrumente mit dem Begleitrhythmus zum Lied, vielleicht spielen noch andere Instrumente mit. Verkäufer und Käufer, alle Menschen auf dem Markt singen das brasilianische Lied und tanzen dazu: alleine, zu zweit oder in kleinen Gruppen, im Kreis oder in einer Schlange.

Singen zum Begleitsatz auf der Kassette

Der Instrumentalsatz zu „Na Bahia tem" (HB 16 b) hat folgende Form:

    Vorspiel 16 Takte
    1. Strophe
    Zwischenspiel 16 Takte, im Vordergrund Agogo
    2. Strophe
    Zwischenspiel 16 Takte, im Vordergrund Cuica
    3. Strophe, der zweite Liedteil wird, leiser werdend, wiederholt.

H i n w e i s : Die Hörbeispiele 16 b bis 16 d dienen auch der Information über Musikinstrumente. Zwei charakteristische Instrumente sind noch einmal gesondert mit je einem Klangbeispiel vertreten:

HB 16 c: Ein Agogo erklingt (= Zweitonschellen an gebogenem Stiel, mit Metallnadel angeschlagen; vgl. S. 42)

Agogo

183

HB 16 d: Eine Cuica erklingt (= brasilianische Reibtrommel, bei uns auch in Form des Waldteufels oder Brummtopfes bekannt)

Cuica

Fotos: Hermann Regner

| **Spiel mit Zeichen und Formen** | **3. Thema** |

Das Thema führt die Kinder dazu, für Musik Zeichen zu finden und damit Klangverläufe zu planen. Es beginnt voraussetzungslos und läßt die Kinder, angeregt durch den Lehrer, durch gegenseitige Beobachtung sowie in der Auseinandersetzung mit den Besonderheiten einzelner Instrumente, geeignete Notationsformen, insbesondere Formen der grafischen Notation (vgl. S. 98ff.) finden.

Überlegungen zum Thema

Das Thema beschäftigt die Kinder zunächst damit, zwischen dem schmückenden Charakter *visueller* Zeichen – hier dargestellt an Mustern auf Töpferwaren – und dem funktionalen Sinn *musikalischer* Zeichen zu unterscheiden. Wir sprechen dann von „Mustern zum Musizieren".

„Muster"– der Begriff steht hier für Regelmäßigkeit, Wiederholung, Ordnung, Form. Mit Mustern umgeben sich die Menschen, gestalten damit Wege oder Bucheinbände. Muster auf Handtüchern oder Torten – allesamt sind sie entbehrlich, dennoch nicht zweckfrei: Sie zielen auf ästhetischen Genuß und befriedigen bei uns Wünsche nach Ordnung, nach Lebendigkeit, nach Wiederholung, aber auch nach Abwechslung. – Auf ähnliche Wünsche findet auch die Musik eine Antwort: So wie sie Teile bestimmt, reiht, verändert und kontrastiert, kann sich das Hören und Genießen von Musik an ihr festhalten und lebendig ihre Entwicklungen mitvollziehen.

H i n w e i s : „Muster" nennen wir diesmal im Bereich der Musik die Notationszeichen, die wir erfinden und in Beziehung setzen. Das Wort kann sinnvoll aber auch in anderen Zusammenhängen gebraucht werden: wenn wir von *„Tanzmustern"* sprechen (vgl. S. 57f.) oder von *„Schlägelmustern"* (S. 211) im Spiel mit zwei Schlägeln.

Den Kindern ein erstes Bewußtsein für die *absichtsvolle Gestaltung* zu geben, ist ein Ziel dieses Themas. Die spielerisch eingeführte Reihung musikalischer Zeichen führt mehr und mehr zum überlegten musikalischen Gestalten, zum *Komponieren* (lat. componere = zusammensetzen). Konkret heißt das für das Thema:

– Das zufällige Aneinanderreihen von einzelnen Notations- bzw. Klangelementen sollte nur in der Anfangsphase überwiegen, der gezielte, planende Umgang mit Formteilen sollte daraus erwachsen.
– Wichtig ist, den Kindern dabei *Gestaltungsprinzipien* deutlich zu machen (z.B. wiederholen, abändern, einen Gegensatz bilden, gleichzeitig und nacheinander spielen ...).

Das spielerische Umgehen mit einfachen Gestaltungs- und Formelementen schafft eine Basis für das spätere Erkennen von komplexeren Formverläufen.

Beim Notieren und Musizieren nach Zeichen sollen die Kinder sich zunehmend in der Lese- bzw. Schreibrichtung (Zeitachse) sowie in der Tonhöhenachse orientieren.

Material

verschiedene Gefäße, darunter eines mit Mustern (z.B. Vase, Krug)
Kinderbücher
großer Papierbogen und Zeichenblätter DIN A 5
Malutensilien (Buntstifte)
Schere(n)
Kärtchen (evtl. Kopien) der „Muster" von S. 15 des Kinderbuches (sie können mit Magneten an der Tafel befestigt werden)
Instrumente

HB 18a Hermann Regner „Musik zu einem Bild 1" und 18b „Musik zu einem Bild 2"

> *Entwicklung des Themas*
>
> 1. Wie man Töpferwaren schmücken kann.
> 2. Muster zum Musizieren.
> 3. Wie ein Töpfer seine Ware ordnen kann.
> 4. Wie Musiker ihre Zeichen anordnen: Wir komponieren, schreiben die Klänge auf und lernen auch einige praktische Abkürzungen dafür kennen.
> 5. Ein klingendes Bild.

1. Wie man Töpferwaren schmücken kann

Der Lehrer hat verschiedene Gefäße mitgebracht, z.B. eine leere Bierflasche, eine leere Plastikflasche, einen schmucklosen Becher sowie ein Gefäß, das in besonderer Weise verziert ist. Er spricht mit den Kindern darüber, wie die Gefäße aussehen, worin sie sich unterscheiden.

„Ein Gefäß hat etwas ganz Besonderes: Der Töpfer hat es mit einem Muster verziert."

Im Kinderbuch (S. 12) sind drei Gefäße gezeichnet – ungeschmückt, ohne Muster. Die Kinder sollen sie (oder auch nur eines davon) im Unterricht bemalen, mit einem „Muster", wie es ihnen gefällt.

Anschließend betrachten Kinder und Lehrer die entstandenen Muster.

2. Muster zum Musizieren

Gesprächsimpulse:

(1) „Muster, Zeichen und Farben können Vasen verzieren und schöner machen. Wir betrachten sie dann gerne ..."
(2) „Mit anderen Mustern und Zeichen können wir Klänge aufzeichnen ..."

Das können wir zunächst einmal in der Bewegung ausprobieren: Kinder und Lehrer stehen frei im Raum verteilt. Der Lehrer macht einfache Bewegungsmotive vor und begleitet sich dabei mit der Stimme, die Kinder machen mit. Beispiele:

– Glissandofiguren singen und mit den Armen dazu Bögen in die Luft zeichnen,
– hohe und tiefe Töne singen und sie in der Luft hoch und tief mitzeigen,
– sich zu Silben wie „dubidubidubi ..." z.B. schnell und mit kleinen Schritten fortbewegen,
– zu Silben wie „Bop", „Plum", „Dip" z.B. eine Folge von Schlußsprüngen ausführen.

„Die Klänge unserer Stimme können wir auch mit einem Stift auf Papier zeichnen ..."

Kinder und Lehrer setzen sich um einen großen Papierbogen. Der Lehrer beginnt mit einem der gerade erarbeiteten Stimmotive und malt *gleichzeitig* mit dem Stift dazu ein „Muster" (hier grafisches Abbild des Klanges) auf das Papier. Die Kinder wiederholen mit ihm singend sein „Muster". Er ermuntert dann nach und nach jedes einzelne Kind, etwas zu singen und dazu ein „Muster" zu malen. Jedes Muster wird von allen wiederholt.

„Wir können auch die Klänge von Instrumenten als Muster aufzeichnen ..."

Der Lehrer gibt nacheinander einzelne charakteristische Klänge vor, die er mehrfach wiederholt, z.B.
– eine Folge von drei, vier Trommelschlägen,
– einen einzelnen Beckenschlag,
– ein Glissando auf einem Metallophon, gefolgt von einem Zweiklang.

Die Kinder hören jedem Motiv erst zu und malen dann, möglichst jedes für sich, ein „Muster" dafür. Für jedes Motiv sollten sie eine neue Malfläche haben (DIN A 5-Blätter genügen; sie werden später in die Arbeitsmappe geheftet).

Im gemeinsamen Betrachten und Besprechen der Zeichnungen soll der Lehrer besonders deutliche Lösungen hervorheben, ebenso aber auch die Vielfalt der Darstellungsmöglichkeiten betonen.

Nun dürfen die Kinder selbst Instrumente auswählen (auch die Stimme ist ein Instrument), Klänge ausprobieren und dafür entsprechend Muster in das Kinderbuch (S. 12) malen. Wenn möglich, sollen sie die Namen der Instrumente dazuschreiben oder die Instrumente (ggf. Symbole, vgl. S. 27ff.) zu den Mustern dazuzeichnen.

H i n w e i s : Bei allen Aktivitäten rund um Notationszeichen darf die „Pause" in der Musik nicht vergessen werden.

> Auch zu Hause können die Kinder „Muster zum Musizieren" malen, für Instrumente, die es nur dort gibt: Teller, Flaschen, Töpfe, Pfannen, Löffel ...
>
> Die Kinder sollen dann zum Unterricht auch diese Instrumente mitbringen und ihre „Muster" den anderen darauf vorspielen.

3. Wie ein Töpfer seine Ware ordnen kann

„Jeder Geschäftsmann versucht, seine Ware den Käufern interessant darzubieten. Auf Märkten kann man sehen, wie die Verkäufer ihre Stände schmücken und ihre Waren verlockend anordnen."

Wie sind die Schalen, Krüge, Vasen, Becher ... auf dem Bild im Kinderbuch auf S. 14 angeordnet? Die Kinder sollen genau beschreiben, was sie sehen. Dabei können sie mit Hilfe des Lehrers Formprinzipien wie Wiederholung, Gegensatz oder das absichtsvolle Zusammenstellen von Formen (z.B. nach der Größe geordnet) entdecken.

4. Wie Musiker ihre Zeichen anordnen: Wir komponieren, schreiben die Klänge auf und lernen dabei auch praktische Abkürzungen kennen

„Wir können auch musikalische Zeichen verschieden gestalten und anordnen. Nicht, weil wir wollen, daß jemand unsere Zeichen kauft, sondern weil wir dann damit noch schöner musizieren können. Wir können z.B. Zeichen wiederholen, wenn es unserem Ohr, das die Musik hört, gefällt, und mehrere Zeichen aneinanderreihen, damit unser Musikstück nicht zu kurz wird."

Zunächst wird von den „Mustern", die vorher im Unterricht entstanden sind, ausgegangen. Auf der Tafel, einem Papierbogen etc. werden Möglichkeiten der Anordnung erkundet, die jeweiligen Klangverläufe musiziert (Möglichkeit des Singens nicht vergessen!).

Dann werden auch die drei im Kinderbuch auf S. 15 vorgegebenen Zeichen gereiht und musiziert. (Sie sollen vom Lehrer dafür in mehrfacher Anzahl auf Kärtchen vorbereitet sein.) Aufgrund der Mehrdeutigkeit dieser Zeichen werden in jeder Gruppe Verabredungen getroffen.

Für die noch unbezeichneten Felder im Kinderbuch können im Unterricht gemeinsam Zeichen verabredet und eingetragen werden. Dazu wiederholt der Lehrer die Anordnung der Felder auf der Tafel oder einem großen Papierbogen, und gemeinsam wird probiert und besprochen, wie man die offenen Felder füllen soll. Einzelne Felder sollen dabei auch der individuellen Gestaltung durch die Kinder vorbehalten sein.

Nun können die Kinder ihre Kärtchen im Kinderbuch S. 15 ausschneiden.
- Gemeinsam oder individuell können diese in den drei „Schienen" auf S. 17 des Kinderbuches angeordnet werden.
- Jeder „Schiene" kann ein Instrument (oder „Stimme") vorgeschrieben oder -gezeichnet werden.
- Man kann die Stimmen einzeln oder im Sinne einer Partitur abspielen („einspurig" oder „mehrgleisig"), ein Dirigent kann mit einem Zeigestab den Verlauf mitzeigen.
- Die Aufbewahrung der Kärtchen erfolgt am besten in einem Kuvert, das an den im Kinderbuch verbleibenden Rand geklebt wird.

Von den gereihten Kärtchen ist es nur ein kleiner Schritt zur durchgestalteten grafischen Partitur, bei deren Erstellung und Realisation den Kindern bereits Formprinzipien erschlossen werden können. Die Kinder sollen jetzt selbst Kompositionen und Notationen unter Gesichtspunkten verabreden wie:

gleich – verschieden,

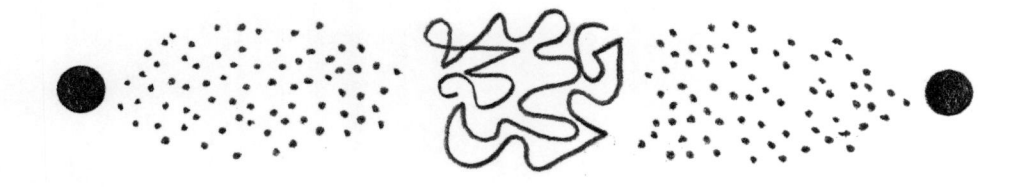

gleichzeitig – nacheinander.

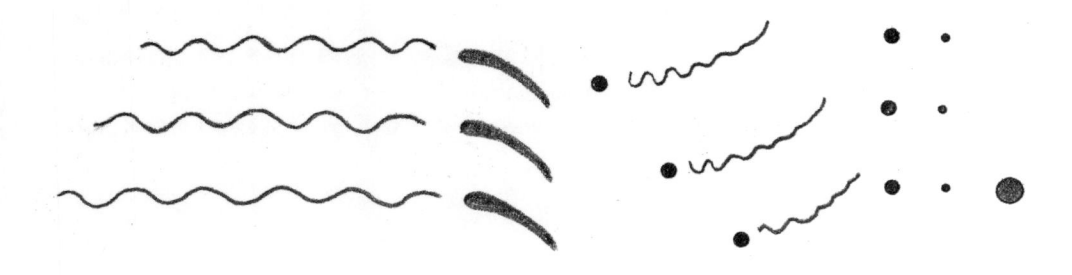

„Musiker haben Zeichen und Abkürzungen gefunden, die ihnen das Aufschreiben ihrer Musik leichter machen."

Die folgenden Zeichen, vom Lehrer auf Kärtchen geeigneter Größe vorbereitet, lassen sich als Zusätze zur Partitur, in verschiedenen „Kärtchen-Spielen" wie auch bei anderen Musizieranlässen verwenden. Die Fachbezeichnungen (z.B. *piano, forte*) werden mit eingeführt.

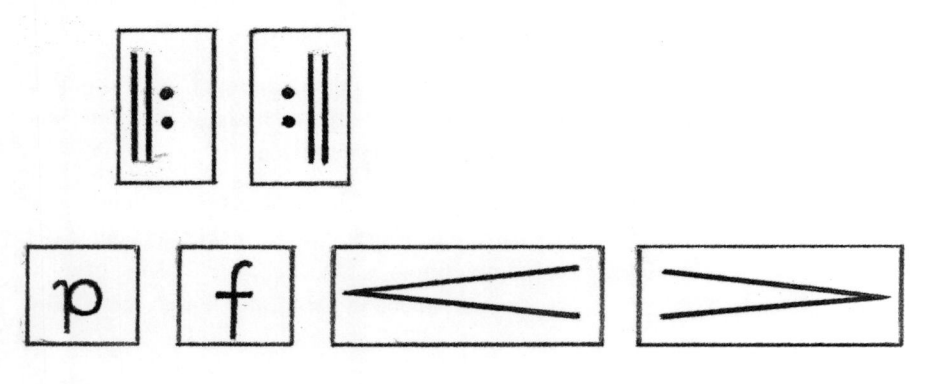

Ein klingendes Bild 5.

H i n w e i s : Wurden bisher mit den Kindern Zeichen einer Klangschrift erarbeitet, deren Bedeutung dabei mehr oder weniger festgelegt wurde, ist die Beziehung zwischen Musik (HB 18a und 18b) und Bild (S. 202) freier gestaltet. Dies kommt nicht zuletzt durch die Vorlage zweier musikalischer Antworten auf dasselbe Bild zum Ausdruck:
– HB 18a: Die Grafik wird von Klavier, geriebenen Gläsern und Gongs interpretiert.
– HB 18b: Die drei Elemente der Grafik werden zu einem längeren Ablauf kombiniert und von verschiedenen Instrumenten in Musik übersetzt.

Gemeinsam betrachten wir das Bild.

„Ein Musiker hat es gemalt. Dann hat er nach diesem Bild mit anderen Musikern Musik gemacht. Es ist also eine Musik zum Hören *und* zum Mitschauen."

Kinder und Lehrer sitzen zusammen um das Bild und hören zunächst HB 18a. Im ersten Gespräch über ihre Eindrücke sollen die Kinder beschreiben, was *ihnen* wichtig ist. (Der individuelle Charakter dieser Musik-Bild-Interpretation läßt natürlich auch unterschiedliche Beschreibungen der Kinder zu.)

Später kann dann noch HB 18b gehört und mit der ersten Musik verglichen werden.

H i n w e i s : Da eine solche Musik für viele Kinder eine neue Erfahrung darstellt, sollte sich der Lehrer offen auf Reaktionen von begeisterter Zustimmung bis zu lautstarker Ablehnung einstellen. Ein wiederholtes Hören der Musik mit immer wieder neuen Impulsen kann hilfreich sein. Offenheit sollte auch gegenüber möglichen Anschlußaufgaben bestehen: Vielleicht wollen Kinder zur Musik tanzen oder ein eigenes Bild malen? Ebenso kann auch der Wunsch entstehen, zum gegebenen Bild eine eigene Musik zu komponieren, diese auf Tonband aufzunehmen und mit den fertigen Musikstücken zu vergleichen.

Zum Abschluß der Beschäftigung aber soll man noch einmal ganz zur Ausgangsmusik zurückkehren, die Augen schließen und ein „inneres Bild" der Musik malen.

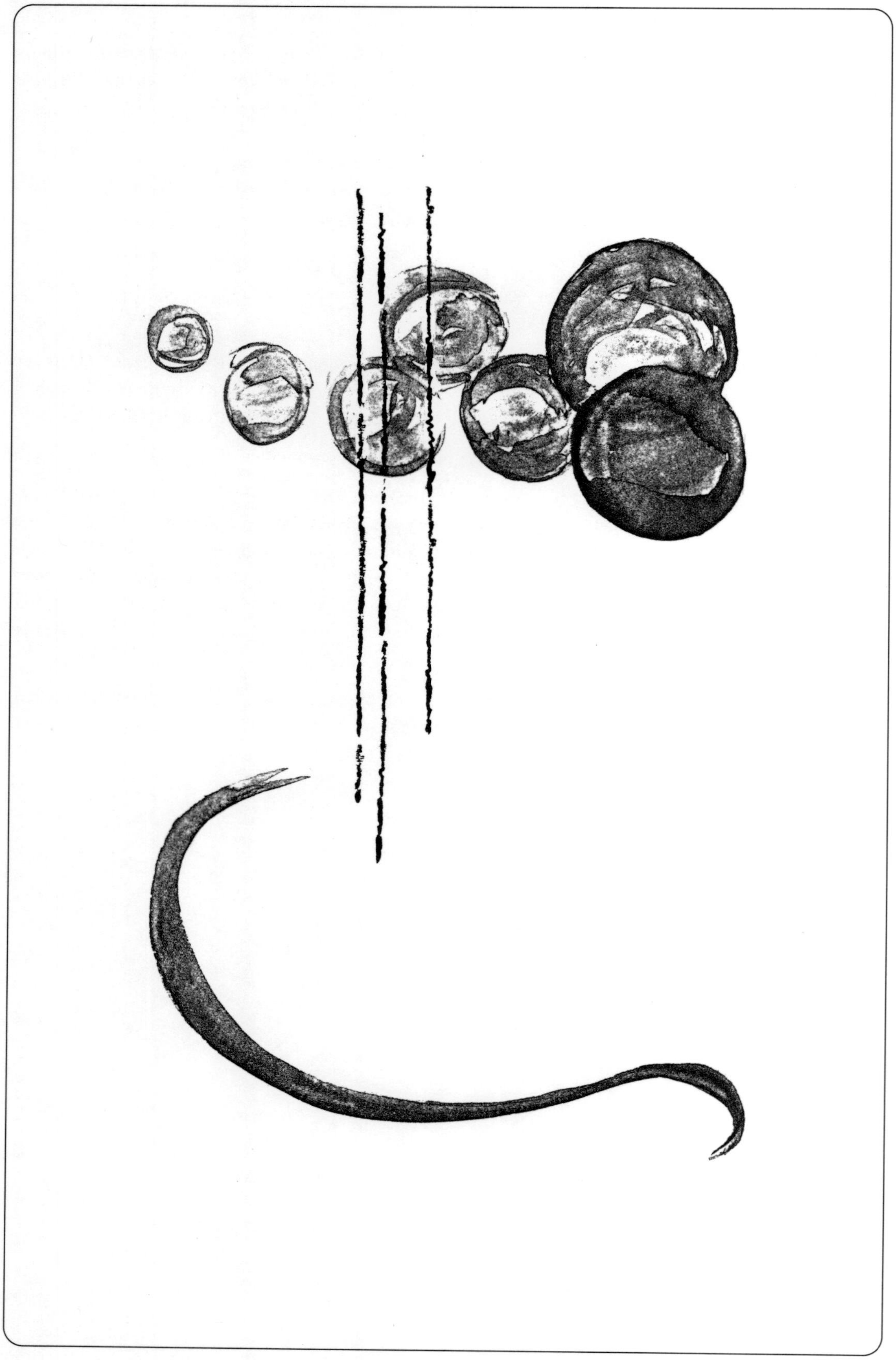

Hermann Regner

Erste Spiele und „Kunststücke" auf Stabspielen

4. Thema

Das Thema orientiert Kinder, die noch keine oder wenige Erfahrungen mit Stabspielen haben, über den Umgang mit den Instrumenten, mit höher und tiefer klingenden Tönen.

Überlegungen zum Thema

Die Impulse des Themas setzen voraussetzungslos an, ausgehend von Vorübungen wie dem Ordnen von Klangbausteinen und führen zu einer ersten Beschäftigung mit dem Stabspiel. Für manche Kinder mit Vorerfahrungen mögen solche Übungen eher „Etüden zur Geläufigkeit" sein, wobei es aber nicht schwerfallen sollte, das Niveau der Aktivitäten und die Art der Aufgabenstellung den Fähigkeiten dieser Kinder anzupassen.

Auf S. 18–21 des Kinderbuches sind Notationen aufgeführt, die man mit den Kindern im Sinne von „Kunststücken" auf Stabspielen realisieren kann. Sicher fallen den Kindern weitere „Kunststücke" ein.

Hinweise:
– Zu einigen Grundsätzen für das Musizieren auf Stabspielen vgl. auch S. 28f., 46.
– Da leichte Stücke unter Einbezug von Stabspielen an verschiedenen Stellen dieses Lehrerkommentars zu finden sind, wurde auf die Abfassung eines eigenen Materialteiles bei diesem Thema verzichtet.
– Das Musizieren auf Stabspielen wird schwerpunktmäßig im 9. Thema „Jeder spielt, so gut er kann" und danach mit M 1 „10 x 10 Minuten Stabspiele" fortgesetzt.

Material / Vorbereitungen

verschiedene Klangbausteine mit passenden Schlägeln, darunter die Töne c', d', e', f', g', a', die durch einen Punkt markiert sind
Altxylophone und andere Stabspiele

> *Entwicklung des Themas*
>
> a) Orientierung
> 1. „Höher oder tiefer?" – Spiele mit Klangbausteinen.
> 2. „Alle meine Entchen" – Mit welchen Tönen kann man beginnen?
>
> b) Übungen zur Geschicklichkeit und Schlägelhaltung.
> 3. „Ich sehe (und höre) mich im ‚Spiegel'." – Vorbereitende Imitationsübungen.
>
> c) Auf Stabspielen
> 4. „Kunststücke" und ihre Notation.
> 5. Noch mehr „Kunststücke".
> 6. Lied und Spiel: „Ein Xylophon, das ist ein Ding ..."

a) Orientierung

1. „Höher oder tiefer?" – Spiele mit Klangbausteinen

Für jedes Kind ist ein Klangbaustein mit einem AX-Schlägel vorbereitet, darunter die Töne c', d', e', f', g', a', die durch einen Punkt markiert sind.

Spielideen:

– Der Lehrer spielt einen Ton, der in der Mitte der Skala aller verwendeten Töne liegt. Die Kinder vergleichen: Ist ihr Ton höher oder tiefer ...?
– Die Kinder gehen frei im Raum spazieren. Auf ein Trommelsignal bilden sich Paare. Jeweils zwei Kinder vergleichen ihre Töne: Welcher ist höher, welcher tiefer? – Das Kind mit dem höheren Ton bleibt stehen, das mit dem tieferen Ton setzt sich auf den Boden. Die Paare spielen vor, die Kinder hören sich gegenseitig zu.
– Kann man auch schon *zwei* Paare zusammenrufen, die dann *vier* Töne ordnen?

H i n w e i s e :

– Das Ziel solcher Spiele, die vorhandenen Töne genau zu ordnen, kann nur schrittweise erreicht werden. Nicht jedes Kind ist sofort fähig, einen benachbarten Ganz- oder Halbtonschritt richtig zuzuordnen. Leichter ist es, weiter auseinanderliegende Töne zu unterscheiden.
– Hat man Metallophon- und Xylophon-Klangbausteine mit gleicher Tonhöhe, so kann die Aufgabe lauten, daß sich „gleiche Töne" finden müssen.

2. „Alle meine Entchen" – Mit welchen Tönen kann man beginnen?

Zunächst noch einmal mit den Klangbausteinen:

> „Kann man das Lied ‚Alle meine Entchen' mit den Klangbausteinen spielen, die einen Punkt haben?"

Sechs Töne müssen also geordnet werden (die Kinder können das selbständig lösen und sich dabei gegenseitig helfen). Anschließend wird es genug Kinder geben, die das Lied einmal spielen wollen.

> „Auch auf einem Stabspiel kann man das Lied spielen – aber nicht von jedem Ton aus klingt es richtig!"

Man kann die Kinder anregen, Ton für Ton auszuprobieren, von welchen Tönen aus das Lied richtig gespielt werden kann. Am besten setzt man sich um ein Instrument (Altxylophon), singt zuerst vom jeweiligen Ausgangston aus die Melodie und horcht dann, ob es auf dem Instrument genauso klingt. (Nur von den Tönen c und g aus ist das der Fall.)

Dann soll auf mehreren Stabspielen gespielt und auch ein wenig geübt werden: Die meisten Kinder werden die Melodie anfangs nur mit einer Hand zu spielen versuchen. Die Aufgabenstellung könnte aber sehr bald lauten: „Beide Hände immer abwechselnd benutzen!" Dabei wird das rechtzeitige „Ausweichen" des gerade benutzten Schlägelkopfes wichtig.

b) Übungen zur Geschicklichkeit und Schlägelhaltung

„Ich sehe (und höre) mich im ‚Spiegel'." – Vorbereitende Imitationsübungen **3.**

Der Lehrer sitzt den Kindern gegenüber: Die Kinder sollen sein „Spiegelbild" sein und die Bewegungen gleichzeitig mit ihm mitvollziehen. Zunächst führt er metrisch freie Körperaktionen ein wie
- große, weit ausladende Arm- und Handbewegungen,
- diese auch kombiniert mit Klanggesten (klatschen, auf die Schenkel oder den Boden patschen, schnipsen ...)

Sind die Klanggesten von den Kindern erfaßt, wiederholt sie der Lehrer mehrmals in einer Weise, daß sich dabei ein metrisch-gebundener Ablauf einstellt.

Spiele mit Schlägeln (zur Schlägelhaltung vgl. S. 28)

Jedes Kind erhält zwei (gleiche) Schlägel. Man sitzt am besten auf geeigneten Hockern oder Stühlen, und wenn das nicht möglich ist, im Fersensitz auf dem Boden. Die Mitmachaktionen werden fortgeführt, wieder zunächst freimetrisch. Anregungen:
- An beiden Schlägeln gleichzeitig mit den Fingern hochkrabbeln, bis beide Hände die Schlägelköpfe umfassen – und gleich wieder zurück.
- An der richtigen Griffstelle des Schlägelstieles mit allen Fingern den Stiel „kneten", die Finger „akrobatisch" um den Stiel wickeln usw. – dabei den Schlägel nicht fallenlassen!
- Die Schlägel an der richtigen Stelle halten, zwischen Daumen und Zeigefinger noch leicht „kneten" und dann mit lockeren, schnellen, leichten Schlägen auf die Knie beginnen.
- Schlagfolgen können nicht nur vor, sondern auch neben, über, hinter dem Körper gespielt werden.

Jetzt sollen auch die ersten *„Schlägelmuster"* entstehen,
- für das Kniespiel z.B. „zwei rechts, zwei links" und viele andere Kombinationen,
- in der Luft: vorn, seitlich, oben, hinten ...,
- auf dem Fußboden, den Wänden, der Tafel, der Türe, den Fenstern ...

Schließlich haben wir die Schlägel so sicher im Griff, daß wir uns sogar an „Kunststücke" auf den Stabspielen herantrauen.

In die beschriebenen „Spiegel"-Übungen (Punkt 3 und 4) kann das folgende Lied einbezogen und insbesondere immer dann gesungen werden, wenn ein Kind die Rolle des Vormachers übernimmt und die Rolle gewechselt wird. Die Liedbegleitung mag zunächst eine Aufgabe (ein „Kunststück") für jeweils ein oder zwei Kinder sein (die anderen konzentrieren sich auf das Singen). Alle Kinder aber können die Einwürfe der Rhythmusinstrumente mitspielen.

Wir sind dein Spiegel und tun, was du willst.
Noch im selben Augenblick geben wir dein Bild zurück!

Stabspiele

Rhythmusinstrumente

Text, Melodie und Satz: Rudolf Nykrin
© B. Schott's Söhne, Mainz

c) Auf Stabspielen

4. „Kunststücke" und ihre Notation

Auch das Erlernen von Stabspiel-Übungen soll im „Spiegelbild"-Spiel geschehen: Der Lehrer sitzt den Kindern gegenüber. Sein Instrument ist „verkehrtherum" aufgestellt: so, daß die Kinder seine Spielaktionen gleichzeitig mitvollziehen können.

Jeder Spieler hat zwei Schlägel! Die Spielaktionen wechseln zwischen freimetrischen und metrischen Formen. Im Spiel erkunden wir zunächst den Tonumfang des Instrumentes: Wir spielen die am weitesten entfernten Töne / eng beieinander liegende Töne / freimetrische und metrisch gebundene Tonfolgen. Beispiele:

freimetrisch (sehr rasch)

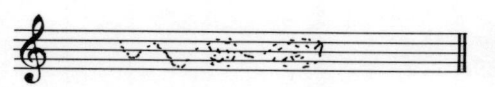

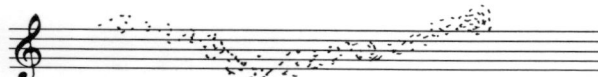

rhythmisch-metrisch

(mit beiden Händen abwechselnd spielen)   (linke und rechte Hand spielen gleichzeitig)

Die Kinder spielen mit dem Lehrer simultan, wobei im weiteren die im Kinderbuch notierten Modelle verwendet werden (zunächst von S. 20–21).

Notationen zu diesen Spielen werden in der Weise, wie sie im Kinderbuch notiert sind, vom Lehrer noch einmal auf die Tafel übertragen: Erste Hinweise auf das Liniensystem, den Violinschlüssel (beides werden die Kinder noch genauer verstehen und den Schlüssel auch schreiben lernen) und vor allem auf den tiefsten und den höchsten Ton des Stabspiels und ihre Notenzeichen sind zu geben. (Der Begriff der Hilfslinie kann dabei erwähnt werden: Die 5 Notenlinien reichen nicht mehr – eine kurze Linie darüber oder darunter hilft weiter …).

Im so umrissenen Tonhöhen-Spielraum ist nun chorisches und solistisches Spiel möglich:
– als simultane Imitation des Lehrers,
– als wiederholendes „Echo",
– als Tutti und Solo …

Die Notationen können von links nach rechts, zum Spaß aber auch einmal rückwärts gespielt werden (Zeigestock benutzen). Die Kinder können eigene Notationen entwerfen: zunächst evtl. auf langen Papierstreifen, die für sich gespielt oder auch gereiht werden, dann in vergrößerten Liniensystemen, schließlich auch in den „Bleistift"-Zeilen auf S.19 und 20 im Kinderbuch. Gespielt werden kann „einstimmig", aber auch „zweistimmig" (Papierbahnen übereinanderlegen). Man kann solche Notationen aber auch „umdrehen":

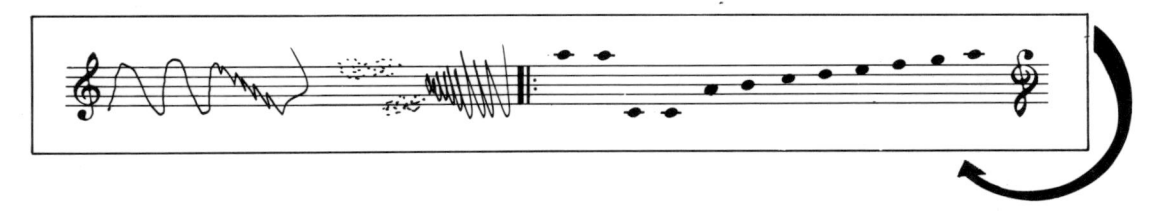

Weitere Anregungen:

- Es soll gerade zu Beginn immer wieder auf die richtige Schlägelhaltung geachtet werden.
- Wenn nicht alle Kinder ein Stabspiel haben können, wechselt man ab, und die Kinder, die gerade nicht am Instrument sind, imitieren die Spielbewegung mit den Armen, ggf. auch mit der Stimme.
- Auch auf der Reihe der Stäbe im Kinderbuch (S. 18–21) können die Kinder ohne Instrument mitzeigen!
- Vorschlag für ein Partnerspiel: Zu zweit suchen sich die Kinder ein Kunststück aus dem Kinderbuch aus, üben es selbständig und spielen es den anderen vor, die die passende Noten dazu herausfinden müssen.
- Nachdem Sammeln von Möglichkeiten können die Kinder einzeln, in Paaren oder gemeinsam mit dem Lehrer ein eigenes Stück für Stabspiel komponieren und vorspielen.

Noch mehr „Kunststücke" 5.

H i n w e i s : Wenn man zum Spiel auf *ganz bestimmten* Tönen übergeht, ist es wichtig, dabei die Einfälle der Kinder hervorzulocken und davon ausgehend möglichst viele Spiele zu bestreiten. Übungen zum Treffen von bestimmten Tönen dürfen nicht in „Technikstunden" ausarten. Der Spaß der Kinder, vorgegebene Tonfolgen spielen zu können, ist zunächst einmal groß, erschöpft sich aber, wenn man diese Übephasen zu sehr ausweitet. (Besser ist es, solche Übungen öfter zu wiederholen und dabei auf aktuelle thematische Aspekte abzustimmen.)

Die im Kinderbuch (S. 20–21) abgebildeten Übevorschläge bedürfen nur weniger ergänzender Anregungen:
- von den größten Entfernungen ausgehen: zwischen den Tönen pendeln, hin- und herspringen ...
- die Töne in der Mitte des Instrumentes zur Orientierung benutzen (oft markiert ein weißer Punkt auf dem „c" nahezu die Mitte; evtl. die Mitte – „h" – mit Klebepunkten kennzeichnen),
- langsam beginnen und zur Mitte hin allmählich rascher werden, und umgekehrt... (Je größer die Entfernungen sind, umso langsamer spielt man!)
- Später die Übungen dann evtl. in gleichbleibendem Tempo versuchen ...

Die Kinder können auch hier wieder selbst Spielideen notieren – auch im Kinderbuch (S. 19 und 21).

6. Lied und Spiel: „Ein Xylophon, das ist ein Ding ..."

Ein Xy-lo-phon, das ist ein Ding, macht manch-mal plong und manch-mal pling.

Xylo-phone

Wir spie-len laut und lei - se, er - fin - den man-che Wei - se

und spit-zen al - le un-ser Ohr, der (.......) spielt uns jetzt was vor.
die

L R

Klatschmotiv dazu: ‖: ♩ ♫ :‖

Text und Melodie: Vroni Priesner/Satz: Rudolf Nykrin
© des Liedes: bei der Autorin/des Satzes: B. Schott's Söhne, Mainz

Im Anschluß an das Lied spielt jedes Kind etwas auf dem Stabspiel vor. Alle Kinder können auch üben, das Lied auf den Instrumenten zu begleiten und sogar zum Singen mitzuspielen. Die Spielform des Borduns kann mit den Kindern in geeigneter Weise variiert werden.

Foto: Archiv Hans Neubacher, Tamsweg/Lungau

Diese Musikanten mit ihren „Hülzernen Glächtern" (der Name kommt vom ostoberdeutschen „hulze glechter" – glechel = Klöppel) und einem „Ziach"-Spieler (eine „Ziach" ist eine diatonische Ziehharmonika) wurden im Jahre 1910 anläßlich der zur Faschingszeit stattfindenden „Vereinigten-Woche" in Tamsweg fotografiert.

Alle Musiker waren aus dem Bürgerstand, nur der Harmonikaspieler war Knecht bei einem Bauern.

(Bericht von Hans Neubacher, Harfenbauer und Musiklehrer aus Tamsweg im Lungau, Bundesland Salzburg/Österreich)

5. Thema | Musik mit unserem Körper

Wir beschäftigen uns mit Geräuschen und Klängen, die wir mit verschiedenen Teilen unseres Körpers erzeugen können. Vor allem musizieren unsere Hände und Füße, aber auch die Stimme spielt eine wichtige Rolle.

Überlegungen zum Thema

Musik mit dem Instrument „Körper" gibt es in vielen Kulturen und Spielarten. Die Bilder im Kinderbuch (S. 22 f.) und die dazugehörigen Hörbeispiele sollen einen Eindruck davon vermitteln.

„Mit dem ganzen Körper" zu musizieren ermöglicht eine besonders eindringliche, ganzkörperliche Klangerfahrung.

Das Spiel mit Klanggesten („Körperinstrumenten") soll von innerem Leben erfüllt sein, dann wird das Üben eines lockeren Ablaufes – Klatschen und Patschen, Stampfen und Schnipsen usw. – ein abwechslungsreiches Vergnügen für Kinder und Lehrer sein. Bald schon kann der Lehrer in Variationen der Übungen auch den Ausdruckscharakter mancher Klanggesten deutlich machen.

Das Interesse an einem differenzierten Klanggestenspiel überträgt der Lehrer durch sein Vorbild und seine persönliche Einstellung. (Er sollte also, um spontan und „rund" agieren zu können, ggf. zunächst Klanggesten-Übungen für sich alleine anstellen.)

Klatschen, Patschen und Stampfen sind die für die rhythmische Erfahrung wichtigsten Aktivitäten. Schnipsen fällt der Mehrzahl der Kinder anfangs sehr schwer. Man sollte auch dieses anregen, jedoch nicht wirklich üben und keine Gestaltung wesentlich darauf gründen. (Übrigens ist hier Mogeln erlaubt: Zur Handbewegung wird mit dem Mund das fehlende Geräusch gemacht.)

Die Spannweite des Musizierens reicht von der rhythmisch freien Klangerfindung über das (gemeinsame) Erzählen klingender Geschichten zu verschiedenen Formen des rhythmisch-gebundenen Musizierens und zur eigenen Bewegungsbegleitung. Rhythmen und Klänge werden spürbar, hörbar und sichtbar gemacht.

Das Thema baut Brücken zur Notation wie zum differenzierten rhythmischen Musizieren und Begleiten, also zu vielen folgenden Themen und Aktivitäten.

Material

Kinderbuch S. 22f.
HB 19 Bobby McFerrin „There ya go"
HB 20 „Körperklänge zum Nachmachen"
HB 21 Rudolf Nykrin „Musik zum Mitmachen"
HB 22 „Adaawee"
HB 23 „Rumba Saratonga"
HB 24 „Cote Cour"
HB 25 „Zuahipasch'n"

> *Entwicklung des Themas*
>
> a) Übungen zur Vorbereitung und Lockerung des Klanggesten-Musizierens:
>   1. Grundübungen.
>   2. Mitmachspiel: „Schau, was ich kann!"
>
> b) Wir musizieren mit unserem Körper:
>   3. Unser Körper „spricht" mit Gesten.
>   4. Unser Körper „klingt" mit Gesten.
>   5. Variationen von Klanggesten.
>   6. Klanggestenabläufe zu Musik.
>
> c) Klanggesten in den Tänzen und in der Musik anderer Menschen:
>   7. Die Bilder im Kinderbuch und wie sie klingen.

a) Übungen zur Vorbereitung und Lockerung des Klanggesten-Musizierens

Grundübungen   1.

Mit Klanggesten soll aus einem ruhigen und lockeren Körpergefühl heraus musiziert werden. Ein sicherer Stand sowie die fließende Bewegung müssen bei vielen Kindern (immer wieder) angeregt werden. Charakteristisch für viele Grundübungen ist der Wechsel zwischen einer spontanen und unorganisierten Bewegung und einer präziseren Bewegungsform. Die Übungen können gut als „Mitmachspiel", z.B. gleich am Beginn einer Unterrichtsstunde, durchgeführt werden.

Zur Vorbereitung des Stampfens: Freies Laufen und dann ...
– ... stehenbleiben, die Arme vor und zurück schwingen und dabei weich in die Knie gehen.
– ... auf einem Bein stehen, das andere aus dem Unterschenkel heraus vor und zurück schwingen, dabei die Arme seitlich als Balancehilfe ausstrecken. Das gleiche, auf dem anderen Bein stehend!
– ... leicht und rasch am Platz stampfen und dabei den ganzen Körper ausschütteln: Das lockert!
– ... nur Stampfen, aber mit Variationen, z.B. kräftig und mit großen Schritten / sehr schnell und leicht, dabei fast am Platz bleiben / am Platz, nur zweimal, mit Akzent / langsam beginnen und lauter werden / leiser und lauter stampfen / vor Wut aufstampfen / einen Stampftanz „wie Rumpelstilzchen" improvisieren ...

Der Vorbereitung des Klatschens dienen z.B. folgende Spiele:
– ... als Flugzeug durch den Raum fliegen. Zuerst am Platz die „Flugkontrolle": Die Flügel werden ausgespannt, dann wird ausprobiert, wie man in Kurven geht, indem man sich mal zur einen, dann zur anderen Seite neigt. Der Lehrer soll deutlich machen, daß die „Flugbewegung" immer von der Rückseite der Oberarme ausgeht. Anschließend als Raumspiel!
– ... die Arme fliegen und landen – klatsch-patsch. Man steht im Kreis: Mit großen Bewegungen heben sich beide Arme, aus dem Schwung heraus klatscht man einmal in die Hände, „fliegt" wieder auf und landet beidhändig patschend auf den Oberschenkeln (dabei in den Knien weich abfedern). Das Spiel wiederholt man einige Male, wobei Tempo und Dynamik (d.h. auch die Größe der Bewegung) wechseln und man allmählich zu rhythmisch-metrischen Verbindungen übergeht.
– ... so klatschen (patschen, stampfen), wie es der Lehrer zeigt: Die Vorgaben sollen in unterschiedlichem Tempo und wechselnder Dynamik erfolgen. Erste Kombinationen werden ausprobiert.
– ... Applaus, Applaus! – Wir klatschen verschieden laut und viel, wenn uns etwas sehr gut, „mittel gut" oder kaum gefallen hat.

Bei allen Spielen wird vor allem der Lehrer die Form und den Wechsel der Aktivitäten signalisieren. Besonders dann, wenn es darum geht, innerhalb einer Bewegungsform (z.B. Stampfen) Variationen zu finden, können aber auch einzelne Kinder die Vormachrolle übernehmen. Das Klatschen – Patschen – Stampfen soll zunächst im Raum, dann aber auch (auf Hockern) sitzend ausgeführt werden.

2. Mitmachspiel: „Schau mal, was ich kann!"

Wir gehen frei im Raum umher, der Lehrer geht mit, wobei er das Gehen mit der Stimme (singend oder sprechend auf verschiedenen Silben, mit kleinen Rufen) lebendig begleitet und rhythmisiert.

Diese Begleitung und die damit erzeugte Stimmung wird sich auf die Kinder übertragen.

Der Lehrer bleibt stehen und animiert die Kinder, ihm nun etwas Neues abzuschauen und gleich mitzumachen: ein Stampfen am Platz, das er abwechselnd schneller und langsamer, mit und ohne Betonungen usw. gestaltet / ein Klatschen nicht nur vor dem Körper, sondern auch über dem Kopf, nahe dem Boden, hinter dem Körper / Schnipsen mit weiten und engen Armen ... – Dann gehen alle wieder los, wobei das Gehen auch in ein Laufen oder Hüpfen übergehen kann.

Der Lehrer macht das Spiel bewußt:

„ ‚Schau mal, was ich kann' heißt unser Spiel. Wir wollen herausfinden, was wir alles mit unserem Körper tun können! Wer etwas weiß, ruft ‚Schau mal, was ich kann!' und macht es vor. Wir anderen versuchen, gleich mitzumachen. Dann gehen wir wieder und warten, bis ein anderer ruft."

Das Spiel kann auch im Kreis gehend durchgeführt werden. Die Klanggesten stehen im Mittelpunkt. Es kann aber auch sein, daß die Kinder nichtklingende Gesten (z.B. Winken) oder Bewegungsmotive (z.B. Hampelmannsprünge) erfinden.

b) Wir musizieren mit unserem Körper

3. Unser Körper „spricht" mit Gesten

„Alle diese Bewegungen habt ihr euch gerade ausgedacht! (Claudia) das Stampfen, (Peter) das Winken ..." – der Lehrer macht die vorausgegangene Situation den Kindern nacherzählend noch einmal bewußt.

„Es gibt aber auch Bewegungen, die man nur so nebenbei macht, ohne sich etwas dabei zu denken! Diese Bewegungen können uns viel erzählen: z.B., ob ein Mensch fröhlich oder traurig ist, ob er wütend, ängstlich oder stolz ist. Könnt ihr sagen, was die Bewegungen, die ich euch zeige, bedeuten?"

Der Lehrer
– klopft einem Kind anerkennend auf die Schulter,
– reibt sich genüßlich die Hände,
– schlägt sich vor Freude auf die Schenkel,
– stampft nachdrücklich mit dem Fuß auf,
– klatscht vor Vergnügen in die Hände,
– klopft sich stolz auf die Brust,
– schnalzt genußvoll mit der Zunge,
– greift sich an den Kopf ...

Die Kinder werden mit wachsendem Vergnügen „übersetzen", was sie erkannt und verstanden haben.

„Unser Körper kann mit seinen Bewegungen etwas erzählen – ganz ohne Worte. Ausdrucksbewegungen einzelner Körperteile nennt man ‚Gesten'."

Wir probieren aus: Es gibt Arm-, Bein-, Kopf- und Schultergesten. (Das Naserümpfen gehört zur „Mimik".)

4. Unser Körper „klingt" mit Gesten

„Zum Musizieren und Tanzen verwenden wir Klanggesten. ‚Klanggesten' – was bedeutet das eigentlich?"

Wenn die Kinder trotz der zuvor gemachten Erlebnisse ratlos auf die Frage reagieren, stellt der Lehrer zwei verschiedene Aktionen vor, eine nichtklingende – z.B. Heranwinken – und eine klingende Geste – z.B. in die Hände klatschen.

„Was für Klanggesten gibt es?"

Wir kennen (schon):
– Klatschen,
– Patschen,
– Stampfen und
– Schnipsen.

Wir können noch viele andere Körperklänge entdecken:
– auf die Brust trommeln,
– die Wangen beklopfen,
– die Hände reiben ... (die Kinder finden dazu noch mehr heraus).

„Manche Musiker musizieren und brauchen dazu kein Instrument. Kennt ihr solche Musiker?"

Nach den vorangegangenen Klanggestenerfahrungen erfinden die Kinder vielleicht Musikerberufe wie „Brusttrommler" oder „Stampfer" – aber vielleicht fällt ihnen auch „Sänger" oder „Sängerin" ein.

„Auf dem Tonband hört man einen Sänger – dieser aber begleitet seine Stimme mit anderen Klängen, die er mit seinem Körper musiziert."

Nach dem Hören des Tonbeispiels (HB 19) wird darüber gesprochen, welche Effekte der Sänger (Bobby McFerrin) eingesetzt hat (Trommeln auf verschiedene Brust-Resonanzpartien). Auch die Kinder können ausprobieren, wie das ist: einen Ton singen und dazu auf die Brust drücken, tupfen, pochen ...

Ein Bild des Mannes, dessen Musik bei den Kindern anfänglich oft Verwunderung, auch Belustigung auslöst, findet sich im Kinderbuch S. 22. Warum hat er sich das Hemd ausgezogen? Ist er gerade „still", oder tut er etwas, was klingt?

Angeregt durch HB 19 probieren Kinder aus, wie verschieden der Körper klingen kann.

Fotos: Herbert Huber, Salzburg

5. Variationen von Klanggesten

Aus den vielen im folgenden angeführten Möglichkeiten stellt der Lehrer Spiel- und Übungsfolgen für seine Gruppen zusammen:
- Nur mit 4, 3, 2 Fingern klatschen: Das bietet sich besonders dann an, wenn eine Gruppe zu laut klatscht, z.B. zu einer Musik, auf die man noch hören soll.
- Handteller klatschen aufeinander.
- Hohlhandklatschen: Beide Hände bilden beim Klatschen einen Hohlkörper (Vorstellungshilfe: beim Klatschen etwas mit der Hand umschließen).
- Klatschen auf das „Handfaß", das geöffnet oder geschlossen sein kann: Die eine Hand formt einen (faßähnlichen) Hohlraum, der am schönsten klingt, wenn er tatsächlich nach unten geschlossen ist. Die andere Hand klatscht mit dem Handteller auf. (Ist das „Handfaß" offen, klingt es heller.)

Andere Klänge der Hände:
- Fingerknöchel schlagen aneinander. Sie erzeugen einen leisen, aber unverwechselbaren Klang.
- Ganz besondere und in der Gruppe sogar faszinierende Klänge entstehen, wenn man ganz einfach die Handflächen aneinanderreibt (auch rhythmisch)
- oder auch die beiden Reihen der Fingernägel.

Variationsmöglichkeiten für Klanggesten ergeben sich besonders aus der musikalischen Gestaltung:
- In welchem *Tempo*, oder in welcher *Lautstärke*, können wir klatschen, patschen, stampfen ...?
- Wir klatschen, stampfen, patschen ... im *Metrum*.

Im Kreis (Reihum-Spiele):
- Zunächst übernimmt reihum jedes Kind eine Vierschlaggruppe (♩♩♩♩), später eine Zweischlaggruppe (♩♩). Dabei kommt es darauf an, daß die Kette der Schläge nicht „reißt", d.h. es darf keine Pause entstehen.
- Noch eine Steigerung: Jeder klatscht seinem Nachbarn nur noch einmal zu. (Er soll dabei das Gefühl haben, den Schlag an seinen Nachbarn „weiterzureichen".) Die Schläge sollen gleichmäßig im Kreis herumwandern.
- Im selben Spiel schicken einzelne Kinder nun eine eigene Folge von zwei oder vier Klanggesten auf die Reise.

Fotos:
Herbert Huber, Salzburg

Varianten zum „Reihum-Spiel": Kinder erfinden noch weitere Spielregeln, hier für das Spiel in einer kleinen Gruppe.

Weitere Varianten zum Reihum-Spiel:
- Die Zweischlagfolge „links – rechts patschen" wandert im Kreis. Jeder Spieler hat die Möglichkeit, entweder die Verlaufsrichtung fortzusetzen oder die Richtung durch „rechts – links patschen" umzukehren. Das Tempo soll aber auch hier möglichst gleich bleiben!
- Ebenfalls nicht leicht, aber lustig ist es, auf dem Boden zu knien, die Hände vor sich auf den Boden zu stützen und zunächst reihum auf den Boden zu patschen. Dann werden die Arme mit denen der Nachbarn überkreuzt. Jetzt gilt es aufzupassen: Ist meine Hand dran, oder die des Nachbarn?

Ein Hörbeispiel (HB 20 „Körperklänge – zum Nachmachen") ist Anregung zu einem musikalischen Rate- und Mitmachspiel. Man hört Körperklänge, die die Kinder nach ihren Eigenerfahrungen erkennen werden. Jetzt gilt es aber nicht nur schnell zu erfassen, wie die jeweiligen Klänge entstehen, sondern sie auch gleich – möglichst genau wie „vorgemacht" – nachzumachen. (Nach jedem Beispiel folgt auf der Kassette eine Pause für das „Nachmachen".)

H i n w e i s : Der Lehrer kann die Kinder auf dieses Spiel vorbereiten, z.B. indem er aus einem Versteck heraus den Kindern ähnliche Aufgaben stellt. Beim Abspielen des HB kann sich der Lehrer dann aus dem Spiel zurückziehen und nur noch beobachten.

6. Klanggestenabläufe zu Musik

Das nächste Hörbeispiel (HB 21 „Musik zum Mitmachen") ist rhythmisch grundiert, im Tempo aber verhalten, so daß die Kinder noch überlegen können, welche Klanggesten sie jeweils ausführen wollen.

Die Musik ist zweiteilig (vgl. die Notation S. 223) und läßt zahlreiche musikalisch-tänzerische Ausführungen zu:
- Im ersten Teil (A) sind „Pausentakte" charakteristisch, in denen man klatschen, patschen usw. kann. Nach dem ersten Hören, spontanen Tanzen und Besprechen kann man verabreden: Beim ersten Durchgang klatschen wir, beim zweiten patschen, beim dritten stampfen wir. – In den Pausentakten kann aber auch einfach improvisiert werden, oder die Kinder führen verabredete Motive aus. Auch Vormachen (1. Pausentakt) und Nachmachen (2. Pausentakt) bietet sich an.
- Der zweite Teil (B) ist fließend lebendig, man kann dazu frei im Raum laufen, in einer Kette gefaßt ... Der Teil kommt mit einem Ritardando gleichsam zum Stehen, bevor der erste Teil erneut beginnt.

Verlauf des Hörbeispiels: (A)(B)(A)(B)(A)(B)

Hat man zunächst frei im Raum getanzt, kann man später überlegen und verabreden: Bleibt man im Kreis zusammen? Bildet man während des (A)-Teiles zwei Reihen gegenüber? Geht ein Solist in die Mitte? Löst man im (B)-Teil die Formation auf und kommt am Ende wieder zur Ausgangsstellung?

Die Musik kann in diesem Sinne auch dazu benutzt werden, eine gemeinsame, teilweise oder ganz verabredete (evtl. fixierte) Tanzform zu gestalten.

Musik zum Mitmachen

Musik: Rudolf Nykrin
© B. Schott's Söhne, Mainz

c) Klanggesten in den Tänzen und in der Musik anderer Menschen

7. Die Bilder im Kinderbuch, und wie sie klingen

Die Bilder (Kinderbuch S. 22f.) sollen deutlich machen, daß das Spiel mit Klanggesten, mit seinen Übergängen zum Tanz, eine Erscheinung ist, die man in vielen Ländern der Welt antreffen kann.

Die folgenden *Informationen für den Lehrer* wird dieser in geeigneter Form an die Kinder weitergeben:

Kinderbuch S. 22: Ein Kind, ein Jugendlicher, wie wir sie kennen: Was ist zu sehen? In welcher Stimmung ist das Kind, der Jugendliche? Wo mögen die Bilder entstanden sein?

Kinderbuch S. 22: Das Foto zeigt einen Lehrer, der jüngeren Kindern etwas vom Tanzen beibringt, wie sie es für gewöhnlich bei ihren Familien, ihrem Stamm nicht mehr lernen können. Das Bild ist in Australien entstanden, wo die Aborigines (Ureinwohner Australiens) heute bestrebt sind, ihre kulturelle Identität wiederzufinden und zu festigen.

Kinderbuch S. 23: Auf diesem Bild aus dem Leben eines Stammes in der Sahara sieht man, daß keiner nur zuschaut: daß jeder den Rhythmus mitmacht, mit Zwischenrufen anfeuert oder wenigstens im Metrum dazuklatscht. Auch die ganz Kleinen sind dabei und lernen, auch ohne „Lehrer", den Rhythmus zu fühlen.

Dazugehöriges Hörbeispiel: „Adaawee" (HB 22)

Kinderbuch S. 23: Der Flamenco ist Ausdruck der spanischen Zigeuner (Zentrum ist Granada, Andalusien). Der Gesang ist von entscheidender Bedeutung, die Begleitung untergeordnet: Klatschen („palmas") im Rhythmus, Gitarre, dazu auch Fingerschnipsen oder Kastagnetten. Im Tanz findet man Stampfrhythmen („Zapateado"), die die Männer mit Stiefeln, Frauen mit hochhackigen Schuhen, wechselweise mit der ganzen Sohle, mit dem Fußballen oder dem Absatz (Ferse) ausführen. Der Flamenco ist Lebensausdruck des Volksstammes der Zigeuner, ausdrucksstark und kunstvoll.

Erstes dazugehöriges Hörbeispiel: „Rumba Saratonga" (HB 23)

Zweites Hörbeispiel „Cote Cour" (HB 24): Das Stück führt den Steptanz vor, den die Kinder vielleicht aus dem Fernsehen kennen. Sie werden „mitmachen" wollen und sollten – natürlich ohne Steptanzschuhe – eben mit den Füßen hörbar zur Musik tanzen. – Vielleicht improvisiert der Lehrer danach für ihr Tanzen zusätzlich Musik?

Kinderbuch S. 23: Ein ungarischer Tänzer zeigt einen „Punkttanz", d.h. er vollführt äußert kunstvoll „auf der Stelle" Sprünge, Drehungen etc. Mit Händen (Klatschen und Patschen) und Stiefeln (Stampfen) wird rhythmisch begleitet oder gleichsam eigenständig musiziert.

„Zuahipascher" heißt ein in alpenländischen Gegenden, aber auch in anderen Kulturen bis heute beliebtes und geübtes „Klatschen mit Nachschlägen". Es wird als Zwischenspiel bei Tänzen, aber auch, vom Tanzen unabhängig, als eine gesellige Form rhythmischen Spiels ausgeführt. Ein „Chor" (größere Gruppe) klatscht die Zählzeiten, eine kleinere Gruppe (oder ein Solist) übernimmt das Nachschlagen.

Dazugehöriges Hörbeispiel: „Zuahipasch'n" (HB 25): Der aus Salzburg stammende Zuahipascher läßt rhythmische Vielfalt, formale Klarheit und die wechselnden Klangfarben des Klatschens deutlich werden.

Den ersten Teil des „Zuahipascher" können die Kinder selbst lernen:

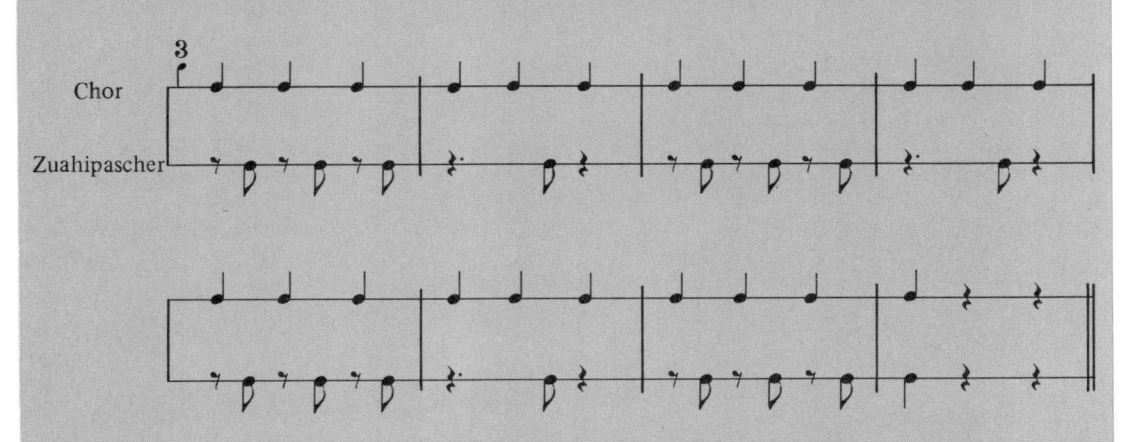

Band I von „Musik für Kinder" (Orff-Schulwerk) führt im Kapitel „Rhythmisch-melodische Übung" viele attraktive Beispiele für die Arbeit mit Klanggesten an, die die Kinder lernen und sogar aufführen können.

Foto: Fettinger, Bad Goisern, aus: Volksmusik in Österreich,
© Österreichischer Bundesverlag, Wien 1984

„Schmackel bunz" – Spiel mit Bausteinen (Rhythmus) — 6. Thema

Das Thema zielt auf die Erarbeitung kurzer, sinnhafter rhythmischer Gestalten (rhythmische Bausteine), die auch in der traditionellen Notation erkannt bzw. in die Notation übersetzt werden sollen.

Überlegungen zum Thema

Die Spiele und Übungen gründen auf rhythmischen (metrischen, taktgebundenen) Erfahrungen, wie sie in allen vorangegangenen Themen möglich sind. Dabei sind die Kinder auch schon Elementen der Rhythmussprache („ta", „sa") als vokal klingendem Spielmaterial begegnet.

Die Handtrommel steht als Instrument in Mittelpunkt der rhythmischen Arbeit (zum Umgang mit Trommeln vgl. S. 31ff., 47). Die vorgeschlagenen Spiele regen einen vielseitigen Gebrauch der Trommel an: Die Kinder können sich „freitrommeln", ebenso aber auch bestimmte Spielweisen kennenlernen. Sie werden angeregt, genau hinzuhören und rhythmische Gestalten aufzufassen.

Nach Möglichkeit sollte jedes Kind zum Spiel eine Handtrommel haben. Der Bau eigener Trommelinstrumente, gemeinsam mit Kindern und Eltern, ist möglich und sinnvoll (vgl. M 11, S. 254ff.). Im Bereich der rhythmischen Übungen und Spiele können die Trommelinstrumente teilweise durch Klanggesten sowie durch Schlagstäbe (Claves), Holzblocktrommeln etc. ersetzt werden.

Bei allen beschriebenen Spielen – besonders auch jenen in Verbindung mit Notenzeichen – ist sorgfältig auf die Leistungsfähigkeit der Kinder zu achten. Richtig sind Lernschritte, die es allen Kindern ermöglichen, im Rahmen spielerischer Übung Sicherheit zu gewinnen, wobei unterfordernde Aufgaben auf viele Kinder eher demotivierend wirken als Lernanreize, deren Bewältigung die Kinder herausfordert.

Die Kinder sollen die Notenzeichen, die sie im Unterricht kennenlernen, im Zusammenhang mit rhythmischen Bausteinen selbst schreiben. Sie sollen die aufgeschriebenen Motive dann aber immer wieder in der Rhythmussprache sprechen, auf der Handtrommel spielen, klatschen usw.

Die Aufforderung „*Spiel* mit ..." im Titel von „Thema" und Materialteil sollte im übrigen wörtlich genommen werden: Daß die Kinder mit rhythmischen Bausteinen und Gestalten oft und gerne spielerisch umgehen, hat den Vorrang vor kognitiver Arbeit.

Material / Vorbereitungen

Trommeln (nach Möglichkeit Handtrommeln)
Schlägel (am besten mit Filzkopf) in genügender Zahl
diverse Notenkärtchen
Kinderbücher, Schreibzeug
evtl. Scheren, Briefklammern

> *Entwicklung des Themas*
>
> a) Spiele zum Beginnen:
> 1. „Trommelt mit mir!" (Erkunden von Klangmöglichkeiten und einfachen Spieltechniken).
> 2. „Wer ist der Boss?"
> 3. „Trommelt mir nach!" (Auffassen differenzierterer Motive und Spieltechniken).
> 4. „Bäumchen wechsel dich!" (als Trommelspiel).
>
> b) Szenen mit rhythmischen Bausteinen – Notation:
> 5. „Auf dem Flachdach..." und andere rhythmisch geprägte Kinderverse.
> 6. Die „Rhythmus-Uhr".
> 7. „Schmackel schmackel bunz".
> 8. Die Sache mit den Kartoffelstempeln.

a) Spiele zum Beginnen

1. „Trommelt mit mir!"
(Erkunden von Klangmöglichkeiten und einfachen Spieltechniken)

„Sind alle Trommeln gut gespannt?"

(Auch die Kinder sollen lernen, ihre Instrumente fachgerecht zu behandeln.) Ist die Antwort berechtigterweise „ja", kann es losgehen:

„Trommelt mit mir!"

Laut und leise – forte und piano: Der Lehrer spielt unterschiedlich lange Trommelwirbel, die Kinder versuchen, mit ihm gemeinsam zu spielen, d.h. insbesondere auch mit ihm anzufangen und aufzuhören.

Auch Kinder übernehmen die Rolle des „Spielleiters".

Lauter und leiser werden – crescendo und decrescendo – Pause(n): Das Spiel wird wiederholt – wir achten aber darauf, daß es jetzt dabei wenigstens einmal sehr leise wird. Die sich kontinuierlich verändernden Spielbewegungen des Lehrers (größer und kleiner werdende Armbewegungen; Spiel mit mehreren oder nur einem Finger) führen das Spiel der Kinder. Diese sollen jetzt auch darauf achten, wann der Lehrer eine Pause machen will.

Auch hier wechselt die Rolle des Spielleiters.

Wo die Trommel klingen kann: Gemeinsam werden neue Klang- und Anschlagsmöglichkeiten erkundet, die das ganze Instrument umfassen und verschiedene Spielmöglichkeiten deutlich machen sollen:
– in der Fellmitte,
– am Trommelrahmen,
– Wischen, Kratzen, Klopfen mit den Fingerknöcheln, leises Trommeln mit den Fingern ...

Nun übernimmt der Lehrer wieder die Spielleitung:

„Trommelt mit mir!"

Im neu aufgenommenen Imitationsspiel werden nicht nur die neu gefundenen Spiel- und Klangmöglichkeiten der Trommeln eingesetzt. Der Lehrer geht auch bald dazu über, verschiedene Spielweisen miteinander zu verketten, wobei die Kinder ihm auch hier direkt folgen sollen. Die verschiedenen Spielweisen sollen möglichst fließend ineinander übergehen!

Die Rolle des Vortrommlers wechselt zu einem Kind.

„Wer ist der Boss"? 2.

Das möglichst unmerkliche Wechseln von einer Spielweise in eine andere brauchen die Kinder, wenn sie das neue Spiel gut spielen wollen: Ein Anführer (der „Boss") leitet das Trommeln, alle anderen beobachten ihn unauffällig und folgen möglichst ebenso unauffällig den Veränderungen seines Spiels.

Zunächst ist der Lehrer „Boss": Was er spielt, machen alle sogleich mit: Jeder muß aufpassen und versuchen, ihm mit seinem Spiel unmittelbar zu folgen.

Dann das Spiel selbst: Während ein Kind für einen Augenblick den Raum verläßt, wird ein „Boss" im Kinderkreis benannt. Wenn das Kind wieder hereinkommt, soll es herausfinden, wer der „Boss" ist. Kann das Kind den richtigen Spieler benennen, darf es sagen, wer als nächstes vor die Tür gehen soll.

„Trommelt mir nach!" (Auffassen differenzierterer Motive und Spieltechniken) 3.

Zielten die ersten Spiele darauf, bei allen Kindern Mut zum Mitmachen einfacher Spielweisen zu wecken, geht es jetzt stärker darum, ihre Beobachtungs- und Erinnerungsfähigkeit zu schärfen.

Der Lehrer spielt einzelne Motive vor. Sie sollen entweder rhythmisch herausfordern oder besondere Spielweisen auf den Trommeln vorstellen. Die Kinder passen auf und imitieren erst im Anschluß. Wichtig ist, daß die Motive einfach und für die Kinder überschaubar bleiben.

Ist das Interesse der Kinder an abwechslungsreich gestalteten Trommelmotiven geweckt, kann auch ein Kind vortrommeln. Der Vortrommler soll aber nur solche Beispiele geben, die er selbst wiederholen kann.

„Bäumchen wechsel dich" (als Trommelspiel) 4.

Die Kinder gehen frei im Raum und begleiten sich (leise) improvisierend auf einer Handtrommel (Trommel in einer Hand hängend halten, mit der anderen Hand Rand und Fell zugleich anschlagen).

Nach einiger Zeit gibt der Lehrer ein geeignetes Metrum im Gehtempo der Kinder auf seiner Trommel vor. Die Kinder sollen es in ihren Geh- und Spielbewegungen aufnehmen. (Die Kinder trommeln also weiter improvisierend, versuchen aber dabei, im gemeinsamen Tempo zu gehen.)

In das Gehen und Trommeln hinein stellt der Lehrer die Aufgabe, auf der Trommel mitzuspielen und mitzusprechen:

Bäum - chen wech - sel dich!

Nach einiger Übung verteilen sich die Kinder als „Bäumchen" stehend im Raum. Ein Kind beginnt, geht von seinem Platz und spielt dabei wiederholend das Motiv. So bewegt es sich zum Platz eines anderen Kindes, das dann als nächstes seinen Platz verläßt.

Variationen des Spiels:

— Immer dann, wenn der Lehrer das „Wechsel-dich"-Motiv spielt, wechseln *alle* Kinder ihre Plätze – möglichst im Grundtempo gehend und das Trommelmotiv spielend. In diesem Fall sollen die Plätze der Kinder im Raum markiert sein, z.B. durch Reifen.
— Andere rhythmische Motive werden einbezogen.

b) Szenen mit rhythmischen Bausteinen – Notation

5. „Auf dem Flachdach ..." und andere rhythmisch geprägte Kinderverse

Viele Kinderverse sind aus einfachen rhythmischen Bausteinen gebaut. Hier setzt der Unterricht an.

Zunächst lernen wir einen solchen Vers (metrisch-rhythmisch, in flüssigem Tempo gesprochen):

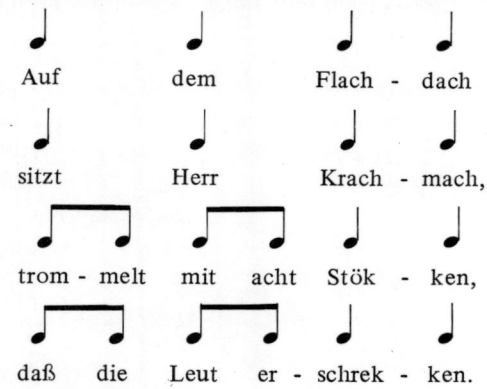

♩	♩	♩	♩
Auf	dem	Flach -	dach
sitzt	Herr	Krach -	mach,
trom - melt	mit acht	Stök -	ken,
daß die	Leut er -	schrek -	ken.

Nortrud Boge-Erli
© bei der Autorin

„So ein Vers hat einen bestimmten Rhythmus. Was Rhythmus ist? Das, was man an einem Vers, an einer Melodie, klatschen oder trommeln kann!"

– Wir sprechen den Vers und klatschen mit.
– Wir sprechen und klatschen reihum – jedes Kind eine „Zeile".
– Wir klatschen nur noch und sprechen den Text in Gedanken mit.
– Wir klatschen unterschiedlich, z.B. laut oder leise / reihum / jeder nur eine Verszeile...
– Jetzt mit Trommeln ...

Nun versuchen wir den Rhythmus aufzuschreiben:

– Zuerst schreiben wir einem anderen Kind auf den Rücken: Wir tupfen nur eine „Zeile" – entweder „Auf dem Flachdach" oder „trommelt mit acht Stöcken" oder ... Welche Zeile wurde getupft?
– An die Tafel werden vier Kästchen gezeichnet. Wer malt den Rhythmus der Textzeilen mit Punkten in die Kästchen? Auf 4 Kinder aufteilen! Die anderen Kinder sprechen dazu.

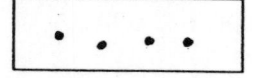

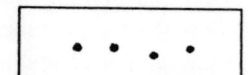

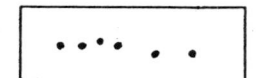

• • • •	• • • •	•••• •	•••• • •

„Sind alle Kästchen gleich?"

Der Lehrer hat vier Karten in genügender Größe vorbereitet, auf denen die Versabschnitte mit traditionellen Notenzeichen aufgeschrieben sind:

♩♩♩♩	♩♩♩♩	♫♩♩	♫♩♩

Die Kinder ordnen sie den Punktzeichnungen zu (evtl. unter dem entsprechenden Kästchen an der Tafel befestigen). Sie sprechen den Vers, während ein Kind auf den Notenköpfen mitzeigt.

„Wir können diese Rhythmen auch anders sprechen – in der Rhythmussprache:

  ta ta ta ta
  ta ta ta ta
  tate tate ta ta
  tate tate ta ta"

Nun wird der Vers in der Rhythmussprache geübt und nach den Notenzeichen auch getrommelt. Anregungen:
- zeilenweise abwechselnd sprechen und trommeln,
- gruppenweise abwechselnd sprechen und trommeln,
- solo – tutti spielen,
- die Lautstärke gestalten.

„Das klingt, wie wenn einer Bausteine zusammengestellt hat – gleiche und verschiedene. Was wir spielen, sind ganz besondere Bausteine: ‚rhythmische Bausteine'."

Wir schreiben Noten zum Vers: Im Kinderbuch (S. 24) ist der Text und jeweils ein rhythmischer Baustein aufgeschrieben. Die Kinder ergänzen die Notenzeichen in den leeren Kästchen, wodurch die wiederholende Form des Liedes deutlich wird.

In ähnlicher Weise wird noch ein anderer Text (Kinderbuch S. 25) behandelt:

Risch, rasch, rusch,
tip, tap, tusch,
tippel, tappel, taus,
du bist draus.
Christine Perchermeier
© B. Schott's Söhne, Mainz

Wir lernen den Vers, indem wir ihn mehrmals zum Auszählen benutzen und z.B. mit folgendem Spiel verknüpfen: Das Kind, das ausgezählt wird, darf eines der anderen Kinder fangen. Wer erwischt wird, „erstarrt zu Stein". Um dieses Kind bildet sich ein neuer Kreis, das Kind ist „erlöst" und darf als nächstes auszählen.

Auch den neuen Vers können wir:
- klatschen (patschen, stampfen),
- auf den Trommeln spielen,
- auf Rücken und Tafel schreiben (s.o.).

Wenn der Lehrer diesmal den Notationen der Kinder die Kärtchen mit traditionellen Notationszeichen gegenüberstellt ...

... sehen die Kinder das neue Zeichen:

„In der Rhythmussprache können wir mit ta oder tate nur sprechen, was klingt. Bei der Stelle mit dem neuen Zeichen klingt nichts, dort ist eine *Pause*. Hier flüstern wir: s(a). Wir können dabei sogar einen Finger an den Mund legen."

Im Kinderbuch wird auch die Notation dieses Verses von den Kindern vervollständigt.

> Auf S. 24/25 des Kinderbuches finden sich vier gepunktete Leerzeilen. Die Kinder sollen (evtl. zuhause) andere ihnen bekannte Abzählreime aufschreiben. Werden auch diese Verse im Unterricht gemeinsam gestaltet, ergeben sich verschiedenartige Möglichkeiten der Vertiefung.

Die „Rhythmus-Uhr" 6.

Die seltsame Uhr auf S. 26 des Kinderbuches zeigt keine Ziffern, sondern Notenzeichen an. Das Bild der Uhr wird von den Kindern, mit Hilfe des Lehrers, auf die Tafel übertragen (man kann eine vergrößerte Uhr auch aus Pappe, Filz o.ä. herstellen).

Gemeinsam bringt man die „Zeit" der Rhythmusuhr mit der Rhythmussprache zum Klingen, überlegt und übt, zunächst jedes Motiv für sich, bei „12 Uhr" beginnend.

„Sind Rhythmuszeilen aus unseren Versen dabei?"

Auch die Rhythmusuhr hat einen zweiten Zeiger: An der Tafel benutzt der Lehrer zwei Schlägel, um etwa „3 Uhr", „6 Uhr" usw. anzuzeigen. Die Kinder spielen die beiden angezeigten Bausteine im Wechsel – solange der Lehrer die „Uhrzeit" nicht anders einstellt. Begonnen wird mit dem Motiv, auf das der große Zeiger deutet.

„Wie füllen wir die leeren Kästchen?"

Für Zuhause: Im Kinderbuch (S. 26) können die Kinder zwei Zeiger ausschneiden und sie mit Hilfe einer Briefklammer in der Mitte ihrer Uhr drehbar befestigen.

7. „Schmackel bunz" (Kinderbuch S. 28/29)

Der Lehrer spricht das Gedicht – in der im Kinderbuch notierten rhythmisierten Form. – Wie reagieren die Kinder?

Wer von ihnen kann einen *Teil* des Gedichtes nach dem ersten Hören wiederholen?

Können die Kinder selbst mit „schmackel" und mit „bunz" eigene lustige Gedichtzeilen erfinden? Wenn ja, werden die entstehenden Zeilen gleich gemeinsam gesprochen, und wir finden Bewegungen dazu:

„Was paßt zu ‚Schmackel', was zu ‚Bunz'?"

Später, mit Noten ...

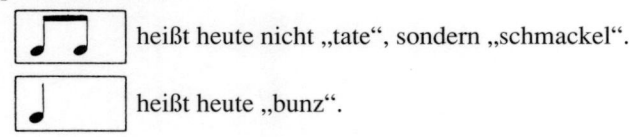

♫ heißt heute nicht „tate", sondern „schmackel".

♩ heißt heute „bunz".

Mit vielen „schmackel"- und „bunz"-Kärtchen können wir lustige Reihen legen, z.B.

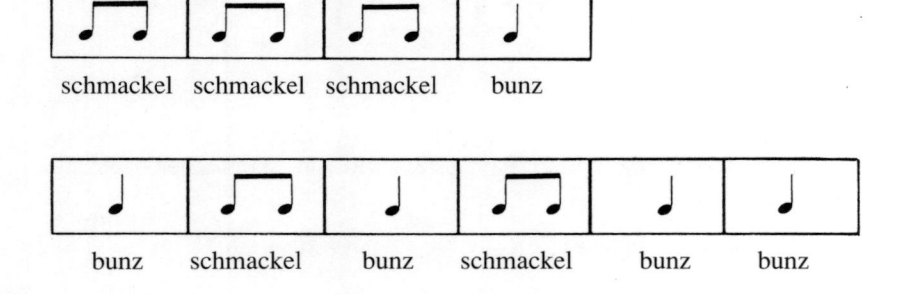

| schmackel | schmackel | schmackel | bunz |

| bunz | schmackel | bunz | schmackel | bunz | bunz |

H i n w e i s : Im Kinderbuch (S. 31–32) sind solche Kärtchen zum Ausschneiden vorgezeichnet, zwei davon sind nach Belieben selbst zu beschriften. Der Lehrer kann außerdem selbst Notenkärtchen in genügender Anzahl vorbereitet haben oder mit den Kindern im Unterricht herstellen.

Sind genügend eigene Rhythmuszeilen entstanden, schauen wir das „Schmackel schmackel bunz"-Gedicht im Kinderbuch an. Wir versuchen, es zu lesen, dann rhythmisch zu sprechen, zu musizieren (Gestaltungsmöglichkeiten s. oben, Punkt 5) und auch in der Bewegung zu spielen: Vielleicht können „Schmackel" und „Bunz", als ein Pärchen zweier Figuren, lustige Dinge tun? Mit Regenschirm und Stock spazieren? Gerade aus dem Bierzelt kommen? Auf einem Seil tanzen?

Lustig ist es auch, wenn der Lehrer den Text rhythmisch spricht, die Kinder dazu marschieren, bei jeder Pause aber anhalten.

Wir üben Teile und am Ende das ganze Gedicht.

> Wenn wir ganz sicher sind, unterlegen wir das Gedicht mit einem Ostinato wie
>
> schmackel schmackel schmackel bunz

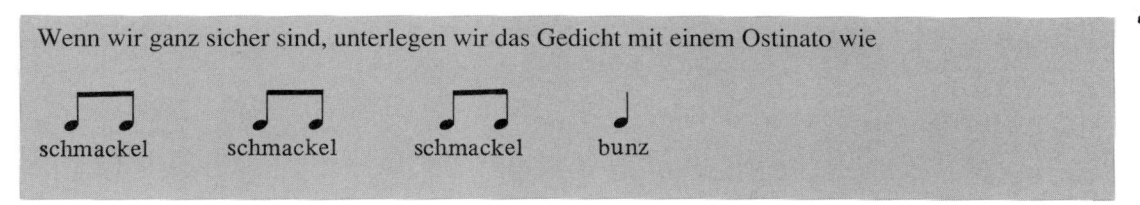

Die Sache mit den Kartoffelstempeln 8.

„Ich bin ein SCHMACKEL!", „Ich bin ein BUNZ!" sagen die beiden Kartoffeln im Kinderbuch.

Im Unterricht oder zu Hause können die Kinder eigene Kartoffelstempel machen. Das Gedicht kann damit in der freigelassenen Spalte im Kinderbuch visuell gestaltet werden. (Man kann auch auf einer größeren Papierbahn stempeln.)

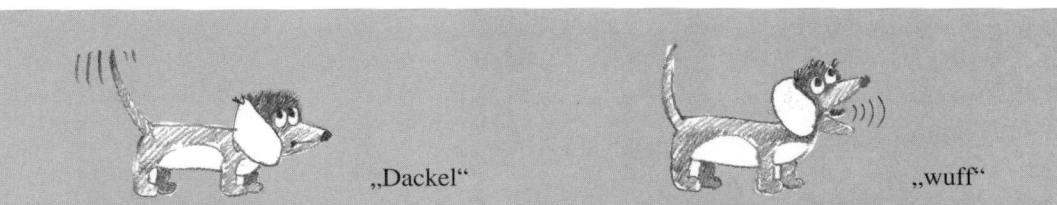

> „Dackel"   „wuff"
>
> Kinder spielen gerne mit Wörtern und Buchstaben im Sinne konkreter Poesie. Vielleicht wird die Anregung im Kinderbuch S. 30 aufgegriffen? Neue experimentelle Gedichte können entstehen.
>
> Fallen den Kindern noch andere lustige Wortpaare ein (z.B. „klingel-poch" oder „pommes frites")?
>
> Mit den neugewonnenen Kenntnissen können die im Kinderbuch an früherer Stelle (z.B. S. 4) notierten rhythmischen Bausteine noch einmal betrachtet und jetzt besser verstanden werden. Die Spielsituationen von früher darf man bei dieser Gelegenheit natürlich wiederholen!

Stimme und Sprache und ihr Ausdruck

7. Thema

Mit Stimme und Sprache kann man Musik machen: klanghaft und sinnhaft, albern oder vernünftig, allein und gemeinsam.

Überlegungen zum Thema

Die „Entwicklung des Themas" zeigt am Beispiel eines Nonsensverses die abwechslungsreichen Möglichkeiten stimmlich-sprachlicher Gestaltung auf. Der Unterricht schließt damit insbesondere an jene Vorerfahrungen der Kinder an, die mit Thema 6 erschlossen werden konnten: Ein rhythmisch geprägter Text wird klanglich variiert gestaltet, wobei diesmal in der Darstellung aber die „Musiklehre" *nicht* zum Gegenstand wird. (Es bleibt dem Lehrer freigestellt, das „bewußtmachende" rhythmische Lernen mit Elementen des vorliegenden „Themas" und insbesondere des anschließenden Materialteils fortzusetzen.)

Der schöpferische und ausdrucksvolle Umgang mit dem ausgewählten Gedicht wird in jeder Kindergruppe unterschiedlich spontan und intensiv geschehen. Das Vorbild des Lehrers muß den Kindern entscheidende Impulse geben. Aber auch seine *Zurückhaltung* und *Geduld* können mitbestimmend sein für die Initiative und den Mut der Kinder beim Einbringen eigener Spiel- und Gestaltungsideen.

Die an den Beginn der Themenentwicklung gestellten Spiele sind nicht allein „Muntermacher", sondern sollen insbesondere illustrieren, wie man die Kinder auf ihren eigenen Atem aufmerksam machen kann, der die Basis für das Sprechen und Singen bildet. Daß ein bewußtes Wahrnehmen des eigenen Atems in einer ganz konzentrierten, möglicherweise sogar „meditativen" Stimmung gleich beim ersten Mal gelingen kann, darf man nicht erwarten. Übungen zu diesem Arbeitsbereich werden den Kindern erst durch Wiederholung vertraut, und je regelmäßiger man sie mit Kindern durchführt, desto empfänglicher werden sie dafür.

Die Erschließung von Szenen der „Zauberflöte" setzt in der „Themenentwicklung" mit dem bekannten Duett zwischen Papageno und Papagena und der Arie des Papageno ein. Der Zugang zur Oper wird also nicht werkchronologisch, sondern erlebnispsychologisch gesucht. Der Lehrer kann sich damit begnügen, diese Stücke den Kindern nahezubringen oder mit Hilfe der Anregungen im Materialteil (M 11.24–11.26) die Beschäftigung mit der Oper zu einem ausführlicheren Projekt ausweiten.

Material / Vorbereitungen

- eine „neutrale" Maske (Basteltip S. 168)
- Kärtchen mit den Wörtern des Gedichtes („Anege hanege ..."), evtl. auch in mehrfacher Anzahl (Arbeitsblatt S. 265)
- einige Instrumente (z.B. Congas oder Bongos, Becken ...)
- Kinderbücher
- Hörbeispiele – Ausschnitte aus „Die Zauberflöte":
  HB 27 Duett Papageno – Papagena
  HB 28 Arie des Papageno: „Der Vogelfänger bin ich ja"

> *Entwicklung des Themas*
>
> a) Vor-Spiele mit Atem und Stimme:
>
> 1. „Außer Atem kommen".
> 2. „Wieder zu Atem kommen".
> 3. Der „Schnabel wird gewetzt".
>
> b) Gestaltung eines Gedichtes:
> 4. Die Stimme hinter der Maske.
> 5. „Wörtersalat".
> 6. Den Klang der Sprache ändern.
> 7. Neue Gedichte entstehen.
>
> c) Sprache und Musik in einer Opernszene:
> 8. „Pa-pa-pa-pa ..."

a) Vor-Spiele mit Atem und Stimme

1. „Außer Atem kommen"

Der Lehrer beginnt mit einem kurzen lustigen Auszählvers, z.B.

> Ribbeldi-rubbeldi-ram
> du bist dran.

Mit dem Vers wird der Fänger für ein Fangenspiel ausgezählt:
– Der Fänger versucht die anderen Kinder zu fangen, wobei ihn der Lehrer mit schnellem Trommelwirbelspiel begleitet.
– Wird ein Kind vom Fänger berührt, „versteinert" es (die Berührung wird vom Lehrer mit einem Beckenschlag unterstrichen).
– Die „versteinerten" Kinder können von den anderen wieder befreit werden, durch „Abschlagen", oder lustiger: indem z.B. ein „freies" Kind durch die gegrätschten Beine eines „versteinerten" Kindes kriecht.
– „Letzte Runde!" – Wenn der Lehrer das ruft, dürfen „versteinerte" Kinder nicht mehr erlöst werden. So kommt das Spiel zu einem Ende.

Bei weiteren Spielrunden gibt es Erschwernisse (die Regeln für das „Erlösen" werden sinnvoll modifiziert):
– Alle – auch der Fänger – rutschen auf Bauch oder Rücken über den Boden.
– Alle hopsen beidbeinig durch den Raum – nicht mit Laufschritten zwischendurch mogeln!
– Alle krabbeln im Vierfüßlergang!

Vor jedem neuen Spieldurchgang denken wir uns einen neuen Auszählvers aus – vor allem dann, wenn sich kein freiwilliger Fänger meldet.

Am Ende dieser Fangenspiele sind alle ganz schön „außer Atem" gekommen.

2. „Wieder zu Atem kommen"

Die Kinder legen sich auf den Rücken. Jedes hat seinen eigenen Platz, keines berührt ein anderes Kind. Sie legen die Hände locker auf den Bauch und beobachten, wie der Atem ihre Bauchdecke hebt und senkt. Der Lehrer geht von Kind zu Kind, beobachtet mit jedem einzelnen die Bewegung des Atems, der Bauchdecke, und spricht immer wieder ruhig zu allen Kindern.

Nach einer Weile, wenn sich der Atem der Kinder beruhigt hat, recken und strecken sie sich kräftig, gähnen, stöhnen dabei. Dann rollen sie sich klein zusammen und „wachsen anschließend langsam in die Höhe", bis zum Stehen.

Ein Spiel um einen imaginären „Luftball" kann sich direkt anschließen. (Es akzentuiert bewußt das Ausatmen, doch ergibt sich, wenn man es mehrmals hintereinander in ruhigem Fluß spielt, auch ein Impuls für das kräftige Einatmen, das jedoch nie bewußtgemacht wird.)

Das Spiel wird den Kindern direkt übermittelt. Der Lehrer macht vor, die Kinder schließen sich gleich an, und nach einigen Durchgängen beteiligen sich alle in einem ruhigen, fließenden Spielrhythmus:
– Der „Ball" (in der Größe eines Wasserballes vorstellbar) ruht zunächst in Bauchhöhe in den geöffneten Händen. Die Hände heben ihn langsam bis zur Brusthöhe.
– Abwärts drücken unsere Hände den Ball von oben nach unten, und dabei atmen wir kräftig aus: „Pfhhhhh!" (Wir stellen uns vor, wir müßten den Ball „unter Wasser drücken". Das geht langsam, und man braucht ordentlich Kraft.)
– Nachdem wir den Ball langsam „unter Wasser" gedrückt haben, lassen wir ihn los, und – schwupp – schnellt er an die Oberfläche, was ein rasches „Schnappatmen" zur Folge hat.

Der „Schnabel wird gewetzt" 3.

Der Lehrer setzt sich mit den Kindern im Kreis zusammen und spricht ausdrucksvoll:

Die Bären brummen,
die Bienen summen,

die Katzen miauen,
es krächzen die Pfauen.

Die Mäuse pfeifen,
die Affen keifen,

die Löwen brüllen,
es wiehern die Füllen.

Die Tauben gurren,
die Hunde knurren,

die Störche klappern,
die Kinder plappern.

Und ginge das nicht in einem fort,
kämen die Fische auch zu Wort.

Josef Guggenmos
© beim Autor

Die Kinder haben nach jeder Zeile die Möglichkeit, die Tierlaute zu imitieren. – Was hört man am Schluß?

b) Gestaltung eines Gedichtes
Die Stimme hinter der Maske 4.

Der Lehrer zeigt den Kindern eine vorbereitete Maske, die ausdruckslos (neutral) sein soll (Basteltip vgl. S. 168).

„Diese Maske ist nicht fröhlich und nicht traurig, nicht böse und nicht frech – sie ist ‚neutral'. Sie verrät uns überhaupt nicht, wie sich der Mensch dahinter fühlt. Aber an der Stimme, die hinter der Maske spricht, können wir es erkennen ..."

Der Lehrer erklärt, daß er, hinter der Maske verborgen, ein Gedicht sprechen wird, und daß die Kinder heraushören sollen, *wie* er sich dabei fühlt.

„Also, die Ohren auf! Horcht, ob ich beim Sprechen fröhlich oder traurig bin, gelangweilt oder neugierig ..."

Der Lehrer gestaltet den Text nach eigenem Empfinden (und kann dabei ggf. den Textrhythmus sinnvoll abändern):

(geheimnisvoll, flüstern)

A - ne-ge ha - ne-ge se - re-ge si - ri-ge ri - per-ti pi - per-ti knoll.

(ernst, streng)

A - ne - ge ha - ne - ge se - re - ge si - ri - ge ri - per - ti pi - per - ti knoll.

(heiter, gut gelaunt)

A - ne-ge ha - ne-ge se - re-ge si - ri-ge ri - per-ti pi - per-ti knoll.

Nach jedem Textvortrag wird beraten: War das nun fröhlich, traurig, böse, frech, geheimnisvoll ...?

Im Unterricht oder zu Hause können die Kinder den drei leeren Masken auf S. 34 des Kinderbuches einen je verschiedenen Ausdruck geben und sich damit dem Gedanken der Ausdrucksdifferenzierung weiter annähern.

5. „Wörtersalat"

An welche Wörter können sich die Kinder nach dem Vorstellen des Gedichtes erinnern?

„Jetzt wollen wir es aber genau wissen!"

Der Lehrer läßt die Kinder Kärtchen ziehen, auf denen die einzelnen Wörter des Gedichtes stehen (Arbeitsblatt S. 265).

Einzelne Kinder lesen ein Wort vor. (Die Kinder sollen sich beim Lesen gegenseitig helfen. Leseanfänger artikulieren Silbe für Silbe zumeist sehr gewissenhaft und prägen sich so die Wörter gut ein.)

Dem Lesen schließen sich gestaltete Sprechversuche an.

„Anege, anege – Aaaanege, aaaanege", etc.

Man probiert und variiert die Wörter zunächst einzeln: leise, lauter, verhalten, rufend ... – bis man spürt, daß das Wort für die Gruppe jetzt ausgeschöpft ist.

„Und was hast Du gefunden? Aha: ‚piperti'! ..."

Wenn alle Wörter kennengelernt wurden, legen die Kinder das ganze Gedicht auf. Dies kann in Kleingruppenarbeit geschehen, wofür die sieben Wörter des Gedichtes *mehrfach* vorhanden sein müssen.

Nach solchen gemeinsamen Spracherkundungen können auch die Kinder das Spiel mit dem Text und der Maske versuchen. (Manchen Kindern ist die Maske etwas unheimlich, aber einige Mutige gibt es in jeder Gruppe.)

anege	hanege
serege	sirige
riperti	piperti
knoll	

6. Den Klang der Sprache ändern

Die Zeilen des Gedichtes kann man auch gegensätzlich sprechen:
- *weich / hart* (Welche Wörter passen jeweils dazu? Ist die erste Zeile „weich", die zweite „hart"?),
- *leise / laut,*
- *dunkel / hell.*

Zwei Sprechgruppen können gebildet werden.

> Wenn alles sehr gut geklappt hat, können die Kinder den Spruch auch als zweistimmigen Kanon üben (Einsatz der Stimme nach der ersten Zeile).
>
> Körpersprache: Das Gedicht wird mit lautlosen Mundbewegungen, doch deutlicher Gestik und Mimik gesprochen, z.B.
> - beschwörend, als „Zauberspruch",
> - streng, mit erhobenem Zeigefinger, als „Gesetz",
> - als „Wiegenlied".
>
> Man kann sich weitere Spielsituationen einfallen lassen, ein Ratespiel damit verbinden und kleine Geschichten dazu erfinden.
>
> Den Text singen: Jedes Kind macht sein eigenes Lied daraus – oder man komponiert gemeinsam *ein* Lied. (Auch Instrumente können einbezogen werden.)

Hinweise:

- Unbedingt verhindern sollte man dabei, daß Kinder sich die Ohren zuhalten! Statt dessen: den Kindern schmackhaft machen, daß es spannend ist, zu hören, was alles gleichzeitig gesprochen wird.
- Der Lehrer muß beobachten, für welche Stimme es schwieriger ist, in Tempo, Metrum und Rhythmus zu bleiben. Diese Gruppe kann vom Lehrer unterstützt werden oder eine geeignete Hilfestellung erhalten. Solche Hilfestellungen können z.B. rhythmische Bewegungen zum Sprechen sein.

Beispiel (zwei Gruppen stehen sich in der Reihe gegenüber):

(1) A - ne-ge ha - ne-ge se - re-ge si - ri-ge

(2) Ri - per - ti pi - per - ti knoll.

(1) „Weichsprecher" (an den Händen gefaßt und mit jedem Takt hin- und herschwingend)
(2) „Hartsprecher" (Hände eingestützt, den Wortrhythmus mitstampfend)

7. Neue Gedichte entstehen

Im Rahmen der Spiele mit den Wortkärtchen kann die Reihenfolge der Wörter geändert werden. Dann entstehen neue Textzeilen, die man – sofern sie Gefallen finden – einzeln oder gemeinsam, mit oder ohne Maske, sprechen kann.

Im Kinderbuch (S. 35) ist Platz, um eine der gefundenen Varianten – oder aber ein ganz neues Gedicht, ein „Zaubergedicht", aufzuschreiben. Der Lehrer mag überlegen, ob das Erfinden und Aufschreiben nicht auch im Elternhaus seinen Platz haben kann.

c) Sprache und Musik in einer Opernszene

„Pa-pa-pa-pa ..."   8.

> „Wenn sich zwei Menschen ganz lange nicht gesehen haben, oder wenn sich zwei treffen, die sich auf den ersten Blick besonders gern haben, dann können sie zuerst ein mal ganz verwirrt sein. Und wenn sie zu reden anfangen, kann es sein, daß sie nicht einmal den Namen des anderen herausbringen, sondern stotternd immer wieder neu anfangen müssen. So geht es auch zwei Menschen – sie heißen Papageno und Papagena – in einer Oper von Wolfgang Amadeus Mozart, als sie sich zum ersten Mal begegnen."

Solche Worte können auf die Situation vorbereiten, die das Aufeinandertreffen von Papageno und Papagena im Finale der „Zauberflöte" von W.A. Mozart kennzeichnet. Der Lehrer kann in diesem Sinne fortfahren und die Kinder ermuntern, ihm jedes der folgenden Motive nachzusprechen:

„Dann sagen die beiden zum Beispiel:

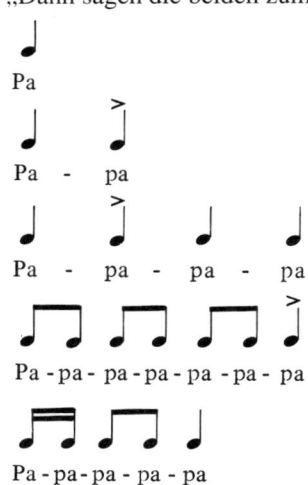

Pa

Pa - pa

Pa - pa - pa - pa

Pa - pa - pa - pa - pa - pa - pa

Pa - pa - pa - pa - pa

Dann sagt der Mann zu der Frau

Pa - pa - pa - pa - pa - pa - ge - na!

und Papagena sagt zu dem Mann:

Pa - pa - pa - pa - pa - pa - ge - no!

Ob die beiden sich auch noch etwas anderes sagen?"

Wenn die Kinder die Szene aus Mozarts Oper hören (HB 27), werden sie sich zuerst an dem lustigen Sprach- und Sing-Spiel freuen. Dann sollen sie aber auch versuchen, die gestellte Frage genauer zu beantworten, denn Papageno und Papagena entwickeln dort ja weitreichende Absichten.

H i n w e i s : Weil der Text in der Oper nicht immer genau verstanden wird und nicht immer ein Klavierauszug zur Hand ist, hier die weiteren Textpassagen des Hörbeispiels:

Papageno: Bist du mir nun ganz ergeben?
Papagena: Nun bin ich dir ganz ergeben.
Papageno: Nun, so sei mein liebes Weibchen!
Papagena: Nun, so sei mein Herzenstäubchen ...
beide: Welche Freude wird das sein, wenn die Götter uns bedenken, unsrer Liebe Kinder schenken, so liebe kleine Kinderlein (...)
beide: Es ist das höchste der Gefühle, wenn viele (Papagenos, Papagenas usw.) der Eltern Sorge werden sein ...

Im Kinderbuch ist auf S. 36 / 37 die Szene abgebildet. Auch die Noten des gesungenen Dialogs finden sich dort. Der Lehrer kann damit weiter vertiefen:

– Die Kinder sprechen den Beginn des Dialogs noch einmal und versuchen dabei die Noten auf dem Papier „mitzutupfen".
– Zum Hörbeispiel „lesen" sie die Noten mit.

Im Zusammenhang mit der Aufgabe, eigene Figuren im Kinderbuch zu zeichnen, kann der Lehrer den Kindern insbesondere die Figur des Papageno u.a. über das Lied „Der Vogelfänger bin ich ja" (HB 28) noch näherrücken.

Musik und Tanz, wie gehört das zusammen?
Fünf Erkundungen

8. Thema

Die überwiegende Zahl der Tänze, die man zu allen Zeiten, in allen Gegenden der Welt, getanzt hat und auch heute noch tanzt, sind von Musik begleitet. Diese kann nicht nur aus dem Lautsprecher kommen oder live gespielt werden, möglich ist auch, daß die Tänzer selbst zum Tanz ein Lied singen oder beim Tanzen klatschen. Vorzeiten bestand die „Tanzmusik" wohl nur aus den Schrittgeräuschen der Tänzer, ihren Rufen und Schreien, oder den Geräuschen, die ihr Körperschmuck aus Arm- und Beinringen, aus Ketten und Anhängseln beim Laufen und Stampfen, Springen und Federn erzeugt hat.

Überlegungen zum Thema

Wir wollen verschiedene Ursprünge und Zusammenhänge von Musik und Tanz erkunden. Die Themenentwicklung enthält dazu wie gewohnt konkret beschriebene Unterrichtsvorschläge, die in diesem Fall jedoch die Form von *fünf „Erkundungen" haben, die für sich selbständig sind und einen je eigenen Ansatz darstellen, das Verhältnis von Musik und Tanz näher zu erfahren.*

Der Lehrer kann einige der „Erkundungen" im Sinne eines kompakten thematischen Zusammenhanges in seiner Unterrichtsplanung reihen, aber auch immer wieder eine einzelne „Erkundung" zwischen die Erarbeitung anderer Themen stellen. Damit würde die Beschäftigung mit dem Zusammenhang von Musik und Tanz den Unterricht wiederkehrend begleiten.

Weitere Unterrichtsziele sind in Verbindungen zu finden, die sich wie von selbst einstellen, vor allem
– zum Selbstbau von Instrumenten (Basteln von Tanzschmuck),
– zur motivisch-rhythmischen Arbeit (Formung von Motiven in der Bewegung und in der Musik),
– zur Notation (Aufzeichnen von Bewegungs- und Musikverläufen),
– zum Musikhören (tänzerische Gestaltung einer vorgegebenen Musik),
– zum Instrumentalspiel (Bewegungsbegleitung).

Material / Vorbereitungen

Vgl. die untenstehenden Beschreibungen.

> *Entwicklung des Themas*
>
> a) Fünf Erkundungen.
>   1. Tanzen nach (Tanz-)Musik.
>   2. Wie Tanzschmuck klingt.
>   3. Mit Instrumenten tanzen.
>   4. Bewegung und Klang trennen sich.
>   5. Tanzen nach der Musik eines Komponisten.
>
> b) Ein Instrument „mit eigenem Tanz". Anregung zum Bau eines „Summschmetterlings".

a) Fünf Erkundungen

1. Tanzen nach (Tanz-)Musik

Rhythmische Musik löst in vielen Kindern den Wunsch nach Bewegung aus. Man kann dem Raum geben und mit den Kindern spontan zu Musik tanzen, z.B. am Stundenanfang, wobei der Lehrer – dem Charakter der jeweils ausgewählten Musik entsprechend – Impulse geben muß:

> „Heute habe ich eine ganz alte Tanzmusik ausgesucht (eine Tanzmusik von weit her etc.) – Musik, die man bei uns nur selten hören kann. Auch wenn die Musik schon vor Jahrhunderten erdacht wurde (von fremden Völkern, aus anderen Ländern stammt) – versucht einmal, dazu zu tanzen."

Auch als Mittanzender kann der Lehrer Impulse geben – er sollte freilich das Verhalten der Kinder nicht zu stark dominieren. Vor allem beobachtet er die Kinder aufmerksam. Welche besonderen Einfälle sind zu sehen, die er bei Wiederholungen der Tanzmusik aufgreifen und als Gestaltungsimpuls allen Kindern geben kann?

Die Musikauswahl soll vielfältig sein: in einer Stunde z.B. ein im „sound" den Kindern vertrautes „Popstück" (z.B. HB 32 „Popcorn"), beim nächsten Mal ein afrikanisches Percussionsstück (z.B. HB 33 „Le serpent"), oder eine Tanzmusik aus der Renaissancezeit (z.B. HB 34 „Miller's Jig"), einen Walzer (z.B. HB 35 „Wiener Gemüths-Walzer"), Tanzmusik aus dem Computer (z.B. HB 36 „Fleeting-Funk"). Es ist ein interessantes Experiment, auszuprobieren, auf welche Weise die Kinder auf eine bestimmte Musik reagieren.

Das Tanzen zu einzelnen Musikstücken sollte man wiederholen. (Jedesmal „etwas Neues zu bringen", darum geht es nicht.) Haben die Kinder zwei oder drei Beispiele auf diese Weise näher kennengelernt (noch ohne sie oder das Tanzen schon reflektiert zu haben), bringt der Lehrer das Erlebnis von Musik und Tanz zur Sprache.

– Er wiederholt dazu alle bisherigen Musikbeispiele und spricht mit den Kindern darüber, zu welcher Musik sie besonders gut tanzen konnten.
– Man erzählt sich, schaut einander zu, animiert sich gegenseitig.
– Man tanzt zu zwei Beispielen imVergleich.

2. Wie Tanzschmuck klingt

Die Kinder haben vielleicht von zu Hause „klingenden Schmuck" mitgebracht (keine wertvollen Gegenstände, sondern z.B. einfachen Modeschmuck).

Oder der „klingende Schmuck" wird im Unterricht (evtl. mit Eltern) gebastelt (vgl. die Bilder im Kinderbuch, S. 38/39, sowie die Vorschläge im Materialteil).

Nun probieren wir aus, wie unsere Bewegung mit dem Schmuck „klingt". Keiner sollte dabei sprechen, damit alles Rascheln und Klirren, Scheppern und Reiben gut zu hören ist.

„Welche Bewegungen machen das beste Geräusch?"

Die Frage soll die Kinder darauf aufmerksam machen,
- daß man z.B. mit Schellenbändern an den Füßen wie von selbst zu Stampfrhythmen kommt,
- Armketten oder -reifen die Schüttelbewegung der Hände herausfordern,
- eine Kappe mit Glöckchen oder Streifen aus Metallfolie zum Kreisen, Schleudern und Schütteln des Kopfes anregt.

Nach dem Ausprobieren und Bewußtmachen darf jedes Kind, das gerne möchte, seinen „Schmucktanz" vortanzen.

„Nicht nur laute und wilde Bewegungen, sondern auch ein Tanz mit leisen, öfter wiederholten Bewegungen gefällt Zuschauern."

„Die Zuschauer können zwischendurch auch die Augen schließen und nur auf die Musik des Tanzes lauschen."

Gestaltung in Gruppen: Wenn die Klangfarben deutlich unterscheidbar geworden sind, können Gruppen, die an den Füßen Ketten, Schellenbänder o.ä. tragen, mit anderen abwechseln, die ihre Geräusche mehr mit Händen und Armen machen.

Jedes Kind kann einmal das Tanzen in seiner Gruppe anführen: Man tanzt in der Reihe oder im „Rudel", im Halbkreis oder Kreis, und es gibt einen „Vortänzer", dessen Bewegungen die „Mittänzer" abzunehmen versuchen.

Ein „Tanz-und-Musikstück" kann genauer ausgearbeitet werden. Der Lehrer hilft, die Einfälle der Kinder zeitlich und räumlich zu ordnen.

Mit Instrumenten tanzen 3.

Der Lehrer berichtet: Tanzende Menschen in vielen Ländern begleiten sich selbst mit Instrumenten zum Tanz: mit dem einfachsten Instrument, das wir haben, dem Körper (Fingerschnipsen, Klatschen, Stampfen), aber auch mit Schlaghölzern, Kastagnetten, Tanzstäben, einem Becken, einem Triangel, oder mit Reco Reco, Rasseln, Schellenbändern, oder auf der Blockflöte ...

Auch die Kinder können Musiker und Tänzer in einem sein und „Tanz-und-Musik-Stücke" gestalten.

Beide Hände bewegen sich gleich: Bei Schlaghölzern, Fingercymbeln, Kastagnetten und Rasseln haben beide Hände die gleiche Funktion. Schlaghölzer kann man überall spielen: über dem Kopf, vor dem Körper oder hinter dem Rücken, auf der rechten oder linken Seite ... Man kann dazu auch noch laufen, hüpfen, sich drehen, gegen die Instrumente eines Partners schlagen, sich niedersetzen und aufstehen – nur das Purzelbaumschlagen ist vielleicht ein wenig schwierig.

Aufgabenstellungen:
- Ausprobieren, *wo* man überall spielen kann und
- *wie* man spielen sollte, damit ein Rhythmus, der verabredet wurde, nicht stockt.
- In „Echo"-Übungen, „Papagei"- oder Frage-und-Antwort-Spielen die eigene Geschicklichkeit und Phantasie erproben und von anderen lernen.

Eine Hand hält das Instrument, die andere schlägt an: Das trifft auf das Spielen und Tanzen mit Becken, Triangel, Holzblocktrommel oder Handtrommel zu. Hier ist schon ein sorgsameres Umgehen geboten.
- Metallinstrumente dürfen nicht zu heftig angeschlagen werden, sonst klingen sie nicht gut – das Tanzen und die Spielbewegung müssen aufeinander abgestimmt werden. Auch paßt nicht jede Bewegung zum Klang dieser Instrumente!

– Wie kann man beim Tanzen die Handtrommel halten? (Möglichkeiten vgl.S. 31ff.; man sollte hier den Kindern möglichst nur Trommeln mit max. 25–30 cm Durchmesser geben, sonst sind sie zur Bewegung zu schwer und zu groß.)

Vieles wird ausprobiert – Spielregel ist vor allem, daß Musik und Tanz gleichzeitig stattfinden (vgl. die Fotos S. 290 f.).

Blasinstrumente: Bei einer Lotos- oder einer Blockflöte (sie kann einbezogen werden, auch wenn die Kinder erst wenige Töne spielen können), aber auch bei einem Kazoo muß man aufpassen, daß der Ton nicht unruhig wird. Die Bewegung darf hier überhaupt nicht wild sein. Am besten geht man zum Spiel zunächst einmal ruhig „spazieren". Dann versucht man aus dem Gehen heraus z.B. einen Seitanstellschritt, ein Vor-rück-Wiegen, einen Kreuzschritt oder eine sanfte Drehung. Am Ende kann man dann zu einer ruhigen Melodie mit einfachen Schritten und Richtungswechseln tanzen.

Vielleicht kommt noch ein Partner dazu, der eine rhythmische Begleitung spielt?

Duos für Flöte und Trommel: Ein Flöten- und ein Trommelkind* erfinden ein gemeinsames Stück. Sie wechseln sich ab – der „Flöter" spielt, während der „Trommler" tanzt und umgekehrt –, oder sie spielen und tanzen beide zur selben Zeit. Sie müssen sehr gut aufeinander hören und miteinander üben.

Tanzen um (große) Schlaginstrumente: Congas, Bongos, Pauken, große Trommel, vielleicht auch Becken auf Ständern, Tempelblocks oder ein Gong stehen verteilt im Raum. – Anregungen zum Musizieren und Tanzen:
– Einige Kinder spielen auf den Instrumenten, die anderen tanzen um die Instrumente bzw. in den Gassen oder dem freien Raum zwischen den Instrumenten. Nach einiger Zeit nähert sich ein tanzendes Kind einem Instrumentalisten, die beiden wechseln ihre Rollen. Das Schlagzeugkind wird zum Tänzer.
– Die Kinder gehen in den freien Räumen zwischen den Instrumenten zum Grundschlag (der Lehrer kann diesen z.B. im Spiel auf der großen Trommel „halten") und versuchen – ohne große Pausen – einen Instrumentalisten abzulösen.
– Der Lehrer animiert auf der Flöte oder einem anderen Melodieinstrument zum Tanzen, so daß die Kinder abwechselnd zum Hüpfen, Laufen, Trippeln ... angeregt sind. Die Kinder an den Instrumenten begleiten ihn frei.
– Haben die Kinder genug Erfahrung, können Ostinati geschichtet werden. Zwei oder drei einfache Rhythmen werden am Instrument und in der Bewegung geübt.

Beispiel:

- Zum schnellen Spiel der Rasseln   ♫♫♫♫♫♫   paßt schnelles Trippeln, auch gedreht, Schütteln der Arme ...

- Zum Rhythmus der Handtrommeln   ♪♪ ♪♪ ♪♪ ♪♪   paßt ein Wechselschritt in verschiedene Richtungen.

- Zum Rhythmus der großen Trommel oder des Beckens   ♩ ♩ ♩ ♩   passen große, schwere, aber auch schleichende Schritte und große Armbewegungen, ausgelöst durch einen Klatscher.

Wie zuvor werden die Rollen getauscht. Dabei sollen die Rhythmen der Instrumente beibehalten werden. (Ein Kind hört dem Spieler, den es ablösen will, zu, bis es sein Spiel verstanden hat und löst ihn dann ab.)

---

* Es gibt einen alten Spruch:
  Ich bin der Geigelmann, du bist der Tanzer.
  Ich bin ein halber Narr, du bist ein ganzer.
  Bei uns heißt es: „Ich bin der Trommelmann ..."

Am Anfang dieser „Big Band"-Spiele muß der Lehrer einerseits für den Zusammenhalt, andererseits für etwas „pep" sorgen – am besten ist, wenn er selbst mitspielt und entweder den Grundschlag stützt oder durch eine melodische Improvisation zum Tanzen stimuliert.

Bewegung und Klang trennen sich   4.

Becken – Rasseln – Holzblocktrommeln: Der Lehrer hat drei kontrastierende Instrumententypen ausgewählt und so aufgestellt, daß er bequem darauf spielen kann.

   „Bewegt euch so, wie meine Instrumente klingen."

Als Einstiegsspiel, auch zur Erwärmung und Lockerung, tanzen die Kinder frei zur Improvisation des Lehrers. Sie soll jedes Instrument in einem typischen Motiv zu Gehör bringen, das später auch von den Kindern realisiert werden kann:

– z.B. ein sich wiederholender Rhythmus auf Holzblocktrommeln,

– der von wenigen Beckenklängen unterbrochen wird,

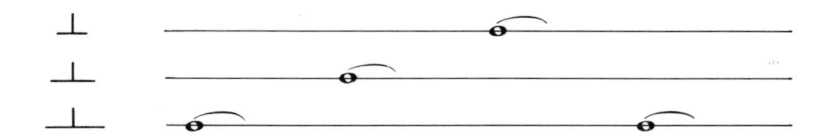

– dem wieder die Holzblocktrommel-Rhythmen folgen,
– an die diesmal ein Rassel-Crescendo und -Decrescendo anschließt ...

Weil die Kinder bei der Bewegung zur Musik des Lehrers einigermaßen außer Atem gekommen sind (der Lehrer kann dies durch ein Accelerando noch beeinflussen), treffen sich alle zum Ausruhen in einem großen Kreis, legen sich auf den Rücken und schließen die Augen. Nach einer kurzen Ruhephase spielt der Lehrer jedes Instrument noch einmal an. Die Kinder sollen sich auf die wechselnden Klangfarben konzentrieren und jedes Instrument, das sie hören, benennen.

   „Wer kann jetzt zeigen – nicht sagen! – wie das Becken (die Holzblocktrommel, die Rassel) klingt?"

Tanzschritte, andere Körperbewegungen und Gesten bieten sich an, wenn die Kinder ihr Erlebnis der unterschiedlichen Klänge – „ohne ein einziges Wort zu benutzen"– darzustellen versuchen.

Tänzerische Motive finden: Die Darstellungen der Kinder werden im weiteren als tänzerisches Grundmaterial der Stunde benützt, dabei weiterentwickelt und differenziert. Nach vielen Erfahrungen mit Kindern sind folgende Interpretationsansätze wahrscheinlich, die im Unterricht gemeinsam zu ausgeformteren Gestaltungen entwickelt werden:

(1) Holzblocktrommel:

Vieles wird ausprobiert – allein, zu zweit, zu dritt ...

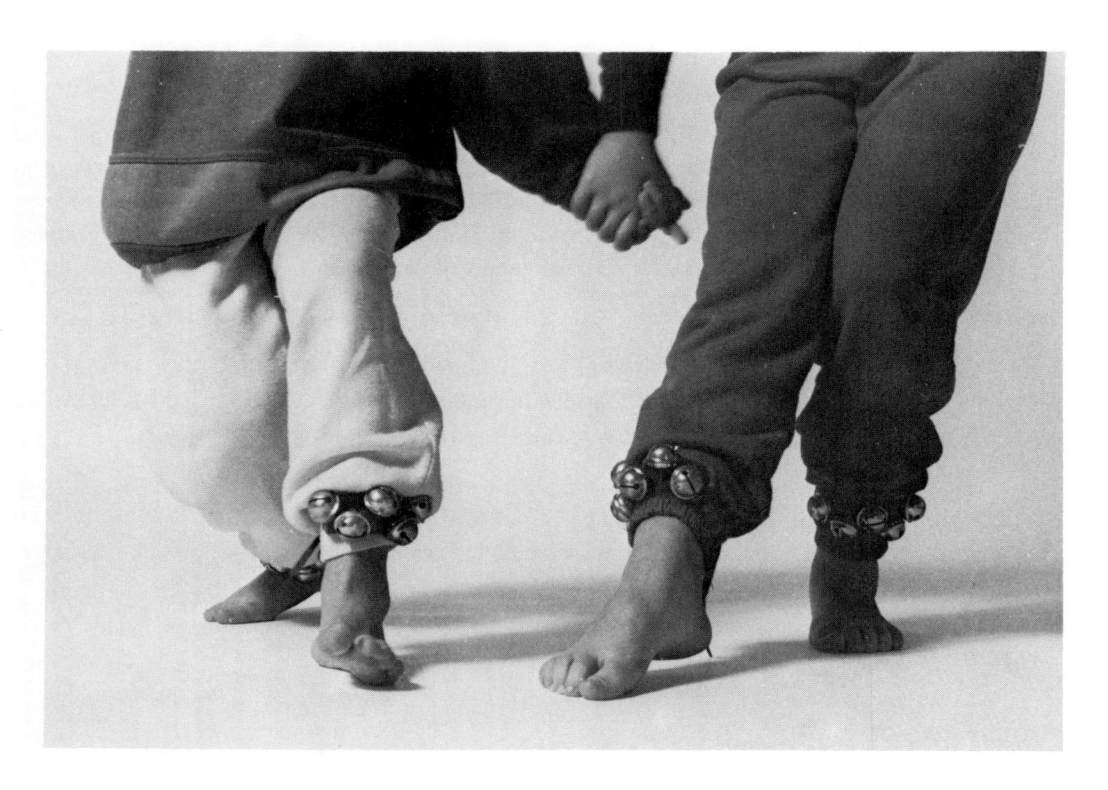

Spielregel ist vor allem, daß Musik und Tanz gleichzeitig stattfinden!

Fotos: Herbert Huber, Salzburg

Auf vereinzelte Klänge, auch auf kurze Ostinatomotive, reagieren Kinder oft mit abgehackten, plötzlichen Arm- und Kopfbewegungen, etwas „roboterhaft"; ebenso mit scharfen, kleinen Schritten.

Mögliches Gestaltungsergebnis: Einzelne Arm- und Kopfbewegungen werden kurz, plötzlich, abrupt ausgeführt und durch kleine Pausen voneinander getrennt.

(2) Beckenklänge:

Solche Klänge lösen oft große, „geführte" Armgesten, auch Bewegungen mit Rumpf, Kopf und Armen am Platz aus, oder eine Armgeste, die mit einigen Schritten in den Raum hinein vergrößert wird.

Mögliches Gestaltungsergebnis: Aus der Hocke beginnend, wird mit beiden Armen im Aufstehen ein großer Kreis beschrieben. Mit dem Verklingen des Beckenklanges wird die Bewegung wieder zurückgeführt, die Arme senken sich langsam, ihre Kreisbewegung wird in der Hocke beendet.

(3) Rasselklänge:

Oft sieht man hier „Trippelschritte", die manchmal mit Drehungen oder einem „schüttelnden Heben" der Arme verbunden sind.

Mögliches Gestaltungsergebnis: Man findet zu kleinen, auf den Ballen getrippelten Schritten, mit vielen Kurven und Drehungen (auch um andere Kinder herum). Erlaubt es die Koordinationsfähigkeit der Kinder, schütteln sie dabei die Hände hoch über dem Kopf, in Schulterhöhe oder nach unten hängend.

Am Ende sollen in der Gruppe drei unterschiedliche Bewegungsmotive vorhanden sein, die je nach Klangintensität energisch und weiträumig, oder zart und verhalten, ausgeführt werden können.

Die Anwendung und Übung dieses „Materials" in wechselnden Gruppen (zu dritt, in Kleingruppen, alle zusammen) und auf unterschiedlichen Raumwegen kann gut mit dem folgenden Unterrichtsschritt verbunden werden.

Bewegungsbegleitung: Während des Übens der drei Motive und ihrer dynamischen Varianten läßt sich der Lehrer allmählich an den Instrumenten ablösen: Ein Kind übernimmt das Spiel auf den Becken, eines die Holzblocktrommel, eines die Rasseln.

Zunächst spielen die Kinder die Motive des Lehrers, sie können dann auch eigene Varianten entwickeln. Stets gehört es jedoch zu ihrer Aufgabe, die tanzenden Kinder zu beobachten und zu deren Bewegungen zu spielen.

Tanzstück zu den Instrumentalmotiven: Das Ergebnis ist ein kleines Tanzstück, das von den Kindern mit oder ohne Hilfe des Lehrers aus den zuvor erarbeiteten Motiven gestaltet wird und z.B. folgenden Ablauf haben kann:

(A) Tutti – alle drei Gruppen   mit Motiv I
(B) Gruppe 2   mit Motiv II
(C) Gruppe 3   mit Motiv III
(A) Tutti – alle drei Gruppen   mit Motiv I

Tanzen nach der Musik eines Komponisten 5.

Viele kleine Instrumentalstücke eignen sich für solche Erkundungen. Kinder, die schon Instrumentalunterricht haben, erzählen gerne, was sie gerade spielen, und vielleicht kann man den Instrumentallehrer bitten, ein geeignetes Stück vorzubereiten. Die Auswahl ist groß, z.B. in
- Johann Sebastian Bach: „Notenbüchlein für Anna Magdalena Bach",
- Béla Bartók: „Musik für Kinder" oder „Mikrokosmos",
- Carl Orff: „Geigenübung" oder „Klavierübung",

aber auch Kinderstücke von Casella, Kabalewsky, Strawinsky u.a. bieten sich an.

Beispiel: Carl Orff, Klavier-Übung Nr.15

© B. Schott's Söhne, Mainz

Der Lehrer oder ein Kind spielen das kleine Stückchen mehrmals vor (für das Tanzen empfiehlt sich ein Tempo von ♩ 60-66). Was haben die Kinder aufgenommen? Im Gespräch werden die beiden Motive und ihre Wiederholungen (am Klavier mehrmals angespielt) herausgefunden, die Form des Stückes (Ⓐ – Ⓑ – Ⓐ') bewußt gemacht. – Doch muß dies nicht vorwiegend „theoretisch" erklärt werden: Am besten stellt man sich im Kreis auf (ohne Handfassung, so daß die Kinder sich nicht gegenseitig behindern). Zu Gehschritten wird „der erste Teil" (= die beiden ersten Zeilen) gespielt.

„Wenn die Musik etwas Neues macht, darf jeder etwas Eigenes erfinden."

Vermutlich werden einige Kinder drehen, andere trippeln oder laufen – es kommt nur darauf an, daß sie dem Achtelmotiv einen neuen Bewegungsausdruck geben.

„Wenn der erste Teil wiederkommt, gehen wir wieder im Kreis."

So entsteht eine erste einfache Tanzform. Sie hilft zugleich, den Aufbau des Stückes zu erfassen.

Auf Improvisationsimpulse des Lehrers hin werden gemeinsam viele Gestaltungsideen gesammelt. Der Lehrer klatscht z.B. verschiedene passende Rhythmen vor, zu denen die Kinder Schrittfolgen („Schrittmuster") erfinden:

Es können auch Gruppen gebildet werden, die aus einigen der vorher ausprobierten Ideen ihren eigenen Tanz machen. Zuletzt gibt es zwei oder drei Tänze – einander ähnlich oder auch verschieden. Beim Vorzeigen der Lösungen sollen die Kinder die Unterschiede benennen.

Da die Musik sehr kurz ist, kann man sie auch mehrmals hintereinander tanzen und dem (B)-Teil jeweils eine andere Form geben.

b) Ein Instrument „mit eigenem Tanz"

6. Anregung zum Bau eines „Summschmetterlings"

Der Bau eines Summschmetterlings findet sich im Kinderbuch auf S. 40/41 anschaulich beschrieben. Jedermann ist vom Klang des Instrumentchens überrascht! Ein Summschmetterling kann auch von den Kindern zu Hause, zusammen mit den Eltern, gebaut werden.

Sind genügend Summschmetterlinge vorhanden, kann das folgende Lied zum gemeinsamen Summen und Singen und Musizieren anstiften:

Lied der Summschmetterlinge

1. Ein kleiner Summschmetterling sitzt in seinem Haus, und weil ihm so fade ist,

sum-selt er hin-aus, ja, sum-selt er hin-aus.

2. Ein zweiter Summschmetterling
    hat den Freund gehört,
    nur, daß er alleine summt,
    das hat ihn gestört, ja, das hat ihn gestört.

3. Ein dritter Summschmetterling
    hört das Lied der zwei,
    schnell ist er herbeigesummt,
    und jetzt summen drei, ja, und jetzt summen drei.

4. Und viele Summschmetterlinge
    kommen noch dazu,
    ein vergnügtes Summkonzert
    machen sie im Nu, ja, machen sie im Nu.

5. Summen den ganzen Tag,
    bis sie müde sind,
    summen noch ganz leise,
    wenn die Nacht beginnt, ja, wenn die Nacht beginnt.

Text: Rudolf Nykrin/Musik: Ernst Wieblitz
© B. Schott's Söhne, Mainz

Das Lied kann mit verschiedenen Instrumenten, Stabspielen, nach Möglichkeit aber auch mit Streichinstrumenten (z.B. Streichpsaltern, sowie mit selbstgebauten Streichinstrumenten) begleitet werden (Bordun c-g).

Zwischen den Strophen summen natürlich die Summschmetterlinge im Raum herum.

Weitere Instrumente „mit eigenem Tanz" vgl. S. 401ff.

Liebe Eltern,

in der nächsten Stunde wollen wir gemeinsam „klingenden Schmuck" – Tanzschmuck – basteln. Auf S. 38/39 des Kinderbuches sind schon einige Möglichkeiten aufgezeichnet.

Dazu brauchen wir Material, z.B.:

– *Kugelschellen* aus dem Bastelladen

– *Gardinenringe* aus Holz oder Metall

– *Walnüsse* (schon halbiert)

– *Gürtelband* oder breites *Gummiband*

– dicke *Wolle*, um Kordeln zu drehen

– alte *Gürtel, Socken, Handschuhe*

– *Bambusstücke (Blumenstange*, bereits in ca. 15 cm lange Stücke zersägt)

– *Ketten, Armreifen* (Modeschmuck!)

– mittelstarke *Pappe*

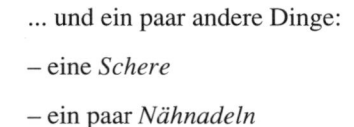

... und ein paar andere Dinge:

– eine *Schere*

– ein paar *Nähnadeln*

– festen *Zwirn*

– *Kontaktkleber*

– einen kleinen *Handbohrer*

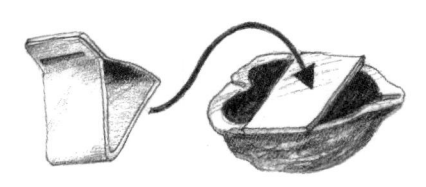

Wenn Sie in dieser Stunde gerne beim Unterricht dabeibleiben möchten, sind Sie herzlich dazu eingeladen. Kleine Hilfestellungen bei der Arbeit sind erwünscht.

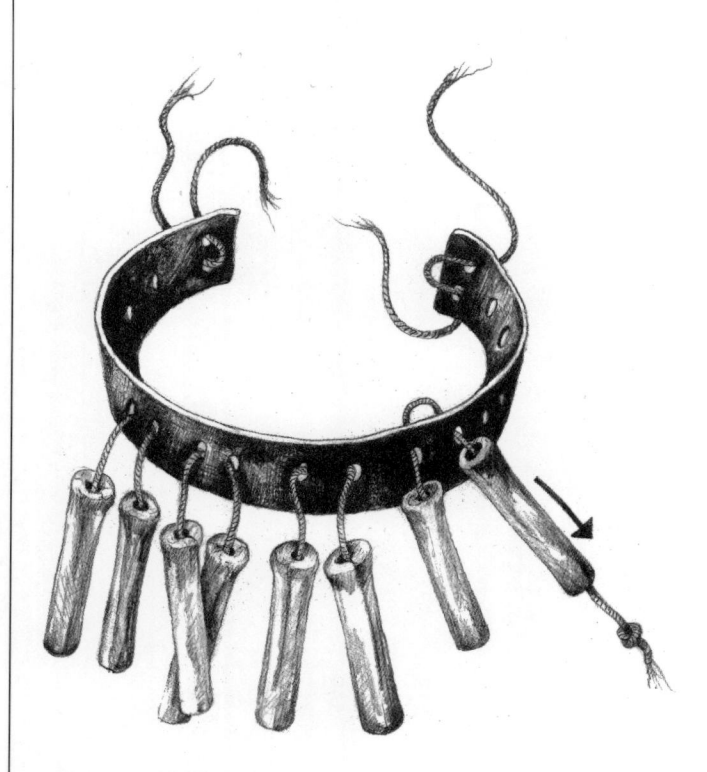

Elterninformationsblatt
© B. Schott's Söhne, Mainz

Tanzschmuck und Selbstbau-Instrumente zur Tanzbegleitung · M 13

Die folgenden Vorschläge zum Instrumentenbau sollten auch Lehrer umsetzen können, die noch wenig Erfahrungen mit diesem Bereich haben. Verwendet werden vorzugsweise Natur- oder sog. „Wegwerf"-Materialien, die kaum Kosten verursachen.

Die Anregungen sind nach *tänzerischen* Gesichtspunkten gegliedert, wenngleich die Einteilung auch anders möglich und sinnvoll wäre, z.B. „laut / leise", „lang / kurz klingend". Solche Einteilungen können aber Anregungen abgeben für das tanzende Musizieren mit den selbstgebauten Instrumenten.

a) Instrumente, die am Körper getragen werden und die Tänzer-Musiker zugleich „schmücken"

Tanzschmuck „am Kopf": An einer Kappe, Mütze, einem Stirnband befestigt man z.B. Kugelschellen, präparierte Pingpongbälle oder Metallfolienstreifen. — 13.1

Kugelschellen erhält man in Bastelgeschäften, billiger und oft klangschöner sowie in größeren Mengen über Bezugsadressen für Kindergarten- oder Schulbedarf.

Pingpongball präparieren: Mit der Spitze des Schenkels einer Nagelschere ein Loch in den Ball schaben – gerade so groß, um Füllmaterial (möglichst hart und klein: Schottersteinchen, Rollgerste o.ä.) einfüllen zu können. – Befestigung des Balles:
- Ein Stück Nylonstrumpf straff um den Ball ziehen, zusammenbinden und an die Kappe nähen.
- Oder den Ball mit einem zweiten Loch versehen, einen Faden von Loch (A) nach Loch (B) ziehen und dort verknoten (Dreifachknoten), den Faden wieder durch (B) zurückziehen. Der Faden, an dem der Pingpongball jetzt hängt, kann angenäht werden.

Tanzschmuck am Hals: An eine Schnur (Kordel) wird das klingende Material (Nüsse, Gardinenringe aus Holz oder Metall, Muscheln, dicke Filzstifthülsen ...) mit Fäden angebunden, angenäht oder eingeknotet. — 13.2

Kordel drehen: Schnur oder dicke Wolle, 5-6 m lang, wird doppelt genommen, am „runden" Ende fixiert (z.B. über eine Türklinke ziehen) und vom anderen (doppelten) Ende aus fest zusammengedreht. Hat die Drehung die ganze Länge erfaßt, hängt man in die Mitte der gedrehten Schnur einen schweren Gegenstand (z.B. Metallhaken; auch ein Helfer kann die Schnur niederhalten), nimmt beide Enden zusammen und läßt die Kordel „zusammenschnurren". Das offene Ende wird verknotet. Auf diese Weise erhält man eine 1-1,20 m lange Kordel.

Rasselnüsse: Zwei genau zusammenpassende Walnußhälften werden benötigt. Beim Öffnen der Nüsse (ohne Nußknacker!) müssen Sorgfalt und ein wenig Glück walten: In den stumpfen Teil der Nuß wird ein stabiles Messer gedrückt und die Nuß durch behutsames Hin- und Herdrehen entlang der „Naht" geöffnet. Die Nuß wird innen von den hölzernen „Stegen" befreit, die Ränder beider Schalenhälften werden mit Kontaktkleber bestrichen. Während des Antrocknens wird eine 10-12 cm lange Schnur an einem Ende um ein Stückchen Streichholz geknotet, wenig (hartes) Rasselmaterial in eine Nußhälfte gelegt, dann werden die Nußschalen fest zusammengedrückt.

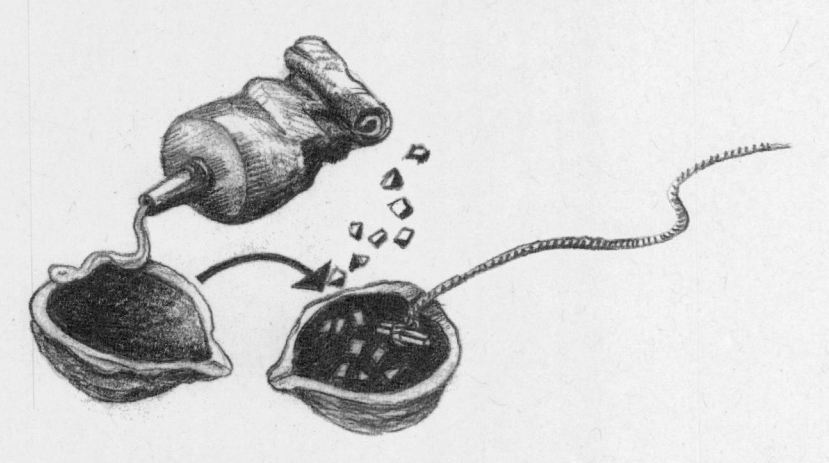

Muscheln werden an kleinen Löchern mit kräftigem Zwirn oder dünnem Nylonfaden aufgehängt: Muscheln auf einer Unterlage aus Zeitungspapier mit der Kuppe aufstützen und mit der Spitze des Schenkels einer alten Nagelschere oder einem feinen Drillbohrer vorsichtig durchbohren.

13.3 **Bänder für den Arm, für die Hand-, Knie- oder Fußgelenke:** Sie können aus breitem Gummiband zusammengenäht und mit Schellen, Muscheln, Blechknöpfen, großen Beilagscheiben, Pingpongbällen (s.o.) u.v.a. besetzt werden. Dabei muß man das Material dicht am Band oder mittels eines mehr oder weniger langen, festen Fadens (starker Zwirn, Schustergarn) annähen.

Zum Beispiel *„Tanz-Kniebänder"*: Von einem abgelegten Autoschlauch werden 3-4 cm breite Ringe abgetrennt und die Streifen so zugeschnitten, daß das Gummiband zu etwa Dreiviertel den Unterschenkel umschließt. An den Enden werden mit der Lochzange 1-2 Löcher angebracht und Bänder zum Befestigen hindurchgezogen. Auch für das Anbringen des klingenden Materials werden Löcher gestanzt.

b) Instrumente, die in der Hand gehalten werden

Stielrasseln: Am einfachsten ist es, Plastikflaschen unterschiedlicher Form zuerst für das spätere Anmalen aufzurauhen (schmirgeln) und dann Rasselmaterial einzufüllen (Linsen, Erbsen, auch kleine Nägel, Muschelbruch o.ä.). Der Hals wird mit einem Rundholz (Besenstiel, gerader Ast) in gewünschter Länge geschlossen: Für eine Stangenrassel kann der Stab 110-140 cm, für eine Keulenrassel 30-40 cm, für „Maracas" 15-25 cm lang sein. Der Stab wird in den Flaschenhals eingepaßt – am besten so, daß noch bunte Bast oder Wollfäden darumgewickelt und mit Klebestreifen (Tesakrepp, farbiges Isolierband o.ä.) befestigt werden können.

13.4

Glühbirnenrassel – Puppenrassel: Eine (durchgebrannte) Glühbirne wird mit dem Schraubsockel in ein passendes Stück Papprolle „eingeschraubt". (Man kann auch die Papprolle von Toilettenpapier aufschneiden, fest um den Sockel wickeln und mit Tesakrepp o.ä. rundum zukleben.) Zeitungsschnitzel (2-3fache Briefmarkengröße) werden mit dickflüssigem Papier- oder Tapetenkleister dünn eingestrichen und aufgelegt, wobei die Schnitzel stets etwas überlappen sollten. Die Oberfläche wird glatt gestrichen: Wo zuviel Kleister ist, muß dieser gut „ausgestrichen" werden. Insgesamt sollte man 8-10 Schichten auftragen, wobei immer auch die Verbindung von Birne und Papphöre mit überklebt werden muß! Nach der letzten Schicht können nach Wunsch eine Nase, ein Mund, Augen, Ohren, ein Hut aus feuchtem, geknülltem Zeitungspapier geformt, angesetzt und mit Hilfe von Papierschnitzeln und Kleister mit der Grundform verbunden werden (ca. 3x überkleben). Soll die Rassel bemalt werden, ist es günstig, als letzte Schicht Schnitzel von unbedrucktem, hellen Papier zu nehmen (weißes Seidenpapier, Blumenstrauß-Papier o. ä.).

13.5

Nun wird noch das Papprohr (Stiel) mit leimgeknülltem Zeitungspapier ausgestopft (unbedingt als Splitterschutz erforderlich). Die Rassel muß gut durchtrocknen (2-3 Tage). Erst dann schlägt man sie mit dem Gewinde mehrmals fest an die Tischkante, bis das Glas im Inneren zerspringt. Durch kräftiges Schütteln der Rassel werden die Splitter weiter verkleinert.

Man kann die Rassel anmalen. Fell- oder Wollhaare ergeben einen Bart oder Zotteln.

Schlaghölzer. – Vorschlag an die Kinder: „Sucht euch beim nächsten Waldspaziergang einen geraden, trockenen Ast, etwa so dick wie Vaters Daumen. Sägt zwei gleich lange Stücke – 10-20 cm lang – und entfernt die Zweigansätze. Wer ein Taschenmesser besitzt, kann in die Rinde – sofern diese nicht zu hart ist – schöne Muster schnitzen." Schon ist das Instrument fertig, das beim Tanzen Musik macht, indem man die Schlaghölzer locker gegeneinander schlägt.

13.6

Gegenschlagklapper: Von einer Fichtenleiste (1 cm dick, 3-8 cm breit) wird ein Stück (22-25 cm) als Mittelteil abgesägt. Ein Griff (8-10 cm lang) kann mit Taschenmesser und Feile eingearbeitet werden. Noch zwei kürzere Teile (10-12 cm) werden gesägt und an beiden Seiten der langen Leiste mit Schnüren, die durch 3 Löcher gezogen und fest verknotet werden, beweglich befestigt.

13.7

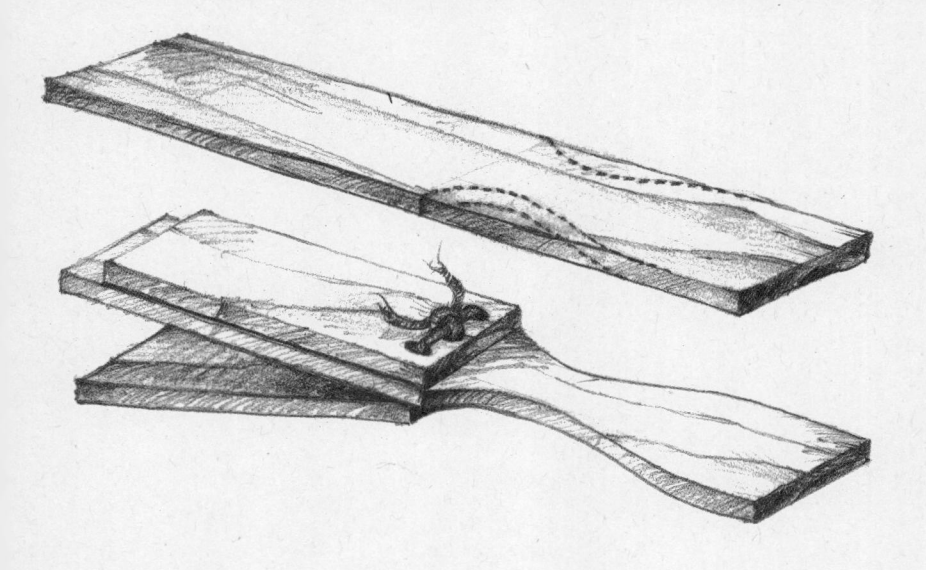

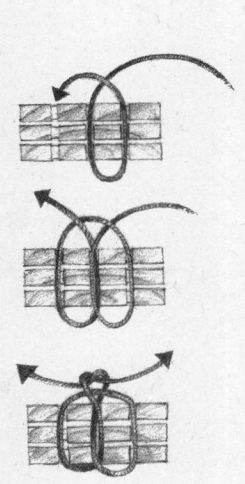

299

13.8 **Fingerkastagnetten:** Auf die unversehrten Ränder von zwei Walnußhäften (zum Spalten vgl. M 13.2) wird je ein Streifen fester Pappe mit Kontaktkleber so angeklebt, daß die Nuß an beiden Enden ein Stückchen offen bleibt (Zeichnung vgl. S. 296). In gleicher Breite werden aus der Pappe zwei etwa 10 cm lange Streifen geschnitten und zu zwei gleichseitigen Dreiecken gefaltet: eines für den Daumen, das andere für den Mittelfinger passend (Größe je nach Fingerdicke des Spielers). Die offenen Enden werden mit einem Bürohefter zusammengeklammert, die beiden „Haltestücke" mit Kleber auf den Pappriegel der Nußschale geklebt.

Gespielt wird mit dem Mittelfinger, gegen den Daumen. Wie bei echten Spanischen Kastagnetten hat am besten jede Hand ein Kastagnetten-Paar. Nun kann man musizieren und üben:

L = links, der „Mann", mit dunklerem Klang. Hier setzt man Akzente.
R = rechts, die „Frau", die alles andere „dazwischensagt".

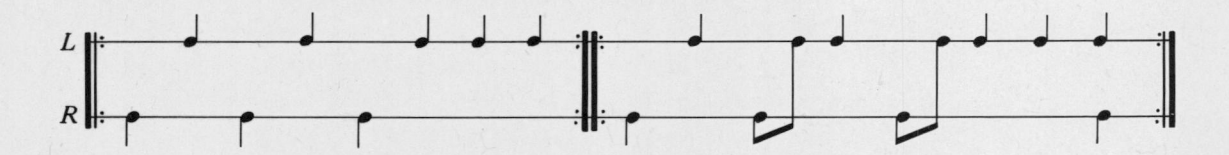

13.9 **Xylo-Reco:** Gebraucht werden: 1 Bambusstange, Ø ab 15 mm, ca. 180-200 cm lang / dicke Wolle oder andere Schnur zum Kordeldrehen / evtl. Perlen / Werkzeug: Feinsäge, Schere, evtl. Bohrer.

Den Bambus sägt man hier am besten direkt am Knoten durch – so hat jeder Abschnitt an beiden Seiten eine leichte Verdickung. (Ob die Trennwand offen oder geschlossen ist, ist unwichtig.) Etwa 10 bis 15 Bambusstücke werden gebraucht. Die Wolle wird recht fest zu einer Kordel gedreht (vgl. S. 297). Die Bambusstäbe werden, der Größe nach geordnet, in die aufgezwängte Kordel geschoben – so dicht, daß nur jeweils 1 oder 2 Kordelwindungen zwischen einem und dem nächsten Bambusabschnitt sind. Die Kordel soll so geführt werden, daß an einem Ende des Instrumentes sich eine Schlaufe bildet, am anderen soviel Kordel übersteht, daß man eine Halterung (s. Zeichnung) daraus knüpfen kann. Sind alle Bambusstücke beidseitig wie eine Leiter aufgereiht, sichert man sie gegen ein Herausrutschen, indem man mit Stücken von Schnur, Kordel oder dicker Wolle zwischen zwei benachbarten Bambusabschnitten einen festen Knoten über die Kordelwicklung legt.

Zum Spielen wird das Instrument umgehängt, entweder um den Hals (so wird es in Portugal getragen) oder, mit Hilfe eines Gürtels, um die Hüfte. Eine Hand faßt das (breitere) Ende, die „Spielhand" ratscht mit einem losen Bambusstück hinauf und hinunter.

Varianten:
– Mit einem Bohrer beidseitig in jeweils gleichem Abstand von den beiden Enden der Bambusstäbe Löcher bohren, die Schnur durchziehen, evtl. kleine Perlen dazwischen auffädeln.
– Anstelle von Bambus trockenes, gerades Astholz (z.B. Hasel), einen Besenstiel o.ä. verwenden.

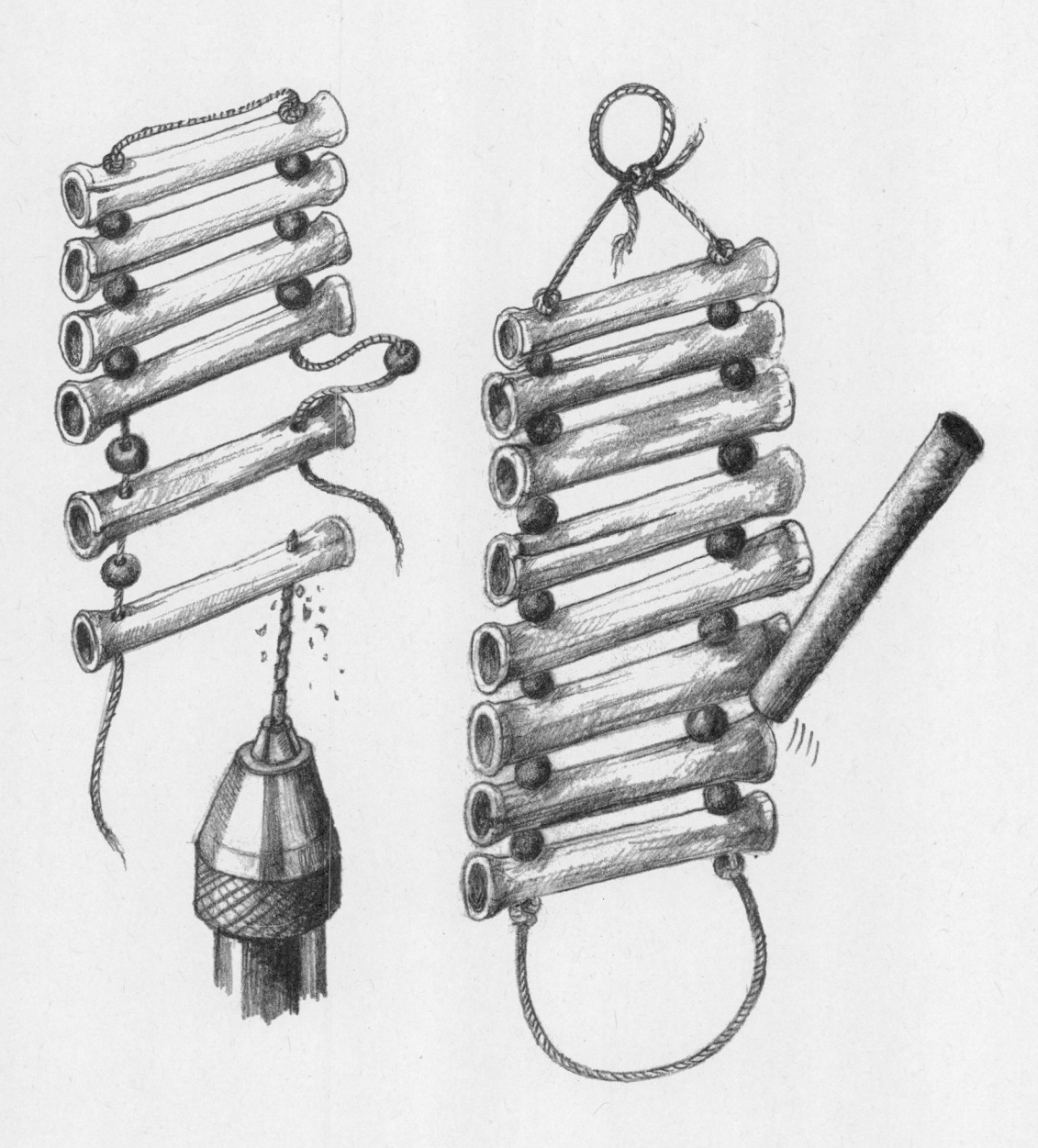

301

„Jeder spielt, so gut er kann!" – Spiel mit Bausteinen (Melodie)

9. Thema

Das Thema will den Kindern das bewußte Hören, Singen und Spielen in überschaubaren Tonräumen erschließen, wobei die „kleine Tonleiter" (Dur-Pentachord) und eine halbtonlose pentatonische Fünftonreihe (= do, re, mi, so, la) als exemplarische Beispiele für die Reihung von Tönen zu Skalen in den Mittelpunkt des Spielens und Lernens treten.

Überlegungen zum Thema

Ausgehend von Spielen mit Klangbausteinen, die die Ordnung einer Reihe von Tönen sinnfällig machen, übertragen die Kinder diese Ordnung auf Stabspiele. Nachdenken und Wiedererkennen, Singen, Spielen, Improvisieren und Notieren wechseln sich ab.

H i n w e i s e :
- Den Spielen und Übungen sollen auch Erfahrungen mit formgebundenen Abläufen vorausgegangen sein, wie sie in verschiedenen Themen ermöglicht werden. Die Kinder sollten schon die Dimension der Tonhöhe bewußt erkennen und entsprechende Notationserfahrungen haben. Dann kann der Themen- und Liedtitel „Jeder spielt, so gut er kann!" in seiner ambivalenten Aussage bedeutsam werden: Einerseits muß jedes Kind das Gefühl haben können, mit den Tönen nach seinem eigenen Können und Wollen *spielen* zu dürfen. Andererseits soll der Lehrer den Kindern auch schon deutliche Impulse dafür geben, sich innerhalb bestimmter Aufgaben zu bewähren: „Jeder spielt, so *gut* er kann!"
- Das Thema spricht Verhaltensweisen (tonraumgebundenes Spiel, Notieren) an, die für Kinder anstrengend sein können, da sie Konzentration und Ausrichtung nach z.T. genauen Regeln erfordern. Überforderungen aufgrund noch nicht erreichter Fähigkeiten bei den Kindern sollen nicht in Kauf genommen werden. Besser ist es, die Zielsetzungen so zu begrenzen, daß die Kinder konzentriert bei der Sache bleiben, ohne unwillig und überfordert zu sein. Die Lernstituationen können auf mehrere Stunden aufgeteilt, ergänzende Situationen „eingeschoben", das Erreichen der Zielsetzungen kann auf Monate hin gestreckt werden.

Die Vorschläge im Materialteil M 1 „10x10 Minuten Stabspiele" schließen an die Musiziererfahrungen an, die sich mit dem vorliegenden Thema verbinden.

Material / Vorbereitungen

Klangbausteine f', g', a', h', c", d"
Stabspiele in genügender Anzahl (s.u.)
Begleitinstrumente für das Rondo
Kinderbücher, Schreibutensilien

H i n w e i s : Die Seiten 444ff. stellen für das Kopieren verschiedene Notensysteme bereit, wie sie der Lehrer gerade bei diesem Thema gebrauchen kann.

> *Entwicklung des Themas*
>
> a) Die „kleine Tonleiter" (Pentachord-Dur):
>   1. Wer erkennt das Lied?
>   2. Wir schreiben die fünf Töne auf, singen, spielen und üben mit ihnen.
>   3. Wir erfinden Melodien zu Begleitungen.
>
> b) Dur-pentatonische Reihen:
>   4. Eine andere Tonleiter – hören, suchen, Melodien erfinden.
>   5. „Jeder spielt, so gut er kann ..." – ein Rondo zum Singen und Spielen.
>
> c) Die „große Tonleiter":
>   6. Ein Weg zur Stammtonreihe.

a) Die „kleine Tonleiter" (Pentachord-Dur)

1. Wer erkennt das Lied?

Die Klangbausteine g', a', h', c" und d" sind bereitgestellt und werden der Tonhöhe nach geordnet.

> „Mit den Tönen dieser Tonleiter – wir nennen sie die ‚*kleine Tonleiter*' – kann man verschiedene Lieder musizieren und auch ein Spiel machen: Lieder raten."

Der Lehrer spielt einige der Liedanfänge, die im Kinderbuch auf S. 42/43 notiert sind. Wer erkennt sie?

Lehrer und Kinder singen die Lieder gemeinsam.

Die eben benutzten Töne sollen nun auch auf einem Altxylophon gefunden werden. Wenn die Kinder die „kleine Tonleiter" dort richtig bestimmt haben, wird sie durch Herausnehmen oder Umdrehen der nichtbenötigten Nachbarstäbe markiert.

H i n w e i s : Nur die Altxylophone (bzw. -metallophone) entsprechen der Lage der Kinderstimme. (Zur Verwendung von Instrumenten in anderen Lagen vgl. S. 46f.)

Der Lehrer oder einzelne Kinder spielen auf der Klangbaustein-Reihe nochmals Liedanfänge. Wer spielt sie auf dem Stabspiel nach?

Im Kinderbuch sind auf S. 42/43 zwei Rahmen für Zeichnungen der Kinder zu vorgespielten Liedern leer gelassen. Ob im Unterricht oder zu Hause gezeichnet werden soll, entscheidet der Lehrer.

2. Wir schreiben die fünf Töne auf, singen, spielen und üben mit ihnen

Im Kinderbuch sind auf den Seiten 44/45 große Liniensysteme gezeichnet.

H i n w e i s : Für den Umgang mit den Notenzeichen gibt es viele methodische Variationen. Lehrerkommentar II der Musikalischen Früherziehung führt auf den S. 271ff. (Themen 20, 21) zahlreiche weitere erprobte Arbeitsmöglichkeiten auf.

– Zuerst üben wir den Violinschlüssel. Er sagt uns, wie die Töne auf und zwischen den Notenlinien heißen.

- Die Kinder können z.B. den Violinschlüssel in großer, dann in zunehmend verkleinerter Form schreibend üben. Auf dem Arbeitsblatt auf S. 311 können sie die größeren Schlüssel oft hintereinander „nachfahren", um ein spontanes Gefühl für den Formverlauf zu bekommen. Das Zeichen wird schrittweise verkleinert.
- Teile des Violinschlüssels (evtl. beidhändig) in die Luft zu zeichnen macht Spaß.

- Auch mit den Notenlinien kann man großräumig beginnen, indem man mit Klebeband Notenlinien auf dem Fußboden markiert, auf denen man gehen, in die man sich setzen kann ... Schon das Spiel mit diesen Notenlinien soll sich auch mit dem Spielen und Singen verbinden.
- Mit Kärtchen, auf denen Tonhöhen notiert sind, können die Kinder z.B. Melodien legen, Ratespiele machen u. a. (vgl. Arbeitsblatt S. 312).
- Durch die „Schnecke" des Schlüssels läuft eine Linie. Wenn wir von unten zählen, ist es die 2. Notenlinie. Auf ihr steht der Ton g. Man nennt diesen Schlüssel deshalb auch g-Schlüssel. Wenn man genau hinschaut, kann man in dem Schlüssel den Großbuchstaben G erkennen ...
- Wir schreiben den Ton g und darunter den Notennamen in das Kinderbuch.
- Auf den Stäben des Xylophons (und anderer Stabspiele) hat jeder Ton einen Namen. Wir betrachten die Namen der Töne unserer „kleinen Tonleiter": g – a – h – c – d.
- So, wie die Töne aufeinander folgen, können wir sie auch auf die Notenlinien und in die Zwischenräume schreiben: Eine Note schreiben wir auf die Linie, die nächste in den Zwischenraum usw.

Spiele und Übungen mit der „kleinen Tonleiter":
- Wir spielen die Töne in anderer Reihenfolge.
- Wir beschreiben kurze, zunächst vom Lehrer gestaltete Tonfolgen: Es gibt darin Töne, die sich wiederholen (*Tonwiederholungen*), aber auch *Schritte* (von einem Ton zum nächsten) und *Sprünge* (mindestens ein Ton wird übersprungen). Eine Melodie kann aufwärts oder abwärts gehen, „kurze" und „lange" Töne benutzen usw.
- Auch solche Tonfolgen können wir aufschreiben:

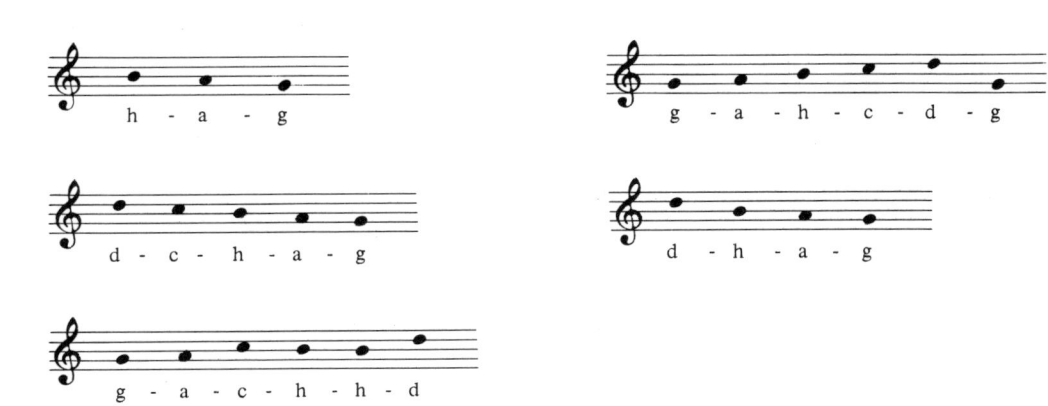

- Nicht einfach ist es, einen Schluß zu finden, den auch alle Zuhörer deutlich erkennen können: Kinder spielen Melodieanfänge, der Lehrer ergänzt diese mit einfachen Schlüssen und bespricht Möglichkeiten der *Schlußbildung* (z.B. „Heimführen" der Melodie zum tiefsten Ton, der hier der *Grundton* ist; Verlangsamen des Tempos ...) Dann spielt der Lehrer Anfänge, und Kinder schließen ab.
- „Kennmelodien": Jedes Kind soll eine eigene, persönliche „Kennmelodie" erfinden. Die anderen Kinder singen und spielen diese Melodien nach und beschreiben, was daran jeweils Besonderes ist: Woran erkennen wir die Melodie von ... ?
- Jedes Kind soll auch versuchen, seine „Kennmelodie" nur zu singen.
- Die Motive des Liedbaukastens „Frosch im Haus" (vgl. Lehrerkommentar II der Musikalischen Früherziehung, S. 276ff. und KH 4, S. 24/25) können gesungen, beim Betrachten der Bildmotive vorgestellt, gespielt und mit den Händen gezeigt werden.

3. Wir erfinden Melodien zu Begleitungen

Der Lehrer begleitet (z.B. auf einem Baßxylophon):

Die Kinder erfinden darüber nacheinander Melodien mit den Tönen der „kleinen Tonleiter". Sie sollen dabei, gestützt durch die Begleitung, zu rhythmisch-metrisch gebundenen Improvisationen kommen. Zunächst aber ist vor allem wichtig, daß die Kinder Tempo und Charakter der Begleitung aufnehmen. So können sie anfangs auch im Rhythmus der Begleitung spielen. Weiter erinnert der Lehrer die Kinder an das „Heimführen" der Melodie (s.o.) – können sie es bei ihren Improvisationen jetzt berücksichtigen?

Zur Abwechslung bietet sich auch die Begleitung in einem anderen Takt an, z.B.

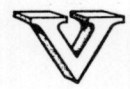

> Transponieren der „kleinen Tonleiter": Durch Singen, hörendes Vergleichen und Tauschen nichtpassender Stäbe (z.B. f – fis) können die neuen Töne sinnvoll aufgefaßt und *Vorzeichen* eingeführt werden.

b) Dur-pentatonische Reihen

4. Eine andere Tonleiter – hören, suchen, Melodien erfinden

Zur bisherigen Fünftonreihe (g' – d") stellt der Lehrer einen neuen Ton: f'. – An welches Ende der Reihe gehört er?

Für das weitere Spielen und Singen werden aber wieder nur fünf Töne gebraucht! – Der Lehrer spielt sie auf dem Altxylophon vor (die Kinder sollen dabei nicht zuschauen):

„Welcher Ton hat gefehlt?"

Die Kinder stellen zuerst die nun gültige (pentatonische) Reihe mit den Klangbausteinen her, übertragen diese dann wieder auf die Stabspiele und markieren sie dort.

> „Diesmal singen und spielen wir nicht mit einer Schritt für Schritt aufsteigenden Leiter. An einer Stelle ist ein Stab herausgenommen, da der Ton nicht gebraucht wird. Von einem Ton zum nächsten geht man dort mit einem *Sprung*."

Die Kinder hören und singen diese beiden Töne, die „Kuckucks-Terz" erklingt:

Viele Kinderlieder beginnen mit diesen Tönen, einige verwenden *nur* diese Töne. Kennen die Kinder solche Lieder? Welcher Ton steht am Beginn, der tiefere, der höhere? C oder a? (So oder mi?)

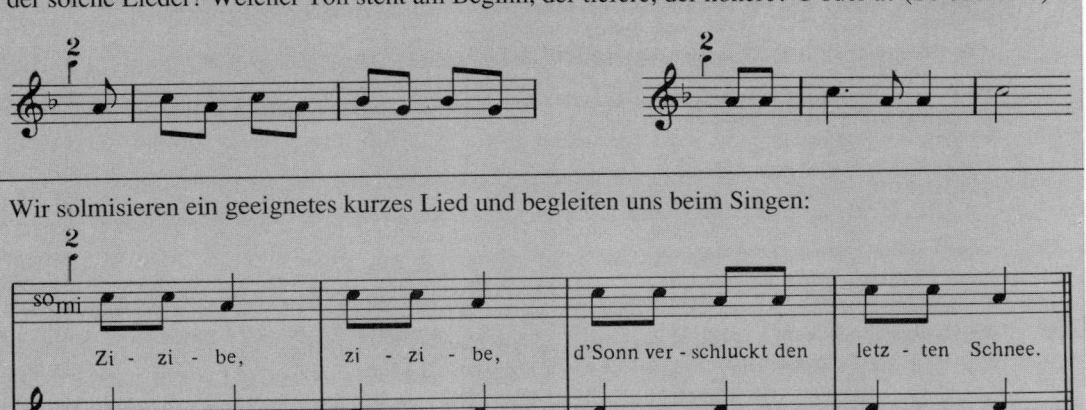

Wir solmisieren ein geeignetes kurzes Lied und begleiten uns beim Singen:

Zi - zi - be, zi - zi - be, d'Sonn ver-schluckt den letz - ten Schnee.

Eigene Melodien erfinden im „Tönegarten"-Spiel

Wieviele Töne die Kinder benutzen, ist freigestellt – alle 5 Töne sind möglich.

„Welche Wege führen durch den ‚Tönegarten'?"

Jedes Kind entscheidet, welcher Ton (der tiefste, der höchste, ein dazwischenliegender Ton) die „Tür" zu seinem Garten sein soll. Ist das Kind dort angekommen und geht es nicht gleich wieder weiter, wissen alle, daß das Kind einen „Schluß" gemacht hat.

Der „Tönegarten" kann freimetrisch oder metrisch verlaufen und später von einem (metrisierten) Bordun begleitet werden.

Die Situation bietet einen Übergang zu M 1.1 „Melodien erfinden", S. 49.

„Jeder spielt, so gut er kann ..." – ein Rondo zum Singen und Spielen **5.**

Wir sprechen zunächst den Text (Kinderbuch S. 46/47) im Liedrhythmus, klatschen oder patschen ihn (vgl. zur anschaulichen Schilderung entsprechender Arbeitsvorgänge S. 236). Zwischen Textwiederholungen können einzelne Kinder solistisch klatschen, patschen, Stimmkunststücke machen ...

Wir singen das Lied und finden uns in seine Form ein, indem wir es mit Spielen verbinden:
— Die Kinder stehen verteilt im Raum und singen das Lied. Im Anschluß gehen alle zum Lied spazieren, das dabei aber leise und bei Wiederholungen schließlich nur noch in Gedanken gesungen wird.
— „Jeder geht, so weit er kann, dann klopft er beim nächsten an." – Zwischen den Liedwiederholungen geht ein Kind von seinem Platz weg zu einem anderen Kind, bei dem es am Liedende angekommen sein soll und zum letzten Wort „an" dort mit beiden Händen „anklopft" (abklatscht). Mit dem Beginn der nächsten Wiederholung geht das neue Kind schon los, so daß sich eine nahtlose, musikalisch-bewegte Aktionsfolge ergibt.
— „Jeder tanzt, so gut er kann, und dann kommt der nächste dran." – Hier kann zwischen dem wiederkehrenden Lied von einzelnen Kindern improvisierend getanzt werden: vielleicht zur Musik auf der Flöte, die der Lehrer ausführt.

„Wir können mit diesem Lied ein *Rondo* musizieren. So heißt ein Musikstück mit einem Teil, der immer wieder kommt. Dazwischen stehen Teile, die jedesmal anders sind. Solche Teile habe ich gerade auf meiner Flöte improvisiert."

Der Lehrer sollte anläßlich der Definition die Kinder auch daran erinnern, daß sie selbst schon (öfter) in einer Rondoform musiziert oder getanzt haben und Beispiele dafür nennen. (Bereits die „Seereise" im 1. Thema war eine Art Rondo – das können die Kinder jetzt verstehen.)

Nun wird das Rondo musiziert, und es werden gleich auch Begleitstimmen dazu geübt.

H i n w e i s : Für den Anfang bietet es sich an, die im Kästchen 1 des Begleitsatzes auf S. 310 aufgeführten Motive als Ostinati dem Lied zu unterlegen. Für geübtere Gruppen ist der zweitaktige Begleitsatz (Kästchen 2) eine Herausforderung. Natürlich kann man auch „mischen" und einzelnen Kindern eine der schwierigeren Aufgaben übertragen.

Improvisationsteile: Damit das improvisierende Kind gut zu hören ist, wird der (B) - Teil mit weniger Instrumenten begleitet. (Bei einer kleinen Kindergruppe begleitet evtl. der Lehrer allein.)

Alle vorbereitenden Übungen zur Phrasenlänge und Melodiebildung können jetzt Berücksichtigung finden. Weil aber nicht alle Kinder in der Lage sein werden, selbständig einen Improvisationsteil nach allen „Regeln der Kunst" zu gestalten, werden auch „erleichternde" Improvisationsregeln gestellt (auch für einzelne Kinder), z.B.
- sich in Länge und Rhythmus der Improvisation an der Paukenstimme orientieren,
- das Tonmaterial einschränken,
- Unterstützung durch die anderen Kinder, die alle den Liedtext rhythmisch mitflüstern,
- völlige Freiheit im Improvisieren lassen, wobei dann jede Begleitung aussetzt.

Das Lied soll in einem zügigen Tempo gesungen werden!

„Den Ablauf eines solchen Rondos sieht man auch im Kinderbuch dargestellt. Die Kindergruppe auf S. 46/47 im Kinderbuch spielt mehrmals – und dazwischen ein Solist oder eine Solistin!"

Alle Kinder schreiben die Noten des Liedes im Kinderbuch, S. 46/47, auf. Der Lehrer hat Text und Melodie an die Tafel geschrieben – in einer Form, wie es der Konzeption im Kinderbuch entspricht. Er erklärt und bestärkt.

c) Die „große Tonleiter"

6. Ein Weg zur Stammtonreihe

Ist das „große Rondospiel" abgeschlossen, können bei einer späteren Gelegenheit die gewonnenen Tonraum- und Notationskenntnisse übertragen und erweitert werden:

„Ob wir unser Lied auch von einem anderen Ton aus singen können? Versuchen wir es von verschiedenen Tönen aus."

- Vom Ton d" eines Stabspiels aus: Die Kinder singen und untersuchen dann, welche Töne sie dafür brauchen.
- Auf einem Tafelbild werden die neuen Töne ergänzt – die Tonnamen finden sich auf den Stäben der Stabspiele.

- Das Gleiche von g' aus ...

c) Rasseln aus fernen Ländern

Rasseln aus Mittel- und Südamerika 26.7

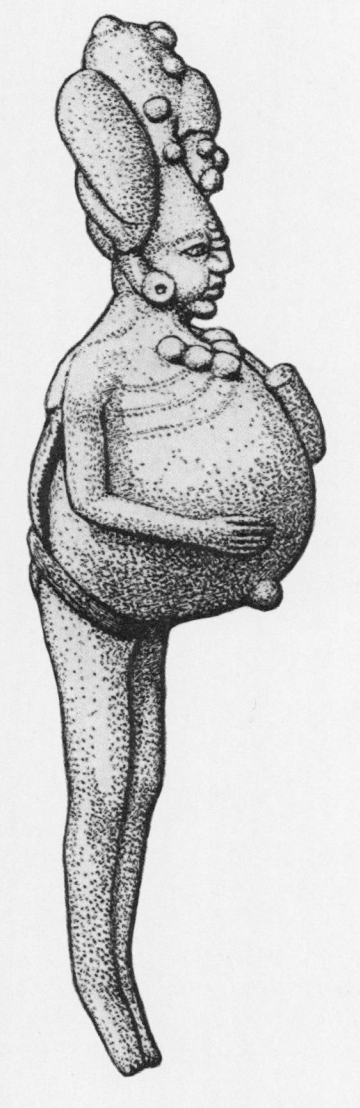

Tönerner Rasselbecher aus Peru
(Museum für Völkerkunde, Berlin)

Tonrassel aus Mexiko um
500 n. Chr. (Museo nacional
de Antropologia y Etnologia,
Mexiko)

Tönerne Gefäßrassel aus Peru
(Göteborgs Museum, Schweden)

Schildkrötenrassel aus Nordamerika 26.8

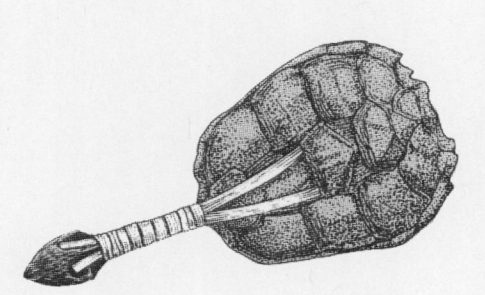

26.9 Afrikanische Rasseln

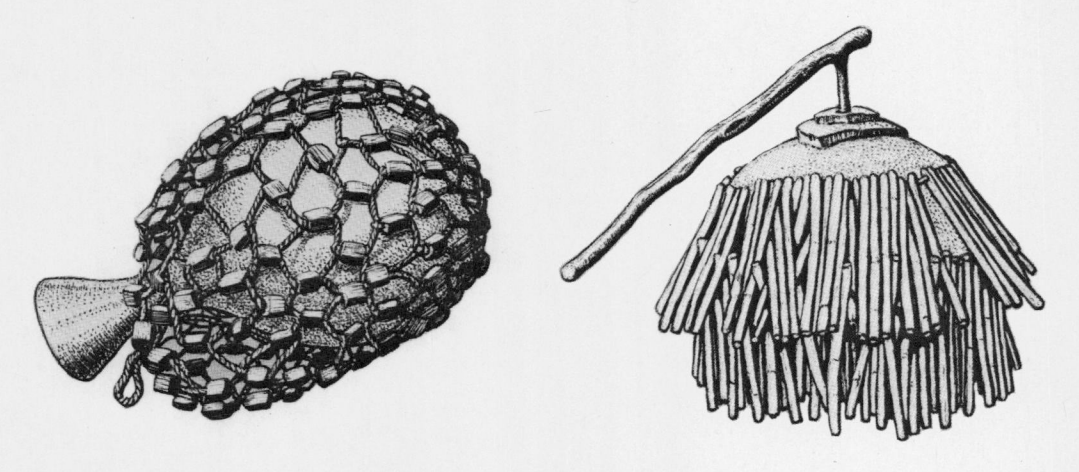

Rasselkürbis aus Nigeria
(Horniman Museum, London)

Kürbisrassel mit Hirsestengel
aus Afrika

26.10 Flechtwerkrasseln aus Amerika und Afrika
Viele Rasseln ahmen die Form eines Kürbisses nach, wie die peruanische und die afrikanische doppelte Rassel. Die Stabrassel aus Guyana ist kunstvoll mit einem zweifarbigen geometrischen Muster geflochten.

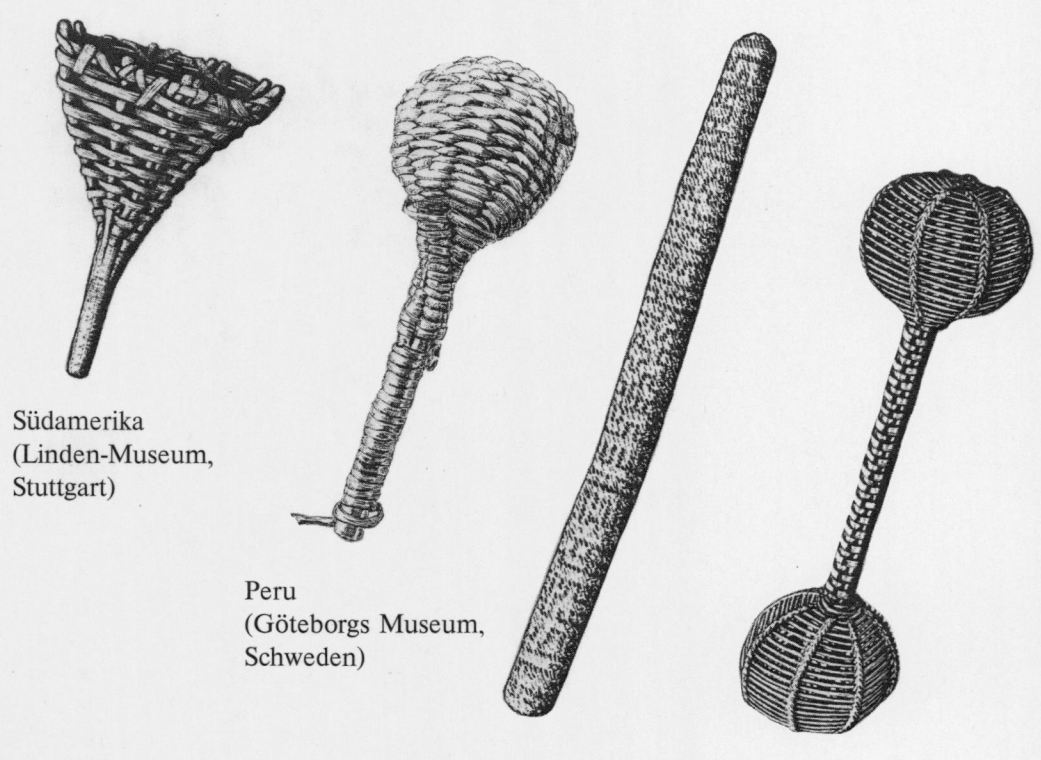

Südamerika
(Linden-Museum,
Stuttgart)

Peru
(Göteborgs Museum,
Schweden)

Guyana
(British Museum,
London)

Kongo
(Naprstek-Museum,
Prag)

© Paddington Press Ltd., London

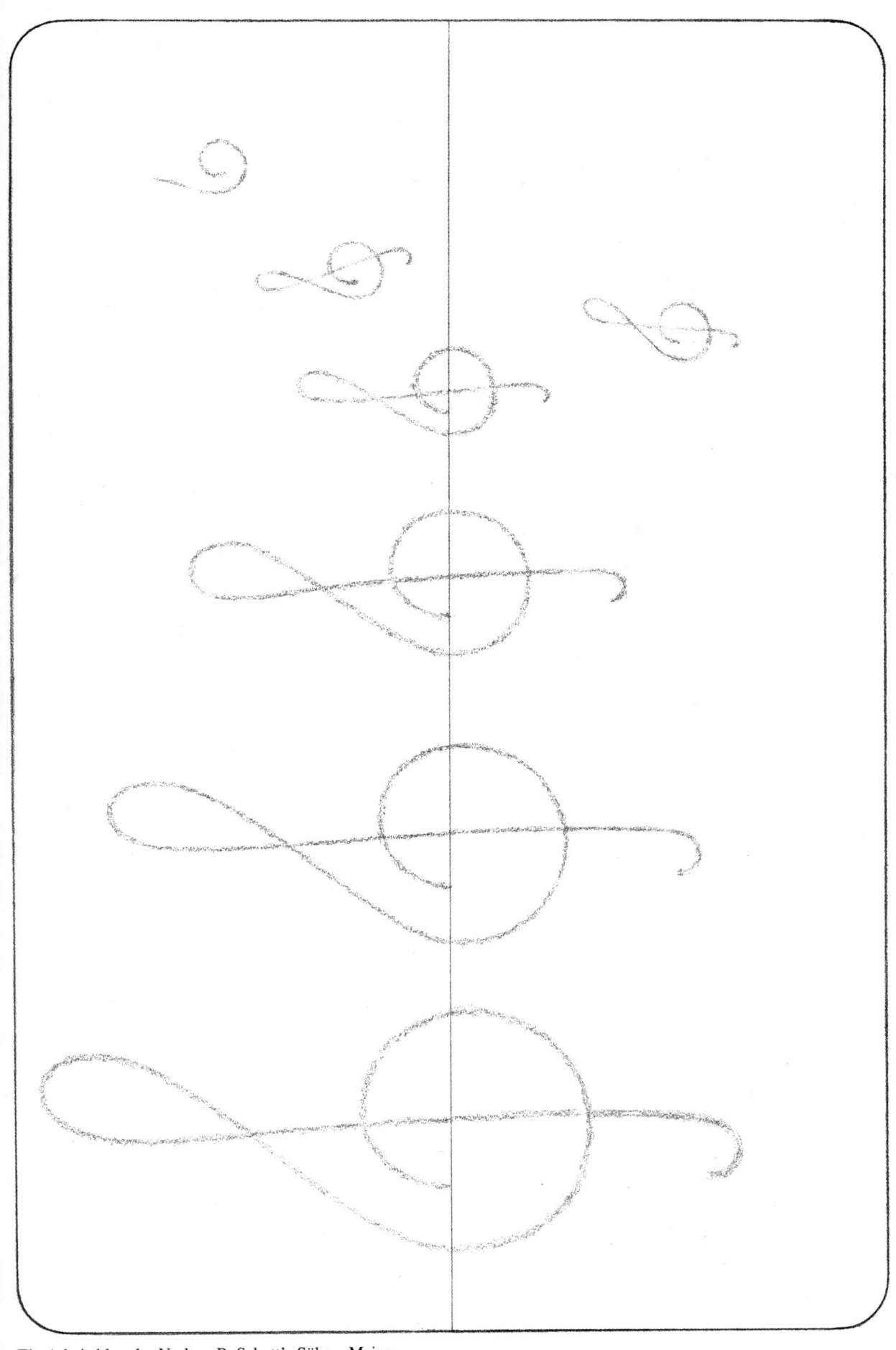

Ein Arbeitsblatt des Verlags B. Schott's Söhne, Mainz

Ein Arbeitsblatt des Verlags B. Schott's Söhne, Mainz

Spiele in Tonräumen | M 14

a) Mit Klangbausteinen

Die Spiele öffnen die Ohren für die besondere Tonhöhe jedes Klangbausteines und für Zusammenklänge.

Töne „begrüßen sich": Wir gehen ruhig im Raum spazieren, jedes Kind hat einen Klangbaustein und einen Schlägel. Wenn sich zwei Kinder treffen, „begrüßen" sie sich durch gleichzeitiges Anschlagen ihrer Töne. (Es soll weich und leise und möglichst gemeinsam angeschlagen werden. Die Kinder müssen sich dazu anschauen und gemeinsam einatmen. Sie sollen auch, ohne darüber zu reden, gut darauf hören, wie die beiden Töne zusammen klingen.)   **14.1**

In einer Fortsetzung des Spiels soll jedes Kind versuchen, nach dem zweiten gemeinsamen Anschlagen den eigenen Ton auch mit der Stimme anzusingen.

Fortgeschrittene Kinder können üben, ohne Klangbaustein – mit einem Ton „im Kopf" – herumzugehen und bei der Begegnung mit einem anderen Kind diesen zu singen. Man beginnt mit zwei oder drei Tönen, die im Spiel sind.

Die Töne im Kreis: **14.2**
– Reihum spielt jeder (s)einen Ton an, jedoch erst, wenn der vorangegangene Ton verklungen ist.
– Im Uhrzeigersinn (und dann in Gegenrichtung) erklingt jeder Ton nur einmal, die Töne sollen wie ruhige, gleichmäßige Uhrenschläge zu hören sein (Grundschlag halten).
– „Wo klingt der höchste (der tiefste) Ton?" (Ein einzelnes Kind kann sich beobachtend in die Kreismitte setzen.)
– Ein Kind spielt seinen Ton einem anderen Kind mit einer deutlichen Geste zu. Dieses „fängt ihn auf", indem es mit seinem Ton antwortet. Dann spielt es selbst ein anderes Kind an.
– Wir erzählen uns etwas mit Tönen: Einer fängt an, ein anderer setzt fort, ein dritter fällt ins Wort ...
– Wir schlagen zur gleichen Zeit an. So entsteht eine „Traube von Tönen", ein *„Cluster"*.

Der Töne-Dirigent steht in der Kreismitte und dirigiert die Töne, die er hören möchte.   **14.3**

Wir singen den Ton unseres Klangbausteines: Jeder sucht sich einen Platz im Raum, hält den Baustein ans Ohr, schlägt leise mit dem *Finger* an und singt mit dem Ton. (Das ist nicht leicht, wenn es überall im Raum klingt.)   **14.4**

Töne-Kinder zu einer Reihe ordnen: Die Kinder sollen sich mit ihren Tönen so aufstellen, daß diese der Reihe nach auf- oder absteigend klingen. Jedes Kind vergleicht seinen Ton mit dem der beiden Nachbarn, die Positionen werden so lange getauscht, bis sich die geordnete Tonreihe ergeben hat.   **14.5**

Das „lebende Klavier": Kinder, die mit ihren Klangbausteinen nach Tonhöhen geordnet sind, bilden das „lebende Klavier". Die Töne werden von einem „Klavierspieler" einzeln angezeigt.   **14.6**

Zwei und drei Töne klingen zusammen: Mehrere Reifen werden in geeigneter Form ausgelegt (s. Skizze S. 314). In jedem sitzt ein Kind mit einem Klangbaustein, darum herum sitzen die anderen Kinder.   **14.7**

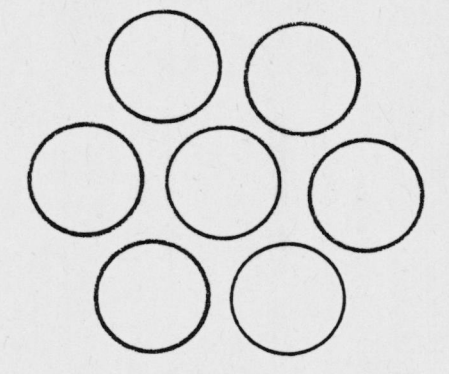

Einzelne Kinder betreten Reifen, die darin sitzenden Kinder spielen, solange jemand bei ihnen „zu Besuch" ist.

Zusätzliche Spielregeln:
- Die Töne der Klangbausteine mitsingen.
- Zwei Gruppen bilden, die je einen „Abgeordneten" in die Reifen schicken (dann ergeben sich Zweiklänge).
- Ein bestimmter Ton wird zur „Tür" dieses „Tönegartens" erklärt. Nur darüber darf man das Feld der Reifen betreten und verlassen.

14.8 b) Mit Stabspielen

Ich höre was, was du nicht siehst: Ein Stabspiel ist verdeckt. Aus einer verabredeten Tonreihe werden einzelne Töne (später einfache Motive) vorgespielt, von den Kindern zuerst nachgesungen und dann auf einem anderen Stabspiel gesucht und nachgespielt.

14.9 Melodisches Improvisieren in einfachen Rhythmen:

Ein einfacher Rhythmus wird verabredet. Auf Stabspielen (evtl. auch mit der Stimme) wird auf der Basis vorbereiteter, überschaubarer Tonräume (z.B. Zweitonräume, Dreitonräume, „kleine Tonleiter", halbtonlose Pentatonik) reihum improvisiert.

Varianten:
- Ein Kind erfindet ein Motiv in der Länge des verabredeten Rhythmus, die anderen versuchen direkt zu wiederholen (Nachsingen ist zuerst leichter als Nachspielen). Es kann ein- oder mehrtaktig improvisiert werden – und ebenso wird geantwortet. Allmählich bildet sich bei den Kindern ein Empfinden für kürzere und längere periodische Formung aus.
- Dem „strengen" Imitationsteil kann ein Improvisationsteil gegenübergestellt werden, bei dem jeweils ein einzelnes Kind frei eine Melodie improvisiert.

14.10 „**Musikmarkt**": Kinder preisen auf „Marktständen" Waren an – erfinden mit Hilfe eines Stabspiels oder einer Klangbausteinreihe Marktrufe, die sich gut singen lassen – gehen abwechselnd einkaufen – hören und singen die Marktrufe nach.

Anregungen zu musikbetonten Marktszenen finden sich auch auf den Seiten 182, 185f. und 318.

Glocken läuten 14.11

Glok-ken läu-ten, Glok-ken läu-ten, klei-ne Glok-ken, gros-se Glok-ken: Bim bam bum.
d Glog-ge lüü-ted, d Glog-ge lüü-ted, chly-ni Glog-ge, gros-si Glog-ge: Bim bam bum.

Text und Melodie: Gerda Bächli
© Musikverlag zum Pelikan/Hug & Co., Zürich

Begleittöne z.B.

Nach einem freien „Glocken-Spiel" können die Kinder mit Hilfe der Textbrücke

Glok-ken läu-ten

in das metrisch-rhythmische Spiel finden und dazu das Lied singen.

Spiel-Regeln der Kinder für eine Tonreihe: Ist eine Tonreihe gefunden, sollen sich die Kinder Regeln für das Spiel damit ausdenken. Es gibt viele solcher Regeln, und die Kinder werden sich gegenseitig anregen, wenn das Spiel durch einige Impulse erst einmal verständlich geworden ist. Ideen können sich z.B. beziehen auf 14.12
– einen Rhythmus,
– eine bestimmte Sequenz im Hoch-Tief-Ablauf,
– das Simultanspiel von Tönen,
– ein dynamisches Prinzip.

Chinesisches Stück 14.13

Melodie: Wilhelm Keller
© Fidula-Verlag, Boppard/Rhein und Salzburg

Der Autor schreibt zu diesem Stück: „Derartige Spiele mit beliebigen Tonreihen, die auf Stabspielen aufgelegt werden und vom Spieler nur verlangen, daß er sie in einem bestimmten Rhythmus (und Tempo) und in einer Auf- und Abbewegung (bei Mittelteilen auch in einer Pendelbewegung, wie in unserem Beispiel) ausführt, können und sollen auch improvisiert oder vom Kind selbst erfunden werden. (Es darf sich eine Reihe zusammenstellen.)"

14.14 The Little Bells of Westminster

Kanon zu 4 Stimmen

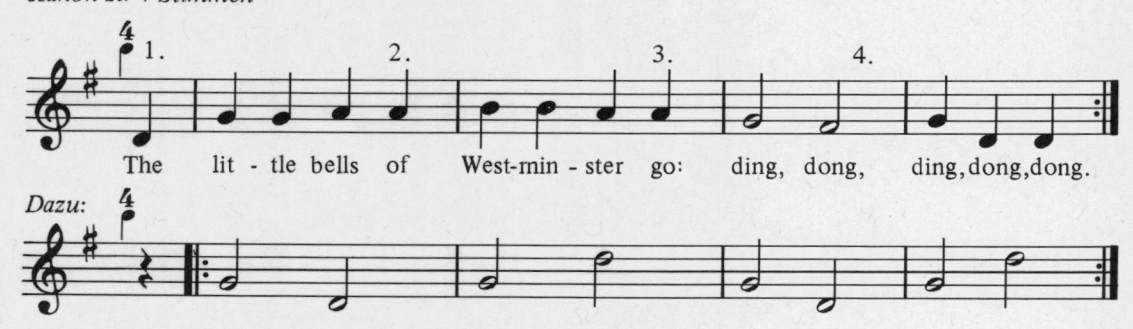

The lit-tle bells of West-min-ster go: ding, dong, ding, dong, dong.

Dazu:

Text und Melodie: aus England/Satz: Horst Weber
© Verlag Moritz Diesterweg, Frankfurt/Main

Auch hier bieten sich im Vor- und Nachspiel sowie in der Begleitung „Glockenspiele" aller Art an.

14.15 Wachet auf

Kanon zu 2 Stimmen

Wa-chet auf! Wa-chet auf! Es kräh-te der Hahn.

Die Son-ne be-tritt ih-re gol-de-ne Bahn.

Text und Melodie: Johann J. Wachsmann

Die folgende Begleitstimme bedient sich der Töne eines besonders sinnfälligen Dreitonraumes *(Dur-Dreiklang)*.

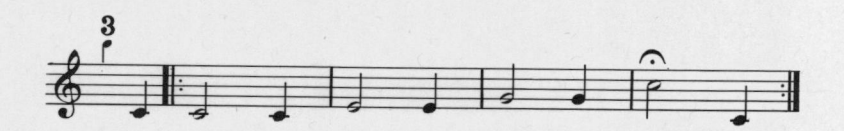

14.16 Namen, die gut klingen

Schö-ne Na-men su-chen wir, Na-men, die gut klin-gen.
Wer die schön-sten Na-men weiß, soll sie sel-ber sin-gen.

Im Anschluß an diesen Refrain improvisieren einzelne Kinder zu einem für die jeweilige Gruppe passenden Text wie:

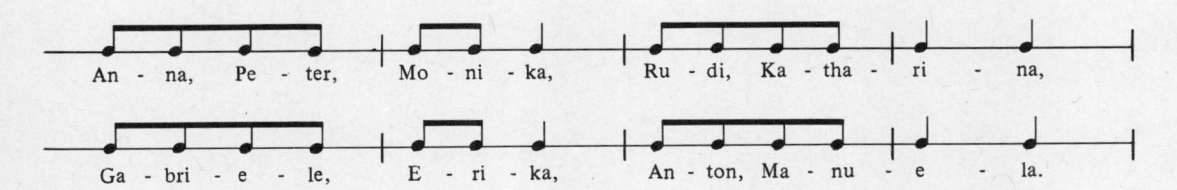

An - na, Pe - ter, Mo - ni - ka, Ru - di, Ka - tha - ri - na,
Ga - bri - e - le, E - ri - ka, An - ton, Ma - nu - e - la.

Text und Melodie: Wilhelm Keller
© Fidula-Verlag, Boppard/Rhein und Salzburg

Man kann auch von einer anderen Melodie (einem anderen Tonraum) ausgehen.

c) Mit Noten

Töne im Notenbild mitzeigen, gezeigte Töne spielen oder singen: Die Kinder haben die Töne selbst aufgeschrieben oder mit Kärtchen gelegt (vgl. Arbeitsblatt S. 320). Einzelne Töne werden gesungen oder gespielt, die Kinder deuten mit. Wenn die Töne auf der Tafel groß angeschrieben sind, kann man die Situation leicht umkehren: Die Kinder singen oder spielen, was auf der Tafel angezeigt wird. **14.17**

Eine bekannte Melodie aufschreiben und spielen: Kinder- und Volkslieder, wie sie im Kinderbuch (S. 42/43) bezeichnet sind. Auch das Lied „Ist ein Mann in' Brunnen g'fallen" (S. 128) u.v.a. Lieder und Melodien kommen dafür in Frage. **14.18**

Von einem Anfang aus eine melodische Verbindung zu einem Schluß finden und notieren **14.19**

Wer baut eine Brücke zwischen den Tönen ...?

Einen Text vertonen: Schon mit zwei Tönen (und rhythmischen Akzenten) können brauchbare Lösungen erzielt werden. Beispiel: „Wer andern eine Grube gräbt, fällt selbst hinein!" **14.20**

Wer an - dern ei - ne Gru - be gräbt,
fällt selbst hin - ein!

14.21 **Das Marktangebot in Tönen:** Zu einem Marktspiel machen sich die Kinder Schilder und schreiben darauf ihren Ruf mit ihrem Angebot in Noten auf, z.B.

Fri - sche Boh - nen!

Wun - der - ba - re Erd - bee - ren!

Tau - fri - scher Spar - gel!

Bil - li - ge Bir - nen!

14.22 **Begleitstimmen zu einem Lied finden und erarbeiten – Beispiel: „Tautropfen"-Lied**

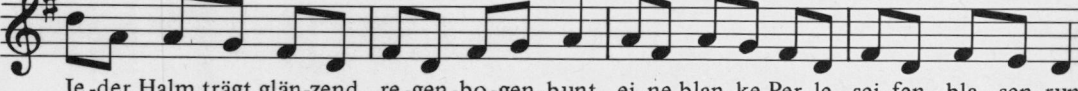

Tau fällt auf die Wie-se, Blu-me, Blatt und Gras ba-den in der Küh-le, trin-ken von dem Naß.

Je-der Halm trägt glän-zend, re-gen-bo-gen-bunt, ei-ne blan-ke Per-le, sei-fen-bla-sen-rund.

Text: Lisa-Marie Blum/Melodie: Erich Ferstl
© bei den Autoren

Die Kinder können das Lied, dessen Textelemente im gemeinsamen Gespräch erst einmal vertraut gemacht werden sollten, auch im Wechsel singen, eine Gruppe jeweils eine ganze Zeile. (Als Kanon ist es schwierig – vielleicht aber mit Eltern zusammen möglich.)

Liedgestaltung und -begleitung:
- Das Stimmungsbild der morgendlichen Wiese wird klanglich nachgezeichnet. Vor- und Nachspiele zum Lied können ebenso wie das Summen oder das solistische Singen des Liedes zu einem weiter gespannten Gestaltungsbogen beitragen.
- Die Kinder können selbst Begleitformen finden (ausgehend vom grundierenden Quintklang), wobei zuerst rhythmische Möglichkeiten erarbeitet werden müssen. Kindern mit genügend Vorerfahrung kann man die im folgenden notierten melodischen Bausteine auch in dieser Form zum „Enträtseln" geben. Dann müssen sie sich die Bausteine gegenseitig erklären: welche Töne darin vorkommen, welcher Rhythmus das ist (Rhythmussprache!) usw.

Melodie-Baukasten: Mit der Kopiervorlage auf S. 320 können Einzelkärtchen für Violinschlüssel und Notenzeichen erstellt werden, die verschiedene Spielmöglichkeiten, wie sie u.a. aus den Vorschlägen dieses Materialteils ableitbar sind, bieten.

14.23

Notenkärtchen für Baustein-Spiele

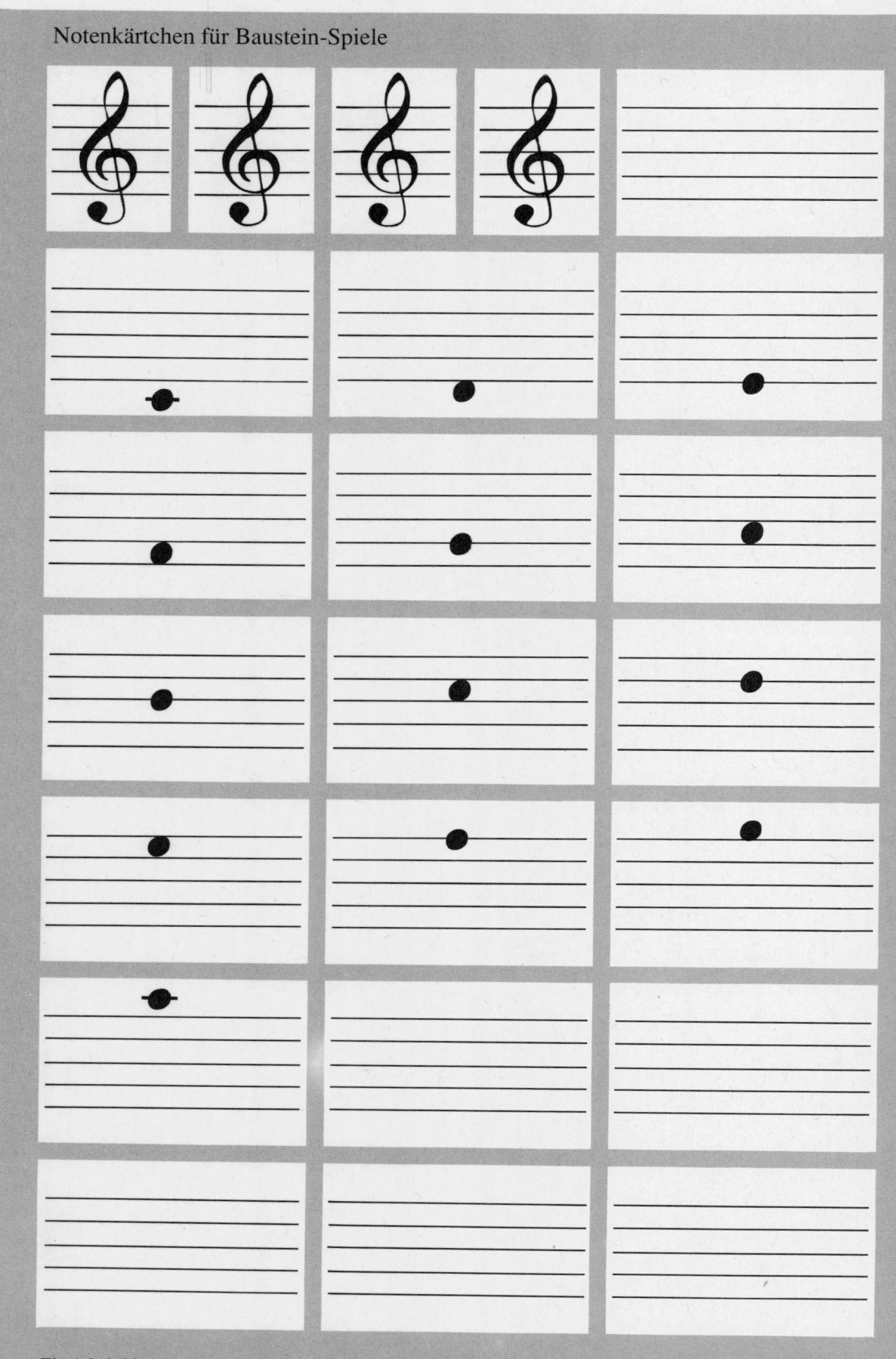

Ein Arbeitsblatt des Verlags B. Schott's Söhne, Mainz

Eine Panflöte bauen und spielen

M 15

a) Das Instrument und eine Einführung

Der Mythos von Pan und Nymphe: Viele Kinder kennen wahrscheinlich Aussehen und Klang der Panflöte, nicht aber den mythischen Ursprung ihres Namens.

Der Lehrer könnte mit ein paar Klängen auf einer (selbstgebauten Schilfrohr- oder Bambus-)Panflöte beginnen. Die Kinder sollen mit geschlossenen Augen zuhören und überlegen, ob sie so ein Instrument schon gehört haben. Beim Betrachten des Instrumentes kommt das Gespräch auf die Herkunftslandschaft solcher Rohrarten, die aus einem südlichen Land stammen.

„Ich will euch eine Geschichte davon erzählen. Mit Flötenklängen bringe ich euch jetzt dorthin, wo Olivenbäume wachsen und die Luft trocken, warm und würzig ist ..."

„Pan war ein großer Naturgeist im alten Griechenland, und der Beschützer der Hirten und Tiere. Er lebte in Wiesen und Feldern, in den Bäumen und im Wind, der durch das Schilfrohr strich, und er liebte all die Blumen, die Sträucher und Bäume. Am liebsten streifte er den ganzen Tag mit den Nymphen, den guten Naturgeistern, durch Berg und Tal. Nur am Mittag, wenn die Sonne am höchsten stand, legte er sich in den Schatten eines Baumes und schlief. Und diese Tageszeit heißt in Griechenland noch heute die ‚Stunde des Pan'.

Einmal erwachte er, weil ihn etwas am Ohr gekitzelt hatte. Und wie er aufschaute, da war es eine der Nymphen gewesen, eine, die er immer besonders gern gehabt und mit der er seine Späße getrieben hatte. Und weil sie ihn so geneckt hatte, sprang er auf und lief ihr nach. – Nun müßt ihr wissen, daß Pan schon recht wild aussehen konnte, wenn er so daherstürmte: Er hatte ein zottiges Fell um, hatte auch Ziegenhörner am Kopf und struppige Haare, so daß sich die Nymphe jetzt vor ihm fürchtete. Kurz bevor Pan sie nun erreichte, rief sie um Hilfe, und da ward sie in ein schlankes Schilfrohr verwandelt. Pan wurde sehr traurig, daß er seine schöne Nymphe verloren hatte. Er schnitt das Schilfrohr ab und ließ seinen Atem darüberstreichen – da hörte er einen zarten Ton. Er blies wieder, blies stärker – und jedesmal gab es einen kräftigeren, schöneren Ton! Nun schnitt er das Rohr in kleinere Stücke, und jedes gab einen anderen, eigenen Ton. So hatte er eine Flöte erfunden mit vielen verschiedenen Tönen. Eine Flöte, die nach Atemhauch klingt und die auch heute noch seinen Namen trägt: Panflöte."

Ernst Wieblitz
© B. Schott's Söhne, Mainz

15.1

Panflöte: Die Kinder betrachten das fertige Instrument und tragen ihre Beobachtungen zusammen:
– Die Rohre sind oben offen, unten geschlossen.
– Ein Rohr ist stets etwas kürzer als das andere.
– Je länger ein Rohr ist, desto tiefer klingt der Ton, umso schwerer ist aber auch das Anblasen.
– Je kürzer ein Rohr, umso höher klingt der Ton, und das Anblasen geht leichter.

„Was tönt denn eigentlich? Das Rohr selbst? Wie ist das, wenn ich auf ein Rohr klopfe?"

Sicher finden die Kinder selbst die richtige Antwort, zumindest annähernd: Die in dem Rohr eingeschlossene Luft tönt. Je weniger Platz im Rohr ist, desto höher klingt es.

Ein vorbereitetes Elektro-Installationsrohr mit passendem Korken macht weiter deutlich:
– Das unten offene Rohr ergibt keinen richtigen Ton.
– Sobald der Korken das Rohr verschließt, kann ein Ton entstehen.
– Wird der Korken nach oben geschoben, ergeben sich höhere Töne.

15.2

Baumaterial und Werkzeuge:
- Kunststoffrohr (Elektro-Installationsrohr, Ø außen 12 mm, innen 10 mm): Es ist für Kinder leichter anzublasen als das Naturmaterial Bambus, dessen größere Wandstärke das Anblasen erschwert. Auch das Stimmen sowie das Zusammenfügen der Rohre ist bei Bambusmaterial schwieriger, jedoch mit Kindern gleichfalls lösbar (s.u.).
- Korken mit entsprechendem Durchmesser (Flaschenkorken oder kleine Korken, die auch in Apotheken oder Drogerien erhältlich sind) oder Knetmasse
- Schnur oder Wolle zum Binden, Holzleim zum Versteifen (alternativ: doppeltes Teppich-Klebeband / Halterungsbrettchen)
- Feinsäge, Feile, feines Schmirgelpapier, Schere, Holzstäbchen (am besten Rundholz Ø 10 mm) zum Nachdrücken

Zur vorgeschlagenen Form des Instrumentes: Für die Kinder ist es physisch meist zu anstregend, längere Tonfolgen zu blasen. So wird hier vorgeschlagen, erst einmal wenige (zwei) Pfeifen zu bauen, die später zu einem 5- oder 6-Ton-Instrument ergänzt werden können.

Bauvorgang: Das Rohr wird in der gewünschten Länge abgesägt. Da eine ebene Schnittkante wichtig ist, muß evtl. glatt gefeilt werden. Mit einem kleinen Stück Schmirgelpapier werden die Kanten gesäubert.

Eine Seite wird mit Kork verschlossen. Man verwendet einen Korken, der etwas größer als der Rohrdurchmesser ist und feilt oder schmirgelt ihn (mit gröberem Schmirgelpapier) passend rund. Wichtig: Der Korken muß völlig dicht schließen, also stramm sitzen! Mit einem Holzstäbchen drückt man den Korken in die gewünschte Stellung.

Wählt man zum Verschließen Knetmasse, so preßt man diese zunächst auf ebener Unterlage mit einem Brettchen zu einem 10-15 mm starken Block, drückt das Rohr hinein und dreht es wieder heraus. Nun wird mit einem Holzstäbchen der Knetpfropfen vorsichtig in die richtige Stellung geschoben und von oben her glatt gedrückt.

Die Kinder bauen gleich zwei verschieden gestimmte Pfeifen. Sollen diese in einem bestimmten tonalen Bezug zueinander stehen, ist die Hilfe des Lehrers nötig.

Wollen die Kinder später auch eine Flöte mit 5-6 gestimmten Pfeifen bauen, bieten sich zwei Möglichkeiten der Halterung an:
1. Auf zwei dünne Holzbrettchen (Länge = Panflötenbreite) wird doppelseitiges (Teppich-)Klebeband geklebt. Die Folie wird auch auf der zweiten Seite abgezogen. Die Pfeifen werden so aufgelegt, daß die Anblasöffnungen bündig in eine Linie kommen. Von der anderen Seite her wird das zweite Brettchen aufgeklebt (Sandwich-Prinzip). – Diese „Ruckzuck-Methode" läßt es allerdings nur mit Mühe zu, einzelne Pfeifen wieder zu lösen.
2. Mit einem Kreppklebeband werden die Pfeifen zunächst so fixiert, daß sie mit Abständen von 1-2 mm voneinander zu liegen kommen. Dann wickelt man im Flechtverfahren Wollfäden um die Pfeifen (s. Zeichnung) und schiebt nach jeder Runde mit einem Bleistift o.ä. die Fäden zusammen. So geht es weiter, bis ein etwa 4 cm breites Wollfädengeflecht die Pfeifen sicher zusammenhält. (Soweit können das die Kinder selbst machen.) Der Tesakrepp wird nun entfernt und das Wollgeflecht mit weißem Holzleim – am besten mit Hilfe eines Messers – gründlich eingestrichen, wobei man besonders an den Rändern genau sein muß!

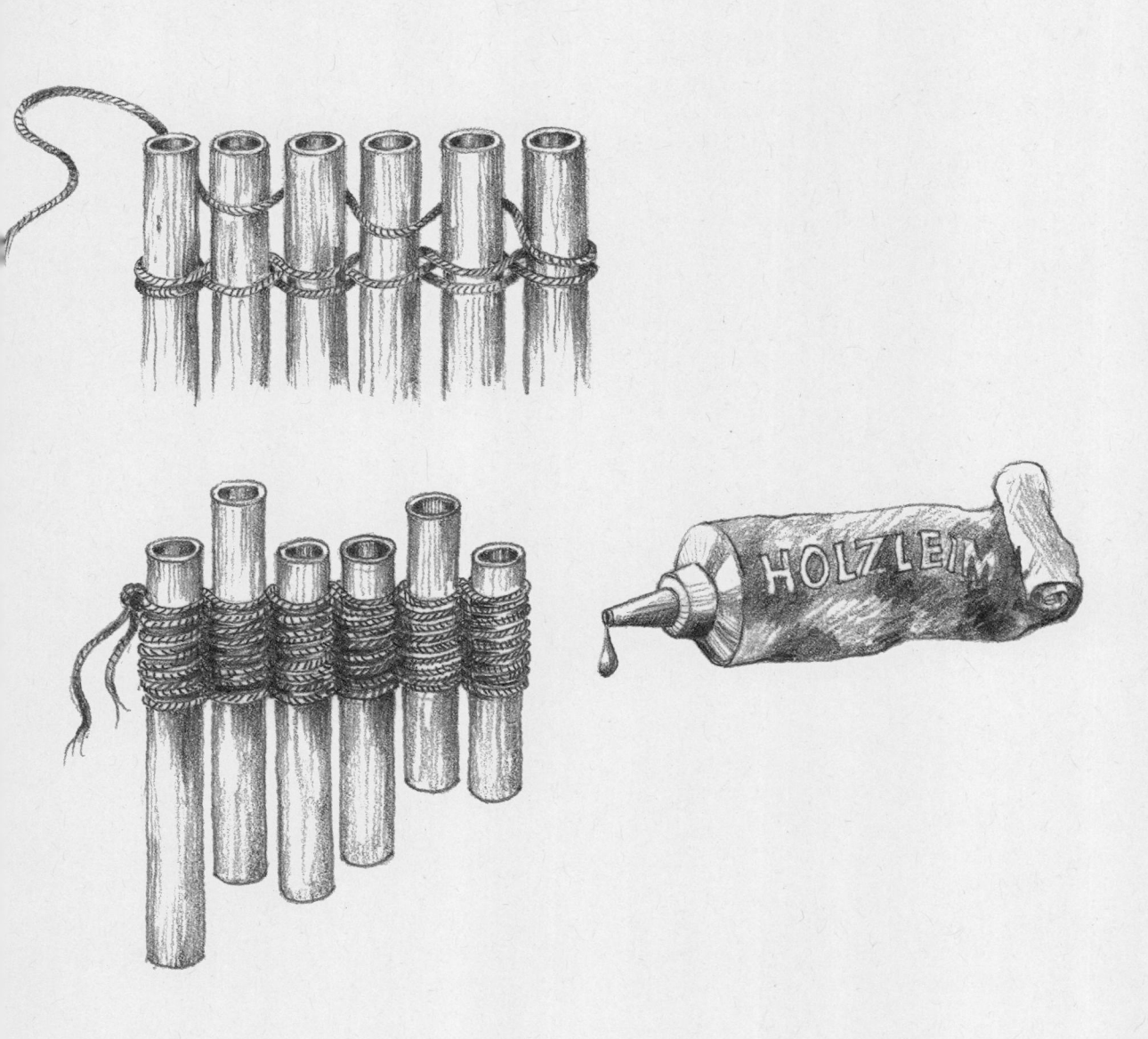

Im Verlauf des Trocknens (Dauer: bis zu einem Tag!) soll man die Pfeifen mehrmals drehen, damit sie sich später leichter lösen lassen. Ist das Wollgeflecht schon einigermaßen fest geworden, zieht man die Pfeifen heraus und läßt die Wolle durchtrocknen. – Die Panflöte bekommt auf diese Weise einen guten Halt. Einzelne Pfeifen lassen sich leicht herausnehmen (z.B. für das Spiel von Bordun-Intervallen mit Einzeltönen) und wieder zurückstecken.

Bambus-Panflöte: 15.3

– Die Rohrabschnitte werden so gesägt, daß eine Wand (= Knoten) stehen bleibt.
– Feilt man die offene „Anblaswand" etwas dünner, kann dies das Anblasen erleichtern.
– Gestimmt wird durch Einbringen knetbaren Materials in Kugelform (angewärmtes Knetwachs, Knetmasse), das man mit einem Rundholz fest und oberflächenglatt andrückt (sonst spricht der Ton nur schlecht an).
– Zusammenbinden: Auch hier empfiehlt sich die Verbindung mit Wollfäden (s.o.). Das Verleimen kann entfallen, weil die Einzel-Pfeifen von selbst aufgrund der Unregelmäßigkeiten des Materials Bambus, die die Wolle halten, im Verbund bleiben.

b) Allgemeine Hinweise und Spielanregungen

Selbst zu probieren und von anderen abzuschauen ist der erste und beste Weg. Jedes Kind muß zu seinem eigenen Spielgefühl finden.

Manche Kinder sind rasch entmutigt, wenn ihnen kein klarer, deutlicher Ton gelingt. Ermutigung (in Maßen) ist angebracht: mit kürzeren Pfeifen probieren lassen! Die Kinder sollen aber auch wissen, daß das Hauchige des Klanges der Panflöte gerade das Besondere und Charakteristische ist („Der Wind im Schilfrohr des Pan").

Die intensive Atemanforderung bewirkt, daß den Kindern anfangs leicht schwindlig wird. Diese Erfahrung ist wichtig, und die Kinder sollten sich dabei selbst regulieren können. Der Lehrer sollte ihnen den Grund des Schwindelgefühls – mehr Sauerstoff als gewöhnlich wird aufgenommen – erklären und darauf hinweisen, daß das eigentlich gesund ist.

15.4 **Begegnungen – Begrüßungen – Zwillinge finden sich:**

– Die Kinder gehen durch den Raum, begegnen sich zu zweien und begrüßen sich, indem sie ihren Ton spielen: gleichzeitig oder im Wechsel nacheinander.
– „Der zweite sagt dem ersten alles nach", z.B.

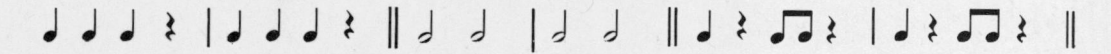

– Kinder mit gleichen oder sehr ähnlichen Tönen bleiben zusammen und gehen als „Zwillinge" weiter.

15.5 **„Schiffe im Nebel auf dem Fluß":** Die Kindern gehen langsam und vorsichtig, vielleicht mit zeitweise geschlossenen Augen, durch den Raum. Kommt ein anderes „Schiff" in ihre Nähe, spielen sie einen langen Ton.

Man kann auch verabreden, daß bei der Begegnung mit einem „Schiff" dessen Signalton singend erwidert werden muß, oder daß an bestimmten Stellen (Untiefen, unübersichtliche Windungen usw.) die Schiffe Signale geben müssen, z.B.

Achtung! Kurve!

Ich komme von rechts!

Habe schwer geladen!

Vor Steilwänden etc. gibt es manchmal ein Echo, gespielt oder gesungen von einzelnen, hinter einem Tuch verborgenen Kindern.

15.6 **Windmühlenspiel:** Je vier Kinder mit je einer Pfeife finden sich zu einer „Melodie-Windmühle" zusammen: Im Reihumspielen von 4 verschiedenen Tönen im Metrum oder einem wiederkehrenden Rhythmus ergibt sich eine „kreisende Melodik", die durch Rhythmisierung, Platztausch der Spieler oder „Rückwärtsdrehen" variabel und gestaltbar wird. „Bilder aus dem Windmühlenland" regen an, z.B.

„Im Windmühlenland, bei ruhigem Wetter, gehen auch die Windmühlen sehr gemütlich."
(4 Pfeifen, verschieden gestimmt)

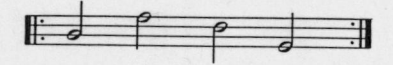

„Kommt ein leichter Wind auf, fangen sie lustig zu klappern an ..."

„Wenn eine frische Brise weht, gibt es ein munteres Klapper-Geschnatter ..."

„Am höchsten Windmühlenfeiertag geht es erst richtig los: Da fängt die älteste Windmühle mit ihrer schönsten Melodie an, eine um die andere kommt hinzu, und jede spielt ihre eigene Melodie. Sie hören erst auf, wenn ..."

Das Zungenbrecher-Mühlenlied (S. 326)   15.7

1. Zum Windmühlenlande, da lohnt sich die Reise,
   da klappern die Mühlen, bald laut und bald leise
   und stehen nur still, wenn ich es will!
   Klipklapperap klopklipklap
   klopklipperip klap

2. Es klappern die Mühlen, bald laut und bald leise,
   sie singen die uralte Windmühlenweise
   und stehen nur still, wenn ich es will!
   Klipklapperap klopklipklap
   klipklapperap klopklipklap
   klopklipperip klap

3. Beim Singen der uralten Windmühlenweise,
   da drehn sich die Flügel ganz lustig im Kreise
   und stehen nur still, wenn ich es will!
   Klipklapperap klopklipklap
   klipklapperap klopklipklap
   klipklapperap klopklipklap
   klopklipperip klap

4. Es drehn sich die Flügel so lustig im Kreise,
   von vorne beginnt unsre Windmühlenreise,
   und stehen erst still, wenn ich es will!
   Klipklapperap klopklipklap
   klipklapperap klopklipklap
   klipklapperap klopklipklap
   klipklapperap klopklipklap
   klopklipperip klap

(Das Lied wird mehrmals von Strophe 1-4 wiederholt, bis ein Kind das Zeichen zum Schlußmachen gibt. Dann muß bis Strophe 3 gesungen werden, worauf die Schlußstrophe folgt:)

5. Und drehn sich die Flügel auch lustig im Kreise,
   zu Ende ist einmal die Windmühlenreise.
   Nun steht alles still, weil ich es will!
   (rit.) ... klopklipperip klap

Das Zungenbrecher-Mühlenlied
(zu M 15.7)

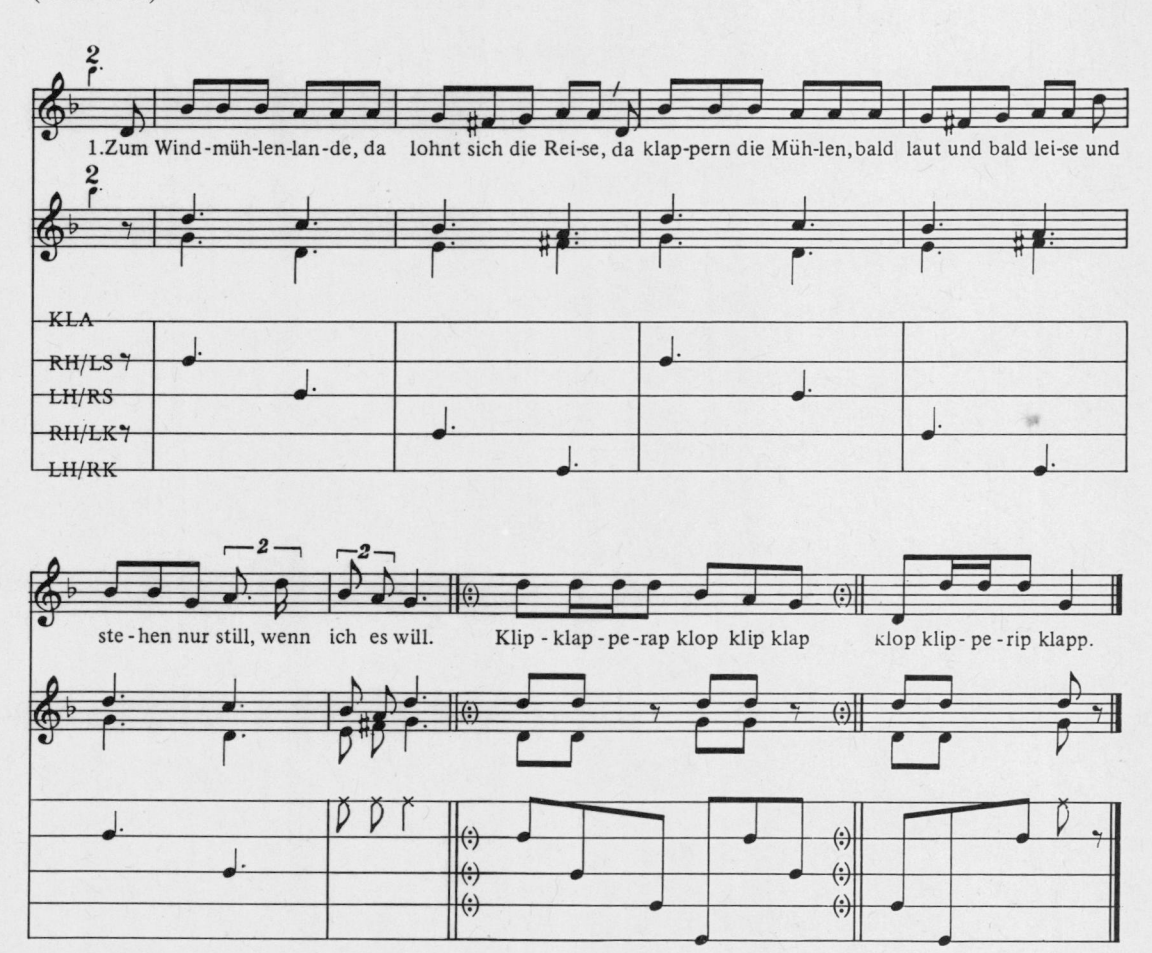

1. Zum Wind-müh-len-lan-de, da lohnt sich die Rei-se, da klap-pern die Müh-len, bald laut und bald lei-se und ste-hen nur still, wenn ich es will. Klip - klap-pe-rap klop klip klap klop klip-pe-rip klapp.

Panflötenbegleitung:

Text, Melodie und Satz: Ernst Wieblitz
© B. Schott's Söhne, Mainz

KLA = Klatschen
RH/LS = rechte Hand, linke Schulter
LH/RS = linke Hand, rechte Schulter
RH/LK = rechte Hand, linkes Knie
LH/RK = linke Hand, rechtes Knie

Zur Panflötenbegleitung: obere Gruppe (1-4) oder untere Gruppe (5-8) oder beide zusammen. In jeder Gruppe 4 Kinder mit einzelnen Flöten oder 2 mit je 2 Flöten (1+2/3+4).

Liedbegleitung:
a) lustige Klanggestenkombination, ausgeführt von den singenden Kindern;
b) freies Nachspiel: Die singenden Kinder improvisieren auf ihren Panflöten ein „Windmühlen-Klapper-Nachspiel" im Sinne des „Windmühlenspiels" (s.o.);
c) Liedbegleitung (zusätzlich zur Klanggestenbegleitung oder alternativ) durch bis zu acht speziell gestimmte Panflöten (vgl. Angaben im Satz). Diese Stimmen können nicht von den Sängern selbst ausgeführt werden.

c) Hörbeispiel

Rohrpfeifen aus Afrika (HB 37 „Hindewhu")

15.8

Das Rohr der Pfeife (Hindewhu) ist 7–8 cm lang und aus einem hohlen Zweig des Papayabaumes geschnitzt. Das Instrument gibt nur einen Ton von sich. Durch die Verbindung mit gesungenen Tönen (wie im Hörbeispiel) können Melodiegebilde entstehen.

Information zum Leben der Ba-Benzélé-Pygmäen: Das zentralafrikanische Nomadenvolk lebt im dichten Wald von der Jagd. Die Frauen sammeln Früchte. In der Trockenzeit gehen die Ba-Benzélé-Pygmäen für einige Wochen in die Dörfer der angrenzenden Stämme, um Tauschhandel zu treiben. Die Menschen sind kleiner als andere Bewohner Afrikas. In ihrem Leben spielen der Wald, die Natur, die soziale Ordnung ihrer Gemeinschaft und Nzambi, der höchste Gott, eine große Rolle.

Es gibt nur noch wenige Pygmäen in Afrika. Viele werden von anderen Völkern als Sklaven gehalten. Ihr natürlicher Lebensraum ist verschwunden.

Foto: Simkha Arom
© Bärenreiter-Musicaphon, Kassel u.a.

Wir musizieren – für uns und für andere

10. Thema

Eigene Fähigkeiten anderen zu zeigen ist ein Wunsch, der in jedem Kind wach ist. Also musizieren wir: für uns selbst, oder auch für andere Kinder, für Eltern und Lehrer im Rahmen einer Vorspielstunde, eines Konzerts.

Überlegungen zum Thema

Sollen mehrere Beiträge unter einer übergreifenden Programmidee zusammengeführt werden, können Vorgaben bestehen, die „von außen" kommen, z.B. „Sommerfest" (oder ein anderes jahreszeitlich akzentuiertes Thema), „Abschlußfest" usw. Beiträge der Kinder der Musikalischen Grundausbildung werden daraufhin abgestimmt. Treten andererseits mehrere Beiträge aus der Musikalischen Grundausbildung eigenständig auf (z.B. bei einer Veranstaltung für Eltern), kann ein thematischer Rahmen für die besonderen Inhalte, mit denen sich die Kinder beschäftigen, meist leicht gefunden werden, z.B. „Die Reise zu den Inseln", „Unsere lustige Tierparade", „Jeder spielt, so gut er kann" o.ä.

Der Lehrer wird schon Wochen oder Monate vor dem Tag der Aufführung planen und im Unterricht Stück um Stück „um das Thema herum" Beiträge erarbeiten – ohne daß die Kinder von der Aufführungsabsicht schon wissen müßten. Wenige Wochen vorher mögen sie von der geplanten Vorführung erfahren und mit dem Lehrer überlegen, daß dazu einige der schon lange gelernten Stücke, Lieder, Tänze gut passen würden.

Die Kinder der Musikalischen Grundausbildung können nicht mit der musikalisch-technischen Geläufigkeit älterer Schüler und Musiker konkurrieren. Anderes zeichnet sie aus: z.B. das Einbeziehen von Eltern, die mitmusizieren und mittanzen, und vor allem die Vielseitigkeit ihrer Beiträge.

Die Reihe der in diesem Unterrichtskonzept aufgewiesenen Ideen zum Musizieren, Tanzen und Spielen, die auch in einer vorspielähnlichen Situation zum Tragen kommen könnten, ist nicht abzugrenzen. Aus kleinen Formen können durch Variation oder kontrastreiche Reihung größere entwickelt werden, die eine Herausforderung darstellen und die Vorbereitung auf eine Aufführung lohnen. Innerhalb dieses Themas werden dagegen Vorschläge gemacht für Gestaltungen auf der Basis des Singens und Musizierens mit elementaren Instrumenten, die von vornherein *komplexeren* Charakter haben, insbesondere hinsichtlich der instrumentalen Ausführung. Der Lehrer kann den Grad dieser Komplexität für seine Situation einschränken oder auch ausweiten.

Das Spiellied *„Wir woll'n einmal spazierengehn"* (Kinderbuch S. 48–50) ist volkstümlich in Varianten bekannt. Sollten die Kinder eine andere Fassung singen wollen, muß der Lehrer ggf. die Begleitstimmen angleichen.

Auch ältere Kinder öffnen sich der Spielwelt des Liedes in der Erarbeitung in zunehmendem Maße. Man kann bei ihnen aber zuerst den Akzent stärker auf musikalische Aufgaben legen und das szenische Geschehen nach und nach ausbauen.

Die Kinder sind aufgefordert, die Gestaltungselemente (u.a. die Instrumentalstimmen) aufmerksam zu erfassen und zu behalten. Der Blick in die Notation kann dabei eine Hilfe sein, vorhandene Notationskenntnisse können ebenso wie rhythmische und melodische Fähigkeiten angesprochen und differenziert werden.

Material / Vorbereitungen

Baßxylophon(e)
Altxylophone
Alt- oder Sopranglockenspiel
Effektinstrumente aller Art
Tücher und andere Utensilien für den „schönen Garten" (oder auch Material zur Herstellung von Requisiten)

> *Entwicklung des Themas*
>
> a) Das Lied und seine Begleitung:
>   1. Lied von einem Spaziergang.
>   2. „Laßt uns einen schönen Garten bauen."
>   3. Wir lernen die Instrumentalstimmen.
>
> b) Unsere Gestaltung:
>   4. Szenerie und Ablauf.
>   5. Wenn wir vor Zuschauern spielen ...

a) Das Lied und seine Begleitung

1. Lied von einem Spaziergang

Der Lehrer erzählt von einem Spaziergang, den er einmal in einem Garten gemacht hat. Eine Uhr hat geschlagen (der Lehrer singt an, die Kinder singen nach einigen Zeilen mit; die Uhrzeit erklingt nach jeder Zeile bereits von verschiedenen Instrumenten, die der Lehrer nach und nach an die Kinder verteilt):

[Notenbeispiel:] Hat eins ge-schla-gen, kommt im-mer noch nicht,
hat zwei ge-schla-gen, kommt im-mer noch nicht,
usw.

[Notenbeispiel:] Hat zehn ge-schla-gen, da ruckt's ...

Die Kinder wiederholen die letzte, überraschende Zeile mit dem Lehrer. Jeder „ruckt" ein wenig mit ihm, auch wenn er noch nichts Genaues weiß.

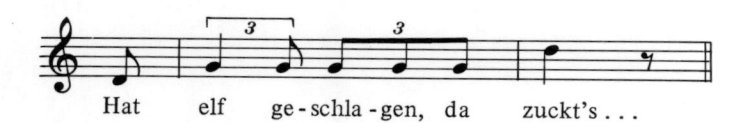

[Notenbeispiel:] Hat elf ge-schla-gen, da zuckt's ...

Alle „zucken", aber auch jetzt wird noch nichts verraten.

[Notenbeispiel:] Hat zwölf ge-schla-gen, da kommt's ...

Spätestens jetzt wird es aber doch Zeit, zu überlegen, was da „geruckt" und „gezuckt" hat – und dann auch noch kommen wird! Die Kinder (sofern sie das Lied noch nicht kennen) stellen Vermutungen darüber an (und die es kennen, versuchen nichts zu verraten!), dann singt der Lehrer das Lied von Beginn an.

Die Aufmerksamkeit der Kinder kann beim Lernen des Liedes weiter auf den zweiten Liedteil gerichtet werden, der auch einen Impuls für das solistische Singen der Kinder ermöglicht: In der Kreismitte kann ein Becken stehen (dann reichen die Kinder sich den Schlägel weiter).

Oder ein Paar Cymbeln, die mit einer Schnur verbunden sind, wandert von Kind zu Kind im Kreis. Jedes Kind übernimmt das Anspielen und Ansingen einer Uhrzeit.

2. „Laßt uns einen schönen Garten bauen."

Bevor wir zum Lied spazierengehen, bauen wir den „schönen Garten":
- Einige Kinder (mit bunten Tüchern) stellen Blumen dar.
- Vögel und Schmetterlinge fliegen herum.
- Ein wildes Tier! Es muß sich zunächst einmal verstecken!

Die anderen gehen mit dem Lehrer im Garten spazieren und singen das Lied.

„Hat zwölf geschlagen ..." – Das „wilde Tier" kommt aus seinem Versteck und versucht ein Kind zu fangen. Jetzt haben wir ein neues „wildes Tier", und auch andere Rollen werden getauscht, das Spiel wiederholt.

Hinweise:
- Jedes Kind kann ein „besonderes wildes Tier" sein: das „mit den langen Armen", das „mit den festen Schritten"... Solche Vorstellungen können verhindern, daß die Kinder nur noch toben und Fangen spielen.
- Das „wilde Tier" kann auch von einigen Kindern gemeinsam gespielt werden. Sie müssen sich darauf einigen, in welcher Art sie „wildes Tier" sein wollen und die Darstellung gemeinsam ausführen.

3. Wir lernen die Instrumentalstimmen

Nun soll das Lied mit Instrumenten begleitet werden. Der Lehrer erklärt die Spielstimmen, indem er sie zu unterschiedlichen „Spaziergängern" in Beziehung setzt. Er spielt die Stimmen auf den Instrumenten vor und erarbeitet mit den Kindern Charakter und Befindlichkeit der „Spaziergänger", ausgehend von den im folgenden geschilderten Vorstellungen.

„Einer, der mutig im Garten umhergeht ..."

Die Kinder sollen die Instrumentalstimme zuerst imitierend nachsingen, wobei sich beim Baßxylophon die Aufgabe des stimmgerechten Transponierens ergibt. Weiter können sie die Töne auf dem Instrument durch Hören bestimmen und markieren. Einzelne Kinder übernehmen das Instrumentalspiel, die anderen patschen dazu die Grundschläge und/oder singen das Lied dazu (Rollen öfter wechseln). Dann gehen die Kinder, begleitet vom Baßxylophon, durch den Raum.

Auch die weiteren Stimmen werden auf ähnlich anschauliche und vielseitige Art den Kindern vertraut gemacht:

„Einer, der fröhlich singend und pfeifend im Garten spazierengeht..."

AX

„Einer, der geht und sich dann immer wieder zögernd umschaut..."

AX

„Einer, der ängstlich ist, der abwartet..."

(A)G

In einem Partnerspiel können diese Kombinationen von Vorstellung und Instrumentalstimme vertieft werden: Ein Kind spielt einen Ostinato, das andere stellt die zugehörige Bewegung zur Musik passend dar. Dann Rollentausch.

Abschließend wird auf den verfügbaren Instrumenten das Zusammenspiel von zwei, drei, schließlich von allen vier Begleitstimmen in Verbindung mit dem Lied geübt. Die Kinder sollen sich dabei auf den Instrumenten abwechseln und möglichst alle Stimmen beherrschen.

b) Unsere Gestaltung

4. Szenerie und Ablauf

Einige szenische und musikalische Gestaltungselemente wurden bereits angedeutet. Sie seien hier in der Übersicht noch einmal aufgeführt und um weitere Vorschläge ergänzt:
- Bäume, Sträucher, Blumen usw. können die Kinder selbst spielen oder auch malen und als Requisiten im Raum aufhängen. (Das Herstellen einzelner Requisiten kann auch eine „Hausaufgabe" sein.)
- Kinder können auch eine „Mauer", eine „Hecke" o.ä. darstellen, hinter der das „wilde Tier" verborgen ist.
- Die Rolle des „wilden Tieres" kann jedesmal ein anderes Kind übernehmen. Die Kinder können dabei Masken tragen, auch verkleidet und mit Schellenbändern, selbstgebauten Instrumenten etc. „klingend" geschmückt sein. Auch zwei oder mehr Kinder zusammen können ein „wildes Tier" darstellen.
- Die Spaziergänger gehen alleine oder in kleinen Gruppen. Einzelne können ihre Schritte mit Schlaghölzern begleiten. Bewegungsmotive, wie sie bei der Erarbeitung der Instrumentalstimmen kennengelernt wurden, können wiederkehren. Im zweiten Liedteil werden die Spaziergänger zunehmend ängstlich ...
- Die Uhrenschläge können von einem „Kirchturm" kommen: Ein Kind steht erhöht und schlägt ein Becken an. Eine andere Idee: Die „wartenden" Kinder versammeln sich gespannt in einem Kreis, in dessen Mittelpunkt ein Becken steht, oder sie geben ein geeignetes Instrument reihum ...
- Die Zahl der Schläge kann der Uhrzeit entsprechen, oder es wird nur die jeweils genannte Zahl mit einem Schlag markiert (womit sich eine rhythmisch straffere Form, freilich auf Kosten der Anschaulichkeit des musikalischen Geschehens) ergibt.

- Den Teil des Liedes, in dem die Uhr schlägt, kann man auch nur sprechen, evtl. mit geteiltem Sprechchor:

    1. Gruppe oder Solist: „Hat eins geschlagen ..."
    2. Gruppe oder Solist: „... kommt immer noch nicht!"

  Verschiedene Stimmklänge, Ausdrucksmöglichkeiten (gleichgültig, ängstlich – abwartend, forsch ...) und Lautstärken erhöhen die Spannung.

- Ist das „wilde Tier" aus dem Versteck, können „furchterregende" Klänge das Fangen und Davonlaufen begleiten. Einmal erklingt der Chor der Lotosflöten, dann hört man Wirbel auf Trommeln, dann anschwellende Beckenklänge.

Die Musiker müssen sich bei all dem ganz auf ihre Aufgabe konzentrieren und die Spaziergänger, die auch singen, begleiten.

5. Wenn wir vor Zuschauern spielen ...

... gilt es, Aufgaben und Abläufe genau abzusprechen. Im Spiel zum Lied nur Lärm zu machen und eine riesige Unordnung zu produzieren, das wäre für Zuschauer zu wenig.

Die Planung des Spielens und Musizierens sollte unbedingt mit den Kindern erfolgen, wobei zuvor schon verschiedene Möglichkeiten erarbeitet sein sollten.

Das Spiellied kann am Ende vielleicht mit wechselnden Gestaltungselementen und Rollen vorgespielt und beim ersten Mal noch ganz ohne Instrumentalbegleitung, als schlichtes Kinderlied, gesungen werden.

Weitere Ideen:
- Das Warten auf das „wilde Tier" wird etwas verlängert, durch Einführung einer Rondoform:

    (A)-Teil   (B)-Teil   (A)-Teil   (B)-Teil usw.
    eins ...   vier ...
    zwei ...   fünf ...
    drei ...   sechs ...

- Das „wilde Tier" mag am Ende irgendwie doch auch freundlich und gut erscheinen, und die Spaziergänger sind erleichtert. Alle Darsteller gehen oder tanzen gemeinsam von der Bühne.
- Man kann mit den Kindern eine Schlußstrophe erfinden wie z.B.

    Nun haben wir das Tier entdeckt
    in unserm schönen Garten.
    Es hat uns auch nicht sehr erschreckt,
    wir müssen nicht mehr warten.

Vielleicht haben die Kinder aber mehr Spaß an einem tollen Chaos, auch im vorbereiteten Spiel – evtl. zum Schluß, wenn das „wilde Tier" sogar auf die Musiker losgeht und diese vertreibt.

Musikstücke für Kindergruppen   M 16

Der Materialteil stellt vergleichsweise anspruchsvolle Anregungen für das gemeinsame Singen und Musizieren im Sinne des „Themas" vor. Wo immer möglich, sollten sich die Kinder beim Singen selbst auf den Stabspielen begleiten. Ist das zu schwierig, singt ein Teil der Kinder, ein anderer Teil musiziert. Sänger und Instrumentalisten sollten angehalten werden, aufmerksam für einander zu bleiben (z.B. Einsätze, Lautstärke, Schlußbildung).

Ein Elefant wollt' bummeln gehn (S. 339)   16.1

Die Erarbeitung von Lied und Satz kann beim Instrumentalspiel beginnen – bei jener Stimme, die ein herausforderndes „Kunststück" beinhaltet, da sie mit 3 Schlägeln gespielt werden soll (vgl. zu dieser Spieltechnik S. 29):

- Diese Begleitformel wird leise ständig wiederholt. Dazu erzählt der Lehrer den Inhalt des Liedes vom Elefanten, der sich auf eine Reise begibt.
- Manchmal stoppt die Begleitung (auch die Kinder müssen dann „stehenbleiben"), dann geht es wieder weiter. Achtung: Das Spiel beginnt immer mit der linken Hand!
- Der Lehrer singt das Lied strophenweise vor – die Begleitung läuft dabei weiter. Die Kinder versuchen bereits, Teile mitzusingen.
- „Auch alle anderen Stimmen haben etwas mit einem bummelnden Elefanten zu tun." – Wenn sich Lehrer und Kinder für das Üben und Spielen entsprechende „Bilder" zu den weiteren Stimmen ausdenken, ist es sicher leichter, diese zu lernen.

Weitere Ausgestaltung:
- Die Liedbegleitung soll auch Vor-, Zwischen und Nachspiel sein. Dabei heißt es aufpassen: Der Lehrer läßt auf seinem Stabspiel den Elefanten „ein Stück weit gehen". Wenn er „stehenbleibt", müssen das auch alle anderen Instrumente tun. Nach einer Pause bummelt der Elefant weiter. Jedesmal aber, wenn er kräftig seinen „Kopf geschüttelt" hat (= Schellen, die vom Lehrer den Einsatz bekommen), folgt eine neue Liedstrophe.
- Andere Instrumente spielen mit: Streicher oder Gitarre können im Ⓐ-Teil Teile der AX-Stimme zupfen, Blockflöten das „o – a – o" anstimmen, das Klavier kann im Ⓑ-Teil z. B. wie folgt grundieren:

- Während der Liedinhalt nicht viel über die Abenteuer des Elefanten als Weltenbummler erzählt, kann man dies in einer begleitenden Geschichte, einer szenischen und tänzerischen Darstellung ausschmücken.

16.2 **Ein Elefant marschiert durch's Land** (S. 340)

16.3 **Ich fahre, ich fahre ...** (S. 341)

H i n w e i s : Bei den Liedsätzen zu M 16.2 und M 16.3 können sich die Kinder, die die Begleitstimmen ausführen, zwischendurch im Zählen üben, wobei Gelegenheit ist, die Bedeutung von *Takten* und *Pausen (Halbe Pause)* zu klären.

16.4 **Rabulan, der Riese** (S. 342)

16.5 **Eisenbahn-„Blues"**

Text und Musik: Rudolf Nykrin/Hermann Urabl
© B. Schott's Söhne, Mainz

Dieser „Blues" bietet Gelegenheit zur Beschäftigung mit der halbtonlosen pentatonischen Reihe fis – gis – ais – cis – dis und damit auch den schwarzen Tasten des Klaviers. In der Regel wird der Lehrer die Begleitformel zu Liedstrophen und Improvisationsteilen spielen – alle Kinder aber können auf den schwarzen Klaviertasten oder auf chromatischen Stabspiel-Instrumenten improvisieren.

Besonders gut klingt die Musik, wenn eine Gitarre mitspielt: Stimmt man sie auf die Töne (von unten nach oben) fis – ais – cis – fis – ais – cis um, können auch die Kinder den Begleitakkord im Rhythmus auf und abschlagen. (Im übrigen ist ein *pantomimisches* Gitarrenspiel eine gute Vorübung für den Begleitrhythmus: Die Kinder halten pantomimisch mit der linken Hand den Gitarrenhals, mit der rechten Hand schlagen sie wie auf einer Gitarre auf und ab.)

Einfinden in den Tonraum, mittels ausgewählter Klangbausteine (fis – gis – ais – cis – dis) oder herausgenommener Stäbe von chromatischen Stabspielen: Die Kinder ordnen die Töne zu einer aufsteigenden Reihe, horchen ihnen zu, singen sie ...

Klaviertastatur:
– Welchem anderen Instrument sehen die Stäbe eines chromatischen Stabspieles ähnlich?
– Die Kinder finden die Tonreihe, die sie geordnet haben, auf den schwarzen Tasten des Klaviers und hier in vielen Lagen wieder. Sie spielen die Töne und singen sie nach, wobei sie mit der Stimme immer wieder in ihre Singlage zurückkehren sollen.
– Einzelne Kinder improvisieren frei auf schwarzen Tasten, der Lehrer begleitet mit dem im Liedsatz notierten Blues-Ostinato.

Lied / Liedgestaltung / Improvisation mit schrittweise erweitertem Tonraum:
- Zwischen den Improvisationen stimmt der Lehrer mehrmals die erste Strophe des Liedes an – wiederum zur Klavierbegleitung. – Weitere Liedstrophen bringen nun Ton für Ton die fünf Töne ins Spiel:

2. An der Mini-Eisenbahn
   hängt der erste Wagen an.

(Abfahren! – Pfiff! – Die Improvisation auf einem Ton beginnt! Dazu die Blues-Begleitung!)

3. An der Mini-Eisenbahn
   hängt der zweite Wagen an.

(Jetzt wird mit zwei Tönen improvisiert ...)

4. / 5. / 6.: Auf diese Weise können noch drei weitere Wagen angehängt werden, bis am Ende der Zug vollständig ist:

Formgebundene Improvisation: Haben sich die Kinder in das freie Improvisieren gut eingefunden, sollen sie versuchen, Melodien zu erfinden, die in der Länge dem folgenden Text entsprechen:

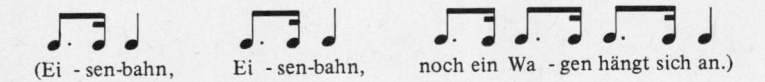

(Ei - sen-bahn,   Ei - sen-bahn,   noch ein Wa - gen hängt sich an.)

Dabei soll nicht unbedingt nur der Rhythmus auf den Tönen nachgespielt werden: Auch im Puls der Grundschläge kann improvisiert werden. (Übung: Zum Text die Grundschläge klatschen, dann die „Klatscher" mit Tönen nachspielen.)

Zwischenspiel:
- Nach einer Liedstrophe und einem Improvisationsteil folgt ein gesprochener Zwischenteil:

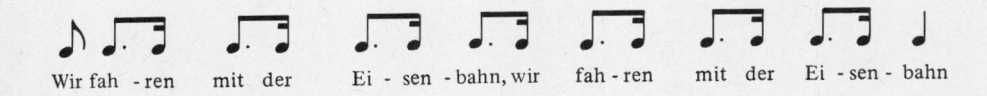

Wir fah - ren   mit der   Ei - sen - bahn, wir   fah - ren   mit der   Ei - sen - bahn

– Die Kinder können dazu im Textrhythmus auf Trommeln kratzen, wischen oder bürsten oder auf anderen Schlaginstrumenten spielen.

Spielform: Vielleicht kann man das Klavier ein wenig in den Raum schieben und ggf. chromatische Stabspiele dazugruppieren? Um die Instrumente bewegt sich der „Zug" der Kinder. Während des gesprochenen Zwischenspiels nehmen jeweils andere Kinder an den Instrumenten, auf denen improvisiert wird, Platz.

Notennamen und -zeichen: Wenn man die Improvisationstöne im Notensystem aufschreiben will, muß man ♭- oder ♯-*Vorzeichen* benutzen. Sie verändern nicht nur die Tonhöhe, sondern auch den Namen von Noten, die die Kinder bereits kennen.

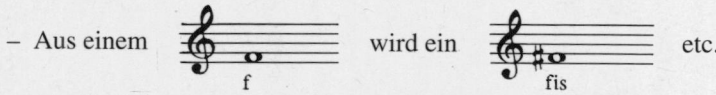

– Aus einem [♪ f] wird ein [♪ fis] etc.

– Die Tonhöhen werden verglichen, gespielt und gesungen.

⬅ *Die „Insel CISDISFIS", S.168f.*

Ein Elefant wollt' bummeln gehn
(zu M 16.1)

1. Ein Elefant wollt' bummeln gehn, sich die weite Welt besehn!

(bummeln gehn)

O - a - o   o - a - o   o - a - o - a   o - a - o!

kräftig schütteln!

2. Langsam setzt er Fuß vor Fuß, denn er ist kein Omnibus.
3. Bald ist er nicht mehr allein, alles trampelt hinterdrein.
4. Und schon singt das ganze Land dieses Lied vom Elefant!

Text: aus dem Amerikanischen/Melodie: J.F. Doppelbauer/Satz: Hermann Urabl
© Styria, Wien - Graz 1958/mit frdl. Genehmigung des Verlags Ludwig Doblinger (B. Herzmansky) KG, Wien-München
© des Satzes: B. Schott's Söhne, Mainz

Ein Elefant marschiert durch's Land
(zu M 16.2)

1 Vorspiel auf der großen Trommel: „Der Elefant kommt näher..."

2 Lied:

[Notenbeispiel mit Singstimme und Stabspielen SX, AX, AX, BX]

1. Ein Elefant marschiert durchs Land und trampelt durch die Saaten. Er ist von Laub und Wiesenheu so groß und kühn geraten.

2. Es brechen Baum und Gartenzaun vor seinem festen Tritte.
   Heut kam er durch das Tulpenfeld zu mir mit einer Bitte.

3. Er trug ein weißes Kreidestück in seinem langen Rüssel
   und schrieb damit ans Scheunentor: „Sie, geht es hier nach Brüssel?"

4. Ich gab ihm einen Apfel und zeigte ihm die Autobahn.
   Da kann er sich nicht irren und richtet wenig an.

3 Nachspiel auf der Großen Trommel und anderen Instrumenten:
„Der Elefant marschiert auf der Autobahn nach Brüssel ..."

Text: Josef Guggenmos/Melodie und Satz: Hermann Regner
© des Textes: beim Autor/der Musik: B. Schott's Söhne, Mainz

Ich fahre, ich fahre
(zu M 16.3)

1. Ich fahre, ich fahre, ich fahr' mit dem Fahrrad, ich fahr' mit dem Fahrrad den ganzen Tag lang; ich fahre, ich fahre, ich fahr' mit dem Fahrrad, ich fahr' mit dem Fahrrad, macht Platz da, klingklang!

2. Ich rolle, ich rolle, ich rolle auf Rollschuhn,
   ich rolle auf Rollschuhn den ganzen Tag lang;
   ich rolle, ich rolle, ich rolle auf Rollschuhn,
   ich rolle auf Rollschuhn die Bahnen entlang.

3. Ich paddle, ich paddle, ich paddle im Kanu,
   ich paddle im Kanu den ganzen Tag lang;
   ich paddle, ich paddle, ich paddle im Kanu,
   ich paddle im Kanu am Ufer entlang.

4. So paddeln, so rollen, so fahren wir alle,
   so fahren wir alle den ganzen Tag lang;
   so paddeln, so rollen, so fahren wir alle,
   so fahren wir alle. Wir kommen: klingklang!

Text: Margarete Jehn/Melodie: aus Frankreich/Satz: Wolfgang Jehn
© Verlag Eres, Lilienthal/Bremen

Rabulan der Riese
(zu M 16.4)

Im (B)-Teil können Xylophone ad lib. die Singstimme verstärken.

Und ver-zehrt aus die-sem Grund täg-lich ei-nen Ha-sel-strauch und ein Fu-der täg-lich ei-nen Ha-sel-strauch und ein Fu-der Rü-ben auch, ei-nen Kür-bis und ein Fu-der Rü-ben auch, ei-nen Kür-bis o-ben-drein! Denn er muß bei ei-nen Kür-bis o-ben-drein! Denn er muß bei Kräf-ten sein! Denn er muß bei

Kl. Trommel

ritard.

Rü-ben auch, ei-nen Kür-bis o-ben-drein! Denn er muß bei Kräf-ten sein! o-ben-drein! Denn er muß bei Kräf-ten sein! Denn er muß bei Kräf-ten sein! Kräf-ten sein! Denn er muß bei Kräf-ten sein! Denn er muß bei Kräf-ten sein! Kräf-ten sein! Denn er muß bei Kräf-ten sein! Denn er muß bei Kräf-ten sein!

Text: Josef Guggenmos/Melodie und Satz: Hermann Urabl
© des Textes: beim Autor/der Musik: B. Schott's Söhne, Mainz

Wir tanzen

11. Thema

Der Tanz hat sich, ähnlich wie die Musik, in der ganzen Welt zu großem Arten- und Formenreichtum entwickelt. Bei allen Völkern gibt es Gemeinschaftstänze und soziale Tanzformen, die zu bestimmten Anlässen und von bestimmten Gruppen getanzt werden. Der Einführung der Kinder in leichte Gruppentänze gilt die „Entwicklung des Themas" ebenso wie der anschließende Materialteil.

Überlegungen zum Thema

In der Themenentwicklung werden zuerst in Tanz-Spiel-Situationen Vorerfahrungen und ein Repertoire an Tanzfassungen und -figuren aufgefrischt oder erweitert. Anschließend wird ein gemeinsamer Tanz gelernt.

Dabei wird, wie schon an früherer Stelle erläutert (S. 18, 67), darauf gerechnet, daß sich die Kinder mit Grundphänomenen des Tanzens, besonders mit Übungen zur Phrasenlänge und zu Tanzfiguren, bereits vertraut machen konnten (oder aus der Musikalischen Früherziehung entsprechende Erfahrungen mitbringen). Hierauf kann ein Unterricht vorbereiten, der die „10 x 10 Minuten Tanzen", insbesondere die Übungen 3, 4, 7, 9 und 10 zugrundelegt. Ist diese Vorbereitung ausreichend erfolgt, kann am Beginn der Themenentwicklung manche notwendige Übephase gerafft werden.

Der Tanz „Knopfloch (Durham Reel)" stellt gewisse Anforderungen. Sind die Vorerfahrungen der Kinder noch nicht ausreichend, kann der Lehrer mit Tänzen aus dem Materialteil beginnen, insbesondere mit den dort beschriebenen leichteren Fassungen.

Material / Vorbereitungen

verschiedenartige Knöpfe (Knopfpaare), die auch die Kinder mitbringen können
Karten mit den Tanzfiguren des „Knopfloch"-Tanzes, vgl. S. 352
Kinderbuch S. 52/53

Hörbeispiele:
HB 5   – „New England Medley"
HB 38 – „Knopfloch (Durham Reel)"

> *Entwicklung des Themas*
> 1. Ich mit dir.
> 2. Wir zwei mit euch.
> 3. Spiele in der Gasse.
> 4. Tanz in der Gasse – „Knopfloch (Durham Reel)".

1. Ich mit dir

„Ich tanze mit dir, du mit mir, du mit dem, ich mit der ... – Wenn wir zusammen tanzen, können wir Paare bilden, und jedes Paar kann sich überlegen, wie es tanzen will."

Es werden dafür aber zunächst Möglichkeiten gemeinsam besprochen und gesammelt, z.B.
– sich beide Hände reichen und gemeinsam drehen (auch überkreuz),
– einhängen und rundherum laufen (beide Tänzer nehmen den rechten *oder* den linken Arm),
– Handtour: rechte *oder* linke Handflächen aufeinanderlegen und umeinander herumgehen,
– im Seitgalopp durch den Raum galoppieren (Hände gefaßt),
– Dos-à-dos (sprich: dosado; Rücken an Rücken): ohne Handfassung und ohne die Blickrichtung zu ändern, umeinander herumgehen.

H i n w e i s : Alle Figuren lassen sich der Einfachheit halber zunächst nur in einer Richtung ausführen. Nach einiger Übung kann man die Kinder aber auch auffordern, „in der Mitte der Musik" (also nach jeweils 2 Takten) die Richtung und ggf. auch die Hand zu wechseln.

Nun kann das paarweise Tanzen beginnen: Zu einer Musik, deren verschiedene Teile deutlich in jeweils 2 x 4 Takte gegliedert sind (HB 5 „New England Medley"), gehen alle Kinder paarweise zunächst frei im Raum spazieren. Wiederholt sich ein musikalischer Abschnitt (dies ist jeweils nach 4 Takten der Fall), probieren die Paare einzelne der besprochenen Möglichkeiten aus. Folgt dann ein neuer Musikteil, gehen alle wieder spazieren (4 Takte) und versuchen bei der nächsten Wiederholung wiederum etwas anderes.

Ablauf des HB: Vorspiel – (A)(B)(C)(C')(A)(B)(D)(D')(A)(B)(C)(C')(A)(B) *(jeder der Abschnitte ist in 2 x 4 Takte unterteilt).*

2. Wir zwei mit euch

Zur gleichen Musik treffen sich die Kinder jetzt paarweise im Kreis. Zu den ersten 4 Takten gehen sie mit vier Schritten zur Mitte und wieder zurück, und das gleiche noch einmal.

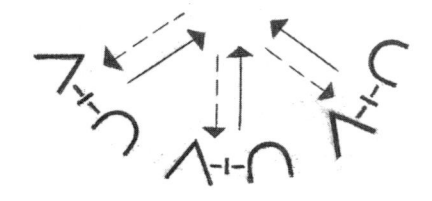

Bei jeder Wiederholung eines Musikabschnittes zeigt nun jeweils ein Paar seine Lieblingsfigur vor, alle anderen machen gleich mit. Ideen zur Bestimmung der Reihenfolge der Paare:
– nacheinander (im Uhrzeigersinn),
– auf Namenszuruf des Lehrers,
– durch Zublinzeln,
– Lehrer geht hinter dem Kreis herum und bleibt am Ende der ersten 4 Takte eines Musikteils hinter einem Paar stehen,
– ein Kind hockt in der Kreismitte und deutet auf das jeweils nächste Paar ...

Eine gute Gedächtnisschulung, nachdem alle Paare einmal dran waren: Haben wir uns gemerkt, was ein bestimmtes Paar gemacht hat? Alle probieren, woran sie sich noch erinnern, das betreffende Paar tanzt aber nicht mit, sondern schaut, ob die anderen es richtig machen.

Eine vereinfachte Tanzform (noch ohne Kreuzschritt) kann bereits aus der letztgenannten Situation entstehen: In zwei Gruppen aufgeteilt (z.B. je 6 Kinder) gehen die Tänzer im offenen Halbkreis zum (A)-Teil nach links. Zum (B)-Teil tanzt der Anführer der Gruppe ans andere Ende, seinen Weg nützt er zum Improvisieren in der Fortbewegung. Die Gruppe schaut ihm dabei zu und feuert ihn durch Klatschen und Rufen an. Mit dem neuen Anführer beginnt wieder der (A)-Teil.

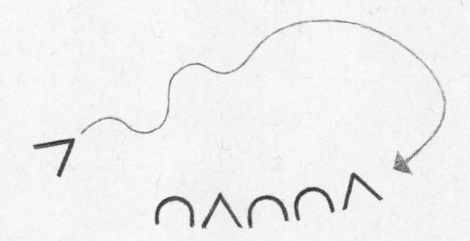

Der *Kreuzschritt* kann aus dem Drehen des Körpers während des Gehens entwickelt werden (vgl. S. 74). Er wird zur Kreisbewegung im (A)-Teil ausgeführt.

H i n w e i s : Wenn einige Kinder den Kreuzschritt beherrschen, er für andere aber noch zu schwer ist, werden zwei Kreise gebildet: der eine tanzt mit, der andere ohne diesen schwierigen Schritt. Jedes Kind darf dort mittanzen, wo es sich wohlfühlt.

Seljančica (Serbien) – HB 44

17.6

Seljančica (gesprochen „Séljantschitza") heißt „Mädchen vom Dorf". Der Tanz ist ein Kolo (= Kreis, Rad), womit man alle Tänze Jugoslawiens bezeichnet, die im Kreis oder offenen Halbkreis getanzt werden.

Vorspiel (4 Takte)

(A)-Teil: 2 x 4 Takte

(B)-Teil: 4 Takte

(C)-Teil: 2 x 4 Takte

Die Grundmelodie des Tanzes wurde hier so notiert, wie man sie mit den Kindern singen kann. Volksmusikanten verzieren sie und wandeln sie rhythmisch ab. Im Hörbeispiel wird auch durch Tonartwechsel (eine große Terz tiefer) Abwechslung erzielt.

Ablauf des HB: ||: (A) (B) (C) :||

Tanzbeschreibung

Man tanzt im Kreis oder im offenen Kreis, nach rechts beginnend. Da die Schritte gleichmäßig zwischen rechts und links wechseln, macht man die nach rechts größer, jene nach links kleiner, wodurch sich der Kreis allmählich dreht.

Etwas Besonderes ist die *Gürtelfassung*, wobei man mit den Händen die Gürtel der Nachbarn umfaßt und dabei deren Arme kreuzt. Statt eines Gürtels kann auch ein Tuch umgebunden werden. (Eine Alternative zur Gürtelfassung ist die V-Fassung, wobei die Arme seitlich herunterhängen).

Foto: Z. Ljevaković

Grundlegende Schrittfolge des Tanzes: Seitanstellschritt (in den Knien weich gefedert) – unbelasteter „tip"-Schritt – Laufschritt – Schlußsprung.

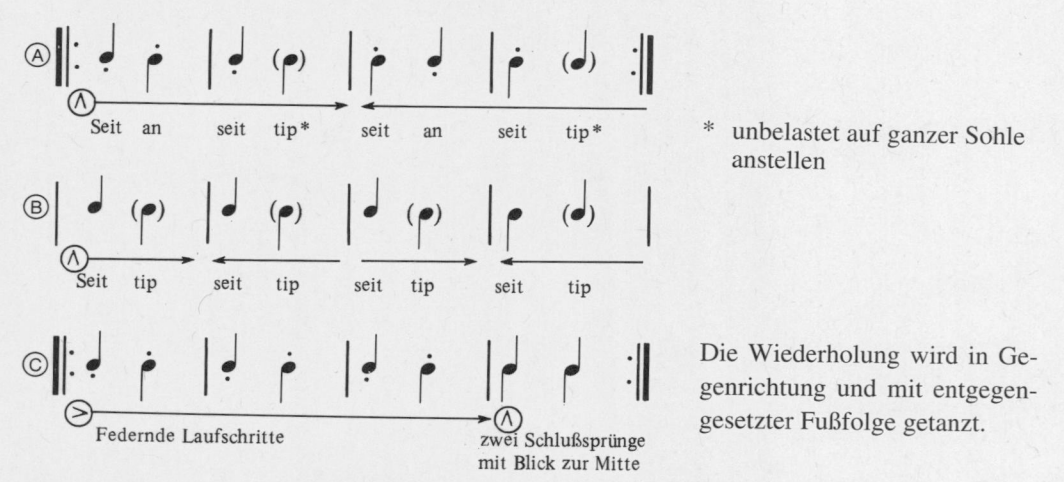

* unbelastet auf ganzer Sohle anstellen

Die Wiederholung wird in Gegenrichtung und mit entgegengesetzter Fußfolge getanzt.

Wie die Positionspfeile zeigen, tanzt man die Teile Ⓐ und Ⓑ auf der Kreislinie seitwärts nach rechts und links, Teil Ⓒ dagegen auf der Kreislinie vorwärts, in die jeweilige Tanzrichtung schauend.

Die Teile Ⓐ und Ⓒ sind auch im Tanz lebhaft und gefedert empfunden (flache Schritte, Spielbein nahe am Boden), der Ⓑ-Teil dagegen im Kontrast eher ruhig.

Schrittfolge – Variation für den Ⓐ*-Teil:* Seitanstellschritt, leicht abgefedert, im 2. und 4. Takt jeweils ein „Hüpfer".

Spielerische Übungen zum Erlernen des Tanzes
- *Mitsingen der Melodie:* Die oben notierte Melodie ist überschaubar und sanglich. Der Lehrer singt Teile vor, bald schließen sich die Kinder an. Das Tempo ist zunächst langsam, zumal dazu Tanzübungen treten ...
- *Tanzteile in ihrem Grundcharakter erfassen:* Zu den Teilen Ⓐ und Ⓒ laufen oder hüpfen wir, zum Ⓑ-Teil bewegen wir uns dagegen mit kleinen Schritten: fast am Platz, mit leicht gebeugten Knien.
- *Richtungswechsel denken (!):* Der Lehrer zeigt nur die Richtung an, in die getanzt wird, die Kinder zeigen mit. Oder sie wenden sich nur in die Richtung, ohne irgendwelche Schritte auszuführen.
- *„Mit den Händen tanzen":* Die Seitschritte kann man zuerst im Kniesitz, mit den Händen am Boden, üben. (So tritt man nicht gleich einem Nachbarn auf den Fuß.) Die Schlußsprünge am Ende des Ⓒ-Teiles können auf den Boden gepatscht werden.
- *Seitanstellschritt:* Zur Ausführung vgl. S. 74, zu einigen Grundübungen auch S. 357.
- *Unbelasteter „tip"-Schritt:* Wir üben ihn, indem wir verschiedene Möglichkeiten spielerisch ausprobieren: mit Spitze, Ferse, ganzem Fuß / neben dem Standbein, davor, überkreuz etc.

c) Wir gestalten einen eigenen Tanz

Von Stunde zu Stunde konnten sich die Kinder einen Grundstock an tänzerischen Formen erarbeiten – in „10 x 10 Minuten Tanzen" ebenso wie im Erlernen einzelner Tänze. Und jedes neue und dann vertraut werdende Element erweiterte das Repertoire der tänzerischen Möglichkeiten der Kinder aufgrund seiner Kombinationsfähigkeit mit anderen Tanzelementen beträchtlich. Jetzt soll die Lust der Kinder am Entdecken neuer Kombinationen noch einmal kräftig „geschürt" werden – mit der Kombination bekannter Tanzelemente, wobei auch immer wieder neue Elemente entdeckt werden dürfen!

Bekannte Tanzelemente mit den Kindern immer wieder *neu* zusammenzustellen (statt nur Tanz um Tanz hintereinander zu lernen) ist auch deshalb wichtig, weil dies die im Tanz zu erwerbenden Fähigkeiten in einem besonderen Ausmaß anregt und entwickelt: das Phrasen- und Tempogefühl, die Raumorientierung, Koordination, Reaktion, Kooperation, Vor-sicht, Rück-sicht, Um-sicht, Ein-sicht und Voraus-sicht.

Zu viert: Als Musik bieten sich z.B. HB 3 „Dashing White Sergeant", HB 5 „New England Medley" oder eine andere Musik an, deren Melodie in gleichlange, gut überschaubare Abschnitte gegliedert ist.

17.7

Ausgangsposition sind Paare auf der Kreisbahn. Jeweils zwei Paare wenden sich einander zu – also haben sich Vierergruppen gebildet, die jetzt überlegen sollen, wie sie mit dem ihnen bereits bekannten Material *zu viert* etwas tanzen können. (Geht es einmal nicht anders, können in einer Gruppe natürlich auch nur drei Tänzer sein.)

Nach je vier Takten bildet die vorgeschlagene Musik einen Abschnitt, und ebensolange sollen die Tanzabläufe jeweils dauern. Wichtig ist, daß alle Tänzer am Ende jedes Teiles wieder an ihrem Platz stehen.

Beispiele für Gestaltungsmöglichkeiten:
- zuerst Handtour mit dem eigenen Partner, dann mit dem Gegenüber,
- Mühle oder Kreis zu viert,
- Tore bilden und „Tauchen",
- diagonal tanzen ...

Wenn alle Kinder mehrere solcher Figuren lernen und üben, gibt es eine Menge zu tun. Am Ende kann man dann sogar zwei oder mehr solcher Figuren zu einer Abfolge kombinieren. (Denkbar ist auch, aus den gefundenen Figuren eine Art Tanz-Rondo zu gestalten.)

Das Tanzen „zu viert" kann auch verbunden werden mit dem

17.8 **Kartenspiel für fixe Tänzer:** Es faßt viele Vorerfahrungen der Kinder zusammen und gibt den Anreiz, Tanznotationen zu entschlüsseln. Die jederzeit neu zu kombinierenden Figuren und die Zeichenerklärung sollen den Kindern helfen, sich so selbständig wie möglich die Notationssymbolik zu erarbeiten. – Der Lehrer kann die Kärtchen (s. unten und S. 365) in beliebiger Zahl kopieren und mit Pappe verstärken. Paarweise oder zu viert werden von den Kindern einzelne Karten gezogen, deren Figuren enträtselt und getanzt, schließlich mehrere Figuren miteinander kombiniert.

Kinder und Lehrer entdecken sicher noch viele andere Spielmöglichkeiten mit den Kärtchen. Sind die Kinder schon sehr versiert, kann ein Kind der „*Caller*" ("Rufer") sein. Es zieht eine der Karten und ruft den anderen den Namen der jeweiligen Figur zu.

Namen und Beschreibung der Tanzfiguren (Tanzkarten S. 365)

1 „*Kreis*": Zu viert (oder auch als ganze Gruppe) einen Kreis bilden, Hände gefaßt (V-Fassung). Im Seitgalopp zunächst links herum, dann rechts herum.

2 „*Mühle*": Zu viert zunächst die rechten Hände in der Mitte des kleinen Kreises fassen (Hand faßt Handgelenk des jeweils vorderen Tänzers) und so miteinander links herum drehen (mit Geh- oder mit Laufschritten). Dann die linken Hände fassen und rechts herum drehen.

3 „*Vor – Rück*": Zwei Paare stehen sich gegenüber (aber auch ein Paar allein kann diese Figur tanzen). Die Tänzer gehen mit vier Schritten aufeinander zu und mit vier Schritten wieder auf ihren Platz zurück.

4 „*Drehen*": Jeder Tänzer – in welcher Gruppenformation er gerade steht, spielt keine Rolle – dreht sich mit vier Schritten um sich selbst, zuerst nach links und dann nach rechts.

5 „*Dos-à-dos*" („Rücken an Rücken"): Zu zweit rechtsschultrig umeinander herum gehen, ohne sich dabei zu drehen und ohne die Blickrichtung zu ändern. Wenn man „Rücken an Rücken" aneinander vorbeigegangen ist, beendet man den Weg zum eigenen Platz zurück also rückwärtsgehend! Dann kann man dasselbe auch linksschultrig machen.

6 „*Handtour*": Zu zweit die rechten Handflächen aneinander legen (oder die rechten Hände in Schulterhöhe fassen), mit acht Schritten einmal umeinander herum bis zurück auf den eigenen Platz gehen. Dann linke Hände aneinanderlegen (oder Hände fassen) und links herum gehen.

Musik: Es eignen sich z.B. „Dashing White Sergeant" (HB 3) oder „New England Medley" (HB 5).

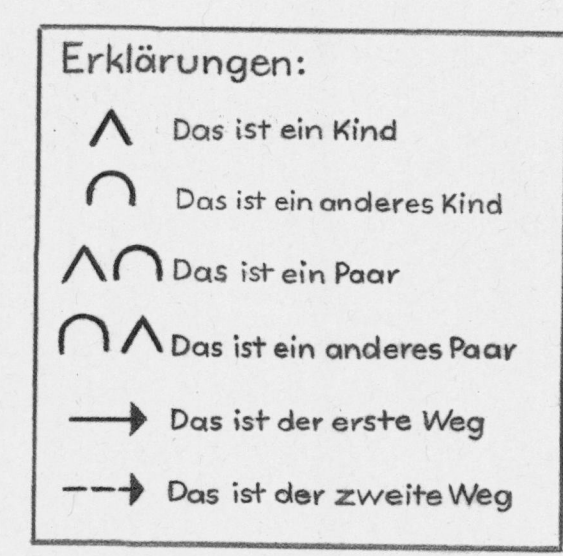

Erklärungen:

∧ Das ist ein Kind

∩ Das ist ein anderes Kind

∧∩ Das ist ein Paar

∩∧ Das ist ein anderes Paar

→ Das ist der erste Weg

--→ Das ist der zweite Weg

—|— Das sind gefaßte Hände

✕ Das sind gekreuzt gefaßte Hände

)(Aneinandergelegte Hände für die "Handtour"

)+(Vier Hände treffen sich in der Kreismitte für die "Mühle"

365

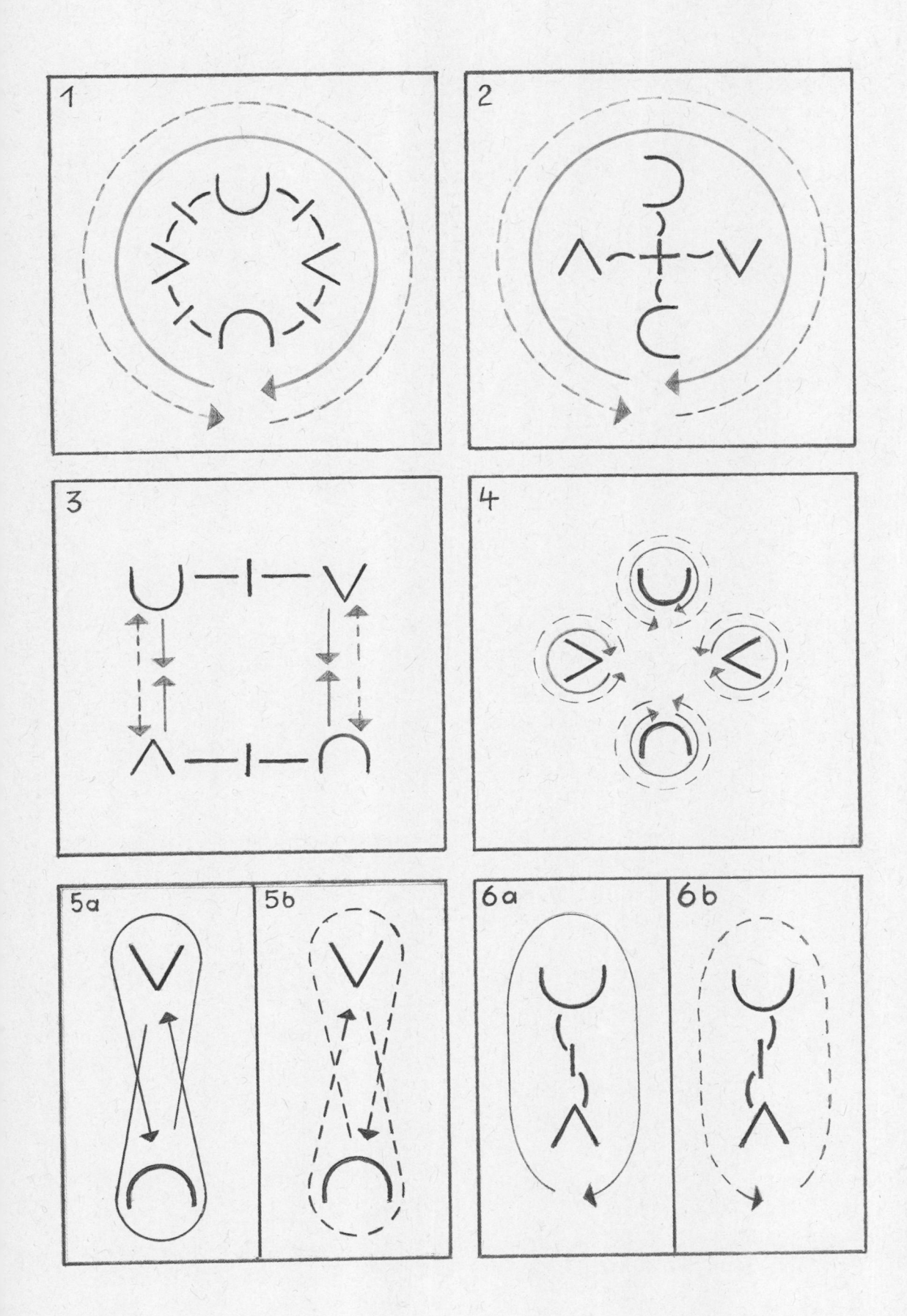

Brücken bauen – der Posaune und anderen Instrumenten, die wir dabei näher kennenlernen

12. Thema

ELTERN machen mit

Brücken schaffen Verbindungen. Ausgehend von dem Lied „Es führt über den Main eine Brücke von Stein", sollen die Kinder aus Klängen und Tönen Brücken bauen – im musikalischen Zusammenspiel mit einem anderen, besonderen Instrument.

Das Thema soll nicht zuletzt dazu beitragen, den Kindern Erfahrungsgrundlagen zu geben für ihre Entscheidung, selbst ein Instrument zu erlernen.

Überlegungen zum Thema

Die Kinder sind bereits mit zahlreichen elementaren Instrumenten vertraut. Vielleicht haben sie im Unterricht auch schon die Blockflöte, das Klavier oder ein anderes Instrument näher kennengelernt. Weitere Instrumente kennen sie von Bildern, zufälligen Begegnungen und gelegentlichem Hören. Aus ungefähren Vorstellungen soll eine präzisere Kenntnis möglichst unterschiedlicher Instrumente erwachsen.

Das *Kinderbuch* macht u.a. auf den Seiten 66–69 mit Teilzeichnungen auf verschiedene Instrumente aufmerksam. Auf den S. 60–63 werden auch Bilder mit Musikinstrumenten eingeklebt. Der Lehrer kann Anregungen dafür geben, in welchem Zeitraum und in welcher Folge die Kinder die genannten Arbeitsmöglichkeiten im Kinderbuch nutzen, die im 15. Thema („So viel Musik um uns herum") noch einmal eine Rolle spielen werden.

Eine umfassende Instrumentenkunde soll bei all dem nicht abgehandelt werden. Ziel ist es, erlebnisreiche Begegnungen mit einzelnen Instrumenten und Instrumentalisten zu schaffen, die auch das gemeinsame Musikmachen mit einschließen. Diesem Anliegen dienen die *„Mitspielstücke"* in der Themenentwicklung selbst wie im angeschlossenen Materialteil.

H i n w e i s e :

– Auch wenn es an einer Musikschule nicht schwierig sein dürfte, mit versierten Instrumentalisten zusammenzutreffen, zielen die hier angebotenen Stücke nicht darauf, die Instrumente in all ihren virtuosen Möglichkeiten zu zeigen. Die Stücke sind vielmehr so angelegt, daß sie auch von ambitionierten „Amateurmusikern" (Eltern) realisiert werden können.

– Jedes der Stücke stellt ein bestimmtes Instrument in den Mittelpunkt, doch können viele Stücke auch von anderen Instrumenten gespielt werden. Das in der „Entwicklung des Themas" geschilderte Mitspielstück stellt die Posaune vor. Am Ende des Themas wird deren Musik auch im Violinschlüssel notiert, um deutlich zu machen, daß sich auch z.B. Diskant-Melodieinstrumente an *diesem* „Brückenbauen" beteiligen könnten.

– „Es führt über den Main": Das Original sieht vor der letzten Strophe zwei weitere Strophen vor. Sie wurden in das Thema nicht einbezogen, da das Lied in erster Linie auf das spätere Zusammenspiel mit der Posaune zielt. Man kann die Strophen jedoch aufgreifen, mit den Kindern ihren Sinn deuten und in der Gestaltung berücksichtigen.

> (6.) Liebe Leute, herbei: Schlagt die Brücke entzwei!
> Und sie schwangen das Beil, und sie tanzten derweil.
>
> (7.) Alle Leute im Land kommen eilig gerannt:
> Bleibt der Brücke doch fern, denn wir tanzen so gern!

Material / Vorbereitungen

Absprache mit eingeladenen Instrumentalisten (Noten zum Üben geben, Konzept besprechen)
Instrumentarium für die Kinder (Stabspiele, andere Instrumente)
Papierbögen, Zeichenutensilien
Kinderbuch S. 54f.

> *Entwicklung des Themas*
>
> a) Vorbereitung:
>   1. Ein „Brückenlied" – singen, darstellen und evtl. begleiten.
>   2. Das Thema der „Brücke" als Impuls für Gruppenimprovisationen auf den elementaren Instrumenten.
> b) Begegnung mit einem besonderen Instrument:
>   3. Die Neugier wird gestillt ...
>   4. Gemeinsames Musizieren.
> c) Nachbereitung:
>   5. Wir erfahren noch mehr von dem neuen Instrument.

a) Vorbereitung

1. Ein „Brückenlied" – singen, darstellen und evtl. begleiten

Das Lied „Es führt über den Main" (Kinderbuch S. 54f.) greift nicht nur das Thema der Brücke direkt auf, sondern bildet auch den Ausgangspunkt, um eine musikalische Brücke („Klangbrücke") zwischen den Kindern und dem eingeladenen Instrumentalisten zu schlagen: In der Musik der Posaune (s.u.) klingen Motive des Liedes an.

Liederarbeitung und -ausgestaltung

Der Lehrer singt den Kindern das Lied mit allen Strophen vor, wobei er sich nach Möglichkeit selbst begleitet (Gitarre, Klavier, Stabspiel). Das abschließende „falala ..." können und sollen die Kinder schon bald mitsingen.

H i n w e i s : In der Wiedergabe des Liedes im Kinderbuch wurde aus Gründen der Übersichtlichkeit darauf verzichtet, die jeweilige Zuordnung der einzelnen Textsilben (Strophen 2–6) zur notierten Melodie zu bezeichnen. Eine text- und melodiegerechte Singfassung ist nicht schwierig, muß aber dennoch überlegt und vom Lehrer für sich geübt werden.

Ein Gespräch über den Inhalt und die Figuren des Liedes schließt sich an. Deren besondere Bewegungen ...
– das Trotten der Pferde vor dem schwerbeladenen Fuhrwerk, dann ihr Tanzen,
– das Laufen, Hüpfen und Springen des Burschen, das Drehen und Wenden des Mädchens,
– das Schreiten des Königs und seines Gefolges...
werden von den Kindern nach und nach probiert.

Eine „Brücke" (ein langer Weg) wird im Raum markiert. Alle Mitwirkenden stellen sich beidseitig des Weges auf – wer im Lied besungen wird, betritt die Brücke, tanzt während seiner Strophe darüber, verläßt die Brücke auf der anderen Seite und reiht sich wieder ein.

Für das Tanzen und Darstellen ist ein instrumentales Zwischenspiel (z.B. der nebenstehende „Nachtanz") vorstellbar. Der Lehrer spielt die Melodie auf der Flöte, ggf. können auch Kinder mitspielen.

Es führt über den Main

Text und Melodie: Felicitas Kukuck/Satz: Hermann Regner
© Möseler Verlag, Wolfenbüttel und Zürich

Strophen 2–6 s. Kinderbuch S. 55

Die instrumentale Begleitung kann nur von Kindern mit entsprechender Vorbereitung oder von Eltern gespielt werden. Die Blockflötenstimme im Nachtanz übernimmt am besten der Lehrer, damit er durch Variation der notierten Melodie dem Charakter der gerade tanzenden Figuren Ausdruck verleihen kann. Sparsam eingesetzte Schlaginstrumente können den Nachtanz beleben.

Andere Sätze zu dem Lied sind zu finden in:
– Paul Nitsche, „Spielt zum Lied", Vorstufe, Mainz 1970, S. 51
– „Unser Liederbuch Schalmei", Instrumentalheft zu den Tanzliedern, Stuttgart 1984, S. 4f.

2. Das Thema der „Brücke" als Impuls für Gruppenimprovisationen auf den elementaren Instrumenten

Die Seiten 54/55 im Kinderbuch werden gemeinsam angesehen. Im Gespräch über Brücken weist der Lehrer auf deren Regelmäßigkeit hin (Wiederholung einzelner Bauelemente).

Wir können gemeinsam
– die Gestalt von Brückenbauten mit den Händen andeuten (das Auf und Ab von Bögen; das gerade Band der Straße auf den Brücken; die dicken Pfeiler ...),
– evtl. Brücken zeichnen,
– evtl. Brücken mit dem Körper darstellen.

„Ob wir auch mit *Klängen* eine Brücke bauen können? Denn wir erwarten einen Gast, einen Musiker, der mit *seiner* Musik auf *unserer* Klangbrücke spazierengehen will ..."

„Wenn die Klangbrücke Ähnlichkeiten mit einer richtigen Brücke haben soll – wie muß sie dann gebaut sein? Auf welchen Instrumenten wollen wir die Klangbrücke spielen? Sollen sich die Musiker wie zu den beiden Seiten einer Brücke aufreihen?"

Solche Fragen könnte der Lehrer den Kindern stellen und dann mit ihnen überlegen, planen und probieren:
– Eine gute Brücke darf nicht zu „dünn" sein, keine „Löcher" haben etc.
– Vielleicht sind Elemente denkbar wie

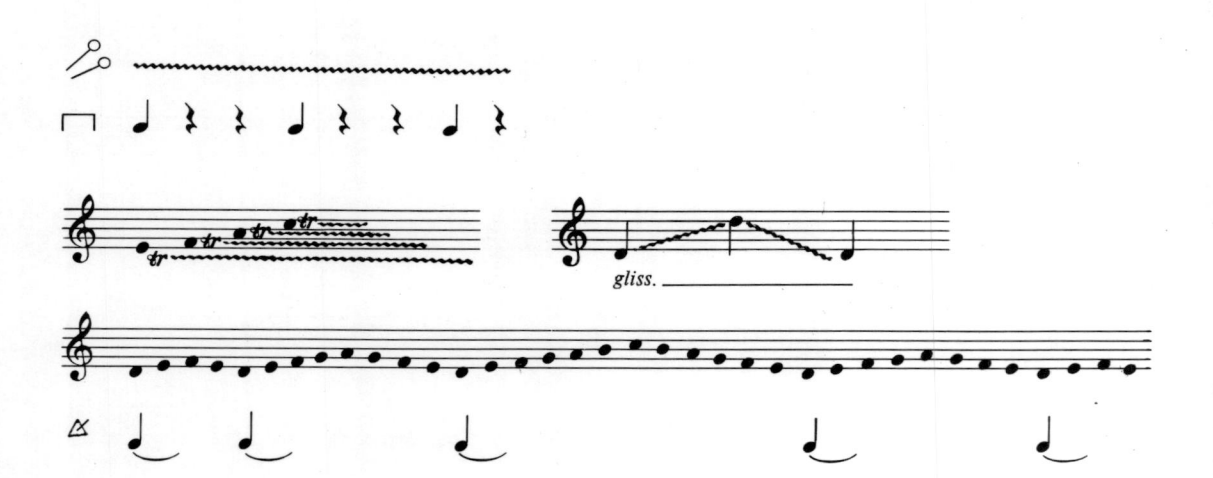

Sind eine oder mehrere Lösungen gefunden, sollen die Kinder die „Klangbrücken" selbst dirigieren und eine Lösung evtl. in grafischer Form im Kinderbuch (S. 55) notieren. Der Lehrer sollte die Notation mit den Kindern besprechen und vielleicht an der Tafel zuvor mit ihnen erarbeiten.

Fotos: Annette Fuchs

b) Begegnung mit einem besonderen Instrument

3. Die Neugier wird gestillt ...

... doch am Beginn singen (und spielen) wir dem Instrumentalisten zur Begrüßung das „Brückenlied" vor.

Der Instrumentalist macht sein Instrument spielbereit: Er nimmt es aus dem Etui, setzt es zusammen, prüft es, stimmt usw. Dann spielt auch er die Melodie des Liedes.

Zumeist haben die Kinder ein so großes Interesse an dem neuen Instrument (sie wollen es anfassen; fragen nach dem Gewicht, dem Preis etc.), daß man noch nicht gleich mit dem Zusammenspiel beginnt. Aus den Fragen der Kinder sollte der Lehrer zusammen mit dem Instrumentalisten vielmehr (behutsam) erste systematische Informationen entwickeln (Name des Instrumentes; Tonbildung; Beeinflussung der Tonhöhe u. ä.). Allen Fragen und Antworten soll viel Raum gegeben werden.

4. Gemeinsames Musizieren

Zunächst spielen die Kinder die „Klangbrücken" vor, die sie sich schon früher ausgedacht haben, anschließend spielt der Posaunist dazu jeweils eine der vier vorgeschlagenen Melodien (vgl. S. 373, 374). Es ist aber auch möglich, daß der Instrumentalist zuerst seine Melodien vorspielt und die Gruppe anschließend dazu ihre „Klangbrücke" baut.

Die Brücke der Kinder muß bereit sein, wenn der Instrumentalist sie betreten soll, und genügend „lang", daß er in Ruhe darübergehen kann.

Der Instrumentalist baut eine Brücke, und die Kinder gehen darüber ...

Für diese „Umkehrung" der Gestaltungssituation könnte ein Posaunist z.B. in folgender Weise „Klangbrücken" bilden, über denen die Kinder frei improvisieren:

oder

c) Nachbereitung

5. Wir erfahren noch mehr von dem neuen Instrument

Wir können vor allem den Instrumentalisten bitten, uns noch weitere Stücke vorzuspielen.

Ein anderes Mal können die Kinder
- das Instrument auf Bildern betrachten und dabei sehen, mit welchen anderen Instrumenten es oft zusammenspielt (vgl. S. 13 – Poster „Unsere Musikinstrumente"),
- Musikstücke hören, in denen das Instrument deutlich hervortritt und mit anderen Instrumenten zusammen spielt,
- das Instrument mit anderen Instrumenten vergleichen, die mit ihm verwandt sind (worauf gründet sich die Verwandtschaft?), die ähnlich oder auch ganz anders klingen ...

Die Melodien der Posaune

Musik: Wolfgang Hartmann
© B. Schott's Söhne, Mainz

Für Diskantinstrumente – die Posaunenstimme im Violinschlüssel

Musik: Wolfgang Hartmann
© B. Schott's Söhne, Mainz

Texte klingen

13. Thema

Texte klingen, wenn man sie ausspricht. Ihrer je eigenen Musik einmal genauer nachzuspüren und herauszufinden, welche Klänge dazu passen, ist eine spannende musikalische Aufgabe, bei der man zudem manchen Text noch besser verstehen lernt.

Überlegungen zum Thema

Alle Texte haben eine rhythmische, manche auch eine besonders deutliche melodische Komponente (z.B. die „Frage" in einem Text). Hat ein Text ein erkennbares, mehr oder weniger durchgängiges Versmaß, liegt die Möglichkeit des rhythmischen und des formbezogenen Gestaltens nahe. Prosatexte regen vor allem zum begleitenden Klangspiel sowie zum Singenden Erzählen an.

H i n w e i s : Wie in allen Themen, in denen das Musizieren auf dem Stabspiel eine präzise Form annimmt, muß der Lehrer die Anregungen auf die schon erreichten Fähigkeiten der Kinder abstimmen und Überforderung vermeiden.

Material / Vorbereitungen

Stabspiele und andere Instrumente
Mal- und Schreibutensilien
Kinderbücher

> *Entwicklung des Themas*
>
> a) Die Reise nach Amsterdam:
>   1. „Musik ahoi! Der Zug fährt los ..."
>   2. Unsere Melodien zur ersten Textstrophe.
>
> b) Die Reise wird fortgesetzt:
>   3. Weitere musikalische, textliche und szenische Ausgestaltung.
>   4. Unsere eigenen Texte?

a) Die Reise nach Amsterdam

1. „Musik ahoi! Der Zug fährt los ..."

Ein Gedicht (Kinderbuch S. 56/57) soll Ausgangspunkt werden für die Erfindung einer eigenen Liedmelodie. So lautet die erste Strophe:

> Amsterdam, die große Stadt,
> ist gebaut auf Paalen,
> wenn die Stadt mal umfällt,
> wer soll das bezahlen?

Aus Holland

Bevor wir uns aber weiter über diese Stadt unterhalten können, müssen wir erst einmal dorthin verreisen ...

(Notenbeispiel: „Ein-stei-gen! Ein-stei-gen! Gleich geht's los! Sind al-le da? Der Zug fährt los!")

Wir reisen in einer Schlange durch den Raum. Mit der Stimme und mit begleitenden Körperbewegungen (z.B. Wischen auf den Knien) bringen wir zum Klingen, wie sich der Zug in Bewegung setzt:

(Notenbeispiel: rol-le rol-le ...)

... so rattern die Räder über die Gleise und Weichen.

„In Amsterdam angekommen", setzen wir uns im Kreis zusammen. Der Lehrer spricht die erste Gedichtstrophe noch einmal, die Kinder wiederholen. Dann wird von Amsterdam, der großen Stadt mit den vielen Kanälen und Brücken, dem Hafen erzählt; der Stadt, in der viele Menschen wohnen und die von vielen besucht wird; in der viele Häuser auf „Paalen" (Pfählen) gebaut sind ...

> „Wenn man über diese Stadt nachdenkt, kann einem schon die Frage in den Sinn kommen: ‚Wenn die Stadt mal umfällt – wer soll das bezahlen?' "

Unsere Melodien zur ersten Textstrophe   2.

„Aus unserem Gedicht soll ein Lied werden. Wir können eine Melodie dazu erfinden. Laßt uns aber zuerst einmal Töne ausprobieren."

Um einen für die Melodisierung, aber auch für die spätere Begleitung durch die Kinder brauchbaren Tonraum „einzuspielen", erfindet der Lehrer singend kurze Motive (Tonraum-Vorschlag: Dur-Pentachord), z.B.

(Notenbeispiele mit Text: „la la la la la la la" / „hm hm hm hm hm" / „la la la la la / la la la la la")

Die Kinder wiederholen jedes Motiv und übernehmen dann einige Male das Vormachen.

Stabspiele (nach Möglichkeit keine Sopran-Instrumente) werden einbezogen, um gesungene Motive nun auch nachzuspielen:

(Notenbeispiele: „Sucht mal das..." / „Das ist auch kein Kunst-stück!")

Wurde mehrmals zwischen Singen und Spiel gewechselt, wendet der Lehrer die Aufmerksamkeit wieder dem vorgesehenen Liedtext zu: Er gibt einen „Start", indem er die erste Zeile singt, z.B.

(Notenbeispiel: „Am-ster-dam, die gro-ße Stadt...")

Lehrer und Kinder gemeinsam
- singen diese Zeile,
- spielen sie auf den Instrumenten,
- begleiten sie auch mit Körperklängen ...

„Wie kann unser Lied weitergehen?
Die fehlenden drei Zeilen können *gleich, ähnlich* oder *verschieden* zur ersten gestaltet sein."

Dieser Hinweis kann für die Kinder eine Hilfe zum Finden und zum Unterscheiden von Motiven sein. Bevor die Kinder Melodievorschläge auf Stabspielen suchen, sollen sie sie zunächst singen. Dabei knüpfen sie am besten jeweils wieder an der ersten Liedzeile an.

Impulse für eine weitere Arbeitsphase:
(1) „Wir können die erste Liedzeile auch anders beginnen!"
(2) „Wir können uns vorstellen, daß sich zwei Leute über die Stadt Amsterdam unterhalten. Der erste singt stolz die Zeilen 1 und 2, der zweite schließt fragend die Zeilen 3 und 4 an."
(3) *Erinnerung der Kinder an das „Nachhausekommen-Spiel" (S. 49, 307): Anfangs- und Schlußton des Liedes sollen gleich sein.*

Gelingt eine Melodie, die allen gefällt, kann sie an die Tafel und anschließend von den Kindern in Noten aufgeschrieben werden. Entstehen mehrere melodische Lösungen, notiert jedes Kind die Melodie, die ihm am besten gefällt, in sein Sammelheft.

b) Die Reise wird fortgesetzt

3. Weitere musikalische, textliche und szenische Ausgestaltung

„Im Kinderbuch (S. 56/57) können wir sehen, wo Amsterdam liegt."

Die Kinder suchen die Landkarte im Heft und besprechen, was sie davon bereits verstehen. Noch zu zwei anderen Städten auf der Karte gibt es Textzeilen:

Kommst du dann nach Kopenhagen,
siehst du dort die Seejungfrau.
Ob sie einen Mantel möchte?,
ist vor Kälte schon ganz grau.

Köln hat einen großen Dom
mit zwei hohen Türmen,
wanken nicht und schwanken nicht,
mag es noch so stürmen.

Rudolf Nykrin/ Manuela Widmer
© B. Schott's Söhne, Mainz

Auch zu diesen beiden Städten reisen wir, mit der Eisenbahn oder mit dem Schiff, zu veränderten rhythmischen Grundierungen, etwa

Schhh...   Schhh...

ra - ta - ta...

Die neuen Städte können eine gleiche, ähnliche oder eine ganz andere Melodie bekommen.

4. Unsere eigenen Texte?

„Unsre schöne kleine Stadt ...",
„Unser schönes kleines Dorf ...",
„Auch bei uns gibt's was zu sehn ..."

... oder ähnlich könnten neue Textanfänge lauten, die gemeinsam im Unterricht „zu Ende gedichtet werden" (vgl. Kinderbuch S. 57).

Schlußgestaltung

Die Liedstrophen können in eine rondoähnliche Reihungsform einbezogen werden, wobei auf verschiedenen Instrumenten, mit Stimmen und Körperklängen zwischendurch „Reisemusiken" erklingen. Die „Wasserstadt" Amsterdam, das Fahren auf See, Schienen oder Straßen bieten viele Ansatzpunkte, auch für die einfache szenische Darstellung. Die Begleitung des Liedes kann auf der Grundlage der mit den Kindern erarbeiteten Rhythmen variiert und ostinat geformt werden.

| **Farbentanz und Bildermusik** | **14. Thema** |

Ein Bild regt die Kinder zum Tanzen und Musizieren, zum Fabulieren, Geschichtenerfinden und zum szenischen Spiel an. Die Grenzen zwischen Farbe, Bild, Bewegung und Klang werden überschritten, und Möglichkeiten der „Synästhesie" – der gleichzeitigen Empfindung auf mehreren Sinnesebenen – werden angeregt und ausprobiert.

Überlegungen zum Thema

Das Thema geht davon aus,
- daß die Kinder mit all ihren Sinnen Wahrnehmungen aufnehmen,
- daß Eindrücke immer komplex sind und sich nur theoretisch in visuelle, auditive, taktile und kinetische Bereiche aufgliedern lassen,
- daß auch die „Lust, sich auszudrücken" nicht von vornherein kanalisiert ist, sondern die ganze Person des Kindes erfassen kann.

Das Thema ist sehr spielerisch und experimentell. Ein „Richtig" oder „Falsch" ist gerade im Bereich der Synästhesie nicht anzugeben.

Material / Vorbereitungen

Kinderbuch S. 58 : Bild „Miró" (aus: Joan Miró, Geträumte Geschichten. 23 Lithographien mit einer Einführung von Wolf Stadler. Freiburg-Basel-Wien 1984)
Instrumente nach Wahl
Malstifte

> *Entwicklung des Themas*
> 1. Beweglich und munter werden.
> 2. Bildbetrachtung.
> 3. Szenische Darstellung.
> 4. Musik zur Szene.
> 5. Der Malstift tanzt im Kinderbuch.

1. Beweglich und munter werden

Vom „Lufttrommeln" zum federnden Tanzen: „Lufttrommeln" kann man zunächst am Platz spielen – über mir, neben mir, hinter dir – überall, stellt man sich vor, können die Lufttrommeln aufgehängt sein. Wie diese Trommeln klingen, das begleiten wir mit der Stimme. Immer bewegter wird das Spiel, immer mehr suchen wir die Trommeln überall im Raum und beginnen dabei ganz von selbst einen aufregenden Tanz zu tanzen.

Dieser Impuls ist den „10x10-Minuten Tanzen" entnommen (S. 75). Wenn die Kinder die Übung schon kennen, ist es eine Wiederholung.

Heute wird die Übung noch erweitert! Der Lehrer begleitet das „Lufttrommeln" zusätzlich mit Instrumentalklängen, und die Kinder nehmen das in ihre Bewegungen auf. Der Lehrer sollte dabei versuchen, die Kinder immer „höher hinauf trommeln" und springen zu lassen:

„Die Trommeln hängen immer noch ein Stück höher in der Luft!"

Bevor die Luft ausgeht: Ausatmen, Lockern und „Versammeln" (vgl. S. 67).

2. Bildbetrachtung

Kinderbuch S. 58 : Das Bild von Joan Miró löst keine vorgeprägten Verhaltensmuster aus (anders als etwa die Abbildungen bekannter Comic-Figuren). Vieles ist möglich und nur der Phantasie der Kinder und der gemeinsamen Gestaltung überantwortet.

Die Kinder schauen das Bild an und sollen erzählen, was sie darauf sehen. Wenn der Anfang ganz schwierig ist, kann der Lehrer durch vorsichtige Fragen und Hinweise etwas helfen. Wichtig ist, daß die Kinder in ihrem Fabulieren wirklich vom vorliegenden Bild ausgehen. Aber die Figur, das Auge, die schwarzen Punkte, die leuchtend rote Kreisfläche oder die Sterne können für das eine Kind dies, für das andere jenes bedeuten. Hier gilt: Die Deutung ist subjektiv. – Die Kinder sehen ...

„einen Kasperl, der springt"
„einen Clown mit einem roten Hut mit Bommel, er springt bis zum Himmel, zu den Sternen hinauf"
„er spielt mit einem roten Ball"
„nein, mit der Sonne"
„rundherum sitzen viele Leute"
„er spielt auf Instrumenten, wie mit Cymbeln"
„der spielt Fußball auf einer Wiese"
„vielleicht spielt er mit den Sternen"
„eigentlich fliegt er ja über die Erde"
„er hat ein lustiges Gewand an, mit einem grünen Ärmel und einem roten Hosenbein"

... oder etwas ganz anderes.

Sind mehrere Deutungsmöglichkeiten genannt, kann jedes Kind eine Geschichte zum Bild erzählen. (Je mehr Details vorher benannt wurden, desto leichter ist das jetzt für die Kinder!) Die Geschichte kann kurz sein (und z.B. nur einen der genannten Gedanken zum Bild wiederholen) oder länger, und das wird sicher auch von der Mentalität der einzelnen Kinder abhängen.

Vor Beginn des Erzählens hilft ein Moment der Besinnung.

Auch der weitere Verlauf der Stunde wird von sparsamen Impulsen des Lehrers, noch mehr aber von den Vorschlägen der Kinder bestimmt.

Szenische Darstellung 3.

Mit der Frage, wie sich denn der „Kasperclown" (z.B.) bewegen könnte, was er wohl mit seinen Instrumenten macht, führt der Lehrer die Kinder zur Aktion, zum Darstellen ihrer Einfälle.

„Wenn sich aber jetzt alle Kasperln, Harlekine, Clowns oder Hupfdispringis *gleichzeitig* zeigen, kann leider niemand etwas sehen. Wir brauchen auch ein Publikum!"

Zunächst werden einzelne Kinder ihre Einfälle zeigen. Wenn sich die Darstellungen zu erschöpfen oder zu wiederholen beginnen, ermuntert der Lehrer die Kinder, das Bild noch einmal zu betrachten und sich diesmal Möglichkeiten auszudenken, bei denen mehrere Kinder – oder sogar die ganze Gruppe gemeinsam – etwas darstellen können. Das Bild gibt bei genauerer Betrachtung manche Hinweise darauf, z.B.

„Drei Sterne tanzen am Himmel."
„Die blaue Farbe ist ein Meer mit tausend Wellen."
„Dicke schwarze Punkte hüpfen."

Musik zur Szene 4.

Können und sollen noch Instrumente und Klänge die gefundenen Szenen ausschmücken? Will der Clown Instrumente haben, die er beim Tanzen mit sich führen und spielen kann? (Vgl. dazu das 8. Thema „Musik und Tanz, wie gehört das zusammen?" und den anschließenden Materialteil.)

Wir betrachten das Bild noch einmal. Was hat der Maler wohl zuerst gemalt, was später? Was bildet den Hintergrund (blau) und was den Vordergrund, und kann man beides musikalisch ausdrücken?

Jeder Lehrer muß aus der jeweiligen Gruppensituation heraus entscheiden, zu welchem Ziel und bis zu welchem Punkt er die Kinder animieren, herausfordern, hinführen will.

Der Malstift tanzt im Kinderbuch 5.

Das kann im Anschluß an den bisher beschriebenen Unterricht geschehen: Der Stift tanzt wie Mirós Figur ... – Oder der Stift tanzt zu einer Musik. – Die Kinder können aber auch den Stift tanzen lassen, wie sie selbst einmal gerne im Raum tanzen möchten (und nach dem Zeichnen das dann auch tun, vielleicht zu Musik aus dem Lautsprecher), oder sie tanzen zuerst und malen dann ... – Die Offenheit des Themas für Kinder und Lehrer sei auch in diesem Punkt nicht eingeschränkt!

Liebe Eltern,

in den nächsten Stunden wollen wir uns im Unterricht mit dem Thema

„So viel Musik um uns herum"

beschäftigen und erbitten dafür Ihre Mithilfe.

1. Wir möchten gerne Musikbilder betrachten, wie sie uns z.B. in Zeitungen und Zeitschriften oder auf Musikprospekten begegnen. Wir wollen darüber sprechen und so etwas über Musik lernen.

   Bitte helfen Sie mit, wenn Ihr Kind zu Hause solche Musikbilder suchen will. Finden Sie zusammen Bilder, die wir im Unterricht evtl. auch zerschneiden und dann in das Kinderheft einkleben dürfen.

2. Wir möchten gerne etwas aufmerksamer das Rundfunkprogramm hören, in unserem „Radio-Spiel". Dabei drehen wir den Sendeknopf über das gesamte UKW-Band und schreiben in einfachen Worten auf, was wir alles dabei hören.

   Wenn wir das im Unterricht einmal gemacht haben, soll Ihr Kind das gleiche noch einmal zu Hause tun. Im Kinderbuch sind auf S. 65 zwei „Tabellen", in die die Hörergebnisse eingetragen werden können. Das soll Ihr Kind selbst tun – aber vielleicht können Sie sich Zeit dafür nehmen, um beim Bedienen des Radiogerätes zu helfen und beim Nachdenken, was man am besten in das Kinderbuch schreibt, dabei zu sein.

Danke!

Elterninformationsblatt
© B. Schott's Söhne, Mainz

So viel Musik um uns herum

15. Thema

Das Thema will die Kinder auf die vielfältigen Erscheinungsformen der Musik aufmerksam machen. Es baut auf Erlebnissen auf, die die Kinder innerhalb oder außerhalb des Unterrichts hatten. Ziel ist eine Horizonterweiterung des Musikverstehens, die von Schule und Musikschule fortgesetzt werden soll.

In diesem Sinne ist das Thema nicht auf wenige Unterrichtsstunden zu begrenzen. Die Orientierung der Kinder im musikalischen Umfeld ist eine „Daueraufgabe" in der Musikalischen Grundausbildung.

Auch die Eltern der Kinder werden mit dem Thema befaßt sein, wenngleich die konkreten Unterrichtshinweise nicht im Sinne eines Dabeiseins der Eltern im Unterricht abgefaßt sind.

Überlegungen zum Thema

Das Thema ist komplex und weist über die Aktivität „Musikhören" hinaus. Stärker als in anderen Themen tritt das Nachdenken, Erzählen, Berichten und Sich-Informieren über Musik in den Vordergrund.
- Eine *Bildersammlung* soll die Kinder auf das „Feld Musik" aufmerksam machen und es ihnen ausschnitthaft vor Augen führen.
- Im *„Radio-Spiel"* wird ein Teil jenes Musikangebotes, das uns umgibt, von den Kindern „klingend" erfahren. Das Rundfunkgerät wird dabei nicht als Apparat der (Dauer-)Berieselung eingesetzt, sondern als eine Hilfe zur Unterscheidung innerhalb des Musikangebotes.
- *Hörbeispiele* verweisen auf Musiksituationen außerhalb des Unterrichts. Sie bringen einige typische Ensembleformen und Musikstile, wie sie auch im Poster „Unsere Musikinstrumente" (vgl. S.13) aufscheinen, klingend zu Gehör.

H i n w e i s : Die Möglichkeit des Medieneinsatzes im Unterricht sollte aber nicht davon abhalten, den Kindern – allen praktisch-organisatorischen Schwierigkeiten zum Trotz – Erlebnisse mit Live-Musik zu bieten (vgl. S. 88).

Auf Vollständigkeit muß verzichtet werden! Ein Zuviel an Erläuterungen ebenso wie an Hörangeboten wird die Kinder eher verwirren und unlustig machen als ihnen dabei helfen, neue Wege in der Weite der Musik-Umwelt zu finden. Die Beschränkung auf exemplarische Gespräche, Aktivitäten, Begegnungen und Erfahrungen ist richtig. Dann werden die Begegnungen mit Live-Musik bei den Kindern zu Grunderfahrungen, die sich zunächst einmal wie Teile eines Mosaik-Bildes darstellen mögen. Erst später wird sich das Bild des Kindes von der Musikwelt vervollständigen und abrunden, wird Erlebtes auch auf der Ebene der Erkenntnis begriffen.

Material / Vorbereitungen

Kinderbuch S. 60–63 und 64/65
Scheren, Klebstoff
Radioapparat
HB 48 – 55

> *Entwicklung des Themas*
>
> 1. Die Kinder bringen „Musikbilder" mit, wir sprechen darüber.
> 2. Wo kommt die Musik bei uns im Alltag her? Ein Gespräch mit den Kindern und das „Radio-Spiel".
> 3. „Das klingende Poster."

1. Die Kinder bringen „Musikbilder" mit, wir sprechen darüber

In einer *vorangegangenen* Stunde hat der Lehrer die Kinder gebeten, Bilder zum Unterricht mitzubringen, die Musiker, Musikinstrumente, Musikgeschäfte, Konzertsäle oder irgendetwas anderes zeigen, das mit Musik zu tun hat. Die Eltern wurden mit einem *Elterninformationsblatt* (S. 410) eingeladen, den Kindern beim Suchen zu helfen.

Im Unterricht werden die mitgebrachten Bilder nebeneinander ausgelegt und gemeinsam betrachtet. Im Gespräch sollen Fragen beantwortet werden wie:
– Wo findet die Musik statt?
– Wer macht sie?
– Warum gehen Leute hierhin, dorthin?
– Wie heißen die abgebildeten Instrumente?

Sicher werden noch andere Fragen (wie auch Erzählungen!) bei den Kindern wachgerufen. Im gemeinsamen Gespräch soll man sich mit allem in Ruhe beschäftigen.

Danach kleben die Kinder ihre Bilder, sofern diese dafür nicht zu groß sind und nicht schon früher Bilder eingeklebt wurden, auf S. 60–63 im Kinderbuch ein.

2. Wo kommt die Musik bei uns im Alltag her? Ein Gespräch mit den Kindern und das „Radio-Spiel"

> „Wir können Musik nicht nur auf Bildern sehen – vor allem hören wir sie! Wo begegnet euch Musik?"

Auch diese Frage wird von den Kindern mit eigenen Berichten beantwortet werden. Der Lehrer soll dabei die technischen „Überbringer" von Musik, also Schallplatte, Kassette, Fernsehen und Radio mit ins Gespräch bringen.

> „Viele Menschen hören Musik im Radio. In jeder Familie gibt es eines. Wir wollen einmal genau aufpassen, was wir da hören ..."

Der Lehrer hat ein transportables Radio mitgebacht. Er überstreicht mit dem Sendereinstellknopf langsam das gesamte UKW-Band (oder ein anderes Wellenband, bitte ausprobieren!) und bittet die Kinder, bei jeder hörbar werdenden Sendung zu beschreiben, was da gerade zu hören ist. Die Kinder sollen z.B. feststellen, ob es sich um Sprache, um einen Chor, einen Sänger, ein einzelnes Instrument, ein Orchester usw. handelt.

> „Dieses Radio-Spiel sollt ihr zu Hause noch einmal oder sogar mehrmals spielen und auch aufschreiben, was ihr hört. An irgendeinem Tag, zu irgendeiner Zeit. Laßt euch dabei von euren Eltern helfen."

Im Kinderbuch (S. 65) ist Gelegenheit, die Ergebnisse des „Radio-Spieles" einzutragen. Der Lehrer betrachtet und bespricht mit den Kindern die Seiten.

Nachbereitung: In der nächsten Stunde werden die Ergebnisse (Eintragungen) verglichen. Hiervon ausgehend kann man mit den Kindern über die Vielfalt des Rundfunkangebotes reden – und vor allem auch wieder über das vielgestaltige Bild von „Musik"!

„Das klingende Poster" 3.

Das Poster „Unsere Musikinstrumente" (vgl. S. 13) zeigt neben zahlreichen Instrumenten sechs Ensemblesituationen:

1. Tanzkapelle
2. Blasorchester
3. Straßenmusikant
4. Kinder spielen in einer Gruppe
5. Streichorchester
6. Hausmusik

Dem vorliegenden Thema zugeordnet sind acht Hörbeispiele (HB 48-55), die, den „Chor" ausgenommen, auf das Poster zu beziehen sind.

1. Chor – HB 48 – Hugo Distler, „Der Feuerreiter" (Ausschnitt)
2. Orgel – HB 49 – Johann Sebastian Bach, „Valet will ich dir geben"
3. Hausmusik – HB 50 – „Wenn alle Brünnlein fließen" in einem Satz für Sopran, Sopran- und Altblockflöte, Violine, Violoncello und Klavier
4. Blaskapelle – HB 51 – Ernst Falk, „Für immer froh"
5. Straßenmusikant HB 52 – Musiziert wird das Lied „This old man ..."
6. Streichorchester – HB 53 – Béla Bartók, „Biciumeana" aus „Rumänische Volkstänze" (Ausschnitt)
7. Populäre Musik, Disco Band – HB 54 – „Change your mind"
8. Kammermusik – HB 55 – Georg Philipp Telemann, „Grave" aus dem Quartett in F-Dur für Blockflöte, Oboe, Violine und B.c.

Das Spektrum der im Unterricht zu hörenden und zu besprechenden Musik kann um Beispiele, die die Kinder *selbst* mitbringen, erweitert werden:
- Im Anschluß an das Sammeln von Bildern zu Musik kann man die Kinder auffordern, zu Hause nach Musik zu suchen, die zu einem ihrer Bilder paßt.
- Aus dem „Radio-Spiel" kann ein eigenes „Radioprogramm" der Kinder im Unterricht erwachsen, bei dem ernstgemeinte oder witzige Kommentare der Kinder jeweils eine von ihnen ausgewählte (mitgebrachte) Musik einleiten. Im Unterrichtsraum kann ein „Rundfunkstudio", ihm gegenüber ein Platz für die „Zuhörer vor dem Rundfunkgerät" eingerichtet werden. Die Zuhörer können nach Belieben zu den Sendungen mitsingen, mitklatschen oder mittanzen.
- Im Sinne des Themas „So viel Musik *um uns herum*" sind vor allem auch Exkursionen zu Musikstätten aller Art, Konzertbesuche mit den Kindern usw. erwünscht (vgl. S. 88).

So ein Theater!   16. Thema

Theaterspielen im Rahmen der Musikalischen Grundausbildung soll immer ein szenisches Gestalten sein, in dem sich musikalische, tänzerische und sprachliche Mittel verbinden. Ein solches Spiel kennt kleine und größere Formen: so bereits die Darstellung eines Spielliedes oder die Ausgestaltung eines Gedichtes als Kern einer Spielszene, aber natürlich auch die Vorbereitung und Aufführung eines größeren Spielgeschehens, eines Märchens oder einer Bilderbuchgeschichte.

Überlegungen zum Thema

Woran kann man die Brauchbarkeit eines Stoffes für das Spielen mit den Kindern erkennen? Wie kann man bei seiner Erarbeitung methodisch variantenreich vorgehen? Welche Gestaltungsmittel kann man einsetzen und mit den Kindern spielerisch üben? Solche Fragen sollen anhand eines Beispieles exemplarisch erläutert werden. (Denn es gibt natürlich eine Fülle „spielbarer" Bilderbücher und Geschichten für Kinder, aus denen der Lehrer weitere Spielstoffe auswählen kann.)

Unser Spielstoff knüpft an „Das Drachenbuch" von Walter Schmögner (Insel-Verlag, Frankfurt a.M. 1969) an. Es liefert die Idee eines Drachens, der in der Einsamkeit seiner Behausung von wunderbaren Abenteuern träumt, der besondere Kunststücke kann, die er gerne zeigen möchte, der sich sehr allein fühlt; der von einem Wettbewerb für die „schönsten Tiere" hört; der dort auftritt und den 1. Preis gewinnt und auch noch eine Freundschaft mit einer Maus schließen kann.

So eine Geschichte ...
– kann man rasch erzählen, und die Kinder können sie rasch verstehen,
– regt die Phantasie an (der Drache als Fabelwesen; hier zudem ein Drache, der wenig typisiert ist und damit offen für viele Deutungen),
– stellt zunächst zwar wenige Rollen vor, kann aber für die Zahl der Kinder in der Gruppe entsprechend arrangiert werden.

Der Drache im Buch ...
– ... hat sechs Beine, unser Drache z.B. vierundzwanzig – die Kinder sollen ihn gemeinsam spielen,
– ... hat rote Tupfen, unser Drache eine ganze Palette von Farben – er heißt „Kunterbunt",
– ... träumt von „wunderbaren Abenteuern", aber was stellen sich die Kinder dabei vor?
– Die im Buch gezeigten Kunststücke des Drachens sind so nicht durchführbar. Die Kinder denken sich eigene Kunststücke aus.
– Wir stellen dem Drachen andere Tiere, die gleichfalls mit Kunststücken auftreten, gegenüber.
– Es ist nicht wichtig, daß am Ende jemand einen „Preis" bekommt – alle unsere Kinder verdienen ihn. So stellen die Tiere ihre Kunststücke besser auf einem „Fest" vor.
– Im Buch gibt es keine Andeutung zum Musikmachen – wir aber werden natürlich dem Singenden Erzählen, dem Lied, dem Instrumentalspiel und der Bewegungsdarstellung entsprechenden Raum geben.

Die Vorbereitung einer Aufführung bleibt zunächst im Hintergrund (und muß den Kindern erst relativ spät bekanntgemacht werden): Die Kennenlern- und Ausprobierphase soll ein in sich „vollwertiger" Arbeitsprozeß sein, und jedes Kind soll die Möglichkeit haben, viele verschiedene Situationen und Rollen zu erleben. (Eine frühe Orientierung am Aufführungsgedanken würde demgegenüber eine rasche Spezialisierung nahelegen.)

Man kann mit 12 oder mit 30 Kindern spielen. Die Geschichte kann auch auf zwei Gruppen aufgeteilt erarbeitet werden.

Das „Drachenbuch" von Walter Schmögner mit seinen witzigen Darstellungen kann den Kindern gezeigt werden, wenn sie selbst schon einige Vorstellungen entwickelt haben.

Material/Vorbereitungen

Instrumente, z.B. Metallophon und Glockenspiel (zum Singenden Erzählen)
ein Drum-Set und andere Rhythmusinstrumente (zur Liedbegleitung)
Pauken oder Trommeln und Becken (zur Kunststückmusik)
nachklingende Instrumente (zur Klangkette)

Figuren-Karten für erste szenische Improvisationen (S.437)

Karten mit Textzeilen, die den Drachen schildern (vgl. S. 430), für jedes Kind in der Gruppe eine Karte. Gestaltung dieser Karten etwa so:

```
┌─────────────────────────────────────────────┐
│  1                                          │
│    Es war einmal ein Drache                 │
│                                             │
│   ╱─────────────────────────────────────    │
│  ╱ ────────────────────────────────────     │
│ 𝄞 ─────────────────────────────────────     │
│   ─────────────────────────────────────     │
│   ─────────────────────────────────────     │
└─────────────────────────────────────────────┘
```

Requisiten

> *Entwicklung des Themas*
>
> a) Einstieg:
>   1. „Stell dir vor ..." – Szenisches Improvisieren, Verwandeln und Gestalten.
>   2. „Es war einmal ein Drache".
>   3. Der Song vom Drachen „Kunterbunt".
>
> b) Die Szenen:
>   4. Drachenträume mit Musik.
>   5. Der Drache übt seine Kunststücke.
>   6. Die Kunststücke der anderen Tiere.
>   7. Das Fest:
>   • Der Ausrufer
>   • Der Bürgermeister
>   • Die Darbietungen
>
> c) Die Aufführung vor Publikum:
>   8. Wir planen den Ablauf unseres Spieles.

a) Einstieg   **1.**

„Stell dir vor ..." – Szenisches Improvisieren, Verwandeln und Gestalten

Auf S. 437 des Lehrerkommentars sind typisierte Figuren gezeichnet, wie sie die Kinder aus Märchen oder der realen Umwelt kennen. – Arbeitsmöglichkeiten:

- Der Lehrer hat die Kärtchen kopiert und ausgeschnitten, die Kinder sollen aber nur 3–4 der verdeckt angebotenen Kärtchen ziehen. So bleibt es ungewiß und spannend, welche anderen Kärtchen es noch gibt, die bei Wiederholungen ins Spiel treten können.
- Die abgebildeten Figuren werden gemeinsam betrachtet und beschrieben. Anschließend sollen die Kinder einzelne davon in der Bewegung darstellen. Im Gespräch danach kann man sich besonders mit Details der Körperhaltung, der Gestik, der Mimik, aber auch des Ausgelassenseins, des „Sich-Trauens" beim Darstellen, befassen.
- Ein anderer Ansatz: Es werden jeweils zwei gleiche Bilder an die Kinder verteilt. Jedes Kind stellt seine Figur pantomimisch dar – die Paare sollen sich selbst finden.
- In Improvisationen sollen die Kinder versuchen, mehrere der Figuren zu einer Mini-Geschichte zu verbinden. Dafür bietet sich auch Kleingruppenarbeit an.

„Es war einmal ein Drache"   **2.**

Die Kinder sollen erraten: ein Fabeltier, das in vielen Märchen und Phantasiegeschichten vorkommt ...

Haben die Kinder es herausgefunden, spricht man darüber, ob es Drachen überhaupt gibt, wie sie aussehen, ob es nicht verschiedenartige Drachen geben kann?

Der Lehrer läßt die Kinder aus einer Reihe großformatiger Karten (vgl. S. 428) ziehen. Für jedes Kind gibt es wenigstens eine Karte.

Auf jeder Karte ist eine Textzeile aufgeschrieben, z.B.:

1 – Es war einmal ein Drache.
2 – Er hieß „Kunterbunt".
3 – Oft träumte er von interessanten Drachenabenteuern.
4 – Aber meistens langweilte er sich sehr.
5 – Der Drache konnte zwar einige Kunststücke,
6 – und darauf war er stolz.
7 – Aber was nützte ihm das –
8 – er konnt sie niemandem zeigen...
9 – Er war ganz allein.
10 – Der Drache war auch sehr zahm,
11 – und überhaupt sehr lieb.
12 – Zwölf Meter war er laaaaa-ng.
13 – Und er hatte ein eigenes Lied.

Zuerst wird man die Zeilen vorlesen, wie sie der Reihe nach in den Händen der Kinder sind, dann die Reihenfolge klären (Numerierung) und noch einmal lesen, und schließlich darüber sprechen, daß auf den Karten auch leere Notenzeilen zu sehen sind: Man soll die Sätze also singen!

Ein Metallophon stimmt an,

und schon kann das Singende Erzählen reihum beginnen:

Es war ein-mal ein Dra-che

3. Der Song vom Drachen „Kunterbunt"

Nicht zu schnell

1. Ich bin der Dra-che

Klavier

Git.

Kun-ter-bunt, ich seh' aus wie ein bun-ter Hund. Ich bin ein Wun-der-tier —

430

* An dieser Stelle könnte der Drache eine besondere Aktion zeigen. Das zweitaktige Motiv kann öfter wiederholt werden.

2. Mein Vater spuckte Feuer – Ha!
   Er war ein Ungeheuer – Hu!
   Doch von Kamillentee –
   wurd' er sanft wie eine Fee.

3. Die bösen Drachen sind längst fort,
   verbannt an einen fernen Ort.
   Zwölf Meter bin ich lang –
   doch vor mir wird keinem bang.

4. Kein Feuer speit aus meinem Schlund,
   denn Feuer spei'n ist ungesund.
   (?) Lieber singe ich –
   Lieder vor für dich und mich.

5. Ich leb an einem Märchenort,
   allein! Kein Mensch besucht mich dort!
   Ich träume vor mich hin –
   Drachen haben viel im Sinn.

6. Aus Zeitvertreib hab' ich geübt,
   was es an Drachenkünsten gibt.
   Zeig' sie zur rechten Stund:
   Euer Drache Kunterbunt.

Text, Melodie, Klaviersatz: Rudolf Nykrin/Gitarrensatz: Michel Widmer
© B. Schott's Söhne, Mainz

Nicht alle Textstrophen des Liedes können auf einmal gelernt werden. Man sollte alle Strophen aber einzeln vorsingen, mit den Kindern über den Textinhalt sprechen und einige wenige Strophen Zeile um Zeile singen. Es bleibt eine Frage der Wiederholung und des häuslichen Auswendiglernens (das den Kindern von der Schule her als Aufgabenstellung geläufig ist), die Liedstrophen den Kindern ganz vertraut zu machen.

Ein zusätzlicher Anreiz bei der Liedgestaltung wäre es, wenn die Kinder selbst die Begleitung auf einem richtigen *Schlagzeug* übernehmen dürften. Die Teile eines Drum-Set werden separiert gestellt, ein Spieler kann die „Bass Drum" und das „Hi-hat" übernehmen. – Begleitidee:

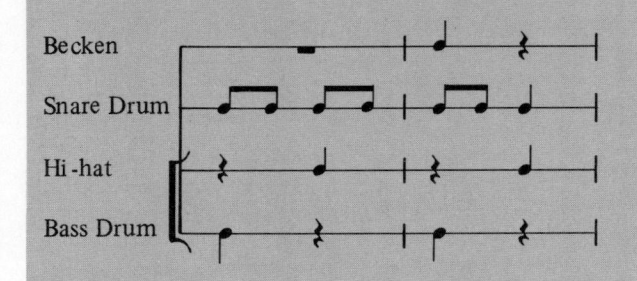

Becken
Snare Drum
Hi-hat
Bass Drum

Es empfiehlt sich, Verbindung mit einem Schlagzeuglehrer aufzunehmen.

b) Die Szenen

4. Drachenträume mit Musik

„Der Drache singt: ‚... ich träume vor mich hin – Drachen haben viel im Sinn.' – Wovon träumt so ein Drache wohl?"

Jedes Kind soll zunächst Zeit haben, sich seinen eigenen „Drachentraum" vorzustellen. Gemeinsam sammelt man man dann die Ideen für Drachenträume:

„Mit einem stolzen Ritter erlebe ich ein Abenteuer ..."
„Ich habe eine wunderschöne Prinzessin befreit ..."
„Ich habe geträumt, daß ich fliegen kann ..."
„Ich habe im Traum einen Berg aus Schokoladepudding gegessen ..."

Jedes Kind *malt* für sich seinen Drachentraum – dann können die Kinder ihre eigenen Bilder auch singen und erzählen.

Für die anschließende Situation kann der Lehrer ein paar Töne auf einem Glockenspiel anschlagen, sich dann „zum Schlafen" hinlegen und als erster einen kurzen Traum singend phantasieren. Leise singend fordert er auch die Kinder zu weiteren Traumgesängen auf. Entspannt auf dem Boden liegend, oder Arme und Kopf gemütlich auf einem Tisch gelagert, kommt am ehesten die richtige Stimmung für die erste singende Improvisation dieser Szene zustande.

Später können zwei Elemente ein Gerüst abgeben und ein Anlaß für Wiederholungen sein:
– Jedes Kind kann sich seinen eigenen Traumtext zurechtlegen und vielleicht sogar aufschreiben.
– Zwischen die gesungenen Träume kann eine „Traummusik" gestellt sein, z.B. in Form einer „Klangkette": Instrumente aller Art, besonders aber nachklingende Instrumente, reihen sich nacheinander. Jedes Instrument erklingt nur mit einem Schlag – das nächste erst, wenn von dem vorangegangenen nichts mehr zu hören ist.

Der Drache übt seine Kunststücke **5.**

Jetzt müssen wir nachdenken und ausprobieren: Alle Kinder gemeinsam sollen den Drachen spielen. Wie soll das gehen, und was kann so ein Drache?

Die Zeichnungen auf dieser Seite illustrieren die Idee einer Körperschlange. Sie sind anatomisch-sachlich gehalten, um die Kinder anzuregen, ohne ihnen die Vorstellung eines bestimmten Ausdrucks aufzuzwingen. Bewegen sich die Kinder dann in den vorgeschlagenen Gruppierungen bzw. Fassungen durch den Raum, kommt die Komik eines Kunststücke übenden Drachens erst so richtig zum Ausdruck.

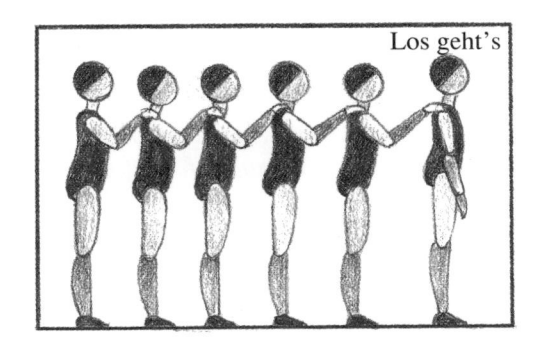

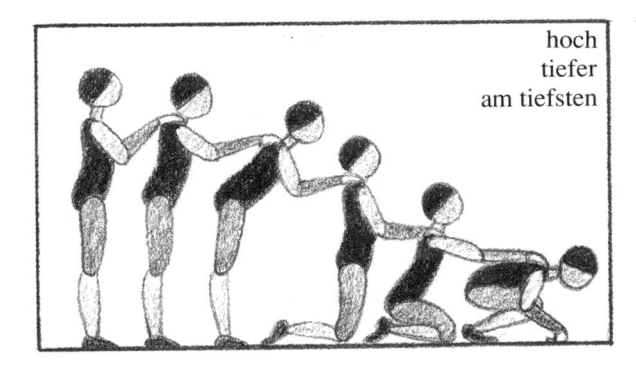

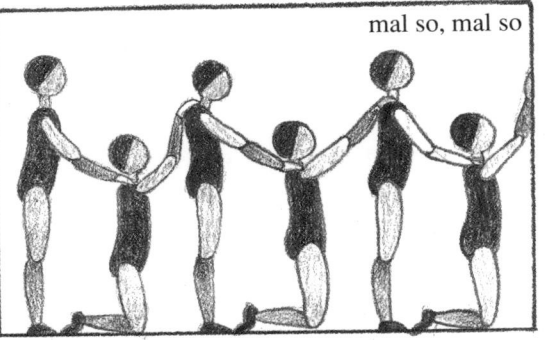

Los geht's

hoch
tiefer
am tiefsten

verschiedene Schritte

ganz weit

in der Hocke

mal so, mal so

433

Die Kunststücke des Drachens können z.B. bestehen:
- im (schnellen) Finden einer (klaren) gemeinsamen Position,
- im Übergang von einer Position zu einer anderen,
- in der räumlichen Veränderung, eng – weit – eng / hoch – tiefer – am tiefsten,
- in Schlurf- oder Stampfgeräuschen u.ä.,
- in begleitenden Stimmklängen (s. u.).

Die gezeigten Bilder sind also nur erste Vorschläge!

Zu den Drachenkunststücken gehört natürlich auch Musik: die „Kunststückmusik", die „Drachenkunststückmusik", die „Drachenkunststückwirbelmusik", die „Drachenkunststücktrommelwirbelmusik"... (allein das Namenfinden wird den Kindern Spaß machen). Diese Musik sollte am Anfang der Lehrer selbst spielen, um allen Kindern das Erlebnis, selbst mit „Drache" zu sein, zu ermöglichen. Der Lehrer kann diese Untermalung auch in einer späteren Arbeitsphase (Vorbereitung eines Spiels) beibehalten oder die Ausführung der Musik dann anderen Kindern übertragen.

Vorschläge zur Musik:
- Auf Trommeln (auch mehreren) wird ein lauter, schneller Wirbel gespielt, solange sich der Drache für sein Kunststück vorbereitet. Ist er fertig, erklingt ein Beckenschlag, der Drache setzt sich in Bewegung ...
- Rhythmische Ostinati (Pauke, Große Trommel) oder auch Musik auf Stabspielen, Klavier u.v.a. können die Schritte des Drachens begleiten.
- Bleibt der Drache stehen, erklingt ein weiterer Beckenschlag, der Drache verbeugt sich ... (auch wenn zunächst kein Publikum da ist, das klatscht und „Bravissimo" ruft).

Der Drache kann selbst Töne hervorbringen:
- er trabt herbei,
- schnauft,
- klappt das Drachenmaul auf und zu,
- klappert mit den Zähnen,
- gähnt,
- schnarcht ...

Soll der Drache tanzen, wird eine eigene Musik dafür gesucht oder von den Kindern selbst komponiert.

6. Die Kunststücke der anderen Tiere

Stellen die Kunststücke des Drachens (in der skizzierten Fassung) hohe Anforderungen an die gemeinsame Koordination aller Kinder, könnten weitere Kunststücke eher improvisatorisch in kleinen Gruppen entwickelt werden. Um ziellose Aktivitäten zu vermeiden, kann man
- Grundideen ausarbeiten:
  - Schellentanz des Bären mit Bärenführer,
  - Farbentanz des Paradiesvogels,
  - Seiltanz von Schweinchen Dick und Schweinchen Dünn,
  - Fächertanz der Libelle...
- Requisiten vorgeben: ein Seil, bunte Tücher, einen Fächer ...
- verabreden, daß sich jede Gruppe mit einer Ansage selbst vorstellen muß,
- anregen, daß Musik einbezogen wird oder sogar „Kunststücke mit Musik" überlegt werden.

Wiederum können auch vom Lehrer gestaltete Kärtchen (s. o.) von den Kindern gezogen werden und als Anregungen dienen.

Das Fest

7.

Es ist in der Situation des *Unterrichts* zunächst nur ein Anlaß, um alle Kunststücke noch einmal zu wiederholen.

Der Ausrufer

Der Ausrufer – zuerst der Lehrer selbst – singt:

„Der Bürgermeister unserer Stadt (unseres Dorfes) gibt bekannt: Am Sonntag wird es ein großes Fest geben. Alle Tiere sind eingeladen, in den Zoo zu kommen. Dort können sie alle ihre schönsten Kunststücke zeigen ..."

Holla, ein Fest! Schnell sollen die Kinder an alles denken, was sie dafür brauchen werden: Instrumente und Requisiten, und auch der Raum muß hergerichtet (umgeräumt usw.) werden.

Der Bürgermeister

Der Bürgermeister – zuerst der Lehrer selbst – singt:

„Ich bin der Bürgermeister dieser Stadt. Ich sorge dafür, daß alle meine Bürger Arbeit finden und satt werden. Heute aber wollen wir ein großes Fest feiern. Alle Tiere haben dafür ein schönes Kunststück vorbereitet. Unser Ehrengast aber ist der unglaublich große, unglaublich liebe Drache, der unglaublich großartige Kunststücke zeigen wird. Am Anfang und am Schluß unseres Festes wird er auftreten."

Die Darbietungen

Alle schon geübten Kunststücke werden wiederholt. Weil fürs Üben jetzt keine Zeit mehr ist, wird sich bereits eine gewisse Spannung einstellen.

c) Die Aufführung vor Publikum
Wir planen den Ablauf unseres Spieles

8.

Wenn es der Lehrer wünscht, kann der Unterricht danach auf die Darbietung eines Spieles für Publikum gelenkt werden, dessen Ablauf dann gemeinsam genauer geplant wird. Vieles ist noch vorzubereiten und zu üben.

Traumszene (Idee): Der Drache liegt schlafend am Boden. Drei oder vier „Träume" stehen um ihn herum, die „Traummusiker" im Halbkreis dahinter.

Ausrufer: Diese Rolle sollten mehrere Kinder übernehmen. Ein großes Plakat mit einprägsamen Sätzen wird angefertigt. Jeder Satz wird einzeln vorgetragen und von allen Zuhörenden echoartig wiederholt.

Bürgermeister: Ihn sollte evtl. der Lehrer selbst spielen, da er von hier aus das Spiel lenken kann und alle Kinder gemeinsam den Drachen darstellen können. Der Text des Bürgermeisters könnte im Sinne einer poetischen Festansprache vielleicht in Reimen gefaßt sein.

Drachenlied: Es könnte noch einmal am Schluß erklingen, mit einer Schlußstrophe, an der sich alle Mitwirkenden beteiligen:

Beim Fest der Tiere war es schön,
wir sagen euch „Auf Wiedersehn!"
Das Drachenfest ist aus –
alle Leute gehn nach Haus!

Pointen werden gesetzt:
– „Er war 1 – 2 – 3 – ... 11 – 12 Meter lang!" – Ein großes Maßband wird entrollt.
– Mißlingt einmal ein Kunststück, wird es von einem kräftigen Trommelschlag unterbrochen.

Kostüme und Requisiten werden beschafft: Für den Drachen kann es eine bunte Stoffbahn sein, die über die Schultern der Kinder hängt und aus denen die Köpfe herausschauen.

Die Bühne wird geplant: Der folgende Bühnenplan – die Kinder können einen ähnlichen Plan selbst zeichnen – sieht das Spiel aus einem offenen Halbkreis heraus vor: „Versteckspiele", Auftritte aus Kulissen heraus o. ä. sind unnötig! Alle benötigten Instrumente sind sichtbar postiert, „Spielflecke" für Einzelszenen markiert, Raum für die Auftritte des Drachens gelassen usw.

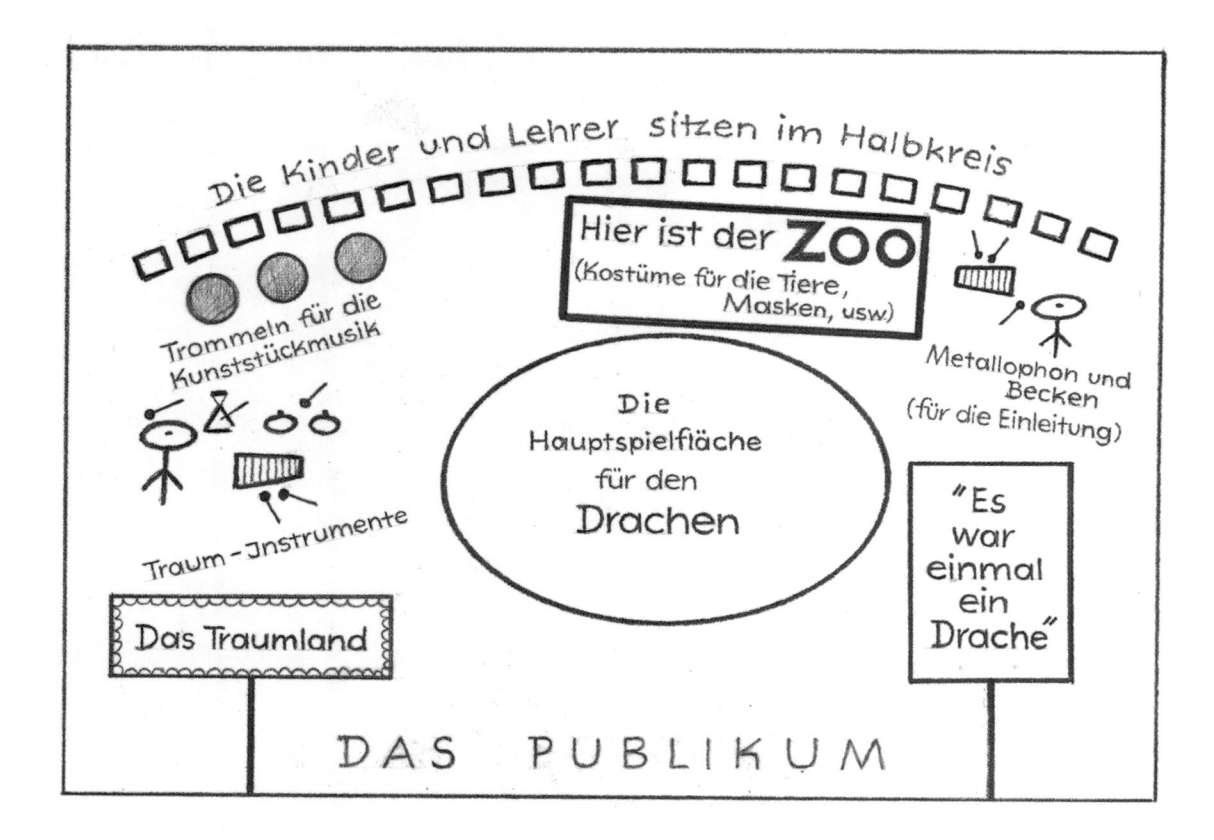

Das Publikum wird eingeladen: Der Text des Ausrufers (s.o.) kann in einem Werbeplakat wiederkehren.

„Vorhang auf": Es reicht, wenn einige Kinder pantomimisch einen großen, schweren Vorhang aufziehen. Das Spiel beginnt. Es darf auch noch während der Aufführung Improvisation geben!

Ein Arbeitsblatt des Verlags B. Schott's Söhne, Mainz

Anhang:
a) Vorlagen für weitere Arbeitsblätter

Ein Arbeitsblatt des Verlags B. Schott's Söhne, Mainz

Ein Arbeitsblatt des Verlags B. Schott's Söhne, Mainz

Ein Arbeitsblatt des Verlags B. Schott's Söhne, Mainz

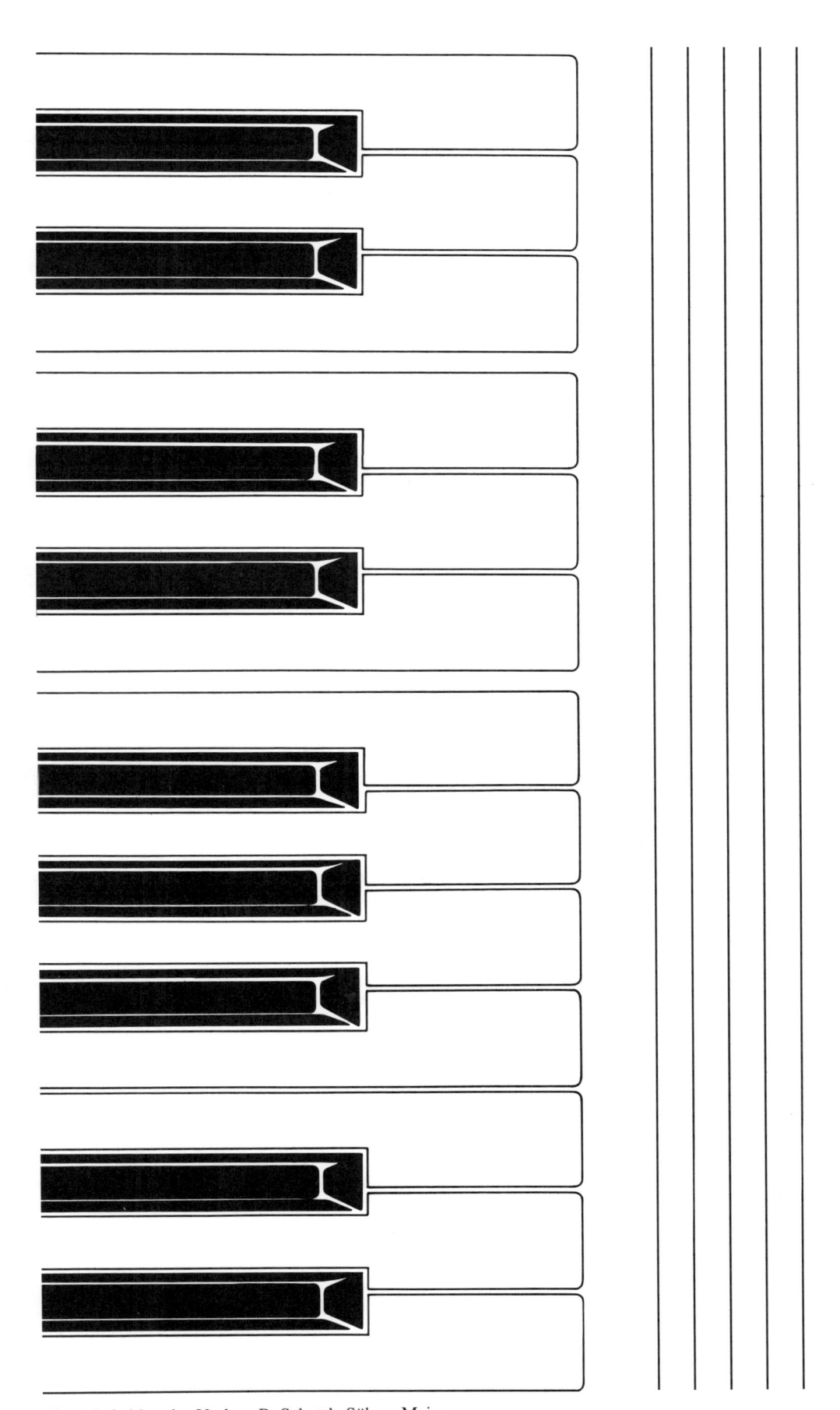

Ein Arbeitsblatt des Verlags B. Schott's Söhne, Mainz

b) Quellennachweis

Lieder und Texte (T = Text/M = Melodie bzw. Musik/S = Satz)

Für die freundliche Erteilung von Abdruckgenehmigungen haben wir zu danken:

Arbeitskreis Grundschule e.V., Frankfurt/Main
Am Ende von der Leiter, T: Jürgen Spohn, aus: *Lyrik für Kinder,* Verlag Arbeitskreis Grundschule (*LK S. 400* = M 19.17)

Bärenreiter-Verlag, Kassel und Basel
Nebel, Nebel, weißer Hauch, T: A. Blume, M: Walter Pudelko, aus: *Musikanten, die kommen,* BA 1720 (*LK S. 126* = M 4.20)

Hans Bauman, Murnau
Der Nebel kommt auf Katzenpfötchen, T: Carl Sandberg, dt. Übertragung: Hans Baumann (*LK S. 400* = M 19.15)

Beltz Verlag, Weinheim und Basel
Banine – Schabline (Silben zum Kauen und Lutschen), T: Jürgen Spohn, aus: H. J. Gelberg (Hg.), *Geh und spiel mit dem Riesen* (*LK S. 274* = M 12.10)

Georg Bitter Verlag, Recklinghausen
Hokuspokus, Kokosnuß, T: Janosch, aus: H. J. Gelberg (Hg.), *Die Stadt der Kinder* (*LK S. 242* = M 10.3); *Du bist ein fetter Igel,* T: Janosch, aus: *Die Stadt der Kinder LK S. 242* = M 10.3); *Sieben kecke Schnirkelschnecken,* T: Josef Guggenmos, aus: *Was denkt die Maus am Donnerstag* (*LK S. 273 f.* = M 12.9); *Die Kau,* T: Josef Guggenmos, aus: *Die Stadt der Kinder* (*LK S. 395* = M 19.2); *Was träumt der Spatz (Träumereien),* T: Alfred Könner, aus: *Die Stadt der Kinder* (*LK S. 398* = M 19.10)

Lisa-Marie Blum, Hamburg
Tau fällt auf die Wiese, T: Lisa-Marie Blum, M: Erich Ferstl, aus: *Kinderlieder unserer Zeit,* Arena-Verlag, Würzburg (*LK S. 318* = M 14.22)

Nortrud Boge-Erli, Mettmann
Auf dem Flachdach (*LK S. 236* – *KB S. 24*)

Boosey & Hawkes GmbH, Bonn
Der Riese Rumpelpuh, T: Manfred Grunenberg, M: Zoltán Kodály, aus: Zoltán Kodály, *Chorschule,* Teil 1 (dort mit anderem Text) (*LK S. 120* = M 4.11); *Hei, die Pfeifen klingen,* T: aus der Slowakei, dt. Übertragung: R. St. Hoffmann, M: Béla Bartók, aus: Béla Bartók, *Slowakische Volkslieder* (*LK S. 140 f.* = M 4.36)

Gustav Bosse Verlag, Regensburg
Mückchen Dünnebein, T: Paula Demel, M: Wilhelm Twittenhoff, aus: *Musikalische Früherziehung* (*LK S. 119* = M 4.9); *Sonntag, Montag,* T und M: Luis Steiner, aus: *Musikalische Früherziehung* (*LK S. 132* = M 4.27); *Blinke, blinke, kleiner Stern,* T: Wilhelm Twittenhoff, M: Diethard Wucher, aus: *Musikfibel 4* (*LK S. 136* = M 4.32); *Im Hafen, wo viele Kräne sind,* T und M: Diethard Wucher, aus: *Musikalische Früherziehung* (*LK S. 172* = M 5.11)

Deutscher Theaterverlag, Weinheim
Hier kommt die Straßenbahn, T: Dora Lent, M: Günther Weiß (*LK S. 231 f.* = M 9.13)

Verlag Moritz Diesterweg, Frankfurt/Main
Was soll das nur werden? T: Erich Colberg, M: Richard Rudolf Klein, aus: *Willkommen, lieber Tag,* Bd. 1 (*LK S. 131* = M 4.26); *Wißt ihr, wie die Elefanten,* T: Eva Rechlin, M: Richard Rudolf Klein, aus: *Willkommen, lieber Tag,* Bd. 2 (*LK S. 133* = M 4.29); *The Little Bells of Westminster,* T und M: aus England, S: Horst Weber, aus: *Die kleine Lerche* (*LK S. 316* = M 14.14)

Verlag Ludwig Doblinger (B. Herzmansky) KG, Wien
Ein Elefant wollt' bummeln gehn, T: aus dem Amerikanischen, M: J. F. Doppelbauer, aus: *Österreichisches Liederblatt,* Styria-Verlag, Wien-Graz (*LK S. 339* = M 16.1)

Verlag Eres, Lilienthal/Bremen
Ich fahre, ich fahre, T: Margarete Jehn, M: aus Frankreich, S: Wolfgang Jehn, aus: *48 Kinderlieder aus aller Welt* (*LK S. 341* = M 16.3)

Fidula-Verlag, Boppard/Rhein und Salzburg
Vom Himmel fällt der Regen, T: James Krüss, M: Josef Monter, aus: *Das zweite Liedernest* (*LK S. 128 f.* = M 4.23); *Ich bin Müllschlucker Paul,* T: Rudolf Otto Wiemer, M: Wilhelm Keller, aus: Schallplatte FidulaFON 1229 (*LK S. 136 f.* = M 4.33); *Angebrannte Bohnen,* T: Wilhelm Keller, aus: *Ludi Musici,* Bd. 1 (*LK S. 170 f.* = M 5.9); *Mein Boot, das schaukelt hin und her,* T und M: Barbara Böke, aus: *Lernspiele,* Heft 2 (*LK S. 171* = M 5.10); *Schreckliche Hitzssss (Jössas de Hitzssss),* T und M: Wilhelm Keller, aus: *Ludi Musici,* Bd. 1 (*LK S. 271* = M 12.5); *Ziwi ziwi ziwitsch,* T: Wilhelm Keller, aus: *Ludi Musici,* Bd. 3 (*LK S. 272* = M 12.6); *Qua, Qua, Quatsch ist das,* T: Wilhelm Keller, aus: Liedblattreihe *Mosaik 162* (*LK S. 278* = M 12.15); *Der schwarze Kater Susemir,* T: Gisela Schlegel, M: Heinz Lemmermann, aus: *Die Zugabe,* Bd. 3 (*LK S. 279* = M 12.19); *Chinesisches Stück,* M: Wilhelm Keller, aus: *Ludi Musici,* Bd. 1 (*LK S. 315* = M 14.13); *Schöne Namen suchen wir,* T und M: Wilhelm Keller, aus: *Ludi Musici,* Bd. 1 (*LK S. 316* = M 14.16)

S. Fischer Verlag, Frankfurt/Main
Warum sind Löwenzahnblüten gelb? T: Reiner Kunze, aus: *Der Löwe Leopold* (Notation nach einer Idee von Richard Rudolf Klein, aus: *Unser Liederbuch Schalmei,* Ernst Klett Schulbuchverlag, Stuttgart) (*LK S. 277* = M 12.13)

Eugen Gomringer, Düsseldorf
Ping pong (*LK S. 272* = M 12.7)

Josef Guggenmos, Irsee
Die Bären brummen (*LK S. 263*); *Ein Elefant marschiert durch's Land* (*LK S. 340* = M 16.2); *Rabulan, der Riese* (*LK S. 342 f.* = M 16.4); *Was tun die Katzen im Mai?* (*LK S. 396* = M 19.5); *Der Elefant, grau wie ein Stein* (*LK S. 397* = M 19.7); *Bleib ja zu Haus bei Sturmgebraus* (*LK S. 406* = M 20.8)

Muriel Junghäni, Gümlingen/Schweiz
Kapti Kapti Kitti (*LK S. 23*); *Beni Boni Baja* (*LK S. 24*)

Ernst Klett Schulbuchverlag, Stuttgart
Eine kilometerlange Riesensuperschlingelschlange, T und M: Rudolf Nykrin, aus: *Petra, Purr und Pim* (*LK S. 191* = M 7.6)

Kollegium der Musik- und Kunstschule der Stadt Bielefeld
Eine graue Maus (*LK S. 117* = M 4.5)

Irina Korschunow, Grafrath
Die Maus gähnt und lacht, T: aus dem Japanischen, dt. Übertragung: Irina Korschunow, aus: *Es träumen die Giraffen,* Parabel-Verlag, München (*LK S. 400* = M 19.16)

James Krüss, Gilching
Horch, wie die Pferde schnaufen, aus: *Die Hirtenflöte,* Biederstein-Verlag, München, S. 227 (*LK S. 127* = M 4.21); *Hundertzwei Gespensterchen* (*LK S. 281 f.* = M 12.21); *Was wird aus unsrem Auto* (*LK S. 398* = M 19.12)

Luchterhand Literaturverlag, Frankfurt/Main
Privater Marsch, T: Ernst Jandl, aus: *Der künstliche Baum* (*LK S. 233 ff. - KB S. 28 f.*)

Ursula Lungstraß, Lohmar
Schnurriburribuh (*LK S. 278 f.* = M 12.17); *Der kleine Fridolin* (*LK S. 375* = M 18.1)

Manesse Verlag, Zürich
Ich bin ein einsamer Schaukelstuhl (Der Schaukelstuhl auf der verlassenen Terrasse), T: Christian Morgenstern, aus: *Sämtliche Galgenlieder* (*LK S. 406* = M 20.6)

Verlag Merseburger, Kassel
Wunderschöne Sonnentage, T: Eberhard Köhler, M: Siegfried Lehmann (*LK S. 129* = M 4.24)

Möseler Verlag, Wolfenbüttel
Ich bin der Uhu, T und M: Jens Rohwer (*LK S. 283* = M 12.22); *Es führt über den Main,* T und M: Felicitas Kukuck, aus: Gottfried Wolters (Hg.), *Das singende Jahr* (*LK S. 369 - KB S. 54 f.*)

Alexander Müllenbach, Salzburg
Der Geigenhansl (*LK S. 386* = M 18.9)

Musik für Dich Musikverlag oHG, Hamburg
Heute kann es regnen (Wie schön, daß du geboren bist), T und M: Rolf Zuckowski, aus: *Rolfs Kinderliederbuch,* Ed. Sikorski Nr. 994 (*LK S. 188* = M 7.1)

Musikverlag zum Pelikan/Hug & Co., Zürich
Ich nehm' die Hände voll Luft, T und M: Gerda Bächli, aus: Gerda Bächli, *Der Tausendfüßler* (*LK S. 270* = M 12.4); *Glocken läuten,* T und M: Gerda Bächli, aus: *Der Tausendfüßler* (*LK S. 315* = M 14.11)

Christine Perchermeier, Teisendorf
Risch, rasch, rusch (*LK S. 237 - KB S. 25*)

Vroni Priesner, Nürnberg
Ein Xylophon, das ist ein Ding (*LK S. 214*)

Ulrich Ristau, Garbsen
Auf dem Kirchturm (*LK S. 241* = M 10.3)

Shirley Salmon, Grambach/Österreich
Das Unterrichtswerk in Verbindung mit Aufgaben in der Heil- und Sonderpädagogik (*LK S. 148 ff.*)

Verlag Servizio Christiano, Riesi/Lausanne
Die Sonne – Im Wind – Das Gras war lang, T: aus einem sizilianischen Kindergarten, aus: *Girotondo* (*LK S. 399* = M 19.3)

Gustav Sichelschmidt, Bad Iburg
Wind, Wind, blase (*LK S. 406* = M 20.7)

Suhrkamp Verlag, Frankfurt/Main
Es war einmal ein Schwein, aus: Bertolt Brecht, *Gesammelte Werke* (*LK S. 397* = M 19.6); *Ich bin der Sperling (Die Vögel im Winter),* aus: Bertolt Brecht, *Gesammelte Werke* (*LK S. 398* = M 19.11)

Hilde Tenta, Salzburg
Spinnenbein, Spinnenbein (*LK S. 190* = M 7.4)

K. Thienemanns Verlag, Stuttgart
Ich bin so u-hu-hunglücklich, aus: Michael Ende, *Das Schnurpsenbuch* (*LK S. 395* = M 19.1)

Charlotte Ueckert, Hamburg
Durch Baumkronen wandernd, aus: *Gedichte für Anfänger,* Rowohlt-Verlag, Reinbek b. Hamburg (*LK S. 400* = M 19.16)

Voggenreiter Verlag, Bonn/Bad Godesberg
Ich bin der Uhu, T und M: Jens Rohwer (*LK S. 283* = M 12.22)

Johannes Weber, Recklinghausen
Elefant (*LK S. 116, 118* = M 4.6)

c) Register zu Lehrerkommentar, Kinderbuch und Tonkassette

Teil 1: Sachwortregister

KB = Kinderbuch   HB = Hörbeispiel

Atem, Stimme, Sprache

Artikulation   *S. 24 f.*
Atem   *S. 22 ff., 60, 65, 67, 79, 261, 262 f., 269 f.*
Entspannung   *S. 23, 289*
Intonation   *S. 25*
Kinderreim (Reim)   *S. 91, 106*
Kinderverse   *S. 229, 236 ff.*
Lieder erarbeiten   *S. 26*
Resonanzräume   *S. 24, 25*
Singen und Sprechen (didaktische Grundlegung)   *S. 22 ff.*
Singendes Erzählen, Singimprovisation   *S. 25, 85, 125, 131, 150, 155 f., 275 ff., 316 f., 391, 396 f., 430*
Sing- und Sprechprobleme   *S. 26 f.*
Sprachbehinderung   *S.150*
Sprache   *S. 24*
Sprache gestalten   *S. 24 f., 264 ff., 270 ff.*   KB *S. 34 f.*
Sprech- und Sprachentwicklung   *S. 24*
Stimmgattungen, Stimmklänge   *S. 85, 263 f., 270 ff., 333*
Texte erfinden   *S. 116, 278*   KB *S. 57, 72 f.*
Texte gestalten und vertonen   *S. 25, 261 ff., 278, 317f., 337, 391 ff., 406*
Wortbedeutung   *S. 24*
Zungenbrecher   *S. 395*
Zwerchfell   *S. 23 f.*

Körper, Bewegung, Tanz

Bewegung und Tanz (didaktische Grundlegung)   *S. 57 ff.*
Bewegung (Grundformen, Dimensionen)   *S. 57, 59 f., 61, 89*
Bewegungsbegleitung (Übungen)   *S. 62 ff., 68 f., 71, 72, 218, 286 ff., 292*
Bewegungsrepertoire   *S. 65*
Bewegungstechnik (Übungen)   *S. 61 f.*
Blickrichtung   *S. 57*
Caller   *S. 364*
Dos-à-dos   *S. 58, 76, 348, 349, 364*
Drehen (Tanzfigur)   *S. 58, 348, 364*
Feinmotorik   *S. 60*
Fersenanschlagsprung   *S. 360*
Flamenco   *S. 224*   KB *S. 23*   HB *23*
Flankenkreis   *S. 58*
Fortbewegungsarten   *S. 68*
Frage und Antwort   *S. 64*
Fuß „ohne Gewicht" anstellen   *S. 58*
Gasse   *S. 58, 349 ff.*
Galopp   *S. 58, 65, 76*
Galoppieren   *S. 70*
gefederter Schritt   *S. 58*
Gehtempo   *S. 65*
Gelenke   *S. 57, 71*
Gesten (Gestik)   *S. 58, 65, 218 ff., 266, 292*
Gleichgewichtssinn   *S. 70*
Gürtelfassung   *S. 362*
Haltung   *S. 57, 60 f., 69*
Handtour   *S. 58, 76, 348 f., 363 f.*
Hinweg und Rückweg   *S. 72*

Hüpfschritt   S. 58, 70, 354
Kette   S. 355
Klanggesten   S. 61, 62 f., 70, 73, 97, 102, 211, 216 ff., 227 ff., 233, 287, 326 f., 357   KB S. 22 f.   HB 19, 20
Klatschspiele und -Lieder   S. 229
Körperklänge   S. 218 f.   HB 20
Körpersprache   S. 266
Körperteile   S. 68, 71 f., 167
Körperteile entspannen   S. 23
Kolo   S. 361
Kreis   S. 58, 65
Kreuzhandfassung   S. 58, 355
Kreuzschritt   S. 58, 64, 71, 74, 288, 361
Laufschritt   S. 58, 362
Laufsprünge   S. 70
Linie   S. 58, 65
Lokomotion   S. 57
Mimik   S. 57, 65, 266
Mühle   S. 58, 76, 363 f.
Muskeln   S. 70, 73
Notation (s. Tanznotation)
Paar   S. 57, 58, 160, 348
Phrasenlängen   S. 69 f., 73, 75, 307
Position   S. 57, 60
Promenade   S. 58, 76, 354 ff.
Punkttanz   S. 224
Raumformen   S. 72
Raumorientierung   S. 69
Raumwege   S. 61, 64, 69, 70, 71, 75 f., 160, 357
Rotation   S. 57
Scherensprung   S. 360
Schlange   S. 58, 65, 69, 72, 191, 357, 359
Schlußsprung   S. 58, 70, 71, 198, 357, 362, 363
Schnecke   S. 58, 160
Schrittformen   S. 58
Seitanstellschritt   S. 58, 64, 71, 74, 288, 353, 357, 362
Seitgalopp   S. 58, 70, 348, 349 f., 354 f., 357, 360
Sensibilisierung   S. 57, 60
Spielbein   S. 58, 363
Standbein   S. 58, 363
Steptanz   S. 224   HB 24
Stirnkreis   S. 58, 354
Tänzer, Tänzerin   S. 57
Tänzerische Gestaltung (Tanzerfindung)   S. 64 f., 69, 222, 286 ff., 294, 356
Tänzerische Motive   S. 289
Tanzfassungen   S. 58, 65
Tanzfiguren   S. 58
Tanzimprovisation (Übungen)   S. 64 ff.
Tanzkarten   S. 351 f., 364 f.
Tanzmusik   S. 59, 65, 285 f.
Tanznotation   S. 57 f., 69, 72, 73, 76, 353 ff.
Tanzrichtung   S. 57, 58, 72, 74, 102
Tanzschmuck   S. 285 ff., 296, 297 ff.
Tanzstäbe   S. 287
Tanzwege   S. 159   KB S. 52 f.
Tastspiel   S. 165
Tradierte Tänze   S. 65
V-Fassung   S. 58, 65, 362
Viereck   S. 58
Vor-Rück (Tanzfigur)   S. 58, 288, 364
Wechselschritt   S. 58, 64, 74
Wirbelsäule   S. 61, 70
Worthilfen   S. 353

Musik – allgemein

Anfangston   *S. 49, 51, 125, 393*
Baßschlüssel   *S. 109, 425 f.*
Baustein   *S. 89, 95*
Bausteine (melodische)   *S. 89, 98, 308, 318 f.*
Bausteine (rhythmische)   *S. 89, 94 ff., 157 f., 160, 178, 188 f., 214, 227, 233 ff., 236 ff., 242 ff., 271, 273, 417 ff.*
   KB S. 4, 9 ff., 24 ff.
Begleitstimmen (finden)   *S. 49 ff., 54 f., 318 f., 394*
Bordun   *S. 50, 89, 116, 123, 214*
Chor   *S. 415   HB 48*
Chromatik   *S. 421*
Cluster   *S. 89, 99, 313, 420*
Coda   *S. 377*
Dirigieren (Dirigent)   *S. 83, 93, 96, 177, 200, 203 f., 248, 313, 426*
Dreiklang   *S. 25, 420*
Dreitonraum   *S. 119 ff., 314*
Dur (-Charakter, -Dreiklang)   *S. 90, 316, 420*
Dynamik (s. Lautstärke)
Einstimmigkeit   *S. 85, 139*
Elementare Instrumente (Begriff)   *S. 27*
Elementare Instrumente (Spielpraxis)   *S. 28 ff., 45 ff.*
Fachbegriffe (Fachsprache)   *S. 24, 200, 426*
Fermate   *S. 51*
Formerleben   *S. 86, 102 ff., 227, 293, 307, 337*
Formprinzipien   *S. 199 f.*
Formteile   *S. 103*
Frage und Antwort   *S. 287*
Gedämpfter Schlag   *S. 41*
Gegensatz   *S. 199*
gleich, ähnlich, verschieden   *S. 102 f., 393*
Glissando   *S. 25, 52, 158, 198, 385, 421*
Gregorianischer Choral   *S. 84 f.   HB 11*
Große Tonleiter (Siebentonraum)   *S. 132 ff., 308 f.*
Grundschlag   *S. 89, 90 f., 92 ff., 241, 288, 313, 337, 418, 420*
Grundton   *S. 54, 105, 109 f., 112, 125, 305*
Handsatz   *S. 30, 54 f.*
Hilfslinie   *S. 212, 425*
Imitation   *S. 122 f., 211, 314*
Instrumente bauen   *S. 45, 47 f., 161 f., 176 f., 233, 254 ff., 294 ff., 297 ff., 321 ff., 399, 401 ff.   KB S. 9 , 38ff.*
   HB 45
Instrumenteninformation (didaktische Grundlegung)   *S. 87 ff., 367*
Intervalle   *S. 101, 107, 306 f. (Terz), 309 (Oktave), 421 (Terz)*
Kanon   *S. 54 f., 123, 266, 278, 316, 318, 421*
Klangbänder   *S. 100*
Klangfarbe   *S. 25, 63, 85, 289*
Klangpunkte   *S. 100*
Kleines Schlagwerk (Begriff)   *S. 30*
Kleine Tonleiter   *S. 89, 107, 304 ff., 314*
Konzerte für Kinder   *S. 87*
Lautstärke   *S. 25, 80 f., 86, 89, 93, 102 f., 158 f., 177, 200, 204, 220, 229, 234, 237, 426*
Linien-System   *S. 101, 109, 111, 212 f., 304 f., 425 f.*
Marsch   *S. 85 f.*
Mehrstimmiges Singen   *S. 123*
Melisma   *S. 276*
Melodie (melodische Erfahrung)   *S. 49, 51, 63, 85, 97 ff., 109 f., 305, 307, 313 ff., 393*
Metrum   *S. 89, 91, 93 f., 178, 220, 227, 235, 241, 242, 417 ff., 420*
Moll (-Charakter, -Dreiklang)   *S. 90, 420*
Motiv   *S. 46, 61, 63, 73, 82, 89, 90, 94 f., 102, 178, 198, 227, 235 f., 241, 289, 292, 314, 385, 393*
Musikhören (didaktische Grundlegung und spezielle Beispiele)   *S. 77 f., 79 ff., 87, 98, 102 f.*
Musiklehre (didaktische Grundlegung)   *S. 89 ff., 103, 417*

Musik malen   S. 99 f., 163 f., 198 f., 201, 412   KB S. 59
Musik und Bild   S. 84, 201 f., 206 f., 409 ff.   KB S. 58 f.
Notation (grafische)   S. 80, 86, 89, 91, 98 f., 100 f., 164, 166, 197 ff., 204 ff., 212, 276 f., 421   KB S. 13, 15 ff., 18 f., 55
Notation (Instrumente)   S. 27 ff.
Notation (traditionelle)   S. 91, 95ff., 98 ff., 100 ff., 110 ff., 116 ff., 164, 166, 212, 229, 233, 236 ff., 241 ff., 267, 276 f., 304 f., 308 ff., 317 ff., 393, 417 ff.   KB S. 18 ff., 44 ff.
Notennamen (s. Tonnamen)
Offener Schlag   S. 41
Ostinato   S. 46, 49 ff., 81, 82, 90, 97, 174, 182, 239, 242, 247, 288, 292, 332, 417, 419
Partitur   S. 45, 200, 206
Pause(nzeichen)   S. 82, 97, 199, 237, 336, 395, 417, 419
Pentachordik, Pentachord   S. 90, 128 ff., 276, 303, 393   KB S. 42 ff.
Pentatonik   S. 90, 123 ff., 303, 306 f., 314, 336 f.
Programmusik   S. 77
Punktierung   S. 419
Refrain   S. 122
Relative Solmisation   S. 19, 20, 105 ff., 307, 421, 425
Rezitationston   S. 51, 276
Rhythmus (rhythmische Erfahrungen)   S. 25, 46, 49, 59, 91, 95, 178, 236 f., 241 ff., 286, 337, 377, 417 ff.
Rhythmussprache   S. 90, 91 ff., 94 ff., 106, 178, 228, 233, 236 ff., 241 f., 252, 318, 418 f.
Ritartando   S. 222
Rondo   S. 56, 65, 83, 170 f., 228 f., 307 ff., 310, 333, 394
Schlägel (Haltung, Spiele, Übungen)   S. 28 f., 210 f., 213
Schlüssel (Relative Solmisation)   S. 107 ff.
Schlußbildung   S. 243, 305
Schlußton   S. 49, 125, 393
Schritt (Tonschritt)   S. 54, 90, 210, 305, 306
Solo   S. 212, 237, 308, 426
Sprung (Tonsprung)   S. 54, 90, 305
Stammtöne   S. 112, 308 f., 422
Stoppschlag   S. 36
Synkope   S. 177 f., 181
Takt   S. 90, 93 f., 96 f., 241, 242, 248, 336, 377
Taktangabe   S. 90, 96
Taktarten (gerade, ungerade)   S. 65, 96 f., 204, 248, 377, 418
Taktwechsel   S. 85 f., 418
Tempo   S. 93 f., 116, 177, 190, 220, 241
Tondauer   S. 25, 89, 99 f., 204, 235, 305
Tonhöhe   S. 25, 26, 89, 97 ff., 100 f., 101, 105, 110 f., 198, 210, 303, 313 f., 324, 421 f.
Tonnamen (absolute)   S. 112, 168 f., 305 f., 308 f., 338
Tonraum   S. 421
Tonwiederholung   S. 305
Transponieren   S. 46 f., 53 f., 109, 306, 422
Tremolo   S. 51, 52 f., 247
Triole   S. 177 f., 242, 397
Tutti   S. 212, 237, 426
Viertelnote   S. 92
Violinschlüssel   S. 109, 112, 212, 304 f., 311, 425
Vorspiel   S. 55
Vorzeichen (Alterierung)   S. 107, 112, 169, 306, 338, 422
Wiederholung, Wiederholungszeichen   S. 103, 199 f., 200, 293
Wirbel   S. 29, 37, 39, 52
Zuahipascher   S. 225   HB 25
Zweiklang   S. 25, 198, 421
Zweistimmigkeit   S. 81, 82 f., 139, 157, 266
Zweitonraum   S. 101, 106, 116 ff., 314

Musik – bestimmte Instrumente

Agogo Bells   *S. 42, 183 f.   HB 16 c*
Becken   *S. 30, 38, 63, 80, 101, 150, 198, 287 ff., 333, 428*
Blockflöte   *S. 20, 44, 63, 203, 247 ff., 287 f., 335, 367, 377 ff.*
    Notierte Stücke: „Für Flöte und (Hand-)Trommel(n)"   *I S. 249 ff., II S. 377 ff., Nachtanz S. 369   HB 26*
Bongos   *S. 40, 101, 288*
Bratsche   *S. 44*
Brummtopf   *S. 183*
Cabaça   *S. 354*
Claves s. Schlaghölzer
Congas   *S. 41, 288*
Cuica   *S. 42, 183 f., 354   HB 16 d*
Cymbeln (siehe Fingercymbeln)
Doppelbecken   *S. 39*
Drum-Set   *S. 87, 428, 432*
Fingercymbeln   *S. 30, 38, 287, 331*
Flügelhorn   *S. 87*
Geige   *S. 44, 82 f., 382, 386 ff.   KB S. 68*
    Notiertes Stück: Alexander Müllenbach:
    „Der Geigenhansl"   *S. 386 ff.*
Gitarre   *S. 44, 335 f., 367, 384 f.   KB S. 68   HB 23*
    Notiertes Stück: Rondo mit Gitarre   *S. 384 f.*
    Sätze mit Gitarrenstimme: Im Hafen, wo viele Kräne sind   *S. 172*, Von dem Dorf hinab zur Stadt   *S. 186 f.*,
    Ich bin der Drache Kunterbunt   *S. 430 f.*
Gläser   *S. 201*
Gong   *S. 42, 80, 201, 288*
Glockenkranz   *S. 37*
Glockenspiel   *S. 27 f., 49, 385, 432*
Große Trommel   *S. 40, 288*
Hängendes Becken   *S. 39*
Handsatz   *S. 30*
Handtrommel   *S. 31 ff., 233 ff., 287 f.*
Holz(block)trommel   *S. 31, 101, 289, 385*
Horn   *S. 86*
Hülzernes Glächter   *S. 215*
Kantele   *S. 44*
Kastagnetten   *S. 287, 300   HB 23*
Kazoo   *S. 288*
Klangbausteine (Klingende Stäbe)   *S. 43, 193, 209 f., 303 f., 313 f., 336, 420 f.*
Klarinette   *S. 83, 87   KB S. 69   HB 9*
Klavier   *S. 81 f., 150 f., 165, 168 f., 201, 335, 336, 367, 381, 420 ff.   KB S. 67   HB 6a, 6b, 7, 10*
    Notierte Stücke: Carl Orff: „Klavier-Übung Nr. 15"   *S. 293* Hermann Regner: „Zu Dritt im Klavier"
    S. 377, 380
    Sätze mit Klavierstimme: Horch, wie die Pferde schnaufen   *S. 127*, Einsteigen, Einsteigen   *S. 174*, Ein Vogel wollte Hochzeit machen   *S. 194*, Drei Chinesen mit dem Kontrabaß   *S. 195*, Der Kuckuck und der Esel   *S. 196*, Ich bin der Drache Kunterbunt *S. 430 f.*
Kleines Schlagwerk   *S. 30 ff.*
Klingende Dinge   *S. 163, 167 f., 199*
Kontrabaß   *S. 44, 193, 195*
    Satz mit Kontrabaßstimme: Drei Chinesen mit dem Kontrabaß   *S. 195*
Kuhglocke (s. Agogo Bells)
Lotosflöte   *S. 42 f., 63, 100, 150, 288, 333, 421*
Maracas   *S. 40*
Metallophon   *S. 27 f., 49, 168 f., 198, 385, 420, 428*
Orgel   *S. 88, 415,   HB 49*
Panflöte   *S. 48, 321 ff.*
Pauken   *S. 40, 193, 288, 425, 428*
Posaune   *S. 86, 367 ff., 425   KB S. 68*
Querflöte   *S. 193 f., 248*
    Satz mit Querflötenstimme: Ein Vogel wollte Hochzeit machen   *S. 194*

Rahmentrommel   S. 31
Rasseln   S. 40, 48, 63, 150, 176 f., 181, 203, 287 ff., 298, 299, 354
Ratsche   S. 30, 40
Reco Reco (Guiro)   S. 42, 48, 176 f., 181, 287, 354
Röhren(holz)trommel   S. 31
Sandblocks   S. 48, 176 f.
Schellenband   S. 37, 287
Schellenkranz   S. 37
Schellenstab   S. 36 f.
Schellentrommel   S. 30, 36 f.
Schlägel(haltung)   S. 28 f.
Schlaghölzer   S. 30, 63, 181, 287, 299
Schwirrholz   S. 403
Stabspiele   S. 18, 27 ff., 45 ff., 49 ff., 63, 112, 124, 150 f., 209 ff., 305 ff., 314 ff., 331 f., 335 ff., 377, 391, 421
Streichpsalter   S. 43, 150, 295
Summscheiben   S. 402 f.
Synthesizer   HB 4, 32, 36, 46, 47
Tamtam   S. 42, 80
Tanzschmuck   S. 48
Tempelblocks   S. 42, 288
Triangel   S. 39, 80, 287
Trommeln   S. 48, 63, 198, 203, 233 ff., 333, 338, 385, 428
Trompete   S. 86   KB S. 66
Tuba   S. 383 f., 425   KB S. 46 f.
  Notiertes Stück: Die Tuba stolpert   S. 383 f.
Violoncello   S. 44, 87   KB S. 69
„Vogelzwitscherl"   S. 401 f.
Waldteufel   S. 183, 406
Xylophon   S. 27 f., 49, 203, 304, 420
Ziehharmonika, diatonische   S. 215
Zupfpsalter   S. 44

Musik–Ensembles / Umfeld Musik

Blasorchester   S. 85, 415   HB 12, 51
Chor   HB 11, 48
Fernsehen   S. 77, 97, 414
Kammermusik   HB 55
Kassette, Kassettenrecorder   S. 77, 88, 97, 414
Konzertbesuche   S. 88, 415
Konzertsaal   S. 414
Musik zu Hause   S. 88, 143, 199, 415   HB 50
Musikgeschäft   S. 414
Musikschule   S. 88
Oper   S. 261, 267 f., 282, 284   KB S. 36 f.   HB 27-31
Orchester   S. 86, 88, 273   HB 13, 53
Rockband   HB 54
Rundfunk   S. 413ff.   KB S. 64 f.
Schallplatte   S. 163, 414
Sänger   S. 219   HB 19
Spieltechnik   S. 235
Straßenmusikant   S. 88, 415   HB 52
Streichorchester   S. 415   HB 53
Tanzkapelle   S. 415   HB 54
Tonbandgerät   S. 45, 163
Werbespots   S. 97
Zuahipascher   S. 225   HB 25

Teil 2: Lieder und ihre Tonräume

x = Ton als Bestandteil der Liedmelodie
o = Grundton

Mit 2 und 3 Tönen

	so	la	ti	do	re	mi	fa	so	la	ti	do	re	mi
Eine graue Maus *S. 117*						x		x					
Elefant *S. 116, 118*						x		x					
Zi-zi-be *S. 307*						x		x					
Mückchen Dünnebein *S. 119*						x		x	x				
Greten, kieck ens ut de Luk *S. 119*						x		x	x				
Wie reiten die Damen? *S. 120*						x		x	x				
Zog der Riese Rumpelpuh *S. 120*								x	x		x		
Unsre Minieisenbahn *S. 336*								x	x		x		
Hört, ihr Herrn *S. 121*				o		x	x						
Ich fahr, ich fahr *S. 121*	x			o		x	x						
Nikolaus, der heil'ge Mann *S. 122*				o	x	x							
O tscha ra ka *S. 231*				o	x	x							

Grundklang pentatonisch

(nv) = nicht vollständig; Liedmelodie
enthält nicht alle fünf Töne

do - Modus

	so	la	ti	do	re	mi	fa	so	la	ti	do	re	mi
Einsteigen, einsteigen *S. 174, KB S. 2* (nv)				o	x	x		x					
Jeder spielt, so gut er kann *S. 310, KB S. 46 f.* (nv)				o	x	x		x					
Es regnet *S. 124*				o	x	x		x	x				
Mantje, Mantje *S. 124*				o	x	x		x	x				
Hier kommt die Straßenbahn *S. 231 f.* (nv)				o	x	x		x			x		
Bin i auf der Wies'n g'sess'n *S. 51*				o	x	x		x	x		x		
Ein Xylophon, das ist ein Ding *S. 214*				o	x	x	(x)	x	x		x		
Glocken läuten *S. 315* (nv)	x			o	x	x		x					
Gummigummiball *S. 54*	x	x		o	x	x							
Wir woll'n einmal spazierengehn *S. 330 ff.*, KB S. 48 ff.	x	x		o	x	x		x					

la - Modus

	so	la	ti	do	re	mi	fa	so	la	ti	do	re	mi
Nebel, Nebel, weißer Hauch *S. 126*		o		x	x	x		x	x				
Der Tag fängt an auf unserm Kahn *S. 173*		o		x	x	x		x	x				
Horch, wie die Pferde schnaufen *S. 127*		o	(x)	x	x	x		x	x				
Wir sind dein Spiegel *S. 211*	x	o		x	x	x							

Pentachordische Reihen

Dur

	so	la	ti	do	re	mi	fa	so	la	ti	do	re	mi
Ist ein Mann in' Brunnen g'fallen *S. 128*				o	x	x	x	x					
Vom Himmel fällt der Regen *S. 128 f.*				o	x	x	x	x					
Der Kuckuck und der Esel *S. 196*				o	x	x	x	x					

Moll

	so	la	ti	do	re	mi	fa	so	la	ti	do	re	mi
Unsre Katz' hat Kätzchen g'habt *S. 130*		o	x	x	x	x							
Was soll das nur werden *S. 131*					x	o	x	x	x				
Spinnenbein, Spinnenbein *S. 190*	(x)	o	x	x	x	x							

Zum Siebentonraum – Dur

6 Töne vom Grundton aus

	so	la	ti	do	re	mi	fa	so	la	ti	do	re	mi
Mein Boot, das schaukelt hin und her S. 171				o	x	x	x	x	x				
O mane mane fiore S.230				o	x	x	x	x	x				
Schnurriburribuh S. 278 f.				o	x	x	x	x	x				
Auf der Mauer, auf der Lauer S. 280				o	x	x	x	x	x				
Der schwarze Kater Susemir S. 279				o	x	x	x	x	x				
Hinterm Ofen sitzt die Katze S. 281				o	x	x	x	x	x				
Das klinget so herrlich S. 284				o	x	x	x	x	x				
Rabulan der Riese S. 342 ff.				o	x	x	x	x	x				
Ich spiel, ich spiel S. 376				o	x	x	x	x	x				

... dazu do in der Oktave

	so	la	ti	do	re	mi	fa	so	la	ti	do	re	mi
Tau fällt auf die Wiese S. 318				o	x	x	x	x	x		x		
Ein Elefant marschiert durchs Land S. 340				o	x	x	x	x	x		x		
Na Bahia tem S. 179 ff., KB S. 10 f.				o	x	x	x	x	x		x		

Mit Tönen unter dem Grundton

	so	la	ti	do	re	mi	fa	so	la	ti	do	re	mi
Ich fahre, ich fahre S. 341						x	x	x	x	x	o	x	x
Hei, Zipfelmützen, kommt herbei S. 358						x	x	x	x	x	o	x	x
Wunderschöne Sonnentage S. 129		x		o	x	x	x						
Ein Vogel wollte Hochzeit machen S. 194			x	o	x	x	x						
Heute kann es regnen S. 188			x	o	x	x	x	x					
Es war eine Mutter S. 192	x		x	o	x	x							
The Little Bells of Westminster S. 316	x		x	o	x	x							
Drei Chinesen mit dem Kontrabaß S. 195			x	o	x	x	x	x					
Wenn ich richtig fröhlich bin S. 189	x			o	x	x	x	x			x		
E mia ensa S. 230	x	x	x	o	x								
Schöne Namen suchen wir S. 316 f.	x	x	x	o		x							
Eos quin dólélé S. 190	x	x	x	o	x	x	x						
Auf dem Markt geh ich umher S. 185		x	x	o	x	x							
There was a farmer (Bingo) S. 353	x	x	x	o	x	x	x						
Der kleine Fridolin S. 375	x	x	x	o	x		x						

Vollständige Tonleiter

	so	la	ti	do	re	mi	fa	so	la	ti	do	re	mi
Sonntag, Montag S. 132				o	x	x	x	x	x	x			
Max, der soll zur Schule gehn S. 132 f.				o	x	x	x	x	x	x			
Wie früh ist auf St. Martine S. 135				o	x	x	x	x	x	x			
Ich bin der Uhu S. 282 f.				o	x	x	x	x	x	x			
Ein kleiner Summschmetterling S. 294 f.				o	x	x	x	x	x	x			
Wachet auf! Wachet auf! S. 316				o	x	x	x	x	x	x	x	x	x
Wißt ihr, wie die Elefanten S. 133	x	x	x	o	x	x	x						
Tri ri ra S. 134	x	x	x	o	x	x	x						
Heut ist ein Fest bei den Fröschen S. 278	x	x	x	o	x	x	x						
Ich nehm' die Hände voll Luft S. 270	x	x	x	o	x	x	x	x					

Zum Siebentonraum – Moll

		so	la	ti	do	re	mi	fa	so	la	ti	do	re	mi
Blinke, blinke, kleiner Stern S. 136		x	o	x	x	x	x			x	x			
Ich bin Müllschlucker Paul S. 136 f.	(mi)		o	x	x	x	x	x						
Kein Tierlein ist auf Erden S. 138	(mi, fa)	x	o	x	x	x								
Ich bin der Drache Kunterbunt S. 430 f., KB S. 70	(mi)	x	o	x	x	x								
Im Hafen, wo viele Kräne sind S. 172		x	o		x	x	x	x	x					
Hundertzwei Gespensterchen S. 281 f.			o	x	x	x	...	...	x					
Von dem Dorf hinab zur Stadt S. 186 f.			o	x	x	x	x	x	x					
Es führt über den Main S. 369, KB S. 54 f.			o	x	x	x	x	x	x					

Andere Tonräume

	so	la	ti	do	re	mi	fa	so	la	ti	do	re	mi
Hei, die Pfeifen klingen *S. 140 f.*						x	o	x	x	x	x		
Was soll das nur werden *S. 131*					x	o	x	x	x				
Es schneit, es schneit *S. 141*	x			o	x	x	fi						
Eine kilometerlange Riesensuper-schlingelschlange *S. 191*	(si)	o	x	x	x	x							
Zum Windmühlenlande *S. 325* (mi)	(si)	o	x	x		x							
Ein Elefant wollt' bummeln gehn *S. 339*	x			x	x	x	x	x	x	(ta)	x		

Lieder mit chromatischen Wendungen:
– Da hupft ein Floh *S. 377*
– O weh, o weh *S. 423*
– Das sind doch dumme Sachen *S. 424*

Teil 3: Alphabetische Register

**Texte
(Textanfang/Titel)**

Am Ende von der Leiter   *S. 400*
Amsterdam, die große Stadt   *S. 392 f.*   *KB S. 56 f.*
Anege, hanege   *S. 264 ff.*   *KB S. 34*
Angebrannte Bohnen   *S. 170*
Auf dem Flachdach   *S. 236*   *KB S. 24*
Auf dem Kirchturm   *S. 241*

Banine Schabline   *S. 274*
Beim Heulen zu sagen   *S. 395*
Beni Boni Baja   *S. 24*
Bleib ja zu Haus   *S. 406*

Das Gras war lang   *S. 399*
Da wöör mal eens en Fischer   *S. 276*
Der Elefant, grau wie ein Stein   *S. 397*
Der Geigenhansl   *S. 386 ff.*
Der Mythos von Pan und Nymphe   *S. 321*
Der Nebel kommt   *S. 400*
Der Schaukelstuhl auf der verlassenen Terrasse   *S. 406*
Die Bären brummen   *S. 263*
Die Kau   *S. 395*
Die Leiter   *S. 400*
Die Maus gähnt und lacht   *S. 400*
Die Sonne, die Wunder macht   *S. 399*
Die Vögel im Winter   *S. 398*
Du bist ein fetter Igel   *S. 242*
Durch Baumkronen wandernd   *S. 400*

Eine graue Maus   *S. 117*
Eine Nebelsymphonie   *S. 400*
Eine Regensymphonie   *S. 399*
Eins, zwei, drei, vier   *S. 230*
Elefant ist aus dem Gehege   *S. 116, 118*
Ellri, sellri   *S. 242*
Enchen, denchen   *S. 242*
Es regnet   *S. 399*
Es saß ein Vogel   *S. 399*
Es war einmal ein Drache   *S. 430 ff.*
Es war einmal ein Schwein   *S. 397*

Großmächtige Sonne   *S. 400*

Hallo, Kinder. Ich bin der Geigenhansl   *S. 387 ff.*
Heute ist die Geige traurig   *S. 384*
Hinter unserm Gartenzaun   *S. 399*
Hokuspokus, Kokosnuß   *S. 242*
Hoppla-Oho!   *S. 275*

Ich bin der Sperling   *S. 398*
Ich bin der Trommelmann   *S. 288*
Ich bin ein einsamer Schaukelstuhl   *S. 406*
Ich bin so u-hu-hunglücklich   *S. 395*
Ich kannte eine Kuh   *S. 395*

Kapti Kapti Kitti   *S. 23*
Kennt ihr schon Tante Joe?   *S. 227*
Kleine Kinder   *S. 395*
Kuckuck, sag mir doch   *S. 116*

Laute erzählen eine Geschichte   *S. 275*
Liebe, liebe Sonne   *S. 399*

Michael Bach   *S. 245*
Morgens früh um sechs   *S. 396*
Müll   *S. 398*

Nebel, Nebel, Nebel   *S. 400*

Pan war ein großer Naturgeist   *S. 321*
Ping Pong   *S. 272*
Punkt, Punkt, Komma, Strich   *S. 241*

Qua-, Qua-, Quatsch ist das!   *S. 278*

Ribbeldi – rubbeldi – ram   *S. 262*
Risch, rasch, rusch   *S. 237*   *KB S. 25*

Schmackel bunz   *S. 238 f.*   *KB S. 28 f.*
Schreckliche Hitzsss!   *S. 271*
Sieben kecke Schnirkelschnecken   *S. 273 f.*
Spiel den andern etwas vor   *S. 2*

Träumereien   *S. 398*

Uno due tre   *S. 397*

Warum sind Löwenzahnblüten gelb?   *S. 276 f.*
Was träumt der Spatz?   *S. 398*
Was tun die Katzen im Mai?   *S. 396*
Was wird aus unserm Auto   *S. 398*
Weißer Nebel auf dem Meer   *S. 170*
Wer andern eine Grube gräbt   *S. 317*
Wind, Wind, blase   *S. 406*

Ziwi ziwi ziwitsch   *S. 272*
Im Wind   *S. 399*

**Lieder und melodisierte Texte
(Textanfang/Titel)**

Auf dem Markt geh' ich umher   S. 185
Auf der Mauer, auf der Lauer   S. 280

Bingo   S. 353
Bin i auf der Wies'n g'sess'n   S. 51
Blinke, blinke, kleiner Stern   S. 136

Da hupft ein Floh (Zu dritt am Klavier)   S. 377
Das klinget so herrlich   S. 284
Das sind doch dumme Sachen   S. 424
Das Zungenbrecher-Mühlenlied   S. 325 f.
Der kleine Fridolin   S. 375
Der Kuckuck und der Esel   S. 196
Der Marktverkäufer Nino   S. 186 f.
Der schwarze Kater Susemir   S. 279
Der Tag fängt an auf unserm Kahn   S. 173
Drei Chinesen mit dem Kontrabaß   S. 195

Eine graue Maus   S. 117
Eine kilometerlange Riesensuperschlingelschlange   S. 191
Ein Elefant marschiert durchs Land   S. 340
Ein Elefant wollt' bummeln gehn   S. 339
Ein kleiner Summschmetterling   S. 294 f.
Einsteigen, einsteigen   S. 155, 174, 392   KB S. 2 ff.
Ein Vogel wollte Hochzeit machen   S. 194
Ein Xylophon, das ist ein Ding   S. 214
Elefant ist aus dem Gehege   S. 116, 118
E mia ensa   S. 230
Eos quindolélé   S. 190
Es führt über den Main   S. 369   KB S. 54 f.
Es regnet   S. 124
Es schneit, es schneit   S. 141
Es war eine Mutter   S. 192

Froschkonzert   S. 278

Glocken läuten   S. 315
Greten, kieck ens ut de Luk   S. 119
Gummigummiball   S. 54

Hei, die Pfeifen klingen   S. 140 f.
Hei, Zipfelmützen, kommt herbei   S. 358
Heute kann es regnen   S. 188
Heut ist ein Fest bei den Fröschen am See   S. 278
Hier kommt die Straßenbahn   S. 231 f.
Hinterm Ofen sitzt die Katze   S. 281
Hört, ihr Herrn   S. 121
Horch, wie die Pferde schnaufen   S. 127
Hundertzwei Gespensterchen   S. 281 f.

Ich bin der Drache Kunterbunt   S. 430 f.   KB S. 70
Ich bin der Uhu   S. 282 f.
Ich bin Müllschlucker Paul   S. 136 f.
Ich fahr, ich fahr, ich fahr mit der Post   S. 121
Ich fahre, ich fahre   S. 341
Ich nehm' die Hände voll Luft   S. 270
Ich spiel, ich spiel   S. 376

Im Hafen, wo viele Kräne sind   S. 172
Ist ein Mann in' Brunnen g'fallen   S. 128

Jeder spielt, so gut er kann   S. 310   KB S. 46 f.

Kein Tierlein ist auf Erden   S. 138
Knobellied   S. 231

Mantje, Mantje, Timpete   S. 124
Max, der soll zur Schule gehn   S. 132 f.
Mein Boot, das schaukelt hin und her   S. 171
Mückchen Dünnebein   S. 119

Na Bahia tem   S. 180   KB S. 10 f.
Nebel, Nebel, weißer Hauch   S. 126
Nikolaus, der heil'ge Mann   S. 122

O mane mane fiore   S. 230
Os kindo lé lé   S. 190
O tscha ra ka   S. 231
O weh, o weh   S. 423

Pa pa pa   KB S. 36

Rabulan der Riese   S. 342 ff.

Schnurriburribuh   S. 278 f.
Schöne Namen suchen wir   S. 316 f.
Sonntag, Montag   S. 132
Spinnenbein, Spinnenbein   S. 190

Tau fällt auf die Wiese   S. 318
The Little Bells of Westminster   S. 316
There was a farmer   S. 353
Tra ri ra   S. 134

Unsre Katz' hat Kätzchen g'habt   S. 130
Unsre Minieisenbahn   S. 336

Vom Himmel fällt der Regen   S. 128 f.
Von dem Dorf hinab zur Stadt   S. 186 f.

Wachet auf! Wachet auf!   S. 316
Was soll das nur werden   S. 131
Wenn ich richtig fröhlich bin   S. 189
Wie früh ist auf St. Martine   S. 135
Wie reiten die Damen?   S. 120
Wir sind dein Spiegel   S. 211
Wir woll'n einmal spazierengehn   S. 330 ff.
   KB S. 48 ff.
Wißt ihr, wie die Elefanten   S. 133
Wunderschöne Sonnentage   S. 129

Zi-zi-be   S. 307
Zog der Riese Rumpelpuh   S. 120
Zum Windmühlenlande, da lohnt sich die Reise   S. 325 f.

d) Verzeichnis der Hörbeispiele

Kassette 1 – Seite A – Gesamtdauer: 32'06"

HB-Nr.	Titel	Ausführende	Quellen	Dauer
Hörbeispiele zu: 10mal 10 Minuten Tanzen				
HB 1	La Farandolo (Frankreich)	National Folk Dance Players	European National Dances EMI RLS 720/mono CLP 3770	2'45"
HB 2	The Merry, Merry Milke Maids	The New York Renaissance Band Ltg.: Sally Logeman	Country Capers (John Playford) Arabesque Z 6520 DID X 92	2'02"
HB 3	Dashing White Sergeant (Schottland)	Folk Dance Band	Scottish Country Dances Kögler EP 58 205	2'45"
HB 4	Peter Arnesen **Ten-a-round**	Peter Arnesen, Synthesizer	Eigenproduktion Manuskript	2'27"
HB 5	**New England Medley** Satz: Hermann Urabl	Ein Instrumentalensemble (1) Ltg.: H. Urabl	Eigenproduktion Manuskript	3'50"
Hörbeispiele zu: 10mal 10 Minuten Musikhören				
HB 6a	Dimitri Kabalewski **Ein kleines Märchen**	Thomas Hauschka, Klavier	Eigenproduktion	0'34"
HB 6b	Dimitri Kabelewski **Eine traurige Geschichte**	Thomas Hauschka, Klavier	Eigenproduktion	1'03"
HB 7	Susi Schmidt **Eine Karawane zieht vorüber**	Thomas Hauschka, Klavier	Eigenproduktion	1'44"
HB 8	Carl Orff **Geigenübung II Nr. 4** Orff-Schulwerk	Eva und Brigitte Steinschaden, Violine	Eigenproduktion Schott ED 3572	0'53"
HB 9	Hermann Regner **Spatzenkonzert** aus „Heiteres Idyll für 3 Klarinetten"	Emil Rieder Josef Handl Karin Totisk	Verlag Thomi-Berg München	1'13"
HB 10	Béla Bartók **Aus dem Tagebuch einer Fliege** aus „Mikrokosmos IV"	Thomas Hauschka, Klavier	Eigenproduktion	1'22"
HB 11	**Gregorianischer Gesang** Ausschnitt aus dem Responsorium „Sanctis succrescens moribus" aus dem „Officinum Sancti Rudberti"	Schola Hungarica Ltg.: László Dobszay	„Gregorian Chants from Austria" Hungaroton HCD 12950	1'33"
HB 12	Jan Koetsier **Marsch** aus „Petite Suite für Blechbläser"	Ph. Jones Brass-Ensemble	„Philipp Jones Brass Ensemle in der Schweiz" Claves DPf 600	1'24"
HB 13	Carl Orff **Uf dem Anger**, Tanz aus „Carmina Burana"	Philharmonia Orchestra London Ltg.: Ricardo Muti	EMI CDC 7 47100 2	1'43"

HB-Nr.	Titel	Ausführende	Quellen	Dauer

Hörbeispiele zu: Thema 1 „Musik Ahoi!"

HB 14	Hermann Regner **Musik auf der Insel der geheimnisvollen Klänge**	Ein Instrumental- ensemble (2) Ltg.: H. Regner	Eigenproduktion Manuskript	0'55"
HB 15	Rudolf Nykrin **Musik auf der steinernen Insel**	Ein Instrumental- ensemble (3) Ltg.: R. Nykrin	Eigenproduktion Manuskript	3'13"

Hörbeispiele zu: Thema 2 „Meine, deine, unsere Lieder"

HB 16a	**Na Bahia tem** Liedtext	Hermann Regner im Gespräch mit Vani Maria Campos	Eigenproduktion	2'40"

Kassette 1 – Seite B – Gesamtdauer: 31'53"

HB 16b	**Na Bahia tem** Playback Satz: Hermann Regner	Ein Instrumental- ensemble (4) Ltg.: H. Regner	Eigenproduktion	1'54"
HB 16c	**Agogo**		Eigenproduktion	0'14"
HB 16d	**Cuica**		Eigenproduktion	0'15"
HB 17	**Marktszenen** aus der Oper „Porgy and Bess" (G. Gershwin) Ausschnitte: – Strawberry-Woman – Crab-Man	Cleveland Orch. Ltg.: Lorin Maazel Barbara Conrad Samuel Hagan	Decca 6.35327	 1'18" 1'19"

Hörbeispiele zu: Thema 3 „Spiel mit Zeichen und Formen"

HB 18a	Hermann Regner **Musik zu einem Bild 1**	Ein Instrumental- ensemble (5) Ltg.: H. Regner	Eigenproduktion	0'46"
HB 18b	Hermann Regner **Musik zu einem Bild 2**	Ein Instrumental- ensemble(5) Ltg.: H. Regner	Eigenproduktion	1'31"

Hörbeispiele zu: Thema 5 „Musik mit unserem Körper"

HB 19	Bobby McFerrin **There ya go** (Ausschnitt)	Bobby McFerrin	aus: „Spontaneous Inventions" EMI 24-0582-1	1'11'
HB 20	**Körperklänge** zum Nachmachen	Manuela Widmer	Eigenproduktion	3'17"
HB 21	Rudolf Nykrin **Musik zum Mitmachen**	Rudolf Nykrin, Klavier Gerhard Sauberer, Schlagzeug	Eigenproduktion	1'39"
HB 22	**Adaawee** (Ghana) (Ausschnitt)	Frauen aus Ghana	Folkways Rec. FWR 8859	1'07"
HB 23	**Rumba Saratonga**	La Singla y todo el grupo	L+R Records CDLR 44.007	1'33"

HB-Nr.	Titel	Ausführende	Quellen	Dauer
HB 24	Cote Cour	Le Trio Jimmy Medgley	aus „Danse A Claquettes" Uni Disc – Maquette yves setton UD 301279	0'45"
HB 25	Zuahipasch'n	Mitglieder des Tölzer Knabenchores	musica poetica 3 Harmonia Mundi HM 30652 1C 153-99 887	1'03"

Hörbeispiel zu: Thema 6 „Spiel mit Bausteinen – Rhythmus"

HB 26	Ernst Wieblitz **Für Flöte und Handtrommel I**	Susanne Rebholz – Sopranino, Ernst Wieblitz – Trommel	Eigenproduktion	2'08"

Hörbeispiele zu: Thema 7 „Stimme und Sprache"
Ausschnitte aus W. A. Mozart „Die Zauberflöte"

HB 27	Aus Nr. 21, Finale: **Duett Papageno – Papagena**	Gottfried Hornik Janet Perry Berliner Philharmoniker Ltg.: Herbert von Karajan	DGG (CD) 410967-2 GH 3	2'32"
HB 28	**Nr. 2: Der Vogelfänger bin ich ja** Arie des Papageno	Gottfried Hornik Berliner Philharmoniker Ltg.: Herbert von Karajan	s. oben	2'45"
HB 29	**Gespräch der drei Damen mit Papageno und Tamino**	Anna Tomowa-Sintow Agnes Baltsa Hanna Schwarz Gottfried Hornik Francisco Araiza	s. oben	2'18" 1'37"
HB 30	**Nr. 5: Quintett** Papageno: „Hm! Hm! Hm!" (Ausschnitt)	Solisten: siehe HB 29 Berliner Philharmoniker Ltg.: Herbert von Karajan	s. oben	1'18"
HB 31	**Nr. 8: Finale** Papageno: „Komm, du schönes Glockenspiel..."	Walter Berry Willi Brokmeier Anneliese Rothenberger Chor und Orchester der Bayerischen Staatsoper Ltg.: Wolfgang Sawallisch	EMI CDC 7476892	1'23"

Kassette 2 – Seite A – Gesamtdauer: 27'43"

Hörbeispiele zu: Thema 8 „Musik und Tanz, wie gehört das zusammen?"

HB 32	**Popcorn** (Ausschnitt)	Stan Free – Moog-Synthesizer	aus: „Hot butter" musicor rec. 12236	2'13"
HB 33	**Le Serpent** (Ausschnitt)	Guem et Zaka-Percussion	Le Chant du Monde LDX 74674	2'05"
HB 34	**Miller's Jig** (Ausschnitt) aus John Playford „Popular Tunes"	The Broadside-Band on original instruments	Amon RA MC CSAR 28	1'58"
HB 35	Johann Strauß (Sohn) **Wiener Gemüths-Walzer** (Ausschnitt)	Ensemble Willy Boskowsky Solist u. Dirigent: W. Boskowsky	Tanzmusik aus Alt-Wien Vanguard 0182.105	1'59"
HB 36	Peter Arnesen **Fleeting Funk**	Peter Arnesen, Synthesizer	Eigenproduktion Manuskript	2'19"

HB-Nr.	Titel	Ausführende	Quellen	Dauer

Hörbeispiel zu: Thema 9 „Spiel mit Bausteinen – Melodie"

HB 37	**Hindewhu** Rohrflöte	Ba-Benzele Pygmäen (Afrika)	Bärenreiter Musicaphon BM 30 L 2303 Unesco Reihe 3	2'02"

Hörbeispiele zu: Thema 11 „Wir tanzen"

HB 38	**Knopfloch** (Durham Reel) (England)	Georg Espitalier, Akkordeon Ernesto Rossi, Zimbal	Kögler EP 57 602	3'30"
HB 39	**Bingo** (USA) Satz: Rudolf Nykrin	Ein Instrumentalensemble (6) Ltg.: R. Nykrin	Eigenproduktion Manuskript	4'56"
HB 40	**Wir tanzen bis morgen früh** (We won't go home 'til morning) (England) Satz: Rudolf Nykrin	Ein Instrumentalensemble (7) Ltg.: R. Nykrin	Eigenproduktion Manuskript	1'36"
HB 41	**Krebspolka** (Österreich) Satz: Hermann Urabl	Ein Instrumentalensemble (8) Ltg.: H. Urabl	Eigenproduktion Manuskript	2'22"
HB 42	**Hej, flinke Zwerge** (Skandinavien)	Spielkreis Ernesto Rossi Ltg.: H. Diederich	Europäische Tänze Camerata (Möseler) CMS 17 132 EP	2'43"

Kassette 2 – Seite B – Gesamtdauer: 25'29"

HB 43	**Cherkassiya** (Israel)	RCA Victor Folk-Dance- Orchestra Ltg.: M. Herman	RCA – Viktor T 74848	3'03"
HB 44	**Seljančica** (Jugoslawien)	Folkraft Tamburitza Orchester	Folkraft 1401x45	2'52"

Hörbeispiele zu: Thema 13 „Texte klingen"

HB 45	Ernst Wieblitz **Gedichte vom Olivenhügel** Musik für Selbstbauinstrumente und Sprechstimme nach Texten aus „Girotondo" (Ausschnitte) – Die Sonne – Im Wind – Das Gras	Sprecherin: Alrun Pacher Ein Instrumentalensemble (9) Ltg.: E. Wieblitz	Klangspiele Schott wergo WER T 214 Manuskript	 1'36" 0'55" 1'12"

Hörbeispiele zu: Thema 14 „Farbentanz und Bildermusik"

HB 46	Hermann Urabl **Erkundung 1 für elektronische Klänge**	Hermann Urabl, Synthesizer	Eigenproduktion Manuskript	2'10"
HB 47	Herman Urabl **Erkundung 2 für elektronische Klänge**	Hermann Urabl, Synthesizer	Eigenproduktion Manuskript	3'15"

Hörbeispiele zu: Thema 15 „So viel Musik um uns herum"

HB 48	Hugo Distler **Der Feuerreiter** (Ausschnitt) für gemischten Chor	Niedersächsischer Singkreis Ltg.: Willi Träder	Bärenreiter Musicaphon BM 30 SL 1333	1'26"

HB-Nr.	Titel	Ausführende	Quellen	Dauer
HB 49	Joh. Seb. Bach **Valet will ich dir geben:** Choralis in pedale BWV 736 (Ausschnitt)	Hans Fagius an der Cahman Orgel, gebaut 1728 Leufsta bruk (Schweden)	BIS CD 308/309	1'37"
HB 50	**Wenn alle Brünnlein fließen** für Sopran, Sopran- und Altblockflöte, Violine, Violoncello und Klavier Satz: Hermann Regner	Susanne Herz – Sopran Ein Instrumental- ensemble (10) Ltg.: H. Regner	Eigenproduktion Manuskript	1'03"
HB 51	Ernst Falk **Für immer froh** Blasmusik	Die Original Weinviertler Musikanten Ltg.: E. Falk	Ariola 203 353	1'26"
HB 52	**This old man** Straßenmusikant Arr.: Hermann Urabl	Frajo	Eigenproduktion Manuskript	1'08"
HB 53	Béla Bartók **Biciumeana** (Andante) aus den Rumänischen Volkstänzen (Ausschnitt) Streichorchester	Orpheus Chamber Orchestra	DGG CD 415 668-2	0'49"
HB 54	**Change your mind** Hilden/Thelen/Trunt Eine Rockband probt (Ausschnitt)	Ensemble Holger Trunt	aus: HB-Cass. 1 zu Spielpläne Musik 7/8 Klett 17 827	1'25"
HB 55	G. Ph. Telemann **Grave** aus dem Quartett in F-Dur für Blockflöte, Oboe, Violine und Continuo	The Chandos Baroque Players	Hyperion Records CDA 66195	1'32"

Besetzung der Instrumentalensembles

(1) Barbara Gutschy – Flöte, Siggi Haider – Akkordeon, Rudolf Harlander – Kontrabaß, Frajo Köhle – 12saitige Gitarre, Barbara Öttl-Hoch – Hackbrett, Werner Stadler – Schlagzeug, Ulrike Urabl – Synthesizer

(2) Anja Hoffmann, Cornelia König, Rudolf Nykrin, Hermann Regner, Hilde Tenta, Hermann Urabl, Manuela Widmer und Michel Widmer – Flaschen (geblasen), Klavier, Vibraphon

(3) Rudolf Nykrin – Klavier, Marin Marinov und Werner Stadler – Steinspiel und Effekte

(4) Rudolf Nykrin, Hermann Regner, Hilde Tenta und Hermann Urabl – Percussion, Anja Hoffmann, Cornelia König und Manuela Widmer – Xylophon, Michel Widmer – Gitarre

(5) Anja Hoffmann, Cornelia König, Rudolf Nykrin, Hermann Regner, Hilde Tenta, Manuela Widmer und Michel Widmer – Gläser (gerieben), Blockflöte, Klavier, Gongs

(6) Werner Christof – Violine, Siggi Haider – Akkordeon, Rudolf Harlander – Tuba, Frajo Köhle – Gitarre, Marin Marinov – Fahrradklingel, Anton Riedelsberger – Klarinette, Werner Stadler – Schlagzeug, Hermann Urabl – Percussion, Ulrike Urabl – Klavier

(7) Georg Hölscher – Violine, Marin Marinov – Percussion, Rudolf Nykrin – Klavier, Anton Riedelsberger – Klarinette

(8) Werner Christof – Violine, Barbara Gutschy – Flöte, Siggi Haider – Akkordeon und Orgelpositiv, Rudolf Harlander – Kontrabaß, Georg Hölscher – Violine, Frajo Köhle – Gitarre, Barbara Öttl-Hoch und Ulrike Urabl – Hackbrett

(9) Brigitta Hofer, Erika Knoblich, Miriam Samuelson, Johannes Schüssel, Ernst Wieblitz und Christine Zehnder – Selbstbauinstrumente

(10) Susanne Apitzsch – Sopranflöte, Gerhard Kupski – Violoncello, Barbara Pummerer – Violine

10 x 10 Minuten Stabspiele M 1

Die Musiziersituationen bauen auf Erfahrungen auf, wie sie mit den Aktivitäten in Thema 9 „Jeder spielt, so gut er kann" erreicht werden. Kinder mit Vorerfahrungen aus der Musikalischen Früherziehung können sich direkt mit den Übungen beschäftigen.

Die Schulung der traditionellen Spieltechniken und -möglichkeiten, die Koordination der Hände etc. steht im Mittelpunkt der Übungen. Wesentlich ist aber, daß es immer auch zum Vergnügen eines gemeinsamen Musizierens kommt. Auch das „Singen zum Stabspiel", wie es verschiedentlich angesprochen wird, soll sich immer wieder mit dem instrumentalen Üben verbinden. Keinesfalls muß – von Stunde zu Stunde fortschreitend – eine Übung der anderen folgen! Besser ist es, wenn bereits erarbeitete Übungen oder Stücke zwischendurch noch einmal wiederholt werden.

Zentrales Instrument ist, aufgrund der Übereinstimmung mit der Stimmlage der Kinder, das Altxylophon, insbesondere dann, wenn das Singen hinzutritt. Aber auch alle anderen Stabspiele werden einbezogen, wobei sich freilich die „Mensur" beträchtlich ändern kann (z.B. beim Glockenspiel). Metallophonklänge sollten aufgrund des Nachklanges bewußt und sparsam verwendet werden, wobei Instrumente mit Dämpfungseinrichtung variabler einzusetzen sind. Auf eine dem Instrumentenklang angemessene Verteilung der Spielstimmen ist zu achten.

Es sollten genügend Stabspiele vorhanden sein, wenn der Lehrer einen entsprechenden Schwerpunkt begründen will. Wirkliche instrumentale Übung kann es letztlich nur am Instrument geben!

Zum Erlernen von Stabspielstimmen vgl. S. 46f.

Melodien erfinden: von der „Haustüre" beginnend und wieder zurück 1.1

Das Instrument wird vorbereitet:

Auf diesen Tönen sollen die Kinder versuchen, Melodien zu erfinden. Jedes Kind soll dazu einen eigenen Rhythmus wählen.

Dazu eine einfache Begleitung:
Wir „hüpfen" (jeder in seinem eigenen Tempo) und mit zwei Schlägeln im raschen Wechsel auf dem „c" und warten auf das Spiel des Solisten.

Einzelne Kinder erfinden über der Begleitung eine Melodie: vom „c" - der „Haustüre" - soll sie ausgehen und dorthin auch wieder zurückkehren. Wenn ein Kind nach seiner Melodie wieder „in der Türe steht", also zur Begleitung gewechselt hat, „geht der Nächste fort". (Die „Spaziergänge" sollen nicht zu lang werden.) Auch jede improvisierte Melodie wird mit zwei Schlägeln gespielt!

In einem nächsten Schritt gibt der Lehrer – ausgehend von ganz einfachen Möglichkeiten – den Kindern auf ihren „Spaziergängen" einfache rhythmische Ostinati als Begleitung vor, z.B.

Wieder versuchen die Kinder, eine Melodie dazu zu erfinden: Sie gehen „von zu Hause fort" und kommen dorthin wieder zurück. Allerdings gilt es nun, mit dem Lehrer „Schritt zu halten", oder anders ausgedrückt: „mit ihm zu gehen". (Die Kinder sollen also den Charakter der Begleitfigur erfassen und dazu spielen.)

1.2 Ostinati spielen – welche „Muster" passen als Begleitung?

Ostinati kennenlernen und erfinden

Die Kinder sollen Ostinati, wie sie in Übung 1 schon erklungen sind, selbst erfinden und spielen. Die Instrumente werden vorbereitet, nicht benötigte Stäbe herausgenommen.

Ostinati verschiedener Art und Schwierigkeit werden geübt und mit den Kindern variiert.

Die Übungen führen vom einfachen Bordun...

zum einfach schweifenden Bordun...

zum doppelt schweifenden Bordun.

Jedes Kind denkt sich eigene Spielmuster aus und spielt sie den anderen vor. Alle Ostinatoformen können – auf mehrere Spieler und Instrumente verteilt – kombiniert werden.

H i n w e i s : In „Musik für Kinder" (Orff-Schulwerk), Bd. I, S. 100ff. finden sich viele weitere Vorschläge für Begleitformeln auf der Basis pentatonischer Skalen.

Lieder mit Ostinati begleiten

Geeignete Beispiele (Grundton „c" oder „f", s. u.) findet man in Lehrerkommentar, Kinderbuch oder Liederheft, z.B.
- „Musik ahoi" (Kinderbuch, S. 2–4),
- „Mein Boot, das schaukelt hin und her" (S. 171 und Liederheft „Wenn ich richtig fröhlich bin", S. 3),
- „Ein Xylophon, das ist ein Ding" (S. 214),
- „Unsere Katz hat Kätzchen g'habt" (S. 130 und Liederheft „Wenn ich richtig fröhlich bin", S. 18/19)

u.v.a.

Zum Stabspiel singend improvisieren

Bildet man Ostinati auf pentatonischer Basis mit dem Ton „f" als Grundton, so gewinnt man einen Tonraum, der der Lage der Kinderstimme besonders entgegenkommt. Die Kinder sollen mit 2 oder 3 Tönen zum Ostinatospiel singend improvisieren. (Eine größere Skala als Improvisationsgrundlage führt wahrscheinlich zur Verwirrung.)

Melodische Linien fortsetzen: von der „Haustüre" zur „Haltestelle"   1.3

Das Instrument wird vorbereitet:

Diesmal sollen jeweils zwei Kinder als Paar abwechselnd improvisieren.

Der erste Spieler beginnt wiederum an der „Haustüre" mit seiner Melodie (wie in Übung 1), kommt aber nun nicht „nach Hause zurück", sondern bleibt auf einem ganz anderen Ton stehen. Er „wirbelt" dort leise oder „hüpft ungeduldig" auf diesem Ton, bis ihn sein Partner dort „abholt".

Der zweite Spieler übernimmt den Ton (der erste Spieler setzt dann aus), beginnt damit seine Melodie und führt diese schließlich wieder „nach Hause".

Auch dieses Spielen kann, wie in Übung 1, erst frei geführt und mit einer Tremolobegleitung auf „c" grundiert werden. Dann kann auch das Spiel zu rhythmisch-metrisch gebundenen Ostinati geprobt werden.

Der „Treffpunkt" der Paare kann auch als eine *Fermate* („fermata" = Haltestelle) begriffen werden.

Zum Stabspiel singen – „Schnapp! Hat er'n g'habt!"   1.4

Das Lied begleiten und dabei singen

Das lustige Lied („Musik für Kinder", Orff-Schulwerk Bd.I, Nr.18) wird mit den in Übung 2 erarbeiteten Ostinatofiguren in frei gewählten Kombinationen begleitet.

Bin i auf der Wie-sn gsessn, hat a Schneck an Schnei-der gfressn. Schnapp! Hat er'n g'habt!

Ein lustiges Solo für jedes Kind

An der gekennzeichneten Stelle (*) kommt wechselnden Solisten eine besondere Aufgabe zu: Mit einem Glissando, das mit einem akzentuierten Schlußschlag beendet wird, sollen sie illustrieren, was auf der Wiese passiert.

Jeder übt: Die rechte Hand spielt ein Glissando - erst einmal ruhig bis zum höchsten Ton des Instrumentes:

.....Schnapp! 〔Notenbeispiel〕 Hat er'n g'habt!

Dann wird nur bis zum Ton „c" („weiß markiert") gespielt:

.....Schnapp! 〔Notenbeispiel〕 Hat er'n g'habt!

Schließlich beendet die linke Hand dort das Glissando mit einem Schlußschlag:

.....Schnapp! 〔Notenbeispiel〕 Hat er'n g'habt!

Nun kann man das Lied so oft spielen und singen, bis jedes Kind einmal das „Solo" gehabt hat.

1.5 Drei Schlägel: eine „Schere" und „drei Töne zugleich"

Vorübung: „Balalaika" mit zwei Schlägeln in einer Hand

Auf S. 29 des Lehrerkommentars ist eine besondere Spieltechnik geschildert, bei der zwei Schlägel in einer Hand liegen und an der Stirnseite des Stabes von oben und unten anschlagen. Um uns an das Halten von zwei Schlägeln in einer Hand zu gewöhnen, spielen wir „Balalaika", z.B. zur Melodie von „Alle meine Entchen":

H i n w e i s : Die reizvolle „Balalaika"-Technik kann ein andermal auch zur Variation von Begleitstimmen eingesetzt werden.

Ein Stück mit einer schwierigen Begleitstimme

Das Instrument wird vorbereitet:

Unser Stück hat eine Begleitstimme, bei der jeweils drei Töne zusammen klingen. Also muß eine Hand zwei Schlägel halten! Man nimmt die Schlägel wie beim „Balalaika"-Spiel und dreht dann die Hand, bis die Schlägel waagrecht liegen (Handrücken der rechten Hand zeigt nach oben). Drei Ostinati werden geübt:

A

R
L

B

C

Das Stück, dem diese Begleitformeln entnommen sind, ist Nr. 32 aus dem Heft „Erstes Spiel am Xylophon" von Gunild Keetman (Mainz 1969, S.16f.). Die Begleitostinati gehören zu den im folgenden notierten Melodien für Stabspiel (A zu A usw.), die in der Regel vom Lehrer gespielt werden. Die Kinder können in drei Gruppen abwechselnd begleiten.

A

        R   R   R   R L R R L R   R

B   (eine Oktave höher)

C

    L L R L L R   L L R R L L R   R
   (R L R R L R |R L R L R L R)

(Die eingeklammerten Handsatzangaben bezeichnen eine weitere Spielmöglichkeit.)

© B. Schott's Söhne, Mainz 1969

Transponieren und Improvisieren   1.6

Wieder gehen wir von einer den Kindern bereits bekannten Tonreihe aus:

Diesmal betrachten wir Notation und Instrumente besonders genau: Es gibt Schritte und Sprünge. „Grundton" (der Begriff kann hier benutzt werden) ist das (markierte) „c".

Welche Stäbe brauchen wir (und welche nicht), wenn wir nun auf dem „f" eine solche Folge von Schritten und Sprüngen aufbauen? An einem Stabspiel finden wir gemeinsam heraus:

Zunächst ergibt sich eine Abweichung vom gewohnten Bild der Stabanordnung, da die Reihe nicht mit dem tiefsten Ton des Instrumentes beginnt. Aber die Töne c und d, die oben fehlen, gibt es auch unterhalb des Grundtons. Sie können dort ergänzt werden.

Die Reihe wird auf alle anderen Instrumente übertragen und parallel dazu auch an die Tafel (sowie auf ein Notenblatt im „Sammelheft") geschrieben.

Das folgende Lied wird mit seinem Spielmotiv eingeführt: Die Kinder lassen den

Gum - mi - gum - mi - ball

auf verschiedenen Tönen hüpfen / auf den Stäben hinauf- und hinabhüpfen / spielen das Motiv gleichzeitig auf verschiedenen Tönen ...

Das Lied vom Gummigummiball ...
... gibt Anlaß, reihum die „Soli des Gummiballes" zu spielen. Weiter sollen die Kinder eigene Begleitformen dafür suchen.

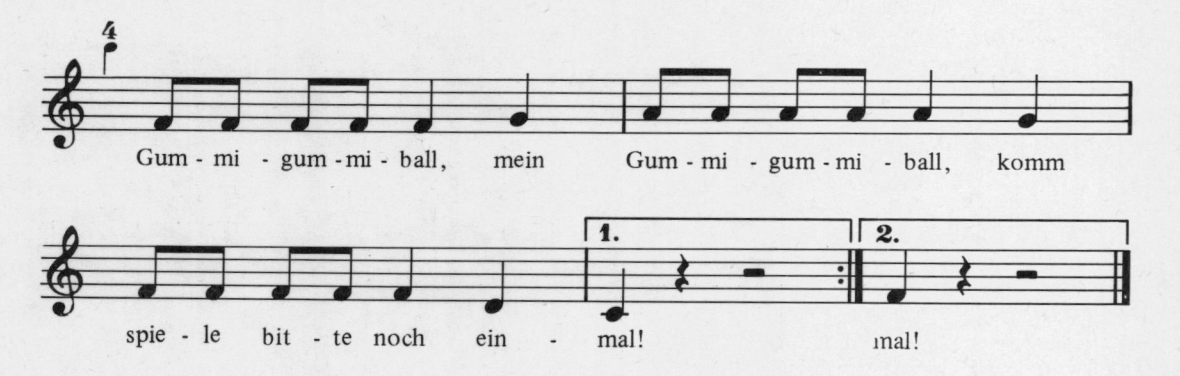

Gum - mi - gum - mi - ball, mein Gum - mi - gum - mi - ball, komm spie - le bit - te noch ein - mal! mal!

Text und Melodie: Rudolf Nykrin
© B. Schott's Söhne, Mainz

1.7 Ein Kanonspiel – wir lernen einen genauen Handsatz (vgl. S.30)

Die folgende Melodie legt einen richtigen „Handsatz" nahe: Linke und rechte Hand sind bezeichnet – die Kinder sollen das Notenbild betrachten und es ggf. abschreiben. Wo nichts steht, wechseln sich die Hände ab. (Schlagzeuger sagen dafür „Hand für Hand".)

[Notenbeispiel mit Bezeichnungen:]
R R R R
 (L R) (R R L L R R L L R)

Wird die Melodie sicher beherrscht, setzt an der bezeichneten Stelle (*) eine zweite Gruppe (anfangs der Lehrer) ein und spielt im *Kanon* (= in einem bestimmten Abstand mit der gleichen Melodie nachfolgend) zur ersten Gruppe.

Wir begleiten unseren Kanon 1.8

Welche der uns schon bekannten Begleitmöglichkeiten (vgl. Übungen 2 und 5) passen zum Kanonspiel? Oder sollen wir neue Ostinati dazu erfinden?

Wir gestalten erst ein Vorspiel und begleiten dann zwei Solisten, die die Kanonmelodie spielen.

Improvisieren zu wechselnden Zusammenklängen 1.9

Zunächst wird die folgende *Begleitstimme* gelernt:

(T   D   D   T   T)

Dazu paßt eine *Baßstimme* (Baßxylophon oder Pauken):

Beide Stimmen gründen (wie nur der Lehrer zu wissen braucht) auf dem Tonika- und Dominantdreiklang, hier von C-Dur. Die Kinder sollen nun auf einem Ton, der mit allen anderen „verwandt" ist (die Kinder sollen das hörend überprüfen!), über beiden Begleitstimmen eigene „Melodien" dazuspielen, z.B.

Melodie und Begleitung ergeben zusammen eine gute Vorbereitung für das folgende Stück.

1.10 „Kleines Tanzstück"

(aus „10 kleine Tanzstücke", „Musik für Kinder", Orff-Schulwerk Band I, Nr.16.1)

Das „Tanzstück" stellt noch größere Ansprüche an die Spielfertigkeiten der Kinder. Aber nach einiger Übung dürften sie auch dieses Stück meistern.

© B. Schott's Söhne, Mainz

Erweiterung: In einem Rondospiel kann der Lehrer als „Ritornell" eine Melodie improvisieren. Beispiel (nach: Musica Poetica, Orff-Schulwerk, LP 3, Nr. 5 Rondo; harmonia mundi, 1 c 153/99/887):

Die „Couplets" sind Improvisationen der Kinder auf dem gemeinsamen Ton „g" der Hauptstufen (wie in Übung 9).

10 x 10 Minuten Tanzen | M 2

Die aufbauenden spielerischen Übungen machen Vorschläge für kurze Situationen, in denen die Kinder ihren Körper und wichtige Bewegungsvarianten kennenlernen sowie Phrasierungs-, Raum- und Gruppierungsaufgaben lösen.

Die Übungen sind von eigenständigem Gehalt, insbesondere aber auch zur Vorbereitung für verschiedene Tanzformen und Gruppentänze von Bedeutung, wie sie im 11. Thema „Wir tanzen" vorgestellt werden. Vorbereitung erfährt auch Thema 8 („Musik und Tanz – wie gehört das zusammen ...?"). – Besonders Kinder, die noch nicht oder nur wenig zusammen getanzt haben, sollen mit den Übungen Grunderfahrungen sammeln können.

Da die hier geschilderten Spiele und Übungen immer nur einen Teil von Unterrichtsstunden einnehmen sollen, wurden sie in der hier gewählten – ausgegliederten – Weise dargestellt. Der Lehrer kann demnach in mehreren Unterrichtseinheiten hintereinander mit jeweils einer der Episoden „10 Minuten lang" (das Zeitmaß ist freilich nicht wörtlich zu nehmen) die Kinder an das Tanzen und seine Grundlagen heranführen.

Erfahrene Lehrer werden die Übungen mit eigenen Ideen bereichern und verändern und weitere Übungen dazu erfinden. Andere Lehrer werden anhand der Übungen selbst noch eine Menge lernen: mit den Kindern gemeinsam, aber auch *durch* die Kinder, die in ihrer Unbefangenheit und Spontaneität einen ungeübten oder gar ängstlichen Lehrer oftmals mitreißen.

Der Lehrer soll sich in jedem Fall zunächst einen Überblick über die Übungsfolgen verschaffen und für sich anhand der Sachinformationen zu Bewegung und Tanz (S. 57f.) ggf. die Bedeutung von Fachbegriffen klären. Grundbegriffe sollen auch den Kindern gegenüber im Laufe der Übungen immer wieder genannt und damit bekannt gemacht werden. Das Vokabular des Tanzens zu entschlüsseln, Voraussetzungen und Schwierigkeiten beim Tanzen mit Kindern voraussehen zu können – auch dazu mögen die folgenden Seiten dem Lehrer dienen.

Wiederholung bereits bekannter Übungen ist das „A und O" für ein befriedigendes, aufbauendes Lernen. Die Früchte aller Mühen erleben Kinder und Lehrer, wenn das Tanzen und Gestalten tradierter und freier Tanzformen zunehmend Freude macht und in partnerschaftlicher Weise von Kindern und Lehrer gemeinsam getragen wird.

Jeder der 10 Vorschläge enthält zwei Hauptelemente:
1. Einen körpertechnisch orientierten Einstieg mit einer Bildfolge, die man den Kindern (zum Raten, was diesmal kommt) zeigen kann. Die Erfahrung der Bewegungsmöglichkeiten des Körpers, dessen Lockerheit und Bereitschaft sollen von den kurzen spielerischen Übungen angeregt und gebildet werden.
2. Eine Übung zu einer Grundfähigkeit, die im Zusammenhang mit Tanzen in Gruppen, auf der Basis von Volks- und Gruppentänzen, bedeutsam ist.

Hinzu tritt eine Sequenz, die die Kinder wieder lockern und neu konzentrieren kann:
- *Ausatmen:* Im Stehen (bei entsprechender vorausgegangener Bewegung auch im Liegen) initiiert der Lehrer hörbar ein mehrfaches Ausatmen (auf Konsonanten und Silben wie „fff", „schschsch", „huuuu").
- *Lockern und „Versammeln":* Die Arme baumeln locker neben dem Körper. Der Lehrer geht herum und regt die Lockerheit an, indem er die Arme der Kinder leicht schüttelt. Dann schwingt man die Arme und geht dabei weich ein wenig in die Knie, wobei die Füße nebeneinander stehen (parallel, aber nicht aneinandergepreßt!). Das Schwingen der Arme wird kleiner, und wir spüren dabei noch einmal unseren Atem. Wir atmen jetzt ganz ruhig, die Atemzüge sind nicht mehr zu hören, und am Ende ist jede Bewegung, innen und außen, zur Ruhe gekommen.

2.1 Dehnen – räkeln – strecken

In allen Lagen (im Stehen, Sitzen und Liegen) dehnen, räkeln und strecken sich Kinder und Lehrer, auch ausgehend von einzelnen Körperteilen (Füße, Hände). Bei dieser „Erwärmung" des Körpers sind Gähn- und Stöhnlaute nicht nur erlaubt, sondern ausdrücklich herauszufordern.

Quer durch die Fortbewegungsarten / Anfang und Schluß

„Mir nach!",

ruft der Lehrer und geht, läuft, hüpft, galoppiert, schleicht, federt, trippelt durch den Raum. Er wechselt das Tempo und die Richtung, bewegt sich vorwärts, rückwärts, seitwärts, soweit es die Bewegungsart zuläßt und die Kinder nicht überfordert sind. Die Kinder folgen dem Lehrer kreuz und quer durch den Raum – eine spezielle Gruppenformation (z.B. Schlange, Kreis) ist noch nicht vorgesehen.

Bald geht der Lehrer dazu über, Anfang (*) bzw. Schluß (*) einer bestimmten Fortbewegungsart mit rhythmisch gesprochenen Ansagen anzukündigen:

(*)	(*)
Jetzt geht's los!	Jetzt ist Schluß!

Er kann auch bereits versuchen, den fließenden Wechsel von einer Fortbewegung zur nächsten mit Rufen wie

Ach - - tung!	Auf - ge - paßt!

deutlich zu machen.

Zum Abschluß dann: *Ausatmen, Lockern und „Versammeln"*.

2.2 Schütteln und rütteln

Wie ein Zappelphilipp schütteln und rütteln Kinder und Lehrer den ganzen Körper durch: erst einzelne Körperteile – Hände, Arme, Kopf, Beine ... – dann den ganzen Körper – immer schneller. Begleiten kann man das Schütteln und Rütteln am besten mit der eigenen Stimme. Aber auch Rasseln und

Schellenbänder oder Tanzschmuck (vgl. LK S. 297ff.), an Armen und Beinen angebunden oder in den Händen gehalten, unterstützen die Bewegungen.

Wenn man sich eine Zeit lang so gerüttelt und geschüttelt hat, tut das *Ausatmen* („Ffff ..."), *Lockern und „Versammeln"* gut.

Orientierung im Raum und erste Raumwege

Zu einer geeigneten anregenden Musik (z.B. HB 1 „La Farandolo") führt der Lehrer die Kinder zunächst in einer Schlange (Hände sind gefaßt) auf abwechslungsreichen Wegen durch den Raum. Dabei ist auf ein gelöstes, zügiges Gehtempo, passend zur Musik, zu achten. Es entstehen verschiedene Linien und Formen im Raum. Kinder und Lehrer versuchen anschließend einige davon aufzuzeichnen (Papierbogen, Tafel, gleich darauf auch auf große Karten). Beispiele:

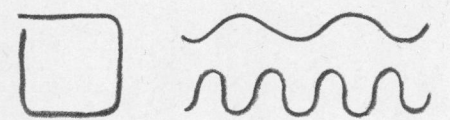

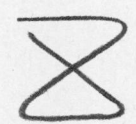

Zum Abschluß führen einzelne Kinder zur Musik die Schlange an. Der Lehrer zeigt jeweils auf einen der aufgezeichneten Raumwege – die Kinder versuchen, ihn selbständig durchzuführen.

Eng und weit 2.3

Vom Stehen, Sitzen und Liegen aus sollen Kinder von engen Körperhaltungen zu weiten kommen, und umgekehrt. Bei engen Haltungen schlingen sich z.B. die Arme um den Körper, die Beine können verschränkt werden, die Schultern sind zusammengezogen, der Kopf eingezogen. Bei weiten Positionen breitet man die Arme aus, grätscht die Beine, hebt den Kopf und öffnet die Schulterhaltung.

Der Lehrer kann Impulse zum Wechsel der Haltungen verbal geben oder auch mit Instrumenten begleiten. Dabei achtet er auf wechselnde Tempi und verschiedene bewegungsdynamische Ansätze, d.h. zwischen engen und weiten Haltungen schnell wechseln (und damit mit hoher Körperspannung), oder langsam (mit niedriger Körperspannung).

Zum Abschluß stehen alle im Kreis und springen leicht und locker mit beiden Beinen und hängenden, baumelnden Armen auf und nieder.

Die so begonnene Entspannung setzt sich dann in der Sequenz *Ausatmen, Lockern und „Versammeln"* fort.

Erste Erfahrungen mit Phrasenlängen

Zu einer zweiteiligen Tanzmusik (z.B. HB 2 „The Merry, Merry Milke Maids" oder HB 43 „Cherkassiya", vgl. S. 359f.) setzen sich Kinder und Lehrer zunächst einmal, zum genauen Zuhören, im Kreis zusammen. Zu den beiden Teilen der Musik gestalten sie im Wechsel kleine „Finger- und Fußspitzentänze". Ideen dazu werden gemeinsam gesammelt, der Lehrer gibt nur anregende Beispiele.

Beim zweiten Vorspielen der Musik stellen sich Kinder und Lehrer im Kreis auf. Zu jedem Ⓐ-Teil gehen sie im Kreis, zu jedem Ⓑ-Teil zeigt der Lehrer ein einfaches Klanggestenmotiv, das von den Kindern gleich mitgemacht wird.

Nun kennen die Kinder die beiden Teile der Musik schon ganz gut. Jetzt gehen sie zu den Ⓐ-Teilen alleine frei im Raum umher, wobei sie immer neue, eigene Wege finden sollen. Im Raum darf es aber kein „Knäuel" geben, und kein anderes Kind darf behindert oder angerempelt werden. – Am Beginn eines Ⓑ-Teiles bleiben die Kinder am Platz stehen und gestalten diesen Teil mit verschiedenen Klanggesten-Kombinationen. Mehrere Wiederholungen vertiefen die gemachten Erfahrungen mit den Phrasenlängen.

H i n w e i s : In HB 43 sind beide Musikteile gleich lang. Es bietet sich deshalb für unerfahrene Kinder zuerst an. Die unterschiedliche Länge der beiden Teile von HB 2 (Ⓐ – 2x4 Takte; Ⓑ – 2x6 Takte) macht die Aufgabe etwas schwieriger. So kann die Musik zu einem späteren Zeitpunkt für Lehrer und Kinder auch eine Herausforderung sein, einen eigenen, ganz besonderen Tanz dazu zu gestalten.

2.4 Rollen und Schaukeln am Boden

Durch das Rollen und Schaukeln sollen die Bauchmuskeln aktiviert, der Gleichgewichtssinn geschult und die Wirbelsäule in verschiedene Richtungen beweglich gemacht und gedehnt werden.

„Kinderhüpfer" und Galopp / Springen, Drehen und Wenden

Der Lehrer beginnt mit dem allen Kindern bekannten „Kinderhüpfer":

rechtes Bein

linkes Bein

Auch das Galoppieren verwendet diesen Rhythmus, verteilt ihn aber auf die beiden Beine wie folgt:

rechtes Bein

linkes Bein

Die Galoppsprünge werden vor allem seitwärts geübt. Am ehesten kommen Kinder dazu im Kreis in Schwung, aber auch zu zweit sollten sie üben: als Galopptanz eines Paares durch eine Gasse (die Kinder stehen sich in zwei Reihen gegenüber).

Nun noch zwei andere Sprünge, zum Dazu-Kombinieren:
– Der „Schlußsprung" (von einem Bein auf beide Beine springen) wird als Wendepunkt zum Richtungswechsel eingesetzt.
– „Laufsprünge" über die längste Distanz im Raum, über die „Diagonale" (sagen wir: über „Pfützen" und „Maulwurfhügel" dazwischen), schaffen Abwechslung zu den anderen beiden Hüpfarten („Kinderhüpfer" und „Galopp").

Zum Abschluß und als Übergang zu anderen Aktivitäten: *Ausatmen, Lockern und „Versammeln"*.

Drehen und Kreisen von Körperteilen und Gelenken 2.5

In manchen Gelenken können wir die damit verbundenen Körperteile nur hin- und herdrehen, beugen oder strecken (z.B. Ellbogengelenk und Kniegelenk). In anderen Gelenken hat man mehr Bewegungsfreiheit: Das Hand-, Fuß-, Schulter- und Hüftgelenk kann man kreisen lassen. Und die Verbindung zwischen Kopf und Hals ist auf besonders vielseitige Weise beweglich.

Lehrer und Kinder entdecken gemeinsam die Bewegungsfähigkeit der Gelenke, besonders auch die vielseitige Beweglichkeit des Kopfes. Beim Bewegen von Körperteilen und Gelenken begleitet man sich am besten wieder mit der eigenen Stimme.

Zum Schluß dreht und kreist der ganze Körper um die eigene Achse – immer schneller – „Kreisel dreh dich, dreh dich ... – bis du umfällst!"

Das *Ausatmen, Lockern und „Versammeln"* schließt man am besten gleich am Boden liegend an.

Raumwege – gerade und in Kurven

Jedes Kind beschäftigt sich zunächst alleine mit geraden und kurvigen Wegen durch den Raum, die durch Schlußsprünge unterbrochen bzw. gereiht und in der Richtung verändert werden. Der Lehrer macht einmal deutlich vor:
– Einige Schritte auf einem geraden Weg – „wie mit einem Lineal gezogen". Dann mit einem Schlußsprung in eine andere Richtung springen und einen weiteren geraden Weg anschließen.
– Oder die andere Fortsetzung: Wie ein Flugzeug die Arme ausbreiten und in weiten oder engeren Kurven durch den Raum „fliegen".

Kurvige und gerade Raumwege wechseln sich ab. Nach einer Weile sollen die Kinder ihre Wege auch rückwärts und seitwärts gehen und laufen. Wie von selbst können sie dabei den Seitanstellschritt ausprobieren, und einige werden sogar zum Kreuzschritt finden, doch soll an diesen Schritten hier noch nicht gearbeitet werden. Denn Ziel der Übung ist es vor allem, erst einmal Raumrichtungen bewußt einsetzen zu können.

2.6 Auf und nieder – vom Liegen zum Stehen und zurück

Die Vorstellung, eine Marionette zu sein, hilft den Kindern, ganz bewußt Körperteil für Körperteil auf immer wieder andere Weise vom Boden zu lösen und zum Stand zu bringen – mal langsam, mal schnell, mal wie an einem Arm hochgezogen, mal wie am Nacken ...

Zum Abschluß werden wir im Stehen den Körper schütteln und durchrütteln und dann *Ausatmen, Lockern* und *„Versammeln"*.

Raumformen und Gruppierungen im Raum – und Bilder dafür

Lehrer und Kinder stehen im Kreis. Der Lehrer geht um den Kreis herum und tupft jedes Kind leicht auf den Kopf. Dann geht er an die Tafel und tupft mit Kreide Punkte in Kreisform (den Köpfen der Kinder entsprechend) darauf.

Im folgenden kommt es zu einem abwechslungsreichen Ratespiel: Die Kinder bewegen sich zunächst frei im Raum (schleichen, gehen, laufen), der Lehrer kann sie dazu mit der Stimme oder auf einem Instrument begleiten. Auf ein Signal des Lehrers hin (z.B. Beckenschlag) bleiben alle stehen, der Lehrer tupft eine der folgenden Raumformen an die Tafel, und die Kinder gruppieren sich entsprechend:

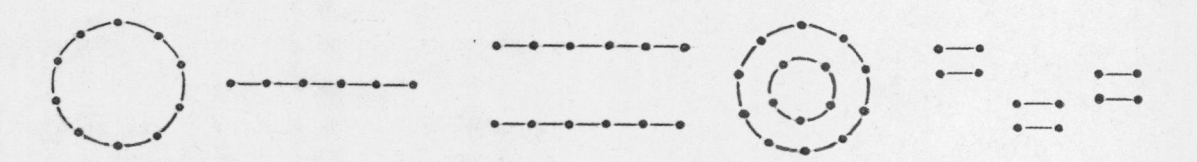

Zum Schluß werden die Raumformen mit durchgezogenen Linien dargestellt (entsprechende Abbildungen hat der Lehrer auf Kärtchen, die er später wieder benutzen kann, vorbereitet, und er kann sogar noch Zeichen für den Hin- und den Rückweg einführen:

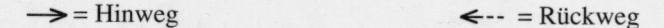

⟶ = Hinweg   ⟵-- = Rückweg

Am Ende stehen Zeichnungen, die wie folgt aussehen können, und die von den Kindern entschlüsselt und getanzt werden. Die Richtungswechsel (Rückwege) werden gemeinsam besprochen. Bei der Schlange, in der Reihe, aber auch im Kreis oder in der Spirale kann man sich für den Rückweg jeweils umdrehen oder aber auch rückwärts gehen.

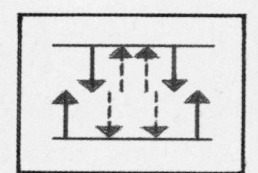

Stampfen und Boxen und „luftballonisches" Stubsen und Tupfen 2.7

Unsere Körperkraft muß manchmal einfach raus! Also stampfen wir kräftig mit den Füßen auf und boxen in die Luft – natürlich ohne jemanden zu verletzen. Dazu können wir laut rufen, um einander beim Stampfen und Luftboxen zu zeigen, wie stark wir sind ...

Als Erholung und zum Kontrast ist man ein Luftballon, der, vom Partner nur leicht angetupft, kreisend und hüpfend durch den Raum fliegt. Am Ende sollen alle „Luftballons" *ausatmen, lockern und sich „versammeln".*

Weitere Erfahrungen mit Phrasenlängen

Eine (den Kindern vielleicht schon bekannte) Musik (z.B. HB 3 „Dashing White Sergeant") dient heute dazu, zu kurzen Phrasenlängen (4 Takte) präzise Bewegungsmotive und Tanzfiguren durchzuführen und abzuwechseln. Die Kinder folgen (im Kreis stehend) zunächst dem Lehrer, der zum Grundschlag der Musik folgende Motive vormacht:

– *Klanggestenmotive:* Zunächst einmal klatscht, patscht oder stampft der Lehrer zum Grundschlag (nach je 4 Takten die Aktion wechseln). Dann gibt er einfache, eintaktige Klanggestenmotive vor, wie sie die Kinder aus der rhythmischen Arbeit wahrscheinlich schon kennen. Jedes Motiv wird 4x ausgeführt. Beispiele:

– *Mit Schritten vor und zurück:* Acht kleine Schritte (= 2 Takte) zur Kreismitte, acht Schritte zurück. Dann das gleiche „rückwärts": erst den Kreis vergrößern, die Handfassung lösen, dann wieder zum gefaßten Kreis zurückkehren.
– *Paarweise drehen:* Einem Partner (vorher verabreden!) beide Hände reichen, einen Kreis mit acht Schritten rechts herum, dann mit acht Schritten links herum gehen.
– *In Reihen:* In zwei Reihen gegenüber das Aufeinanderzu- und Voneinanderweggehen üben.

Zum Abschluß kann man eine Folge einiger ausgewählter Motive verabreden, vielleicht mit Symbolen notieren und zur Musik tanzen.

Unser Körper hat viele weiche, runde Stellen ... 2.8

... und dort sitzen Muskeln. Jedes Kind soll solche Stellen bei sich selbst durch Streicheln, Reiben oder leichtes Kneten suchen. Dabei entdeckt es auch die Ecken und Kanten, die knöchernen Teile: den Ellenbogen, das Schlüsselbein ...

Das Gleiche nun mit einem Partnerkind. Wenn wir bei ihm aber die Muskelpartien leicht kneten und dann auch klopfen (mit Handflächen, Knöcheln, Handkanten), müssen wir vorsichtig und behutsam sein und die knöchernen Partien nicht berühren.

Danach sausen alle Kinder zu einer schnellen Trommelmusik ein paar Runden durch den Raum. Anschließend legen sie sich auf den Boden, zum *Ausatmen, Lockern und „Versammeln"*.

Seitanstellschritt, Wechselschritt, Kreuzschritt

Diese drei Schrittarten können die Kinder bei regelmäßiger Wiederholung lernen und sie beim Tanzen und Gestalten einsetzen.

„Seit-an-stell-schritt" spricht der Lehrer vor sich hin (die Namen der Schritte werden beim Üben gleich mitgelernt!), während er langsam und genau Fuß an Fuß stellt. Die Kinder sollen gleich mitmachen, und der Lehrer achtet darauf, daß bei „-an-" und „-schritt" ihre Füße parallel und nebeneinander stehen. Die Fußspitzen müssen nach vorne schauen!

Wenn man nun den Seitanstellschritt im Kreis weiter übt, sind die Fußspitzen zur Kreismitte gerichtet, die mit einem Gegenstand (z.B. Stofftier) markiert sein kann. Singt man dabei noch ein bekanntes Lied, wird der Schrittablauf fließender, und das Üben macht mehr Spaß.

Wechselschritt (vorwärts und rückwärts): Der Rhythmus ♫ ♩ (oder ♩ ♩ ♩) bildet die Grundlage der drei Schritte, die *einen* Wechselschritt ausmachen. Kennzeichnend ist der Akzentwechsel (Gewichtsverlagerung) vom rechten auf das linke Bein und umgekehrt:

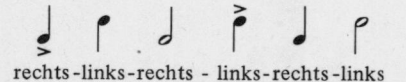

rechts-links-rechts - links-rechts-links

Zunächst am Platz und dann zur Fortbewegung übergehend bewegt sich der Lehrer – ohne viele Erklärungen – im Schrittrhythmus, die Kinder folgen ihm imitierend. Er variiert Tempo und Dynamik der Schritte, die er vorwärts und rückwärts durchführt, ohne die Kinder dabei zu überfordern. Unterstützend kann er mitsprechen:

vor - an - vor   vor - an - vor

aber auch „rück-an-rück ...".

Der erste, betonte Schritt wird größer ausgeführt als die beiden nachfolgenden.

Kreuzschritt: Seine Schwierigkeit liegt in der so wichtigen Auswärtsdrehung des Fußes, der vor oder hinter dem Standbein kreuzt.

Der Kreuzschritt muß nicht einfach für sich „geübt" werden, sondern man kann ihn aus dem Drehen des Körpers während des Gehens entwickeln:
– Wir gehen an den Händen gefaßt im Kreis vorwärts und nach einigen Schritten rückwärts weiter, wobei wir die Tanzrichtung beibehalten und die Hände nicht loslassen! Wir üben das zunächst ohne Musik. Mit Musik verkürzen wir die Abfolge der Wendungen – wir wechseln zuerst nach 4 Takten, dann nach 2 Takten, nach jedem Takt, schließlich nach jedem Schritt – bis der Kreuzschritt „da" ist.
  H i n w e i s : Die deutliche Drehung in der Hüfte muß auch noch später bleiben – auch beim „rückwärts"-Weitergehen im Kreuzschritt. Nur dann gehen die Kinder nicht seitwärts „wie der Storch im Salat".

Zwei lustige Zwischenübungen:
- Beim „Clownwatscheln" geht man mit weit ausgedrehten Füßen rasch vor- oder rückwärts.
- Beim „Schlangengehen" stellt man beim Vorwärtsgehen den rechten Fuß eng neben die Außenkante des linken (und umgekehrt) und dreht dabei die Hüfte mit. Die Arme sind, um die Drehbewegung des Körpers nicht zu behindern, seitlich ausgestreckt.

Erst spät versucht man – langsam, dennoch aber weich und flüssig – das Vor- und Rückkreuzen zu verbinden. Und das muß man üben, üben ... natürlich nicht nur in einer einzigen 10-Minuten-Phase.

Vom Lufttrommeln zum federnden Tanzen 2.9

„Lufttrommeln" kann man zunächst am Platz – über mir, neben mir, hinter dir – überall, stellt man sich vor, können die Lufttrommeln aufgehängt sein. Wie diese Trommeln klingen, das begleiten wir mit der Stimme. Immer bewegter wird das Spiel, immer mehr suchen wir die Trommeln überall im Raum und beginnen dabei ganz von selbst einen aufregenden Tanz zu tanzen.

Bevor die Luft ausgeht: *Ausatmen, Lockern und „Versammeln"*.

Zur rechten Zeit ankommen

Hier sollen die bisherigen Erfahrungen mit Raumwegen und Phrasenlängen (vgl. insb. Übung 2.3) durch eine noch bewußtere Koordination von Weg und Zeit vertieft werden.

Jedes Kind hat seinen Platz im Raum durch einen Reifen gekennzeichnet. Zu einer deutlich erkennbaren zweiteiligen Musik (z.B. HB 41 „Krebspolka") gehen die Kinder während des (A)-Teiles von ihrem Platz aus los, um rechtzeitig zum Beginn des (B)-Teiles wieder zurück zu sein. Im (B)-Teil bleiben die Kinder in ihren Reifen stehen, klatschen zur Musik oder hören auch einfach nur zu.

Ähnlich dann im Kreis: Zum (A)-Teil der Musik gehen Kinder und Lehrer gemeinsam im Kreis – sie können auch nach der Hälfte des (A)-Teiles die Richtung wechseln. Zum (B)-Teil der Musik löst sich der Kreis auf – Kinder und Lehrer gehen auf selbstgewählten Wegen durch den Raum und finden sich am Ende des (B)-Teiles wieder im Kreis ein.

Der Lehrer wird mit verbalen Hilfen die „Rückorientierung" noch bewußter machen, mit rhythmisch gut plazierten Textimpulsen wie:

„Jetzt können wir spazierengehen, doch paßt auf, bald ..., gleich ..., jetzt fängt der Rückweg an, und eins, zwei, drei, vier – sind wir hier."

Solche Texte (sie können auch gesungen werden) sollten dann aber immer sparsamer eingesetzt werden, damit die Kinder am Ende eine bestimmte Phrasenlänge selbständig mitvollziehen können.

2.10 „Dauerlaufen" zu Musik

Zwei Minuten Dauerlaufen zu einer Musik, die richtig anfeuert, fröhlich und leicht macht (z.B. HB „Ten-a-round") – auch damit könnte eine Unterrichtsstunde einmal beginnen. Das Lauftempo soll gleichmäßig bleiben, aber Raumwege und Körperbewegungen werden beim Laufen variiert. Auch zwischen Vorwärts- und Rückwärtslaufen soll abgewechselt werden. Je kleiner der Unterrichtsraum ist, umso geschickter und wendiger können sich Lehrer und Kinder in vielen Kurven und Schlangenlinien den Raum untereinander aufteilen.

Diesmal ist das *Ausatmen, Lockern und „Versammeln"* natürlich besonders wichtig.

Besondere Tanzfiguren

Einige Figuren, die man in verschiedensten Kombinationen tanzen kann, machen wirklich Spaß – wenn man sie beherrscht! So kann man auch einmal zu Musik (HB 5 „New England Medley") nur die eine oder andere (besondere, schwierige) Tanzfigur (natürlich nicht alle auf einmal!) „trainieren". In Frage kommen vor allem
– Handtour,
– Dos à dos,
– Mühle,
– Promenade,
– Galopp durch die Gasse.
(Vgl. zu den Figuren S.364f.)

Der Lehrer erklärt / tanzt mit einem Kind die Figuren vor / zeigt evtl. zugehörige Notationskärtchen / nennt die Namen der Figuren / etc.

Der Lehrer kann bei einzelnen Figuren die übenden Kinder mit rhythmisch gesprochenen Ansagen anleiten. Beispiele:
– zur Handtour rechts und links herum:
  „Hand auf Hand und rund – her – um,
  Hand auf Hand und andersrum"
– Dos à dos, entweder rechts oder links herum:
  „Komm zu mir und geh vorbei:
  seitlich – rückwärts – schau mich an!"

Zum Abschluß versuchen die Kinder, zu einem Musikbeispiel zwei oder mehr Figuren in mehrfacher Wiederholung so flüssig wie möglich zu tanzen.

10 x 10 Minuten Musikhören | M 3

Die Lernsituationen führen vom einfachen Aufmerksamwerden auf eine Schallquelle und die Besonderheiten musikalischer Klänge zum Befassen mit dem Ausdrucksgehalt von Musik, zur hörenden Einsicht in die Gestalt von Musik, zum interessierten Erleben verschiedener Instrumente und Stimmen sowie zum Hören und Erleben von Musik mit größeren Ensembles. Im Gegensatz zur engen Verbindung des Musikhörens mit dem eigenen Musizieren, Tanzen, Malen usw., wie sie in vielen „Themen" dieses Unterrichtswerkes geschildert wird, liegt der Schwerpunkt hier stärker auf dem „Hören an sich".

Musikhören als ein offenes, von Zu-neigung getragenes Erleben, kann man nicht erzwingen. Immer dann, wenn eine „Stimmung" dafür vorhanden ist, kann man mit den Kindern Musik hören.

Von besonderer Bedeutung ist es, die Erfahrungen und Erlebnisse in einer Übung mit anderen Erfahrungen und Erlebnisse zu verknüpfen – aus vorangegangenen „10 Minuten Musikhören" oder aus anderem Unterricht. Auf die Beschreibung solcher Verbindungen mußte im folgenden allerdings verzichtet werden.

Manche Übungen können öfter wiederholt und dabei variiert werden. Die Musikbeispiele können vom Lehrer durch andere ergänzt werden.

Stille hören | 3.1

Material / Vorbereitungen:
keine.

Besondere Ziele:
– Das Zurückdämmen, Ausschalten und Auflösen von Motorik, Unruhe, Aufregungen und Aktivitäten als Voraussetzung für die Zuwendung zu einer Schallquelle wird geübt.
– Das auditive Gedächtnis wird gefordert.
– Die Kinder sollen beschreiben, was sie gehört haben.

Verlauf:
„Verteilen wir uns im Raum! Jeder sucht sich einen bequemen Platz, legt sich auf den Boden."

Der Lehrer begleitet die Aktionen mit beruhigenden Worten, etwa:
„Jetzt strecken wir uns aus – ringeln uns zusammen – bequem auf eine Seite legen – auf die andere – auf den Rücken – wer möchte, kann die Augen schließen – höre auf deinen Atem, wie er ein und aus geht – jetzt ganz still sein – horch, ob du dein Herz schlagen hörst – leise sein, dann hören wir die Geräusche in unserem Raum – auf dem Gang – auf der Straße... – seid still, bis ich euch wieder rufe, und merkt euch alle Geräusche ..."

„... so, jetzt: strecken und räkeln – wer kann gähnen? –, langsam aufstehen und in einen Kreis kommen."

Im Kreis erzählt einer nach dem anderen, was er gehört hat.

H i n w e i s e :
– Die Übung sollte nur in einem verhältnismäßig ruhigen Raum durchgeführt werden.
– Ob sich die Kinder bis zum Ende konzentrieren, hängt von der Situation und Stimmung in der Gruppe und davon ab, wie es dem Lehrer gelingt, mit seinen Impulsen Vertrauen und Ruhe zu schaffen. Wird der Verlauf gestört, ist es besser, die Übung zu verändern, als starr am Plan festzuhalten.

- Im abschließenden Gespräch werden die Höreindrücke in zweifacher Weise zur Sprache kommen: einmal, indem die *Erscheinungen* beschrieben werden („Da hat der Schrank geknackt!"), zum zweiten, indem die *psychische Anmutung* ausgedrückt wird („Da bin ich fast erschrocken!").

3.2 Klingt es noch?

Material / Vorbereitungen:
Es werden langklingende Instrumente ausgewählt, z.B. ein Becken, ein Triangel, wenn vorhanden ein Tamtam oder ein Gong – alle Instrumente auf Ständern und mit passenden Schlägeln. Dazu ein Metallophon mit verschiedenen Schlägeln. Die Instrumente stehen im Raum verteilt.

Für Anschlußaufgaben: evtl. Malutensilien.

Besondere Ziele:
– Die Kinder sollen der Dynamik der Instrumentenklänge nachhorchen lernen und am Ende auch für sehr leise Schallbewegungen aufmerksam sein.
– Sie werden spüren, wie sich beim Leiserwerden des Schalls die Intensität des Zuhörens steigert.

Verlauf:
Der Lehrer (später auch ein Kind) schlägt das Becken an, die Kinder schauen und hören zu. Nur wenn das Becken erklingt, stiebt die Gruppe auseinander und läuft im Raum umher. Je leiser der Klang wird, desto langsamer wird das Lauftempo, desto leiser wird die Bewegung, desto näher kommen die Kinder an das Instrument heran. Wenn der Klang aufhört, hört auch die Bewegung auf.

Dann bewegen sich die Kinder auch zum Klang des Triangels, des Tamtams, des Metallophons ... Sind die Bewegungen hier anders?

Später bleiben die Kinder am Platz stehen, wenden sich dem erklingenden Instrument zu und bewegen sich nur noch mit den Armen, dem Kopf, aber auch mit drehenden Bewegungen des ganzen Körpers zur Musik. Mit dem verlöschenden Klang setzen sie sich langsam zu Boden.

Am Ende liegen die Kinder auf dem Boden und hören den Instrumenten nur noch zu: erst mit offenen, dann mit geschlossenen Augen. Sie sollen aufmerksam mitdenken und -spüren: Wo erklingen welche Instrumente (Richtungshören), wie lange klingt es, klingt es immer noch?

Anschlußaufgaben:
– Wenn noch nicht bekannt, erfahren die Kinder die Namen der Instrumente.
– Durch Wechsel der Schlägel und des Anschlagsortes werden Dynamik und Klangfarbe der Instrumente variiert.
– Wie klingt das Instrument aus der Nähe / aus der Entfernung? Wie, wenn ich vor ihm stehe und es anschaue / wenn es hinter meinem Rücken erklingt?
– Wie höre ich zu, wenn ich entspannt sitze / aufrecht und hell wach dasitze / mit verschränkten Armen und übereinandergeschlagenen Beinen / mit geschlossenen Augen / mit nach oben gedrehten Handflächen, die auf den Schenkeln liegen...?
– Der Lehrer spielt drei, vier, fünf Schläge auf verschiedenen Instrumenten. Die Kinder liegen auf dem Boden mit geschlossenen Augen, sie sollen sich die Reihenfolge merken.
– Anschließen kann auch die Aufgabe, für die Klänge und deren Abfolge entsprechende grafische Zeichen zu finden.
– Wie verändern sich die Zeichen, wenn die Instrumente nur kurz klingen (Abstoppen mit der anderen Hand)?
– Die Kinder erfinden mit den Instrumentenklängen kleine Stücke, die sie notieren, üben und vorspielen (auch in Kleingruppen).

Dimitri Kabalewski: „Ein kleines Märchen / A little Fairy Tale" und „Eine traurige Geschichte/ A Sad Little Tale"   3.3
(aus: Fifteen Children's Pieces op.27 for Piano, Anglo-Soviet Music Press Ltd. / Boosey & Hawkes Ltd. London)

Material / Vorbereitungen:
Vorbereitung der beiden Stücke auf dem Klavier, oder Einladung eines Kindes, welches auf dem Klavier die Stücke vorspielt, oder HB 6a „Ein kleines Märchen" und 6b „Eine traurige Geschichte".

Besondere Ziele:
– Die Kinder hören zwei Musikstücke und sprechen darüber.
– Sie sollen für den Ausdruck der Musik einen Titel finden.

Verlauf:
„Ein russischer Komponist, der in der Stadt Petersburg gelebt hat – er heißt Dimitri Kabalewsky –, hat viele Stücke für Klavier geschrieben. Wenn Kinder Klavierunterricht bekommen, können sie diese Stücke schon bald spielen."

Vorspiel oder Tonbeispiel von „Ein kleines Märchen", wobei im Falle des Vorspiels die Kinder den Titel auf den Noten nicht lesen dürfen! Sie sollen anschließend in ihren Worten berichten, was sie gehört (gesehen) haben (Unisono, Artikulation, Dynamik ...).

Vorspiel oder Tonbeispiel von „Eine traurige Geschichte", anschließend erneutes Sammeln der Eindrücke.

Der Lehrer erzählt, daß der Komponist den beiden Stücken Titel gegeben hat. Eines heißt „Eine traurige Geschichte", das andere „Ein kleines Märchen". Nach nochmaligem Vorspiel versuchen die Kinder, die beiden Titel zuzuordnen und ihre Entscheidung zu begründen.

Anschlußaufgaben:
– Für andere geeignete Musik einen Titel finden.
– Selbst einen Titel ausdenken und dazu auf einem Instrument eine Musik erzählen.

Susi Schmidt: „Eine Karawane zieht vorüber"   3.4
(aus dem gleichnamigen Heft von Peter Heilbut mit dem Untertitel „Drei Klavierstücke, von Kindern komponiert", Edition Hug 11346)

Material / Vorbereitungen:
Vorbereitung des Stückes auf dem Klavier, oder Einladung eines Kindes, das die Stücke vorspielt, oder HB 7.

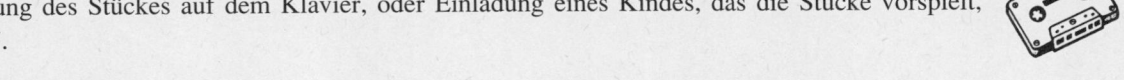

Besondere Ziele:
– Die Kinder beginnen, sich durch Lesen der Musik zu nähern.
– Sie begegnen dem Prinzip des Basso Ostinato und können zwei Stimmen verfolgen.
– Sie erleben, daß Musik Geschichten erzählen kann.

Verlauf:
Der Lehrer erzählt eine Geschichte von einer Karawane, einer Reisegesellschaft im Orient, zu der sich Kaufleute und Pilger mit ihren Kamelen und Waren zusammengefunden haben, um durch die Wüste und unwegsames Land von einer Karawanserei zur nächsten zu ziehen. Sie unternehmen diese Reise gemeinsam, weil Gefahren drohen: Sandstürme, glühende Hitze, aber auch wilde Tiere und Räuber.

Gemeinsam werden die Noten des Stückes (3 Seiten) betrachtet. Was können die Kinder mit ihren Worten darüber erzählen (Dynamik, Pausenzeichen, Dichterwerden der Oberstimme ...)? Auch der Titel wird gelesen, evtl. auch der Untertitel (Chaconne).

Erst jetzt wird das Stück vorgespielt, dann werden Höreindrücke ausgetauscht, dann wieder vorgespielt. Der Lehrer weist darauf hin, daß die Komponistin das Stück im Alter von 12 Jahren erfunden hat.

Anschlußaufgaben:
– Eigene Stücke erfinden, eventuell notieren, üben und den Eltern oder anderen Gruppen vorspielen, in denen eine Karawane, eine Herde Elefanten, ein Geisterzug oder andere spannende Erscheinungen vorbeiziehen.
– Andere Beispiele einer Chaconne anhören, z.B.
  • „Malagueña", aus Orff-Schulwerk: Schallplatte Nr. 7 der Reihe „Musica Poetica" (harmonia mundi), Noten in: „Musik für Kinder", Orff-Schulwerk Bd. IV, S. 138ff.
  • J. Pachelbel, Dreistimmiger Kanon mit Basso ostinato, Reihe „Musikkunde in Beispielen. Die kontrapunktischen Formen" (DGG und Pädagogischer Verlag Schwann)
  • J.S.Bach: Passacaglia mit Doppelfuge in c-Moll (Schallplatte s. Pachelbel)

3.5 Carl Orff: Nr. 4 aus „Geigen-Übung II"

(Spiel- und Tanzstücke für 2 Geigen, Orff-Schulwerk, B. Schott's Söhne Mainz, ED 3572)

Material / Vorbereitungen:
Einladung eines Geigenduos oder HB 8.

Besondere Ziele:
– Die Kinder lernen zwei Violinen im Zusammenspiel kennen und verfolgen dabei zwei Stimmen.
– Sie erleben den Unterschied zwischen gerader und ungerader Taktart.

Verlauf:
„Wenn zwei Instrumente spielen, können sie zusammen die gleiche Melodie spielen ..."

(HB 8 oder gemeinsames Spiel der Geigen, Takt 1-4 wie notiert, erklingt.)

„Jeder Spieler kann natürlich auch eine eigene Stimme spielen. Dann sagt man, sie spielen *zweistimmig* ..."

(HB 8 oder Vorspiel von Takt 1-4 wie notiert, erklingt.)

Beim Hören des ganzen Stückes sollen die Kinder versuchen, beiden Stimmen nachzuhören: einmal mehr der einen, einmal der anderen Stimme. (Die Übung kann durch räumlich entferntes Aufstellen der beiden Spieler gefördert werden.)

„Öfter mit dem Ohr ‚hin und her horchen' – es ist ähnlich, wie wenn man auf einem Bild einmal diese Einzelheit, dann eine andere anschaut!"

Für die folgenden Übungen müssen die Stimmen einzeln erklingen: gespielt von den Instrumentalisten oder gesungen vom Lehrer:
– Eine Hand bewegt sich mit der ersten Stimme,
– dann bewegt sich die andere Hand mit der zweiten Stimme.
– Ob es möglich ist, mit beiden Händen gleichzeitig zur Musik zu zeigen?
– Hören wir einmal der zweiten Stimme genau zu: Sie wiederholt ständig ein Motiv (einen Baustein; Ostinato). In den Teilen 1 und 2 des Stückes ist das Motiv verschieden.

- Noch etwas hören wir mit der Stimme von Violine 2: Auf einer Geige kann man auch gleichzeitig zwei Töne (auf zwei Saiten) spielen!
- Die Kinder können zur zweiten Stimme, und dann zum ganzen Stück, auch dirigieren und tanzen (Taktwechsel).

Anschlußaufgaben:
- Andere Stücke aus dem gleichen Heft, oder aus Béla Bartók, 44 Duos für 2 Violinen (Universal Edition) anhören.

Hermann Regner: „Spatzenkonzert" 3.6

(aus: „Heiteres Idyll für drei Klarinetten", Musikverlag Thomi-Berg, München, SKG 2)

Material / Vorbereitungen:
Einladung eines Klarinettentrios, oder HB 9.

Besondere Ziele:
- Die Kinder lernen drei Klarinetten im Zusammenspiel kennen und hören auf den Klang in verschiedenen Registern.
- Sie erleben Musik, in der ein Komponist versucht hat, das charakteristische Verhalten einer Tierart in Musik zu übertragen.
- Sie werden auf die Form des Stückes (Rondo) aufmerksam.

Verlauf:
Wir sprechen über Spatzen. Wie könnte ein „Spatzenkonzert" klingen?

Die Musik wird vorgespielt, ein Gespräch über die Instrumente und die Musik setzt ein.

Beim wiederholten Hören sollen die Kinder einzelne Teile der musikalischen Form erkennen (Ⓐ – Ⓑ – Ⓐ – Ⓒ – Ⓐ – Ⓐ), was aufgrund der Takt- und Tonartwechsel verhältnismäßig leicht ist. Auch daß der letzte Teil allmählich schneller wird, dürfte den Kindern auffallen.

Anschlußaufgaben:
- Andere Stücke anhören, die Tiere charakterisieren, z.B.
  - W.A.Mozart, Walzer Nr. 5, Trio „Der Kanarienvogel", aus: „15 Walzer für Klavier" (Edition Schott 2504)
  - Cesar Bresgen, „Nachruf für eine Amsel", Zeitschrift für Spielmusik 430 (Moeck Verlag, Celle)

Béla Bartók: „Aus dem Tagebuch einer Fliege" 3.7

(aus: „Mikrokosmos", Nr. VI, Boosey & Hawkes, London – Paris – Bonn, H. 15187)

Material / Vorbereitungen:
Vorspiel des Klavierstückes durch den Lehrer oder Einladung eines Pianisten oder HB 10.

Besondere Ziele:
- Einhören in eine ungewohnte Klangsprache.
- Kennenlernen eines weiteren Beispieles, in dem die Musik versucht, das Verhalten eines Tieres darzustellen.

Verlauf:
Das Stück wird vorgespielt: Wie klingt das? Eindrücke werden gesammelt. (Die Kinder sollen den Titel des Stückes nicht vorab erfahren.) Der Lehrer gibt Impulse, die die Kinder auf die Dichte und En-

ge des Satzes hinweisen (bei einem Spieler sieht man, daß die Hände immer eng zusammen sind), auf den schwirrenden, aufgeregten Klang des Stückes...

„Der Komponist hat diesem Stück einen Titel gegeben: ‚Aus dem Tagebuch einer Fliege'."

Man spricht über das Wort „Tagebuch", und darüber, was die Fliege in ihr Tagebuch geschrieben haben könnte.

Und was können die Kinder zu dem folgenden Bild erzählen?

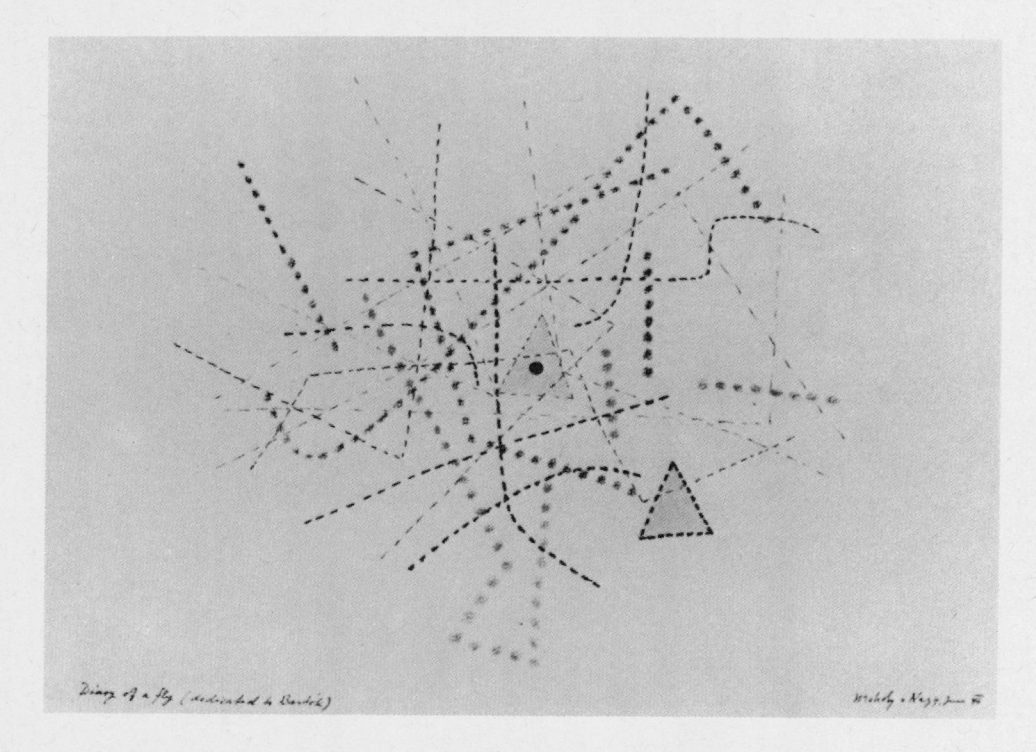

Laszlo Moholy-Nagy: Tagebuch einer Fliege (Diary of a fly) 1946
Tusche und Farbstifte auf Velinpapier, Saidenberg Gallery, New York
aus: Karin von Maur, Vom Klang der Bilder, Prestel-Verlag, München

3.8 Gregorianischer Gesang,
(Ausschnitt aus dem Responsorium „Sanctis succrescens moribus" aus dem „Officinum Sancti Rudberti")

Material / Vorbereitungen:
HB 11

H i n w e i s : Der Ausschnitt stammt aus einem Offizium des heiligen Rupert, der um 700 ein Benediktinerkloster und einen Konvent in Salzburg gegründet hat. Die Texte sind zum ersten Mal in einer Sammlung aus dem 11. Jahrhundert, die Musik in einem Manuskript des Klosters Nonntal in Salzburg aus dem 14. Jahrhundert aufgezeichnet worden. Der lateinische Text lautet:

Non passa caelestis gratia
succensam torpere lucernam,
salutem desiderans multorum
praesulatui destinabat provehendum.
Et ut honestas rerum poscebat,
Christo praeduce semetipsum regebat.

Freie Textübertragung (P.Subprior Rupert Schindlauer OSB der Erzabtei St. Peter in Salzburg):

> Des Himmels Gnade wollte es nicht,
> daß verlösch' das entzündete Licht!
> Rupert, als Heil des Volkes bekannt,
> war nun bereit zum Bischofsamt.
> Allein trüg' er die Last nicht gern,
> so wählt' er Christus sich zum Herrn."

Besondere Ziele:
- Mit dem Gregorianischen Choral lernen die Kinder die älteste überlieferte Form des einstimmigen Singens kennen.
- Die Kinder können das bewegte und lockere (Legato-)Singen des Chores bemerken und das einstimmige Singen der Knaben von dem Singen in Oktaven (zusammen mit den Männerstimmen) unterscheiden.

Verlauf:
Wenn Ruhe und Aufmerksamkeit vorhanden sind, wird das Hörbeispiel ohne weitere Einführung angehört.

Gesprächsimpulse:
- Wer singt? (Knaben- und Männerstimmen)
- Wo singen diese Menschen? (Viel Hall, Kirchenraum!)
- Mit Hilfe von Abbildungen und Berichten kann der Lehrer den Hintergrund dieser Musik verlebendigen.

Der Lehrer soll auch darauf hinweisen, wie beweglich diese Stimmen sind (Melodiekurven mit der Hand mitzeigen), wie sauber sie alle in der Einstimmigkeit singen, wie die Melodie „fließt" ...

Anschlußaufgaben:
- Selbst eine Zeile aus einem Gregorianischen Gesang singen lernen.
- Andere ein- und mehrstimmige a cappella-Musik hören.
- Im singenden Erzählen das einstimmige Singen aktiv aufgreifen (vgl. Register).

Jan Koetsier: „Marsch"   **3.9**
(aus: „Petite Suite für Blechbläser")

Material / Vorbereitungen:
HB 12
Poster „Unsere Musikinstrumente"

Besondere Ziele:
- Die Kinder sollen ihre Aufmerksamkeit einem Ensemble (Blechbäser) zuwenden und die charakteristischen Klangfarben der Instrumente kennenlernen.
- Sie hören einen Marsch und sollen, trotz der Taktwechsel, zur Musik gehen und dabei ihr Schritttempo dem Takt der Musik anpassen.

Verlauf:
„Welche Instrumente kennen wir schon?"

Wir können zum Gespräch das Poster „Unsere Musikinstrumente" gemeinsam anschauen und besprechen. Die Musik wird vorgespielt, Eindrücke gesammelt.

„Welche Instrumente haben mitgespielt?" (Trompeten, Hörner, Posaunen)

„Das Stück heißt ‚Marsch', und wir marschieren dazu im Takt. An zwei Stellen ‚hüpft' der Takt. Wenn wir das bemerken, ändern wir unsere Richtung, passen aber unser Gehen der Musik gleich wieder an!"

3.10 Carl Orff: „Uf dem Anger"
(Tanz aus: „Carmina Burana")

Material / Vorbereitungen:
HB 13
Poster „Unsere Musikinstrumente"

Besondere Ziele:
– Bei diesem Hörbeispiel kann man die Klangfülle des großen Orchesters „genießen" und „durchhören" lernen.
– Kinder können Lust bekommen, zu dieser Musik ausgelassen zu tanzen und dabei auf die sich verschiebenden Schwerpunkte der Musik zu reagieren.

Verlauf:
„Alle Instrumente bilden zusammen ein großes Orchester. Da gibt es ..."

Wieder einmal können die Kinder die Instrumente aufzählen, die sie kennen. Die genannten Instrumente werden auf dem Poster noch einmal gesucht, angeschaut.

Die Musik wird vorgespielt, es wird darüber gesprochen. Impulse des Lehrers richten sich bei wiederholtem Hören auf:
– dynamische Stufen,
– die leicht erkennbare dreiteilige Form ((B)-Teil: Flöte mit Pauken),
– auf den „hüpfenden", immer wieder aus dem Gleichmaß ausbrechenden Takt, der das Durcheinander, die Ausgelassenheit eines Frühlingstanzes charakterisiert.

Anschlußaufgaben:
– Teile der Musik durch grafische Symbole verdeutlichen, z.B.

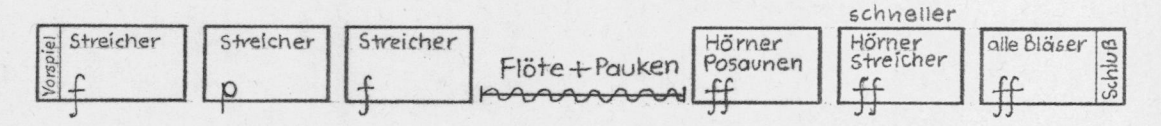

| Vorspiel | Streicher f | Streicher p | Streicher f | Flöte + Pauken | Hörner Posaunen ff | Hörner Streicher ff (schneller) | alle Bläser ff | Schluß |

– Andere Stücke für großes Orchester anhören, wobei man zuerst auf den Wechsel zwischen vielen und wenigen Instrumenten sowie auf typische Klänge (besondere Instrumente, Instrumentengruppen, Motive) achtet.

Relative Solmisation und innere Tonvorstellung M 4

a) Einführung (S. 105)
b) Zur Methode (S. 107)
c) Unterrichtsvorschläge (S. 113)
  Im Zweitonraum (S. 113)
  Im Dreitonraum (S. 119)
  In Fünftonräumen (S. 123)
  Zum Siebentonraum (S. 132)

a) Einführung

Schon von dem Benediktinermönch Guido von Arezzo wird vermutet, daß er Chorsänger im 11. Jahrhundert lehrte, einen notierten Gesang mittels der Tonsilben richtig vom Blatt zu singen. Nach ihm entwickelten sich die Solmisation und die „Guidonische Hand", ein anschauliches Lehrmittel, sich das Tonsystem vorzustellen.

Ziel der relativen Solmisation ist die Ausbildung einer strukturierten inneren Vorstellung von Tonbeziehungen. Es handelt sich um eine Unterrichtsmethode, die Tonhöhenwahrnehmung und vokale Tonhöhenproduktion mit Handzeichen, Tonsilben und dem Notenbild verknüpft. „Relativ" heißt, daß nicht absolute Tonhöhen erfaßt werden, sondern die Beziehung der Töne zueinander durch der italienischen Sprache entlehnte Tonsilben bezeichnet wird.

Die Methode der relativen Solmisation hat eine lange Geschichte. Von aktueller Bedeutung sind die sich vielfältig berührenden Konzepte von

– *John Curwen* (im 19. Jahrhundert in England zur Förderung des Blattsingens in Laienchören entwickelt, vom „Curwen Institute" ab 1980 revitalisiert),
– *Agnes Hundoegger* (die zu Beginn dieses Jahrhunderts englische Anregungen zu ihrer „Tonika-Do-Methode" umformte),
– *Carl Eitz* (der ein Tonsystem auf der Grundlage der absoluten Tonhöhen und der Chromatik veröffentlichte),
– *Richard Münnich* (der darauf aufbauend das „Jale"-System darstellte),
– *Fritz Jöde* (der in den Schriften „Musikantenfibel" und „Das kann ich auch" die Wiederentdeckung der methodischen Hilfe durch die Schulmusik einleitete).

– *Jenö Adam* und *Zoltán Kodály* entwickelten in Ungarn eine systematische, vokal orientierte Gehörbildung auf der Grundlage relativer Solmisation. Sie wurde zu einer zentralen Aufgabe im Gesamtsystem des staatlichen Musikunterrichts in Ungarn und hat inzwischen weltweite Bedeutung erlangt.

Mit der relativen Solmisation verbunden ist die Rhythmussprache (vgl. S. 91ff.).

Literatur (Rhythmussprache, Relative Solmisation):
Frigyes, Sándor (Hg.): Musikerziehung in Ungarn. Budapest und Stuttgart 1966
Hundoegger, Agnes: Lehrweise nach Tonika Do. Berlin 1943[8], neu bearbeitet von Elisabeth Noack u.a., Kiel und Lippstadt 1951
Szönyi, Erzsébet: Aspekte der Kodály-Methode. Budapest 1973
The Curwen Institute (Hg.): The New Curwen Method: Books on aural training by W.H. Swinburne. Book I: Tonic Sol-fa in Class. Book II: Sight-Reading. London 1980
Wenz, Josef: Musikerziehung durch Handzeichen. Wolfenbüttel 1950

Übungsmaterialien:
Albrecht, Beate: Singen mit der Silbenfibel. Berlin u. Kassel 1987
Kodály, Zoltán: 333 elementare Übungen, 2. Teil der Chorschule

In das Konzept von „Musik und Tanz für Kinder – Musikalische Grundausbildung" ist die relative Solmisation aufgenommen worden, da sie eine Arbeitsweise ist, deren Vorteile überzeugen. Sie ist kein Pflichtpensum, wohl aber eine Ergänzung, die nach unserer Erfahrung Gewinn bringt.

Eine Entscheidung für relative Solmisation fällt jenen Lehrern leicht, die in der eigenen musikalischen Ausbildung gelernt haben, mit relativen Tonnamen und Handzeichen umzugehen. Sie werden immer wieder einmal das Solmisieren einsetzen.

Wer selbst keine Erfahrung mit relativer Solmisation hat, kann durch die folgenden Ausführungen eine erste Vorstellung davon bekommen, die ihm hilft, mit dem Unterricht zu beginnen. Eine Erproberin beschrieb ihre Erfahrungen so:

> „Das Erlernen der Handzeichen, das Singen und Notieren war sehr spannend. So, als würde ich aus meinen Händen die Töne herauszaubern. Ich hatte damit nicht gerechnet und war sehr überrascht. Auch das Vertonen kurzer Reime, Rufe, Namen im Zweitonraum war für die Kinder wie für mich ein echtes Erlebnis. Die Tatsache, daß sie in ihren Händen einen Ton hatten, den die anderen aus den Händen absingen konnten, muß für die Kinder eine unwahrscheinliche Bedeutung gehabt haben."

(Gabriele Sziede)

In diesem Konzept wird die Auffassung vertreten, auch eine zeitlich beschränkte Solmisationsübung sei sinnvoll. Der Lehrer kann nach 3, 4, 5, 6 oder 7 eingeführten Tönen die Beschäftigung abschließen und darf dennoch eines Lernerfolges gewiß sein. Diese Versicherung mag Lehrer, die es „einmal versuchen wollen", ermutigen. Interessierten Lehrern wird aber dringend empfohlen, ihre Kenntnisse in einer berufspraktischen Fortbildung zu differenzieren und zu vertiefen. Ein guter Weg ist auch, wenn interessierte Musiklehrer zu einem Arbeitskreis unter Anleitung eines erfahrenen Kollegen zusammenfinden.

– „Relative Solmisation braucht viel Zeit und muß viel geübt werden."
– „Es hat nur Sinn, wenn das System ‚als Paket' (von so-mi bis zu den Weltaufsehen erregenden Kunststücken ungarischer Jugendlicher beim mehrstimmigen Solmisieren eines Allegro von Vivaldi) durchgeführt wird."

Diesen und ähnlichen Vorurteilen und „Maximal-Vorstellungen" muß man abwehrend begegnen:
– Die relative Solmisation braucht genau so viel Zeit, wie der Lehrer plant, wie seine Schüler „mitgehen" und es den Zielsetzungen seines Unterrichts entspricht. Sie kann zum Schwerpunkt werden in einem vokal ausgerichteten Basisunterricht – sich aber auch begrenzen zugunsten eines erweiterten Konzeptes musikalischer Basiserziehung.

- Auch wenn die relative Solmisation innerhalb der Musikalischen Grundausbildung „nur" bis zu einem sicheren inneren Hören, Singen, Lesen und Schreiben z.B. der Töne einer „kleinen Tonleiter", einer pentatonischen Reihe oder gar der diatonischen Siebentonleiter geführt wird, ist viel gewonnen.

Es kommt auch nicht darauf an, über wieviele Monate oder Jahre „solmisiert" wird. Hat man sich aber ein bestimmtes „Maß" vorgenommen, ist regelmäßige Übung eine Voraussetzung des Erfolges, da der Methode ein Konditionierungsprozeß zugrunde liegt. Zu Beginn der Arbeit ist es sinnvoll, 10–15 Minuten pro Unterrichtseinheit aufzuwenden. Später kann sich das Maß auf eine gelegentliche Verwendung der relativen Solmisation reduzieren.

Die relative Solmisation soll kein „Insel-Dasein" in der Gesamtheit des Unterrichts haben. Das aktuelle Können der Kinder soll mit den jeweiligen anderen Unterrichtsinhalten in eine möglichst vielseitige Beziehung gesetzt werden. Auch wenn die Kinder erst zwei oder drei Tonbeziehungen (Intervalle) solmisierend beherrschen, kann dieses Können bereits sehr gut mit vielen anderen Unterrichtsaufgaben verflochten werden.

Niemals dürfen die im Unterricht gesungenen Lieder auf den Tonumfang der gerade aktuellen Solmisationsübungen reduziert bleiben. Wird z.B. am Beginn einer Unterrichtsstunde nur im Bereich der Rufterz solmisiert, so soll die Liedauswahl für die restliche Unterrichtszeit darauf keine Rücksicht nehmen.

b) Zur Methode

Handzeichen und Tonsilben (vgl. die Übersichten auf S. 108, 114f.)

Sie deuten die Stellung der Tonstufen innerhalb einer Tonskala optisch und klanglich an. In der Praxis der relativen Solmisation werden die Handzeichen nicht immer einheitlich geformt, es gibt Varianten!

Die Darstellung in diesem Unterrichtskonzept verzichtet auf Vorschläge zur Erarbeitung von Alterierungen, da innerhalb der Musikalischen Grundausbildung der notwendige Zeitaufwand in keinem Verhältnis zum Nutzen stünde.

Schlüssel

so-mi-Schlüssel: Wir verwenden zunächst diesen Schlüssel. Er legt den Platz für die am Beginn wichtigsten Melodietöne, das so und das mi, fest. Zwei Formen sind in Gebrauch:

- Der „Kuckucksschnabel" (die kleine Gabel erinnert an den Schnabel des Kuckucks):

- Der so-mi-Schlüssel (für Kinder, die Buchstaben lesen können):

Innerhalb dieses Unterrichtswerkes wird die zweite Möglichkeit verwendet.

Handzeichen und Tonsilben der relativen Solmisation

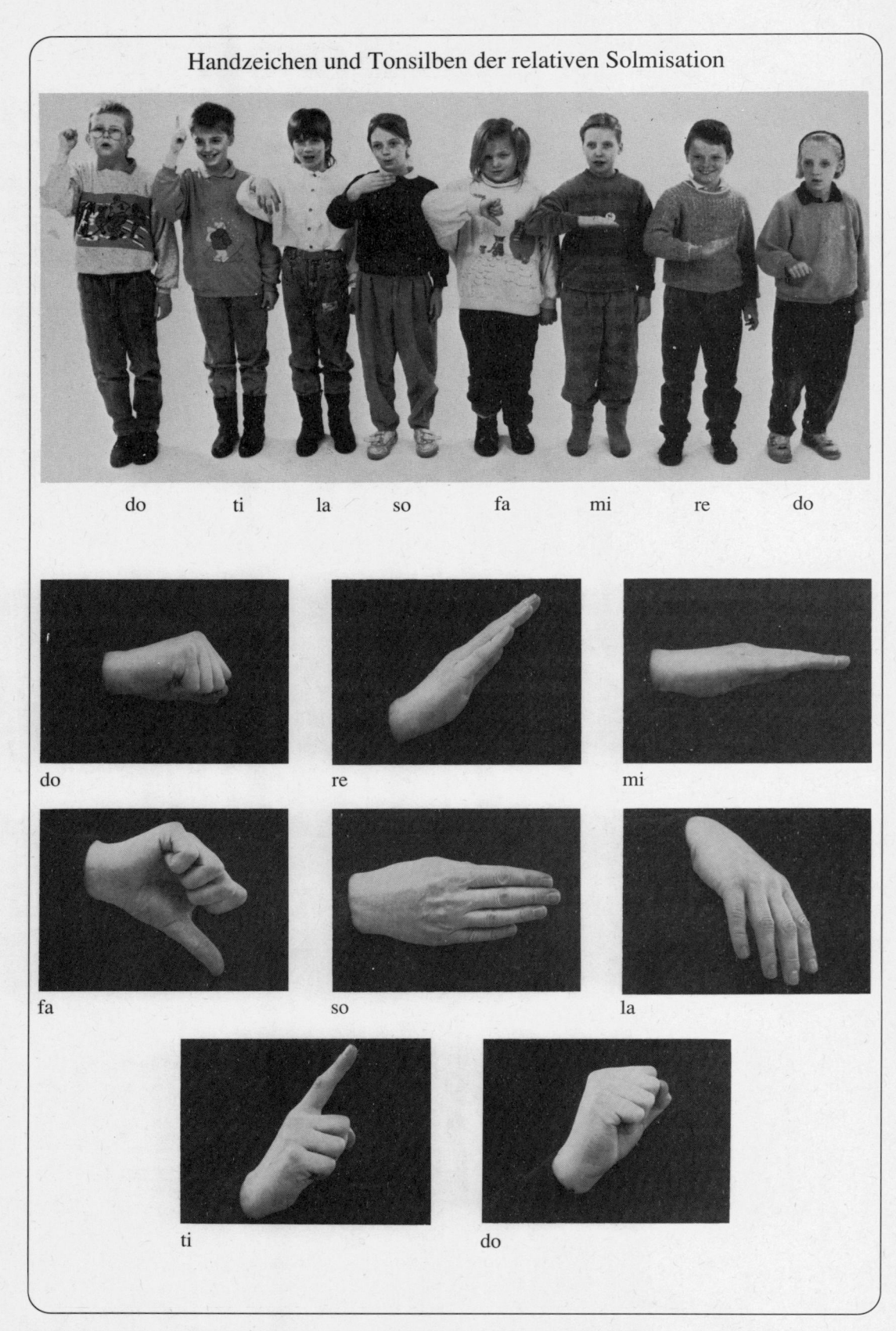

do   ti   la   so   fa   mi   re   do

do   re   mi

fa   so   la

ti   do

Fotos: Klaus Präkelt, Bochum

H i n w e i s : Die einzelnen Handzeichen finden sich vergrößert auf den S. 114ff., dort dargestellt im Zusammenhang einiger praktischer Spiele.

Alle in der relativen Solmisation verwendeten Schlüssel können an jede beliebige Stelle des Fünfliniensystems gesetzt werden. Beispiele:

so   mi   so   mi   so   mi

H i n w e i s : Lehrern, die keine Erfahrung in relativer Solmisation haben, erscheint dieses Transponieren oft verwirrend und zeitaufwendig. Sie lehnen z.B. ab, den so-mi-Schlüssel in den zweiten und ersten Zwischenraum zu schreiben und verweisen darauf, daß dies der Klangerwartung (kleine Terz) nicht entspräche. Dabei unterscheiden sie nicht zwischen so-mi-Schlüssel und Violinschlüssel. (Schon der Hinweis, daß z.B. im Baßschlüssel die im zweiten und ersten Zwischenraum notierten Töne – c und a – zueinander im Abstand einer kleinen Terz stehen, kann die Kritik korrigieren.) – Erst wenn der Violinschlüssel allein regiert, müssen ggf. Vorzeichen gesetzt werden.

Wird der Schlüssel von Anfang an auf verschiedene Plätze gesetzt, kann sich das Verständnis für die Relativität der Tonbeziehungen, ein Zurechtfinden in allen Tonarten und mit allen Schlüsseln und ein sicheres Zurechtfinden im Liniensystem besser entwickeln.

do-Schlüssel: Er kann aus dem so-mi-Schlüssel später entwickelt werden. Zuerst wird das do hinzugefügt – z.B. dann, wenn ein Lied solmisiert wurde, welches das tiefe do als Grundton hat:

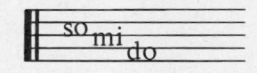

so mi do

Später kann so und mi weggelassen und „d" notiert werden. Auch dieser Schlüssel kann auf allen Zeilen und in allen Zwischenräumen stehen. Sinnvoll ist es, folgende Positionen häufiger zu üben:

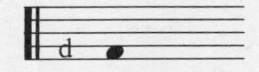

do

H i n w e i s : Auf der einen Seite besteht der Wunsch, dem „finalen" do nicht zu früh entscheidende Bedeutung zuzumessen. Deshalb wird nicht nur empfohlen, mit dem melodisch anregenden Intervall einer fallenden Terz den Unterricht zu beginnen, sondern dies auch durch die Wahl des so-mi-Schlüssels zu bekräftigen. Weil aber später der Weg zur absoluten Notation mit dem Violinschlüssel begründet werden soll, ist es gut, auf den do-Schlüssel nicht zu verzichten. Dies erlaubt später folgende Denkschritte:

– So klingt es: Das Ohr erfaßt die
            so so mi la so fa mi re do   melische Gestalt.

– Das do liegt hier: Der Grundton wird
                                                                      vom Ohr ermittelt.

– Ohne Veränderung der Notation kann f als Grundton festgelegt werden:		Relative und absolute Notation werden in Übereinstimmung gebracht.
– Zum Spielen der Leiter muß ein Stab ausgewechselt werden. Das wird vermerkt:		Die absolute Tonart wird bei Verwendung eines Violinschlüssels durch Vorzeichen festgelegt.

Übungsfolgen im Rahmen relativer Solmisation

(1) „Mitmachen" : Die Kinder singen gleichzeitig mit dem Lehrer und lernen dabei imitativ Tonnamen und Handzeichen.

Der Lehrer singt (so und mi):

„Kommt alle mal her!"

Die Kinder setzen sich in einen Halbkreis (hier besser als der Kreis, weil die Handzeichen leichter abgenommen werden können). Der Lehrer führt singend weiter:

„Schön, daß ihr da seid! So-mi-so."

Bei so-mi-so benutzt der Lehrer Handzeichen. Die Kinder werden ermuntert, das Motiv mitzusingen und die Handzeichen nachzuahmen.

„So-mi sind Namen für Töne, die wir singen, hören oder musizieren können."

Das Motiv so-mi wird abgewandelt und auf verschiedenen Tonhöhen gesungen. Beispiele:

Hinweise:
– Auch die Handzeichen sollen fließend ineinander übergehen.
– Immer wenn „neue" Töne durch die relative Solmisation abgesichert werden sollen, empfiehlt es sich, mit der Übungssituation „Mitmachen" zu beginnen und dabei an die bereits bekannten Tonbeziehungen anzuknüpfen.
– Die Übungen können nach und nach länger werden, sollen aber singbar gegliedert und in fließendem Tempo gehalten sein.

(2) „Nachmachen": Die Kinder hören und schauen zu. Am Ende des vom Lehrer gesungenen Beispiels wiederholen sie es. „Nachmachen" ist eine erste Übung zur Entwicklung des musikalischen Gedächtnisses.

Kurze, später auch längere Motive, werden vom Lehrer (später auch von Kindern) mit Tonnamen und Handzeichen vorgesungen. Die Kinder beobachten und singen dann – Tonhöhen, Tonsilben und Handzeichen miteinander verbindend – das ganze Motiv nach.

Wenn die Kinder nachsingen, ist der Lehrer still. Anfangs formt er mit dem Mund noch die Tonsilben und deutet auch die Handzeichen mit. Bald überläßt er den Kindern das Echo zur Gänze.

Hat sich bei diesen Übungen eine Verbindung zwischen Tonhöhen, Tonsilben und Handzeichen entwickelt, können die im folgenden beschriebenen Übungsformen mit einbezogen werden:

(3) Notenlesen – so-mi-Schlüssel: Die Kinder verbinden Tonhöhen und Notenzeichen. Ausgangsmaterial sind Beispiele, wie sie in M 4.2 - 4.7 (Beispiele zum Zweitonraum) dargestellt sind. „so" und „mi" werden erklärt – und dazu jener „Schlüssel", der ihre Stellung im Liniensystem bezeichnet.

Der Lehrer singt ein kurzes Motiv, das die Kinder mitlesen können (Tafel, Arbeitsblatt). Die Kinder singen das Motiv mit Tonsilben und Handzeichen nach.

H i n w e i s e :
- Das Singen und Musizieren beginnt also zunächst ohne Bezugnahme auf Notation.
- Für die ersten Übungen in Verbindung mit Notenschrift können verschiedene Notationsweisen benutzt werden - vgl. z.B. M 4.2, 4.5, 4.6. Ist das Verständnis für Notenköpfe im Liniensystem bereits vorbereitet worden, empfiehlt es sich, gleich im Fünfliniensystem zu arbeiten.

(4) Musik schreiben: Leseübungen führen zur Aufgabe, selbst zu notieren, womit wiederum am besten früh, also in einem begrenzten Tonraum, begonnen wird. Die Notationen der Kinder werden, ausgehend von einem gemeinsam geklärten Anfangston, gesungen oder musiziert.

(5) Weglassen: Nachdem die Verbindung zwischen Klang, Tonnamen, Handzeichen und Notenbild hergestellt und befestigt ist, sollte mit Übungen begonnen werden, in denen durch das Weglassen von Aktivitäten die innere Tonvorstellung an Bedeutung gewinnt. Es geht dabei einerseits um die Fähigkeit, musikalische Einfälle in Notenschrift zu übertragen, andererseits darum, das Notenbild klingend zu hören. Etappen auf dem Weg zu diesem Ziel sind:
- Weglassen der Handzeichen: Es wird nur noch auf Tonnamen gesungen.
- Weglassen der Tonnamen: Es wird auf „no", „dubiduh" oder andere, stimmbildnerisch geeignete Silben gesungen.
- Aussetzen des Singens: Die Kinder singen und machen die Handzeichen des Lehrers mit (oder nach). Dann stellen sie sich die Töne zu den Handzeichen nur noch innerlich vor. (Ein methodisches Spiel: Wenn der Lehrer seine linke Hand einladend öffnet, singen die Kinder - mit Tonsilben und Handzeichen - mit ihm. Hält er die linke Hand abwehrend hoch, singen und deuten die Kinder nicht mehr.)
- Weglassen der Handzeichen und Tonsilben: Die Kinder singen eine Melodie auf klangvolle Silben oder mit einem Liedtext ab (vom Blatt-Singen).
- Musiklesen: Die Kinder lesen nur noch das Notenbild und stellen sich die Töne vor.
- Zurücknehmen der Notation: Eine an der Tafel stehende Notation wird abschnittsweise weggewischt – nach jedem Durchsingen etwas mehr, bis nichts mehr zu lesen ist.

Relative Solmisation in der Liederarbeitung

Lieder singen wir um ihrer selbst willen, nicht weil sie eine isoliert bewertete musikalisch-technische Fähigkeit fördern. Die relative Solmisation hat demzufolge nur einen funktionalen Stellenwert im Rahmen des Zieles „Liedern begegnen". Wir können dennoch:

- Liedteile durch relative Solmisation „absichern" (es müssen nicht immer ganze Lieder sein, die in den Zusammenhang relativer Solmisation gestellt werden, auch ausgewählte Motive sind lehrreich),
- geeignete Liedmelodien von Noten solmisierend singen,
- die Tonsilben zu Liedmelodien notieren,
- Lieder raten: Der Lehrer oder ein Kind zeigt mit Handzeichen einen Liedanfang oder eine ganze Liedmelodie. Welches Lied ist das?

„Zweisprachigkeit"

Beim Gebrauch relativer Solmisation empfiehlt sich, auf zweierlei Ebenen eine Art „Zweisprachigkeit" zu verfolgen:

(1) Relative und absolute Tonnamen: So wie viele Kinder mit zwei Sprachen aufwachsen, ist es sinnvoll, beim Singen die relative Solmisation und beim Instrumentalspiel (später auch beim Singen) absolute Notennamen zu benutzen. Entsprechend vorbereitet, macht es Kindern keine Schwierigkeiten, einfache Tonfolgen – von den Handzeichen angeleitet – zu solmisieren. Wenn sie sich auf Stabspielen dazu begleiten, suchen sie das do, das sie dann, wie dort aufgeschrieben, c, d oder f nennen. Verwirrung tritt nur dann ein, wenn irgendeinmal plötzlich ein „Umlernen" verlangt wird nach dem Motto: „Bisher haben wir do, re, mi... gesagt. Jetzt heißen die Noten c, d, e ... oder fis ..."

Richtig ist also, von Anfang an beim Singen die relativen Tonsilben, beim Instrumentalspiel die absoluten Tonnamen zu verwenden.

Übungsbeispiele:
- Tonfolgen werden erst gesungen, dann auf Instrumente übertragen.
- Instrumentale Beispiele werden solmisierend nachgesungen.
- Das eigene Singen wird instrumental begleitet.
- Ein Notenbild wird gesungen und gespielt.

(2) do-Schlüssel und Violinschlüssel: Beide Schlüssel können nebeneinander verwendet werden. Solange nur mit Tonsilben gearbeitet wird, ist ein Violinschlüssel nicht notwendig. Nachdem aber die Kinder den Violinschlüssel sicher schon gesehen haben (und weil sie dieses geheimnisvolle Zeichen oft lieben), stört er auch nicht. – Den Grundton do kennzeichnen wir zusätzlich mit dem Buchstaben d = do.

Instrumentalspiel und Vorzeichen

Ein Methodenstreit gilt auch der Frage, ob im Fall do = g ein Kreuz, bei do = f ein B vorgezeichnet werden soll. Im Rahmen einer „zweisprachigen" Erziehung empfiehlt sich die Verwendung der Vorzeichen in jedem Fall dann, wenn die alterierten Töne auch auf Instrumenten gespielt werden sollen und das Ziel ansteht, die Vorzeichen kennenzulernen.

Wenn in der Instrumentalstimme nur Stammtöne (= Töne der C-Dur-Tonleiter) vorkommen, taucht die Frage der Vorzeichen nicht auf. Wo die Stammtöne nicht ausreichen, empfiehlt sich das folgende Vorgehen: Zuerst wird das Tonmaterial der auf den Stabspielen benötigten Stäbe hörend und singend erkundet, dann werden (soweit benötigt) neue Stäbe und die Besonderheit der Notennamen und Vorzeichen vermerkt. Sind bei den Stabspielen, auf denen die notwendigen Schritte besonders anschaulich verfolgt werden können, nur die Stäbe für fis und b dabei, können Durtonleitern in C, G und F bzw. (natürliche) Molltonleitern in a, e und d gelegt werden. Da bei Begleitungen selten alle diatonischen Stufen auch wirklich gebraucht werden, ist aber durchaus das Spielen in weiteren Tonarten möglich.

Integration der relativen Solmisation in den Unterricht der Musikalischen Grundausbildung

Die Integration kann nicht in systematisch aufgewiesenen Lernvorschlägen dargestellt werden. Die hier beschriebenen Unterrichtssituationen stehen additiv zu dem im Hauptteil des Lehrerkommentars beschriebenen Lernangebot. Es seien aber einführend einige (exemplarische) Hinweise gegeben:
- „Ein So-mi wollte Hochzeit machen ..." – das wäre eine lustige Variante der „Vogelhochzeit" (in Thema 2, S. 192, 194), wenn zuvor die Tonnamen „so" und „mi" eingeführt worden sind.
- „Marktrufer" (in Thema 2, S.182, 185f.) könnten im Tonraum so-mi oder so-mi-la ihre Waren anpreisen.
- Zu Thema 3 („Spiel mit Zeichen und Formen", S. 197ff.) bietet die Zeichensprache der relativen Solmisation eine auch Kindern verständliche Anknüpfung.

- Auch mittels der relativen Solmisation können wir „Musik mit unserem Körper" machen (Thema 5, S. 216ff.). Handzeichen können „stumm singen": Wenn die Kinder bereits einige Erfahrung im Umgang mit relativer Solmisation haben, können sie, wenn sie ganz genau aufpassen, in sich selbst Töne hören, auch wenn nur ihre Hand „singt".
- Im Rondo „Jeder spielt, so gut er kann" (Thema 9, S. 303ff.) kann auch unter Verwendung der Tonnamen und Handzeichen improvisiert werden. Besonders beim *Einstieg* in die Improvisation hat damit jedes Kind „etwas in der Hand". Der Raum do-re-mi-(fa)-so-(la) sollte bereits verfügbar sein oder in dieser Situation erreicht werden.

Die in diesem Materialteil gesammelten Lieder können auch in anderen Unterrichtszusammenhängen Sinn machen, wie umgekehrt Lieder und Texte, die an anderer Stelle aufgeführt wurden, zumeist auch Anlässe für das Solimisieren bieten.

c) Unterrichtsvorschläge

Hinweise:
- Die folgenden Spiele, Texte und Lieder stellen nur eine exemplarische Auswahl dar. So gibt es im Bereich des tradierten wie des neuen Kinderliedes viele andere Beispiele, und es wäre wichtig, herauszufinden, welche Lieder die Kinder selbst kennen und diese einzubeziehen. Gleichfalls sollte man mit den Kindern eigene Lieder und Melodien komponieren.
- Zu einzelnen Liedern sind besondere methodische Vorschläge beschrieben, die grundsätzlich auch auf andere Beispiele übertragbar sind.
- Auf den S. 453ff. wird eine Übersicht über *alle* im Lehrerkommentar, im Kinderbuch sowie im Liederheft „Wenn ich richtig fröhlich bin" aufgeführten Lieder hinsichtlich deren Tonräume gegeben. Dort können weitere geeignete Liedbeispiele gesucht werden.
- Die Lieder dieses Materialteils sollen nicht nur solmisiert, sondern auch gesungen, musiziert und wenn möglich getanzt werden.

Spiele mit den Handzeichen-Kärtchen (S. 114f.): Die Kärtchen können mehrfach kopiert und auf Karton aufgeklebt werden. Damit bieten sich verschiedene Spiele an, z.B. **4.1**
- den Vorrat der Kärtchen entsprechend den jeweils bekannten Tonsilben und Handzeichen bestimmen,
- Melodien mit den Kärtchen „komponieren",
- Melodien legen, diese nachsingen und mit eigenen Handzeichen nachbilden: als Aufgabe *für* die Kinder oder als Aufgabe *von* Kindern für andere,
- bekannte Liedanfänge oder Melodien legen und von anderen bestimmen lassen.

(re)　(fa)

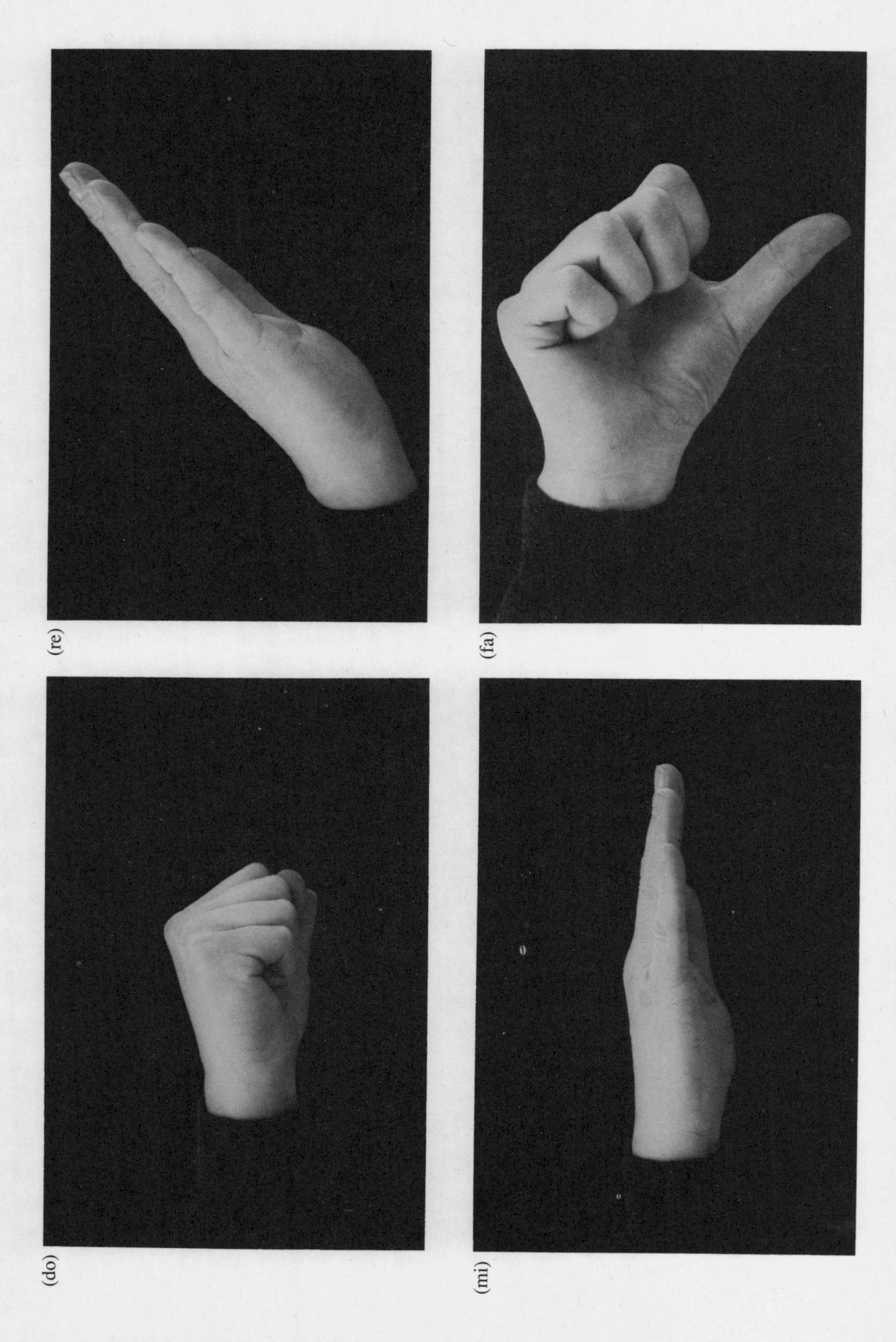

(do)　(mi)

Ein Arbeitsblatt des Verlags B. Schott's Söhne, Mainz

(la)

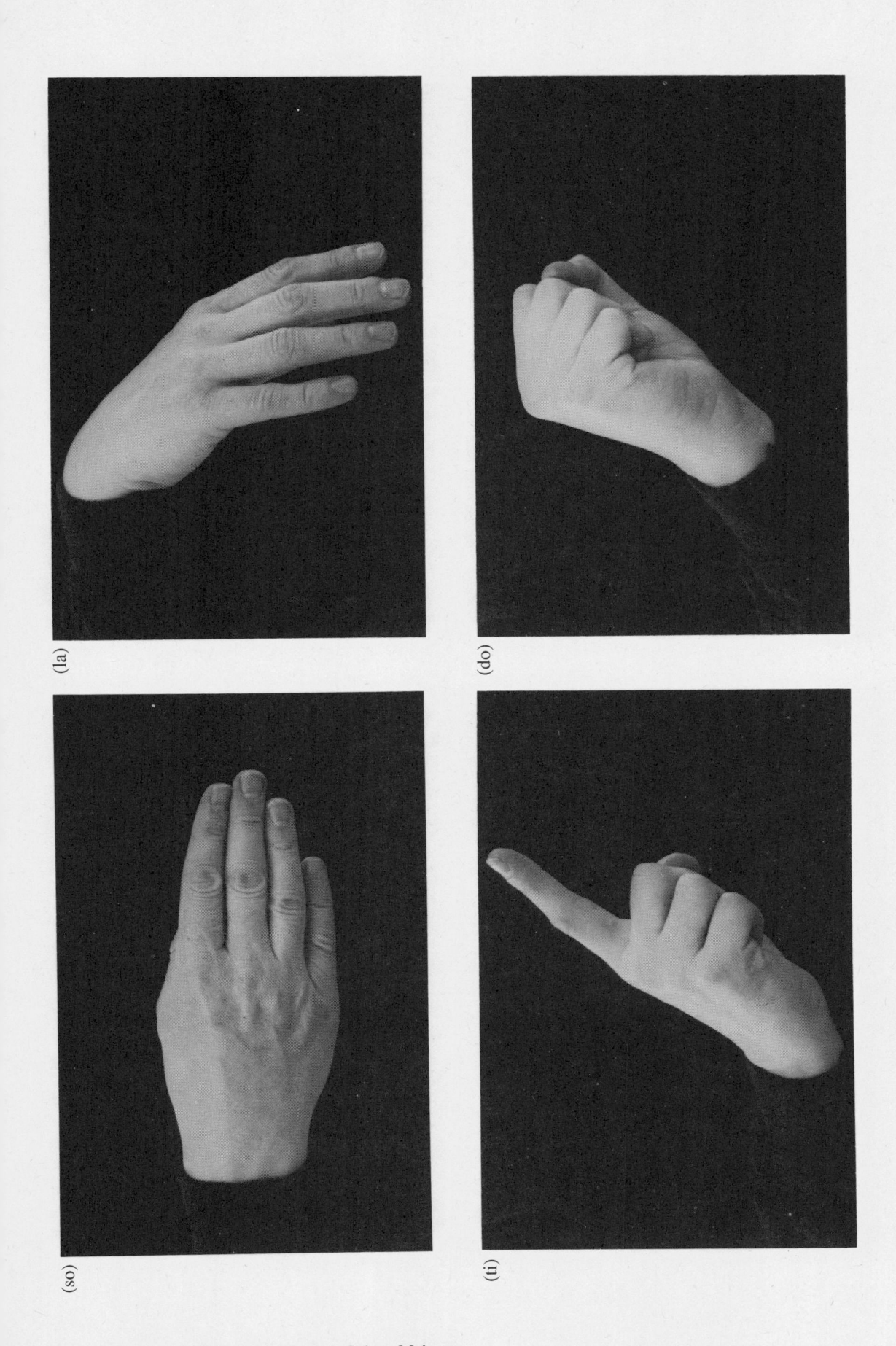

(do)

(so)

(ti)

Ein Arbeitsblatt des Verlags B. Schott's Söhne, Mainz

115

IM ZWEITONRAUM

Wir beginnen mit so und mi.

4.2 „Kuckuck, wo bist du?" – Einzelne Kinder stellen dem Kuckuck, der singend antwortet, Fragen:

Kuk-kuck, wo bist du?   Kuk-kuck, sag mir doch, wie-viel Jah-re leb ich noch?

Wo hast du deine Eier hingelegt?   Wo bist du im Winter?

4.3 **Notation als Impuls für Texterfindungen:** Zu vorgegebenen Notationsverläufen sollen die Kinder einen Text erfinden. Beispiel:

4.4 **Echospiel mit Solmisationsmotiven:** Einer macht vor, die anderen wiederholen, möglichst ohne Verzögerung (im Metrum). Motive, gebildet mit Solmisationssilben, können sich mit Klatsch- und Patschmotiven usw. abwechseln.

4.5 **Eine graue Maus:** Für das Erlernen des auf dem Arbeitsblatt S. 117 aufgeführten Liedes benutzt der Lehrer die Handzeichen. Später singt er das Lied nur auf Tonsilben. Erkennen die Kinder das Lied? Sie sollen es selbst mit den Tonsilben und Handzeichen singen.

Musizierideen: Der grauen Maus ist langweilig, ihr Lied im Tempo langsamer als das der lustigen Maus. Reizvoll ist es auch, in die Pausen zu klatschen.

4.6 **Elefant**

1. Elefant
   ist aus dem Gehege
   trotz der guten Pflege
   weggerannt.

2. Komm zurück!
   Wir sind alle traurig,
   weil du weggelaufen bist.
   Komm zurück!

Johannes Weber
© B. Schott's Söhne, Mainz

Die Kinder finden und notieren eine Melodie (s. Arbeitsblatt S.118).

4.7 **Solmisieren zur Bordunbegleitung**

„Sucht die Töne d und a. Wir spielen sie gleichzeitig und im Tempo ganz regelmäßig."

Über dem Instrumental-Bordun (Xylophon) singen die Kinder eine Melodie – mit zwei Tönen (so-mi, also a-fis innerhalb des bezeichneten Tonraums), die der Lehrer mit Handzeichen angibt.

Eine Woche später heißt es z.B.

„Heute begleiten wir uns mit den Tönen f und c auf den Xylophonen."

Ei - ne lu - sti - ge Maus
sitzt in ihrem Haus,
schaut ganz fröh - lich zum
Fen - ster raus.

Zeichne die Bilder zum Lied

© B. Schott's Söhne, Mainz

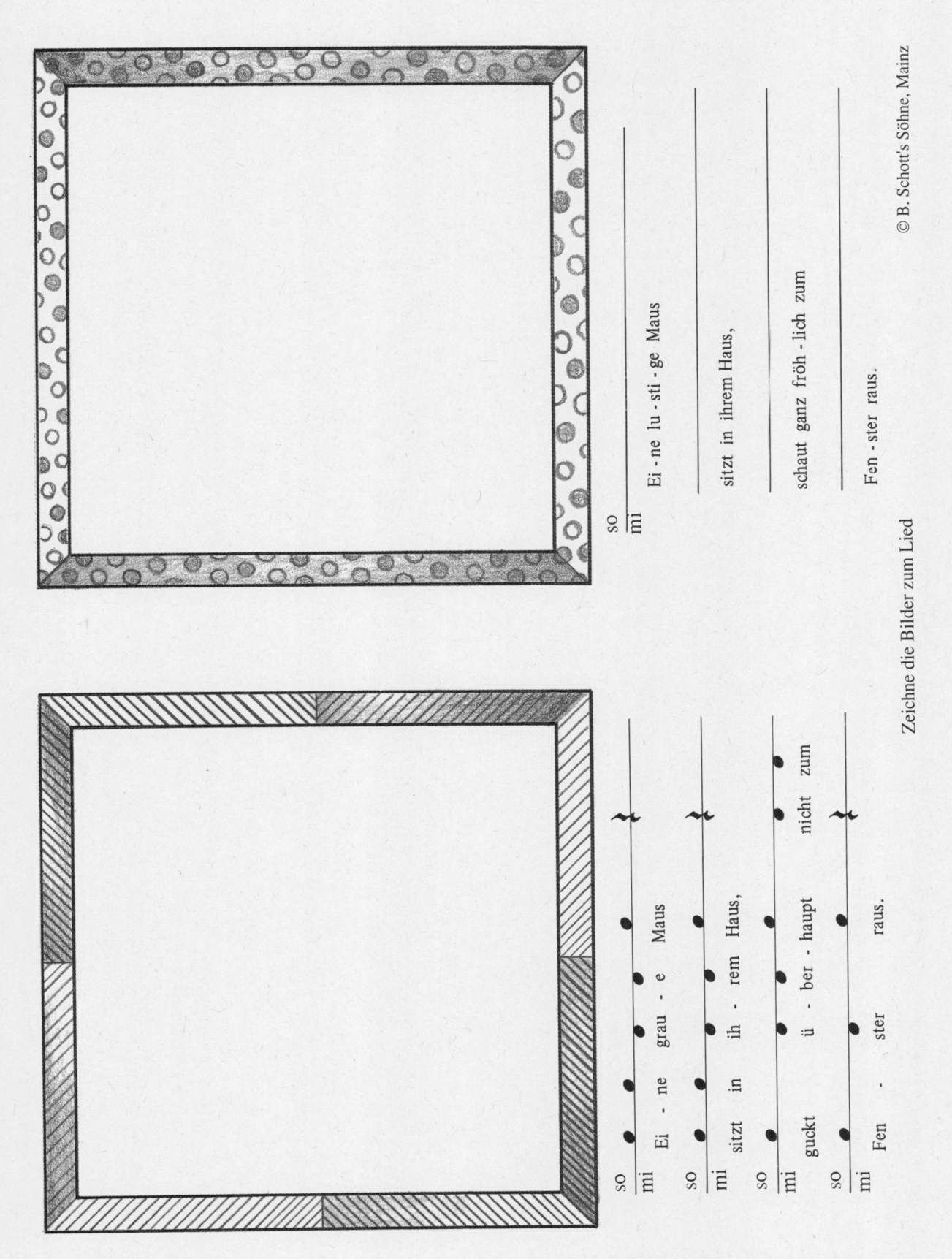

Ei - ne grau - e Maus
sitzt in ih - rem Haus,
guckt ü - ber - haupt nicht zum
Fen - ster raus.

Ein Arbeitsblatt des Verlags B. Schott's Söhne, Mainz

T/M: Kollegium der Musik- und Kunstschule der Stadt Bielefeld

E – le – fant

ist aus dem Ge – he – ge

trotz der gu – ten Pflege

weg – ge – rannt.

Zeichne das Bild zum Lied

Johannes Weber
© B. Schott's Söhne, Mainz

Ein Arbeitsblatt des Verlags B. Schott's Söhne, Mainz

IM DREITONRAUM

Dreitonräume öffnen schrittweise den Weg zu umfassenderen Tonräumen:
- Zu so und mi kommt la.
- Do' und do treten hinzu.
- Das re bildet eine Brücke zwischen mi und do.
- Weitere Dreitonräume können gebildet werden.

Begrüßungsruf 4.8

Lehrer: so la so mi!

Kinder: so la la la so mi!

Einen ähnlichen Ruf (Beispiel: Musik- und Kunstschule Bielefeld) kann man mit den Kindern erfinden und nach einiger Zeit variieren.

Mückchen Dünnebein 4.9

mi so ....

Mück-chen Dün-ne-bein, Mück-chen, laß das Ste-chen sein, Ste-chen tut so weh!
Mück-chen, weißt du was, beiß doch in das grü-ne Gras, beiß doch in den Klee!

Text: Paula Demel/Melodie: Wilhelm Twittenhoff
© Gustav Bosse Verlag, Regensburg

Die Kinder können bei einem in dieser Weise notierten Lied, nachdem sie es singen und summen gelernt haben, die Solmisationssilben unter die Noten schreiben.

Greten, kieck ens ut de Luk 4.10

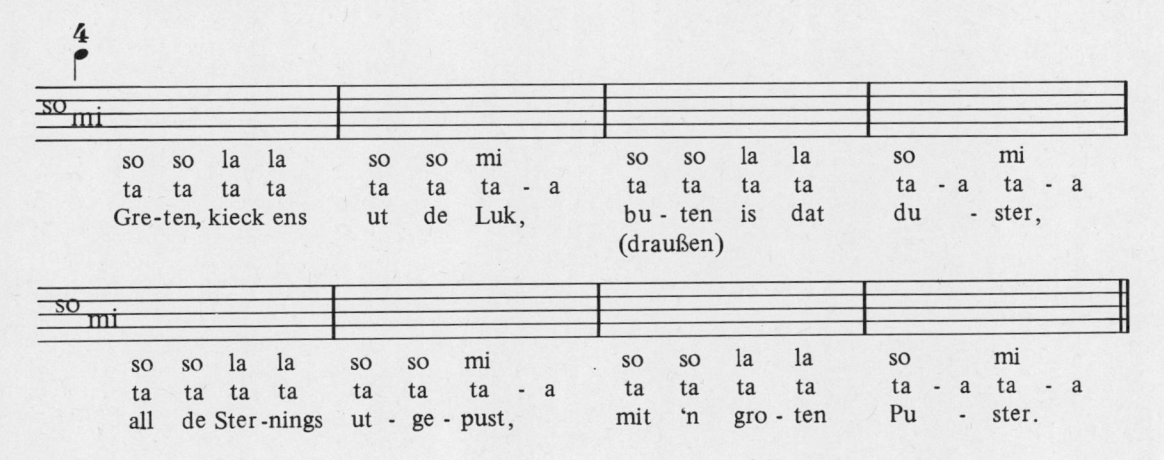

so so la la	so so mi	so so la la	so mi
ta ta ta ta	ta ta ta-a	ta ta ta ta	ta-a ta-a
Gre-ten, kieck ens	ut de Luk,	bu-ten is dat	du - ster,
	(draußen)		

so so la la	so so mi	so so la la	so mi
ta ta ta ta	ta ta ta-a	ta ta ta ta	ta-a ta-a
all de Ster-nings	ut ge-pust,	mit 'n gro-ten	Pu - ster.

Aus Niedersachsen

Die Kinder können bei einem in dieser Weise notierten Lied die Töne ins Notensystem schreiben.

4.11 Der Riese Rumpelpuh

1. Zog der Riese Rumpelpuh in das Land Katmandu,
   suchte einen alten Zwerg mit dem Namen Zandu.
2. Suchte hier und suchte da, fuhr durch ganz Katmandu,
   schaute über jeden Berg, nach dem alten Zandu.
3. Fand ihn auf dem höchsten Turm, mitten in Katmandu,
   nahm ihn zu sich in sein Haus, seinen lieben Zandu.

Text: Manfred Grunenberg/Melodie: Zoltán Kodály
© Boosey & Hawkes Music Publishers Ltd., London 1963

4.12 Wie reiten die Damen?

Wie reiten die Damen? Hopp, hopp, hopp. Wie
reiten die Herren? Trab, trab, trab, trab, trab. Wie
reiten die Bauern? Holla, holla, holla. Wie
reiten die Husaren? Galopp, Galopp, Galopp.

Aus Glatz

Um dieses Lied herum und es begleitend können „Pferde" (von den Kindern in der Bewegung dargestellt) im Schritt gehen, traben und galoppieren. Dazu passen rhythmische und tonale Liedbegleitungen.

Hört, ihr Herrn und laßt euch sagen 4.13

Hört, ihr Herrn und laßt euch sagen: Uns-re Glock' hat zehn ge-schla-gen; be-wahrt das Feu-er und das Licht, daß un-serm Haus kein Schad' ge-schicht! Lo-bet Gott, den Herrn!

Aus Thüringen

Andere Rufe eines Nachtwächters werden überlegt und (im Dreitonraum) improvisiert.

Ich fahr, ich fahr, ich fahr mit der Post 4.14

Ich fahr, ich fahr, ich fahr mit der Post. Fahr mit der Schnek-ken-post, wo's kei-nen Pfen-nig kost', ich fahr, ich fahr, ich fahr mit der Post.

Aus Österreich

4.15 Nikolaus, der heil'ge Mann

Nikolaus, der heil'ge Mann, zieht die Stiefel und Sporen an. Reit' damit nach Amsterdam, von Amsterdam nach Hindustan, bringt Zuckerwerk mit aus Spanien und Äpfelchen aus Australien und kommt dann auch zu uns.

Überliefert

4.16 Imitation und Refrain

Das Singen und Musizieren soll sich nicht auf den Tonraum der gerade aktuellen Solmisationsübungen beschränken. Neben den schon bewußt erfaßten Tonbeziehungen nehmen die Kinder andere, davon abweichende, auf. Im folgenden Beispiel wird den „Solmisationsstrophen in Dreitonräumen" ein Refrain gegenübergestellt, der diese Tonraumbindung verläßt.

Strophen

Refrain

[Notation: Lehrer Blockflöte / Schüler Stabspiele]

IN FÜNFTONRÄUMEN

In den vorangegangenen Abschnitten wurden viele Hinweise auf methodische Strukturen und Variationen gegeben. Der Lehrer, der sie im Unterricht selbst verwirklicht hat, wird sie auch in einer weiter geführten Solmisationsarbeit anwenden. Einige zusätzliche Hinweise:

Erleben „neuer Töne": Die Kinder können die Töne selbst entdecken, so, wenn in einem Lied überraschend die neue Tonstufe vorkommt. Sie wird in anschließenden Übungen besonders hervorgehoben. (Zoltán Kodály hat dazu besondere melodische Verläufe vorgeschlagen, wie z.B. „so – mi – re – mi – re – mi – so – la – so" bei der Einführung des „re".)

Bildung neuer Reihen: Die Kombination von „do – mi – so" und „so – mi – la" ergibt die Viertonreihe „do – mi – so – la", die später, um „re" ergänzt, zur halbtonlosen (do-)Pentatonik wird. Die Kinder können aus dem Tonvorrat, den sie schon solmisieren können, selbst Reihen bilden. Spiele mit Klangbausteinen, Stabspielen und Notationsübungen wechseln sich mit dem Singen ab.

Mehrstimmiges Singen: Eine Gruppe bleibt auf einem Ton – z.B. do – stehen, die andere Gruppe (zunächst auch der Lehrer) singt eine melodische Seitenbewegung. Beispiel:

[Notenbeispiel: zwei Stimmen]

Weitere Schritte: Singen von Bordunstimmen und einfachen Kanons (z.B. M 14.14 und 14.15, S. 316).

Instrumentale und vokale Übung, Notation: Alle Reihen werden auch instrumental geübt, z.B. alle pentatonischen oder pentachordischen Reihen (bei Verwendung der chromatischen Klangstäbe auch in ungewöhnlichen Konstellationen). Beide „Lernrichtungen" sind wichtig:
- vom Singen und Spielen (und Hören) zum Schreiben,
- vom Lesen zum Singen und Spielen.

GRUNDKLANG PENTATONISCH - DO-MODUS

4.17 Es regnet

Es reg - net, es reg - net, es reg - net sei - nen Lauf, und wenn's ge - nug ge - reg - net hat, so hört's auch wie - der auf.

Überliefert

Auf Stabspielen: Die Kinder spielen und üben die folgende Reihe. Im Vor- und Nachspiel fallen „Regentropfen", sammeln sich in einer „Pfütze", usw.:

4.18 Mantje, Mantje

Stimmen

Man - tje, Man - tje, Tim - pe - te, Butt - che, Butt - che in der See,

Metallophon

mei - ne Frau, die Il - se - bill, will nicht so, wie ich gern will, wie ich gern will.

Text: nach den Gebrüdern Grimm/Melodie und Satz: Hermann Regner
© B. Schott's Söhne, Mainz

„Da kam der Butt angeschwommen und sagte: ‚Na, was will sie denn?' – ‚Ach', sagte der Mann, ‚ich hatte dich doch gefangen. Nun sagt meine Frau, ich hätt' mir doch was wünschen sollen. Sie mag nicht mehr in ihrer Hütte wohnen, sie will gern ein kleines Häuschen.' – ‚Geh nur hin', sagte der Butt, ‚sie hat es schon.' "

Wie es im Märchen weitergeht, können die Kinder im Tonraum des Liedes, vom Bordunklang unterstützt, singend erzählen und dazu das immer ungebärdiger werdende Meer in Klängen darstellen (vgl. auch M 12.14 , S. 276).

GRUNDKLANG PENTATONISCH – LA-MODUS

Anfangston – Schlußton – Grundton: Auf Stabspielen liegen die Stäbe f – g – a – c – d. Wir singen das „hohe la" (hier das d) und benutzen den Ton als Anfangs- und Schlußton beim Erfinden von Melodien. Dann machen wir ein „tiefes la" zum untersten Reihenton und zum Ausgangs- und Endpunkt unserer Gestaltungen:

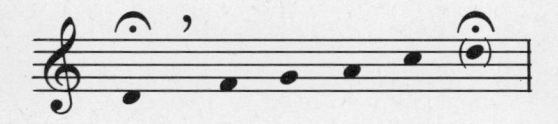

4.19

Thematischer Querverweis: Das Spiel „Melodien erfinden: von der ‚Haustüre' beginnend und wieder zurück" (S. 49) beschreibt die Form des instrumentalen Improvisierens ausführlich und deutet Anschlußaufgaben an.

4.20 Nebel, Nebel, weißer Hauch

Nebel, Nebel, weißer Hauch,
walle über Baum und Strauch.
Nebel, Nebel, weiße Wand,
fliege hin ins weite Land,
fliege über Tal und Höhn,
laß die gold-ne Sonne sehn. Nebel!

Text: A. Blume / Melodie: Walter Pudelko / Satz: Rudolf Nykrin
© Bärenreiter-Verlag, Kassel und Basel

Horch, wie die Pferde schnaufen 4.21

1. Horch, wie die Pfer-de schnau-fen! Fort durch die Wäl-der im Husch!
   Wir sind ein mun-trer Hau-fen, wir sind die Räu-ber im Busch!

2. Wir brauchen nichts zu kaufen,
   wir stehlen alles im Husch.
   Wir sind ...

3. Sind wir bei Tag gelaufen,
   blasen wir abends den Tusch.
   Wir sind ...

Text: James Krüss/Melodie und Satz: Hermann Regner
© des Textes: beim Autor/der Musik: B. Schott's Söhne, Mainz

Vielleicht sind die Räuber darauf aus, Musikinstrumente zu stehlen – für einen richtigen „Tusch"?

DUR-PENTACHORD

Tritt „fa" als Brückenton in die Reihe „do-re-mi-so-la" ein, ergibt sich die chordische Reihung der Töne mit Dur- und Moll-Varianten. Verbindungen zur halbtonlosen Pentatonik bleiben weiterhin möglich.

4.22 Ist ein Mann in' Brunnen g'fallen

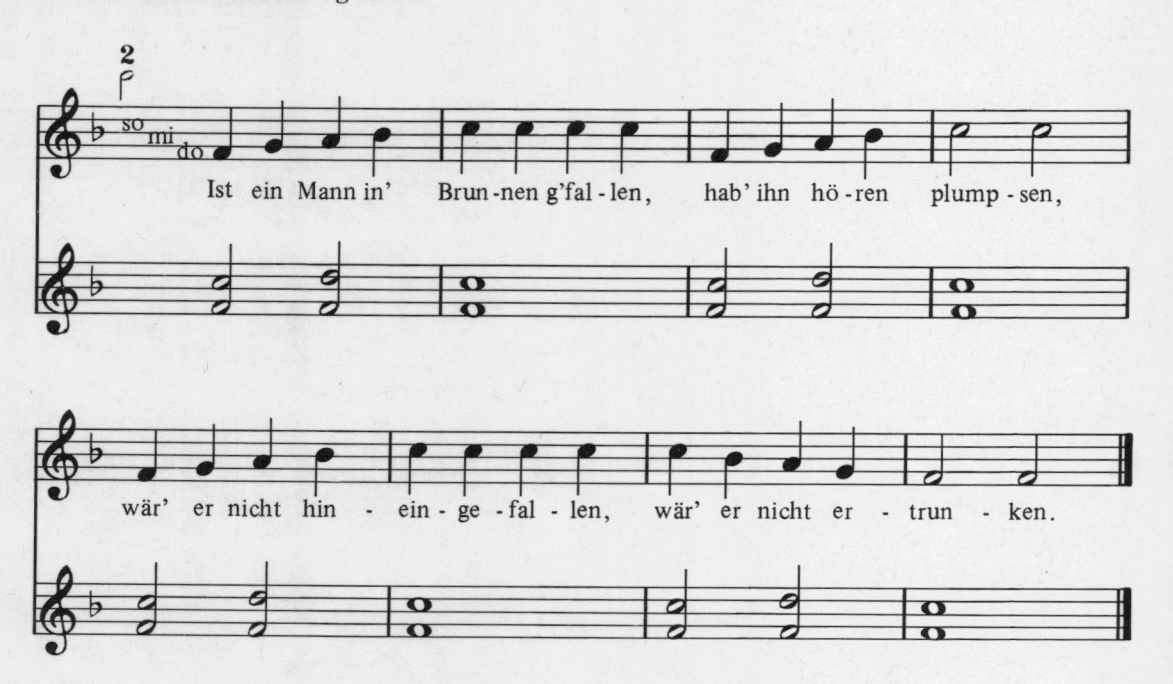

Ist ein Mann in' Brun-nen g'fal-len, hab' ihn hö-ren plump-sen,
wär' er nicht hin - ein-ge-fal-len, wär' er nicht er - trun-ken.

Text und Melodie: überliefert/Satz: Hermann Regner
© B. Schott's Söhne, Mainz

4.23 Vom Himmel fällt der Regen

1. Vom Him-mel fällt der Re-gen und macht die Er-de
naß, die Stei-ne auf den We-gen, die Blu-men und das

Gras. Das Was - ser, das Was - ser, das Wasssssssssser.

2. Die Sonne macht die Runde im altgewohnten Lauf
und saugt mit ihrem Munde das Wasser wieder auf!
3. Das Wasser steigt zum Himmel und Nebel ziehen her,
da gibt es ein Gewimmel von Wolken grau und schwer.
4. Die Wolken werden nasser und brechen auseinand',
und wieder fällt das Wasser als Regen auf das Land.

Text: James Krüss/Melodie: Josef Monter
© Fidula-Verlag, Boppard/Rhein und Salzburg

Wunderschöne Sonnentage (mit tiefem „la") 4.24

1. Wun - der - schö - ne Son - nen - ta - ge: wie das blüht und wie das singt, und wie das mit ei - nem Schla - ge Freu - de für so vie - le bringt!

2. Unsre Wiese, die lädt Gäste ein zum großen Sommerball,
und es kommt sehr bald zum Feste frohes Volk von überall.
3. Bunte Schmetterlinge naschen mit den Hummeln Honigwein,
Bienen füllen ihre Taschen, sammeln fleißig Vorrat ein.
4. Alles ist von Herzen munter, und es wird Musik gemacht.
Geht die Sonne müde unter, zirpt die Grille noch zur Nacht.

Text: Eberhard Köhler/Melodie: Siegfried Lehmann
© Verlag Merseburger, Kassel

MOLL-PENTACHORD

4.25 Unsre Katz' hat Kätzchen g'habt

Aus Österreich/ Satz: Hermann Regner
© B. Schott's Söhne, Mainz

Das Lied sauber zu intonieren wird unseren Dur-gewohnten Kindern nicht leicht fallen. Genaues Zuhören und Solmisieren (mi – re – do – ti – la) werden eine Annäherung erleichtern. Vielleicht hilft auch ein Vorspiel auf den Instrumenten?

Das Lied ist sehr kurz und nur mit einer Strophe überliefert. Der Lehrer könnte anregen, über dem Bordun von AM und BM ein Gespräch mit einem Kind (gesprochen oder auch gesungen) zu führen:

„Unsre Katz ..."
„Welche Katz?"
„Unsre Katz!"
„Wie heißt sie denn?"
„Sie heißt Minz!"
„Kann sie schnurren?"
„Hat sie Junge?"
„Hör mal zu!"

Dann singen und musizieren alle gemeinsam das Lied, bis wieder ein anderes Kind *sein* Kätzchen vorstellt.

Auf den S. 279, 281 finden sich weitere Katzenlieder.

Was soll das nur werden? 4.26

1. Was soll das nur werden? Ist Winter auf Erden. Liegt alles verschneit. Der Sommer ist weit.

2. Wir hocken im Garten
   und bitten und warten.
   Hat keiner uns lieb,
   uns Vöglein Piep Piep?

3. Hört keiner uns flehen?
   Mag keiner uns sehen?
   Hilft keiner vom Tod
   uns Vöglein in Not?

Text: Erich Colberg/Melodie: Richard Rudolf Klein
© Verlag Moritz Diesterweg, Frankfurt/Main

H i n w e i s : Die Liedmelodie benutzt die Töne d–a, ist mit dem Grundton e aber in der phrygischen Tonalität angesiedelt.

Die Vögel im Winter, S. 398

ZUM SIEBENTONRAUM – DUR

Nach „do – re – mi – fa – so – la" muß nur noch das vom Gehör leicht erkennbare ti geübt werden, dann ist der Siebentonraum vollständig. Von Anfang an soll nicht nur ein Gefühl für „do", sondern auch für „la" als Grundton (des natürlichen Moll) entwickelt werden.

4.27   Sonntag, Montag ...

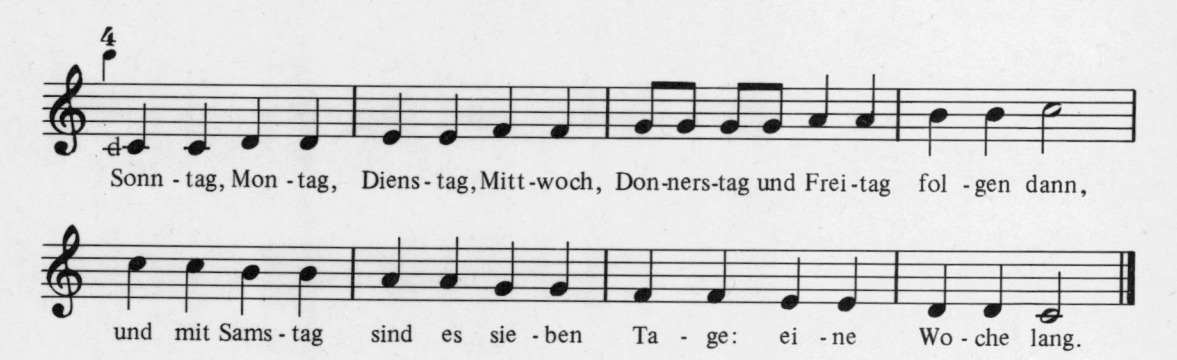

[Notenbeispiel: Sonntag, Montag, Dienstag, Mittwoch, Donnerstag und Freitag folgen dann, und mit Samstag sind es sieben Tage: eine Woche lang.]

Text und Melodie: Luis Steiner
© Gustav Bosse Verlag, Regensburg

Lustig und lehrreich ist es, einzelne oder mehrere Tage des Liedes „stumm" zu singen. Und natürlich werden die Kinder das Lied auf Instrumenten (Stabspielen, Klavier) spielen wollen. Bei wem klingt es – von einem anderen Ton als „c" ausgehend – richtig?

4.28   Max, der soll zur Schule gehn

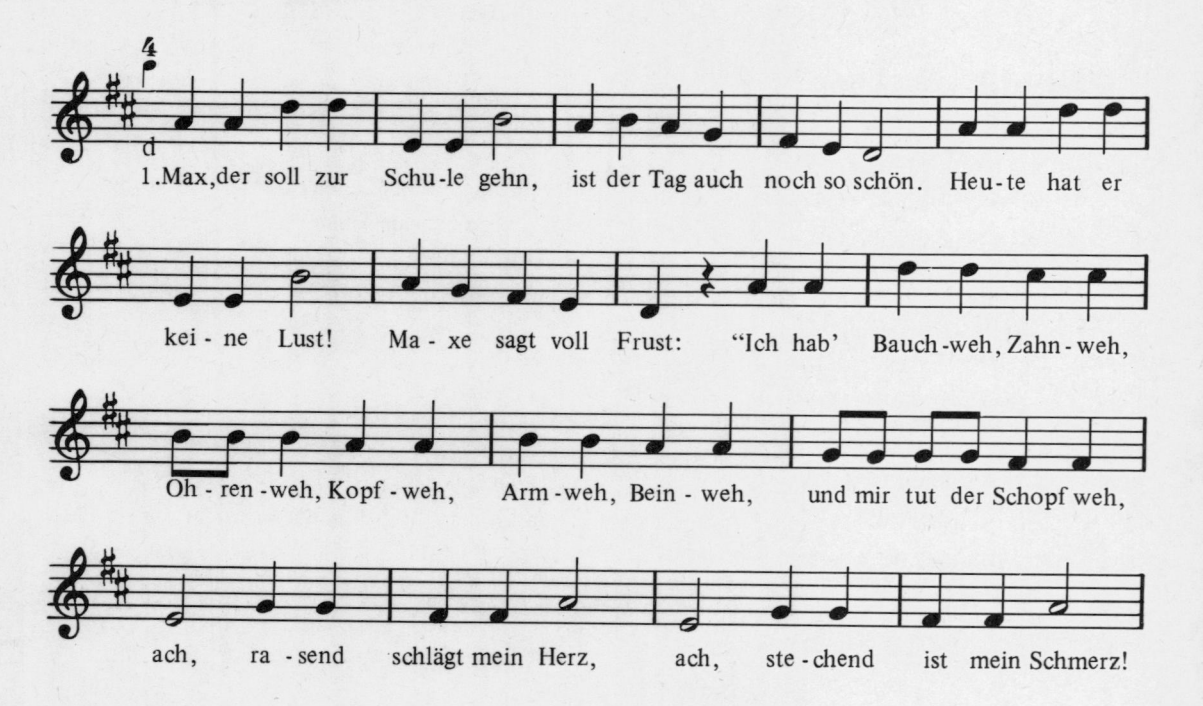

[Notenbeispiel: 1. Max, der soll zur Schule gehn, ist der Tag auch noch so schön. Heute hat er keine Lust! Maxe sagt voll Frust: "Ich hab' Bauchweh, Zahnweh, Ohrenweh, Kopfweh, Armweh, Beinweh, und mir tut der Schopf weh, ach, rasend schlägt mein Herz, ach, stechend ist mein Schmerz!]

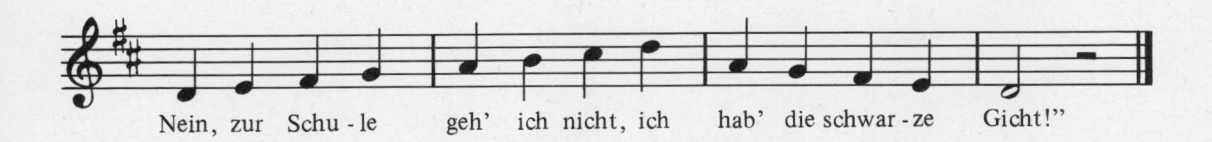

Nein, zur Schu-le geh' ich nicht, ich hab' die schwar-ze Gicht!"

2. „Max, die Schule wartet nicht,
mach nicht so ein Gramgesicht.
Und sei bitte nicht so stur!"
Maxe jammert nur:
„Ich hab ..."

3. „Max, ich hol den Doktor her,
paß nur auf: Der schimpft dich sehr!
Was dir fehlt, sieht er im Nu!"
Maxe immerzu:
„Ich hab ..."

4. „F a u l e r i t i s   m a x i m a l,
ein besonders schwerer Fall!",
hat der Doktor gleich gesagt.
Maxe aber klagt:
„Ich hab ..."

5. „Erst ins Bett und tüchtig schwitzen,
dann drei Tage stille sitzen!",
rät der Doktor Max sehr nett.
Der springt aus dem Bett:
„Wenn ich daran denke, lieber Herr Doktor,
komme ich mir wieder ganz gesund vor!
Faul sein ist wunderschön,
und nicht zur Schule gehn!
Doch drei Tage stille sein –
fällt mir im Traum nicht ein!"

Text und Melodie: Rudolf Nykrin
© B. Schott's Söhne, Mainz

Wißt ihr, wie die Elefanten 4.29

1. Wißt ihr, wie die E-le-fan-ten a-bends gehn zur Ruh?
Kaum kommt der Mond mit sei-nem Schein,
zieht je-der sei-nen Rüs-sel ein
und macht die Au-gen zu.

2. Wißt ihr, wie die kleinen Vögel
abends gehn zur Ruh?
Wenn schon der Mond ins Nestchen sieht,
piepst jedes noch ein Abendlied
und macht die Augen zu.

3. Wißt ihr, wie die Weinbergschnecken
abends gehn zur Ruh?
Kaum blinkt der erste Stern heraus,
kriecht jede in ihr Schneckenhaus
und macht die Augen zu.

4. Wißt ihr, wie die Menschenkinder
abends gehn zur Ruh?
Kaum schaut der Mond durchs Fensterlein,
plumpst jedes in sein Bett hinein
und macht die Augen zu.

Text: Eva Rechlin/Melodie: Richard Rudolf Klein
© Verlag Moritz Diesterweg, Frankfurt/Main

4.30 Trarira, der Sommer der ist da

1. Tra-ri-ra, der Som-mer, der ist da! Wir wol-len in den Gar-ten und woll'n des Som-mers war-ten. Ja, ja, ja, der Som-mer, der ist da!

Text und Melodie: aus der Pfalz/Satz: Hermann Regner
© B. Schott's Söhne, Mainz

2. Tra ri ra,
   der Sommer, der ist da!
   Wir wollen in die Hecken
   und woll'n den Sommer wecken.
   Ja, ja, ja,
   der Sommer, der ist da!

3. Tra ri ra,
   der Sommer, der ist da!
   Der Sommer hat gewonnen,
   der Winter hat verloren.
   Ja, ja, ja,
   der Sommer, der ist da!

Wie früh ist auf St. Martine   4.31

1. Wie früh ist auf Sankt Martine,
   der heilige Sankt Martine.
   Er reitet dahin am Wegebreit,
   der heilige Sankt Martine.

2. Am Wege, da sitzt ein alter Mann,
   „so teilt mir was, in Gottes Nam' ".
   „Was will ich euch teil'n in Gottes Nam' ",
   so saget der Sankt Martine.

3. Er schneidet den Mantel mitten entzwei,
   der heilige Sankt Martine.
   „Nimm hin, nimm hin, du alter Mann,"
   so saget der Sankt Martine.

4. „Ich bin es nicht, ein alter Mann,
   du heiliger Sankt Martine,
   ich bin vielmehr der liebe Gott,
   du heiliger Sankt Martine."

Aus Gottschee/nach: Carl Orff / Gunild Keetman: Musik für Kinder II
(dort auch Satz für Orff-Instrumente)
© B. Schott's Söhne, Mainz

ZUM SIEBENTONRAUM – NATÜRLICHES MOLL

4.32 Blinke, blinke, kleiner Stern

Blin - ke, blin - ke, klei - ner Stern, dro - ben hoch am Him - mel.
Schaust her - ab aus wei - ter Fern' auf das Welt - ge - tüm - mel, leuch - test ü - bers
gan - ze Land, fun - kelst wie ein Di - a - mant. Blin - ke, klei - ner Stern,
blin - ke, blin - ke, klei - ner Stern, dro - ben hoch am Him - mel.

Text: Wilhelm Twittenhoff/Melodie: Diethard Wucher
© Gustav Bosse Verlag, Regensburg

4.33 Ich bin Müllschlucker Paul

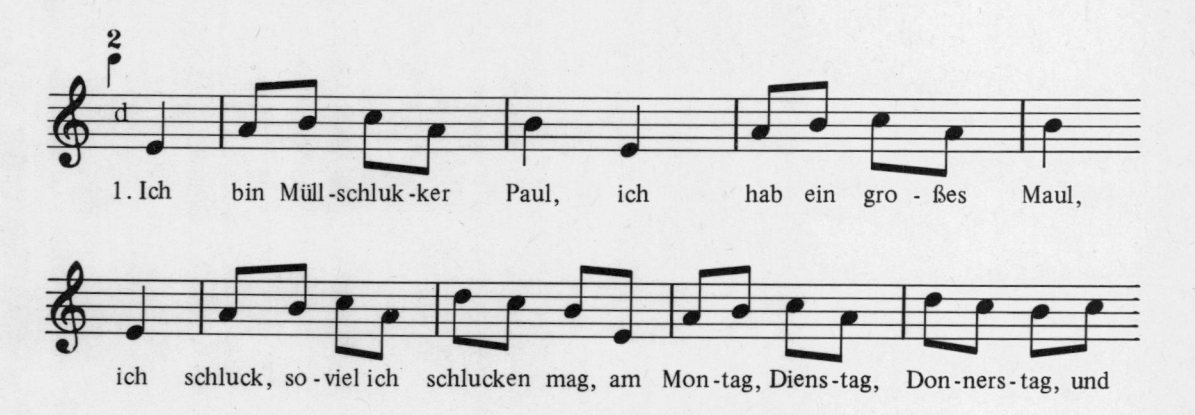

1. Ich bin Müll - schluk - ker Paul, ich hab ein gro - ßes Maul,
ich schluck, so - viel ich schlucken mag, am Mon - tag, Diens - tag, Don - ners - tag, und

auch an jedem andern Tag, da schluck' ich Schmutz und Schund, im Jahr dreitausend Pfund.

2. Ich bin Müllschlucker Paul,
   ich hab ein großes Maul,
   ich schlucke Büchsen, Flaschenglas,
   das Blatt in dem der Papa las,
   Blech, Plastiktüten, dürres Gras.
   Gerümpel kunterbunt –
   im Jahr dreitausend Pfund.

3. Ich bin Müllschlucker Paul,
   ich hab ein großes Maul,
   ach, könnt ich schlucken Zank und Streit,
   die Hungersnot, den Haß, den Neid,
   ich schluckte sie für alle Zeit,
   im Jahr dreitausend Pfund –
   dann wär die Welt gesund.

Text: Rudolf Otto Wiemer/ Melodie: Wilhelm Keller
© Fidula-Verlag, Boppard/Rhein und Salzburg

4.34 Kein Tierlein ist auf Erden

1. Kein Tierlein ist auf Erden dir, lieber Gott, zu klein. Du ließest alle werden, und alle sind sie dein. Zu dir, zu dir ruft Mensch und Tier. Der Vogel dir singt. Das Fischlein dir springt. Die Biene dir summt. Der Käfer dir brummt. Auch pfeifet dir das Mäuslein: Herr Gott, du sollst gelobet sein.

Text: Clemens Brentano/Musik: Hermann Regner
© B. Schott's Söhne, Mainz

2. Die Fischlein, die da schwimmen,
sind, Herr, vor dir nicht stumm.
Du hörest ihre Stimmen,
ohn' dich kommt keines um.
Zu dir...

3. Vor dir tanzt in der Sonne
der kleinen Mücklein Schwarm
zum Dank für Lebenswonne.
Ist keins zu klein und arm.
Zu dir...

4. Sonn, Mond gehn auf und unter
in deinem Gnadenreich,
und alle deine Wunder
sind sich an Größe gleich.
Zu dir...

ZUM SIEBENTONRAUM – ANDERE KIRCHENTÖNE

Dem folgenden Beispiel in lydischer Tonart mit den Tönen:

(mi) - fa - so - la - ti - do' (M 4.36)

seien kurze Überlegungen zur melodischen Erarbeitung vorausgeschickt, die auch für andere Lieder und Instrumentalsätze Gültigkeit haben.

Über das Vorgehen im Unterricht entscheiden vor allem die Vorkenntnisse der Kinder im relativen Solmisieren: Ist neben „fa" das „ti" schon bekannt, kann mit den Liedern direkt begonnen werden. Ansonsten wird Schritt um Schritt erweitert:

„do' – la",
„do' – ti – la",
„do' – ti – la – so – fa", usw.

Anregung für vokale Einstimmübungen:

4.35 Hei, die Pfeifen klingen

Hei, die Pfeifen klingen, laßt im Tanz uns schwingen, Dudelsack, der pfeift euch was, und den Mädchen macht es Spaß! und den Mädchen macht es Spaß!

2. Pfeift und laßt uns leben,
   will zwei Groschen geben,
   Wirt, nimm einen in die Hand!
   Einen kriegt der Musikant.

3. Zicklein auf dem Rasen,
   dein Fell muß heut blasen;
   ist das Zicklein nimmer ganz –
   spielt der Dudelsack zum Tanz.

Aus der Slowakei/dt. Textübertragung: R. St. Hoffmann/Melodie: Béla Bartók/Satz: Hermann Urabl
© Universal Edition, Wien 1924/assigned 1939 to Hawkes & Son (London) Ltd.

Zusätzlich zu den genannten Instrumenten können natürlich besonders gut auch „Pfeifen" mitspielen
– vgl. dazu die Vorschläge zum Selbstbau von Flötenrohren bzw. Panflöten in M 15, S. 321ff.

Es schneit, es schneit! 4.36

1. Es schneit, es schneit, es geht ein ei-se-kal-ter Wind, da holt sich Stie-fel je-des Kind und Mütz' und Schal ge-schwind.

2. Es schneit! Es schneit!
   Der Schnupfen lauert an der Eck',
   wenn jemand kalte Füße hat,
   hat er den Schnupfen weg.

3. Hatschi! Hatschi!
   Wir trinken heißen Honigtee,
   verpacken warm uns bis zum Zeh
   und laufen in den Schnee.

4. Juchhe! Juchhe!
   Kommt alle, alle, allesamt,
   kommt alle, alle hergerannt,
   wir bauen einen Mann!

5. Aus Schnee! Aus Schnee!
   Wie geht das mit dem Schneemann bloß?
   Wir brauchen einen großen Kloß,   ⎫ diese Zeilen werden
   und brauchen einen mittlern Kloß,   ⎬ auf den Tönen mit *
   und brauchen einen Topf als Hut,   ⎭ gesungen
   und brauchen (... Kinder ergänzen ...),
   der Schneemann wird famos!

Text und Melodie: Rudolf Nykrin
© B. Schott's Söhne, Mainz

„Auf hoher See" – Die Inseln   M 5

a) Weitere Insel-Vorschläge

Es gibt undenkbar viele Inseln, und wenn man einige besucht hat, tauchen andere, eigene, in der Vorstellung auf: vielleicht eine „Insel der Zeichensprache", eine „ganz kleine Insel", eine „Gespensterinsel" oder die „Insel voller Lügen" (s. Liederheft „Wenn ich richtig fröhlich bin"). – Der Lehrer selbst mag seine eigenen Vorstellungen haben, und aus der Arbeit mit den Kindern kann sich manche überraschende Reiseroute entwickeln ...

Die Insel der klingenden Dinge   5.1

Der Matrose im Ausguck meldet:

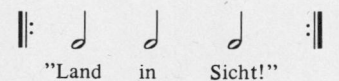

‖: ♩ ♩ ♩ :‖
"Land in Sicht!"

Die Insel wird angelaufen. Man findet dort verschiedene Materialien wie Zeitungspapier, knisterndes Cellophan, Steine, Laub, dürre Zweige, Dosen ...

Auch hier wieder eine Tafel:

> Diese Insel ist voller Klänge.
> JEDES DING birgt eine Menge.
> Es knistert, rumpelt, klappert, munkelt,
> rieselt, rasselt, nieselt, prasselt.
> Der Zauberstab heißt
> PHANTASIE
> – Wer nichts probiert, entdeckt ihn nie. –

Was mag das bedeuten? – Wir entlocken den gefundenen Dingen die in ihnen steckenden Klänge. Dazu können wir uns kleine Geschichten ausdenken.

Ein Tonbandgerät kann Anreiz sein, um über das bloße Ausprobieren hinaus zu einem überlegten Gestalten zu kommen. (Die Verwendung eines Tonbandgerätes bietet sich insbesondere in der Arbeit mit Kindern an, die schon die Musikalische Früherziehung besucht haben.)

Die Insel der geheimnisvollen Klänge   5.2

Der Matrose im Ausguck meldet:

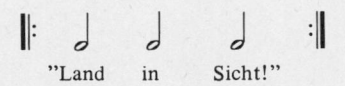

‖: ♩ ♩ ♩ :‖
"Land in Sicht!"

Die Insel wird angelaufen. Der Kapitän erzählt von seinen früheren Besuchen auf der Insel: Wenn es ganz still dort ist, kann man eine Musik mit geheimnisvollen Klängen hören.

Diese Musik erklingt (HB 14 „Musik auf der Insel der geheimnisvollen Klänge"). Kinder und Lehrer sprechen darüber und versuchen mit der Stimme etwas von dem nachzuahmen, was zu hören war.

„Wer die Erinnerung an diese Musik mit nach Hause nehmen will – Schallplatten gibt es hier nicht zu kaufen –, muß die Musik malen ..."

Zeichenblätter und Wachsmalkreiden liegen bereit. Die Kinder wählen sich Farben aus und fangen an, die Musik zu malen, während diese noch ein- oder zweimal erklingt.

H i n w e i s : Für Kinder, die neu die Musikalische Grundausbildung besuchen, ist es eine Erstbegegnung mit dem „Malen zu Musik" (vgl. S. 99f.). Man darf keine Erwartungen haben, wie die Kinder die Musik malen sollten, der Lehrer wird aber schüchterne Kinder ermuntern. Er selbst malt nicht mit, weil die Kinder vielleicht gerade ihn imitieren würden.

Sind alle Passagiere mit dem Malen fertig, werden die Bilder an Bord gebracht. Das „Einsteige-Lied" erklingt – vielleicht wollen wir es, weil es auf dieser Insel so geheimnisvoll war, diesmal nur summen?

Auf der weiteren Reise ist genügend Zeit, sich gegenseitig die Bilder zu zeigen und zu erklären und sich an die Insel der geheimnisvollen Klänge zu erinnern.

> *„Erinnerung in einer anderen Unterrichtsstunde":* Ist mit der Insel deren Musik für immer entschwunden? Auf dem Schiff gibt es ja Instrumente, z.B. Metallophone, vielleicht ein Klavier, und der Lehrer hat zusätzlich verschiedene leere Flaschen mitgebracht. Er kann mit den Kindern versuchen, die „geheimnisvollen Klänge" auf der Insel wieder in Erinnerung zu rufen, wobei die Zeichnungen der Kinder vielleicht Anhaltspunkte geben.

5.3 Die Insel der rätselhaften Zeichen

Der Matrose im Ausguck meldet:

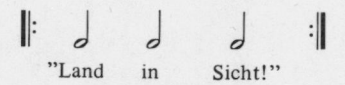

$$\|: \; \text{♩} \quad \text{♩} \quad \text{♩} \quad :\|$$
"Land   in   Sicht!"

Auf dieser Insel finden wir eine Reihe von Karten mit Zeichen, wie sie auf dem Arbeitsblatt S. 166 aufgeführt sind (die Karten können mehrfach vorbereitet sein). Die Kinder entdecken, daß einige davon Instrumente abbilden und auf anderen Zeichen zu sehen sind: Es sind Musikzeichen, die man zum Klingen bringen kann.

Kinder und Lehrer legen nun die Kärtchen zum Musizieren aus: in einer Reihe nebeneinander, in einem Kreis zum "Reihum-Musizieren"... Die Beziehungen zwischen Bild und Klang können von den Kindern frei definiert werden. Eine "notationsgetreue" Lösung wird erst mit dem 3. Thema („Spiel mit Zeichen und Formen") angestrebt.

Ein Kärtchen ist noch leer. Fällt den Kindern ein eigenes Zeichen ein? Wollen sie sogar noch mehr Zeichen erfinden?

Die Karten dieser Insel nehmen wir „für später" mit.

5.4 Die dunkle Insel

Der Matrose im Ausguck meldet:

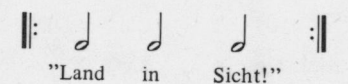

$$\|: \; \text{♩} \quad \text{♩} \quad \text{♩} \quad :\|$$
"Land   in   Sicht!"

Auf dieser Insel dauert die Nacht sehr lange. Auch wenn es dunkel ist, müssen wir uns dort zurechtfinden. Wir denken uns in die Situation hinein, schließen die Augen (ohne Blinzeln!) ...

Wenn man nichts sieht, kann man besonders gut hören und tasten ...
- *Ein Hör-Spiel:* Einige Kinder nehmen Instrumente und klingende Dinge (auch Stimme und Klanggesten bieten sich an). Sie bilden den „Rand" der Insel, die nicht nur kreisrund sein, sondern auch Buchten etc. haben kann. Andere Kinder sind Besucher auf dieser Insel, die mit geschlossenen (wenn sie wollen, auch mit verbundenen) Augen die Insel erkunden. Wann immer sie aber zum Rand der Insel geraten, werden sie durch einen Klang von dem Kind, auf das sie sich gerade zubewegen, rechtzeitig gewarnt. (So kann niemand „ins Wasser fallen".) Bald schon bewegen sich die Besucher auf der dunklen Insel mutiger und schneller... – Die Rollen von „Wächtern" und „Besuchern" werden getauscht.
- *Ein „Tast"-Spiel:* Zwei Kinder sitzen sich gegenüber. Eines bildet mit einer Hand eine Form, das andere Kind ertastet in der „Dunkelheit" dieser Insel (also mit geschlossenen Augen) diese Form und versucht, sie mit der eigenen Hand nachzubilden.

Zum Schluß scharen sich Lehrer und Kinder eng zusammen, und der Lehrer (als „Kapitän") führt die „Mannschaft", die (wiederum) die Augen geschlossen hält, mit einer gesungenen oder gespielten Melodie zum Hafen.

Kärtchen zur „Insel der rätselhaften Zeichen" (vgl. S. 164)

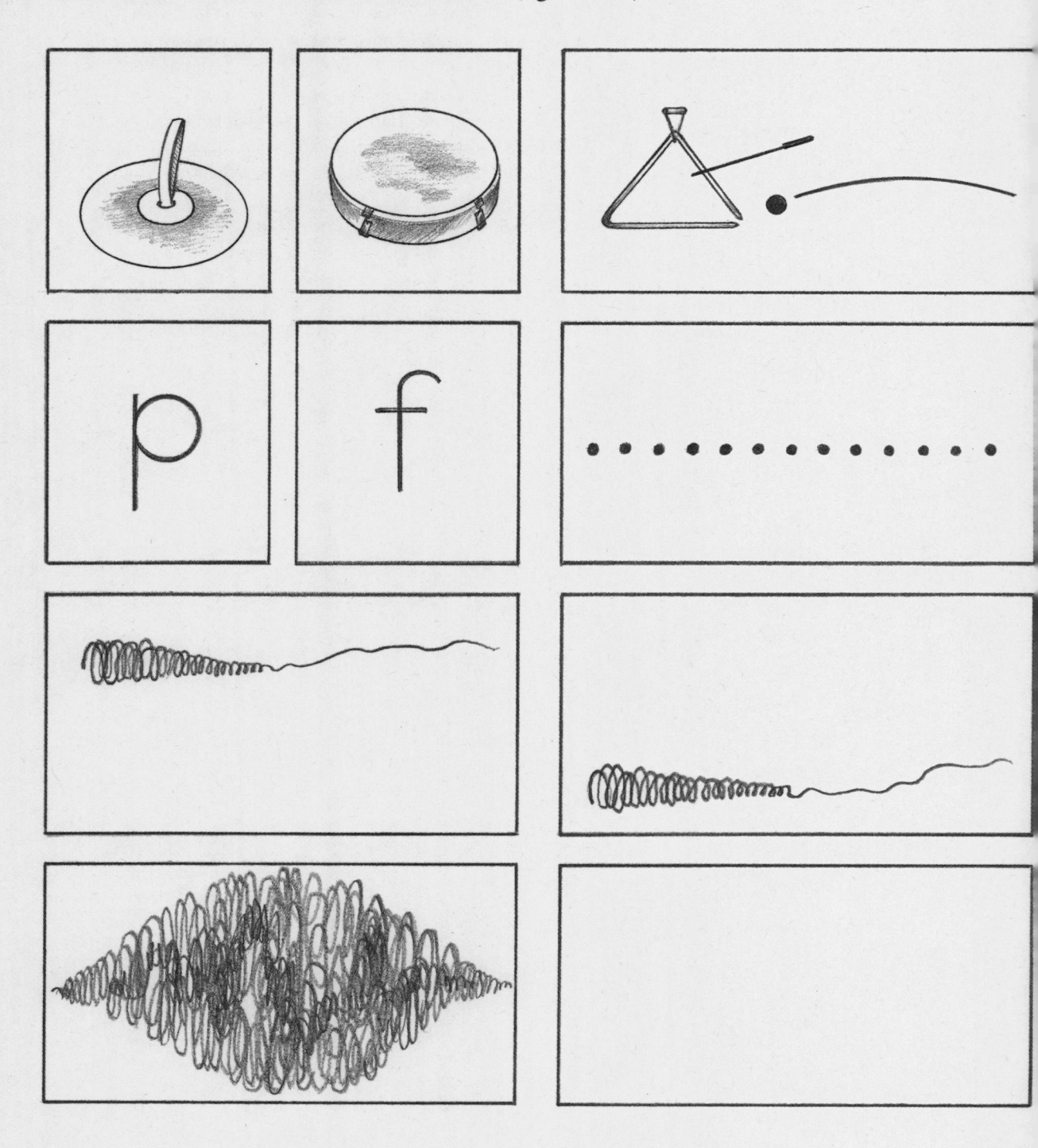

Ein Arbeitsblatt des Verlags B. Schott's Söhne, Mainz

166

Die Magnet-Insel 5.5

Der Matrose im Ausguck meldet:

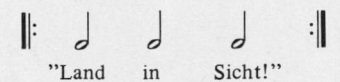

$\|: \quad \textrm{♩} \quad \textrm{♩} \quad \textrm{♩} \quad :\|$
"Land in Sicht!"

Auf der Insel angekommen, spüren wir gleich: Hier stimmt etwas nicht! Eben noch war der Kapitän bei den Kindern – da hat es ihn plötzlich wie mit Zauberkräften von ihnen weggezogen – quer über die Insel, bis er an einen Baum angestoßen ist. Jeden zieht es nun weg, und jeden in eine andere Richtung. Es geht uns wie einem Stück Eisen, auf das die unsichtbare Kraft von Magneten wirkt: Wir sind auf der Magnet-Insel gelandet.

Zu jedem „magnetischen Ziehen" gehört auch ein Geräusch:

sssssssssst!, und auch fffffffffffft!, und schschschschscht!

Wenn einer irgendwo anstößt, hört sein Geräusch auf.

Auf der Insel herrscht also ein ziemlicher Tumult, und man soll aufpassen, daß man mit keinem anderen zusammenstößt: Oft muß man schnell und geschickt ausweichen, wenn ein anderer den eigenen Weg kreuzt.

Plötzlich ist es mit der starken Magnetwirkung vorbei! Der Kapitän ruft alle zusammen:

„Manchmal schlüpft die große Magnetkraft in die Besucher der Insel hinein, und dann gibt es ein anderes lustiges Spiel ..."

Die Kinder können erstaunt beobachten, wie sich beim Kapitän jetzt verschiedene Körperteile gegenseitig anziehen:
– Ellbogen zu Ellbogen, Fuß zu Fuß, kleiner Finger zu kleinem Finger ...
– Aber dann auch Ellbogen zu Knie, kleiner Finger zu Ohr, Fuß zu Kopf ...

Das wollen natürlich alle mitmachen und ausprobieren ... – bis der Kapitän ruft:

„Nun zieht es meine Nasenspitze zum Knie von Monika!"

Das ist schon das nächste Spiel: Es zieht uns zueinander!

Irgendwann haben unsere intensiven Spiele die Magnetkräfte der Insel erschöpft. Auch wir sind müde, und wenn der Kapitän das „Einsteige"-Lied anstimmt, kehren wir gerne auf unser Schiff zurück.

Die steinerne Insel 5.6

Der Matrose im Ausguck meldet:

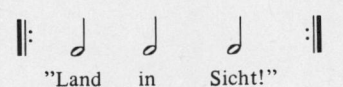

$\|: \quad \textrm{♩} \quad \textrm{♩} \quad \textrm{♩} \quad :\|$
"Land in Sicht!"

Wir betreten die Insel und finden darauf Steine – mittelgroße, große, kleinere (am besten soviele, daß jedes Kind wenigstens zwei davon haben kann).

Außer den Steinen finden die Kinder Masken, die alle gleich aussehen:

H i n w e i s : Einfache, doch wirkungsvolle Masken können aus steifem Papier (Karton) und Gummibändern gebastelt werden.

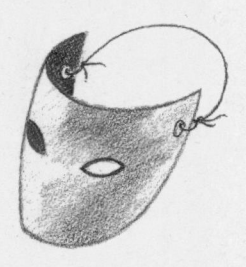

Wer sich auf dieser Insel eine solche Maske aufsetzt, erhält ein unveränderliches, gleichsam steinernes Gesicht.

Leute mit den steinernen Gesichtern haben auch Beine aus Stein, Arme aus Stein, Bäuche aus Stein. Gerade, daß sich die Gelenke noch bewegen! Wenn sie losgehen, dann rumpelt und pumpelt es, klappert und klackert es.

Nachdem die Kinder einige steinere Bewegungen ausprobiert haben, zu denen sie sich mit dem Klappern und Klackern ihrer Steine begleitet haben, spielt der Lehrer eine merkwürdige Musik an (HB 15, „Musik auf der steinernen Insel").

So wie die Kinder mit den Masken steinerne Gesichter bekommen haben, so hört man in dieser Musik einen immer wiederkehrenden, steinernen, starren Klang. Er trifft auf den weichen Klang des Klavieres, dem das Rauschen der Wellen und des Windes folgt.

Zur Musik kann z.B. ein Tanzspiel mit verteilten Rollen verabredet werden, bei dem sich die Besucher der Insel neugierig und vorsichtig zu den Klavierklängen bewegen, um die merkwürdigen Bewohner der steinernen Insel bei ihren starren Tänzen zu beobachten. Mit den Steinen läßt sich dazu ein Tanzplatz markieren – sie klingen jetzt nicht mehr mit, denn für diesen besonderen Tanz muß man alle Töne der Musik genau hören können.

Das Hörbeispiel kann auch verkürzt verwendet werden (Ausblenden nach dem ersten oder zweiten „Meeresrauschen").

5.7 Die Insel CISDISFIS

Der Matrose im Ausguck meldet:

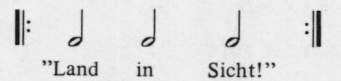

"Land in Sicht!"

Am Klavier ist eine „Insel" auszumachen. Auch ein Metallophon mit den Tönen cis, dis und fis (oder drei einzelne Klangstäbe) und drei Schlägel liegen bereit.

Die Passagiere finden eine Nachricht auf einem großen, gerollten und mit goldenem Band verschnürten Blatt:

> HERZLICH WILLKOMMEN
> Wir sind weggefahren
> In ein paar Jahrhunderten kommen wir wieder
> BULTSI KATAPILLA MUKSCHI CIS
> BULTSI PATAKILLA MUKSCHI DIS
> MUKSCHI CIS
> MUKSCHI DIS
> MUKSCHI FIS

Was könnte das heißen? Wir müssen die rätselhaften Zeilen wohl einzeln lernen.

Beginnen wir mit der ersten. Der Lehrer spricht sie (rhythmisiert) vor. Erst wenn die Kinder sie richtig nachsprechen können, spielt er das cis (auf Metallophon oder Klangstab):

BUL–TSI   KA-TA-PIL-LA   MUK-SCHI   CIS

Die nächste fremde Zeile:

BUL-TSI   PA-TA-KIL-LA   MUK-SCHI   DIS

Beide Zeilen werden wiederholt – zwei Kinder übernehmen das Spiel der beiden Töne.

Die letzten drei Zeilen sind kürzer:

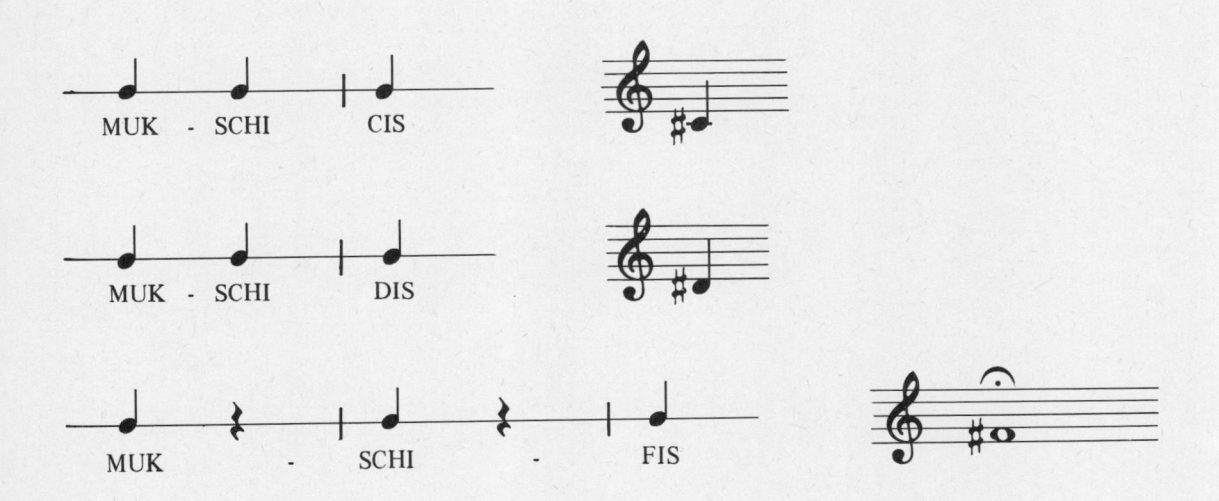

MUK - SCHI   CIS

MUK - SCHI   DIS

MUK - SCHI - FIS

Die Kinder üben den ganzen Vers und hören sich beim Sprechen und Tönespielen gegenseitig gut zu.

Variationen und weitere Aktivitäten:

– Nach jedem MUKSCHI wird unterbrochen – zuerst erklingt ein Ton, dann sagen die Kinder, was sie gehört haben, und wenn es stimmt, wird der Ton noch einmal gespielt.
– Die Kinder suchen die Töne cis, dis und fis auf dem Klavier. Gespräch über weiße und schwarze Tasten ...
– Zum Schluß spielt der Lehrer eine einfache Begleitung (Ostinato: Quinte fis-cis in verschiedenen Oktavlagen). Ein Kind nach dem anderen spielt auf schwarzen Tasten dazu eine Melodie.

Wer gespielt hat und zufrieden ist, geht wieder an Bord. Ist das Spiel mit den schwarzen Tasten zu Ende, stimmt der Kapitän das „Einsteige-Lied" an (Klavierbegleitung vgl. S. 174).

b) Sprechstücke für die „Fahrt auf hoher See"

5.8 Das Nebelhorn

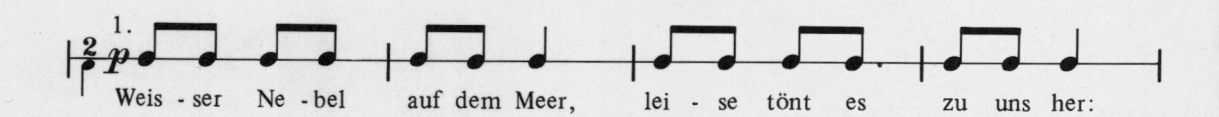

1. Weis-ser Ne-bel auf dem Meer, lei-se tönt es zu uns her:

2. (auf beliebiger Tonhöhe singen oder auf Flötenköpfen oder Flaschen blasen)
tuu ___, tuu ___, tuu ___, tuu ___,

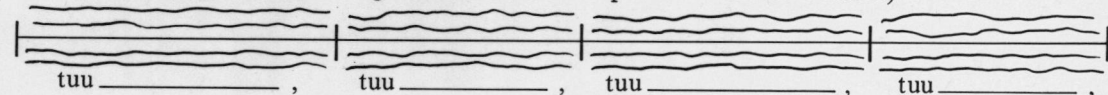

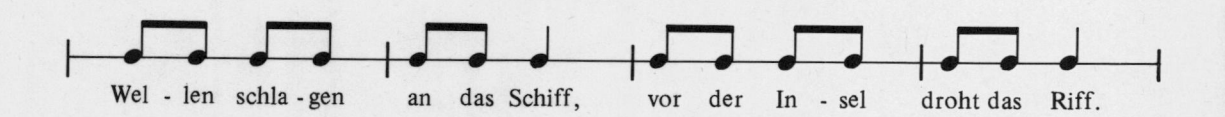

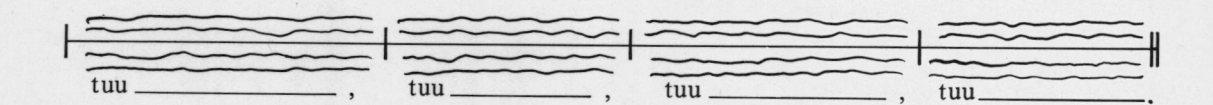

Wel-len schla-gen an das Schiff, vor der In-sel droht das Riff.

tuu ___, tuu ___, tuu ___, tuu ___.

Rudolf Nykrin
© B. Schott's Söhne, Mainz

Im Nebel schwindet unser Richtungssinn, dagegen hören wir aufmerksamer: Einmal tönt es von hier, und gleich darauf von dort. Im Unterrichtsspiel warnen „Nebelhörner" die „Schiffe" vor Untiefen, Kliffs und Riffs, und die „Schiffe" sind angehalten, genau hinzuhören, um ihren Kurs sicher zu finden.

⇐ *Schiffe im Nebel auf dem Fluß, S. 324*

5.9 Das Bohnen-Rondo

Das Sprechstück kann auf dem Schiff – wenn dem Schiffskoch wieder einmal eine Mahlzeit mißlungen ist – seinen Platz haben. Für die veränderlichen Strophen werden – nach wenigen Beispielen, die die Form nahebringen – aus den „Lieblingsspeisen" der Kinder neue Strophen gebaut.

Alle:
An-ge-brann-te Boh-nen, an-ge-brann-te Boh-nen, an-ge-brann-te Boh-nen-sup-pe mag ich nicht, mag ich nicht, mag ich nicht!

Ein Kind:

Lie - ber eß ich Kai - ser-schmarrn, Kai - ser - schmarrn, Kai - ser - schmarrn,
(Pfan - ne - ku -chen, Pfan - ne - ku - chen, Pfan - ne - ku - chen)

lie - ber eß ich Kai - ser-schmarrn mit Sta - chel - beer - kom - pott!
(Pfan -ne - ku -chen mit)

Ein an - deres Kind:

Lie - ber eß ich Schin - ken mit Ei, Schin - ken mit Ei, Schin - ken mit Ei,

lie - ber eß ich Schin - ken mit Ei und But - ter - brot da - zu!

(Und so fort!)

Text: Wilhelm Keller
© Fidula-Verlag, Boppard/Rhein und Salzburg

c) Seefahrerlieder

Mein Boot, das schaukelt hin und her 5.10

Mein Boot, das schau - kelt hin und her,
Mein Kahn, der
Mein Schiff, das

und bläst der Wind, dann schau - kelt's noch mehr.

Text und Melodie: Barbara Böke,
© Fidula-Verlag, Boppard/Rhein und Salzburg

Die Kinder sitzen auf dem Boden, die Arme umspannen die Beine. Das Lied wird gesungen, das Schaukeln in den Wellen beginnt ... (Auch zwei Kinder zusammen / alle Kinder gemeinsam können ein Boot bilden.)

5.11 Im Hafen, wo viele Kräne sind

2. Mein Vater, der ist der Steuermann,
   und wenn ich ihn mal besuchen kann,
   dann geh' ich zur Brücke und spiel' Kapitän;
   kann fast schon Amerika sehn.

3. Und darf ich in den Maschinenraum,
   aus Bullaugen weit auf's Wasser schaun,
   dann find' ich das Seefahren ganz wunderschön;
   ich glaub', ich werd' auch Kapitän.

Text und Melodie: Diethard Wucher/Satz: Hans Brüderl
© Gustav Bosse Verlag, Regensburg

Ein Tag auf unserem Kahn 5.12

1. Der Tag fängt an auf unserm Kahn,
hul-la-ba-lu-ba-le, hul-la-ba-lu, ba-la, ba-le,
die Wa-che schlägt die Glok-ke an,
hul-la-ba-lu, ba-le.

2. Wir kriechen aus den Kojen raus ...
und reiben uns die Augen aus ...

3. Wir werfen unsere Netze aus ...
und ziehn sie voller Fische raus ...

4. Der Sturm, der wirft die Wellen hoch ...
wir halten uns gerade noch ...

5. Am Abend, wenn die Sonne sinkt ...
ein Lied auf unserm Schiff erklingt ...

6. (Lied summen)

Text, Melodie (nach einem Shanty) und Satz: Rudolf Nykrin
© B. Schott's Söhne, Mainz

Das Lied kann auf Vorsänger und Chor aufgeteilt werden. Wenn die Kinder es gerne wiederholen möchten, kann man auch Instrumente hinzunehmen.

Ostinati für Vorspiel und Begleitung (Beispiele):

d) Andere Erweiterungen

5.13 **Das „Schiff" bauen – jedesmal anders:** Man kann den Kindern einmal den „roten Faden", ein andermal große Tücher, beim nächsten Mal Stühle als Baumaterial für das „Schiff" geben. Die Kinder können selbständig bauen und mitteilen, wenn sie damit fertig sind.

5.14 **Klaviersatz zum „Einsteige-Lied":** Wenn die Kinder das Lied schon gut singen können, kann das Lied auf dem Klavier oder der Gitarre harmonisch unterstützt werden.

Die Kinder selbst können das Lied auf Rhythmusinstrumenten, aber auch mit Gesten (z.B. rhythmisch winken) oder mit Klanggesten begleiten.

Text, Melodie und Satz: Rudolf Nykrin
© B. Schott's Söhne, Mainz

Auf dem Markt

M 6

Marktrufe aus George Gershwin „Porgy and Bess" (HB 17): Die Rufe klingen hier anders als auf einem Wochenmarkt bei uns. Ein amerikanischer Komponist hat sie sich ausgedacht, und sie werden in einer Oper von Sängern auf Englisch gesungen.

6.1

Die Kinder reagieren nach dem Hören zunächst vielleicht belustigt und etwas befremdet, aber dann wird es ihnen Spaß machen, Strawberry-Woman und Crab-Man selbst darzustellen und ihre Rufe auszuprobieren:

Straw - ber - ries! Straw - ber - ries! Sea - crab!

Am Ende kann auch dieses Tonbeispiel die Kinder anregen, selbst auszuprobieren, wie man einzelne Marktrufe verschieden singen kann.

Lied beim Marktbesuch: Das Lied wird gemeinsam gelernt. Dann ist es eigentlich ein Lied, das nur zwei Kinder (Käufer und Verkäufer) im Wechsel singen.

6.2

Auf dem Markt geh' ich um-her und ent-dek-ke im-mer mehr. Vie-le schö-ne Sa-chen, die mich an-la-chen. Eins und zwei und drei und vier, was ver-kau-fen Sie denn hier?

Verkäufer, z.B. Bü-gel-ei-sen
Käufer, z.B. Wie-viel ko-stet's denn?
Verkäufer, z.B. Was ist es ih-nen wert?

Text, Melodie und Satz: Rudolf Nykrin
© B. Schott's Söhne, Mainz

Spielidee: Die Verkäufer spielen den Rhythmus ihrer Ware

(z.B. Ba-na-nen), die Käufer raten, was gemeint ist.

Variation: „Musikmarkt", S. 314, für Kinder mit Vorkenntnissen im tonraumgebundenen Musizieren auf Stabspielen.

6.3 Der Marktverkäufer Nino

1. Von dem Dorf hinab zur Stadt, trab-trab-trab, trab-trab-trab, geht der Esel seinen Pfad, trab-trab-trab, trab-trab-trab. Auf dem grauen Eselrücken volle Körbe, die ihn drücken. Trab-trab-trab, trab-trab-trab, Esel, wirf sie ja nicht ab.

2. Nino

2. Nino sitzt ganz obenauf,
   ‖: trab, trab, trab, :‖
   schreit den Esel an: „So lauf!"
   ‖: trab, trab, trab. :‖
   „Lauf zum Markt in Elbasan,
   Grauer, stell dich nicht so an!"
   ‖: Trab, trab, trab, :‖
   Esel, wirf ihn ja nicht ab.

3. Auf dem Markt wird ausgepackt.
   ‖: Kaufet ein! :‖
   Was in Körben eingesackt,
   ‖: kaufet ein! :‖
   Nino preist die Ware an.
   auf dem Markt von Elbasan.
   ‖: Kaufet ein! :‖
   Meine Früchte schmecken fein!

4. Obst, Gemüse, alles frisch,
   ‖: kaufet ein! :‖
   Holt es heim auf euren Tisch.
   ‖: Kaufet ein! :‖
   Feigen, Birnen und Melonen,
   Melanzane und Zitronen.
   ‖: Kaufet ein! :‖
   Meine Früchte schmecken fein!

5. Sind die Körbe alle leer,
   ‖: trab, trab, trab, :‖
   trägt der Graue nicht mehr schwer,
   ‖: trab, trab, trab. :‖
   Von der Stadt zum Dorf hinauf
   nimmt der Esel seinen Lauf.
   ‖: Trab, trab, trab, :‖
   morgen ist ein neuer Tag.

Text: Rudolf Nykrin/Melodie: nach einem griechischen Lied/Gitarresatz: Hans Brüderl
© B. Schott's Söhne, Mainz

M 7 — Meine, deine, unsere Lieder

a) Wenn viele beisammen sind

7.1 Heute kann es regnen, stürmen oder schnein: Jedes Kind freut sich, wenn andere bei seinem Geburtstag aufmerken. Gerade in einer Gruppe von Kindern, die sich noch nicht so gut kennen, bieten die Geburtstage die Möglichkeit, einzelne Kinder abwechselnd in den Mittelpunkt zu rücken.

Heu-te kann es reg-nen, stür-men o-der schnein, denn du strahlst ja sel-ber wie der Son-nen-schein. Heut' ist dein Ge-burts-tag, da-rum fei-ern wir, al-le dei-ne Freun-de freu-en sich mit dir. Al-le dei-ne Freun-de freu-en sich mit dir. Wie schön, daß du ge-bo-ren bist, wir hät-ten dich sonst sehr ver-mißt. Wie schön, daß wir bei-sam-men sind, wir gra-tu-lie-ren dir, Ge-burts-tags-kind.

Text und Melodie: Rolf Zuckowski
© Musik für Dich Musikverlag OHG, Hamburg

7.2 Geburtstagschor mit Wunschwörtern: Zunächst werden Wörter gesammelt, die Kinder mit einem Geburtstagsfest verbinden und gleich ausprobiert, wie sie rhythmisch klingen, z.B.

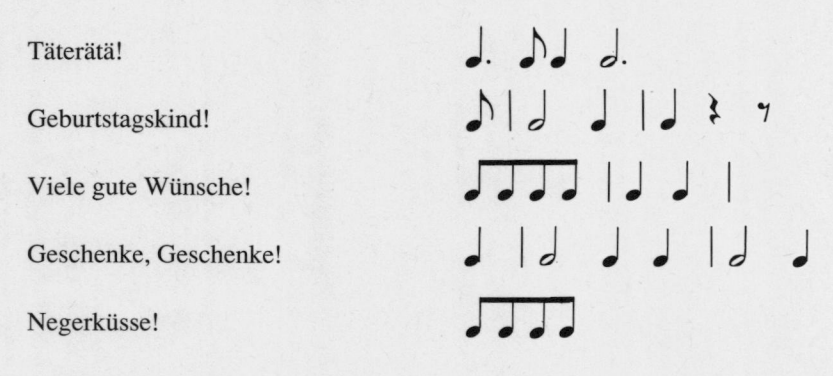

Täterätä!

Geburtstagskind!

Viele gute Wünsche!

Geschenke, Geschenke!

Negerküsse!

bunte Schleifen!	♫ | ♩ ♩ |
neue Schuhe!	♫ | ♩ ♩ |
Kindergesellschaft!	♪♪ ♪♪ ♩
3 mal hoch!	♩ ♩ ♩
Täterätä!	♩. ♪♪ ♩.

Jedes Wort schreibt man (evtl. mit seinem Rhythmus) auf ein Papier (so groß, daß man es auch aus einer gewissen Entfernung gut ablesen kann). Die Wörter werden
– gemeinsam gesprochen (gerufen),
– dann geklatscht,
– dann gestampft,
– dann auf Instrumenten gespielt (auf Stabspielen Töne eines Dreiklangs).

Das Ritual: Das Geburtstagskind steht vor der Tür. Die Kinder verabreden die Reihenfolge der „Wunschwörter" für dieses Mal. Die Blätter werden, wenn möglich, in der gewählten Reihenfolge sichtbar befestigt. Jedes Kind nimmt ein Instrument, und das Geburtstagskind wird, auf das Zeichen eines Dirigenten, mit einem Tusch, der mehrmals wiederholt werden kann, hereingerufen. Es darf sich auf einen besonderen Platz setzen und die klingenden Wünsche entgegennehmen.

Wenn ich richtig fröhlich bin 7.3

Text und Melodie: Wolfgang Hartmann
© B. Schott's Söhne, Mainz

Bei der Fermate* versucht man sich schnell in der Gruppe auf eine Geste (Klatschen, Kopfnicken, Hüpfen, Pfeifen) zu einigen, die dann zum zweiten Melodieteil ausgeführt wird.

7.4 Spinnenbein, Spinnenbein

Spin - nen - bein, Spin - nen - bein, mußt in un - sern Kreis hin - ein:
Ein - mal wird sie rund - um - gehn, dann ein neu - es Op - fer seh'n, o weh!

Begleitstimme:

Stabspiele (4×)

Text, Melodie und Satz: Hilde Tenta
© bei der Autorin

Die „Spinne" lauert im Kreis der singenden Kinder auf ihr Opfer. Wer es kann, stellt die „Spinne" in der Haltung „Bauch nach oben" dar. Wen die „Spinne" fängt (dazu darf sie aufstehen), ist als nächster im Kreis.

7.5 Os kindo le le

(immerfort)

Eos quin - dó - lé - lé, eos quin - dó - lé - lé - la - la.
(gespr.: Os kin - do ...)

Aus Brasilien

Die Melodiezeile wird wiederholt und wiederholt und dabei immer schneller gesungen, während sich die Kinder im Kreis drehen: Purzelt zuerst der Gesang oder der sich drehende Kreis auseinander?

Eine kilometerlange Riesensuperschlingelschlange 7.6

(Noten)

Ei - ne ki - lo - me - ter - lan - ge Rie - sen - su - per - schlin - gel - schlan - ge

schlingt sich wie ein lan - ges Band, ü - ber Tal und Berg und Land,

ü - ber Zweig und Busch und Baum, nie - mand kann sie ü - ber - schaun,

ü - ber Stra - ßen, Häu - ser, Brük - ken, nie - mand kann sie ü - ber - blik - ken,

die - se ki - lo - me - ter - lan - ge Rie - sen - su - per - schlin - gel - schlan - ge...

Text und Melodie: Rudolf Nykrin
© Ernst Klett Schulbuchverlag, Stuttgart

Alle Kinder bilden eine lange Schlange, die beim Singen durch alle Zimmerecken und unter und über Tische ebenso wie unter und über sich selbst wandert.

Die Kinder können auch „riesensuperschlingellange" Wörter erfinden!

b) Sätze zum Singen und Musizieren der Lieder im Kinderbuch S. 6

Auch die Kinder können die Instrumentalstimmen z.T. übernehmen („Es war eine Mutter ..."), wobei die Fähigkeiten von Kindern, die neu mit der Musikalischen Grundausbildung begonnen haben, bedacht werden müssen. Aber auch Mütter und Väter ohne Vorkenntnisse können hier mitsingen und -musizieren. Nicht zuletzt sind auch Instrumentalisten (Kontrabaß, Querflöte, Klavier) angesprochen, die im Sinne des 12. Themas („Brücken bauen ...") den Kindern ihr Instrument vorstellen und mit ihnen musizieren wollen. (Auf die Wiedergabe der bekannten Liedstrophen wurde hier verzichtet.)

7.7 Es war eine Mutter, die hatte vier Kinder

1. Es war eine Mutter, die hatte vier Kinder,
   den Frühling, den Sommer, den Herbst und den Winter.

2. Der Frühling bringt Blumen, der Sommer bringt Klee,
   der Herbst, der bringt Trauben, der Winter den Schnee.

(Frühling und Sommer, Herbst und Winter,
das sind des Jahres treue Kinder.)

Text und Melodie: überliefert/Satz: Rudolf Nykrin
© B. Schott's Söhne, Mainz

* Die Stimme kann von Eltern gesungen und den beiden Strophenzeilen, die die Kinder singen, auch nachgestellt werden.

Ein Vogel wollte Hochzeit machen (S. 194): Die Idee des musikalischen Spieles ist, daß die Kinder (Sänger) gut aufpassen: Wenn die Flöte einen bestimmten Ruf (s. Kästchen) spielt, sollen sie mit einer Liedstrophe ganz selbständig beginnen! Die Kinder sollen also gut zuhören und dann mutig – ohne Begleitstimme! – einsetzen.

7.8

Auf Instrumenten können die Kinder darüber hinaus mit der Flöte im Wechsel Vogelrufe improvisieren oder die Flöte zu imitieren versuchen.

Drei Chinesen mit dem Kontrabaß (S. 195): Die Baß-Begleitstimme kann auf drei leeren Saiten (G – D – A) eines Kontrabasses gezupft oder gestrichen werden, das Vorspiel auch von Kindern: „Ha" spielt man auf der mittleren, „hu" auf der tieferen, „hi" auf der hohen der drei benutzten Seiten. Die Baßstimme kann auch auf tiefen Stabspielen oder Baß-Klangstäben gespielt werden.

7.9

Der Kuckuck und der Esel (S. 196): Auch hier können Eltern (Erwachsene) die zweite Singstimme übernehmen. Diese kann auch auf geeigneten Instrumenten (z.B. Baßklangstäbe, tiefe Stabspiele, auch Pauken u. a.) gespielt werden.

7.10

Ein Vogel wollte Hochzeit machen
(zu M 7.8)

Vor- und Zwischenspiel: Die Flöte stimmt kurze Motive – „Vogelrufe" – an, am Ende das vor dem Lied im Kästchen notierte Motiv. Einige Motivbeispiele:

1. Ein Vo-gel woll-te Hoch-zeit ma-chen in dem grü-nen Wal-de. Fi-di-ral-la-la, fi-di-ral-la-la, fi-di-ral-la-la-la-la.

(geht in Vogelruf über)

(von vorne)

Satz: Rudolf Nykrin
© B. Schott's Söhne, Mainz

Drei Chinesen mit dem Kontrabaß

(zu M 7.9)

Drei Chinesen mit dem Kontrabaß saßen auf der Straße und erzählten sich was. Da kam die Polizei: "Ja, was ist denn das? Drei Chinesen mit dem Kontrabaß!"

(oder: Drei Chinesen mit dem Baß, saßen und erzählten was. Sapperment, was ist denn das? Drei Chinesen mit dem Baß!)

Satz: Rudolf Nykrin
© B. Schott's Söhne, Mainz

Der Kuckuck und der Esel
(zu M 7.10)

Satz: Rudolf Nykrin
© B. Schott's Söhne, Mainz

Musik mit Zeichen   M 8

„Zeichen" für Musik sind nicht nur Notenzeichen. Auch mit dem Körper können wir für Musik Zeichen setzen (Dirigieren, Handzeichen der relativen Solmisation, Bewegungsbegleitung), und auch Objekte unserer Umwelt können zu Zeichen für das Musikmachen werden.

a) Dirigierspiele

Der Dirigent und seine Musiker 8.1

Es war einmal ein Dirigent, der wollte gerne Musik dirigieren, aber er war alleine in seinem Zimmer und träumte vor sich hin. Dabei konnte er sich die Musik so gut vorstellen: „Laut und leise, erst vielleicht die Trommeln, dann sollen die Xylophone spielen, dann die Flöten ..."

So ungefähr hat er geträumt, aber ohne Musiker blieb das nur ein Dirigententraum. Das Träumen allein machte ihn unzufrieden, und er ging aus seinem Zimmer auf die Straße und fragte, wen er traf: „Spielst du mit? Ich suche Musiker!"

Bald hatte er genügend Musiker gefunden, und als sie mit ihren Instrumenten zusammen kamen, stellte sich jeder von ihnen mit einer Musik vor.

Die *Trommlerin* spielte ein schönes Stück: „Es erzählt von einem Löwen. Er hat eine prächtige Mähne, die er schüttelt!", sagte sie. Das Stück des *Xylophonspielers* klang wie die Schritte der kleinen Seiltänzerin. Der *Flötenspieler* spielte von einer Schlange: Man hörte, wie sie sich wand. Die *Rasselspielerin* rasselte. So wie im Zirkus, wenn es ganz spannend ist!

Nun wollten sie alle zusammen spielen. „Wie gut, daß wir einen Dirigenten haben!", sagten sie. „Los, Dirigent, dirigiere uns!"

Diesmal konnte der Dirigent ein richtiges Orchester dirigieren. Er hob die Hände, und sie legten los: laut und leise, schnell und langsam, hoch und tief, einer und noch einer, und dann alle!

Bei einer anderen Probe sagte der Dirigent: „Heute schreiben wir uns eigene Noten!" Die Musiker haben sich große Papierbögen geholt und ein eigenes Musikstück aufgeschrieben.

Rudolf Nykrin
© B. Schott's Söhne, Mainz

Die Geschichte ist ein Ausgangspunkt und kann dann wieder Rahmen für eine abschließende Gestaltung sein. Dazwischen darf jeder, der mag, die anderen dirigieren und seine Einfälle dafür ausprobieren*.

---

* „Manche Kinder ließen mitten im Konzert z.B. die Rasselspielerin alleine spielen, oder mit Hilfe des Fußes drei verschiedene Kinder. Es kam von den Kindern allein, und es fielen ihnen die tollsten Möglichkeiten ein, sich ihrem Orchester nonverbal verständlich zu machen." (aus den Mitteilungen einer Erproberin)

8.2 Dirigieren mit (verabredeten) Zeichen: Dirigierzeichen können von den Kindern erfunden werden, doch sollte man sich nicht scheuen, einfache, kind- und sachgerechte Möglichkeiten den Kindern zuzuspielen (nicht alle in einer einzigen Unterrichtsstunde!) und im Rahmen kleiner Übungen deren Bedeutung zu sichern:

– lang klingende Töne:

mit einer deutlichen Handbewegung den Zeitpunkt des Anschlagens anzeigen, dann die Hand offen lassen

– kurz klingende Töne:

die dirigierende Hand ist zur Faust geformt

– lauter und leiser werden:

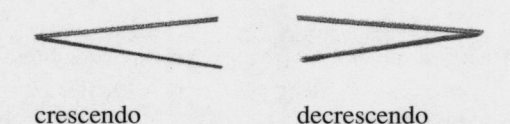

crescendo   decrescendo

Arm(e) von einem zentralen Punkt in der Körpermitte evtl. bis zur geöffneten Haltung über dem Kopf bewegen und wieder zurück

– viele Töne:

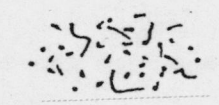

mit den Fingern in der Luft „schnell Klavier spielen"

– gleichmäßig im 2er-Takt:

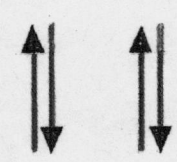

Hände und Arme auf- und abbewegen, evtl. unten etwas federn

– gleichmäßig im 3er-Takt:

b) Grafische Zeichen

Reise ins Klangland: Der Lehrer führt die Kinder durch den Raum, wobei sie nach und nach auf verschiedene Kärtchen mit kurzen Notationen stoßen, die von ihnen entziffert und gesungen / gespielt werden müssen, bevor die Reise weitergehen kann. Mit der Reise können sich Bewegungsaufgaben verbinden, z.B.

8.3

– auf Zehenspitzen schleichen bis zum Zeichen ⟨∼⟩ , das vor der Tür zu einem Schloß angebracht ist,

– sich durch einen sehr engen langen Gang bis zu einem Tor mit dem Zeichen ⟨∿∿⟩ tasten,

– dann über einen Graben springen und zu einer Tür mit dem Zeichen ⟨•●•●⟩ gehen.

– Am Ende befinden wir uns vor der Schatzkammer. Nur mit den Klängen aller vorangegangenen Zeichen, die hintereinander gesungen / gespielt werden, kann sie geöffnet werden:

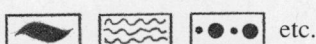

⟨∼⟩ ⟨∿∿⟩ ⟨•●•●⟩ etc.

Reifen-Spiel mit Notationszeichen:

8.4

Der „Spielplan" wird auf dem Boden in Form von Reifen gelegt, denen je ein Notationssymbol zugeordnet ist. Die Notationen sollen auf einen geräuschhaften Klang oder ein kurzes, ostinatohaftes Motiv verweisen. Ein Kind darf sich auf dem Spielplan von Feld zu Feld bewegen, die anderen Kinder musizieren mit der Stimme und auf Instrumenten, was das Kind anzeigt.

Reifen-Spiel mit Einzeltönen, S. 313f.

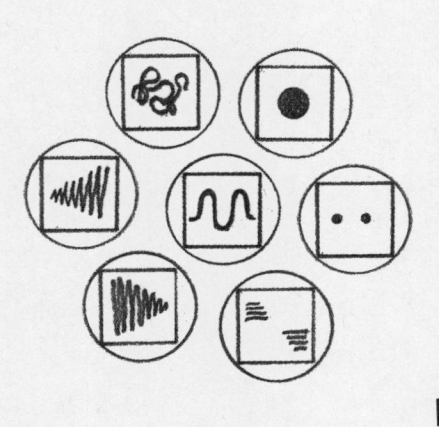

⇨

Wir wollen den roten Faden nicht vergessen – Tonhöhen-Spiele: Gemeint ist der „rote Faden" – ein genügend langes, rotes, zumeist selbst gehäkeltes Wollseil –, wie er in Früherziehungsgruppen als Spielmaterial bekannt ist.

8.5

Jetzt können wir ihn absingen:
– Zuerst den Faden locker im Kreis herumgeben: Jeder, der ihn aufnimmt, beginnt einen eigenen Ton zu singen.
– Wir heben und senken den Faden gemeinsam – verändert das die Art, wie wir singen?
– Wir bauen eine Faden-Klang-Landschaft: Der rote Faden wird nach oben und unten geführt – jeder Mitspieler bestimmt eine Position, die ihm zusagt. Da können spitze Berge und tiefe Abgründe entstehen! – Ein Kind geht im Inneren der Partitur, zeigt den Faden und singt dazu. Ist die Beziehung zwischen Faden und Ton klar geworden, singen alle nach der Hand des Dirigenten.

8.6 **Fadenpartituren:** Mit Wollfäden kann man Bilder zum Musizieren legen:
- jedes Kind für sich (reizvoll ist, wenn dann andere Kinder das Bild absingen),
- später auch in kleinen Gruppen,
- ein- oder mehrstimmig.

Zu Beginn kann man aus einer „Tönebox" (Schachtel, in der ein Wollknäuel verborgen ist) einen Faden ziehen lassen. Jedes Kind singt beim Herausziehen, und der Faden wird so lang, wie die Stimme klingt.

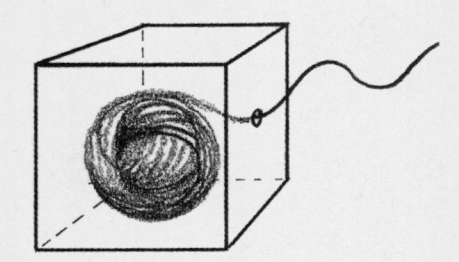

Später kann man mehr Wolle (evtl. sogar in verschiedenen Farben!) zur Verfügung stellen und mit einer Schere kurze „Klangtupfer" schneiden – gleich ändert die Musik ihren Charakter. Wichtig ist auch, die Kinder auf die Möglichkeit hinzuweisen, Pausen zu lassen.

8.7 **Materialien als Musikzeichen:** Auch mit kleinen Stäben oder Knöpfen kann man Zeichenfolgen für das Musizieren legen. Farbige Perlen, in besonderer Reihenfolge auf Schnüre gereiht, können Musikabläufe oder auch Aktionsfolgen bezeichnen (z.B. Klatschen, Patschen).

8.8 **„Blättermusik"** (Hermann Regner): Die Grafik auf S. 207 können die Kinder singen, auf Instrumenten spielen, tanzen, innerlich hören ... Wenn man das Blatt umdreht, klingt sie jedesmal anders.

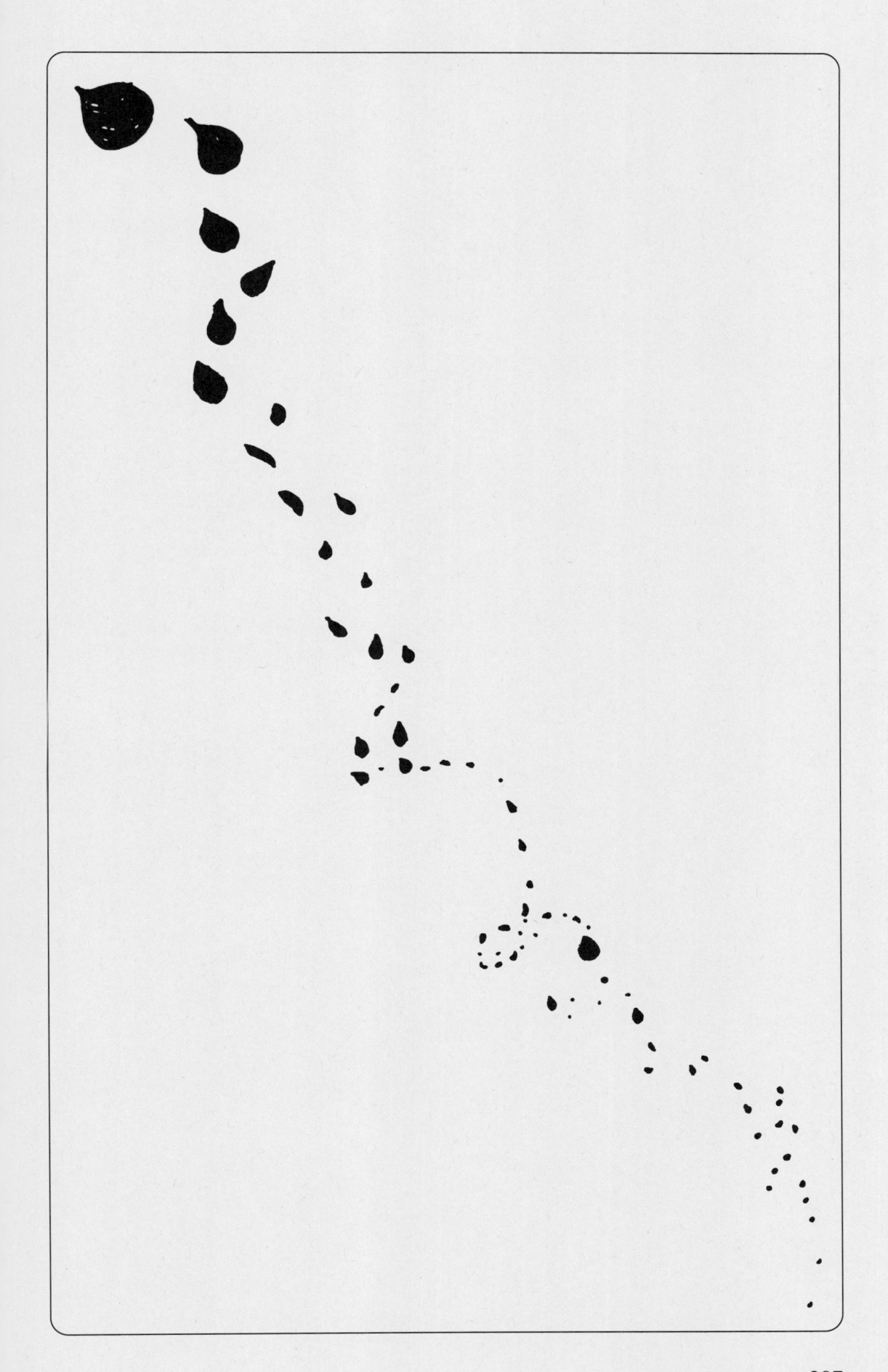

Musizieren mit Klanggesten | M 9

a) Kreisspiele für Koordination und Metrum

"Stille Rhythmuspost": Die Kinder schicken Rhythmus-Botschaften im Kreis – entweder, mit geschlossenen Augen, die Hand des Nachbarn drückend oder, mit sacht auf dem Rücken des Nachbarn liegender Hand, die Botschaft zart und unhörbar auf den Rücken klopfend. Der spannende Moment ist, wenn die Botschaft wieder beim ersten Spieler ankommt und von diesem laut mitgeteilt wird, so daß alle festellen können, wie sie sich verändert hat.

9.1

Botschaften können sein: einmal, zweimal, dreimal ... drücken / ein kurzes rhythmisches Motiv weitergeben / mit dem Ellbogen, oder mit dem Fuß usw. eine Botschaft senden, obwohl – die Augen sind geschlossen, die Hände gefaßt – etwas ganz anderes erwartet wird.

Eine Botschaft kann auch einem bestimmten Kind gelten. Dann sagt man: „Ich schicke eine Botschaft an die (Maria)." Wenn (Maria) glaubt, die Botschaft erhalten zu haben, sagt sie: „Angekommen" und klatscht vor, was sie gespürt hat. Nun darf sie eine Botschaft schicken.

„Kennt ihr schon Tante Joe? No!"

9.2

„Kennt ihr schon Tante Joe?"

„No!"

„Tante Joe macht immer so ..."

An den in Rhythmus und Betonung frei gesprochenen Dialog schließt der Vorsprecher eine Klanggeste bzw. Körperbewegung an, z.B. Stampfen oder Bauchreiben ... Alle anderen wiederholen sie.

Mit jeder Strophe wird eine neue Körperbewegung an die vorangegangenen angefügt.

Die Rolle des Vorsprechers kann so lange bei einem Kind bleiben, bis es sich selbst in der Reihenfolge der Aktionen nicht mehr auskennt. Man kann aber auch von Mal zu Mal die Vormachrolle wechseln.

b) Improvisationen und Stücke für Klanggestenspieler

„Gespräch" mit Klanggesten (im Kreis): Zwei Kinder „unterhalten" sich in der Kreismitte mit Klanggesten. Sie können gleichzeitig „sprechen", aber es ist nicht leicht, etwas zu „sagen" und zur selben Zeit dem anderen „zuzuhören". Deshalb soll das Gespräch immer wieder auch „im Wechsel" geführt werden. Die Kinder entscheiden selbst, wann sie fertig sind und in den Kreis zurückkehren.

9.3

Klanggesten auf der Grundlage rhythmischer Motive erfinden: Einfache Rhythmen wie

9.4

‖: ♩ ♩ ♩ ♩ :‖   ‖: ♩ ♩ ♩ 𝄽 :‖

‖: ♩ 𝄽 ♩ 𝄽 :‖   ‖: ♩ 𝄽 ♩ ♩ :‖

werden zur Grundlage einer Klanggestenimprovisation im Kreis gemacht. Einzelne Kinder machen vor, alle anderen nach. (Eine Übung, um das musikalische Formempfinden zu wecken!)

9.5 **Silben der Rhythmussprache in Klanggesten umsetzen:** Der Lehrer gibt Rhythmen geeigneter Schwierigkeit vor, z.B.

```
|| ta    ta    ta    𝄽  ||
|| ta    tate  ta    𝄽  |  ta    𝄽    ta    ta  ||
|| ta    𝄽    ta    ta  |  tate  tate  ta   𝄽  |  ta  𝄽  ta  ta  |  ta  𝄽  𝄽  𝄽  ||
```

Die Kinder sollen den Sprechrhythmus in Klanggesten (am Beginn nur jeweils in eine bestimmte Klanggeste) „übersetzen".

H i n w e i s : Die musikalische Bedeutung der Rhythmussprache wird den Kindern erst im 6. Thema bewußt gemacht. Ihre Silben können jedoch schon vorher als Spielmaterial benutzt werden, was später zu einem Gefühl der Vertrautheit beitragen kann.

9.6 „Spiel den andern etwas vor ..."

Spiel den an - dern et - was vor,

al - le fol - gen dir im Chor.

Manuela Widmer
© B. Schott's Söhne, Mainz

Der Spruch kann als (nur mitgedachte) Texthilfe für den Wechsel von Solist und imitierender Gruppe einem Vor- und Nachmachspiel zugrundeliegen. Oder er wird in einem Rondo-Spiel als Refrain gesprochen, wobei die Zwischenteile im Wechsel von Vor- und Nachmachen improvisatorisch gefüllt werden.

9.7 **Rondo mit Vor- und Nachmachteilen**

Ⓑ Erfinden und Nachmachen

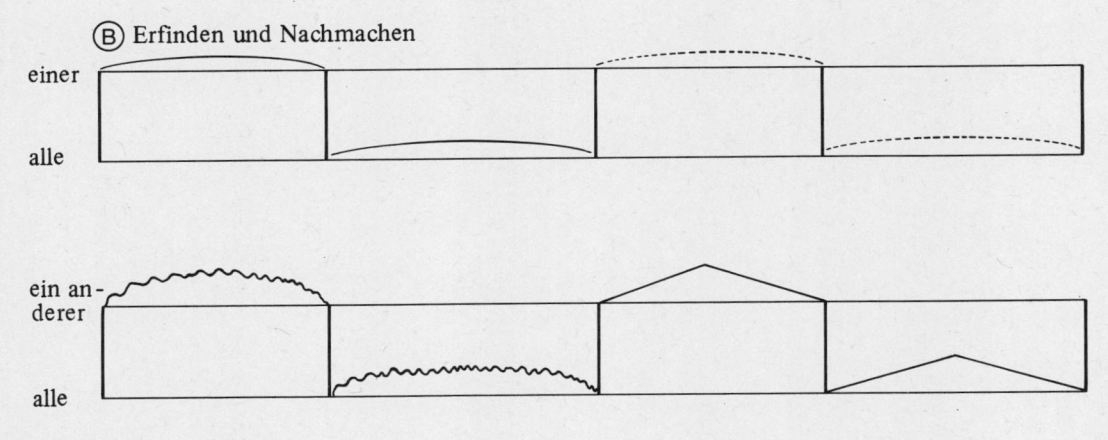

einer

alle

ein an-
derer

alle

Rudolf Nykrin
© B. Schott's Söhne, Mainz

Man kann das Stück den Kindern auch in der Notation vorlegen und diese mit ihnen, Teil um Teil, zu entschlüsseln suchen (dabei ist nicht ein genaues „Notenlesen" gemeint, sondern eine erste orientierende Beschäftigung mit den Zeichen). Das Musizieren selbst geschieht ohne den „Blick in die Noten".

c) Texte und Lieder mit Klanggesten begleiten

„Dazu-Klatschen" zu einem metrisch gebundenen Text oder Lied ist die einfachste Möglichkeit, mit Klanggesten zu begleiten.

Man kann aber auch zu Texten oder Liedern einen Klatscher (Patscher) im Kreis wandern lassen und das Sprechen und Singen mit anderen der bisher geschilderten Spiele variieren. Immer wieder entstehen auch neue Klatschspiele und -lieder – am besten fragt man die Kinder, ob entsprechende Texte oder Lieder bei ihnen gerade „im Umlauf" sind.

Zu Texten mit Klanggesten musizieren: Wir können alte und neue Texte, die prägnant und rhythmisch-metrisch gebaut sind, mit Klanggesten begleiten. Abwechslung ergibt sich z.B. durch Variation der Lautstärke beim Sprechen oder Begleiten (z. B. bis hin zum nur noch „mitgedachten" Text) oder durch Wechsel von Gruppe und Soli. – Beispieltext: 9.8

Ong drong dreoka,
lembo, lembo, seoka,
seoka di tschipperi
tschipperi di kolibri.
Ong drong dreoka.

Überliefert

9.9 Eins, zwei, drei, vier, fünf, sechs, sieben

1	2	1	2	1	2	1	2
Eins,	zwei,	drei,	vier,	fünf,	sechs,	sie-	ben,
1	2	1	2	1	2	1	2
wo	bist	du	so	lang	ge –	blie-	ben?
1	2	3	1	2	4		
Warst	nicht	hier,	warst	nicht	da,		
1	2	1	2	1	1	1	
warst	wohl	in	A-	me-	ri-	ka!	

Überliefert

1: Mit beiden Händen in die Hände des Partners klatschen
2: in die eigenen Hände klatschen
3: mit der rechten in die rechte Hand des Partners klatschen
4: mit der linken in die linke Hand des Partners klatschen

9.10 E mia ensa

E mi - a en-sa pen-sa, schu-ge-ra pen-sa, schu-ge-ra mi - a plem plem plem, que-sta tor-re, tor-re mi - a, tor-re mi - a plätsch!

Aufgezeichnet bei Kindern in der Schweiz

Die Kinder standen im Kreis und hielten beide Hände so nach oben, daß die rechte Hand auf die linke Hand des Nachbarn zu liegen kam. Bei „E mi-a ..." wurden, bei einem verabredeten Kind beginnend, reihum zunächst 3 langsame Schläge ausgeführt, aber dann wurde auf jedes Achtel (die Kinder waren Könner!) ein Schlag weitergegeben. Wer den Schlag bei „plätsch!" bekam, stellte sich in die Mitte des Kreises, bis er vom nächsten „Getroffenen" abgelöst wurde.

9.11 O mane mane fiore

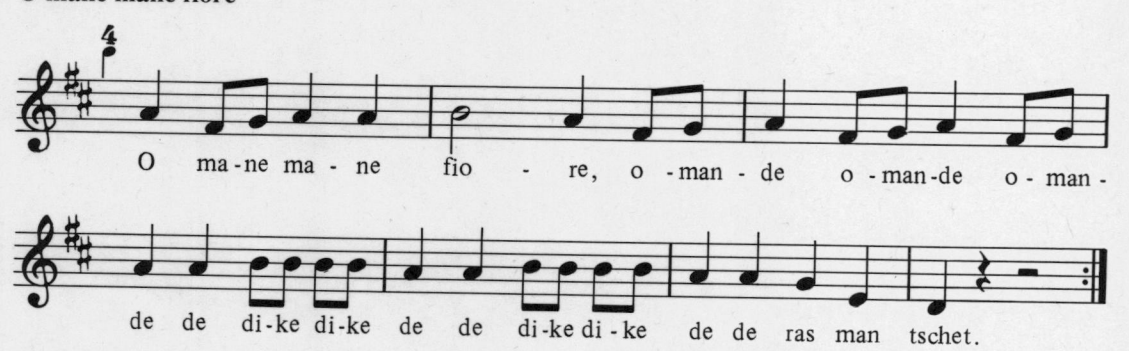

O ma-ne ma-ne fio - re, o-man-de o-man-de o-man-de de di-ke di-ke de de di-ke di-ke de de ras man tschet.

Aufgezeichnet bei Kindern in der Schweiz

Das mündlich überlieferte Lied diente den Kindern zum Auszählen. Wen das „tschet" traf, der war „dran". Die Kinder saßen beim Singen im Kreis, jedes hatte seinen rechten Handrücken, wie eine kleine Schale, in die linke Hand des rechten Nachbarn gelegt, und ein Stein wurde im Metrum aufgenommen und abgelegt und in dieser Weise im Uhrzeigersinn von Mitspieler zu Mitspieler gegeben.

Knobellied 9.12

O tscha ra ka o tscha ra ka o tscha ra ka *hoi:*

O tscha ra ka {ka a ta yo / ma ke ta yo / a i ko de} o tscha ra ka hoi.

Aus Japan

Zum Lied wurde abwechselnd in die eigene linke, tellerartig vor der Brust ausgestreckte Hand und in die ebenso entgegengestreckte Hand des Partners geklatscht (Wechsel in Vierteln). Bei „hoi" wurde geknobelt: Für „Stein", „Schere", „Papier" und „Brunnen" waren Knobelzeichen vereinbart, und in der zweiten Zeile wurde eine Geste gezeigt und flink dem Spielergebnis entsprechend abgewandelt:

kaatayo	= gewonnen	= Arme nach oben strecken
maketayo	= verloren	= Arme vor der Brust kreuzen und verbeugen
aikode	= unentschieden	= Arme in die Hüfte stemmen

Hier kommt die Straßenbahn 9.13

1. Hier kommt die Stra-ßen-bahn, die Num-mer Zehn. An die-ser Hal-te-stel-le, da bleibt sie stehn. Hopp, wir stei-gen ein, in die Stra-ßen-bahn, da fährt es sich so fein!

* Genau an diesen Stellen klatschen, schnipsen – oder klingeln – die Kinder.

2. Jetzt hält die Straßenbahn, wir sitzen still.
   Da draußen winkt noch einer, der auch mit will.
   Hopp, jetzt springt er 'rein in die Straßenbahn,
   da fährt es sich so fein.

3. Der Fahrer steht ganz vorn, der gibt fein acht.
   Er lenkt und bremst und bimmelt bei Tag und Nacht.
   In die Kreuz und Quer geht der Stadtverkehr.
   Gefährlich ist das sehr.

4. Hier kommt die Straßenbahn, die Nummer Zehn.
   An dieser Haltestelle, da bleibt sie stehn.
   Hopp, wir steigen aus, denn wir sind zu Haus
   und sehen hinterher.

Text: Dora Lent/Melodie: Günther Weiß
© Deutscher Theaterverlag, Weinheim

e) Wer schon alles kann ... (mag noch Spaß an kuriosen Dingen haben!)

9.14 **Die Kla-pa-sta-schni-Sprache**

„kla" – klar, das heißt: klatschen,

„pa" – patschen (beidhändig),

„pe" – patschen (rechts),

„pi" – patschen (links),

„sta" – stampfen,

„schni" – schnipsen.

Jetzt kann man Sprechzeilen formen, die man in Klanggesten „übersetzt":

kla	kla	kla	pa	kla	kla	schni	₹
sta	kla	sta	kla	sta	kla	pa	₹
pe	pi	pe	pi	kla-kla	kla-kla	kla	₹
pe	pi	pa	₹	kla	pa	sta	₹

Umgekehrt versucht man auch, eine Folge von Klanggesten in die Kla-pa-sta-schni-Sprache zu übersetzen. (Die seltsame Sprache soll allerdings mit den Kindern in der Musikalischen Grundausbildung nicht überstrapaziert werden, die Motive müssen überschaubar bleiben.)

9.15 **Pa-Kla-Auf-ab:** Die eine Hand wird mit der Handfläche nach unten mindestens eine Handspanne über dem Oberschenkel gehalten. Die andere Hand patscht und klatscht in einer kräftigen Auf- und Abbewegung auf den Oberschenkel bzw. in die Handfläche. Es ergeben sich in raschem Wechsel zwei unterschiedliche Klänge.

Pa-Kla-Hin-her: Beide Hände klatschen abwechselnd zwischen den leicht geöffneten Knien mit den Handflächen aneinander und mit den Handrücken gegen die Innenseite der Oberschenkel – hin und her ...

9.16 **Pferdegetrappel:** Eine Hand klatscht von oben in die nahe des Oberschenkels gehaltene andere Hand, „rutscht" aus der gleichen Bewegung heraus weiter und patscht auf dem Schenkel auf, die andere folgt mit einem Patscher – und wenn das ganze „rund" läuft, klingt es wie Pferdegetrappel.

Spiel mit Rhythmen | M 10

Das Spielen – Lernen – Üben von Rhythmen war von der ersten Stunde an Bestandteil des Unterrichts. Gezielte rhythmische Übungen sollten im Unterricht immer wieder durchgeführt werden, am besten nur für einige Minuten! Nicht wenige Kinder haben z.B. mit der Koordination von Metrum und einfachen Rhythmen anfangs Schwierigkeiten, doch bessern sich ihre Fähigkeiten mit regelmäßiger Anregung und Übung.

Grundübungen im genannten Bereich vgl. auch in M 9, „Musizieren mit Klanggesten", S. 227ff.

a) Grundschlag und Rhythmus in der Bewegung erfahren

Gehen im Raum: 10.1
- Wir gehen, ohne aneinander (oder an die Wand) anzustoßen.
- Wir horchen und schauen, ob jemand anderer im gleichen Tempo geht wie wir selbst. Mit ihm können wir eine Zeitlang spazierengehen.
- Am Ende versuchen alle Kinder, zu einem gemeinsamen Schrittempo zu kommen.

Im Metrum gehen und Motive aufnehmen: Die Kinder gehen in einem vorgegebenen Metrum (angelehnt an das natürliche Gehtempo der Kinder), bleiben auf Zuruf des Lehrers stehen und klatschen ihm ein einfaches rhythmisches Motiv nach, z.B.   10.2

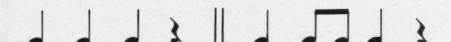

Wenn die Übernahme sicher erfolgt, sollen die Kinder gleichzeitig im Metrum gehen und dabei das beschriebene Klatschspiel durchführen.

Gelingt auch diese Aufgabe den meisten Kindern, legt der Lehrer die Klatschimpulse so an, daß sich im Wechsel von Vormachen und Nachmachen eine periodische Taktfolge ergibt (1-1-1-1, später 2-2-2-2).

Das Vor- und Nachmachspiel kann natürlich auch im Kreis sitzend (klatschend, patschend, auf Trommeln) gespielt werden.

b) Rhythmusnotation

Rhythmen in Texten: Die vorgeschlagenen Texte ergänzen die Vorschläge in der „Entwicklung des Themas". Sie sind nur als Beispiele aufzufassen: Viele andere Texte können gefunden werden, die Kinder selbst „ihre" Texte beisteuern oder mit dem Lehrer eigene erfinden. Die rhythmische Gestalt wird den Kindern im musikalischen Spiel vertraut gemacht und dann von ihnen aufgezeichnet.   10.3

– ta, tate:

Punkt, Punkt, Komma, Strich,
fertig ist das Angesicht.

Überliefert

Auf dem Kirchturm,
ganz hoch droben,
sitzt ein kleiner Wetterhahn,
sieht die Welt von oben.

Ulrich Ristau
© B. Schott's Söhne, Mainz

– mit (sa):

> Ellri sellri sippri soll
> sippri sappri knoll.
>
> Die Pause (sa) wird deutlich, wenn wir den Vers mehrmals wiederholen.

– ta-a oder ta (sa):

> Hokuspokus, Kokosnuß,
> Hexenzwirn und Löwenfuß,
> Eulenschwanz und Nudelmann –
> der – ist – dran. ♩ ♩ ♩ oder ♩ 𝄾 ♩ 𝄾 ♩ 𝄾

Janosch
© Georg Bitter Verlag, Recklinghausen 1969

– ta-te-ti (Dreiergruppe, Triole):

> Enchen, denchen, dittchen, dattchen,
> sibeti, bibeti, bonchen, battchen,
> sibeti, bibeti, buff.

Überliefert

– te-tate, sate (Achtelauftakt; für fortgeschrittene Kinder)

> Du bist ein fetter Igel,
> ich hau dich in den Tiegel,
> brate dich in Mausespeck –
> du bist weg.

Janosch
© Georg Bitter Verlag, Recklinghausen 1969

Gestaltungsanregungen (vgl. auch S. 236):

– Einzelne Wörter herausgreifen und sie als Sprachostinato unterlegen.
– Texte auf Sprecher oder Gruppen aufteilen,
– Instrumente einbeziehen.

10.4 **Unsere Namenkette:** Zu einem Metrum bzw. Takt (Lehrer, z.B. auf Schlagstäben) sollen die Kinder ihre Namen so „auffädeln", daß daraus eine „Kette" entsteht. Auch Pausen dürfen sein! Der Lehrer gibt ein Beispiel, dann versuchen sich die Kinder, z.B.:

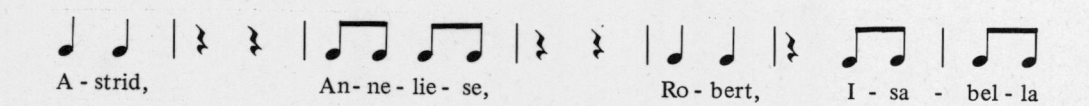

A - strid,   An - ne - lie - se,   Ro - bert,   I - sa - bel - la

Zu einer melodischen Fortführung des Spieles vgl. M 14.14, S.316.

Rhythmus-Baukasten: Jedes Kind bekommt einen Satz der rhythmischen Bausteine, wie sie die „Rhythmusuhr" (Kinderbuch S. 26) zeigt (Arbeitsblatt S. 244). Einzel- oder Gruppenaktivitäten bieten sich an.

10.5

Erstes Spiel: Die Kinder bringen die Bausteine in verschiedene Reihenfolgen, die sie dann in der Rhythmussprache sprechen und auf Trommeln spielen.

Zweites Spiel: Hierzu werden die Karten mit einer Schere an der gestrichelten Linie durchgeschnitten, wodurch sich die rhythmischen Möglichkeiten erweitern.

Zunächst können wieder neue Rhythmusreihen gelegt werden. Auch können neue „Rhythmus-Pärchen" gebildet werden, die z.B. in die leeren Felder der „Rhythmusuhr" im Kinderbuch eingetragen werden.

H i n w e i s : Es darf nicht erwartet werden, daß die Kinder bei diesen oder ähnlichen „Legespielen" von sich aus auf überzeugende Schlußmotive achten. Dazu fehlen ihnen in der Regel entsprechende Erfahrungen, die erst im weiteren gemeinsamen Musizieren, aber auch im Sprechen rhythmisierter Texte, erworben werden.

Drittes Spiel: Kurze rhythmische Bausteine werden übereinander gelegt. Zwei Kinder oder Gruppen spielen gleichzeitig und wiederholend, der Lehrer kann versuchen, durch Mitspielen eines Metrums zu „stabilisieren".

Viertes Spiel: Die Kärtchen werden auf eine Papierbahn geklebt und als Zug gestaltet:

Im vertiefenden Spiel nehmen die Kinder in „Waggons" Platz, jedes hat sich eine entsprechende Fahrkarte selbst gemacht. Der „Kontrolleur" (Lehrer) prüft die Richtigkeit der Fahrkarten (= Rhythmen), indem er sie sich vorspielen läßt.

Zuerst fahren die „Waggons" einzeln, später auch gleichzeitig. Eine Lokomotive faucht im Metrum ...

tsch tsch tsch tsch ...

... holt einzelne Waggons ab und fährt mit ihnen spazieren.

Würfelspiele: Entsprechend der Vorlage auf dem Arbeitsblatt (S. 246) werden Würfel hergestellt: einer für die ganze Gruppe, einer pro Kleingruppe, ein Würfel für jedes Kind – je nach Spielabsicht. Auf jede Würfelseite wird ein Notenwert (-Gruppe, Pause) gezeichnet, und eine Würfelseite bekommt ein besonderes Zeichen, das ihr im Spiel eine bestimmte Funktion zuweist, z.B. „Ende der Kette". Spielideen:

10.6

– Rhythmusketten würfeln und notieren, bis das „Ende der Kette" erreicht wird. Dann die Reihe sprechen und spielen.
– Namenrhythmen auf den Würfel schreiben.
– Den Rhythmen andere Wortbedeutungen zuschreiben und Textfolgen würfeln.

Kärtchen zum Rhythmus-Baukasten

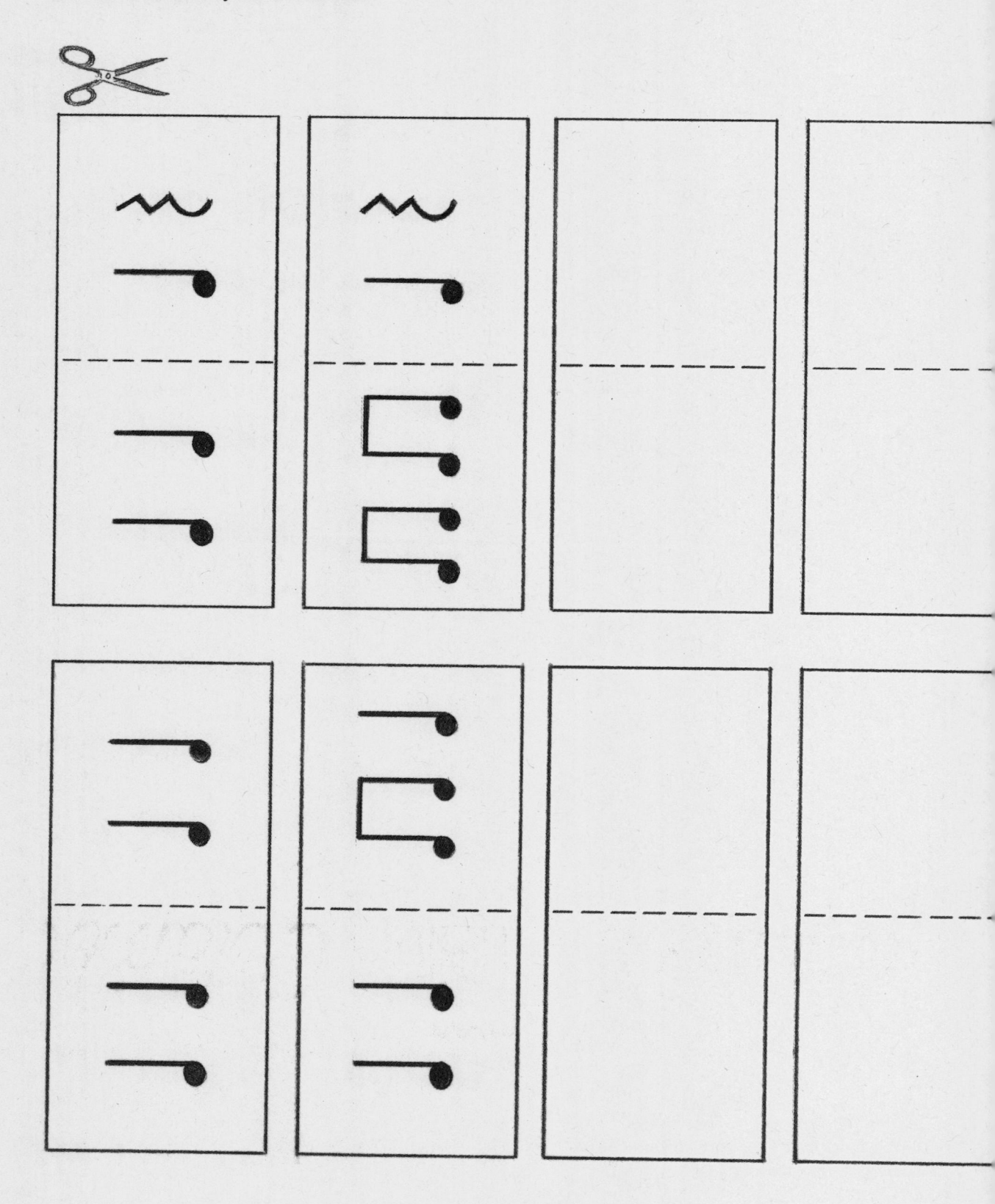

Ein Arbeitsblatt des Verlags B. Schott's Söhne, Mainz

– Mit einer Würfelserie: Den Notenwerten Wörter zuweisen und würfeln, z.B.

Dackel   wuff   wuff

Domino-Spiele: Man braucht viele kleine Rhythmuskärtchen, die aus je zwei Hälften mit unterschiedlichen Rhythmen bestehen. In der Art eines Domino-Spieles wird Stein an Stein gelegt. Jedes Kind spricht oder klopft zuerst den Rhythmus, an den es anschließt, und dann den folgenden Rhythmus ...   **10.7**

Variation: Geeignete Kärtchen eines Bilder-Memory-Spieles werden kopiert oder direkt auf weiße Kärtchen in *doppelter Länge* geklebt. Neben jedes Bild wird der Rhythmus eines *anderen* Bildes geschrieben. Damit ergibt sich die Aufgabe, an einen Rhythmus mit dem richtigen Bild anzuschließen. Beispiel:

Das Haus der vielen Rhythmen: Auf einem großen Papierbogen ist ein Haus mit mehreren Fenstern abgebildet. In jedem steht – in Noten aufgeschrieben – der Lieblingsrhythmus desjenigen, der hinter dem Fenster wohnt. – Wie klingen die einzelnen Rhythmen? Welche kann man gut zusammen spielen?   **10.8**

„Sammelplatz": Der Lehrer hängt Kärtchen an Wände, Türen, Fenster ..., die Kinder gehen im Raum spazieren. Wenn der Lehrer einen Rhythmus klopft, treffen sich alle bei dem entsprechenden Kärtchen.   **10.9**

Schlüssel zu meinem Haus: Der „Schlüssel" ist ein Rhythmus, den sich jedes Kind ausdenkt und auf einem Kärtchen notiert. Die Kinder verteilen sich im Raum, jedes legt vor seinen Platz sein „Schlüsselkärtchen". Einige Kinder gehen spazieren. Wer im richtigen Rhythmus richtig anklopft, kann das jeweilige Kind in seinem Haus besuchen.   **10.10**

„Michael Bach ...": Die Kinder legen mit Rhythmuskärtchen für sich eine Rhythmuszeile. Der Lehrer findet für jedes von ihnen einen passenden Text. Bei Michael Bach lautet dieser z. B.:   **10.11**

Mi - cha- el Bach,   sitzt auf dem Dach,

wirft mit Ha - sel - nüs - sen und macht Krach.

So ein Spruch wird natürlich in die Sammelmappe übertragen.

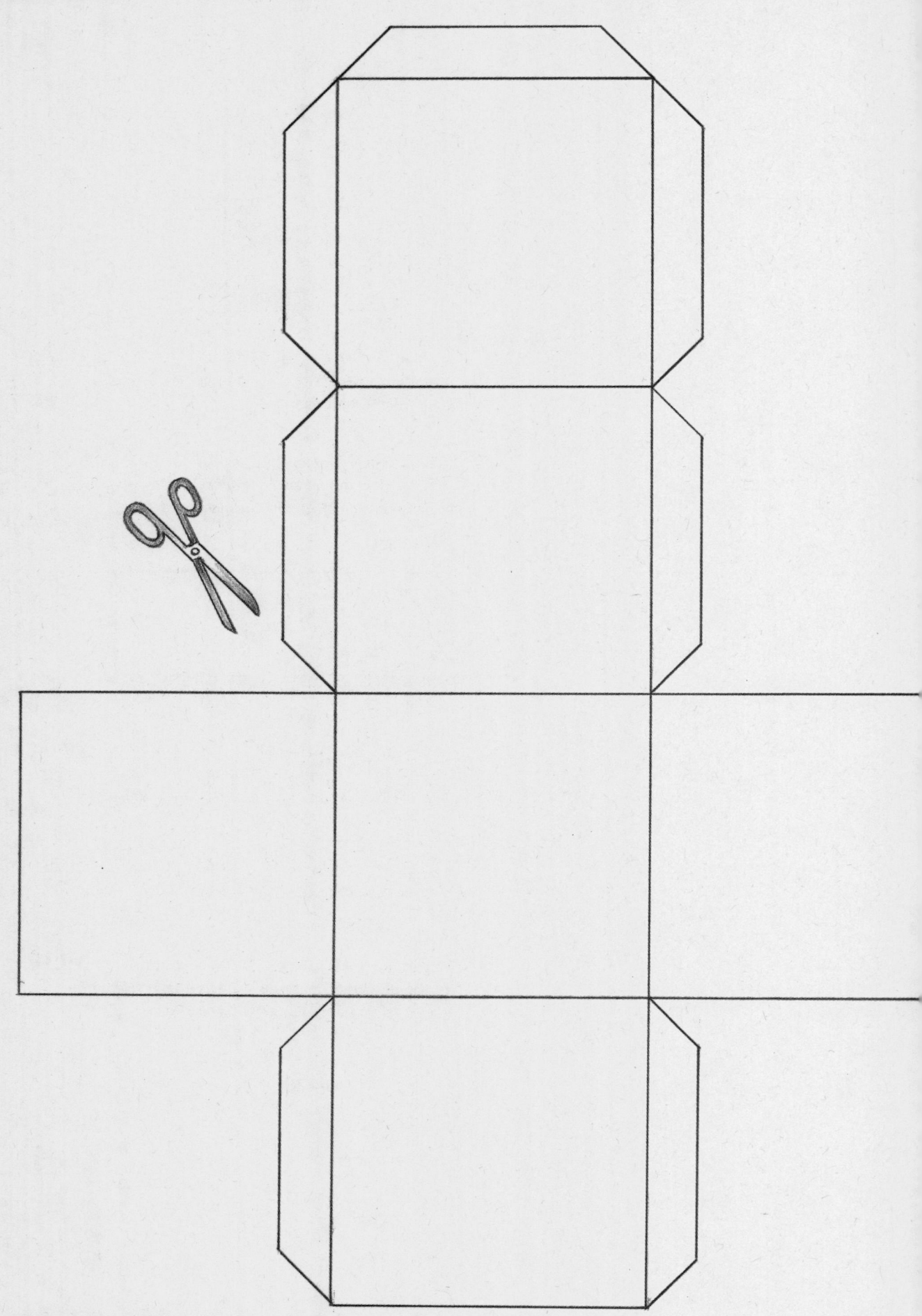

Ein Arbeitsblatt des Verlags B. Schott's Söhne, Mainz

Rhythmen-Fundbüro: Es nimmt Rhythmen auf, die die Kinder selbst bewußt erfaßt haben. Wer hat einen Rhythmus gefunden und spielt oder spricht ihn vor? Und wer weiß, woher der gefundene Rhythmus kommt?

10.12

Das Fundbüro führt auch eine Liste (vielleicht hat jedes Kind in seiner Sammelmappe eine eigene Liste oder man wählt die Form einer Wandzeitung):

Fundbüro in	
Gefunden:	*Fundort:*
♩ | ♫♪ ♫♪ | ♫♪ ♫♪ |	„La la la ...", in „Na Bahia tem"
♩ ♩ ♫♫♫ | ♩ ♩ ♩ 𝄽 |	„Drei Chinesen mit dem Kontrabaß"
♩ ♩.♪♩ ♩.♪♩ | ♩ ♩ ♩ 𝄽 |	„Einsteigen, einsteigen, gleich geht's los"
♫♫♫ | ♫♪ 𝄽 |	„Noch im nächsten Augenblick"

c) Weitere Anregungen zum Spiel mit Trommeln

„Es fliegt ... / Es fliegt nicht": Während eines einleitenden Textes (der in verschiedenen Variationen bekannt ist, z.B. „Alle meine Gesellerchen sind lustig bei der Arbeit. Alle ... fliegen hoch!") trommeln alle (𝄾). Bei dem Einwurf „Vögel" z.B. gehen die Hände schnell nach oben. Ruft jemand aber „Kühe", muß weitergetrommelt werden. – Wer macht es richtig?

10.13

„Für Flöte und (Hand-) Trommel(n) I – ein Mitspielstück auf der Toncassette – HB 27: Im Tonbeispiel erklingt das auf S. 249ff. aufgeschriebene Stück, gespielt auf einer Sopranino-Flöte und einer Handtrommel. Die Kinder sollen mittrommeln, wobei die Erarbeitung auf verschiedenen Wegen geschehen kann, die je nach der Zielsetzung des Lehrers und den Vorerfahrungen der Kinder näher bestimmt werden müssen:

10.14

(1) Hören – Besprechen – Ausprobieren und evtl. Zeichen finden für die Elemente, die im Trommelspiel zu erkennen sind:
 – ein oft wiederholter Rhythmus (Ostinato),
 – Stellen, wo die Trommel nachspielt, was die Flöte vormacht (Imitation),
 – immer schneller werdende Trommelschläge bis zum *tremolo,*
 – ein Schlußmotiv.
 Dann Üben der Elemente – Mitspielen zum Hörbeispiel!
(2) Hören – Lesen (evtl. in Rhythmussprache sprechen und Notenzeichen genauer erklären) der Elemente, die im Trommelspiel zu erkennen sind:

Begleitrhythmus:

♩ ♫ ♩ ♫

Echomotive:

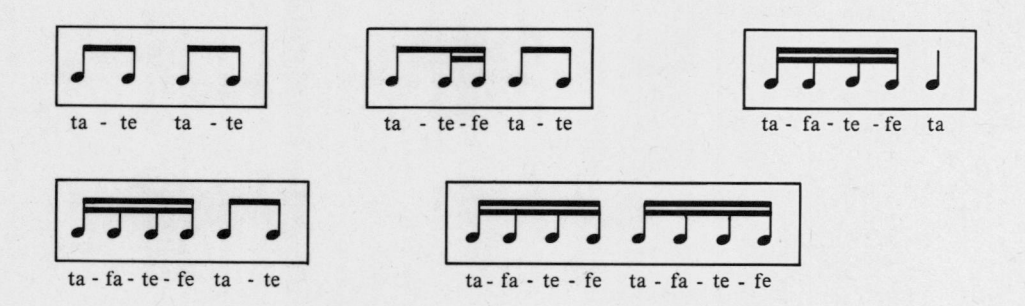

|♩♩ ♩♩| |♫♩ ♫♩| |♬♩ ♫ ♩|
ta - te ta - te   ta - te - fe ta - te   ta - fa - te - fe ta

|♬ ♫| |♬ ♬|
ta - fa - te - fe ta - te   ta - fa - te - fe ta - fa - te - fe

H i n w e i s : Beim Üben der Echomotive sollen die Kinder zunächst einmal darauf achten, daß die Motive, die sie spielen, ebenso lang wie das Vorbild sind. Der Versuch der rhythmischen Genauigkeit ist ein zweiter Schritt.

Schneller werdende Trommelschläge:

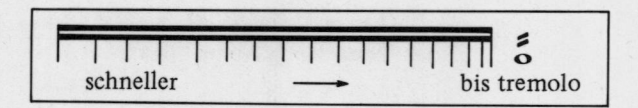

schneller ⟶ bis tremolo

Nach dem Üben aller Elemente: Mitspielen zum Hörbeispiel.

(3) Mitdirigieren (4er-Takt, 3er-Takt).
(4) Zusätzliche Instrumentation: Vor allem bietet es sich an, für den 3er-Takt mit den Kindern eine Begleitung zu finden (z.B. Triangelschläge auf dem Taktanfang, der „*Eins*"). Aber auch bei den anderen Teilen kann verändert werden (z.B. Trommelstimme im Klang variieren, andere Instrumente einbeziehen).

H i n w e i s : Die Notation des Stückes ist für Sopran- (C-) Flöte eingerichtet. Bei der Wiedergabe auf der Sopranino- (F-) Flöte sollte mit Sopran-Griffweise gespielt werden. Auch auf der Querflöte kann man das Stück, das am Ende auch „live" mit Kindern aufgeführt werden kann, musizieren.

⇐ *Mitspielstück „Für Flöte und (Hand-)Trommel(n) II", S. 377ff.*

Für Flöte und (Hand-)Trommel(n) I

(zu M 10.14)

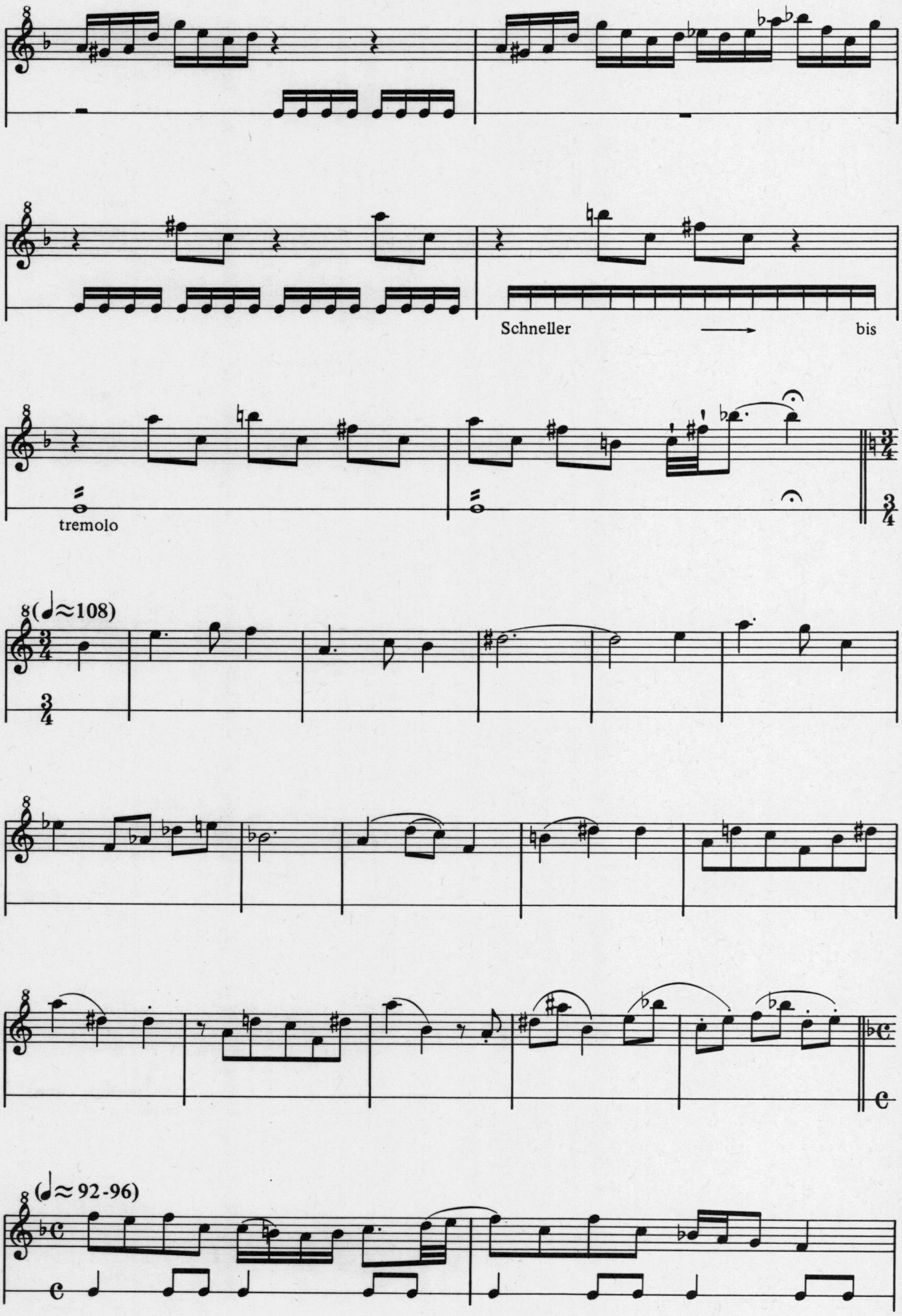

Schneller
bis
tremolo
(♩≈108)
(♩≈92-96)

schneller → bis →

tremolo

Musik: Ernst Wieblitz
© B. Schott's Söhne, Mainz

10.15 **„Für Handtrommel":** Das Stück (s. Arbeitsblatt S. 253) erschließt besondere Trommeltechniken in Verbindung mit Notenzeichen, die die Kinder selbst festlegen. Zunächst werden entsprechende Spielmöglichkeiten erkundet, z.B.
- das Fell mit der Faust anschlagen,
- mit der flachen Hand anschlagen,
- den Mittelfinger gegen das Fell schnalzen, u.a.

Dafür sollen nun auch besondere Notenzeichen gefunden werden! Die Kinder sollen an den Notenhals jeweils einen besonderen Notenkopf zeichnen:

Für das Anschlagen mit der Faust:

Für das Anschlagen mit der flachen Hand:

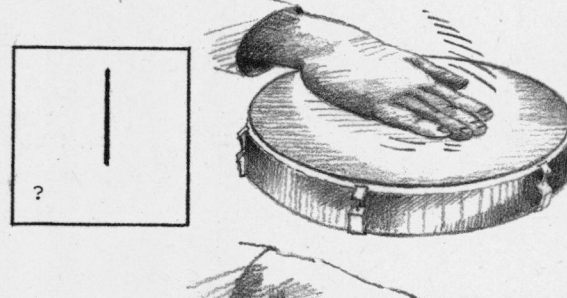

Für das Schnalzen mit dem Mittelfinger:

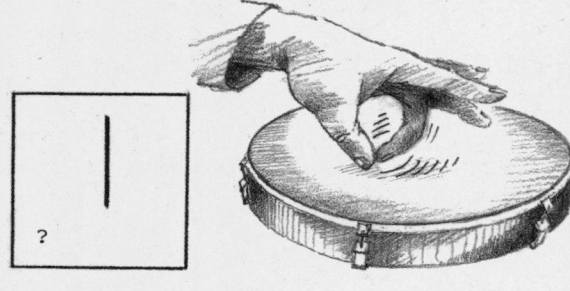

Die „ta-fa-te-fe"-Notenwerte soll man mit den Fingernägeln auf dem Fell „kratzen". Sie haben in der Rhythmussprache neue Namen! Auch hier könnten die Notenhälse besondere Notenköpfe bekommen, man kann aber auch darauf verzichten: Sehen die Notenhälse hier nicht schon wie Finger aus, die über das Fell kratzen?

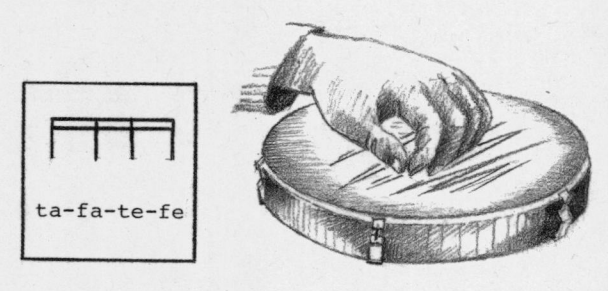

Auch im Stück „Für Handtrommel" finden sich Noten(hälse) ohne „Köpfe". Die Kinder sollen das Stück lernen und dabei mit selbstgefundenen Notenköpfen festlegen, wie diese Noten auf der Handtrommel gespielt werden sollen.

⇐ *Übertragung des „Rondos mit Vor- und Nachmachteilen" (M 9.7, S. 228f.) auf Handtrommeln, Festlegung von Anschlagsarten und dynamischen Abstufungen mit den Kindern.*

Für Handtrommel
(zu M 10.15)

Beschreibung der Notenzeichen:

♩ = mit Zeigefinger an Trommelrand und Fell zugleich anschlagen

𝅘𝅥𝅰𝅘𝅥𝅰𝅘𝅥𝅰𝅘𝅥𝅰 = mit Fingernägeln auf Fell kratzen

| = _____

| = _____

| = _____

Hermann Urabl/nach einer Handtrommelstudie von Werner Stadler

Ein Arbeitsblatt des Verlags B. Schott's Söhne, Mainz

M 11 | Trommeln bauen

Aus der Vielzahl von Möglichkeiten, Trommelinstrumente zu bauen, werden zwei ausgewählt, die vergleichsweise wenig Material und Werkzeug benötigen.

Die Cellophantrommel ist gut auch mit Kindern alleine zu bauen, die Gummitrommel dagegen nur mit Hilfe weiterer Erwachsener. Die Gummitrommel mit ihrer klanglich besonderen Qualität sollte am besten – bei gut eingespielter Elternmitarbeit – im Rahmen eines gemeinsamen Projektes, während eines Elternabends oder anläßlich eines Eltern-Kinder-Nachmittags, für alle Kinder der Gruppe gebaut werden.

11.1 Cellophantrommel

Baumaterial / Werkzeuge

- stabile Pappröhren (Ø von 4 – maximal 8 cm), z.B. Architektenrollen, Rollen von Kunstdruckpapier (Druckerei)
- Einmach-Cellophan, Schnur (Kordel)
- Feinsäge, Rundfeile (ca. 6 mm), Schere, Schmirgelpapier (Körnung 100-150)

Bevor wir bauen ... gibt es allerlei „Vorspiele", herausgefordert durch die verschieden langen Pappröhren:

- Hindurchrufen oder -singen: Wie verändert sich der Stimmklang? Wie klingt es, wenn das Rohr kurz / lang / sehr lang ist? Wenn jemand das Rohr am anderen Ende zuhält? Kann man auch in das Rohr pfeifen?
- Hineinflüstern: Wie leise kann man sein, daß es von anderen gerade noch zu hören ist? Welche Laute versteht man gut? Kann ein „Lauscher an der Wand" (des Rohres) verstehen, was geflüstert wird?
- „Ich höre was, was ich nicht seh' ": Ein Kind erzeugt an einem Rohrende mit verschiedenen Materialien oder Geräten Geräusche – kann ein Kind am anderen Rohrende erkennen, was jeweils klingt?
- Ein superlanges Rohr aus allen Rohren herstellen ...
- Mit der flachen Hand auf eine Rohröffnung schlagen: Wie hört sich das an, bei langen Rohren (tiefe Töne), bei kürzeren Rohren? Woher kommen die Unterschiede?
- Ein Rohrtanz: Bewegung und dabei Aufstampfen der Rohre ...

Die Beobachtung, daß verschieden lange Rohre in der Tonhöhe verschieden klingen, legt die Konsequenz nahe, die Rohrlänge beim Bau von Röhrentrommeln zu variieren. Das gilt besonders beim Bau einer „Bündeltrommel" (s.u.). Aber auch wenn jedes Kind nur eine Röhrentrommel baut, sollten die Instrumente am Ende verschieden hoch klingen.

Im vorbereitenden Gespräch über den Trommelbau sollte auch die Eigenschaft des Cellophans, sich beim Trocknen zusammenzuziehen und zu glätten, besprochen werden (Einmachen von Marmelade!).

Bauvorgang: Zunächst soll das Rohr in der gewünschten Länge abgesägt werden. Für die Arbeit der Kinder mit der Feinsäge muß man ihnen die Schnittlinie vorzeichnen. Man legt ein Stück Papier so um das Rohr, daß es bündig schließt und kann nun am Papierrand entlang die Schnittlinie zeichnen. – Der Schnitt kann von einem Erwachsenen ringsum vorgesägt, dann von den Kindern durchgesägt werden. – Abschließend werden die Schnittkanten mit Schmirgelpapier gesäubert und geglättet.

Ca. 3-4 cm vom Rand entfernt wird eine weitere Umkreisung markiert (s.u.). Auf dieser Linie wird mit der Rundfeile eine genügend tiefe Kerbe eingefeilt.

Das Cellophan wird mit ausreichendem Überstand zugeschnitten, in Wasser naß gemacht und auf die Trommelöffnung gelegt.

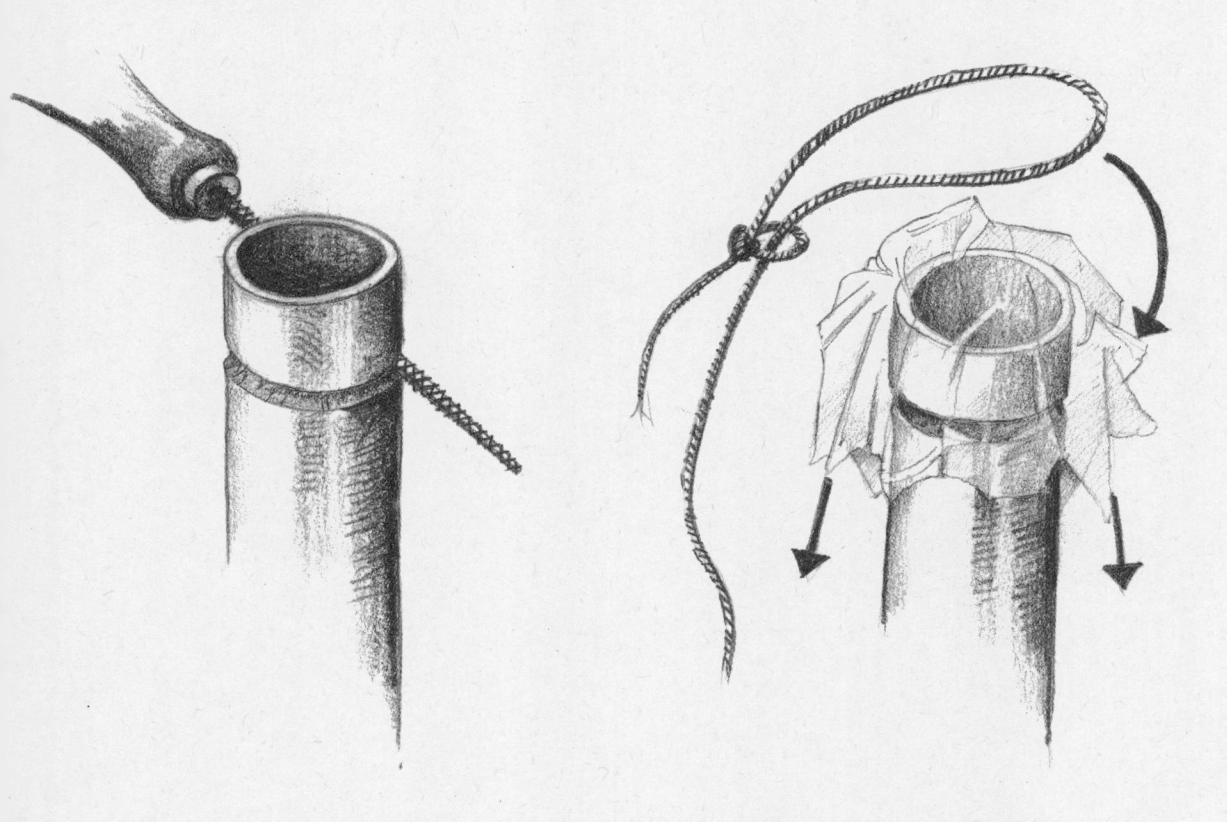

Schon zuvor ist die Schnur (Kordel) mit einer „Lassoschlinge" versehen worden (Zeichnung S. 256). Ein Kind (der Lehrer) hält das Trommelrohr zwischen den Beinen fest und spannt – behutsam! – das Cellophan gleichmäßig nach allen Seiten, legt es weiter über die Kerbe, so daß ein (anderes) Kind das Cellophan mittels der Schlinge in der Rille festziehen kann. Bevor nun mit etwa 5 Windungen festgewickelt wird, sollte das Cellophan noch einmal gestrafft werden, bis es keine Falten mehr aufweist. Das Schnur-„Schwänzchen" soll unter der Wicklung liegen – mit ihm wird die laufende Schnur abschließend fest verknotet. Dann wird die Trommel zum Trocknen weggelegt.

Wichtig: Solange das Cellophan noch feucht ist, dürfen die (verständlicherweise neugierigen) Kinderfinger keine Trommelversuche machen!

Spielweise: Am besten spielt man mit einem oder mit zwei Fingern. Zwar ist das Spiel mit einem Holzschlägel (Glockenspielschlägel) klanglich sehr reizvoll, doch können viele Kinder die Intensität hierbei nicht genügend kontrollieren. Beim Fingerspiel machen die Kinder die unmittelbare Erfahrung, daß der Klang der Membran umso schöner ist, je mehr sie von ihr „wegschlagen" (sie sollen nicht „*in* das Fell schlagen"!).

Die Cellophanhaut ist – richtig gespielt – erstaunlich stabil, und man kann sie bei Bedarf leicht auswechseln. (Läßt die Spannung einer Trommel schon nach den ersten Schlägen nach, ist die Bindung nicht fest genug gewesen, vielleicht war auch die Rille nicht genügend ausgebildet! Auch zu weite Rohrdurchmesser führen zu Problemen.)

Bündeltrommel: Reizvoll ist es, zwei oder drei Cellophantrommeln zu einer „Bündeltrommel" zusammenzufassen. Die Rohre müssen deutlich unterschiedliche Länge haben und werden mit zwei kräftigen Gummiringen (z.B. aus einem alten Mopedschlauch geschnitten) oben und unten zusammengehalten.

11.2

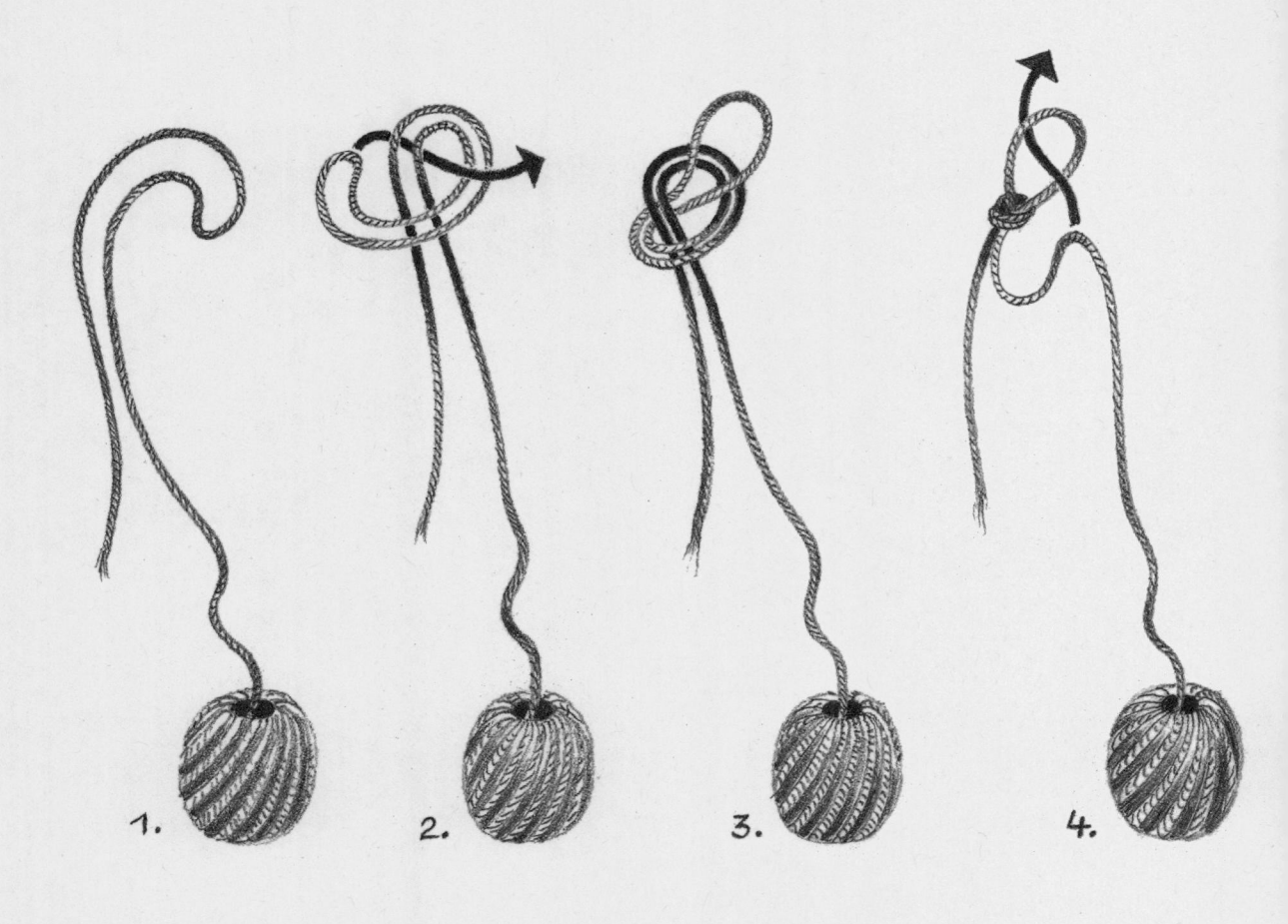

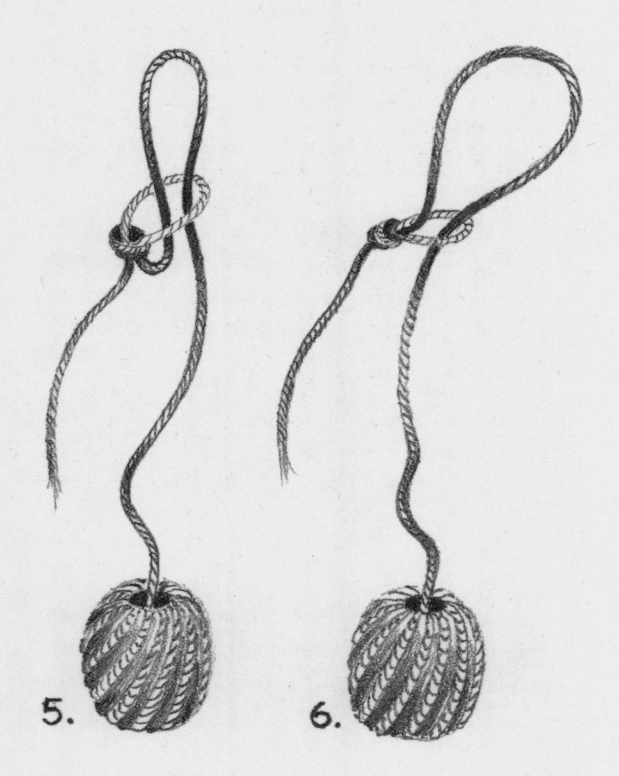

Das Knüpfen der „Lassoschlinge" für den Trommelbau

1.
2.
3.
4.
5.
6.

Vorteile:

1. Bindeschnur braucht nicht vorher abgemessen und abgeschnitten zu werden, sie wird direkt vom Knäuel verarbeitet.

2. „Totes Schwänzchen" wird unter der Bindung/Wicklung geführt, dient am Ende dem Verknoten.

Gummitrommel: Hier wird die hohe Spannfähigkeit und Elastizität des Autoschlauchgummis ausgenützt. Der Klang einer Gummitrommel ähnelt dem einer Großen Trommel. Das Instrument kann mit der Hand wie auch mit Schlägeln (z.B. Xylophonschlägel) gespielt werden. Für den Klang ist es wichtig, daß die Trommel am unteren Rohrende offenbleibt.

11.3

Baumaterial / Werkzeuge:

– Rohre mit 12-28 cm Ø (Teppichrohre aus sehr fester, aber nicht allzu dicker Pappe / Kanalisationsrohr, Länge 25-100 cm lang)
– Wichtig: Der Rand, auf den die Membran gezogen wird, darf nicht gestaucht oder sonstwie beschädigt sein!
– abgelegter PKW-Schlauch
– Holznägel (Schusternägel) oder Rundkopfschrauben, Schnur
– Feinsäge, Bohrer, Hammer, Lederlochzange, Schere, Schmirgelpapier (Körnung ca. 100)

Bauvorgang: Zunächst wird die Sägelinie, wie auf S. 254 geschildert, aufgezeichnet, dann das Rohr in der gewünschten Länge abgesägt und der Rand mit Schmirgelpapier versäubert.

Ist die Wand stärker als 1 cm, muß man mit der Feile den Innenrand abschrägen.

4-5 cm unterhalb des Randes wird, wiederum mit Hilfe eines Papierstreifens, eine umkreisende Linie angezeichnet, darauf werden 8 Bohrstellen angetragen. (Dazu evtl. Umfang der Trommel auf dem Papierstreifen markieren, dann diesen zur Hälfte, dann wiederum und dann noch einmal halbierend knikken. Die entstehende 8/8-Teilung kann nun leicht auf den Trommelkörper übertragen werden.)

Dem Durchmesser der Holznägel bzw. Rundkopfschrauben entsprechend wird nun der Bohr-Einsatz gewählt: Er soll – je nach Rohrmaterial und Befestigungsart – wenigstens 1/2 mm kleiner sein. Dann wird schräg gebohrt (s. Zeichnung), damit Nägel (Schrauben) steil nach unten zeigen. Das ist nötig, um den straff gespannten Gummi gut zu halten.

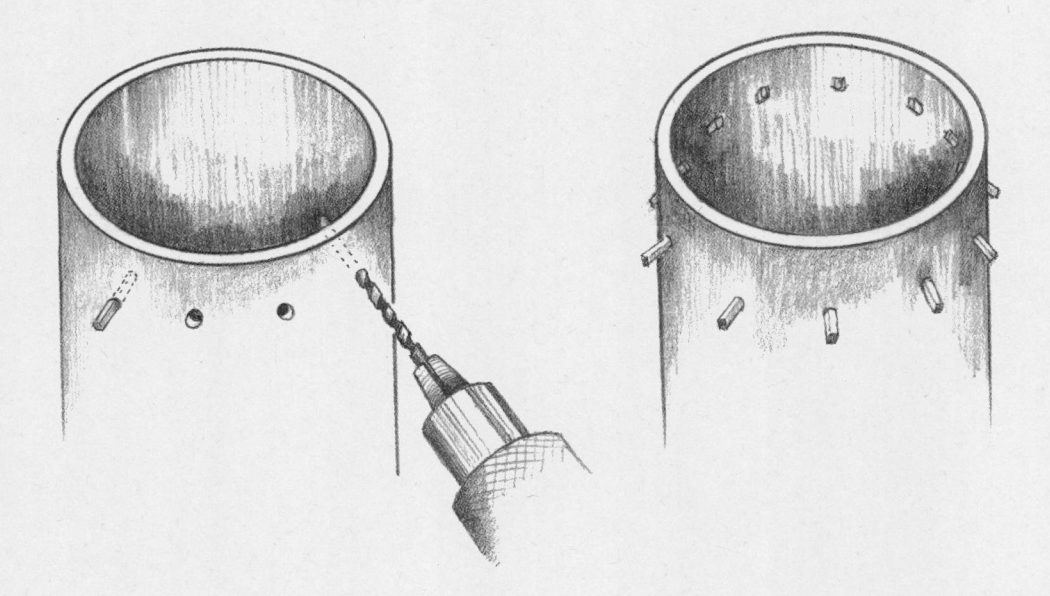

Um Schusternägel einzuschlagen, stellt man das Trommelrohr *senkrecht* auf – so kann der Rand nicht von den Hammerschlägen gestaucht werden. – Rundkopfschrauben: Das Gewinde soll völlig im Korpus verschwinden, denn der Gummi würde von den scharfen Gewindekanten eingeschnitten und reißen.

Für die Gummimembran wird ein Segment aus dem PKW-Schlauch geschnitten – an beiden Seiten drei Fingerbreit größer als der Trommelkorpus:

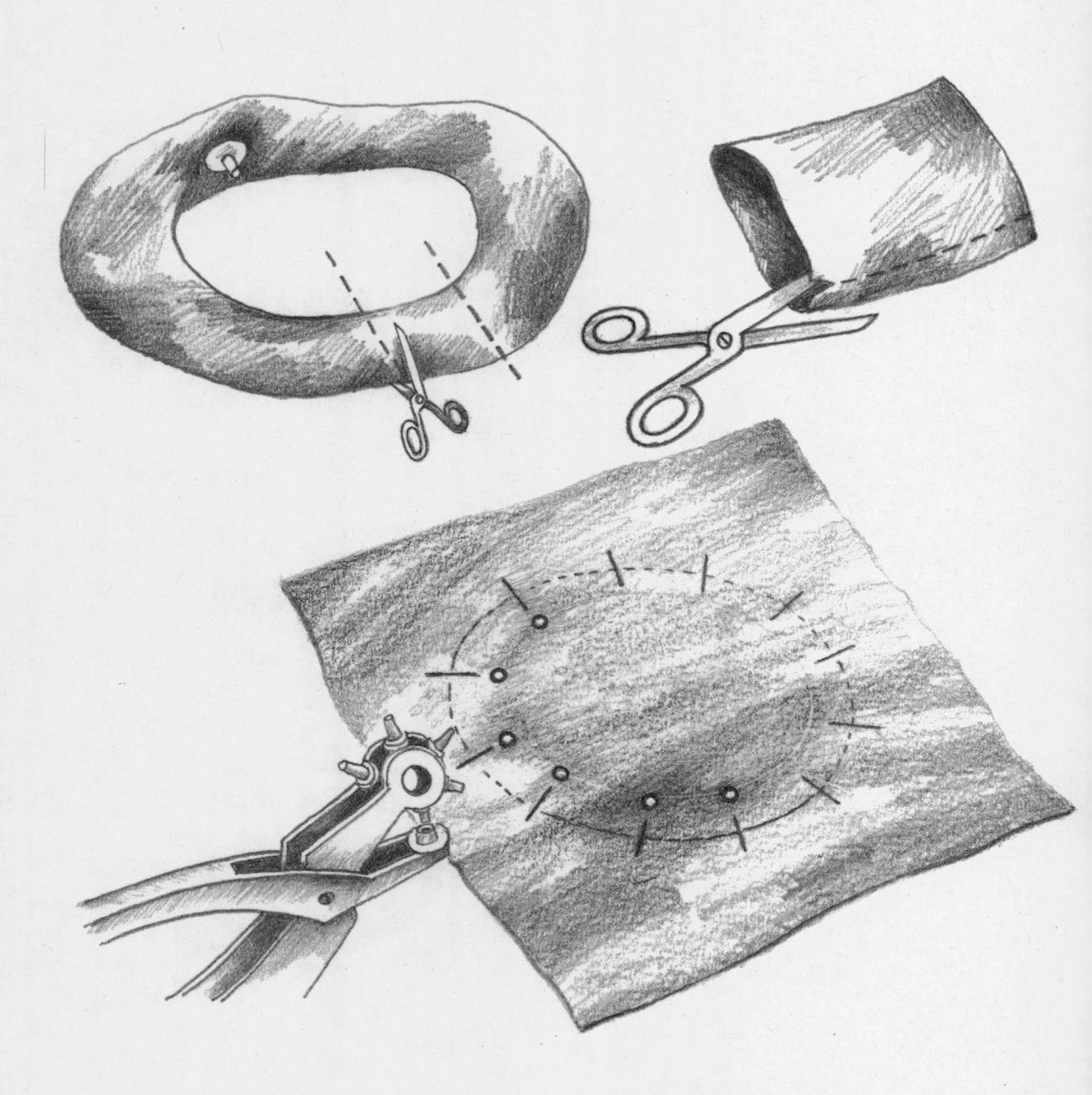

Das Schlauchstück wird an der schmaleren Innenseite aufgeschnitten.

Der Umfang des Rohres wird auf der ehemaligen Außenseite des Gummis aufgetragen – und anschließend die Nagel-Positionen, innerhalb der Kreislinie, im Abstand von 1-2 cm. (Wieweit man die Löcher nach innen versetzt, hängt von der Elastizität des verwendeten Gummis ab.)

Mit der Lederlochzange – kleinste Lochung verwenden – werden die Löcher eingestanzt.

Nun kann die Membran bereits aufgezogen werden. Dazu braucht man einige Kraft – die Kinder können aber beim Festhalten des Rohres helfen. So zieht man auf: Man stellt den Trommelkorpus fest auf den Tisch (kürzere Rohre), klemmt ihn zwischen die Beine (längere Rohre) oder preßt ihn gegen eine Wand. Der Gummi wird mit einem Stanzloch in einen Nagel (bzw. Schraube) eingehängt, dann das gegenüberliegende Loch auf den entsprechenden Nagel (Schraube) gezogen. Man arbeitet kreuzweise weiter (am Zifferblatt orientiert: 12 – 6 – 9 – 3 usw.).

Ist die Membran aufgezogen, wird sie noch mit Schnur festgebunden (Technik s.o. S. 255) – zuerst ein Teil oberhalb der Nägel, dann einer unterhalb der Nägel. So wird der abstehende Gummi fest am Rohr gehalten.

H i n w e i s : Es kann vorkommen, daß der Gummi beim Aufziehen reißt (da es sich normalerweise um defekte Schläuche handelt). Dann muß man gleich noch eine anderes Gummistück präparieren.

Spielweise: Man spielt mit der Hand oder mit einem Schlägel. Mit dem Schlägel sieht und spürt man deutlich die rückfedernde Kraft der Membran.

Spiel und Spaß mit Texten und Liedern | M 12

a) Kurzspiele mit dem Atem

Sind die Kinder im Unterricht zur Ruhe gekommen und durch ein gezieltes Spiel auf ihren Atem aufmerksam geworden (vgl. S. 262), können daran weitere Spiele anknüpfen.

Einen Tischtennisball weiterpusten: Die Kinder liegen im Kreis auf dem Bauch. Ein Tischtennisball soll von einem Kind zu einem anderen gepustet werden – so vorsichtig, daß der Ball wirklich dorthin und gerade so schnell rollt, wie das Kind es wünscht.

Mit der Zeit lernen die Kinder immer besser einzuschätzen, wieviel Atem sie einsetzen müssen, um die Kontrolle über den Ball zu halten.

12.1

Einen Tischtennisball mit dem Atem „streicheln": Behutsam wird auf „fff" oder „sss" ausgeatmet (Zwerchfellspannung!), der Tischtennisball soll sich aber *nicht* bewegen. Jedes Kind erprobt einmal, wie lange es den Ball „streicheln" kann.

H i n w e i s : Ein so spannendes, aber auch Konzentration forderndes Spiel wie dieses darf man nie zu lange spielen – lieber öfter wiederholen! Man kann auch Federn, Seifenblasen, Papiertaschentücher, eine Kerzenflamme, Watte etc. mit dem Atem „streicheln".

12.2

„Wanderglocken": Die Kinder stehen als „Glockentürme" verteilt im Raum. Zunächst „läuten sich die Glocken ein": „Bimmmm, bammmm" singen die Kinder auf einem beliebigen Ton, lassen dabei den Oberkörper und die Arme baumeln und auf dem „mmmm" die Stimme besonders schön klingen. Nach dem „Einläuten" beginnt eine Glocke zu „wandern", kommt klingend und schwingend zu einer anderen Glocke, die als nächste „auf Wanderschaft" geht.

Auch bei diesem Spiel müssen die Kinder erst Erfahrungen sammeln, um Atem- und Weglänge aufeinander abzustimmen. Wie viele Atemspiele eignet es sich für ruhige und eher ernste Minuten.

12.3

12.4 **„Ich nehm' die Hände voll Luft":** Auch dieses Lied spielt mit dem Atem, und man fühlt sich selbst leicht, wenn man es einige Male gesungen und gespielt hat. Es läßt den Atem spürbar werden in den Händen, in die hineingeblasen wird, um etwas zu formen: „... einen Ball", heißt es im Lied. Am Ende des schweizerdeutschen Textes ist es ein „Geschenk". Vielleicht sagt man, wenn man sich dabei tatsächlich einem anderen mit einer schenkenden Geste zuwendet: „Ein Tier!", „Eine Blume!", „Ein Haus!", „Etwas, das fliegt!"... ?

Ich nehm die Hän-de -hu- voll Luft -hu- hu- blasen blasen blasen
Ich ni - me beed Händ -hu- voll Luft -hu- hu-

mach ei - nen Ball mir -hu- aus Luft -hu- hu- u. blasen blasen bla-asen
und mach e Ba - le -hu- us Luft -hu- hu- u.

Sieh mal an, was ich kann: Jetzt darfst du ihn ha - ben!
Lueg si aa, törfsch si haa, s isch für dich es Gschänk - li.

Text und Melodie: Gerda Bächli
© Musikverlag zum Pelikan/Hug & Co., Zürich

Das Lied soll nicht streng im Takt gesungen werden: Für das „Blasen" und das (im Lied nicht genannte) Einatmen soll reichlich Zeit bleiben.

12.5 **Musik der Dampflokomotive (S. 271):** Sie ist bei uns kaum noch zu sehen, zu hören, zu riechen – trotzdem kennt sie jedes Kind. Geht es um die Darstellung einer Eisenbahnfahrt, fangen Kinder sofort an zu schnaufen und zu tuten, und die Dampflokomotive feiert fröhliche Urständ.

b) Schnabelwetzer und Zungenbrecher

Jedes Wort kann zum „Schnabelwetzer" werden, wenn wir seinen Klang erkunden, es in die Länge, Breite und Tiefe dehnen. Nicht selten stolpern Kinder oder Lehrer unvermutet über ein zungenbrecherisches Wort, das sofort zum Übungsanlaß werden kann.

⇐ *„Kurzszenen" mit der Stimme, S. 24ff.*

H i n w e i s : Voraussetzung für jede geplante spielerische Spracharbeit ist, daß der Lehrer selbst den jeweiligen Text, das Gedicht, schätzt und gut kennt. Nur dann hat er die Freiheit und Lockerheit, bereits das Erlernen des Textes sprachspielerisch anzulegen und den weiteren Umgang mit dem Text abwechslungsreich, spannend und lehrreich zu gestalten.

fffffff

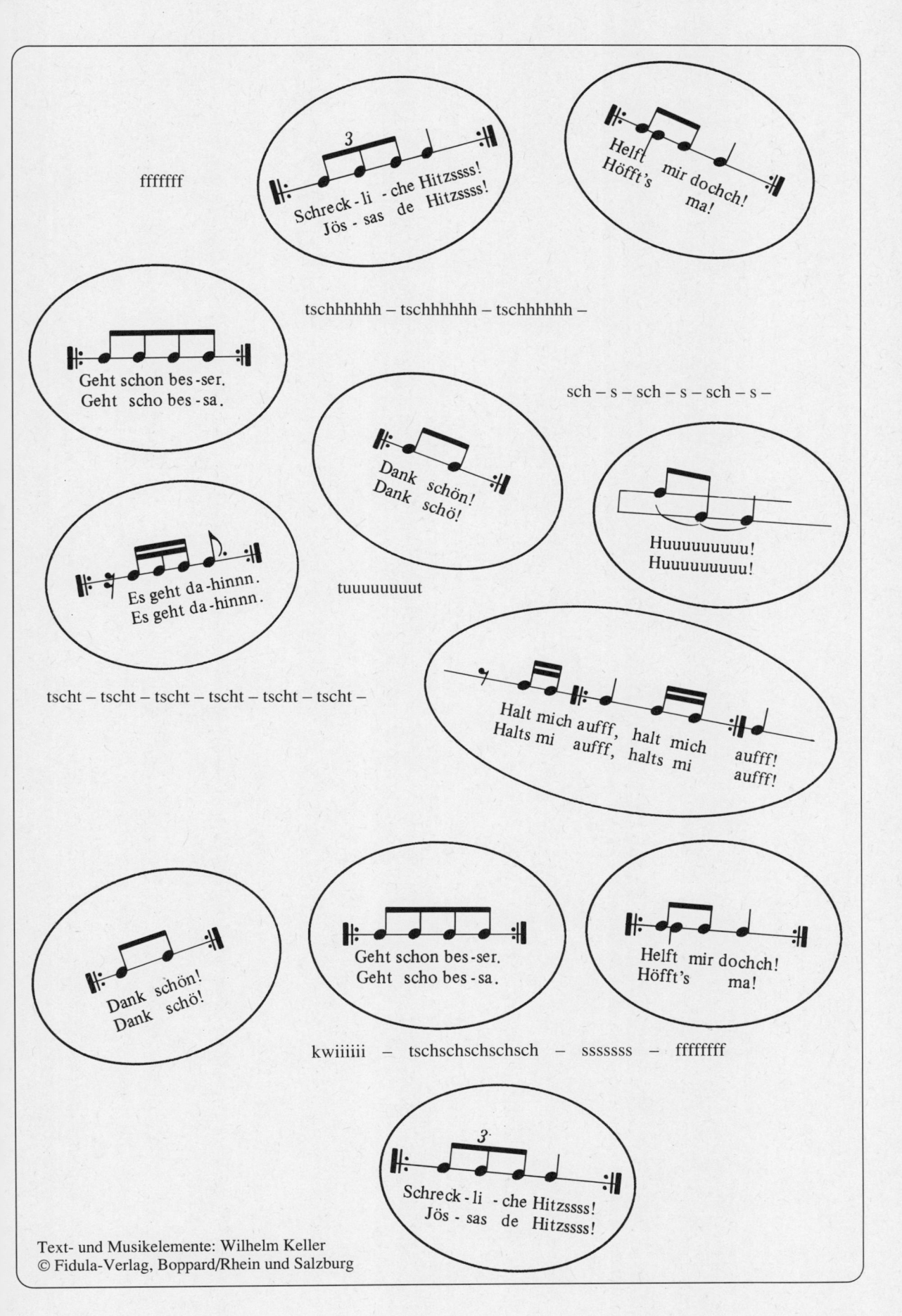

Schreck-li-che Hitzssss!
Jös-sas de Hitzssss!

Helft mir dochch!
Höfft's ma!

tschhhhhh – tschhhhhh – tschhhhhh –

Geht schon bes-ser.
Geht scho bes-sa.

sch – s – sch – s – sch – s –

Dank schön!
Dank schö!

Huuuuuuuuu!
Huuuuuuuuu!

Es geht da-hinnn.
Es geht da-hinnn.

tuuuuuuuut

tscht – tscht – tscht – tscht – tscht – tscht –

Halt mich aufff, halt mich aufff!
Halts mi aufff, halts mi aufff!

Dank schön!
Dank schö!

Geht schon bes-ser.
Geht scho bes-sa.

Helft mir dochch!
Höfft's ma!

kwiiiiii – tschschschschsch – sssssss – ffffffff

Schreck-li-che Hitzssss!
Jös-sas de Hitzssss!

Text- und Musikelemente: Wilhelm Keller
© Fidula-Verlag, Boppard/Rhein und Salzburg

12.6 Zwi(t)sche(r)nspiel

ziwi ziwi ziwitsch
ziwitsch ziwitsch ziwi
ziwitschziwi ziwitschziwi
ziwitschi ziwitschi ziwi
zwitschert mizzi
zwitschert mizzi
zwitschert mizzi nie?

Wilhelm Keller
© Fidula-Verlag, Boppard/Rhein und Salzburg

Wie man so einen Text lernt? Zum Beispiel, indem der Lehrer einzelne Wörter herausgreift, sie einmal lauter, einmal leiser, höher, tiefer, langsamer, schneller vorspricht.

Ist der „Wortschatz der Zwitschersprache" genügend erarbeitet, können die Kinder die folgenden Fragen beantworten und weitere sinnvolle Fragen bilden:

a) Wie zwitschert Mizzi nun tatsächlich?
b) Wie zwitschert Zilli?
c) Wie zwitschert Willi?
d) Wie zwitschert Fritzi?

12.7 Ping Pong

ping pong
    ping pong ping
    pong ping pong
        ping pong

Eugen Gomringer
© beim Autor

„Ping Pong" kennen alle Kinder und haben sich vielleicht auch schon selbst darin versucht. Auch „Mundpingpong" beherrschen sie – mit etwas Übung sogar ganz schön schnell!
— Zur Übung können die Wortbälle erst einmal gleichmäßig zwischen zwei Gruppen hin und her gespielt werden. Wichtig ist, daß sie von den Lippen gut abspringen, sonst fliegen sie nicht bis zum gegenüberstehenden Mitspieler.
— Dann kann man das Gedicht, rhythmisch gesprochen, lernen und dies später auf zwei Gruppen aufteilen, was nicht ganz leicht ist:

Textrhythmus

1. Gruppe:
2. Gruppe:

ping pong ping pong ping pong ping pong ping pong

— Am Ende überlegen sich die Kinder vielleicht ein eigenes „Ping Pong"-Gedicht?

Das Mundorchester: Einmal können wir die Instrumente im Schrank lassen und mit unserem Mund-   **12.8**
orchester Musik machen.

Wer spielt

                                im 4er-Takt   im 3er-Takt

– die große Trommel:
   BUMM BUMM BUMM ...

– das Becken:
   WONGGGG ...

– die Schellenrasseln:
   TSCHÄTTER TSCHÄTTER ...

– die Röhrentrommel:
   KLAPPERDI KLAPPERDI ...
   oder
   KLAPPER KLAPPERDI KLAPP ...

– Wie klingen Triangel, Bongos, Xylophone? Und wer dirigiert?

c) Phantasieren und Fabulieren

Sieben kecke Schnirkelschnecken   **12.9**

    Sieben kecke Schnirkelschnecken
    saßen einst auf einem Stecken,
    machten dort auf ihrem Sitze
    kecke Schnirkelschneckenwitze.
    Lachten alle so:
    „Ho, ho, ho, ho, ho!"

    Doch vor lauter Ho-ho-Lachen,
    Schnirkelschneckenwitze-Machen,
    fielen sie von ihrem Stecken:
    alle sieben Schnirkelschnecken.
    Liegen alle da.
    Ha, ha, ha, ha, ha!

Josef Guggenmos
© Georg Bitter Verlag, Recklinghausen 1969

Schon das Erlernen des Gedichtes kann lustig werden:
– Finden wir erst einmal heraus, was Schnirkelschnecken alles können ...

schnirkeln	witzeln	bizzeln
wirkeln	schatzen	bezzeln
schnurkeln	schnitzeln	kitzeln
wurkeln ...	schnalzen ...	katzeln ...

- Überlegen wir dann, was geschieht, wenn viele Schnecken ganz viel schnirkeln. Erzählen wir uns kurze Sätze, die wir gemeinsam nachsprechen:

Schnirkelschnecken schnirkeln Schnirkel.
Schnirkel schnirkeln Schnirkelschnecken.
Schnirkelschnecken schnirkeln Schnecken.
Schneckenschnirkel schnecken Schnirkel.
Schnirkel schnirkel schneck,
Schnirkelschnecken weg!

- Wenn Schnirkelschnecken vor Lachen nicht mehr sprechen können, beginnt für sie ein neues Sprachspiel. (Wieder soll jede Zeile fehlerfrei wiederholt werden.)

Hoho hoho hohohoho.
Hoho ho ho hoho hoho.
Hoho hohohohohoho.
Hoho hoho hoooo:
Ho. ho, ho, ho!

12.10 „**Silben zum Kauen und Lutschen**" ist das Gedicht überschrieben, dem die folgenden Strophen entnommen sind:

Banine	Schabline	Zitrine	Praline
und Banene	und Schablene	und Zitrene	und Pralene
und Banane	und Schablane	und Zitrane	und Pralane
und Banone	und Schablone	und Zitrone	und Pralone

Jürgen Spohn
© Beltz Verlag, Weinheim und Basel 1971

Dem Gedicht entsprechend verwandeln auch wir Wörter. Was wird aus: Melone, Rosine, Sirene ...?

12.11 **Die Wörter feiern Fasching:** Sie wollen wie die Menschen Spaß haben und Unfug treiben. Sie verkleiden sich, und genauso wie bei den Menschen hat man dann Mühe, sie wiederzuerkennen.

„Hat sich der Hans im Fasching als Clown verkleidet, muß man genau hinschauen, um ihn zu erkennen. Verkleidet sich das Wort ‚Elefant' mit lauter u's, ist ein ‚Ulufunt' daraus geworden!"

Wer steckt in den folgenden Verkleidungen?

Die Gereffe.   Der Girilli.
Die Kluppurschlungu.   Der Dönösöriör.
Der Raganwarm.   Der Spitz.

Welche Wörter können die Kinder verkleiden?

Laute erzählen eine Geschichte

Wenn wir etwas schön finden, sagen wir	ahh!
Wenn wir staunen, sagen wir	ohh!
Wenn wir uns ekeln, sagen wir	iii!
Wenn uns etwas gut schmeckt, sagen wir	mmm!
Wenn es still sein soll, sagen wir	pssst!
Wenn wir jemanden rufen, rufen wir	he!
Wenn wir uns wehtun, schreien wir	au!
Wenn wir etwas schade finden, sagen wir	ooo!
Haben wir etwas Schwieriges geschafft –	puu!, oder uff!

Aus den Ausrufen allein kann eine ganze Geschichte werden. Zu jedem Ausruf gehören auch ein bestimmter Gesichtsausdruck sowie eine entsprechende Körperhaltung und Gestik! Ein Beispiel:

„Hoppla-Oho"

(Im Kinderzimmer)	1. Spieler	„He!"
(Im Flur)		„Psst!"
(Vor dem geöffneten Eisschrank)	2. Spieler	„Ahh!"
	1.+ 2.	„Ohh!"
	1.	„Iiih!"
	1.+ 2.	„Mmm!"
(Ein Geräusch)	2.	„Psst!"
(Die Katze kommt in die Küche)	1.+ 2.	„Puu! Uff!"
(Eine Schüssel fällt herunter)	1.	„Au!"
	2.	„Ooooh!"
(Wieder im Kinderzimmer)	1.+ 2.	„Ufff!"
(geflüstert)	1.+ 2.	„Gute Nacht!"

Manuela Widmer
© B. Schott's Söhne, Mainz

Die anderen Kinder begleiten das Spiel der beiden Sprecher mit allerlei Stimmgeräuschen, die das Türenquietschen, Treppenknarren, Katzenmiauen, Scherbenklirren ... imitieren.

d) „Sing mir was – erzähl mir was!" – Singendes Erzählen

Wie das Singende Erzählen sinnvoll, abwechslungsreich und befriedigend für Kinder und Lehrer werden kann, ist nur schwer durch Worte und Beispiele zu beschreiben. Eine Aufzählung der möglichen Unterrichtssituationen genügt nicht. Unsicherheit und Unverständnis bei Kindern und Lehrern machen eine Vorhersage „passender" Momente und Inhalte schwierig. Vor allem sind es die Kinder in der jeweiligen Gruppe, die mit ihren Reaktionen darüber entscheiden, welche Anregung „passend" ist, was Spaß macht und zum Weitermachen anregt.

„Das Singen muß ganz aus dem Sagen, aus dem Wort kommen", schreibt Carl Orff in seinem Schulwerk. Je jünger die Kinder sind, umso weniger Hemmungen werden bei der Aufforderung „Sing das mal" auftreten. Besonders dann, wenn auch der Lehrer zwanglos bei der Begrüßung, der Beschreibung von Erlebnissen, der Einführung eines Textes o.ä. immer mal wieder spontan vom Sprechton zum Sington wechselt (= Singendes Erzählen „zwischendurch").

Trotz dieser Schwierigkeit, das Singende Erzählen schriftlich zu übermitteln, soll dennoch auch hier (wie schon im Lehrerkommentar I der Musikalischen Früherziehung, S. 16ff.) versucht werden, dem Lehrer von zwei Ausgangspunkten aus Mut zu machen: mit einem Beispiel, welches das Singende Erzählen schrittweise freisetzen will und einem freien erzählerischen Ansatz.

Eine weitere methodische Anregung findet sich auf S. 431f.

12.13 **„Warum sind Löwenzahnblüten gelb?"** Der Lehrer erzählt den Kindern den Inhalt des Liedtextes mit eigenen Worten. Dann zeigt er ihnen die aufgeführte Notation, die er vergrößert auf die Tafel oder auf Papier übertragen hat. Darin werden zwar Notenlinien und -schlüssel verwendet, statt Notenköpfen sind aber lange Balken zu sehen.

Der Lehrer singt das Lied, der Notation (1) entsprechend vor. Er geht dabei vom rhythmischen Fluß der Sprache aus und zeigt die „Singstrecke" mit dem Finger mit.

Im ersten Schritt lernen auch die Kinder den gesungenen Text in dieser Weise – so, wie sie jedes Lied lernen. Diesmal ist es jedoch besonders wichtig, bald auch Kinder einzeln zum Singen aufzufordern.

Im zweiten Schritt kann die Notation „relativ" aussehen wie in Notenbeispiel (2). Unterschiede zur ersten Aufzeichnung werden besprochen.

Mehrere Kinder können gesungene Lösungen zu dieser Grafik anbieten. Jedes Kind kann dabei einen neuen Anfangston bekommen.

Der letzte Schritt besteht schließlich darin, den Text „auswendig" zu singen. Jedes Kind kann dabei seine eigene gesungene Löwenzahngeschichte vorstellen. Diese Gesänge sollten auf Tonband aufgenommen werden!

12.14 **Märchen singend erzählen:** Ein bekanntes Märchen (eine Geistergeschichte, eine selbsterfundene Geschichte) soll singend neu fabuliert werden. Hilfreich ist es, wenn auf einem Stabspiel (z.B. Altmetallophon) eine geeignete Tonreihe aufliegt, auf die das Singen sich ggf. stützen kann (z.B. Pentachord g' – d").

Zunächst „stimmen wir uns ein": Der Lehrer spielt die Quinte an, dann auch die Töne dazwischen. Er singt leise mit den Tönen, und auch die Kinder sollen Töne ansummen, die sie heraushören können. Singend fordert er dann ein Kind auf, den Anfang der verabredeten Geschichte für die anderen zu singen.

Beim Singen kann man sich einen „Rezitationston" als Mittelpunkt des melodischen Geschehens wählen. Von ihm aus schwenkt man zu höheren oder tieferen Tönen aus. Besonders wichtige Wörter kann man „verzieren" (Melisma).

Da wöör maal eens en Fi-scher un sy-ne Fru,

de waan-den to-sam-men in'n Piß-pott, dicht an der See;

un de Fi-scher güng al-le Da-ge hen un an-geld, un he an-geld un an-geld.

⇐ „Mantje, Mantje, Timpete ..." – *der Ruf nach dem Butt im Märchen der Brüder Grimm findet sich auf S. 124 in liedhafter Weise vertont. So kann man ihn alternierend und gliedernd in das improvisierende Singen, Musizieren und szenische Spielen des Märchens einbauen.*

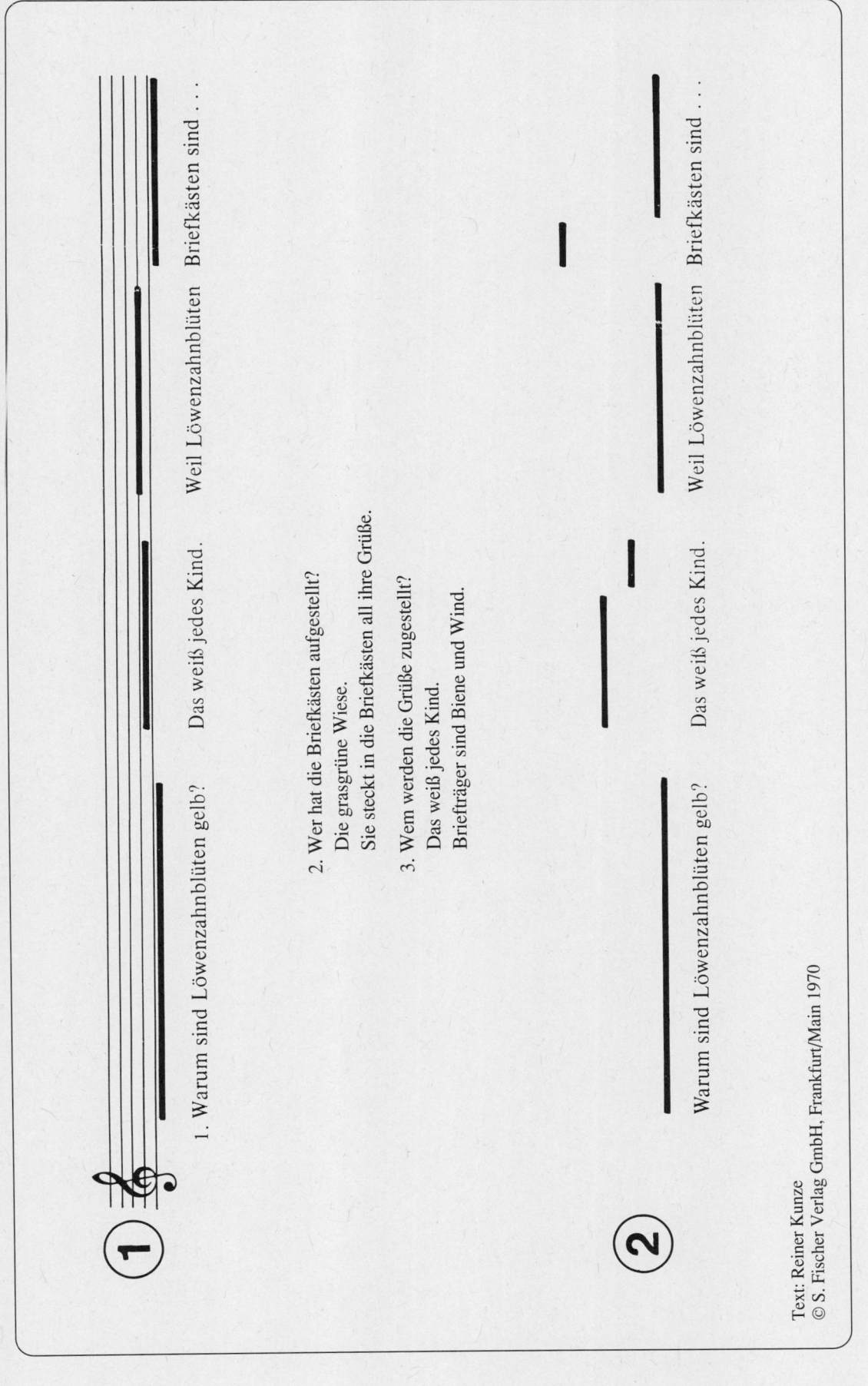

①

1. Warum sind Löwenzahnblüten gelb?   Das weiß jedes Kind.   Weil Löwenzahnblüten Briefkästen sind . . .

2. Wer hat die Briefkästen aufgestellt?
   Die grasgrüne Wiese.
   Sie steckt in die Briefkästen all ihre Grüße.

3. Wem werden die Grüße zugestellt?
   Das weiß jedes Kind.
   Briefträger sind Biene und Wind.

②

Warum sind Löwenzahnblüten gelb?   Das weiß jedes Kind.   Weil Löwenzahnblüten Briefkästen sind . . .

Text: Reiner Kunze
© S. Fischer Verlag GmbH, Frankfurt/Main 1970

e) Qua-, Qua-, Quatsch ist das!

12.15 „**Qua, Qua, Quatsch ist das!**"

„Qua, Qua, Quatsch ist das!",
sagt der Frosch zum Osterhas;
doch der Osterhas, nicht faul,
steckt dem Frosch ein Ei ins Maul.

„Paß doch auf, miau, miau!",
sagt die Katz' zur dicken Sau;
doch die Sau hört einfach weg
und bespritzt die Katz mit Dreck.

Wilhelm Keller
© Fidula-Verlag, Boppard/Rhein und Salzburg

Wir singen eine der lustigen Textstrophen, drei-, fünf-, zehn- oder auch dreißigmal – jedesmal aber mit einer anderen Melodiezeile beginnend, ausgedacht anfangs vom Lehrer, dann sicher auch von einzelnen Kindern, z.B.

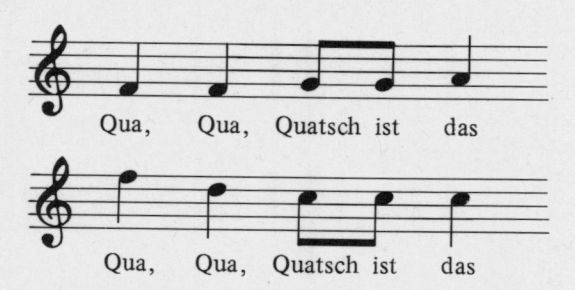

Qua, Qua, Quatsch ist das

Qua, Qua, Quatsch ist das

Solistisches Erfinden (auch einzelner Zeilen) und gemeinsames Wiederholen besonders gelungener Einfälle wechseln sich ab.

12.16 Froschkonzert

1. Heut ist ein Fest bei den Frö-schen am See,
2. Ball und Kon-zert und ein gro-ßes Di-ner.
3. Quak, quak, quak, quak.

Überliefert

H i n w e i s : Beim Singen des Liedes als Kanon können die Anregungen auf S. 266 hilfreich sein.

12.17 Schnurriburribuh!

Schnur-ri-bur-ri-buh, da fliegt 'ne ro-te Kuh!

[Notenzeile: "Da kann man nichts machen, sie fliegt mit hundert Sachen."]

Text und Melodie: Ursula Lungstraß
© B. Schott's Söhne, Mainz

Bei diesem Lied darf gelogen werden, was das Zeug hält. Rasch entsteht Strophe um Strophe.

Auf der Mauer, auf der Lauer (S. 280)   12.18

Wanzen	tanzen
Wanze	tanze
Wanz	tanz
Wan	tan
Wa	ta
W	t
(mmh)	(mmh)

Mit jeder Strophe verkürzen sich die Worte. Wer beim Singen nicht aufpaßt, scheidet aus. Aber wie verhalten sich die mitspielenden Instrumente? – Das sollen die Kinder selbst festlegen.

Der schwarze Kater Susemir   12.19

[Noten mit Text:]
1. Der schwarze Kater Susemir trank oft und gerne dunkles Bier. Das roch das Kätzchen Fluse-dir und wuselt schnell zum Susemir. Da tranken sie zusammen Bier.

Im Kanon   *Wiederholung tonlos flüstern*
Nachts dann im Dunkeln sieht man ihre Augen funkeln.

2. 𝄇 Als die Nacht vergangen war,
da waren sie ein Ehepaar 𝄆.
Sie bekamen Kinder vier:
den Susedir, den Flusemir,
die Miresus, die Direflus.
Nachts dann ...

Text: Gisela Schlegel/Melodie: Heinz Lemmermann
© Fidula-Verlag, Boppard/Rhein und Salzburg

Auch das nächste Katzengedicht (S. 281) lebt von einer darin erzählten Geschichte und von lautmalerischen Wörtern.

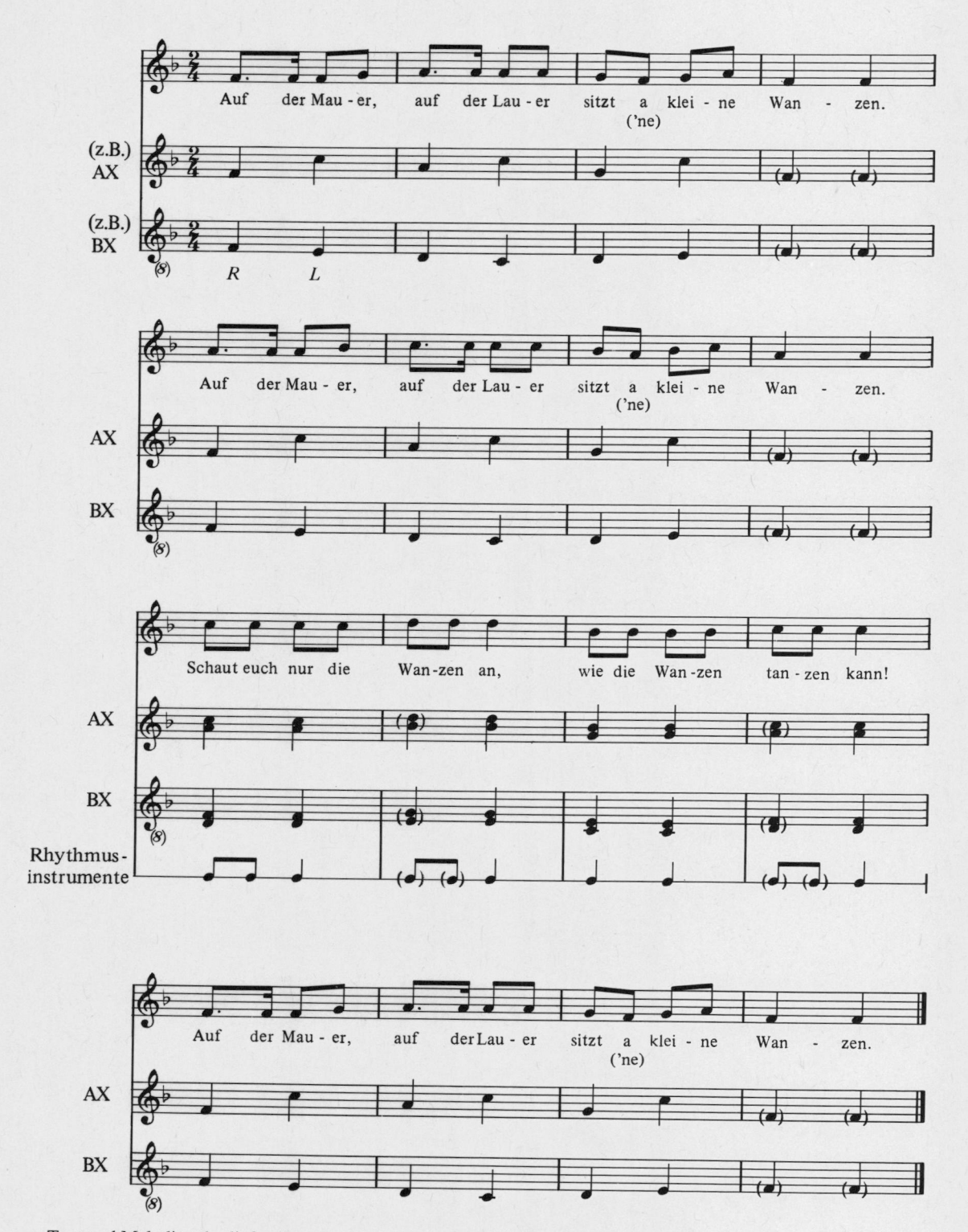

Auf der Mauer, auf der Lauer
(zu M 12.18)

Auf der Mau-er, auf der Lau-er sitzt a klei-ne Wan-zen. ('ne)

Auf der Mau-er, auf der Lau-er sitzt a klei-ne Wan-zen. ('ne)

Schaut euch nur die Wan-zen an, wie die Wan-zen tan-zen kann!

Auf der Mau-er, auf der Lau-er sitzt a klei-ne Wan-zen. ('ne)

Text und Melodie: überliefert/Satz: Rudolf Nykrin
© B. Schott's Söhne, Mainz

Hinterm Ofen sitzt die Katze 12.20

1. Hinterm Ofen sitzt die Katze, und sie schleckt sich ihre Tatze, spitzt die Ohren, schaut sich um, schnurrdiburr, schnurrdibum, schnurrdiburr, schnurrdibum.

2. Sitzt am Fenster eine Fliege,
   denkt die Katz: „Wenn ich dich kriege,
   dann verspeis' ich dich, kurzum!"
   Schnurrdiburr, schnurrdibum, schnurrdiburr, schnurrdibum.

3. Hin zum Fenster schleicht die Katze,
   und sie schlägt mit ihrer Tatze,
   doch daneben! Oh, wie dumm!
   Sumsesurr, sumsesum, sumsesurr, sumsesum.

4. Hinterm Ofen sitzt die Katze,
   und sie schleckt sich ihre Tatze,
   und sie denkt: „Flieg' nur herum!"
   Schnurrdiburr, sumsesum, schnurrdiburr, sumsesum.

Text und Melodie: Rudolf Nykrin/erarbeitet mit Kursteilnehmern
© B. Schott's Söhne, Mainz

Hundertzwei Gespensterchen 12.21

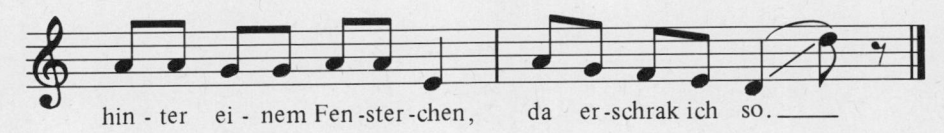

1. Hundertzwei Gespensterchen saßen irgendwo, hinter einem Fensterchen, da erschrak ich so.

2. Hundertzwei Gespensterchen
   waren sehr vertrackt:
   Hinter meinem Fensterchen
   klopften sie im Takt.

3. Hundertzwei Gespensterchen
   haben mich erschreckt.
   Weit entfernt vom Fensterchen
   hab ich mich versteckt.

4. Hundertzwei Gespensterchen
    waren plötzlich fort.
    Schlich mich schnell zum Fensterchen,
    fand sie nicht mehr dort.

5. Hundertzwei Gespensterchen,
    denkt euch, wie famos,
    waren an dem Fensterchen
    Regentropfen bloß.

Text: James Krüss/Melodie: Rudolf Nykrin
© des Textes: beim Autor/der Melodie: B. Schott's Söhne, Mainz

Das Vorsingen des Liedes kann zu einem Ratespiel werden: Was bedeuten die Klänge (Regentropfen), die der Lehrer (auf einer Trommel) spielt? Das Erlernen des Liedes geschieht im Zusammenhang mit dem Ausprobieren und Üben von Regentropfenklänge durch die Kinder.

12.22 Ich bin der Uhu (S. 283)

[Notenbeispiel mit Text:]
Na, so ein Schlin-gel, der U-hu. – ähm – der U-hu, der U-hu, U-hu, U-hu, U-hu kannst du's schon?
Ist das wirk-lich der U-hu?
O-der viel-leicht doch ein and-rer Vo-gel? Zum Kuckuck! Jetzt hab ich's!

Wenn die Kinder das Lied schon „ungefähr" beherrschen, kann man es zur Abwechslung auch in der „Uhusprache", in der „Hmhm-Sprache" oder in der „Kuckuckssprache" singen.

f) Papageno-Szenen aus der Oper „Die Zauberflöte" von W.A.Mozart

12.23 **Gespräch Tamino – Papageno – Drei Damen:** Tamino ist gerade durch die drei Damen vor der Schlange gerettet worden – davon muß man den Kindern eingangs erzählen, dann werden die Dialoge verständlich.

HB 29 enthält den im Libretto aufgeführten Text vollständig, jedoch ist vor das Auftreten der „drei Damen" eine Pause eingeschaltet worden. So kann man abschnittsweise hören und mit den Kindern jeweils nachbesprechen:

- *Zum 1. Teil*: Prinz Tamino und Papageno stellten sich gegenseitig vor: Was haben sie voneinander erzählt?
- *Zum 2. Teil:* Die drei Damen haben festgestellt, daß Papageno gelogen hat. Welche Strafen bekam er?

Ich bin der Uhu

(zu M 12.22)

Ich bin der Uhu, Uhu, Uhu, ich bin der Uhu, Uhu, Uhu, kennst du mich nicht? Nein, du bist nicht der Uhu, nein, du bist nicht der Uhu, du bist der Hm hm, Hm hm, Hm hm, du bist der Kuk-kuck, Kuk-kuck, Kuk-kuck, ken-ne dich.

Text und Melodie: Jens Rohwer/Satz: Hans Brüderl
© Möseler Verlag, Wolfenbüttel; Voggenreiter Verlag, Bonn/Bad Godesberg

12.24 **Hm – hm – hm – hm:** Wie singt es sich mit einem Schloß vor dem Mund? – Das können die Kinder selbst ausprobieren, indem sie beim Singen einfach nicht den Mund aufmachen.

- Ein Kind versucht, ein anderes zu einer bestimmten Tätigkeit aufzufordern – mit der Stimme, aber mit geschlossenem Mund.
- Einzelne Kinder singen mit geschlossenem Mund Lieder vor. Wer erkennt das jeweilige Lied?

Wie Papageno mit dem Schloß vor dem Mund singt, hört man auf HB 30. Der Text:

Papageno:	Hm! Hm! Hm!
Tamino:	Der Arme kann von Strafe sagen, denn seine Sprache ist dahin! Ich kann nichts tun als dich beklagen, weil ich zu schwach zu helfen bin.
1. Dame:	Die Königin begnadigt dich, erläßt die Strafe dir durch mich.
Papageno:	Nun plaudert Papageno wieder.
2. Dame:	Ja, plaudre, lüge nur nicht wieder.
Papageno:	Ich lüge nimmermehr, nein, nein!
Drei Damen:	Dies Schloß soll deine Warnung sein. Bekämen doch die Lügner alle ein solches Schloß vor ihren Mund ...

12.25 **„Das klinget so herrlich":** Papageno und Pamina sind in Gefangenschaft geraten. Monostatos, der Aufseher, ruft seine Sklaven herbei, um die beiden in Ketten legen zu lassen. Papageno erinnert sich seines Glockenspiels, das Zauberwirkung hat und beschließt, auszuprobieren, ob es ihm aus seiner Lage hilft. Erst können sich Monostatos und seine Sklaven nicht mehr rühren, und dann fangen sie sogar nach der Glockenspielmusik zu tanzen an ... (HB 31 „Komm, du schönes Glockenspiel").

Monostatos:	Nur geschwinde, nur geschwinde, nur geschwinde! Ha!, hab' ich euch nun doch erwischt! Nur herbei mit Stahl und Eisen! Wart', ich will euch Mores weisen ... Den Monostatos berücken, nur herbei mit Band und Stricken! He, ihr Sklaven, kommt herbei!
Pamina, Papageno:	Ach, nun ist's mit uns vorbei!
Monostatos:	He!, ihr Sklaven, kommt herbei!
Papageno:	Wer viel wagt, gewinnt oft viel. Komm, du schönes Glockenspiel, laß die Glöckchen klingen, daß die Ohren ihnen singen.
Monostatos und Sklaven:	Das klinget so herrlich, das klinget so schön! (Lalara ...) Nie hab' ich so etwas gehört, noch geseh'n ...

Auch die Kinder können mit dem Lehrer singen und spielen (nach W. A. Mozart):

b) Bildergeschichten zum Stegreifspielen

Herr Adamson und der Bär 53.4

Oscar Jacobsson
© Presse-Illustrations-Bureau, Kopenhagen

„Aus dem Bilderrahmen steigen": Der Lehrer zeigt die beiden folgenden Zeichnungen und 53.5
spricht mit den Kindern darüber. Auch andere Abbildungen, in denen Menschen in unterschiedlichen und typischen Haltungen zu sehen sind, wären geeignet.

So viele Kinder, wie Menschen auf dem Bild zu sehen sind, stellen das Bild nach, dann fangen sie an, sich zu bewegen, bleiben dabei aber immer in ihrer Rolle:

– Wer einen steifen Herrn mit Stock darstellt, steigt würdevoll aus dem Bild...
– Wer einen lustigen Bengel spielt, kommt herausgesprungen...

Dann können die Figuren auch in kleine gemeinsame Episoden verwickelt werden.

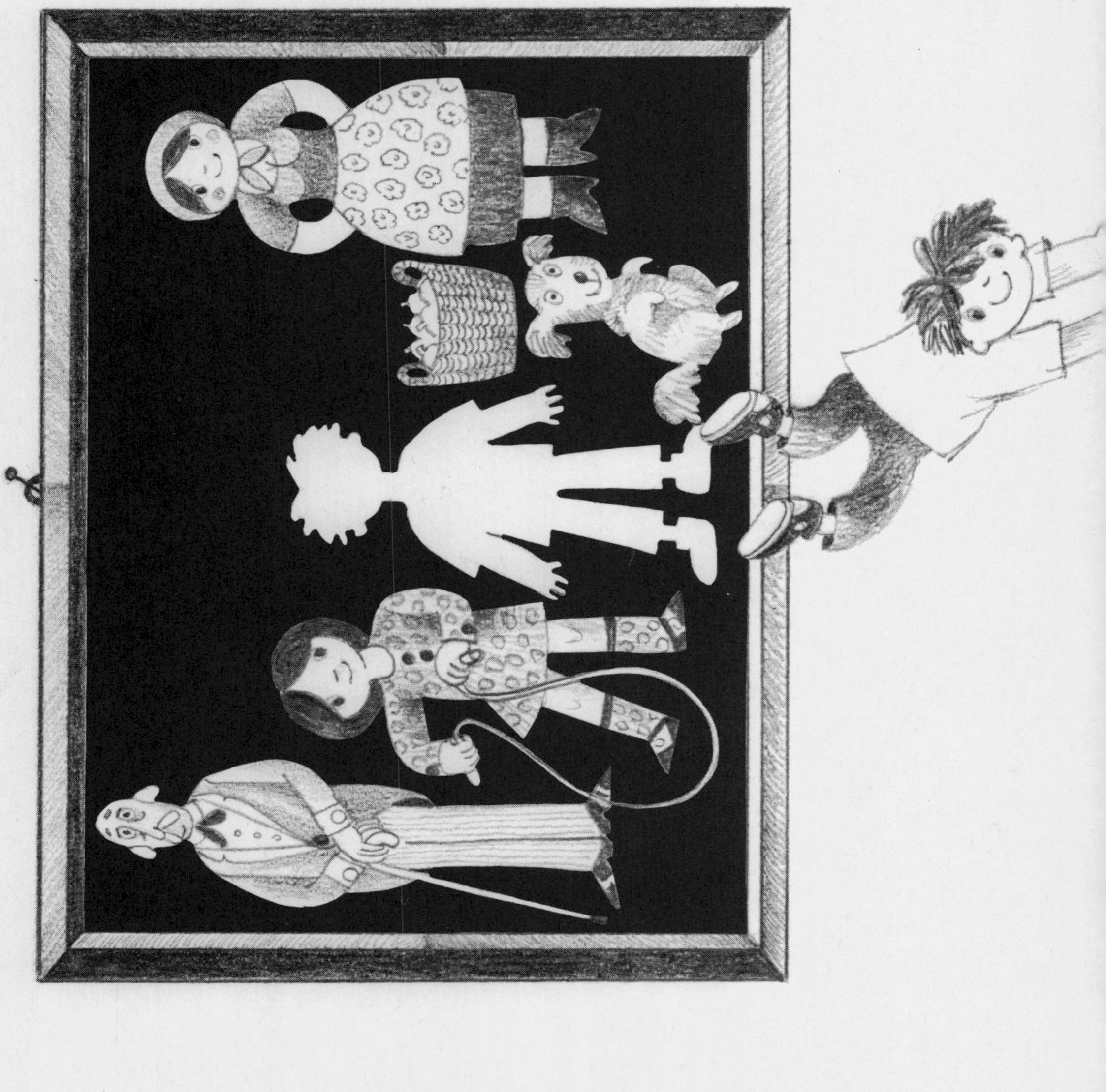

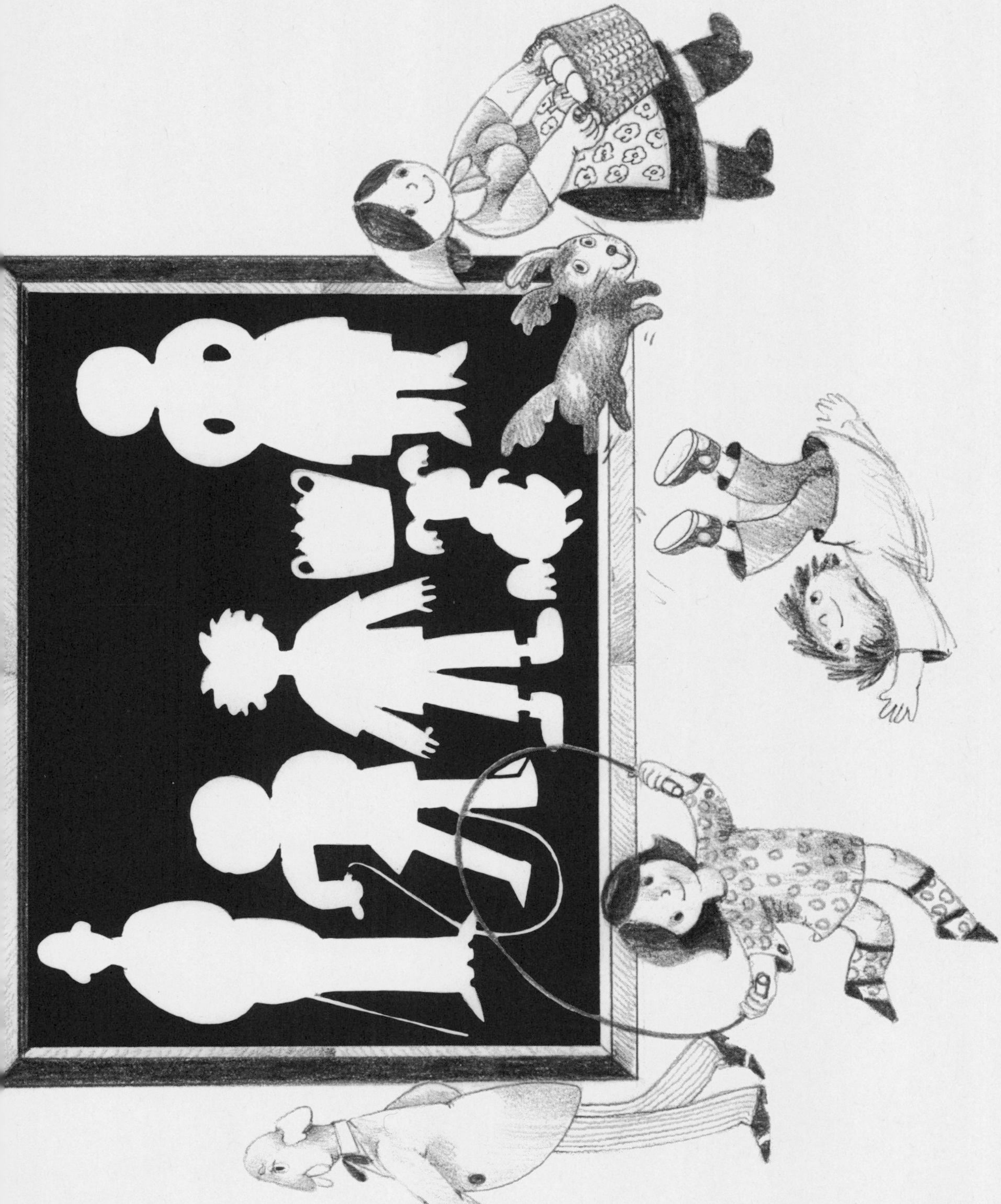

53.6 Der abgelehnte Tarzan

Heidrun Petrides
© H. Petrides

Musikstücke für das Zusammenspiel mit „besonderen Instrumenten"

M 18

„Brücken bauen dem Klavier, der Flöte, Geige, Tuba" ... – so könnte dieser Materialteil, den Titel des Themas variierend, überschrieben sein. Den hier aufgeführten Mitspielstücken liegt jeweils eine andere Idee zugrunde. Für alle Stücke gilt, daß sie – mit Phantasie und musikalischem Geschick – auf verschiedene Instrumente hin abgewandelt werden können. Und vielleicht ergibt sich dabei sogar eine *neue* Idee für ein Zusammenspiel zwischen Kindern und Instrumentalisten?

a) Ein Liedauftakt?

Der kleine Fridolin

18.1

1. Der klei-ne Fri-do-lin spielt gern die Vi-o-lin – quietsch, quietsch, quietsch, er muß noch et-was ü-ben.

2. So oft es eben geht,
   bläst er auf der Trompet
   – trööt, trööt, trööt –
   er muß noch etwas üben!

3. Und manchmal, so zum Spaß,
   zupft er den Kontrabaß
   – dung, dung, plong –
   er muß noch etwas üben!

4. Am Nachmittag um vier
   setzt er sich ans Klavier
   – kling, kling, klong –
   er muß noch etwas üben!

5. Der kleine Fridolin
   spielt auch das Tamburin
   – dong, dong, peng –
   er muß noch etwas üben!

6. Doch bald, ihr werdet's sehn,
   da klingt es wunderschön
   – trara, ding, dong –
   gelohnt hat sich das Üben.

Text und Melodie: Ursula Lungstraß
© bei der Autorin

18.2 Instrumentenpantomime

Ges./Klav.

Ich spiel, ich spiel, ich spiel ein Instrument, das du, und du und du und jeder kennt. Schau mal hin und hör gut her, schau mal hin und hör gut her! (Echo)

rit. Dann ist das Ra-ten, dann ist das Ra-ten, dann ist das *a tempo* Ra-ten gar nicht schwer:

dum du-a du-a du-a du-a du-a dum dum, dum du-a du-a du-a du-a du-a du.
din dil-li dil-li dil-il dil-li dil-li din din, din, dil-li dil-li dil-li dil-li dil-li di.

Die Kinder erfinden weitere Instrumentenklänge (plit pitti pit; rön döre dö...).

Text und Musik: Ernst Wieblitz
© B. Schott's Söhne, Mainz

b) Die Musikstücke

18.3 „Für Flöte und (Hand-)Trommel(n) II" (S. 378 f.). – Ein reizvolles Rhythmus-Spiel für Kinder ist das „Lieder-Raten", wobei der Rhythmus eines bekannten Kinderliedes vom Lehrer oder einem Kind geklopft und von den anderen erraten wird.

Diese Idee greift das Mitspielstück auf, indem es der Flötenstimme den Rhythmus von „Hänschen klein" unterlegt. Er wird dreimal durchgespielt und dann noch einmal bis „in die Welt hinein". (Der Musik hängt also am Schluß noch ein „Schwänzchen" – ital. *Coda* an.)

Um nicht „rauszukommen", dürfen die Kinder beim Trommeln leise den Text mitsprechen.

Das Stück könnte z.B. auch in ein „Konzert für Kinder" einbezogen werden, bei dem es u.a. um das Erraten von rhythmisch vorgetragenen Liedanfängen geht, die dann gespielt und vom Publikum mitgesungen werden.

Zum Stück „Für Flöte und (Hand-)Trommel(n) I" vgl. S.247ff.

18.4 **Das kleine Maschinchen (S. 380):** Es läuft wie von selbst. Es braucht keine Batterien, keinen Strom, hat keine Feder, die es treibt. Nach jedem Durchlauf ist es müde. Dann muß es ausruhen und neue Kraft sammeln.

Wenn das Ausruhen nur kurz war, läuft es langsam. Wenn es lange Zeit Kraft gesammelt hat, läuft es schnell ...

Die Kinder können die Partitur, insbesondere ihre eigene Stimme, selbst entziffern.

Außer dem Mitspielen auf den Instrumenten ist auch eine pantomimisch-szenische Gestaltung möglich: Jeder probiert aus, sich als Maschine zu bewegen ... / Eine Maschine besteht gewöhnlich aber aus mehreren Teilen – also müssen die Kinder zusammen eine große Maschine bauen ... / Ein Teil nach dem anderen „baut sich an". / Die „Kindermaschine" kann müde und wieder wach werden. Sie kann auch kaputt gehen, ein- und ausgestellt werden (ein „Maschinist" muß reparieren). / Jedes Maschinenteil (= Bewegungsmotiv) wird mit der Stimme begleitet.

Für den im Stück aufgeführten rhythmischen Part müssen die Kinder eine Maschine mit vier Teilen bauen, und jedes Teil muß „fertig" sagen, bevor es losgehen kann: „fertig – fertig – fertig – fertig ".

18.5 **Zu Dritt am Klavier (S. 381):** Zwei Kinder spielen mit dem Pianisten an einem Instrument, die anderen hören zu, passen auf, singen mit. Am Einstudieren der Klavierstimmen beteiligen sich dagegen alle Kinder. Man kann zum Stück sprechen, singen, klatschen und auf chromatischen Stabspielen musizieren.

Die Melodie, zu der der folgende Text gesungen wird, kann man ganz leicht heraushören:

> Da hupft ein Floh, mal hier, mal do,
> und eine Laus durch's ganze Haus,
> und Laus und Floh, die sind sehr froh,
> sie tanzen und singen, und plötzlich,
> da zwickt's!

Die Kinder sollten später auch versuchen, das Stück im Dreiertakt zu spielen.

Für Flöte und (Hand-)Trommel(n) II
(zu M 18.3)

Musik: Ernst Wieblitz
© B. Schott's Söhne, Mainz

Das kleine Maschinchen
(zu M 18.4)

Glas
Metallinstr.
Holztr.
(Claves)
Handtr.

Klavier

Musik: Hermann Regner
© B. Schott's Söhne, Mainz

Zu Dritt am Klavier
(zu M 18.5)

Ein Text zur Melodie steht auf S. 377!

Eine Oktave höher!

staccato

Eine Oktave tiefer!

Fine

Text und Musik: Hermann Regner
© B. Schott's Söhne, Mainz

D.C. al Fine

Die Geige trösten
(zu M 18.6)

(Versetzungszeichen gelten hier nur für die jeweilige Note)

Die Kinder trösten die Geige

rubato
p

Musik: Hermann Regner
© B. Schott's Söhne, Mainz

Die Tuba stolpert
(zu M 18.7)

klatschen

stampfen

Tuba

Dieser Teil wird viermal gespielt.
Dazwischen stolpert die Tuba.

Hier "stolpert" die Tuba
- beim ersten Mal
- beim zweiten
- beim dritten Mal
zum Schluß "stolpert" sie nicht mehr!

von vorne!
von vorne!
von vorne!

Schluß - Fine

Musik: Hermann Regner
© B. Schott's Söhne, Mainz

18.6 **Die Geige trösten (S. 382):** Ein Spieler kommt mit seiner Geige zu den Kindern. Er packt das Instrument aus, richtet es sorgfältig zum Spielen her, spannt den Bogen und erzählt:

„Heute ist die Geige traurig. Sie spielt nur traurige Musik. Versucht bitte, mit euren Instrumenten Klänge zu spielen, die die Geige trösten können: liebe Klänge, zarte Klänge, freundliche und fröhliche Klänge. Aber aufgepaßt: Eine traurige Geige darf man nicht erschrecken. Man muß sie nach und nach aufmuntern. Zwischendurch müßt ihr immer wieder genau zuhören – hat sich ihre Stimmung schon ein wenig gebessert?"

Der Instrumentalist erhält die Noten auf S. 382 als Vorlage. Er kann sich genau daran halten oder improvisierend auf die Kinder reagieren.

18.7 **Die Tuba stolpert (vgl. S. 383):** Wenn das geschieht – die Kinder haben es gehört –, unterbrechen sie ihr Klatschen und Stampfen und warten, bis die Tuba wieder neu beginnen kann. Tubaspieler und Kinder müssen eine Möglichkeit finden, zusammen im Takt einzusetzen!

18.8 **Rondo mit Gitarre**

Jedes Instrument hat seinen eigenen Klang. Manche Instrumentalklänge ähneln sich. Bei dieser Spielidee sollen die Kinder Motive der Gitarre möglichst ähnlich auf den Instrumenten mit- und nachspielen, die ihnen selbst vertraut sind. (Der Lehrer wird evtl. eine Vorauswahl – aber nicht Endauswahl! – geeigneter Instrumente treffen.)

Der Gitarrist erklärt den Kindern das Stück. Er spielt eine Melodie ...

... und schließt daran jeweils ein Motiv auf der Gitarre (s.u.) an. Die Kinder sollen die Motive zunächst einmal anhören und dabei neue Spielmöglichkeiten der Gitarre kennenlernen. Dann sollen sie zu jedem Motiv passende Instrumente suchen und Spieler benennen.

Mitspielmotive der Gitarre: *Übertragung durch die Kinder:*

1. [Notenbeispiel 2/4 Takt] usw.
mit der Kuppe des rechten Mittelfingers auf die Decke unterhalb des Steges schlagen

    z.B. auf Trommeln nach- und mitspielen

2. [Notenbeispiel 2/4 Takt] usw.
mit dem Knöchel des rechten Mittelfingers auf die Zarge schlagen

    z.B. auf Holzblocktrommeln nach- und mitspielen

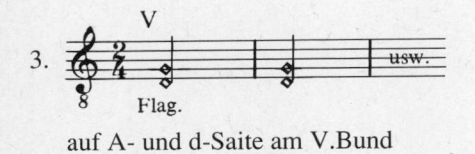

3. [Notenbeispiel Flag.] usw.
auf A- und d-Saite am V.Bund

    z.B. auf (Alt-)Metallophonen nach- und mitspielen (Töne von den Kindern finden lassen!)

4. [Notenbeispiel gliss.] usw.

    z.B. auf (Alt- oder Sopran-) Glockenspielen (glissando) nach- oder mitspielen (Ausgangstöne der Glissandi vergleichen!)

Das nächste Mitspielmotiv hat einen besonderen Klang, wie er eigentlich nur auf der Gitarre möglich ist. Aber die Kinder können Instrumente herausfinden, die besonders gut dazu passen!

5. [Notenbeispiel Tambora] usw.

Nachdem die Kinder die Motive auf ihren Instrumenten festgelegt haben, kommt es zur ersten Aufführung: Hat der Gitarrist im Anschluß an die Melodie ein Motiv angestimmt, spielen die Kinder auf ihren Instrumenten passend mit. Haben sie in das Spiel hineingefunden, pausiert der Gitarrist einige Takte lang, die Kinder spielen ohne ihn weiter. Wenn der Gitarrist wieder die Ausgangsmelodie anstimmt, hören die Kinder auf und warten auf das nächste Motiv.

Gelingt es am Ende, das Stück mit allen Mitspielmotiven ohne Stockung durchzuspielen?

Variation im Ablauf: Die Kinder führen das jeweilige Motiv als Begleitung der Gitarrenstimme (auf Lautstärke achten!) weiter, bis von der Gitarre das nächste Mitspielmotiv angestimmt wird.

Musik und Spielidee: Hans Brüderl
© B. Schott's Söhne, Mainz

18.9 Der Geigenhansl

Zur Figur des „Geigenhansl" hat der Salzburger Komponist Alexander Müllenbach Szenen getextet und komponiert, die musikalisch durch Refrains verbunden sind. Eine der Szenen wird hier vorgestellt. Die Musik kann, dem Komponisten zufolge, auch für sich, d.h. rein instrumental dargeboten werden. Der spezielle Reiz gründet aber sicher in der Text-Musik-Kombination. Hierzu die folgenden Anregungen:

– Der Geiger kann ein Kostüm in der Art Robin Hoods oder ein den Kleidern mittelalterlicher Troubadours ähnliches Gewand tragen.
– Spielend tritt er zum Refrain auf, betritt den Kreis der Kinder, dann beginnt die Geschichte.
– Reizvoll wäre es, wenn der Geiger selbst – zum Spiel – die Geschichte erzählen könnte. In der Regel wird man aber die Musizier- und die Sprechrolle aufteilen. (Die sinnvolle Zuordnung des Textes zur Musik dort, wo beides synchron verlaufen soll, muß überlegt und geprobt sein.)
– Tamburins oder andere Schlaginstrumente können begleiten.
– Desgleichen können die Kinder mitklatschen, an geeigneter Stelle auch mittanzen.
– Auch eine Begleitung auf Stabspielen (sowie Bordun auf Regal oder Streichinstrumenten) ist möglich, z.B.

(Der Geiger betritt den Raum, den Refrain I spielend und dazu tanzend. Er geht zu den Kindern, die im Kreis oder Halbkreis sitzen.)

Sprecher:

Hallo, Kinder. Ich bin der Geigenhansl. Meine Geige, auch Violine genannt, ist aus kostbarstem, dreihundert Jahre alten Ahorn- und Haselfichtenholz geschnitzt, und der Bogen ist mit reinstem Pferdehaar bespannt. Wohin ich auch immer gehe, meine Geige begleitet mich. Sie muß viel aushalten mit mir: Ich rupf' sie*, ich zupf' sie, ich streich' sie, ich geig' sie; ich entlocke ihr die süßesten Töne; und alles, was ich fühle, vermag sie auszudrücken. Sie kann traurig, fröhlich, zornig oder lustig sein. Sie kann nachdenklich sein, aber auch in einen rasenden Tanz verfallen. Sie ist ein Spiegel meiner Gefühle.

Sprecher (dazu Couplet I):

Es ist schon einige Zeit her, da kam ich auf meiner Wanderschaft eines Tages zu einem großen Schloß. Herrlich und gewaltig ragte es mit seinen hohen Zinnen in den Himmel. Dort herrschte ein mächtiger König. Dieser war so reich, daß auch sieben riesige Schatzkammern nicht ausreichten, um die Schätze, welche ihm aus allen Ländern der Erde herbeigeschafft wurden, aufzubewahren. Ich hatte oft von ihm erzählen gehört, und von seiner wunderbaren Tochter, deren Schönheit, Lieblichkeit und Anmut so unvergleichlich waren, daß sich keine andere Frau im Lande auch nur im Entferntesten mit ihr messen konnte.

Aber dieser mächtige König war von einer schweren Krankheit befallen, und keiner seiner zahllosen Hofärzte hatte diese je zu heilen vermocht: Er war nämlich aus dem tiefsten Grund seines Herzens heraus traurig. Tagelang saß er, finster vor sich hinstarrend, unbeweglich auf seinem Thron, und nichts vermochte ihn aus dieser tiefen Betrübnis zu befreien. Diese Trauer bedrückte ihn derart, daß er überall im Land und über die Grenzen hinaus hatte verkünden lassen: „Derjenige, wer auch immer es sei, dem es gelingt, mein Herz von dieser entsetzlichen Schwermut zu erlösen und mich wieder fröhlich zu stimmen, soll meine Tochter zur Gemahlin haben und mein ganzes Königreich mit allen seinen Schätzen erben."

Couplet I
Frei wie ein Rezitativ

* Der Geiger kann zu jeder der genannten Spielarten und zu jedem der erwähnten Gefühle, im Augenblick ihrer Erwähnung, einige Takte improvisieren.

Sprecher:

Nun, ich ging hin, stellte mich vor, stimmte meine Geige ...

Finster starrte mich der König an, und mir lief es bei diesem Blick wie ein eisiger Schauer über den Rücken. Ich nahm allen meinen Mut zusammen und fing an zu spielen – eine uralte magische Weise, die der große, allmächtige Zauberer Merlin einst meiner Mutter im Traum vorgespielt hatte.

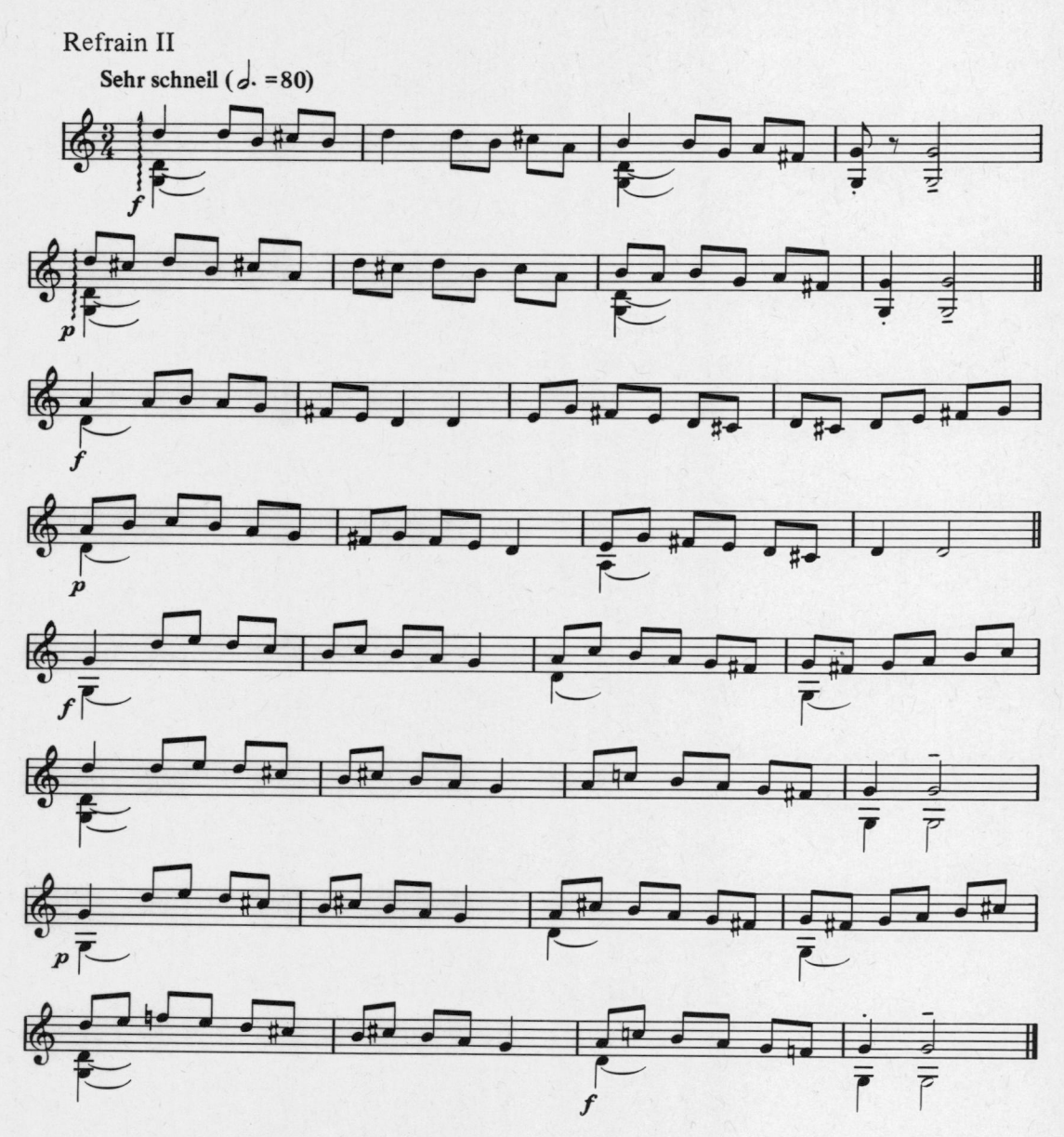

Refrain II

Sehr schnell ($\d. = 80$)

Sprecher (zur Musik):

Ich spielte, und spielte, immerfort, atemlos, schneller und schneller, dabei unauffällig immer den König im Auge behaltend, ohne ihn jedoch direkt anzublicken.

Und siehe da: Mit einem Male begann sich das Gesicht des Königs zu verändern; seine Züge wurden zusehends heller, und nach einer Weile umspielte ein Lächeln seinen Mund, und er begann, den Takt mitzuklopfen: zuerst nur zaghaft mit dem linken Fuß, bald aber auch mit den Fingern, dann immer kräftiger mit der ganzen Hand. Und plötzlich erhob er sich von seinem Thronsessel und fing fröhlich an zu tanzen. Seine Trauer war dahin. „Kinder, wird das ein Fest! Ich bin geheilt, ich bin geheilt!", schrie er und tanzte immer ausgelassener im Thronsaal herum.

(Refrain II wird wiederholt und kann als Musik zu einem improvisierten Tanz aufgefaßt werden).

Sprecher:

„Öffnet Fenster und Tore, laßt das Licht herein!", ordnete der König an. „Und bereitet alles vor. Diesen Tag wollen wir feiern!"

Bald erstrahlten das mächtige Schloß und die ganze Umgebung in festlichem Glanz, und überall ertönte die Zaubermelodie, und alle Menschen im Land feierten und freuten sich über die wunderbare Genesung des Königs.

Und nun, liebe Kinder, wer hat nun die schönste Frau im ganzen Land? Und wer wohnt auf dem großen Schloß? Dreimal dürft ihr raten.

Musik und verbindende Texte: Alexander Müllenbach
© B. Schott's Söhne, Mainz

Texte klingen verschieden

M 19

Dieser Materialteil macht Textangebote, die mit der Stimme, mit Instrumenten und Körperklängen und ggf. szenisch interpretiert werden. Art und Umfang einer Notation der musikalischen Ergebnisse richten sich nach den Vorkenntnissen der Kinder und den Zielen des Lehrers aus.

a) Texte dehnen und strecken und akzentuieren

Beim Heulen zu sagen

19.1

Ich bin so u-hu-hunglücklich
und weine, weil ich wa-ha-hein!
Und ka-ha-heiner so-holl mich
jetzt trösten, na-ha-hei-hi-hin!!!
Ich will – buhu! –
ich will – hawu! –
will bö-hö-hö-hös sa-ha-hein!

Ich bin so u-hu-hunglücklich,
weiß selber nicht waru-hu-hum!
Ich gla-hu-hub, heut nehm i-hich
das ganze Leben kru-hu-humm!
Mein Kum-huhu! –
mer ist – hawu! –
mir selber bald zu du-hu-humm!

Michael Ende
© K. Thienemanns Verlag, Stuttgart 1969

Die Kinder sollen einzelne Textzeilen reihum im zeitlichen Verlauf gestalten, jedes Kind nach Möglichkeit anders! Nicht lesen, sondern hören und (anders) nachsprechen!

Die Kau

19.2

Ich kannte eine Kuh.
Sie lag auf einer Wiese
in himmlischer Ruh.
Ich sah ihr stundenlang zu,
wie sie Kau ♩♩ gummi,
Kau ♩♩ gummi
kau ♩♩ te,
die Kau ♩♩,

nein, die Kau ♩♩,
nein, die Kuh,
die Kau ♩♩,
ja, die Kau ♩♩,
ja, die Kau ♩♩ gummi,
Kau ♩♩ gummi
kau ♩♩ ende
himmlische Ruh.

Josef Guggenmos
© Georg Bitter Verlag, Recklinghausen 1969

Die Kuh kann mit „Viertelpausen" oder anderen gemütlichen Pausen kauen.

Nicht nur ein Zungenbrecher ...

19.3

... sondern auch ein „Zwerchfellhüpfer", von *k* zu *k,* auch für Schnellsprecher,
... oder auch ein „Resonanzsummer" für Langsamsprecher, die sich auf den *n* aller Wörter Zeit lassen.

Kleine
Kinder
können
keine
kleinen
Kirschkerne
knacken!

Überliefert

b) Texte rhythmisch und melodisch formen

Zusätzlich zu den Anregungen in der Themenentwicklung seien zunächst einige weitere Möglichkeiten angedeutet, melodische Phantasie bei den Kindern anzuregen.

- Die erste Zeile eines Textes singt man nach einer gegebenen Melodie gemeinsam – die Fortsetzung soll jedes Kind für sich finden.
- Zu einer Bordun-Begleitung probieren alle Kinder gleichzeitig den Text zu singen. (Manchmal tritt dann eine Stimme besonders hervor, eine „Kernmelodie" ergibt sich o.ä. – dies muß aber nicht angestrebt werden.)
- Die Liedimprovisation wandert: Jeder singt, so weit er mag, dann löst ihn der nächste ab.
- Die Kinder gehen im Raum umher und singen vor sich hin – zuerst alle zur gleichen Zeit, dann auch alternierend einzelne Kinder.
- Im Raum verteilt „bringen" sich die Kinder ihre Melodien: Ein Kind singt seine Version eines Abschnittes und geht dabei zu einem anderen Kind. Dieses setzt fort ...

19.4 Morgens früh um sechs

Morgens früh um sechs
kommt die kleine Hex.
Morgens früh um sieben
schabt sie gelbe Rüben.
Morgens früh um acht
wird Kaffee gemacht.
Morgens früh um neun
geht sie in die Scheun'.
Morgens früh um zehn
holt sie Holz und Spän'.
Feuert an um elf,
kocht dann bis um zwölf
Fröschebein und Krebs und Fisch.
Hurtig, Kinder, kommt zu Tisch!

Überliefert

Für jedes Zeilenpaar des bekannten Verses suchen die Kinder eine melodische Wendung.

⇐ *Im Liederheft „Wenn ich richtig fröhlich bin", S.26/27, ist die Aufgabe der melodischen Gestaltung auf eine besondere grafische Weise gelöst.*

19.5 Was tun die Katzen im Mai?

Was tun die Katzen im Mai?
Sie lecken und schlecken den Brei,
erziehn ihre Kätzchen
und jagen die Spätzchen.
Das tun die Katzen im Mai.

Josef Guggenmos
© beim Autor

Es war einmal ein Schwein   19.6

> Es war einmal ein Schwein,
> das hatte nur ein Bein.
> Einmal war es in Eil,
> da rutschte es auf dem Hinterteil
> ins Veilchenbeet hinein:
> Es war ein rechtes Schwein.

Bertolt Brecht
© Suhrkamp Verlag, Frankfurt/Main 1967

Der Elefant   19.7

> Der Elefant, grau wie ein Stein,
> hat Zähne, ganz aus Elfenbein.
> Wie ein Gebirg geht er herum,
> zehn Männer werfen ihn nicht um.

Josef Guggenmos
© beim Autor

Bei diesem wie bei anderen Texten ist die Frage fruchtbar, ob nicht auch die Wiederholung von Textteilen zu einer interessanten Lösung führen kann!

Uno due tre   19.8

Uno	due	tre	
spaghetti	patate	caffè	
spaghetti	patate	caffè	caffè
spaghetti	patate	caffè	

Aus Italien

Achtel- und Triolenmotive treiben diesen Text wie von selbst voran. Man kann singen, auf immer wieder anderen Rhythmusinstrumenten dazu spielen, sich lustige Schrittfolgen dazu ausdenken oder ein Klatschspiel.

„Siebenmal in der Woche ... sing ich mein Lied, und an jedem Tag anders!" hat jemand gesagt. Wie   19.9
kann das Montaglied, das Dienstaglied, das Mittwochlied ... klingen? Sieben Kinder improvisieren
singend ein Lied zu einem gegebenen Text, jedes klingt ein wenig anders.

c) Texte im Wechsel sprechen und singen

In den folgenden Texten findet man kleine Dialoge, die im Sinne des Singenden Erzählens (S. 25, 275f.) ausgeformt oder, sofern eine feste rhythmische Struktur vorliegt, auch im Sinne einer Liedmelodie gestaltet werden können.

19.10 Träumereien

Was träumt der Spatz bei Wind und Sturm?
Von einem fetten Regenwurm.

Was träumt der Krebs so dann und wann?
Daß er auch vorwärts laufen kann.

Was träumt die Raupe auf dem Stein?
Vom Falterflug im Sonnenschein.

Alfred Könner
© Georg Bitter Verlag, Recklinghausen

19.11 Die Vögel im Winter

Ich bin der Sperling.
Kinder, ich bin am Ende.
Und ich rief euch immer im vergangenen Jahr,
Wenn der Rabe wieder im Salatbeet war.
Bitte um eine kleine Spende.
Sperling, komm nach vorn.
Sperling, hier ist dein Korn.
Und besten Dank für die Arbeit!

Ich bin der Buntspecht.
Kinder, ich bin am Ende.
Und ich hämmere die ganze Sommerzeit,
All das Ungeziefer schaffe ich beiseit.
Bitte um eine kleine Spende.
Buntspecht, komm nach vurn.
Buntspecht, hier ist dein Wurm.
Und besten Dank für die Arbeit!

Ich bin die Amsel.
Kinder, ich bin am Ende.
Und ich war es, die den ganzen Sommer lang
Früh im Dämmergrau in Nachbars Garten sang.
Bitte um eine kleine Spende.
Amsel, komm nach vorn.
Amsel, hier ist dein Korn.
Und besten Dank für die Arbeit!

Bertolt Brecht
© Suhrkamp Verlag, Frankfurt/Main 1967

19.12 Müll

Was wird aus unsrem Auto, ist es nicht mehr mobil?
Dann wird aus unserem Autochen Müll! Müll! Müll!

Was wird aus einem Kleide, wenn's nicht mehr passen will?
Dann wird aus einem Sonntagskleid Müll! Müll! Müll!

Was wird aus einem Glase, zerbrach einmal sein Stiel?
Dann wird aus einem feinen Glas Müll! Müll! Müll!

Was wird aus alten Stiefeln, wenn's warm wird im April?
Dann wird aus einem Stiefelpaar Müll! Müll! Müll!

Und geht das stets so weiter, so ohne Sinn und Ziel,
dann wird vielleicht der Erdenball Müll! Müll! Müll!

James Krüss
© beim Autor

d) Textkombinationen zum Verklanglichen

19.13

HB 45 – Texte und Selbstbauinstrumente: Drei kurze Gedichte stehen im Mittelpunkt. Kinder des Kindergartens „Monte degli Olivi" in Riesi/Sizilien haben sie erfunden. Es sind Beobachtungen, Erzählungen aus ihrer Erlebniswelt.

(1) „Die Sonne, die Wunder macht, tanzt.
   Sie gibt Licht hier, sie gibt Licht dort."

(2) „Im Wind sagen sich die Bäume guten Tag ..."

(3) „Das Gras war lang, stechend und schneidend,
   es war höher als wir, und wir glaubten uns verloren.
   Die Erde war weich, und wir sanken ein."

© Verlag Servizio Christiano, Riesi/Lausanne

In der Musik zu diesen Texten spielen verschiedene Selbstbauinstrumente:

(1) 2 Pingpong-Okarinas, Nagelglocken, großes Kinder-Koto, Röhrenglocken (gebaut aus dem Gestänge eines alten Gartenstuhls),
(2) Dosenharfe, 2 Nagelrasseln, Nagelglocken, Kachelspiel,
(3) Schilfrassel, Doppelokarina (Ton), Eierschneider, Bambuskastagnette, 5 Gummitrommeln.

Wenn im Unterricht die Tonbeispiele erklungen sind, spricht man über die Texte und die Klänge und darüber, wie beides entstanden sein mag. Dabei kann sich für die Kinder die Anregung ergeben, eigene Erlebnisse sprachlich und klanglich abzubilden. Aber auch die gehörten Texte können von den Kindern noch einmal vertont werden, wobei selbstgebaute Instrumente und klingendes Material hinzutreten dürfen.

Eine Regensymphonie

19.14

(1) Es regnet,
   es regnet,
   es regnet seinen Lauf,
   und wenn's genug geregnet hat,
   dann hört es wieder auf.

Überliefert

(2) Liebe, liebe Sonne
   mit der goldnen Krone,
   komm ein bißchen runter,
   laß den Regen droben,
   einer schließt den Himmel auf,
   kommt die liebe Sonne raus.

Aus Kassel

(3) Es saß ein Vogel im Gras,
   es regnete, und er ward naß.
   Da kam der liebe Sonnenschein
   und trocknete das Vögelein.

Überliefert

(4) Hinter unserm Gartenzaun
   steig ich auf den Apfelbaum.
   Hoch da droben sitzt ein Fink,
   der schön singt.

Überliefert

19.15 Eine Nebelsymphonie

(1) Nebel, Nebel, Nebel,
schwingt sich auf zum Giebel,
schwingt sich auf zur Himmelstür,
kommt die liebe Sonn' herfür.

Verfasser unbekannt

(2) Der Nebel kommt
auf Katzenpfötchen.
Er sitzt und schaut
aus aller Welt,
über Hafen und Stadt,
hebt sich still
und geht wieder weg.

(3) Großmächtige Sonne,
wie schön gehst du auf.
Oh, könnte ich doch dein Gold abschaben.

Überliefert

Carl Sandberg/dt. Übertragung: Hans Baumann
© beim Übersetzer

19.16 Nächtliches und Träumerisches

Die Maus gähnt und lacht,
und kommt dann die Nacht
zu ihr ins Versteck,
träumt sie vom Speck.

Schuhu ruft die Eule vom dunklen Geäst.
Es hört sich schaurig an.
Am Tag träumt die Eule in ihrem Nest,
daß sie schön singen kann.

Die Schnecke läuft eventuell
im Traum ganz schnell.

Das Krokodil mit spitzen Zähnen
ist wieder müde und muß gähnen.
Es schläft den ganzen Tag im Nil
und träumt nicht viel.

Im Traum summt die Biene durch Wiese und Feld
und findet die größte Blume der Welt.

Das Flußpferd liegt voll Überdruß
auf seinem Bauche faul im Fluß.
Es mag sich nicht bewegen
und träumt vom großen Regen.

Durch Baumkronen
wandernd
atmet der Mond
sich voll
und platzt vor
Wohlbehagen.

Charlotte Ueckert
© bei der Autorin

Irina Korschunow
© bei der Autorin

19.17 Die Leiter

Am
Am Ende
Am Ende von
Am Ende von der
Am Ende von der Leiter
da geht es
nicht mehr weiter

Jürgen Spohn
© Arbeitskreis Grundschule e.V., Frankfurt/Main

„Windgeister" und ihre Instrumente | M 20

Dieser vom Instrumentenbau inspirierte Materialteil stellt mehrere Instrumente vor,
- die von Kindern gerne gebaut werden,
- deren Spiel bei ihnen den Ehrgeiz besonderer Geschicklichkeit erweckt und
- deren Klang durchweg sehr überraschend wirkt.

Alle Instrumente sind an einer Schnur befestigt, an der man sie herumschleudern kann (vor dem Körper, seitlich oder über dem Kopf), wobei die Kinder wie von selbst zu einem „Tanz mit Instrumenten" gelangen.

Instrumentenkundlich würde man die Instrumente der Gruppe der „Wirbel-Aerophone" zurechnen, deren Klang durch Vibration der Luft, hervorgerufen durch verschiedenartige, meist sehr komplexe Dreh- und Wirbelbewegungen entsteht (Ausnahme: Waldteufel). Im Unterricht kann man, der Phantasie und Vorstellungswelt der Kinder entsprechend, von „Windgeister-Instrumenten" sprechen.

Auch der Summschmetterling (S. 294f., Kinderbuch S. 40/41) kann zu dieser Gruppe gerechnet werden.

a) Die Instrumente   20.1

„Vogelzwitscherl": Vorbild dieses Instrumentes, das heute auch in Varianten (aus Blech) käuflich zu erwerben ist, war ein Instrument aus China: eine kugelförmige, braunlackierte Fruchtkapsel mit einem breiten Schlitz. Wenn man sie an einem Faden durch die Luft wirbelt, gibt es ein vogelartig trillerndes Gezwitscher, das manchmal von langgezogenen, fast klagenden Tönen unterbrochen wird.

Wir bauen das Vogelzwitscherl aus einem Filmdöschen mit Deckel (wird beim Fotohändler in Mengen weggeworfen) und einem Stück Bindfaden.

Zuerst trifft man, wenn erwünscht, Vorbereitungen für das spätere Anmalen, indem man die Kinder Döschen, Deckel und Boden außen sorgfältig schmirgeln läßt (auf der glatten Plastikoberfläche haftet Farbe nicht gut).

In die Mitte des *Bodens* bohren die Kinder ein kleines Loch für den Bindfaden, dann schneiden sie vom Dosenrand einen 5-7 mm breiten, geraden Schlitz bis fast zum Boden hin, fädeln den Bindfaden durch das Loch und verknoten das innere Ende. Wenn der Deckel wieder fest aufgedrückt ist, kann der „Vogel" durch Herumschleudern schon zwitschern.

Mit dem Tempo des Herumwirbelns läßt sich nur die Schnelligkeit, nicht aber die Tonhöhe des Zwitscherns verändern. Um einen höheren Ton zu erhalten, muß etwas Knetmasse (Plastilin, Wachs o.ä.) in den Boden gedrückt werden. Für tieferes Gezwitscher kann man auch etwas größere Plastik-Fläschchen (z.B. von Haarshampoo o.ä.) nehmen – sie müssen aber rund und an beiden Seiten verschließbar sein.

Besonders schön ist ein vogelbuntes Vogelzwitscherl! Bei schwarzen Döschen legt man am besten zuerst einen helleren Farbgrund an, darauf kommen andersfarbige Verzierungen besser zur Geltung. Zum Bemalen eignen sich Plakafarben.

20.2 **Summscheiben:** Aus nicht zu dünner Pappe (z.B. Schuhkarton) werden drei runde Scheiben (eine mit ca. 8-10 cm Ø, zwei weitere mit je 3-4 cm Ø) ausgeschnitten. Mit einem Aktenlocher oder einer Lochzange werden in die große Scheibe rundherum am Rand Löcher gestanzt – es können aber auch Zakken geschnitten werden (s. Zeichnung). Die kleinen Pappscheiben werden in der Mitte der großen aufgeklebt und dienen als Verstärkung. In gleichem Abstand vom Mittelpunkt (ca. 1-1,5 cm) werden mit einem Nagelbohrer zwei Löcher gebohrt, ein Bindfaden (Länge 120-140 cm) hindurchgezogen und dessen Enden miteinander verknotet.

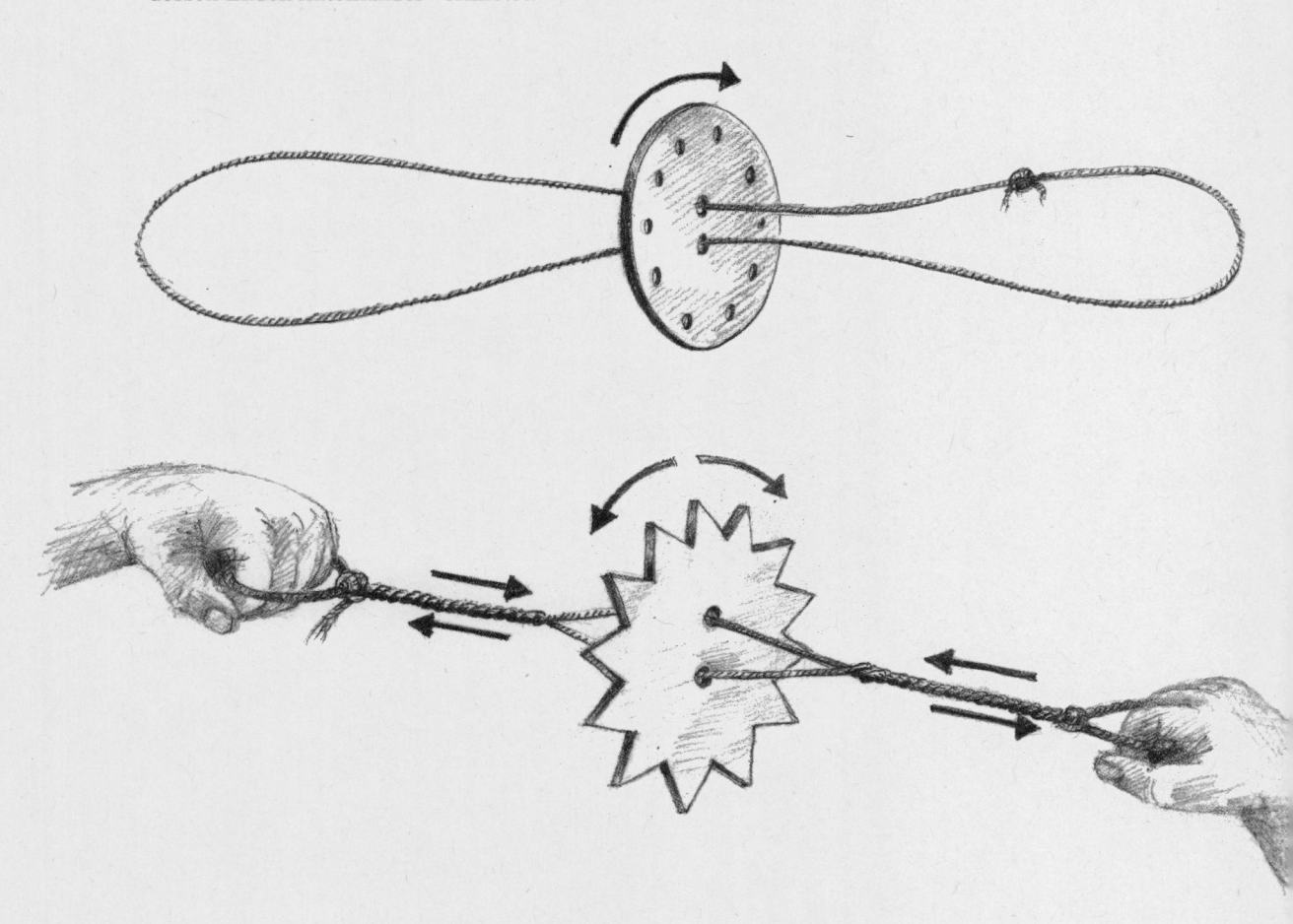

Jetzt geht das Spiel, das etwas Übung und Geschicklichkeit fordert, schon los:
— Man hält die Schnur mit beiden Händen so, daß die Scheibe locker in der Mitte hängt ...
— schwingt sie dann so, daß sie immer nach vorn dreht – so lange, bis die Schnur gut zusammengedreht ist ...
— ... zieht dann mit beiden Händen nach außen – aber nur leicht: Jetzt dreht sich die Schnur wieder auf und damit die Scheibe andersherum.
— Durch den Schwung der Scheibe wird die Schnur in entgegengesetzter Richtung wieder zusammengedreht – nun muß man wieder leicht anziehen ...

Auf diese Weise entsteht ein ständiges Vorwärts- und Rückwärtsdrehen, und die rasche Drehung der Scheibe mit ihren Löchern oder Zacken läßt die Luft tüchtig sausen und summen. Durch stärkeren oder schwächeren Zug läßt sich die Geschwindigkeit bestimmen und damit auch der Summton verändern.

Varianten:
- Ursprung der Summscheibe ist das gleiche Spiel mit einem etwas größeren Knopf. Man sollte auch dies den Kindern zeigen, wobei der Umgang mit dem summenden Knopf anfangs Kindern oft sogar leichter fällt.
- Man kann die Scheiben auch vergrößern und aus Sperrholz sägen – dann braucht man eine starke Sisal-Schnur.
- Für ein Partnerspiel besonderer Art eignet sich eine etwas größere Scheibe (Durchmesser ca. 15-20 cm) aus Sperrholz, wobei die Summlöcher mit einem 10-20 mm-Bohrer gemacht werden. Die Schnur sollte genügend lang sein (für 120-140 cm *Zug*länge). Zwei Kinder drehen die Scheibe und müssen ihr Ziehen und Loslassen gut aufeinander abstimmen!
- Der Boden eines Plastik-Blumentopfes hat bereits „Summlöcher".
- Werden Summscheiben bemalt (evtl. zu Hause), kommt es noch zu einer ganz besonderen Erfahrung: Beim Drehen „verschmelzen" die verschiedenen Farben zu einer neuen Farbe ...

Schwirrholz: Es ist vielleicht das älteste Instrument der Menschheitsgeschichte (nachgewiesen bereits in Steinzeitkulturen, also über 25 000 Jahre alt). **20.3**

Ausgangsmaterialien sind dünnes Sperrholz (es geht auch sehr gut das Holz einer Obststeige) und Schnur. Man zeichnet auf das Holz eine symmetrische, längliche Form auf, entweder rechteckig oder oval. Sie wird ausgesägt (Laubsäge, Taschenmesser). An einem Ende der Form wird ein kleines Loch gebohrt, ein Stück Schnur angeknotet und – losgewirbelt!

Schwirrhölzer muß man unbedingt verzieren: mit geheimnisvollen Zeichen und Mustern, oder auch mit Bändern, Federn und dergleichen.

20.4 **Waldteufel**: Dieser Außenseiter unter den „Windgeister"-Instrumenten klingt nicht durch das Summen und Tönen der Luft, vielmehr durch Knarzen und Ächzen, wie von Bäumen im Wald. In vielen Klanggeschichten kann er mit seiner besonderen Farbe mitspielen.

Material: 1-2 Joghurtbecher, Nylonschnur (Ø 0,5-0,8 mm, Länge ca. 70 cm), Rundholz oder Astholz (Ø 12-15 mm, Länge 10-12 cm), Perle oder Reißnagel.

Werkzeug: Rundfeile (Ø ca. 4-6 mm), kleine Säge, Kerze und Nagel, Kombizange.

Zur Verstärkung des Joghurtbechers kann man einen zweiten Becher (Rand abschneiden) in den ersten hineinstecken.

In die Mitte des Becherbodens wird mit dem über der Kerze erhitzten Nagel ein Löchlein geschmolzen. Der Nylonfaden wird durchgesteckt und – um das Ausreißen zu verhindern – am inneren Ende so oft durch das Perlenloch gefädelt, bis er nicht mehr rutscht. (Variante zum Befestigen: von einem Reißnagel zwickt man mit der Zange den Nagel fast zur Gänze ab, legt ihn auf ein Holzbrettchen und schlägt den Nagelrest mit dem Hammer heraus. Übrig bleibt eine Art kleiner Beilagscheibe, die ebenfalls das Durchreißen des verknoteten Fadenendes verhindern kann – s. Zeichnung.)

In das Rundholzstück wird mit der Rundfeile an einem Ende eine Kerbe gefeilt, in die anschließend das freie Fadenende so geknotet wird, daß es sich leicht drehen läßt – ohne aus der Kerbe zu rutschen! Andererseits darf der Knoten sich im Verlauf des Spielens nicht fester zusammenziehen. Bewährt hat sich die „Lassoschlinge" (vgl. auch die Zeichnung auf S. 256).

Der Waldteufel scheint fertig und gibt doch noch keinen Klang von sich! Hält man die Schnur kurz vor der Schlinge, spannt man sie und dreht den Griff, so erklingt nur ein leises Knarren. Zweierlei können die Kinder, die daneben ein fertiges Instrument sehen und hören, herausfinden:
– Die Saitenschlinge muß sich am Holz stärker reiben. – Dazu reibt man nun ein wenig Kolophonium-Staub in die Kerbe.
– Erst die Schallübertragung durch die Schnur auf den Becherboden sowie die Schallverstärkung durch den Becher bringen den typischen Klang zustande.

Der Waldteufel mag im übrigen nicht immer nur im Kreisflug „herumkrächzen":
– Man kann den Becher mit einer Hand festhalten, mit der anderen die Schnur spannen und den Griff hin und her drehen. (Was geschieht, wenn man dabei die Schnur mehr oder weniger spannt?)
– Man kann den Waldteufel ziemlich freundlich „reden" lassen, wenn man, wiederum den Becher in einer Hand haltend, mit dem Daumen der anderen Hand an der „Saite" zupft. Durch gleichzeitiges Ziehen mit dieser Hand erreicht man eine „Sprechmelodie". Man kann Dialoge versuchen und vielleicht eine Pantomime begleiten.
– Auch „singen" kann der Waldteufel – freilich auf seine Art! Er braucht dazu allerdings einen Streichbogen, der gut mit Kolophonium eingerieben sein muß.

Einen „großen Bruder" des Waldteufels erhält man, wenn man ein Handtrömmelchen, ein Kindertambourin o.ä. (es darf, z.B. durch einen kleinen Riß, für das Trommeln selbst bereits unbrauchbar sein) umbaut: indem man in der Fellmitte ein kleines Loch durchbrennt, durch das – gesichert (s.o.) – eine Darmsaite gezogen wird, an deren anderem Ende man wiederum einen Haltegriff befestigt. Dieses Instrument wird mit einem Bogen gestrichen.

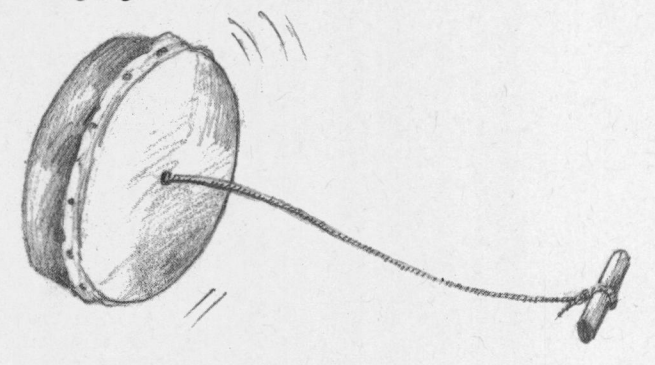

Waldteufel

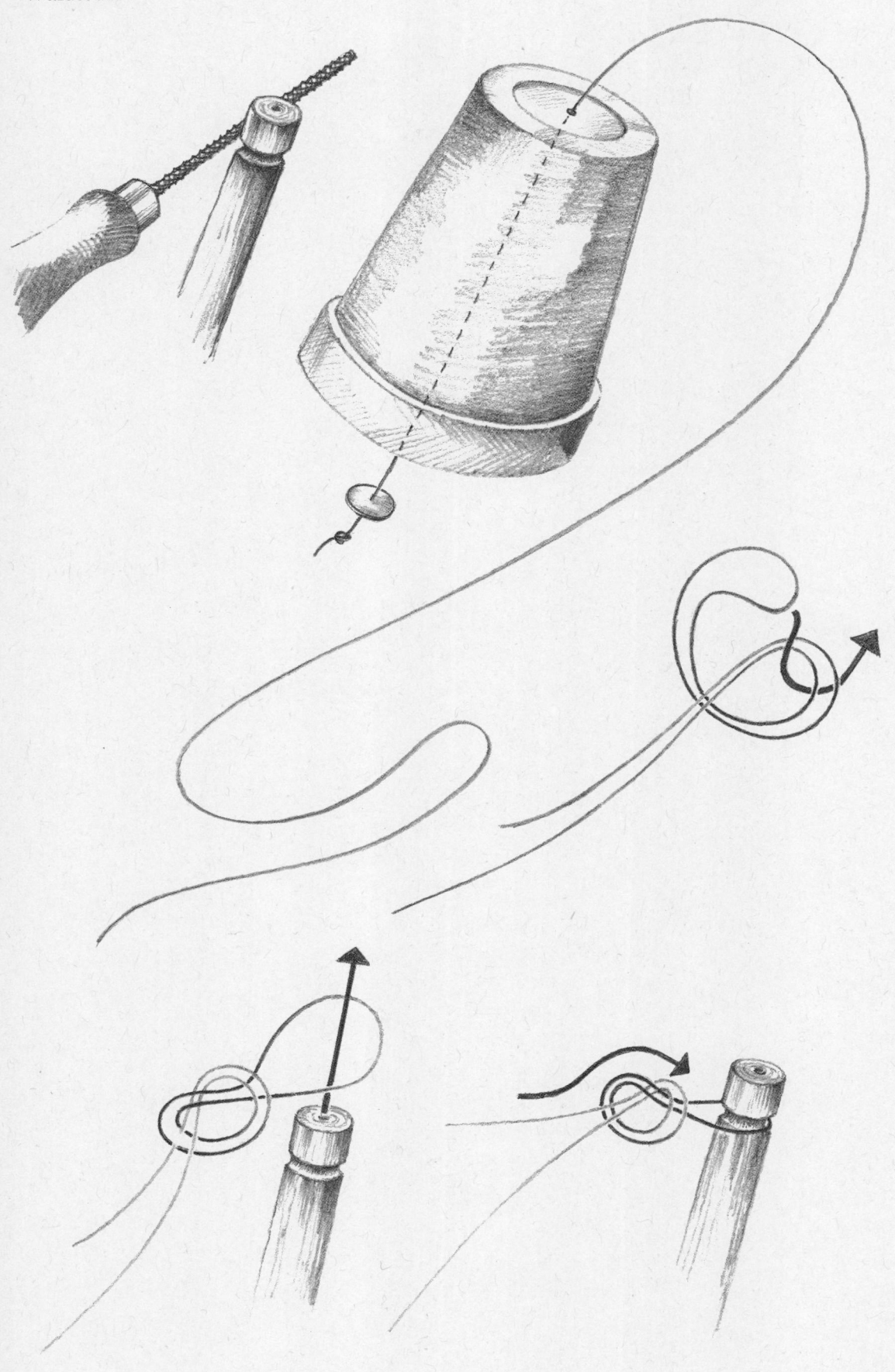

b) Gestaltungsanregungen

20.5 „Naturbild" – ein Hörspiel

- Vogelzwitscher-Instrumente stimmen ein „Morgenkonzert" an.
- Gräser wispern, Bäume knarren, Kobolde kichern ...
- Nord-, Süd-, Ost- und Westwinde treten mit ihren Stimmen (Summscheiben oder Schwirrhölzer) auf ...

Die von den Instrumenten hervorgebrachten Klänge werden die Phantasie der Kinder schnell herausfordern. Tonaufnahmen machen!

20.6 **Der Schaukelstuhl auf der verlassenen Terrasse**

Ich bin ein einsamer Schaukelstuhl
und wackel im Winde,
         im Winde.

Auf der Terrasse, da ist es kuhl,
und ich wackel im Winde,
         im Winde.

Und ich wackel und nackel den ganzen Tag.
Und es nackelt und rackelt die Linde.
Wer weiß, was sonst noch wackeln mag
im Winde,
         im Winde,
                  im Winde.

Christian Morgenstern
© Manesse Verlag, Zürich 1985

20.7 **Wind, Wind!**

Wind, Wind, blase!
Im Felde sitzt ein Hase.
Er frißt den schönen, fetten Kohl.
Wer jagt das kleine Häschen wohl?
Wind, Wind, blase!

Wind, Wind, wehe!
Im Walde sind zwei Rehe.
Das eine groß, das andre klein,
so geht es über Stock und Stein.
Wind, Wind, wehe!

Wind, Wind, brause!
Die Maus sitzt hinterm Hause.
Sie blinzelt da aus ihrem Loch.
Die böse Katze fängt sie doch.
Wind, Wind, brause!

Wind, Wind, heule!
Im Dach wohnt eine Eule.
Die ärgert sich den ganzen Tag,
daß sie kein Mensch mehr leiden mag.
Wind, Wind, heule!

Wind, Wind, leise!
Ein Stern geht auf die Reise.
Und wer ihn sieht dort überm Baum,
dem schenkt er einen schönen Traum.
Wind, Wind, leise!

Gustav Sichelschmidt
© beim Autor

20.8 **Bleib ja zu Haus bei Sturmgebraus**

Bleib ja zu Haus bei Sturmgebraus,
sonst bläst der Wind dich um.
Dann kugelst du, dann kollerst du
bis Dideldideldum.
Und durch den Ort und wieder fort
bis Dideldidelganzgescheit,
dort wohnen lauter kluge Leut'.

Die heben ihren Finger hoch
und sagen es dir noch und noch:
Bleib ja zu Haus bei Sturmgebraus,
sonst ....

Josef Guggenmos
© beim Autor

Klang-Farben und Farb-Töne

M 21

Manche Menschen sehen beim Hören von Musik auch Farben – die Korrelation aber ist subjektiv. Ein und dieselbe Musik wird auch bei mehreren Kindern verschiedene Vorstellungen von passenden Farbtönen erwecken, ebenso wie zu einem bestimmten Farblicht unterschiedliche Klangfarben als passend angesehen werden. Niemals kann man der einen oder der anderen Meinung recht geben.

Farbenlicht und Farbentanz: Man braucht einen Raum, den man genügend abdunkeln kann, oder eine Winterstunde, wenn es draußen schon finster ist.

21.1

Welche *Lieblingsfarben* haben die Kinder? Jedes Kind erzählt von sich und benennt Gegenstände, die seine Lieblingsfarbe tragen und ihm deshalb wahrscheinlich auch besonders „lieb" sind.

Ob jedes Rot gleich aussieht? – Es gibt helles und dunkles Rot, leuchtendes und blasses Rot ... – Man kann eine Farbe aber auch beschreiben, wenn man sie mit etwas anderem vergleicht. Eine solche Beschreibung von Farben, die auch *Erinnerungen und Gefühle, die sich mit Farben verbinden*, ansprechen will, kann sich mit einem bekannten Spiel verbinden. Für jede Farbe wird ein Vergleich gefunden, z.B.

> „Ich sehe etwas, das hat die Farbe der untergehenden Sonne!"
> „Ich sehe etwas, das hat die Farbe des Meeres an seiner tiefsten Stelle!"
> „Ich sehe etwas, das hat die Farbe von grünen Blättern im Frühling!"

Vorankündigung: In der nächsten Stunde soll versucht werden, den Raum „ganz farbig" zu machen. Nicht mit dem Pinsel, sondern mit farbigem Licht! Dann kann man sich und die anderen darin sehen und ausprobieren, wie man sich dabei fühlt. – Die Kinder sollen selbst überlegen, wie man ein solches Licht machen kann. (Vielleicht schlagen sie Taschenlampen und farbiges Vorsatzpapier für Lampen vor.) Sie können ihre technischen Geräte und Lösungsmöglichkeiten beim nächsten Mal mitbringen.

Am Beginn der „Farb-Stunde" wird zunächst die „Technik" besprochen. Was haben sich die Kinder ausgedacht, haben sie etwas mitgebracht? (Dann wird zunächst davon ausgehend probiert und experimentiert ...)

Auch der Lehrer hat etwas vorbereitet! – Die im folgenden beschriebenen technischen Alternativen sollte der Lehrer wiederum – soweit möglich und vertretbar – mit den Kindern zusammen installieren:

1. *Farbendias und Diaprojektor:* Die beiden Glasscheiben eines Dias bemalt man innen mit einem Filzstift (für jedes Dia nur *eine* Farbe verwenden) und tropft etwas Öl auf die Farben. (Auch Finger- oder andere Farben kann man ausprobieren.) Die beiden Glasplättchen werden dann aufeinandergepreßt und mit Tesafilm rundherum so zugeklebt, daß das Farben-Öl-Gemisch nicht ausrinnen kann. Projiziert man das Dia, so entstehen durch die Hitze Schlieren, die sich bewegen: Auf der Projektionswand zeigt sich eine lebendige, bewegte Farbfläche mit einer deutlichen Binnenstruktur, die oft schon wie ein abstraktes, monochromes Bild wirkt.

2. *Overheadprojektor und Farbfolien:* Zwei Folien einer oder ähnlicher Farbe werden projiziert und dabei leicht hin- und herbewegt. Die Projektion an der Wand erscheint dadurch in sich bewegt. Statt der Folien kann man auch Plastiksäcke verwenden, die mit stark gefärbtem Wasser gefüllt sind (sie dürfen allerdings nicht reißen!).

3. *Scheinwerfer mit Farb-Vorsatzscheiben oder farbige Glühbirnen* sind weitere technische Möglichkeiten.

> W i c h t i g : Der Lehrer muß den „Farbzauber" und seine Wirkung unbedingt vor dem Unterricht ausprobieren!

Und wenn es wirklich dunkel und farbig im Raum geworden ist:

> „Jetzt können wir ganz in Rot oder Blau ... sein, uns betrachten, uns erzählen, uns in der Farbe bewegen und darin tanzen, später vielleicht auch eine Musik dazu hören oder selber erfinden ..."

H i n w e i s : Die Kinder können auf das farbige Raumlicht sehr verschieden reagieren – der Lehrer muß „auf alles gefaßt sein":

- auf andächtige Stille und faszinierte Beobachtung der farbigen Hände, der Gesichter ... – dann darf man eine Weile ganz ruhig sein und die Farbe an der Wand, auf dem eigenen Körper, auf den anderen Gesichtern, in der Lichtbahn der Lampe anschauen ...
- auf spontane Heiterkeit, Lachen und lebhaftes Beschreiben von Assoziationen: „Der Martin sieht ja aus wie eine Zitrone." / „Das sieht wie im Feuer aus." / „Blau wie Wasser, da möchte ich am liebsten schwimmen!" – Dann kann der Lehrer auf die sich andeutenden Spiele eingehen, mitspielen und sich darum bemühen, daß ein gemeinsames Spiel entsteht und möglich bleibt.
- Falls die Kinder einmal nicht zu zügeln sind: neutrales Licht anmachen und die Situation besprechen. Oder der Lehrer probiert, wie die Kinder auf einen Farbwechsel reagieren: „Vielleicht kühlt euch ein wenig Blau ab?" ...

Der Lehrer soll sich in jedem Fall vornehmen, völlig offen zu bleiben für jede Art von Reaktionen der Kinder und erst in der entstehenden Situation zu entscheiden, welche Anregungen er geben will. Neben dem Wechsel der Farben und verbalen Impulsen kann auch eine Live-Klangbegleitung animierend wirken.

21.2 Musik malen:
Hier geht es darum, auf fertig eingespielte Musik mit Stift, Kreide oder Fingerfarbe zu reagieren. Als Hörbeispiele bieten sich an:

HB 46 – Hermann Urabl „Erkundung 1 für elektronische Klänge"
HB 47 – Hermann Urabl „Erkundung 2 für elektronische Klänge"

H i n w e i s : Die genannten Hörbeispiele wollen in ihrer kompositorischen Absicht zunächst nicht unbedingt eine bestimmte Farbe akustisch illustrieren. Sie *können* aber dazu anregen, daß sich die Kinder Farbtöne auswählen und ein „Blau-Bild", ein „Rot-Bild", ein „Grün-Bild" usw. malen. Die Hörbeispiele sollen nicht mit großer Lautstärke abgespielt werden! Zwar wurde aus klangtechnischen Gründen ein hoher Aufnahmepegel gewählt – die Wiedergabe sollte jedoch in Zimmerlautstärke erfolgen.

> „Zu der nächsten Musik soll jeder malen – aber nur in einer einzigen Farbe. In der Farbe, von der er glaubt, daß sie zur Musik besonders gut paßt."

Geeignete Farben und Zeichenpapier (auch S. 59 des Kinderbuches kann benutzt werden) liegen bereit. Jede Farbe soll mehrfach vorhanden sein. Ohne jegliche Vor-Zuordnung zu einer Farbe wird ein ausgewähltes Hörbeispiel eingespielt. Zunächst einmal einen Augenblick zuhören!

Erst wenn alle mit dem Malen fertig sind, betrachten wir gemeinsam unsere Bilder.

21.3 Vorschläge für weitere Bilder, die im Sinne des Themas anregend wirken können:

- Pablo Picasso: Ronde de la Jeunesse. Edition Combat la Paix, France
- ders.: Die drei Tänzer, 1925. London, Tate Gallery
- Joan Miró: Leute und Hund vor der Sonne, 1949. Basel, Kunstmuseum

Exkurse | M 22

Der Materialteil schildert Exkurse in ausgewählte Aspekte der Musiktheorie, denen nachzugehen der Lehrer aufgrund der Fragen von Kindern oder sachlicher Anforderungen gewillt sein kann. Weniger in systematischer Vorplanung als anknüpfend an besondere, gleichsam zufällige Vorfälle in einer Gruppe – Kinder blicken z.B. auf ein Notenbild und bemerken darauf neben bekannten auch unbekannte Zeichen – können sie im Unterricht Bedeutung erlangen. Die Vorschläge knüpfen durchweg an inhaltliche und methodische Elemente an, wie sie an früheren Stellen dieses Lehrerkommentars erläutert worden sind, fassen aber auch die jeweiligen Unterrichtswege noch einmal kurz zusammen.

Es ist sehr vom Alter der Kinder und vom Umfang ihrer vorangegangenen Musikerfahrungen abhängig, wann dieser oder jener Exkurs sinnvoll erscheint. Die Entscheidung muß letztlich dem Lehrer überlassen bleiben.

a) Metrum, Rhythmus, Notation – Spiele mit Rhythmuskarten

Die folgenden Spiele und Übungen sind *nicht* als Einführung gedacht, d.h. es müssen bestimmte *Grunderfahrungen* vorausgehen: Dazu gehört die Fähigkeit der Kinder, ein gleichmäßiges Pulsieren (Metrum) zu empfinden und „durchzuhalten", z.B. im Gehen zu Musik, im Klatschen zu Melodien, etc. Auch die an anderer Stelle geschilderte Erschließung der Notenschrift ist eine Voraussetzung.

Die dargestellten Rhythmen sind einfach gehalten, weitere Spiele und Differenzierungen sind leicht zu erfinden. Notenzeichen, die für die Kinder neu sind (z.B. Halbe und Ganze Pause, Halbe Note, Dreiviertelnote, Sechzehntelgruppe usw.) können mit Hilfe der Übungen eingeführt bzw. durch die angegebenen Übungen verständlicher gemacht werden.

H i n w e i s : Alle folgenden Motive sind als *Ostinati* zu verstehen, d.h. die Notenwerte werden hintereinander in unmittelbarem Anschluß mehrmals wiederholt.

22.1 Vier Grundschläge als Ausgangsmaterial

Der Lehrer (dann auch ein Kind) zeigt gleichmäßig von Note zu Note, die Kinder sprechen mit („ta", „tate"), oder sie klopfen oder klatschen.

22.2 Metrum mit Wechsel der Aktionsform

Für die tiefgestellte Karte wird eine besondere Aktion vereinbart, z.B. patschen (wenn sonst geklatscht wird). Die Kinder bestimmen, welche Karte jeweils tiefgestellt wird.

22.3 Zwei Aktionsformen gleichzeitig

An der entsprechenden Stelle erfolgt eine zusätzliche Aktion, die man vorher verabredet hat – ausgeführt durch ein einzelnes Kind oder einen Teil der Gruppe. Auch hier Variation durch Platzwechsel der zusätzlichen Karte.

22.4 4/4-Takt, 3/4-Takt, Taktwechsel

Die Kinder sprechen wieder mit („ta"), und sie klatschen zusätzlich bei der „Eins". Das letzte Kärtchen wird im *laufenden Spiel* zeitweise weggenommen und wieder angefügt. (Das Empfinden des Schwerpunktwechsels wird angeregt, ob nun der Lehrer von „Taktwechsel" spricht oder nicht.)

⇐ *Lied mit Taktwechsel: „Kein Tierlein ist auf Erden", S. 138*

Viertelpause 22.5

Das letzte Kärtchen wird mit einem leeren Kärtchen zeitweise abgedeckt. Der Unterschied zur vorangegangenen Übung wird besprochen. Dann wird das leere Kärtchen durch ein Pausenzeichen ersetzt.

Weitere Pausenkärtchen werden dazugenommen.

Mit neuen Notenwerten 22.6

Die in den vorangegangenen Beispielen beschriebenen Spiele und Variationen werden auch mit neuen Notenwerten durchgeführt.

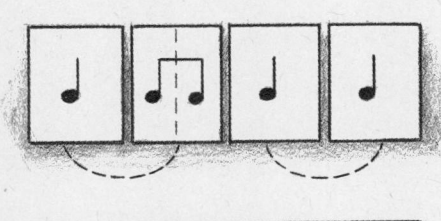

Auch für Punktierungen und lange Notenwerte bieten sich in der Arbeit mit Kärtchen Wege, die die zeitlichen Proportionen jenseits mathematischer Erklärungsversuche für die Kinder sinnfällig machen können.

Über die Rhythmussprache kommt man von bekannten Gruppierungen wie z.B.

♩ ♫ ♩ ♩
ta ta-te ta ta

über visuelle (s. Abbildung) und lautliche Brücken

♩‿♫ ♩‿♩
ta - a-te ta - a

zur gültigen schriftlichen Lösung:

♩. ♪ ♩
ta -a-te ta - a

Komplexe Ostinatoschichtungen 22.7

Die vertikale Schichtung von Kärtchen macht das Prinzip der Partitur weiter deutlich. Bei einem behutsamen Aufbau ist es möglich, bis zu relativ komplexen Ostinatoschichtungen zu gelangen.

b) Zusammenklänge

In diesem Exkurs geht es um Zusammenklänge: von vielen Tönen, von drei oder nur zwei Tönen. Die Tongeschlechter Dur und Moll sind berührt, und ebenso der Klangcharakter und die Bezeichnungen von Intervallen. Der Lehrer entscheidet selbst, in welchem Ausmaß er die Kinder im streng fachlichen Sinn informiert.

Voraussetzungen: Die Kinder sollen neben rhythmischen und melodischen Grunderfahrungen das Spiel auf verschiedenen Instrumenten (u.a. Stabspiele, Klangbausteine) schon kennen.

22.8 Viele Töne klingen zusammen („Cluster")

Spielideen:
- Wir schlagen viele Töne zur gleichen Zeit an: auf Xylophonen, Metallophonen und Klangbausteinen / auf dem Klavier (mit der Hand oder dem Unterarm die Tasten herunterdrücken). Dadurch entsteht ein besonderer Klang, ein *Cluster*.
- Viele Kinder singen gleichzeitig einen Ton, jedes einen anderen.
- Kirchenglocken klingen durcheinander, jede in ihrem eigenen regelmäßigen Tempo (*Grundschlag, Metrum*). Am Ende erklingen alle „Glocken" auf einen Schlag.
- Alle Kinder gehen in möglichst gleichmäßigen Schritten im Raum umher und spielen dazu auf einem Klangbaustein. Sie finden sich zu einem Kreis zusammen. Wie zu einer „Begrüßung" schlagen alle gleichzeitig ihr Instrument an. Wenn der Cluster verklungen ist, löst sich der Kreis auf, alle gehen wieder ihren Weg.
- Verabredungen: Die „kleineren" und dann die „größeren" Klangbausteine spielen gleichzeitig. / Zwischen einem Einzelton und dem Clusterspiel wird abgewechselt. / Ein Cluster wird nach jedem Erklingen um einen weiteren Ton „ausgedünnt", bis nur noch ein einziger Ton übrigbleibt. / Dann läuft das Spiel umgekehrt: Der Cluster wird dichter und dichter ...

Zusammenfassung: Ein „Cluster" (engl. Traube, Haufen, Schwarm) entsteht, wenn viele benachbarte Töne gleichzeitig klingen.

22.9 Drei Töne klingen zusammen („Dreiklang")

Spielideen:
- Die Kinder probieren aus: Wie klingen „Drei-Klänge"? (Zu dritt mit je einem Schlägel auf einem Metallophon oder jeder auf einem Klangbaustein spielen.)
- *Besondere Dreiklänge* ergeben sich, wenn auf einem Stabspiel (einer Tastatur) zwischen den angespielten Stäben (weißen Tasten) je ein Ton ausgelassen wird.
- Ein, zwei oder drei Kinder spielen den Dreiklang C-E-G am unteren Ende des Stabspiels und lassen ihn langsam „wandern", bis er das obere Ende des Instruments erreicht hat.
- Lied: „What shall we do with the drunken sailor?" Die Kinder begleiten das bekannte Lied (Melodie auf d) mit den Dreiklängen D-F-A und C-E-G, wobei der Lehrer die konkrete Fassung der Begleitstimmen entsprechend den Fähigkeiten der Kinder selbst bestimmt.
- Die Kinder schreiben die Dreiklänge auf ein Notenblatt. Die Abstände der Dreiklangstöne werden hierbei noch einmal verdeutlicht. Eine unterscheidende Definition von „*Dur*" und „*Moll*" in der Musikalischen Grundausbildung bleibt dem Lehrer überlassen.
- Drei Gruppen werden gebildet, jede singt einen Dreiklangston. Der Lehrer, später ein Kind, zeigt durch Handzeichen jeder Gruppe ihren Ton. Wenn eine Gruppe wechselt, muß eine andere „nachrücken" – der Dreiklang soll vollständig bleiben!

Zusammenfassung: Wenn drei Töne zusammen klingen, nennt man dies einen „Dreiklang".

Zwei Töne klingen zusammen (Zweiklänge, „Intervalle") 22.10

Spielideen:
– Die Kinder gehen mit Klangbausteinen im Raum umher. Spielend und hörend sollen sie einen Partner finden, dessen Ton mit dem ihren einen interessanten Zusammenklang bildet. Alle Tonpaare werden verglichen, wobei man feststellt, daß die Zusammenklänge recht unterschiedlich sind.
– Intervalle unterscheiden: Der Lehrer schlägt zwei Töne zunächst nacheinander, dann gleichzeitig an. Die Kinder suchen die Töne auf einem Stabspiel oder singen (solmisieren) das Intervall.
– Die Kinder sollen zunächst eigene Möglichkeiten finden, um Intervalle zu beschreiben. Anschließend teilt der Lehrer mit, daß es für die verschiedenen Zusammenklänge von zwei Tönen bestimmte Fachwörter gibt, z.B. die „Terz": Der „erste" und der „dritte" Ton (in einer diatonischen Reihe auf dem Stabspiel; auf weißen Tasten) klingen hier zusammen.
  • Terzgänge findet man in den Begleitsätzen der Lieder „Na Bahia tem" und „Es führt über den Main" (S. 180 und S. 369).
  • Viele Lieder beginnen mit einem Terzsprung.
  • Singen von Tonleitern im Terzgang: Ein Teil der Kinder singt die Leiter von do nach do' und zurück. Die anderen Kinder singen (im Kanon) zwei Töne später.

In ähnlicher Weise können andere einzelne Intervalle für eine kurze Zeit in den Mittelpunkt des Interesses rücken.

> Leichten Zugang zu den Intervallen finden Unterrichtsgruppen, in denen solmisiert wird. Die Kinder können sich darin üben, zweistimmig zu solmisieren (einzelne Intervalle; leichte zweistimmige Tonverläufe) und sich in den Klang der Intervalle hineinhören.
>
> Später kommt ein neues Begriffssystem hinzu, das die Tonbeziehungen nicht mehr einzeln benennt, sondern sie verallgemeinert: Die Tonbeziehungen so-mi, fa-re, la-fa usw. haben den gleichen Namen: Terz. So-do (fallend) und mi-la (fallend) heißen Quinte. Etc.

c) Wege in die Chromatik

Ein umfassendes Verständnis für das System unseres abendländischen Tonmaterials kann in der Musikalischen Grundausbildung nicht ausgebildet werden, doch ist es möglich, eine Reihe von Erlebnissen und Einsichten zu vermitteln, die einen Grund legen für ein späteres Weiterlernen. Die Schwierigkeit der hier ausgeführten Thematik ist, daß die uns Erwachsenen einleuchtende Systematik und Logik das Kind nicht interessiert. Es ist zwar in der Lage, bestimmte Bezeichnungen und Erklärungen „im Voraus" zu lernen, doch wird sich das Wissen des Kindes mit seiner Hörerfahrung nur in seltenen Fällen verbinden. Dennoch werden fünf Wege empfohlen, die auch einzeln begangen werden können. Vor jeder Überbewertung des Inhalts dieses Exkurses muß aber gewarnt werden.

Töne „von ganz unten bis ganz oben ..." werden von den Kindern von Beginn der Musikalischen 22.11
Grundausbildung an erlebt. Der noch nicht durch Stufen oder Leitern gegliederte *Tonraum* reicht von ganz tiefen (dunklen) Tönen bis zu ganz hohen (hellen). In diesem Raum können sich Kurven und Linien bewegen, die dabei ihre Farbe (Chroma) verändern. Kinder erleben das ohne weiteres Nachdenken, wenn sie Glissandi singen oder die Lotosflöte erkunden.

Das bewußte Erleben der chromatischen Skala bahnt sich z.B. mit folgenden Aktivitäten an:
– wenn Kinder alle Töne des Klaviers – einen nach dem anderen – spielen und auch Glissandi im Inneren des Flügels ausführen,
– wenn sie z.B. das chromatische Stabspiel oder die Tastatur des Klaviers und demgegenüber die Tonreihe diatonischer Stabspielinstrumente sehen und Vergleiche anstellen,
– wenn Kinder in Verbindung mit der grafischen Notation Melodiespuren als Kurven, Ketten etc. in tonhöhenorientierte Räume oder Felder malen und auf entsprechenden Instrumenten oder mit der Stimme musizieren.

22.12 **Bekannte Melodien werden von verschiedenen Tonhöhen aus auf Instrumenten gespielt:** Dabei lernen die Kinder Vorgänge des Transponierens kennen (z. B. S. 53f., 308). Versetzen sie eine Melodie auf neue Anfangstöne, kann es sein, daß sie feststellen, daß einige Töne nicht „richtig" klingen und besser durch andere Töne, die zwischen den „*Stammtönen*" liegen, ersetzt werden sollten.

⇐ *Am Klavierstück „Zu Dritt am Klavier" (M 18.5, S. 381) kann gezeigt werden, wie im ersten Teil Ober- und Unterstimme auf weißen, im zweiten Teil auf schwarzen Tasten, einen Halbton nach oben gerückt, spielen.*

22.13 **Die Kinder entdecken Vorzeichen in Musikalien und auf Instrumenten.** – Dies kann ein Anlaß sein, ♯, ♭ und ♮ zu benennen und ihre Funktion kennenzulernen.

Beispiele in diesem Unterrichtskonzept:
- „Zu dritt am Klavier" (S. 381)
- „Eisenbahn-Blues" (S. 336ff.)
- Lied „O weh" (S. 423)
- Lied „Das sind doch dumme Sachen" (S. 424)
- Béla Bartók „Tagebuch einer Fliege" (vgl. S. 83f.; nicht notiert)

Aktivitäten im Anschluß

Die Kinder
- ordnen einen chromatischen Satz von Stäben eines Stabspiels oder von Klangbausteinen, wobei sie auch die Aufschriften lesen;
- lesen und benennen eine an der Tafel notierte chromatische Tonfolge (aufwärts mit ♯, abwärts mit ♭ notiert);
- improvisieren und gestalten auf chromatischen Instrumenten (auch chromatisch gestimmten Flaschen) kleine Stücke mit Ausschnitten aus der chromatischen Tonleiter, auch Stücke zu selbstgefundenen Titeln.

O weh, o weh ...

22.14

Das Singen von Liedern mit chromatischen Wendungen stellt erhöhte Forderungen an ein sauberes Intonieren. Auf den Tasten des Klaviers können die besonderen Tonfolgen anschaulich gemacht, der saubere Klang der Stimmen kann hiervon ausgehend geprüft werden.

2. O weh, o weh,
   was sitzt denn da im Schnee?
   Es ist ein Schwein,
   das friert dort Stein und Bein.

3. O weh, o weh,
   was sitzt denn da im Schnee?
   Es ist ein Hahn,
   der fängt zu krähen an.

4. O weh, o weh,
   was sitzt denn da im Schnee?
   Es ist ein Star,
   der in Ägypten war.

5. O weh, o weh,
   was sitzt denn da im Schnee?
   Es ist ein Spitz,
   lacht über einen Witz.

Text und Musik: Hermann Regner
© B. Schott's Söhne, Mainz

Die Kinder erfinden weitere Strophen.

22.15 Das sind doch dumme Sachen

1. Das sind doch dumme Sachen, das kann ja gar nicht sein, das ist ja wirklich lächerlich: Ich traf ein Kuk-kucks-schwein.

2. Ich traf auch einen Spatzhopf,
   der sang im Sonnenlicht
   und schlug auf einen alten Topf,
   ein Mondkalb sah ich nicht.

3. Ich sammle selt'ne Tiere
   und such' sie weit und breit.
   Und triffst du wo ein Donnerhuhn,
   dann sag mir schnell Bescheid!

Text: Catarina Carsten/Musik: Hermann Regner
© B. Schott's Söhne, Mainz

d) Baßschlüssel

Die Funktion von Notenschlüsseln im Fünfliniensystem können die Kinder in der Musikalischen Grundausbildung an verschiedenen Beispielen erfahren: anhand des Violinschlüssels (vgl. 9. Thema „Jeder spielt, so gut er kann ..."), aber auch im Zusammenhang der Relativen Solmisation.

Irgendwann taucht im Bewußtsein der Kinder auch der Baßschlüssel auf ...

Wenn Kinder auf den Baßschlüssel stoßen ... 22.16

– Wenn sie sich mit Stimmen und Instrumenten beschäftigen, die „tief hinabreichen",
– mit Posaune, Tuba oder Pauken zu tun haben (vgl. 12. Thema „Brücken bauen ...") und dabei hören, daß diese Instrumente im Baßschlüssel notiert werden,
– diesen Schlüssel neben dem Violinschlüssel in Klaviernoten entdecken ...,

kann der Lehrer im Anschluß auf den Baßschlüssel genauer zu sprechen kommen.

An der Tafel können Beispiele die Schwierigkeit aufzeigen, mit mehreren *Hilfslinien* unter und über dem *Fünfliniensystem* zu arbeiten.

Aber die Vermehrung von Notenlinien bringt wegen der entstehenden Unübersichtlichkeit offenbar keine Lösung. Wie soll ein Musiker in der folgenden Notation herausfinden, welche Töne er genau spielen soll?

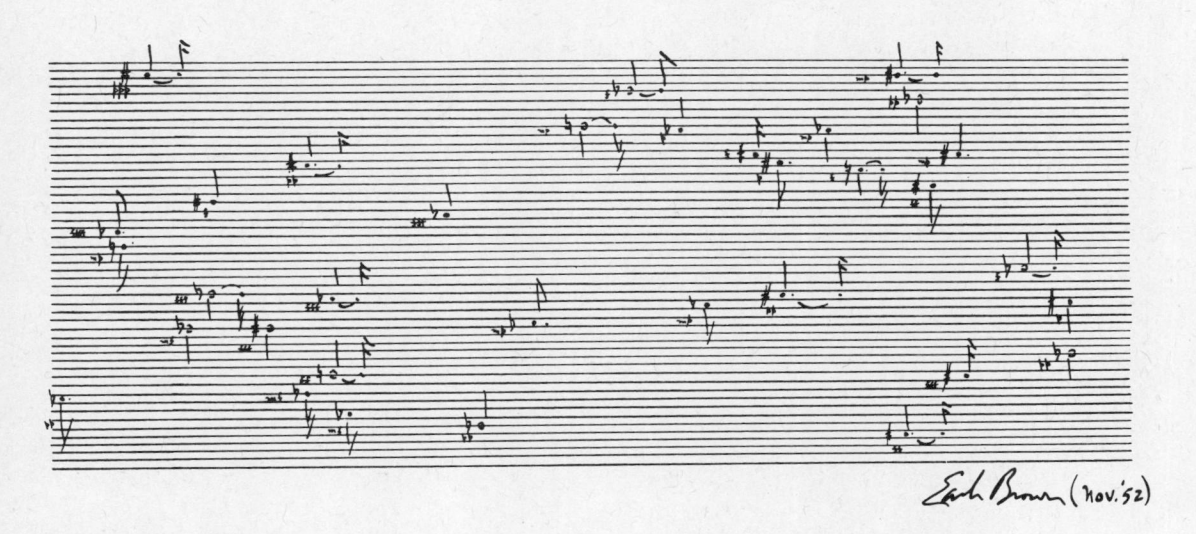

Notation: Earle Brown
© Bote & Bock, Berlin

H i n w e i s : Die Notation von Earle Brown will in Wirklichkeit ihren Interpreten nur Anregungen geben, Entscheidungen über zu spielende Instrumente, Tempo, Dynamik, absolute Tonhöhe aber ihnen überlassen! – Es ist jedoch nicht notwendig, den Kindern *diesen* Hintergrund zu schildern.

Der beste Weg zum Baßschlüssel scheint die Notation von Melodiekurven zu sein, die das c' umspielen.

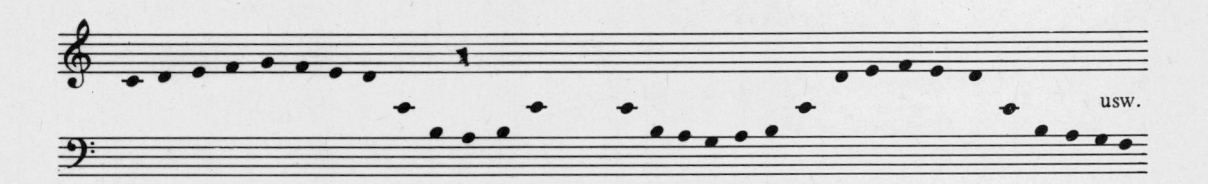

Vom c' aus kann man bis zum Ton f führen und diesen den Kindern als einen neuen, mit Hilfe des F-Schlüssels im Notensystem orientierenden Ton vorstellen. – Annäherung an das Symbol:

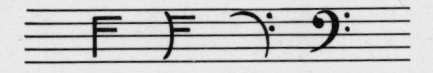

e) Wir lernen italienisch

22.17 **Wörter der musikalischen Fachsprache** werden von Musikern in der ganzen Welt verwendet. Einige Wörter werden die Kinder schon kennen, z.B. forte, piano, crescendo, decrescendo, Tutti und Solo. Wie steht es aber z.B. mit mezzoforte, fortissimo, Allegro, Sonate, un poco oder molto?

Im eigenen Singen, Musizieren und Tanzen sollte der Lehrer die „Fachsprache" mit benutzen und von Mal zu Mal spielerisch in die Unterrichtsaktivitäten einbeziehen, ohne einen lexikalischen Wortschatz anzustreben. Wenige gegensätzliche Wortpaare „einzuspielen" ist besser, als den Kindern eine überfordernde Wortfülle vorzustellen. Anregungen:
- Ein Dirigent zeigt, erklärt aber auch mit jenen Worten, die Musiker gerne benutzen.
- Auf Kärtchen werden auch Fachzeichen und -begriffe notiert und in die Spiele mit anderen Kärtchen einbezogen.
- Zeichen und Wörter der Musik-Fachsprache werden, mit ihren jeweiligen Bedeutungen in der Umgangssprache, auf einem Übersichtsblatt im Sammelheft festgehalten.

Leichte Tänze für Kindergruppen | M 3

a) Einige allgemeine Tips zur Einführung von Tänzen

Ganz leichte Tänze können gleich gemeinsam versucht werden – die Kinder bemühen sich, den Lehrer zu imitieren. Nach einigen Wiederholungen haben es meist alle verstanden.

In den Ablauf einer schwierigeren Tanzform müssen die Kinder eingeführt werden. Die Bewegungsmotive werden Stück für Stück gelernt (man kann mit dem lustigsten, schwierigsten oder leichtesten Teil beginnen). Die Melodie der Teile wird in diesem Fall vom Lehrer gesungen.

Mit Hilfe des Lehrers beschreiben die Kinder später den Ablauf der Musik.

Eine Hilfe bei der Tanzerarbeitung kann es auch sein, wenn der Lehrer zwei Hand- oder Fingerpuppen als Vortänzer einsetzt, die dann im Gespräch miteinander den Kindern erklären und zeigen, was zu tun ist.

b) Die Tänze (vgl. dazu HB 1–6)

Hinweis: Die folgenden Tanzbeschreibungen werden zweifach gegeben (Ausnahme Polonaise)

a) als vereinfachte, spielgerechte Tanzbeschreibungen

Sie entfernen sich nicht vollständig vom Originaltanz, sondern können schon als methodisch gedachte Vor- und Zwischenformen angesehen werden. An ihnen können zum einen, für das Kind fast unmerklich, Schritte, Handfassungen, Raumformen, Richtungswechsel, rhythmische Motive im Tanzverlauf etc. geübt werden, wie sie auch im Rahmen der Original-Tanzform Bedeutung haben. Zum andern wird von den Kindern in jedem Fall bereits die Musik in Charakter und Gliederung erfaßt.

b) als überlieferte Tanzbeschreibungen

Sie werden hier allerdings angepaßt an die Möglichkeiten des Tanzens mit Vorschulkindern erläutert. Diese Tanzfassungen können, wenn Vertiefung erwünscht ist, angestrebt werden.

Polonaise – HB 1: Mit ihr kann ein Fest, eine Elternmitmachstunde, eine Stunde nach längeren Ferien beginnen.   3.1

Das Hörbeispiel enthält mehr als acht Minuten Musik, um zu zweit (paarweise hintereinander) oder in einer Schlange durch den Raum zu spazieren.

Vielleicht haben wir vorher einige Hindernisse (die leicht zu überwinden sein müssen!) im Raum aufgebaut. Wir können um sie herum gehen, unten durch oder darüber steigen. So wird der Weg abwechslungsreicher.

Gehen kann man bei der Polonaise auf sehr verschiedene Weise, z. B.

- hoch aufgerichtet, nach allen Seiten grüßend,
- klein, gebückt,
- leise, schleichend,
- laut, stampfend,
- über eine Bank balancierend (oder auf einem Stück des roten Fadens, in einem Teil des Raumes).

Der Raum kann uns bei der Polonaise auch zu klein werden: Wir gehen dann auf den Flur – aber nur so weit, daß wir die Musik noch hören können.

Wenn die Eltern mittanzen, können wir kleine Formen wagen:

- Beim Rückweg in den Raum bildet das erste Paar ein Tor, durch das alle durchgehen. Jetzt führt das zweite Paar.
- Schwieriger: Jedes Paar, das durchgegangen ist, bildet nach dem ersten Tor ein zweites, drittes usw. – Wenn auf diese Weise zum Schluß alle stehen, lösen sie ihre Handfassung, und das erste Paar beginnt durch die Gasse zu laufen oder zu galoppieren. Die Stehenden klatschen dazu.
- Nun kann eine Weile paarweise hintereinander hergegangen und dann zu einer Schlange durchgefaßt werden.

Jetzt können wir

- eine Schnecke laufen,
- eine Acht,
- uns um die Hindernisse herumschlängeln und in einem großen Kreis enden.

Wenn die Musik immer noch spielt, kann ein Kind in die Kreismitte treten und allen etwas vortanzen. Die anderen klatschen oder stampfen dazu im Takt.

3.2 Indo Eu (Melodie und Tanz aus Portugal) – HB 2

Vorspiel: 4 Takte

Ⓐ-Teil: 2 x 4 Takte

Ⓑ-Teil: 4 x 2 Takte

Ⓐ-Teil: 2 x 4 Takte

Ⓑ'-Teil: 4 x 2 Takte

Ablauf des HB: (Vorspiel) ⒶⒷⒶ'Ⓑ' – ⒶⒷⒶ'Ⓑ' – ⒶⒷⒶ'Ⓑ' – ⒶⒷⒶ'Ⓑ'

a) Spielform

Vier Tanzteile sind zu unterscheiden:

Ⓐ-Teil: Alle Kinder gehen im Raum (evtl. in Raummitte zentrieren) durcheinander.

Ⓑ-Teil: (= „hohe" und „tiefe" Musik): Jedes Kind wendet sich einem anderen zu und begrüßt es.

Ⓐ-Teil: Alle klatschen, stampfen, rümpfen die Nase, wackeln mit dem Kopf usw.

Ⓑ'-Teil: Zu zweit – es soll niemand alleine bleiben – rundherum tanzen.

Ein Dialog zwischen den genannten Puppen kann das Problem des Partnerfindens im 4. Teil aufgreifen:

1. Puppe: „Und wenn ich niemanden zum Tanzen finde?"

2. Puppe: „Dann kannst du beide Arme in die Höhe strecken, damit dich alle gut sehen. Dann findest du sicher schnell jemanden."

1. Puppe: „Das will ich gleich mal ausprobieren, und die Kinder können gleich mitmachen. Und weißt du: Ich werde lieber auch noch ‚Hallo!' rufen!"

b) Überlieferte Tanzbeschreibung

Anfangsstellung: Geschlossener Kreis, jedoch in vorher verabredeten Paaren. Hände gefaßt, Tanzrichtung nach rechts.

Der Tanz gliedert sich in vier Teile:

Ⓐ-Teil: 16 Schritte auf der Kreislinie vorwärts gehen.

Ⓑ-Teil: „Tiefe" Musik – 4 Schritte tief gebeugt gehen,
„hohe Musik – 4 Schritte hoch aufgerichtet gehen.
Wiederholung dieses Teils.

Ⓐ'-Teil: Zum eigenen Partner wenden und in dessen Hände klatschen: ♩ ♩ ♩,
zum anderen Nachbarn wenden und in dessen Hände klatschen: ♩ ♩ ♩
Wiederholung dieses Teils.

Ⓑ'-Teil: 4 Schritte tief gebeugt in Kreismitte gehen,
4 Schritte hoch aufgerichtet rückwärts aus dem Kreis heraus.

Wiederholung dieses Teils.

Beschreibung b) in Anlehnung an einen überlieferten Tanz, beschrieben von Heidi Weidlich auf FidulaFon 1261, Fidula-Verlag, Boppard/Rhein
Satz auf der MusiCassette: Hermann Urabl

3.3 Teppichknüpfen (Melodie und Tanz aus Südfrankreich) – HB 3

Vorspiel: 2 Takte

Ⓐ-Teil 2 x 4 Takte

Ⓑ-Teil 2 x 4 Takte

Ablauf des HB: (Vorspiel) ⒶⒷ – ⒶⒷ – ⒶⒷ' – ⒶⒷ' – ⒶⒷ – ⒶⒷ – ⒶⒷ' – ⒶⒷ'

Ⓐ', Ⓑ' = Transposition nach B-Dur

a) Spielform

Ⓐ-Teil: Im Kreis herumgehen (vorher einen Partner verabreden).

Ⓑ-Teil: Jeder nimmt sich nach Wunsch einen Partner und tanzt, klatscht, stampft, dreht mit ihm. – Dabei kann der Rhythmus ♫ ♩ mit Händen und Füßen verwendet werden.

Variation: In der Raummitte steht ein Podest oder liegt ein Reifen. Ein Kind macht dort Tanzbewegungen vor, alle machen nach.

b) Überlieferte Tanzbeschreibung

Anfangsstellung: Geschlossener Kreis. Hände gefaßt, Tanzrichtung nach rechts.

Der Tanz gliedert sich in zwei Teile.

Ⓐ-Teil: Vorwärts gehen, Arme schwingen nach innen und außen (innen betont).

Ⓑ-Teil: Zur Mitte gewendet, am Platz:
Wechselsprünge: gestreckte Beine abwechselnd vorwerfen.
Rhythmus: ♫ ♩ z. B. rechts hoch – links hoch – rechts hoch –
und in der Luft stehen lassen
links hoch – rechts hoch – links hoch –
und in der Luft stehen lassen
usw. (wobei es nicht wichtig ist, mit welchem Bein man beginnt).

Variation und Vereinfachung: Nur im Rhythmus klatschen, stampfen, patschen, auf die Nase tippen, an den Ohren ziehen, sich am Platz drehen etc.

Beschreibung b) in Anlehnung an einen überlieferten Tanz, beschrieben von Heidi Weidlich auf FidulaFon 1260, Fidula-Verlag, Boppard/Rhein
Satz auf der MusiCassette: Hermann Urabl

Kreuztanz (Melodie und Tanz aus Polen) – HB 4   3.4

Vorspiel: 4 Takte

Ⓐ-Teil: 2 x 4 Takte

Ⓑ-Teil: 3 x 8 Takte
(immer schneller werdend)

Ablauf des HB: (Vorspiel) ⒶⒷ – ⒶⒷ – ⒶⒷ

a) Spielform

Am frühen Morgen schlafen alle Kinder noch (evtl. im Reifen liegend).

Ⓐ-Teil: Nach und nach wachen die Kinder auf, rekeln und strecken sich, werden größer, stehen auf und...

Ⓑ-Teil: ...sind nun alle munter und übermütig und hüpfen im ganzen Raum herum, sinken aber nach dem anstrengenden Tanztag – wo sie gerade sind – müde ins Bett (einen anderen Reifen) zurück.

...aber am nächsten Morgen wachen alle wieder auf und sind den ganzen Tag mit Tanzen und Hüpfen dabei!

b) Überlieferte Tanzbeschreibung

Anfangsstellung: Zu viert mit Kreuzfassung, auch als Mühlenfassung bezeichnet (s. Abb.), äußerer Arm rund hoch gehalten. Oder aber Kreis, durchgefaßt (Ⓐ-Teil), Tanzrichtung nach rechts (später mit Richtungswechsel).

Abb.: „Mühlenfassung" (Kreuzfassung) – zu viert im Carrée – zum Kreuztanz aus Polen

Ⓐ-Teil: 8 langsame Gehschritte zum Grundschlag im Kreis nach rechts,
8 langsame Gehschritte im Kreis nach links
(oder erleichtert: 16 Schritte nur in eine Richtung).

Ⓑ-Teil: Zur Kreismitte wenden, Hände seitlich eingestützt:
3 kleine beidbeinige Sprünge (Schlußsprünge) vorwärts,
3 kleine Schlußsprünge rückwärts,
3 kleine Schlußsprünge mit einer schnellen Drehung rechts herum,
3 kleine Schlußsprünge mit einer schnellen Drehung links herum.
Rhythmus der Sprünge ♩ ♩ ♩, Betonung nach unten, den dritten (letzten) Sprung jeweils mit Patschen begleiten.
Die Sprungfolge wird dreimal wiederholt, und zwar immer schneller.

Beschreibung b) in Anlehnung an einen überlieferten Tanz, beschrieben von Heidi Weidlich auf FidulaFon 1260, Fidula-Verlag, Boppard/Rhein
Satz auf der MusiCassette: Hermann Urabl

Walliser Ziberli (Melodie und Tanz aus der Schweiz) – HB 5 3.5

Die Musik gliedert sich in zwei Teile:

Vorspiel

Ⓐ-Teil: 2 x 4 Takte

Ⓑ-Teil: 8 Takte

x = „Ziberlihupf" (in überlieferter Tanzfassung beschrieben)

Ablauf des HB:
(Vorspiel) ⒶⒷ – ⒶⒷ – Ⓐ'Ⓑ'.

Ⓐ', Ⓑ' = Transposition nach A-Dur

a) Spielform

Dieser Tanz ist so einfach und klar im Aufbau, daß man keine eigene Spielform erfinden muß, um ihn spontan tanzen zu können. Es empfiehlt sich dann nur, etwas freier mit den Motiven umzugehen:

Ⓐ-Teil: Die Kinder fassen sich an beiden Händen und drehen so miteinander.

Ⓑ-Teil: Der Ziberlihupf wird durchgehüpft:

♩ – „Ziberlihupf" (= ein Sprung auf beide Beine, aber in Schrittstellung) rechter Fuß vor – linker Fuß zurück,

♩ – „Ziberlihupf" linker Fuß vor – rechter Fuß zurück,

usw.

Die Kinder können angefaßt bleiben, was ihnen beim Springen mehr Stabilität verleiht.

b) Überlieferte Tanzbeschreibung

Anfangsstellung: Paarweise in Reihen aufgestellt.

Der Tanz gliedert sich in zwei Teile.

Ⓐ-Teil: Rechte Handflächen gegeneinander (nach Möglichkeit auch die Unterarme) – mit 8 Gehschritten umeinander herum gehen.
Linke Handflächen gegeneinander – mit 8 Gehschritten links umeinander herum gehen.
Am Schluß Fassung lösen, Hände seitlich einstützen.

Ⓑ-Teil: …beginnt mit einer Tanzpause

♩ – „Ziberlihupf" (vgl. Notenbild)
rechter Fuß vor – linker Fuß zurück, dabei einmal klatschen,

…Pause

♩ – „Ziberlihupf" linker Fuß vor – rechter Fuß zurück, dabei einmal klatschen,

…Pause

♩ – „Ziberlihupf" rechts, klatschen,

♩ – „Ziberlihupf" links, klatschen,

♩ – „Ziberlihupf" rechts, klatschen,

♩ – „Ziberlihupf" links, klatschen,

♩ – einen Schlußsprung zum Abschluß, klatschen und mit Teil Ⓐ wieder beginnen.

Beschreibung b) in Anlehnung an einen überlieferten Tanz, aufgezeichnet von Albert Gos, beschrieben von Martin Wey auf swisspan 17004, Verlag Musikhaus Pan AG, Zürich
Satz auf der MusiCassette: Hermann Urabl

3.6 Pash – Pash (Neuer Tanz für Kinder) – HB 6

Die Musik gliedert sich in zwei Teile:

Vorspiel

Ⓐ-Teil: 4 x 2 Takte

Ⓑ-Teil: 2 x 4 Takte

Ablauf des HB:
(Vorspiel) ⒶⒷ - ⒶⒷ - ⒶⒷ - ⒶⒷ.

a) Spielform

Ⓐ-Teil: Die Kinder stehen sich in zwei Reihen gegenüber, als Tänzer und Zuschauer. Über die ganze Länge des Ⓐ-Teiles tanzen die Tänzer den anderen am Platz etwas vor. Die Zuschauer klatschen entweder an den vorgesehenen Stellen (das ist in der Musik deutlich zu hören) oder im Takt die ganze Zeit hindurch.

Ⓑ-Teil: Er kann dem Ⓑ-Teil der überlieferten Tanzbeschreibung (s. u.) gleichen – doch wird der Kinderhüpfer als Bewegungsart empfohlen. Der Platzwechsel der Reihen wie im Ⓑ-Teil. Wiederholung entfällt allerdings.

Beim nächsten Ⓐ-Teil wechseln Tänzer und Zuschauer die Rollen.

b) Überlieferte Tanzbeschreibung

Anfangsstellung: Paarweise gegenüber in Reihen aufgestellt – ohne Fassung. (Eine Reihe ist jeweils in Bewegung, die andere bleibt am Platz und klatscht.)

Die Musik gliedert sich in zwei Teile, der Tanz in drei, da bei der Wiederholung des Ⓑ-Teils ein weiterer Bewegungsablauf dazukommt.

Ⓐ-Teil: Er gliedert sich in 4 x 2 Takte, die jeweils mit zwei Klatschern abgeschlossen werden (die Stelle ist deutlich in der Musik zu hören).

- Die Kinder der 1. Reihe tanzen in der ersten Hälfte des Ⓐ-Teiles den anderen etwas vor (diese klatschen dazu).
- Die Kinder der 2. Reihe imitieren möglichst genau in der zweiten Hälfte des Ⓐ-Teiles die vorgetanzten Motive ihres Partners. (Vereinfachung: Die 1. Reihe tanzt über die ganze Länge des Ⓐ-Teiles den anderen etwas vor - s. o. Vorschlag für die Spielform.)

Ⓑ-Teil: Die Tänzer der 1. Reihe tanzen mit 12 langsamen Gleithüpfschritten (= angehüpfte Gehschritte) auf ihren Partner in der 2. Reihe zu, um ihn herum, auf ihren Ausgangsplatz zurück und beschließen den Teil mit einer Drehung am Platz mit 4 Gleithüpfschritten.

Ⓑ-Teil – Wiederholung: Mit insgesamt 16 Gleithüpfschritten folgenden Ablauf tanzen:

- Die Tänzer der 1. Reihe tanzen auf ihren Partner in der 2. Reihe zu (4 Gleithüpfschritte).
- Beide drehen sich in der Zweihandfassung 1 1/2 mal herum (8 Gleithüpfschritte).
- Die Tänzer der 2. Reihe tanzen rückwärts auf die Plätze der Tänzer der 1. Reihe (4 Gleithüpfschritte).

Die Plätze sind gewechselt, der Tanz beginnt mit vertauschten Rollen von vorne.

Beschreibung b) in Anlehnung an den Tanz von Martin Wey auf swisspan 17001, Verlag Musikhaus Pan AG, Zürich
Musik: Hermann Urabl

Spiele in der Gasse 3.

Hinweis: Die „Gasse" als Formation entstand vor vielen hundert Jahren. Einerseits waren die Räume, in denen bei Festen getanzt wurde, meist langgestreckt, so daß in der Gassenaufstellung viele Menschen mittanzen konnten. Andererseits bestand die Möglichkeit, sich „unten", also am Ende des „Longways for as many as will" (Playford, 1651) anzustellen und sich so zu den Tanzenden zu gesellen. Es galt die Vereinbarung, daß „oben" dort war, wo die Musik spielte (das „1. Paar" stand demnach der Musik am nächsten); „unten" bezeichnete das andere Ende der Gasse. Hier die „klassische" Ausgangsformation:

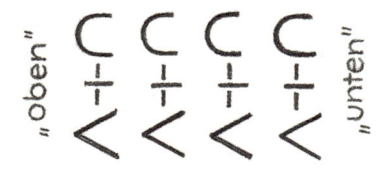

1. Paar

Zum Tanzen „auf der Gasse" können sich beliebig viele Paare treffen, und immer können alle Kinder mittanzen. (Bei ungerader Anzahl tanzt auch der Lehrer mit.) Man klärt, wo „oben" und „unten" ist – dann kann der Tanz schon beginnen.

Die Musik des „Knopfloch"-Tanzes (HB 38), der am Ende erarbeitet werden soll, wird hier schon einmal eingesetzt, damit die Kinder Gelegenheit haben, sich damit vertraut zu machen.

Viele Elemente aus Gruppentänzen und Tanzspielen, die den Kindern bereits bekannt sind, können direkt auf die Ausgangsformation übertragen werden, andere werden neu gelernt, z.B.
- in Reihen mit vier Schritten aufeinander zu und zurück,
- mit dem gegenüberstehenden Partner Handtour, dos-à-dos, Arme einhaken, beide Hände fassen ... (alle Figuren einmal rechts, dann einmal links herum),
- im Seitgalopp die Gasse hinunter und hinauf, entweder alle Paare, oder nur das 1. Paar (die anderen klatschen dazu).
- Soll immer wieder ein neues Paar „oben" stehen? Dann tanzt am Ende einer Tanzstrophe das 1. Paar im Seitgalopp alleine durch die Gasse – hinunter, hinauf und wieder hinunter. Dort bleiben die beiden Tänzer stehen, und die jeweils ausgemachte Tanzfolge beginnt von vorne.

Oder die Tänzer des 1. Paares „wenden aus" und führen die ihnen nachfolgende ganze Reihe außen vorbei nach „unten" ...

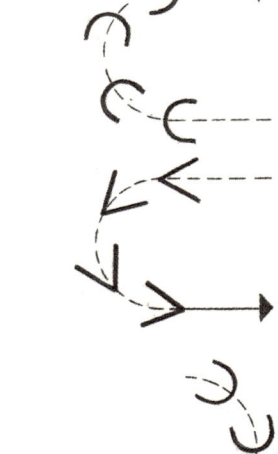

... wo das 1. Paar ein Tor bildet, durch das alle anderen, geführt vom 2. Paar, durchziehen. Das 2. Paar geht hinauf bis zum Platz des vormaligen 1. Paares.

Dann beginnt die Tanzfolge von vorne.

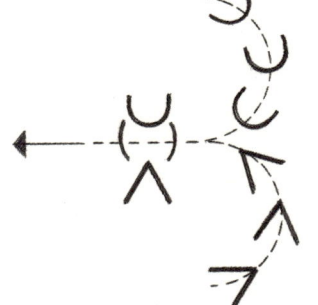

4. Tanz in der Gasse – „Knopfloch (Durham Reel)"

„Knopfspiele" zur Orientierung: Kinder und Lehrer betrachten die Seiten 52/53 im Kinderbuch. Da tanzen ja Knöpfe!

Der Lehrer erzählt von dem Tanz, den die Tänzer „Knopfloch" genannt haben, weil die letzte Figur des Tanzes so aussieht, als schlüpfe ein Knopf durch ein Knopfloch.

Für jedes Kind sind vom Lehrer je zwei (gleiche) Knöpfe vorbereitet worden, oder jedes Kind war gebeten worden, selbst ein Paar (gleicher) Knöpfe mitzubringen.

Kinder und Lehrer grenzen mit einem Seil einen kleinen „Knopftanzraum" ein und knien sich rund um diesen. Jetzt gibt es Spiele und Aufgaben:
- Mit den Zeigefingern werden die Knopfpaare im Tanzraum bewegt – die Knöpfe wandern, wohin die Kinder wollen.
- Dann werden die „Tanzkarten" (S. 352) betrachtet. Die Grundpositionen der Figuren sollen die Kinder mit ihren Knöpfen gleich nachlegen.
- Wie bewegt sich ein Knopfpaar innerhalb einer bestimmten Tanzfigur? Immer nur ein Kind versucht es darzustellen, denn würden alle Kinder auf einmal alle Knöpfe bewegen, käme es zu einem großen Durcheinander!

Bei diesen Knopfspielen soll wieder – hier als leiser Hintergrund – die Musik des Tanzes (HB 38) erklingen.

Haben die Kinder die Tanzfiguren auf diese Weise kennengelernt, fällt es ihnen nicht mehr so schwer, den Tanz richtig zu tanzen. (Üben muß man für *diesen* Tanz dennoch reichlich!). Also gleich alle Paare zur Grundaufstellung – der Tanz beginnt.

„Knopfloch-Tanz (Durham Reel)" – HB 38

Ablauf des HB: Vorspiel – ‖: Ⓐ Ⓑ :‖ (3x) – Ⓐ *(ohne Wiederholung)*

Tanzbeschreibung

Für diesen Tanz aus England gibt es eine festgelegte Tanzform in der Gasse (3–5 Paare).

Jede Figur geht von der Grundaufstellung aus, reicht über 16 Takte und führt wieder zur Grundaufstellung zurück, bevor die nächste Figur beginnt. Die folgenden Beschreibungen werden auf den „Tanzkarten" (S. 352) visuell dargestellt.

Grundaufstellung – *Gasse* (während des Vorspiels wenden sich alle Tänzer einander zu und fassen durch zum Kreis)

1. Figur 1   *Kreis* – Seitgalopp links

2   *Kreis* – Seitgalopp rechts – zurück zur

Grundaufstellung – *Gasse*

2. Figur 3   *Reihen* – die Tänzer wenden nach rechts bzw. nach links aus und führen einmal rundherum bis zum Ausgangspunkt zurück (Gehschritte)

4   Dasselbe, angeführt von den Tänzern des letzten Paares (alle müssen sich dafür rasch umwenden), bis zur

Grundaufstellung – *Gasse*

3. Figur 5   *Paarweise* – angeführt vom 1. Paar, in Kreuzfassung im Bogen nach links auswenden und zum Ausgangspunkt zurück (Hüpfschritte)

6   Dasselbe, angeführt vom letzten Paar (alle wenden sich rasch um, ohne allerdings die Kreuzfassung zu lösen), bis zur

Grundaufstellung – *Gasse*

4. Figur 7   *Knopfloch* – alle fassen durch, eine Öffnung bleibt nur zwischen den ersten beiden (vorderen) Tänzern. Der links stehende Tänzer in der durchgefaßten Reihe führt alle mit Gehschritten durch das Tor (= „Knopfloch" – vgl. die Abbildung im Kinderbuch S. 53), das ihm gegenüber von den ersten beiden rechtsstehenden Tänzern gebildet wird, und von dort im Uhrzeigersinn herum auf den Ausgangsplatz zurück.

8   Dasselbe, angeführt vom rechtsstehenden Tänzer gegen den Uhrzeigersinn bis zur

Grundaufstellung – *Gasse*, und darauffolgend wieder

Figur 1 ...

Die Musik des Hörbeispiels ermöglicht drei komplette Durchläufe sowie die Bildung eines Schlußkreises.

Tanzfiguren des Tanzes „Knopfloch" („Durham Reel")

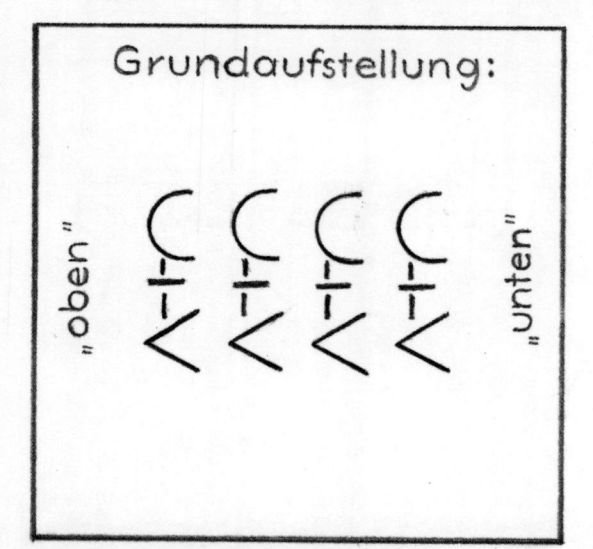

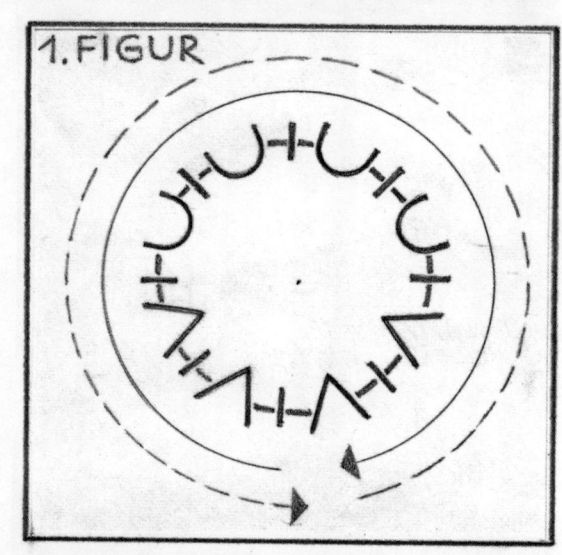

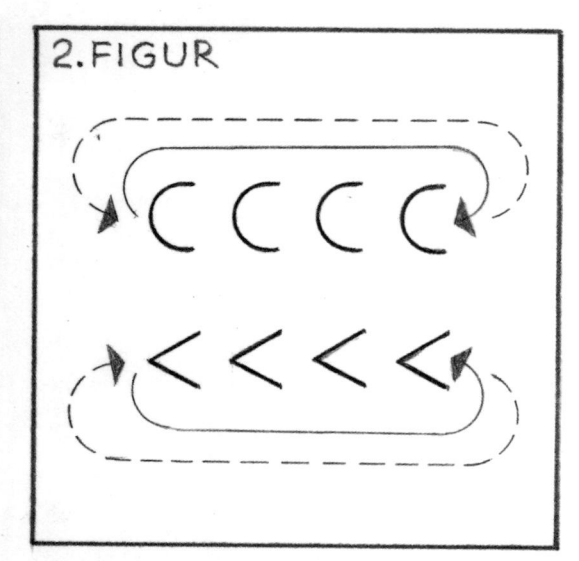

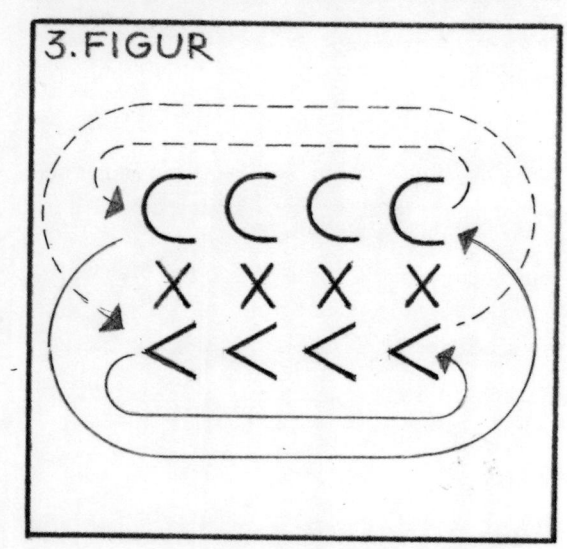

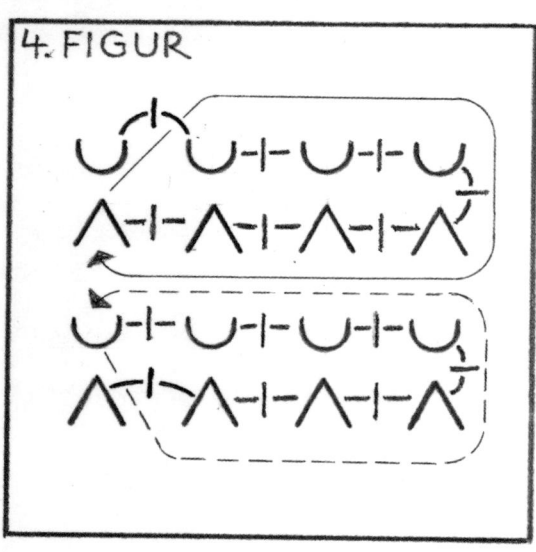

Ein Arbeitsblatt des Verlags B. Schott's Söhne, Mainz

Leichte Gruppentänze M 17

Einige allgemeine methodische Hinweise:
- Tänze dürfen – wie Musik – mit den Kindern besprochen, bedacht und *wirklich geübt* werden. Aufgabe des Lehrers ist es dabei, das Abschauen und Mitmachen, das Nachdenken und Überlegen, das spielerische Probieren und das Üben in ein gutes Verhältnis zueinander zu setzen.
- *Worthilfen* können bestimmte Schrittfolgen erläutern, z.B. „Seit-an-seit-tip" oder „Seit-an-seit-hopp" für Variationen des Seitanstellschrittes. Solche Worthilfen unterstützen das Gedächtnis der Kinder, den Rhythmus ihrer Bewegungen, die Raumorientierung, Phrasierung usw. Wichtig ist, daß die Worthilfen genau den Rhythmus der Schritte wiedergeben.
- An Phrasenenden, zur Überbrückung einer Pause und zur Vorbereitung des nächsten Teiles kann man – im Rhythmus passend! – Worte einschieben wie „... und – noch – mal", „... jetzt – nach – links", etc.
- *Tanznotation:* Wie die Musiknotation kann sie den Kindern zur „Entzifferung" aufgegeben werden, wodurch sich die Auffassung des Tanzens rational festigen kann.
- *Wiederholungen* eines Tanzes sind wichtig: Wenn die Kinder sicher und selbständig tanzen, macht es erst richtig Spaß!

a) Einfache Figurentänze

Bingo (USA) – HB 39 17.1

Das in den Vereinigten Staaten weit verbreitete Lied und Partyspiel („play-party") läßt sich als Lied lernen, bevor man die eingespielte Musik zum Tanzen verwendet.

Aus den USA

Ablauf des HB: ‖: Ⓐ Ⓑ Ⓒ :‖ (12x)

Zum Lied: Der Liedtext ist einfach, und die Kinder könnten den einen englischen Satz vielleicht sogar lernen. Der Lehrer kann den englischen Text aber auch selbst singen und den Kindern nur das englische Buchstabieren von B – I – N – G – O beibringen. Die Kinder sprechen bzw. singen „bi – ai – en – dschi – o", der Lehrer sollte aber den Sinn bzw. Unsinn des englischen Textes den Kindern mitteilen.

Zum Hörbeispiel: Es wurde eine wechselnde Instrumentierung gewählt, die die Aufmerksamkeit der Kinder auch auf bekannte und unbekannte Instrumente lenken kann, so auf die Effektinstrumente Cabaça, Reco Reco, Rassel und Cuica. Einige Male kann die fehlende Melodiestimme die Kinder zum eigenen Mitsingen verlocken.

Tanzbeschreibung: Im folgenden sind drei Versionen vorgestellt, die es ermöglichen, mit Musik und Bewegung, ohne viel Vorbereitung, gleich zu beginnen und die schwierigeren Versionen bis hin zur Originalform nach und nach zu entwickeln. Man kann gleich das Hörbeispiel benutzen und das Lied später lernen, oder umgekehrt.

Version 1 – spontan und imitativ

(A) Alle gehen im Kreis nach rechts (ohne Handfassung). Der Lehrer macht verschiedene Gangarten vor, die Kinder imitieren spontan. (Die Rolle des Vormachers kann bald auch von Kindern übernommen werden.)

(B) Rasch fassen alle im Kreis durch – und rund geht es im Seitgalopp (Hüpfschritt). Am Ende stehen bleiben und die Fassung lösen.

(C) Der Lehrer findet zu „B I N G O" jedesmal eine andere Aktivität, die mit den fünf Tönen des Motives korrespondiert, z.B.
- die fünf Finger einer Hand abzählen,
- die fünf Zehen eines Fußes abzählen (nicht umfallen!),
- die Zahlen von 1-5 in die Luft schreiben,
- die Buchstaben von B I N G O in die Luft malen,

aber auch
- sich fünfmal an die Stirn / an die Nasenspitze tippen,
- sich fünfmal auf die Schulter klopfen,
- sich fünfmal auf die Brust trommeln.

Version 2 – Improvisation

(A) Paarweise gefaßt auf der Kreisbahn gehen = Promenade (nach rechts)

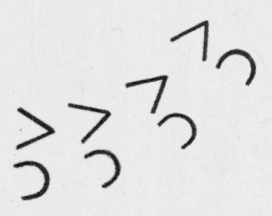

(B) Rasch zum Stirnkreis durchfassen – und rund geht es im Seitgalopp (das können schon alle sehr gut!). Am Ende die Fassung lösen und sich paarweise gegenüberstehen:

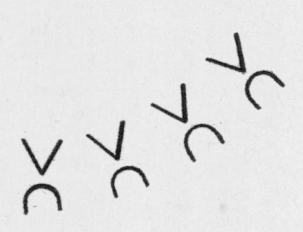

Ⓒ Der Innenstehende macht seinem Partner fünf Gesten vor, die von diesem gleich mitgemacht werden. *Wer* jeweils der Innenstehende ist, entscheidet bei jeder Wiederholung die Schnelligkeit: Wer ist zuerst in der Mitte? (Sollte diese Form doch zu viel Trubel oder gar Streit auslösen, können sich die Partner regelmäßig abwechseln.)

Version 3 – play-party

Ⓐ Paarweise (zumeist mit Kreuzhandfassung) auf der Kreisbahn gehen = Promenade (nach rechts)

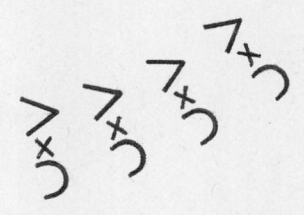

Ⓑ Durchfassen – Seitgalopp – Arme schwingen mit. Am Ende die Fassung lösen und sich paarweise wie folgt gegenüberstehen:

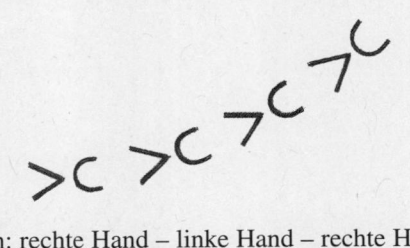

Ⓒ „Kette" mit 5 Handwechseln: rechte Hand – linke Hand – rechte Hand – linke Hand – rechte Hand. Und dazwischen mit je drei langsamen Schritten zum nächsten gehen. Den fünften Tänzer begrüßt man stürmisch mit einem begeisterten „Oooo!", während man die übrigen Buchstaben schon vorher beim ersten, zweiten, dritten und vierten Kettenpartner gesungen hat.

Mit dem neuen Partner beginnt der Ablauf mit der Promenade von vorne.

Wir tanzen bis morgen früh („We won't go home 'til morning") (England) – HB 40   17.2

Die alte Tanzmelodie wurde mit immer neuen Variationen eingespielt.

Ablauf des HB: ‖: Ⓐ Ⓑ Ⓐ' :‖ *(4x),* Ⓐ

(Bei jeder Wiederholung stoßen demnach jeweils zwei Ⓐ-Teile aneinander.)

355

Tanzbeschreibung:

Ⓐ Promenade (vgl. S. 354) alleine (oder auch zu zweit, Hände gefaßt, wodurch in der Folge jeweils vier Tänzer zusammentreffen).

Ⓑ zu zweit (bzw. zu viert) gegenüberstehen und sich zuklatschen:

$\|: \; \downarrow. \quad \downarrow. \quad | \quad \downarrow. \quad \gamma \quad :\|$

Ⓐ' zu zweit (bzw. zu viert) eine Tanzidee (-figur) ausführen.

Zu Beginn jedes neuen Durchlaufs trennen sich die Paare bzw. Vierergruppen und suchen sich zu Beginn des nächsten Teiles einen neuen Partner (bzw. ein neues Paar) zum Klatschen und Tanzen.

Die Musik ermöglicht vier der beschriebenen Durchläufe.

b) Einfache Schrittänze

17.3 Krebspolka (Österreich) – HB 41

Die Krebspolka hat ihren Namen von der „krebsartigen" Bewegung: zuerst vorwärts (in der Tanzrichtung), dann aber wesentlich raumgreifender rückwärts! Ursprünglich ist es ein Volkstanz für Erwachsene in ziemlich mäßigem Tempo – im Ⓐ-Teil mit der Kindertanzform vergleichbar, im Ⓑ-Teil jedoch als „Dreher" getanzt.

Vorspiel:

Melodie:

Aus Österreich

Ablauf des HB: ‖: Ⓐ Ⓑ :‖ (4x)

Tanzbeschreibung

Im Ⓐ-Teil stehen sich Paare auf der Kreisbahn gegenüber und fassen sich an beiden Händen:

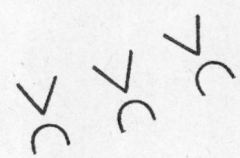

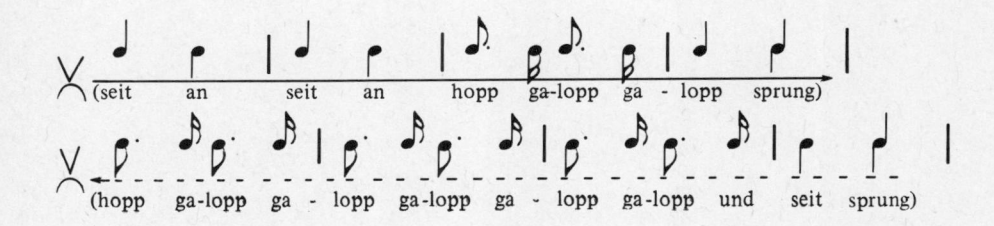

Die Schrittfolge Seitanstellschritt – Seitgalopp – Schlußsprung ist das grundlegende Schrittmaterial. Die Notation beschreibt die Schrittfolge für ⌒ . ⋀ tanzt gegengleich dazu.

(seit an seit an hopp ga-lopp ga-lopp sprung)

(hopp ga-lopp ga-lopp ga-lopp ga-lopp ga-lopp und seit sprung)

Im Ⓑ-Teil hängen sich die Paare ein und hüpfen am Platz im Kreis (Varianten s.u.).

Zum Erlernen des Tanzes

Zum Ⓐ-Teil übt der Lehrer mit den Kindern im Kreis stehend den folgenden Klanggestenablauf:

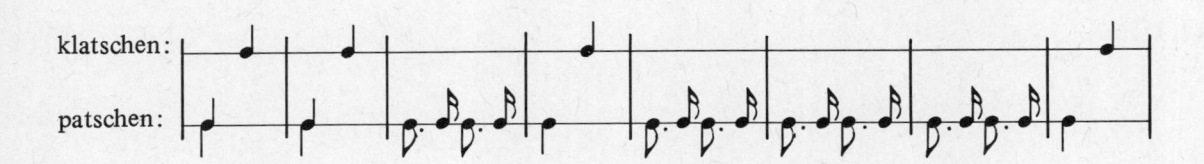

klatschen:
patschen:

Um mit der Länge des Ⓑ-Teiles vertraut zu werden, können die Kinder mit dem Lehrer zur Musik einen Weg „in die Luft zeichnen", wie sie ihn dann im Raum gehen möchten. Anschließend bewegen sich die Kinder zum Ⓑ-Teil frei im Raum. Rechtzeitig zu Beginn des Ⓐ-Teiles soll jeder wieder im Kreis stehen.

Seitanstellschritt und Seitgalopp: Der Seitanstellschritt fällt Kindern nicht immer leicht, und man sollte unterstützende Kreisspiele und Übungen einplanen:
– Wir gehen entlang einer Kreidelinie oder eines am Boden liegenden Seiles. Die Zehen sollten immer die Linie berühren. Können die Kinder das auch, ohne zu Boden zu schauen?
– Wir variieren unsere Schritte, versuchen uns im Seitgalopp oder schließen eine kurze Schrittfolge mit Schlußsprüngen seitwärts ab.
– Wir schauen dabei geradeaus, oder auch in die Bewegungsrichtung.

Weitere Gestaltungsvorschläge für den Ⓑ-Teil:
– Paarweise auf der Kreisbahn promenieren (Gehschritte).
– Frei im Raum hüpfen oder gehen und sich für den Ⓐ-Teil einen neuen Partner suchen.
– Zu einer Schlange durchfassen, die freie Wege durch den Raum geht, deren „Kopf" sie aber wieder rechtzeitig zum Kreis zurückführen muß. (Damit die Schlange nicht zu lang und unbeweglich wird, bildet man – z.B. in einer Gruppe mit 12 Kindern – zwei kleine Kreise mit je drei Paaren.)

17.4 „Hei, Zipfelmützen" (Schweden) – HB 42

Vorspiel: 4 Takte

A-Teil: 2x4 Takte

Hei, Zip-fel-müt-zen, kommt her-bei, kommt her-bei und holt mich zum
Hej, tom-to-gub-bar, komm dan-sa och lät oss lus-ti-ga

1. Tan - zen.   2. Tan - zen.
   va - ra.   va - ra.

B-Teil: 4 Takte

(La - la - la - la ....)

Überliefert/dt. Text: Rudolf Nykrin
© B. Schott's Söhne, Mainz

Ablauf des HB: ‖: A B :‖ (11x), A

In der Version des Hörbeispiels erzielt die Musik Abwechslung durch Verzierung der Melodien, Variation der Instrumentation, Wechsel in die Dominanttonart und Mollvarianten.

Tanzbeschreibung

Man beginnt mit einem Außenkreis und einem Kind als Innentänzer.

A-Teil: Die Kinder im Außenkreis laufen ohne Handfassung nach links. Dabei bilden sie mit beiden Händen auf dem Kopf die Form einer Zipfelmütze nach (Hände wie ein „Dach" über den Kopf stellen; vgl. Titelzeichnung dieses Lehrerkommentars). Auf die beiden letzten Viertel der Melodie kommen die Kinder mit zwei Schritten zum Stehen.

Das Kind im Innenkreis bewegt sich währenddessen in gleicher Weise, aber in Gegenrichtung (oder einfach frei im Kreis), wobei es die Arme seitlich einstützt. Am Ende des A-Teiles bereitet es sich darauf vor, zur Musik des B-Teiles ein Kind des Außenkreises nach innen zu holen.

Ⓑ-Teil: Das „Abholen" wird mit einem besonderen Stampfmotiv verbunden, mit dem sich der Innentänzer dem Tänzer nähert, den er vom Außenkreis abholen will:

Stampf-
schritte (Bitte schön, ja bitte schön, du kannst ger-ne mit uns wei-ter-gehn!)

Mit diesen Stampfern bewegt sich das Kind auf den gemeinten Tänzer zu. Mit dem letzten Schritt muß es möglichst dicht vor ihm stehen – denn jetzt dreht sich das abholende Kind um (nicht aber das abgeholte Kind!) – das abgeholte Kind legt ihm die Hände auf die Schultern (dem Lehrer um die Hüften) – und eine erste kleine „Schlange" ist damit entstanden, mit einem „Kopf" und einem „Schwanz".

Die Schlange geht im Kreis umher (Ⓐ-Teil), und wie das erste Kind zuvor sucht sich der „Kopf" rechtzeitig ein Kind zum Abholen aus, usw. – Jedesmal kehrt die „Schlange" um: der „Schwanz" wird zum „Kopf".

Bei einer größeren Gruppe kann sich die „Schlange" im Verlauf des Tanzes teilen, wodurch sich zwei (oder noch mehr) „Köpfe" bilden und alle Tänzer aus dem Außenkreis im Laufe des Tanzes tatsächlich abgeholt werden können.

Zum Erlernen des Tanzes

Spielerische Übungen helfen den Kindern, die Länge der Melodie (Ⓐ-Teil) abzuschätzen und den Vorgang des „Abholens" zu beherrschen:
- Der Lehrer singt das Lied und klatscht oder patscht dazu mit den Kindern im Tempo der späteren Schritte. Aufgabe: am Ende der Melodie zusammen mit dem Lehrer aufhören!
- Der Lehrer singt die Melodie, die Kinder laufen im Kreis um ihn herum. Aufgabe: am Ende der Melodie mit zwei Schritten zum Stehen kommen.
- Der Stampfrhythmus zum Ⓑ-Teil wird am Platz geübt. Der Lehrer macht ihn vor, die Kinder sollen seine Füße genau beobachten und zunächst *mit Worten* beschreiben, was diese tun.
- Dann werden die langsamen und schnellen Stampfer geübt: Letztere sollen locker aus dem Kniegelenk heraus erfolgen, schließlich soll man sich dazu ja noch fortbewegen.
- Zum Schluß das „Abholen" (s.o.).

Der Lehrer entscheidet, wann er die Tanzmusik von der Kassette einsetzt, damit die Kinder mit dem Originaltempo vertraut werden.

Cherkassiya (Israel) – HB 43

17.5

Vorspiel (2 Takte)

Ablauf des HB: ‖: Ⓐ Ⓑ :‖ (12x)

Tanzbeschreibung

Den Cherkassiya (gesprochen „Tscherkássija") tanzen wir in V-Fassung, im Kreis nach links.

Ⓐ-*Teil:* Kreuzschritte nach links (auf „eins" kreuzt der rechte Fuß vor, auf „drei" hinter dem linken Fuß; zur Methodik vgl. S. 74).

Ⓑ-*Teil:* Hier wird von einem Tänzer improvisiert und von den anderen imitiert (Beispiele s.u.).

Zum Erlernen des Tanzes

Die Melodie im Fünftonraum ist nicht schwer, die viertaktigen Abschnitte sind deutlich zu hören. Auf die Synkope sollte man allerdings die Kinder schon rechtzeitig gefühlsmäßig vorbereitet haben, z.B. in einem Echo-Spiel.

Einführung: Der Tanz kann zur Originalmusik spontan begonnen und Schritt für Schritt erlernt werden.

Alle stehen im Kreis. Nach dem Vorspiel beginnt der Lehrer mit Gehschritten im Uhrzeigersinn. Zur letzten Note des Ⓐ-Teiles führt er, sich zur Mitte wendend, einen deutlichen Schlußschritt aus (er kann sogar in die Hocke gehen).

Während des Ⓑ-Teiles stehen wir still, hören, klatschen leise im Metrum dazu.

Wir wiederholen diesen Ablauf mehrmals, so daß die Kinder die Grundform von Musik und Tanz sicher erfassen lernen.

Imitation in den Improvisationsteilen (Ⓑ): Der Lehrer macht einfache Motive vor, die die Kinder leicht mitmachen können, z.B.
– Folgen von Klanggesten,
– Bewegungen zur Mitte und zurück,
– Scherensprung (abwechselnd mit vorschnellenden Beinen von einem Fuß auf den anderen springen; das ist vorwärts und rückwärts möglich),
– Fersenanschlagsprung (wie Scherensprung rückwärts, wobei jedoch die Fersen des Spielbeines am Po anschlagen sollen),
– Seitgalopp rechts oder links.

Haben die Kinder erfaßt, wie lange die Musikteile jeweils dauern? – Zum Ausruhen setzen wir uns in den Kreis und lernen weiter am Tanz.
– Der Lehrer singt oder spielt die Melodie, die Kinder sollen am Ende jedes Teiles klatschen, stampfen, eine andere Klangaktion oder Bewegung machen.
– Sie können zum Ⓐ-Teil „mit den Händen tanzen". Und mit dem Ⓑ-Teil beginnend soll jeweils ein anderes Kind etwas vormachen (im Metrum), was alle gleich mitmachen können.
– Jetzt sind wir wieder ausgeruht: Zum Ⓐ-Teil gehen wir im Kreis, und im Ⓑ-Teil probieren wir, frei im Raum verteilt und jeder für sich, unsere Ideen aus. Rechtzeitig zum Beginn des Ⓐ-Teils müssen wir wieder im Kreis stehen.